कस्तूरी कुण्डल बसै

कस्तूरी कुण्डल बसै

मैत्रेयी पुष्पा

राजकमल प्रकाशन

ISBN : 978-81-267-0421-7

मूल्य : ₹995

पहला संस्करण : 2002
सातवाँ संस्करण : 2023

प्रकाशक : राजकमल प्रकाशन प्रा.लि.
1-बी, नेताजी सुभाष मार्ग, दरियागंज
नई दिल्ली-110 002
शाखाएँ : अशोक राजपथ, साइंस कॉलेज के सामने, पटना-800 006
पहली मंजिल, दरबारी बिल्डिंग, महात्मा गांधी मार्ग, प्रयागराज-211 001
वेबसाइट : www.rajkamalprakashan.com
ई-मेल : info@rajkamalprakashan.com

मुद्रक : विकास कंप्यूटर एंड प्रिंटर्स
ट्रॉनिका सिटी-201 102

KASTURI KUNDAL BASAI
Novel by Maitreyi Pushpa

इसे उपन्यास कहूँ या आपबीती...?

यही है हमारी कहानी। मेरी और मेरी माँ की कहानी। आपसी प्रेम, घृणा, लगाव और दुराव की अनुभूतियों से रची कथा में बहुत सी बातें ऐसी हैं, जो मेरे जन्म के पहले ही घटित हो चुकी थीं, मगर उन बातों को टुकड़ों-टुकड़ों में माताजी ने जब-तब बता डाला, जब-जब उन्हें अपनी बेटी को स्त्री-जीवन के बारे में नए सिरे से समझाना पड़ा। अपनी बाल्यावस्था की बहुत सी घटनाएँ याद रहीं, बहुत सी विस्मृत हो गईं और बहुत सी ऐसी थीं, जिनका छोर तो अपने पास था, मगर वे किसी दिशा की ओर नहीं ले जाती थीं। कालान्तर में ऐसा भी हुआ कि सबकुछ अपनी आँखों के सामने घटित हुआ, लेकिन फिर भी क्रम टूटता था। जगह खाली रह जाती थी। वहाँ कल्पनाओं, अनुमानों से सूत्र जोड़ने पड़े। माँ भी पूरी तरह कहाँ खुलती थीं ? लेकिन उनकी बेटी उनका लगाव, गुस्सा, लाड़, अलगाव, ममता और निर्मोह हो जाने की एक-एक भंगिमा का बचपन में चित्र उतारती रही। हो सकता है, जो घटा हो, वह कहानी में न हो, और जो हो, वह जीवन में न घटा हो, मगर यादों में जो मुकम्मल तस्वीरें जिन्दा हैं, वे ही कहानी का आधार हैं, भले वे किसी और से सुनी हों, या अपने परिवार के बारे में किंवदन्तियाँ रही हों। मेरे लिए तो सबकुछ माँ को निकट से जानने की ही पीड़ा और प्रक्रिया रही और शायद इसीलिए मैं ठोस यथार्थ की तरह अपने तीखे-मीठे अनुभव लिखकर मुक्ति की आकांक्षा में माताजी रूपी संस्कार को अपने 'सिस्टम' से निकाल रही थी या कि अपने बाहर-भीतर को पछीटने-खँगालने पर तुली हुई इस कथा को लिख रही थी !

–मैत्रेयी पुष्पा

प्रसंग-क्रम

रे मन जाह, जहाँ तोहि भावे

'मैं ब्याह नहीं करूँगी।'

सोलह वर्षीया लड़की ने धीमे से कहा था, जिसे माँ ही सुन सके। कहाँ सोचा था कि उसकी यह बात आँगन के बीच ऐसे गूँजेगी कि घर की दीवारें हिलने लगें ! सब से पहले तो माँ ने ही भयभीत होकर देखा और नजरों से कहा—'कस्तूरी, लड़कियों से ऐसे दुस्साहस की उम्मीद कौन कर सकता है ? वे तो माँ-बाप के सामने सिर उठाकर बात तक नहीं कर सकतीं, मरने का शाप हँस-हँसकर झेलती हैं और गालियाँ चुपचाप सहन करती हुई अपनी शील का परिचय देती हैं, तू मर्यादा तोड़ने पर आमादा क्यों हुई ?'

पीलिया के मरीज बड़े भाई ने सुना, उसका शरीर तो थरथराया, मगर मूँछें तन गईं। अभी तक कुँआरा है, बहन कुँआरी बैठी रही तो उसके ब्याह के बारे में कौन सोचेगा ? घर की इज्जत मेंटनेवाली बहन को, उसका वश चले तो खोदकर गाड़ दे। पीले रंग की आँखें लाल हो गईं। छोटे भाई ने सवाल किया—'मेरी ससुराल के लोग क्या कहेंगे ? कैसे सामना करूँगा लोगों का, सोचते ही घबरा जाता हूँ।'

'और बिरादरी ?' जाति के नाम पर छोटे भाई ने दाँत पीसे। अपने परिवार की महिमा के चाँद में कलंकनुमा यह बहन...इसने ब्राह्मण परिवार के उपाध्याय गोत्र की सनाढ्य परम्परा मैली करने की ठानी है।

कस्तूरी, ढीठ किशोरी, माँ की आँखों में उठती प्रचंड आग की ओर से मुँह फेरकर खड़ी हो गई। भाई बलबलाते रहे, वह मूली उखाड़ने और गाय-भैंसों को चारा डालने के लिए खेतों पर बनी झोंपड़ी की ओर निकल गई। मामूली सूरत की साँवली और दुबली-पतली लड़की को माँ और भाइयों के गुस्से का कारण समझ में नहीं आ रहा था, जिन्होंने यह नहीं पूछा कि ब्याह आखिर वह क्यों नहीं करना चाहती ? उसे इस बात का भी अचम्भा था कि घर में बरसों से दो वक्त चूल्हा नहीं जला, पर ये लोग ब्याह की दावत करने के लिए तैयार हैं ! वह खुद से पूछती—ब्याह क्यों होता है ? उत्तर एक नहीं, कई आते, ज़िनसे वह इतना घबरा जाती कि दोबारा ब्याह के बारे में सोचना नहीं चाहती थी। अतः बकोशिश ब्याह के लिए सहमति-असहमति भुलाकर वह दिन-भर बरहे में (खेतों पर) बछड़े-बछियों और उन चिड़िया-तोतों के साथ रहती थी, जिनके लिए ब्याह के झमेले न थे।

मगर ऐसे कितने दिन तक ?

घर के हर कोने से शोरगुल जाल की शक्ल में उठा। उसे बाँधने लगा। माँ सामने खड़ी हो गई, अग्निवाण हाथ में नहीं था, माँ की जीभ पर था, छोड़ दिया—"तू अपने भाइयों को खेत की मूली समझ रही है ? सिर काटकर धर देंगे और मैं तुझे बचा नहीं पाऊँगी, नादान ! बाप नहीं है तो क्या तू आजाद हो गई ?"

कस्तूरी अपनी छोटी-छोटी आँखों से घूरती रही माँ को। न नजर नीची की, न टस-से-मस हुई। छोटी-छोटी चोटों के चलते जिस माँ का नाम लेकर रोती-कराहती रही है, वही आज उसके फैसले पर ऐसी बेजार कि कोसों दूर छिटक गई ! ऐसा कहना क्या इतना बड़ा जुर्म है ? ब्याह न कराना लड़की का अपराध है ? उसकी समझ में यह नहीं आ रहा था कि माँ और भाई इस भुखमरी के समय उसके ब्याह के जश्न की बात कैसे सोच सकते हैं ? क्या वे उससे ऐसे आजिज आ गए हैं ? जब कि वह खेतों में जी-तोड़ मेहनत करती है।

माँ की खाट से अपनी खाट दूर करके बिछा ली थी लड़की ने। पास लेटने-सोने का मतलब कि ब्याह के घेरे की कथा फिर से शुरू। उस घेरे को काटने के तर्क से बाज नहीं आएगी कस्तूरी। कलह होगी, मौहल्ला जागेगा।

माँ ही बेटी के पास पहुँची। उसकी खाट पर पायताने बैठ गई। सोती समझकर पाँव सहलाने लगी। माँ की यह सदा की आदत है, जब भी वह खेत में पानी लगाती है, या निराई-गुड़ाई करके लौटती है, रात को माँ इसी तरह आ बैठती है, खाट पर।

मगर आज कस्तूरी पागल की भाँति हड़बड़ाकर उठ बैठी। माँ का जो रवैया आजकल चल रहा है, उससे खफा, कठोर स्वर में बोली—"तू मुझे फुसलाने आई है चाची या कटे पर नमक छिड़कने ? खूब काट-छील चुकी न ?"

माँ दो पल चुप रही। कस्तूरी ने उसके हाथों के बीच से अपना पाँव खींच लिया था, अपमानित-सी हुई, मगर माँ के बड़प्पन और ममता से भरकर बोली—"नहीं बेटा, मैं तो यह पूछने आई थी कि सारी उमर कुँआरी रहेगी, अकेली। तुझे डर नहीं लगता ?"

—डर ! डर ही तो लगता है चाची। सच्ची, ब्याह से बड़ा डर लगता है।

—सो क्यों ?

—मुझ में सती होने की हिम्मत नहीं है। मुझे मरने से डर लगता है—कस्तूरी की आवाज उस बछिया की-सी हो गई, जो रम्भाते हुए माँ को पुकारती है।

—हाय बेटा ! तू कैसा असगुन सोच रही है ! तू सती क्यों होगी ? सौ-सौ बरस जिए तेरा सुहाग। तू काए को मरेगी, मरें तेरे बैरी।

—चाची, पति मरेगा तो सुहाग जिन्दा नहीं रहेगा और सुहाग मरेगा तो मुझे ही मरना पड़ेगा। तेरी असीस में इतना दम कहाँ कि मुझे बचा ले।

—पर तेरा पति मरेगा ही काए को ?

—वह बूढ़ा है, बीमार है, कब तक जिएगा ? जो वर ढूँढ़ा है, मुझे पता चल गया है। और यह तू भी जानती है कि पति की चिता पर बैठकर जिन्दा जल मरनेवाली औरत

को लोग पूजते हैं। जिन्दा रही तो जीते-जी मार डालेंगे। चाची, मैंने रेशम कुँवर सती की किताब पढ़ी है।

माँ चौंकी—"किताब पढ़ी है ?"

अनर्थ क्यों हो रहा है, सूत्र माँ के हाथ आ गया। इस बार उसका स्वर धीमा, मगर इतना तीखा और नोंकदार था कि कस्तूरी बिलबिला जाए—"तो तू पोथी-पत्तरा पढ़कर बरबाद हुई है ? हाय कुभागी तू होते ही न मर गई ! मैं तो सोच रही थी रामश्री की अम्मा मेरी छोरी के दूत कर रही हैं—कि कस्तूरी की चाची अपनी लड़िकिनी के लच्छिन सुधारो। मैं तो खुद ही भोगे बैठी हूँ, तीसरे दिन रामश्री की चिट्ठी आ जाती है। डाकिया देखते ही मुझे जूड़ी का जुर चढ़ आता है कि चिट्ठी नहीं आई, बेटी का दुख-दर्द चलकर आ गया।"

माँ ने गुस्से में कस्तूरी की पीठ को धाँय-धाँय कूटा, बाद में अपनी छाती पीटी और दाँत घिस-घिसकर गालियाँ दीं—"मेरी सौत, तू खानदान की जड़ में दीमक, हम सब का सफाया कर देगी। हरजाई, कौन-सा यार तुझे ब्याह होकर विदा होने से रोक रहा है ?"

माँ जल्दी ही अपनी जुबान पर काबू न कर लेती तो हो सकता है भीतर का सारा ताप गला फाड़कर निकलने लगता, लोग सुनते और पूछते तो किस मुँह से बताया जाता कि जो गाँवों में अब तक नहीं हुआ, वह अनर्थ उनके घर होने जा रहा है। बताकर कहाँ रहा जाता ? बरहे में सारा घर कब तक मुँह बाँधे पड़ा रहता ? गाँव की लीक से हटना गाँव-समाज से बेदखल होना है, यह बात कस्तूरी नहीं जानती तब क्या अनुभवी माँ भी नहीं समझती ?

अब सवाल-जवाब कुछ भी नहीं...। होंठ भींचकर माँ रोने लगी। भीतर से टीसें उठतीं, आँसू बहते और होंठ बेकाबू से बुदबुदाते—"अब इस कुल का क्या होगा ? आदमी भागा नहीं, हमें मार गया। गोरों के बूटों के आगे हमें पटक गया। जमींदार का कोड़ा लड़कों पर बरसेगा। ये दोनों भी डर गए तो ?"

—क्या कह रही है तू ?—कस्तूरी ने झुँझलाकर पूछा।

—तू सुनेगी, कहूँ ? पर तू तो ज्वानी में गर्रा रही है, तुझे हमारी विपदा से क्या लेना ?

कहकर माँ उठ खड़ी हुई तो खाट मचमचा उठी।

चलते-चलते सुना दिया माँ ने—"बड़ा पीलिया का मरीज है, सब जानते हैं, पर ब्याह हो जाता तो सहारा पा जाता...पर तू अड़ियल छोरी ! आज को तेरी जगह मेरी रज्जो (बड़ी बेटी) होती तो गाय की तरह, जहाँ हम कहते, चल देती। तू तो आदमी के बुढ़ापे और बीमारी से बिदक रही है, यह नहीं पता कि तेरा बाप मुझे जवानी में ही छोड़कर भाग गया। गोरों की मार बुढ़ापे और बीमारी से बड़ी है, तेरे भइया भी डर के मारे भाग जाएँगे। तू यहाँ चौंतरा करके बैठी रहना, यही चाहती है नठिया (नाँठ करने वाली) ?"—आखिरी वाक्य कहकर माँ ने धम्म से पाँव पटका जैसे कस्तूरी को कुचल डालना चाहती हो।

माँ कुछ भी कहे, कस्तूरी को पढ़ना अच्छा लगता है।

कलम, खड़िया, तख्ती और पोथी की फिराक में वह दिन-भर घूमा करती है, जिसके कारण घर और खेत के कामों में लापरवाही हो जाती है और वह भाई की फटकार के बाद माँ की मार खाना मंजूर कर लेती है। पढ़ाई के कलम-खड़िया जैसे साधन प्राप्त करना कस्तूरी जैसी लड़की के न भाग्य में हैं, न बस में। उसने धरती की नरम रेत को तख्ती माना है। उँगली ही कलम बना ली। अपनी सहेली रामश्री को गुरु समझा है। उसी का लिखा एक कागज दीक्षा में ले आई। कागज पर ओलम लिखी है। ओलम के अक्षर जोड़कर मात्रा मिलाकर शब्द बनाना सीखने लगी। माँ से चुप्पे-चोरी वह किताब पढ़ने की विद्या तक आनेवाली थी कि रामश्री का ब्याह हो गया, वह ससुराल चली गई। ब्याह होने का सबसे बड़ा नुकसान उसे रामश्री को खोने के रूप में हुआ था। यह अलग बात है कि रामश्री की चिट्ठी जब भी आती है, उसकी अम्मा कस्तूरी को ही पढ़ने के लिए बुलाती है। चाची से कुछ भी कहे रामश्री की अम्मा, मगर चिट्ठी पढ़ती हुई कस्तूरी को वह अपनी बेटी रामश्री की तरह ही देखती है। रोती है तो उसी के कन्धे पर हथेली धर लेती है। कस्तूरी समझ लेती है, बहुत घबरा रही है रामश्री की अम्मा।

सो कस्तूरी नाम की लड़की ने कभी इस बात का मलाल नहीं किया कि उसके पास खड़िया, तख्ती और कलम नहीं है। दूसरी बात यह थी कि वह जान गई थी—इस गृहस्थी में खर्चों का अन्त नहीं। हर दम न कपड़े-लत्ते पूरे हों, न मिर्च-मसाले ठीक से जुटें। ऊपर से छोटे भइया की बहू के नेगचार दम नहीं लेते। चाची और भाई हलकान रहते हैं। चाची को लगान चुकाने की जूड़ी बारहों मास चढ़ी रहती है।

सबसे बड़ा और कड़ियल खर्चा—सरकारी लगान है, कस्तूरी क्या जानती नहीं, इसी के कारण बाप भागे, इसी के कारण भाई भाग जाने की हालत में हैं। चाची कहती है—सुरसा मुख लगान ! जितनी जमीन नहीं, उतनी रकम। गोरे अँधेर करें तो सूरज भी डर के मारे छिपा रहे। इस धरती पर राज उनका है, आसमान के देवताओं को भी पीट-पीटकर मार डालने की कूवत रखते हैं गोरे लोग।

कस्तूरी जानती है कि माँ के प्राण इसी बात को लेकर हाहाकार कर रहे हैं, पर कहे किससे ? बाँटे किससे ? यहाँ सभी की हालत एक-सी है—काशीफल उबालकर खा लो, कुलफा राँधकर पेट भरो। आम की गुठली खाओ, क्योंकि आम का गूदा जमींदार के यहाँ इकट्ठा होता है। बहेरा और कोदो के सिवा अन्न जैसी चीज नहीं।

माँ कहती है, साग-पात से पेट भरकर भी इस बात को वह भूल तो नहीं सकती, पर रात के अँधियारे-सी घिरती आती इस लड़की की जवानी, बेटों की राह में अँधेरा करनेवाली है, भूख-प्यास भुला डालती है। रीता कलेजा चटकने लगता है। भगवन्, क्यों जन्म देता है लड़कियों को ? लोग कहते हैं, लड़कियाँ पापों के फल होती हैं, वे फल विषफल भी हों तो आदमी क्या करे ? बेटी रूपी दुश्मन को कोसते रहो, धिक्कारते रहो, छुटकारा नहीं मिलनेवाला। माँ सिसक-सिसककर रोई थी।

रोकर हलकी हुई कस्तूरी की चाची (माँ) चुपके से बेटों के पास गई थी, वह जगह

तलाशी, जो न घर में थी, न बरहे में। कस्तूरी की पहुँच से दूर एक घेर में।

लेकिन कस्तूरी भी ऐसी मिट्टी की नहीं बनी कि कोई रूँध ले।

माँ के सामने आकर खड़ी हो गई और दोनों बाँहें फैलाकर रास्ता रोक लिया—''क्या कह रही थी चाची ? इस लड़की का ब्याह इस तरह तय करो कि भनक न लगे ? ब्याह हुए पीछे कौन चूँ-चपड़ कर सकती है ? चुटिया पकड़नेवाला पाँच हाथ का आदमी काबू में रखता है।''

बेटी की बात सुनी तो माँ थरथरा गई, ऐसे देखा, जैसे कहा रही हो—हाय बीजुरी, तू वहाँ थी ? माँ का कलेजा कब छोड़ेगी ?—पर माँ ने उस समय बेटी के गोड़ गह लिये थे, हाहा खाई। विनती की कि ब्याह तेरे बुरे के लिए नहीं, भले के लिए होगा।

वज्र के मानिन्द कस्तूरी। उसकी माता न गले में कौर उतार सके, न चैन की नींद सो सके। कस्तूरी देखती कि चाची रात में उठी बैठी है। आँगन और दालान में चमगादड़-सी फेरी खा रही है।

लड़के बिगड़े बछड़ों-से छिटकने के लिए तैयार। छोटा अपनी बहू को मायके छोड़ आया है, क्योंकि लगान की वसूली के लिए कारिन्दे आनेवाले हैं। और नकटी लड़की ने संग नहीं दिया तो बदले की सजा माँ को आसानी से दी जा सकती है। तभी तो माँ गुहार उठी, पास आकर—''कस्तूरी, जिसकी बेटी कुँआरी रहती है, उसकी सात पीढ़ियाँ गल जाती हैं, समझ ले।''

मगर लड़की बहरी हो गई।

कलह और बढ़ी, क्योंकि कुर्की का ऐलान हुआ। लगान देना किसके बस की बात है और कुर्की के लिए जिन्दगी हाजिर है, जैसी अवस्था सामने थी। माँ ने गालियों की आँधी बेटी की ओर छोड़ दी—''यह सतमासी तब जनमी थी, जब बड़ा बेटा मरा था। सत्यानाशिनी का जन्म ही जंजाल की तरह आया। पेट में माँ ने पसेरी मार ली थी, वह फिर भी नहीं मरी। पैदा होते ही भंगिन से फिंकवाई जा रही थी कि अभागी रो पड़ी।'' माँ का मानना है कि संसार में औरत के मुकाबले कोई सख्तजान नहीं। बेटों को रोग-धोग व्यापे, इसे कभी छींक तक न आई। अरे...गाय मरे अभागे की, बेटी मरे सुभागे की। मगर बेटी मरे तो सही।

असल मामले की धुरी हिल गई तब, जब साफ हो गया कि अब कस्तूरी को देकर बदले में बड़े को भँवराया नहीं जा सकता। यह लड़की उस आदमी से ब्याह करने के बदले कहीं भाग जाएगी, जिसने अपनी बहन बड़े को देने के लिए कहा है और बदले में इसे माँगा है। आगे समस्या यह भी है कि इसको घर से कौन विदा कर ले जाएगा ? 'ब्याह नहीं करेगी', का ऐलान करके यह किसी सपनों के राजकुमार की ख्वाइश कर रही है क्या ? राजकुमार तो खैर सपने में ही होता है, मेल का किसान लड़का भी मिलेगा ? मिलेगा तो ब्याह का खर्च कैसे उठेगा ?

कस्तूरी क्या जानती नहीं, माँ की चिन्ताएँ हजार हैं, और गाँव में बद्री बनिया के सिवा गाँठ का पूरा कोई नहीं। इस गाँव से उस गाँव तक कि अनेक गाँवों तक साहूकार

और जमींदार की हैसियत ही आदमियों जैसी है, बाकी तो सब सूद और लगान की एवज मुफ्त हैं—भाई कहते हैं। साथ ही, लड़की की देह का भराव देखकर माँ का मन सूखे डंठल-सा काँपता है तो रोगी भाई का चेहरा हल्दी की गाँठ-सा सिकुड़कर छोटा हो गया है और आँखों में पीली आँधी-सी उठती हैं, जो कहती है—कमबख्त लड़की, तुझे लड़कियों की तरह भाई का दुख भी नहीं सालता ? बहनें भाइयों के लिए कहाँ-कहाँ से नहीं गुजर जातीं।—धिक्कार के तूफान में घिरी है कस्तूरी।

अँगरेजों का हुक्म ! कुर्कियों का जलजला।

गाँवों में हाहाकार मच गया। माना कि हाहाकार नया नहीं, मगर चोटें नए सिरे से पड़ती हैं। यातना देने के नए-नए ढंग गोरों ने खोज निकाले हैं, जैसे वे लगान लेने के बहाने आदमी को सजा देने में आनन्द पाते हों कि उनके आतंक का साम्राज्य जमा रहे तो अँगरेजी सत्ता को कौन उखाड़ सकता है ? बस हुकूमत ने दंड देने के लिए गली-गली पिटाईखाने खोल दिए और ढोर-डंगर, कपड़ों के साथ गृहस्थी के बर्तन, भाँड़े, डाकुओं की तरह लूट लिये। आदमी की तह-परतें उधेड़ डालीं, मगर सोने-चाँदी का कील काँटा नहीं मिला।

जमींदार कहने के लिए अपना है, क्योंकि रंगरूप से अपना जैसा है, मगर मातहत तो गोरों का है। किसी कुर्की-नीलामी से लगान की भरपाई न हो तो किसानों को पिटवाने में जुटकर अपनी जमींदारी बरकरार रखता है, क्योंकि जानता है, अपनों पर जुल्म करने की एवजी में तरक्की और इनाम-खिताब मिलने की सम्भावना रहती है। अगर जालिम नहीं बन पाएगा तो जमींदार किस बात का ? हक छीन लिया जाएगा। सो डर और असुरक्षा लगातार खूँखारी की ओर ढकेलते जाते हैं। आज किसानों के कपड़े उतरवा लेने के बाद खाल उधेड़ने का हुक्म हुआ है।

कस्तूरी ने ये सारी बातें चबूतरें पर बैठे, चिन्ता में डूबे हुए, भयभीत लोगों के मुँह से सुनीं तो उसका कलेजा मुँह को आ गया। कलेजे पर बड़े भाई की छवि उतर आई जिसका नाम नन्दन लाल वल्द ज्वाला प्रसाद उसी सूची में शामिल था और यह तय था कि लिखे नामोंवाले व्यक्तियों के साथ खून की होली खेली जानी है, उनके ही खून से।

किशोरी लड़की का साँवला चेहरा काला-सा पड़ गया। होंठ खुल आए। आँखों में अँधेरे का रेत भरा हो जैसे। वह लम्बी-लम्बी उसाँसे लेती हुई माँ को सिर्फ महसूस कर रही थी, देख नहीं पा रही थी। उसने ताकत लगाकर लगभग आँखें फाड़कर देखा—माँ का यह रूप..? उसने माँ के अनेक रूप देखे हैं—रोते-घबराते, चीखते-चिल्लाते, भीख माँगते, रिरिआते, लेकिन आज इनमें से कुछ नहीं, माँ का चेहरा आग की तरह गनगना रहा है। अँगार गर्दन पर सँभाले दुबली-पतली मझोले कद की माँ अपना जर्जर लहँगा समेटती हुई और ओढ़नी सीने पर ढँकती हुई कभी इधर भागती है, कभी उधर। मौहल्ले की सारी औरतें ज्यों जौहर के लिए तैयार हो रही हों, भाग-भागकर पौर में जुटने लगीं।

अपने भाइयों की दुश्मन मानी जानेवाली परकाला कस्तूरी को जब माँ ने अपनी ओर खींचा और खुद आगे हो गई, तब उसका पत्थर कलेजा फूट पड़ा था। चुपचाप रोती जा रही थी। माँ जानती है—कारिन्दों के संग गोरे आ गए तो कारिन्दे उन्हें खुश करने के लिए औरतों को उनके आगे धकेलेंगे। बेटी बच जाए, माँ इसलिए आगे हो रही है। रक्त-मांस की बनी कस्तूरी के खून में ऐंठन पड़ने लगीं। माँ को कातर भाव से देखती हुई सोचने लगी—इस विपता में माँ-बेटी का रिश्ता खत्म होता जा रहा है, सो हम सखी-सहेली हो उठे ! दो औरतों जैसे। तभी माँ कराहकर बोली—आज हमारी गाँठ में आठ आने होते तो जमींदार का नजराना ले जाते। बसूली की मियाद बढ़ जाती। इज्जत बचा लेते।

माँ का चेहरा जैसे कस्तूरी का चेहरा हो गया—बदरंग। रंग उड़े चेहरे से उसने इधर-उधर देखा, नजर में घबराहट के सिवा कुछ और न बचा था। और घर में ऐसा कुछ भी नहीं, जो आठ आने के बराबर की कीमत रखता हो। चूल्हे की पतीली की जगह मिट्‌टी की हँड़िया है, पीतल के बर्तनों की जगह अलमोनियम और मिट्‌टी के शकोरों ने ले ली। ढोर-डंगर पेट की खातिर ही बिक्री हुए। माँ-बेटी की आँखों में चिन्ता की आग उमड़ी और आपस में टकराकर राख की तरह झड़ गई।

मगर उसी राख में दो चिनगारियाँ...कि आशा जाग उठी।

पढ़ैली पर पीतल की दो छोटी-छोटी कलशियाँ पानी से भरी रखी दिखाई दीं तो लड़की को लगा ज्यों जिन्दगी वापस आई। 'भगवान ने विपत्ति में इन्तजाम किया है'—उसने कुछ ऐसा ही कहा। तभी गोरों की सात पुश्तों को नाश-सत्यानाश जैसी बद्‌दुआ देती हुई माँ नागिन-सी फुफकारी। जमींदारी का धुआँ करनेवाली गाली तो उसकी जुबान पर चढ़ी ही रहती है।

—चाची, हम कलशियाँ बेचें तो अठन्नी मिल जाएगी ?

—कलशियाँ ! कहाँ हैं कलशियाँ ?

—पढ़ैली पर, देख नहीं रही ?

—ये लोटे-सी कलशियाँ, बनिया क्या देगा इनका ?

असल में चाची कलशियों को किसी तरह बचा लेना चाहती थी, उसके मायके की ये आखिरी निशानियाँ हैं—यह सोचकर घर के भीतर चिथड़े-गुदड़े टटोलने लगी।

कस्तूरी उन कलशियों का पानी खाली करके बनिया के दरवाजे ले गई और खाट पर बैठकर हुक्का पीते हुए बद्री के सामने जा खड़ी हुई। खड़ी रही। खड़ी रही। बद्री किसी आदमी से बातें करने में मशगूल है, वह अपनी बारी आने का इन्तजार धीरज के साथ करती रही।

लड़की खड़ी है। दोनों हाथों में कलशियाँ हैं, इस का मतलब क्या होता है ? गोरों के शासन और जमींदारी की कोड़े-मार व्यवस्था को वणिक नहीं जानेगा तो कौन जानेगा ? कस्तूरी समझ रही है, इन्तजार कराने का मतलब है कम-से-कम मोल लगाना, उसे तजुर्बा है।

अब वह हुक्का परे सरकाकर उठ खड़ा हुआ और पास बैठे व्यक्ति से धीमी आवाज

में कुछ-कुछ बोला। उसके बाद भीतर चला गया, मतलब कि पैसे ला रहा होगा।

कस्तूरी का ध्यान अब दूसरे व्यक्ति पर गया, जो उसे गौर से देख रहा था, मगर उसके देखते ही वह दूसरी ओर मुँह करके पेड़ की ओर देखने लगा। यह आदमी ऊँचे कद का है, जितना देखा रूपवान है। उजला रंग और मूँछें तराशी हुईं, चेहरा इसी तरह याद है। गाढ़े की बढ़िया कमीज पहनी है। बालों में तेल डाला हुआ है। रईस लग रहा है।

आठ आने !

बद्री बनिया ने मैली-सी अठन्नी कस्तूरी की हथेली पर धरी तो उसकी आँखों के आगे सारा माहौल चकमक-चकमक करने लगा। यह चमकदार दिन अब तक के जीवन में कहाँ था ?

न नीलामी हुई, न कुर्की पड़ी। बड़े और छोटे भाई घायल होने से बच गए, जिन्दगी भी सलामत रही।

हठी कस्तूरी क्या कुँआरी रह पाई ?

माँ रोती या गालियाँ देती, उसे गम्भीरता से लेना बेटी ने सीखा नहीं था। कभी-कभी तो माँ की गालियों को दुलार में शामिल कर लेती, क्योंकि सोच लेती कि अपने बच्चों की समस्याओं से जूझते-जूझते माँ की बोली ही ऐसी खरखरी हो गई है। लेकिन कस्तूरी जिस सामाजिक विधान से डरकर भाग रही थी, वह इतना दयालु या कमजोर नहीं था कि लड़की को छोड़ दे।

अब की बार भाभी थी। दो साल से रूठी हुई स्त्री, हाथों में चाँदी के कड़े और पाँवों में झाँझन पहनकर ससुराल आने पर राजी हुई। छोटे भइया से पति की तरह खूब लगाव दिखाती हुई घर को अपनी गृहस्थी मानकर उन्हीं कामों को निपटा रही थी, जिनको करने से पहले एतराज किया करती थी। माँ इस दिनचर्या पर न मालूम क्यों चिड़चिड़ाकर रह जाती ? जब कि भाभी ने तो कस्तूरी को भी समझाने की कोशिश की थी—"लाली, किताबों में क्या पढ़ती हो ? उनमें यही लिखा है कि जिन्दगी अनब्याहे ही काट दो और भारी सिल की तरह भइया की छाती पर लदी रहो। यह कहीं नहीं लिखा कि बेटी धान का पौधा होती है, समय से दूसरी जगह रोप देना ही अच्छा होता है। बखत निकलता जाता है, पौधा मरने लगता है, जड़ें सूख जाती हैं। कड़ा पड़ता जाता है और उखाड़कर फेंक देना पड़ता है। किताबों में यह नहीं लिखा तो किताबें झूठी हैं। औरत की जिन्दगी का सच्चा सार नहीं है उनमें।"

'धान का पौधा !' कस्तूरी को विस्मय हुआ। 'मैं धान का पौधा हूँ' सोचकर वह हँस पड़ी। अनपढ़ अज्ञान भाभी खुद धान का पौधा बन गई है। यहाँ रुपने की शर्त में चाँदी-सोना माँगती है। यही है औरत की जिन्दगी का सार !

भाभी ने नाक तक आया घूँघट आँखों के ऊपर सरकाया। लाली लगे होंठों से हँसकर बोली—"कैसा गाँव है यह ! यहाँ की लड़कियाँ यह नहीं जानतीं कि जवानी में औरत

को रोटी-कपड़ा वही देता है, जो उसके संग सोए-बैठे। अपना बच्चा पैदा करे। इस घर में बहन का इरादा भइया के संग सोने का हो गया होगा।''

'भाभी !' कस्तूरी ने मन-ही-मन बरजा। आगे अपने कान बन्द कर लिये कि यह औरत और कुछ कह दे और वह सुन ले। गाली ! इतनी बड़ी गाली ! माँ भी एक नम्बर की गालीबाज है, मगर सारी गालियों में जिन्दगी के इस मर्म को नहीं समझा पाई। अब क्या करे, कहाँ जाए ? अभिमानी लड़की को भाभी के दुर्वाक्य ने हर कोने से खदेड़ना शुरू कर दिया कि छाती से कपाल तक उस घर से उखड़ने के अपमान और दर्द के ताप में जल उठी, जिसमें उसने अपने भाइयों की तरह ही जन्म लिया है।

नई ब्याही दुल्हन चमकीले रथ में बैठकर अपनी जन्मभूमि से विदा हो आई। यह दूसरी धरती, ससुराल का गाँव कैसा है, घूँघट की लम्बी झूल में से कैसे दिखे ? वर को देखे तो शायद पहचान न पाए। संसार का यह अन्धकार उसे ब्याह स्वरूप मिला है ! हवा और धूप के लिए आत्मा भटकने लगी। कस्तूरी को बँधकर रहना है और मन छटपटाए तो उस आदमी के पाँवों में सिर टेक देना है, जो अब रोटी-कपड़ा देनेवाला है।

लड़की के जीवन के लिए जो जरूरी माना गया है, सो मिल गया, फिर उसके मन में रह-रहकर आँधी क्यों उठती है ? यह आँधी उसको ही उखाड़ने लगती है, उखाड़कर किस बीहड़ में पटक देगी, वह जानती है या नहीं जानती ? वह अकेली ही नहीं, सारी लड़कियाँ इसी तरह आती हैं। इन्हीं रस्मों से गुजरना पड़ता है—मुँह दिखाई क्यों नहीं कराना चाहती कस्तूरी नाम की बहू ? क्यों नुमाइश करे अपने चेहरे की, क्या उसका चेहरा मनुष्य का चेहरा नहीं ? औरतों ने घूँघट उढ़ाया, औरतें घूँघट खींच रही हैं, यह तमाशा नहीं तो और क्या है ? यह तमाशा किसके कहने से हो रहा है ? जिद की मारी दुल्हन इसी हीलोहुज्जत से गुजरती हुई मुँह दिखाई करनेवाली औरतों से बाकायदा जंग करने लगी। कायदे से उसे बुत की तरह बैठा रहना चाहिए था।

स्वागतकर्ता स्त्रियों ने कड़ा रुख अपनाया और आवाज खींचकर एक कटकटी बूढ़ी ने सुना दिया—''ओ, आठ सौ की घोड़ी, तू मुँह नहीं दिखाती, तेरी यह मजाल ! हम तो सोच रहे थे नई छोरी की तरह शरमा रही है, पर तू तो जोर आजमा रही है ! तेरे भइया ने खनखनाते चाँदी के कलदार बसूले हैं, मुफत में नहीं आई सो नखरे पसार रही है।''

कस्तूरी के कानों में कर्णफूल थे, मगर अन्दरूनी पर्दे फट गए। आसपास अब वैसी आवाजें थीं, कि कान बेआवाज हो गए, क्योंकि उस जनानी आवाज ने भाभी के झाँझन-कड़ों का रहस्य खोल दिया, जिनकी झनझनाहट सारे माहौल पर छा गई। और जो सोचा इतना ही सोचा कि वह लड़की खरीदी हुई घोड़ी से ज्यादा नहीं। घोड़ी घूँघट नहीं मारा करतीं। झटके से घूँघट उतार फेंका।

औरतें सन्न रह गईं। समूह के बीच से 'अरे-अरे' का स्वर उठा।

दूल्हा देहरी पर खड़ा था, सकपका गया—दुबले चेहरेवाली साँवली मूर्ति का दर्शन

करने की अब किसी की इच्छा न थी, बल्कि वह साँवली लड़की ही एक टक अपने वर को देखती रह गई। बिना शरमाए जैसे कह रही हो—दो कलशियों का मोल आठ आने और मेरा सौदा आठ सौ में...तुम्हीं तो थे, जो बद्री बनिया के चबूतरे पर बिछी खाट पर गाढ़े की कमीज पहने बैठे थे, बातें कर रहे थे। तुम्हीं थे !

पराए गाँव में, पराए घर, पराई देहरी पर लड़की कभी-कभी ऐसे ही घबरा जाया करती है, औरतों ने यह सोचकर कस्तूरी की करतूत माफ कर दी और प्यार से अपनाकर उसके सिर पर चादर उढ़ा दी। घूँघट भी नीचे सरका दिया। उसने गुरेज नहीं किया। होश होता तो करती, चेतना ऐसी जागी कि रीति-रस्म का ध्यान भूल-बिसर गया। क्रोध था जो अपमान से जन्मा था, धिक्कार थी कि टिकने का आधार हिला रही थी।

—चल, देवता पूज दे—किसी बूढ़ी ने कहा।

उसका सिर खुद-ब-खुद हिला—नहीं।

उसके मन में कोई देवता नहीं, केवल माँ की छवि अवतरित हुई, कल्पना में उसी की गर्दन दबोच ली, क्योंकि माँ पर ही अधिकार लगा।

क्यों लगा अधिकार ? माँ ने क्या बेटी पैदा करने की इच्छा की होगी ? नहीं की थी, तभी तो दिन-रात उसके जन्म को कोसती रहती थी। किसी के भी न चाहने पर क्यों हो जाती है बेटी ? उसने कभी माँ से पूछा था तो बोली थी—भगवान चाहता है, सो जनम दे देता है।—ऐसे भगवान और भगवान के चेले देवताओं को क्यों पूजे कस्तूरी, जिसने इनसान का जन्म देकर पीतल की कलशियों की तरह बिकने छोड़ दिया। हाँ, माँ बेटी को जरूर असीस दे रही होगी, क्योंकि वह बेटों का शुभ चाहती है। कस्तूरी के जन्म को आज सार्थक मान रही होगी, क्योंकि जब खेती ने दगा दी, बेटी काम आ गई।

माँ ने कितने देवता मनाए थे, किसी की छाया तक नहीं दिखी। तब उसकी सहेली रामश्री ने कहा था—बोल, मैंने क्या कहा था ? कंकड़-पत्थरों पर दूध-पानी ढारो, रोली का टीका लगाओ, तब भी वे देवता होनेवाले नहीं। मेरी किताब में यही लिखा है।

पति देवता की छाँव में रात कटीं और ससुर के घर में दिन बीते। सबने बताया यह उसका घर है, मगर भरोसा बँधा नहीं। खरीदी गई गाय का खूँटा तक तो अपना होता नहीं, जगह-जमीन की कौन कहे ? सबसे ऊपर तो यह कि उसने अब तक यही सुना है कि सबकुछ गोरों का है। उनका न होता तो आदमी आदमी को बेच रहा होता ? यही सोचकर उसने माँ को और भाइयों को माफ कर दिया।

रिवाज भी क्या गजब होते हैं, बेची गई गाय को कोई वापस लेने नहीं आता, बेची गई बहन को भाई खुरमा लड्डू की डलिया बँधवाकर विदा कराने आ गया। दुल्हन मायके जाएगी, इसलिए यहाँ भी भट्टी चढ़ी। नफा तो दोनों पक्षों को हुआ था, जश्न भी दोनों व्यापारियों ने मनाया। आँखों से टपकता गर्म पानी कस्तूरी ने अपनी नई धोती के आँचल में सोख लिया और स्तब्ध-सी सहज होने की कोशिश करती रही, क्योंकि हँस-खुशी की उससे उम्मीद की जा रही थी, अपने मायके लौटती बेटी...

माँ का घर, बाँहें पसारे माँ ! छाती से लगा लिया महतारी ने और बिलख-बिलख

कर रोने लगी। कन्धे से लगी खड़ी रही कस्तूरी। मौहल्ले की जुड़ आई औरतों ने देखा—माँ की सिसकी बन्द नहीं और कस्तूरी रोई नहीं !

पथराई आँखों खाट पर बैठ गई। पाँव लटकाकर दरोदीवार को घूरने लगी।

—पाँव धुला लो बीबी—भाभी परात में पानी लेकर करीब आ गई।

माँ का कन्धा, परात का पानी और अपने पाँव...सबकुछ अटपटा लगा, बेमतलब। इसलिए कुछ नहीं देखा, कुछ नहीं किया। सिर्फ मौहल्ले की औरतों को अपने-अपने घर लौटते हुए देखती रही।

—कल जाऊँगी यहाँ से, इन्तजाम कर देना चाची। वहाँ अपाहिज ससुर हैं।

माँ ने जैसे कोई अनहोनी सुनी हो।

—क्या कह रही है ? गौने की विदा होगी, अच्छा महूरत देखकर। ऐसे ही चली जाएगी ? नई ब्याही बेटी ऐसे नहीं जातीं।

—फिर से मोल भरेगी ? वह मोल नहीं देगा तो दूसरी जगह बेचेगी। ब्याह-गौने... के नाम पर खरीदने-बेचने का धन्धा...।

माँ ने आँखें मींच लीं, जिनमें से धारोधार पानी बहने लगा। उसने मुँह फेर लिया। भाभी देखती रह गई, जैसे कस्तूरी हार कर भी जीत रही हो।

रात में माँ ने उसके पास ही अपनी खाट बिछा ली थी, हर विकल माँ की तरह बेटी की ससुराल के बारे में जानने की इच्छा थी। जो कुछ ब्याह के पहले से मालूम था, उसे कस्तूरी अपने मुँह से कहे, तब सच है।

कस्तूरी ने मुँह सीं लिया। वह अब क्यों कुछ कहे ? कहकर कुछ बदल जाएगा क्या ? आठ सौ, चाँदी के कलदार, उसकी कीमत भरनेवाले के यहाँ क्या कोई अलग दुनिया है ? उस गाँव में क्या अँगरेज के नुमाइन्दे जमींदार का राज नहीं ? वहाँ की धरती-खेती क्या हुकूमत से आजाद है ? नीलामी-कुर्की और मार-बेगार का आलम कहाँ नहीं ? चाची, जिसे धन्ना सेठ समझ रही है, उसका वह जँवाई गाँव से भागकर बम्बई न जाता और सेठों की सेवा करके साफ-सुथरे कपड़े न कमा लाता तो वह कस्तूरी का खरीदार कैसे बनता ? उजली पोशाक ने ही गाँव के साहूकार को भरमा लिया सो रकम उधार मिल गई। नहीं तो ब्याह की उम्र निकले पीछे उस मूँछोंवाले आदमी को अपनी बेटी कौन देता ? उम्र गई, औरत खरीदने की ताकत आ गई। अब माँ क्या पूछना चाहती है ? और जैसे बिना बताए ही सबकुछ समझती हो, जार-जार रोती है। रोने की मजबूरी माँ के सामने ऐसे न पैदा होती, किसी और तरह आती। वह अपने बेटों के सुख के लिए हमेशा रोएगी, अभी तो ऐसा ही लगता है।

कस्तूरी गर्भवती हुई ! विवाह के बाद जैसे हर स्त्री माता बनती है। माता बनना उसके पद में बढ़ोत्तरी होना है, बड़ी-बूढ़ियों का ही नहीं, पूरे समाज का यही मानना है, कस्तूरी इस बात को रस्म की तरह जानती है।

मायके में पता चला।

कुछ दिन बाद मायके की धोबिन इस गाँव से गुजरी, क्योंकि वह अपनी किसी रिश्तेदारी में जा रही थी। धोबिन के जरिए ही कस्तूरी को माँ का सन्देश मिलना है, वह कहाँ जानती थी ? धोबिन उसके घर के सामने ही आई थी कि देखते ही वह किलक पड़ी, लगा अपना गाँव ही उससे मिलने चला आया है। राहगीर और उस दिशा से आनेवाले पखेरुओं से मायके की कुशल पूछनेवाली लड़कियों का दिल कैसे तड़पता है, कस्तूरी अपने कठोर दिल को पिघलते देखकर समझ गई थी। धोबिन भाभी से खूब-खूब गले मिली। वह इस अनमोल सौगात को कहाँ धरे-उठाए ? ऐसा सत्कार किया—चना, गुड़ और पानी जैसे व्यंजन !

घंटे-भर के लगभग धोबिन ने कस्तूरी को पुरा मौहल्ले की बातें ही नहीं बताईं, पूरे गाँव का हाल-हवाल गा डाला। वक्त और होता तो शायद वह और कुछ सुनाती ही जाती, मगर दिल में कसी-बँधी उस बात को कभी न खोलती, जिसे कहने के लिए यहाँ खासतौर पर रुकी है। सो बात खोलने के पहले अपनी पसीजती हुई मुट्ठी खोली, जिसमें छेदवाला ताँबे का एक पैसा बँधा था। उसी को कस्तूरी के हाथ में जबरदस्ती देते हुए बोली—"बीबी, यह तो लेना पड़ेगा, तुम्हारे यहाँ का अन्न-जल ग्रहन किया है। हाँ, एक बात तो भूले ही जा रही थी"—कहकर धोबिन भाभी ने अपनी आवाज को फुफुसाहट में बदल डाला—"बीबी, तुम्हारी चाची मेरे घर खासतौर पर आई थी, यही कहने कि बहू हमारी कस्तूरी से कह देना, उसके छोरा सा हो तो छोछक की भेली न भेज दे।"—कहते-कहते धोबिन की पसीजती हथेली ठंडी पड़ गई।

कस्तूरी इस बात को सुनकर गमगीन नहीं हुई। धोबिन तनिक आश्चर्य से देखने लगी। तो वह मीठा-सा हँस दी। हँसी झूठी भी नहीं थी, उसे खुशी ही हुई कि चलो माँ अभी भी इस भरम में है कि बेटी को उसने राजपाट सौंप दिया है और बेटों के खेत का लगान पटता चला जा रहा है। शायद आठ सौ चाँदी के कलदारों में से अभी कुछ बकाया होंगे।

कस्तूरी माँ के मन की हालत भी जानती है। माँ इस घर को खजाना समझ रही है सो इस घर के लिए बेटा होने की जो खुशी होगी, वही भेली बनकर मायकेवालों की कमर पर लाठी-सी पड़ेगी। वे छोछक नहीं दे पाएँगे। और माँ चाहती है, खाली-रीते हाथोंवाले परिवार की इज्जत कस्तूरी ही बचा ले। दोष अपने ऊपर ले ले। बेटियाँ बाप-भाइयों की मर्यादा और आबरू हर हालत में रखती आई हैं। डोली में कहाँ बैठना था, अरथी पर जाने तक कहाँ रहना है, लड़कियाँ जानती हैं। कस्तूरी लड़कियों जैसे लड़की है, इस हुकुम इस सलाह की ताकत समझती है। इस परम्परा के उल्लंघन से जिन्दगी भारी पड़ती है।

कस्तूरी ने सोचा—मैं दोनों जगहों की पत निभाऊँगी, यही मेरा पराक्रम होगा। वैसे चाची से कौन कहे कि यहाँ भी गुड़ की भेली खरीदने की कूवत नहीं बची। तेरा दामाद जमींदार और साहूकार के डर से दिल्ली भाग गया था, क्योंकि आठ सौ चाँदी के कलदारों

का कर्ज गर्दन तोड़े दे रहा था। जिस रकम ने मुझे सुहागिन बनाया, वही अब भूखों मार डालने पर आमादा है। चूल्हा जले, बस चूल्हा इसलिए ही जला देती हूँ। भूखे रहना ही नहीं, भूखे दिखना भी तो आदमी की तौहीन है। सो, बस कभी शर्म आती है, कभी दुख होता है और कभी गुस्सा बेजार कर डालता है...धोबिन भाभी आई तो बहुत दिनों बाद हँसी आई।

गहरा साँस लिया कि जैसे मुक्ति मिली हो—माँ, बेटा ही हुआ था, मर गया। हमारी तुम्हारी दोनों की आबरू रह गई।

भुखमरी, भभकी और भय के बावजूद गाँव का अपना करिश्मा अलग था, वह था पर्व-त्योहारों के प्रति उत्साह और इनसानियत के प्रति आस्था। ज्यादातर त्योहारों में व्रत की अनिवार्यता होती है, जो भुखमरी को मात देने का नायाब तरीका है। कस्तूरी सुहाग के व्रतों में रेशम कुँवर की कहानी पढ़ती है। सती का अर्थ समझाती है और कहती है—जलकर मर जाने का कैसा व्रत ? भस्म हो जाना भी कोई धर्म है ? मरने के बाद लोग पूजें, इसलिए जिन्दगी खत्म कर दो ?

मौहल्ले की औरतों ने कान बन्द कर लिये। गाँव की खेरापतिन ने कहा—उलटी कथा कहती है हीरा की बहू। कीड़े पड़ेंगे दारी के।

कस्तूरी ने ताज्जुब से देखा, अरे माईजी को क्या हुआ ? यह तो उसके कितने-कितने गुण गाकर ओसारे में बैठे ससुर को सुनाती थीं। 'मेवाराम, तुम्हारे घर तो पढ़ी-लिखी मजूरनी आ गई है। दस दिन की जच्चा ने जमींदार के खेत (जो लगान की एवज छीने गए) से आलू खुदवाए हैं। तुम्हारी सेवा में कमी नहीं। चोकर-भुस्सी छानकर बहू तुम्हारे लिए रोटी बना देती है और खुद...आप ही समझ लो। रस्ता चलते राह के काँटे बीननेवाली बहू, इस गाँव का भाग जागा है मेवाराम।'

खेरापतिन की यह बात जमींदार की हवेली तक पहुँची है, सो खेरापतिन के जरिए ही न। नहीं तो हर कोई जानता है जमींदार के बोध का संसार हवेली जैसा ही घिरा हुआ है। औरतों को लेकर वे खासे चौकन्ने रहते हैं, क्योंकि ज्यादातर बबाल औरतों के कारण ही उठते हैं। आदमी स्त्री के लिए पथभ्रष्ट होता है और नम्बरदार को गाँव-समाज सुधारने के लिए दंड-विधान के रास्ते गुजरना पड़ता है, जबकि वह ऐसा चाहते नहीं, क्योंकि सजा देने में तो गोरे ही कसर नहीं छोड़ते। बहरहाल जब सुना कि हीरा की बहू सती रेशम कुँवर की कथा बाँचती है तो उन्हें कथा पढ़नेवाली बात जँच गई। माना कि खेरापतिन ने कथा के बाद कथा समझाने-अर्थाने का अजीब या उलटा तरीका भी बताया होगा, मगर पुरुष ने गौर नहीं किया होगा। आखिर सतियों की कथाओं को कोई आज तक बदल पाया है ?

जमींदार नम्बरदार ने ही बीधो चमारी को हुक्म दिया था—'हीरा की बहू को हवेली में बुलाकर लाना। तुम्हारी मालकिन को रेशम कुँवर की कथा पढ़कर सुनाएगी।'

हीरा की बहू माने कस्तूरी, हवेली में जिसका प्रवेश सती रेशम कुँवर की कथा के साथ हुआ और जमींदार को अपनी दूजिहा वर की स्थिति और जवान लड़कीनुमा पत्नी की दुश्चिन्ताओं से निजात-सी मिली। आजकल रामस्वरूप कुम्हार और कनौरिया का धोबी ज्यादा घुल-मिल रहा है। हवेलियों के इतिहास में इन कामगरों की सेंध मारने की तमाम घटनाओं का जिक्र है। क्या हवेलियों के अन्तःपुर में किसी भी वर्ग के पुरुष का प्रवेश निषेध कर देना चाहिए ? नम्बरदार ने कई बार अपने सहपाठी रहे चरनसिंह बौहरे से कहा भी है—मुगल बादशाह औरत की नीयत पहचानकर ही हरम के दरबाजे पर हिजड़े, हरम के भीतर हिजड़ यानि की औरतों की दुनिया को नपुंसकों की निगरानी में रखते थे, जो इसलिए भी खूँखार होते थे कि खुद 'नाकाबिल' होते थे। क्या हमें भी ऐसा ही करना चाहिए ?

चरनसिंह बौहरे युवा दोस्त, अपने दोस्त की मनोभावना किसी से खोलना नहीं चाहते थे, मगर वे हाथरस जाकर हिजड़ों से बात कर आए और हिजड़े जब गाँव में गाने-बजाने आए तो अपनी देह खोलकर दिखाते समय औरतों को दिल खोलकर भी बता गए—दारियो, तुम हिजड़ों के हाथ आओगी। हम हवेली के रखवाले होंगे।

जमींदार जो करे, वही न्याय माना जाएगा। हवेली में नौकरों का प्रवेश वर्जित नहीं था, बाकी इस दायरे के बाहर कोई दूसरी भी दुनिया है, यह जानते हुए भी अपनी स्त्री के लिए मालिक कोई द्वार खोलना नहीं चाहते, क्योंकि इसमें शक नहीं कि औरतों के जरिए ही मामूली लोग अपनी जगह बना लिया करते हैं।

चलो, कस्तूरी जमींदारनी के पास आने-जाने लगी, पुंसक-नपुंसकों के साथ होने वाली दुर्घटनाएँ टल गईं। अब वे यह भी क्या जाने कि कस्तूरी नाम की स्त्री सती-कथा का कौन-सा मर्म समझाती है ? जमींदार के लिए जनानखाने में जनानी का जाना, चींटी के बिल में चींटी का जाना ही है।

और वे दो अभिन्न सखियाँ ! जैसे बीहड़ों की झाड़ियाँ, एक-दूसरे के गले मिलीं तो कैसे कोई अलग करे ? दोनों के पत्ती-काँटे एक-से। पहली दूसरी को खुली हवा का स्पर्श कराती तो दूसरी अपने सौतेले बेटे चन्द्रपाल से पहली को ज्यादा-से-ज्यादा पढ़वाती-लिखवाती। कस्तूरी अपनी सखी की मुक्ति की आकांक्षा का द्वार खोजती तो हवेलीवाली उसकी भूख-प्यास को अपनी भूख-प्यास समझती। देखते-ही-देखते पिछले रास्तों, गुप्त राहों और रहस्यमय सुरंगों से खत्ती-खासों में भरा अनाज किसानिनों के ठंडे चूल्हों को सुलगाने लगा। रोटियाँ पकने लगीं। गाँव-भर में महक फैल गई। पकने और पचने का कारबार फैला और दूसरे गाँवों तक खबर गई कि हवेलीवाली वही चाहती थी, जो कुछ नहीं कर पाती थी।

जमींदार नम्बरदार को उनके खानदानी साहूकार धिक्कारने लगे कि वे पछताएँ, कि किंस भूखे किसान की बेटी को ब्याह लाए, कि 'भींत गए या भींतना आया' कहावत फैल गई। पहली पक्की जमींदारिन थी रौब-रुतबे वाली।

हवेलीवाली को अब वे सजाएँ मिलने लगीं जो अमीर खानदान ने तजबीजी थीं—रोटी

बन्द् करो, एक धोती में रखो, छत पर कागा उड़ाने का काम दो। चचिया सासों और इस घराने की बड़ी बहुओं ने ऐसे षड्यन्त्र रचे कि वह स्त्री जमींदारनी की दर पर रहकर कलंकित हुई। सीता की तरह वनवास की तैयारी थी कि सखी आ गई।

गंगा पर्व है, दोनों संग-संग जाएँगे। काग उड़ानेवाली का बन्धन भी क्या ?

बन्धन हवेली से मुक्ति पानेवाली पर नहीं था, लेकिन कस्तूरी पर लगाया गया। गरीब घर की गृहिणी है, तब क्या मर्यादा का उल्लंघन करेगी ? जिन घरों में धन नहीं रहता आबरू और मर्यादा उतनी ही ज्यादा पैदा करनी होती है।

कस्तूरी के पति आए, पत्नी से बिना कुछ पूछे ही बहुत कुछ मालूम हो जैसे या कि औरत पर संशय-सन्देह करने के लिए चाहिए ही कितना ? बस इतना कि परपुरुष के द्वारा किए प्रबन्ध का इस्तेमाल किया था। हवेलीवाली साथ थी, मगर औरत का आदमी पर कितना अंकुश हो सकता है, यह पुरुष से ज्यादा कस्तूरी भी नहीं जानती। फिर इतना भी क्या कम है कि हीरालाल की पत्नी उनके दुश्मन जमींदार की छत्रच्छाया में गंगा नहाने गई। उस जमींदार की छाया में, जिसकी दी हुई सजाओं को हीरालाल छकाते और जमींदारी के रुतबे को चिढ़ाते आए हैं। गाँव छोड़ देते हैं, आन नहीं छोड़ते। अँगरेजों के पिट्ठू को लगान तो हरगिज नहीं देते। उसी दुश्मन, गद्दार आदमी की बगल में उनकी पत्नी ! यह बात किसी पति के लिए भी और मनुष्य के लिए भी भारी पड़ती है।

आमने-सामने पर है कस्तूरी।

''रेशम कुँवर की कहानी का ढोंग ! सती कथा का पाखंड, तुम जैसी औरत।''

''अरे ! तुम तो देशभक्ति के गीत गाते हो, और मुझे नहीं समझते।''

''समझते हैं। अपनी धरती को समझते हैं और गंगा को भी समझते हैं। चल, मैं गंगा का कोण बनाता हूँ, तू उसमें खड़ी होकर, सौगन्ध खा कि इस बनिया के बेटे से तेरा कोई सम्बन्ध नहीं ?''

कस्तूरी चुप रही।

''बस !'' पति ने कड़वा मुँह बनाया कि चेहरा नीला पड़ने लगा।

''है सम्बन्ध,'' वह धीमे से बोली।

''रखैल का। बोल, रखैल का। बोल दे हाँ,'' कहते हुए उनकी लम्बी काया थरथराने लगी और होंठ ऐंठने लगे।

''हाँ, रियाया का।''

''ओ ऽ...हो !'' कलशियाँ बेचनेवाली, बड़ी-बड़ी बातें सीख गई है।'' उपहास से लबालब उनके होंठ ठहाके पर आ उतरे।

कस्तूरी का सर्वांग काँप गया। दुश्चरित्र स्त्रियों की दुर्दशा देखी है और सुनी भी है। उनका सिर मुड़ा दिया जाता है। मुँह पर कालिख पोतकर गाँव में घुमाया जाता है। त्याग दी जाती हैं या वन में छोड़ आते हैं। अपने ही खानदान की राधा भाभी, एक दिन रोटी करते वक्त भूख की मारी, एक रोटी खा गईं। सास ने देख लीं तो जैसे उन्हें जूढ़ी चढ़ आई। हाथ से लोई गिर गई। गले में बड़ा-सा कौर जो अटक गया था। सजा

का अन्दाजा उन्हें रहा होगा कि लोटा लेकर खेतों की ओर निकल गईं और घर नहीं लौटीं। रात हो गई। थोड़ा-बहुत खोजा-खखोला, नहीं मिलीं। सबेरा हुआ, देखा कि दूसरे गाँव का धोबी उन्हें अपने संग ला रहा हैं। धोबी ने हाथ जोड़े, अपने बेटे की कसम खाई कि राधा उसकी बहन समान है। मगर सास का मन कर रहा था, उस हरजाई की जान ले ले। चलो जीभ पर गर्म चिमटा दागकर छोड़ दिया। राधा भाभी महीनों तड़पती रहीं। बोल बन्द हो गया और फिर मर गईं।

ऐसा कांड, यह वाकया कहीं भी घट सकता है और वह फिर भी आगे बढ़ रही है। माँ और भाइयों से नहीं जीत पाई, पति से जूझ रही है। जूझने की लत पड़ गई है उसको।

माँ ठीक कहा करती है फिर, जब से इस लड़की के कनपटी में सुई गड़ी है, तब से यह ऐसी ही हो गई है, जो कोई न करना चाहे सो यह करे। बात-बात पर माँ ऐसे ही कहती थी। वह सोचती थी अच्छा बहाना है यह भी। और सुई क्या उसने अपने आप गड़ा ली ? कान छेदनेवाला बनजारा ही ऐसा अनाड़ी था। कोई अपने कान में छेद कैसे करा ले, इसलिए वह बिदकी थी। बिदकनेवाली लड़की को वह काबू करना जानता था, पैनी नोंकदार बाली सीधी हो गई और उठा-पटक में कान की लव के पीछे धँस गई। सात बरस की कस्तूरी हाथ उछाल-उछालकर पाँव पीट-पीटकर जिबह होते बकरी के मेमने-सी रोई, चिंघाड़ी, चीखी। बाली वापस खींची मगर वह आधी टूट गई। सबने कहा लड़की मर जाएगी।

बाली नहीं, वह सुई की अवस्था में आज भी शरीर के किसी हिस्से में है, जब कसकेगी, तभी बता देगी कि किस जगह है ? ब्याह के पहले अकसर वह कनपटी में कसकती थी, पर अब छाती के पास वही है। तभी सोचा था कि अपनी दिनचर्या बदल ले और हवेली जाना छोड़ दे, मगर तभी सुई बुरी तरह कसकने लगी। कुछ न हो पाया फिर, हवेलीवाली से कहा—किसी वैद्य से बात करें, तकलीफ बहुत है। अब पति को कैसे समझाए कि उसकी बीमारी का इलाज उनके पास नहीं, जमींदार मदद कर सकता है। तुम्हें इसलिए शक है कि वह हमारे ऊपर मेहरबान है, लगान का जानलेवा तकाजा नहीं करता, बेदखली की धमकी नहीं देता क्योंकि अपनी पत्नी से अब खफा नहीं। रियाया का महत्त्व जान गया है। सुई भी मेरे शरीर में शान्त है, तुम अपने मन में बेईमानी मत लाओ।

कोई ससुर अपनी बहू की पुकार सुन सकता है, जबकि बहू घूँघट-पर्दा में हो ? बूढ़े अपाहिज पिता बेटे को समझा रहे थे—'जमींदार से किसान की दूरियाँ ही बढ़ती जाती हैं, बहू जमींदारनी के बहाने हम को उसके पास ला रही है, तू क्या समझा ? हम अपनी बात उससे खुलकर कह सकते हैं, नहीं तो मुछीका लगे बैलों से हमारी हालत अलग क्या है ?'

ससुर की निरुपायता थी या सूझ-बूझ ? बहू मुजरिम से देवी हो गई।

आपसी समझ प्रेम का रूप लेने लगी। पति कस्तूरी के साथी जैसा व्यवहार करने

लगे। फिर भी उनकी घर के प्रति गैर-जिम्मेदारियाँ घटी तो नहीं, बढ़ती गईं। बात और व्यवहार में ही फर्क नहीं हुआ करता, व्यवहार और व्यवहार में भी फर्क हो जाता है, कस्तूरी की समझ में आ गया।

पति नाम की ढाल कस्तूरी की गृहस्थी के ऊपर थी भले पति पास नहीं रह पाते, यह बात तब समझ में आई, जब एक दिन मोतीझला की बीमारी में तड़प-तड़पकर, बाय में अनाप-शनाप बक-बककर हीरालाल नाम के आदमी की जीवन लीला समाप्त हुई। कि एक अजूबा हुआ ? अविश्वसनीय हादसा।

'कस्तूरी सती होना नहीं चाहती' कुँआरेपन में उसने माँ से कहा था, क्योंकि मौत जैसी भयानक चीज उसे बिलकुल पसन्द नहीं, डर लगता है। तब माँ ने कहा था—वर हट्टा-कट्टा सुगढ़ और सलीकेदार ढूँढ़ा है। गरीबी-अमीरी तो आने-जाने का खेल तमाशा है।

गोद में अठारह महीने की बच्ची !

'माँ, मैं मर जाना चाहती हूँ' उसके मुँह से शब्द नहीं निकले पति की चिता से उठता धुआँ निकला। उस दिन यह भी तहेदिल से मनाया कि लहू के साथ बहनेवाली चाँदी की सुई दिल को फाड़ डाले तो उसका सुई होना भी सार्थक हो जाए। मगर वह सुई शायद बच्ची पर आकर अटक जाती—मेरे बिना इसका संसार में कौन ? बूढ़े अपाहिज ससुर इसकी परवरिश कर पाएँगे ? भूख-बीमारी और बूढ़े बाप की खबर न लेनेवाला आदमी मरने के बाद ऐसा क्यों लगने लगा जैसे वही कस्तूरी की नाव का खेवनहारा था ? कितनी शिकायतें कितनी गलतियाँ उसके नाम थीं, जिनकी पोटली बाँधी थी, वह पोटली कहाँ बिला गई ? क्या बिछोह ही लगाव होता है कि मन दरक रहा है और कस्तूरी पति से जुड़ती जाती है।

यम और आदमी की जंग आँखों के सामने होती है, आदमी पछड़ते हुए उसकी ओर देखता है और तब आखिरी बूँद, जिन्दा आँसू गिरा...अन्त की मुनादी करता हुआ रुँधी हुई आवाज में विलीन हो गया। आवाज में जो ध्वनि बजी थी, वह थी—मै...त्रे...यी !

बेटी को पिता का दिया नाम। गाँववालों के लिए तो वह पुष्पा है...हरहराकर उठी विधवा स्त्री और मैत्रेयी को गले लगाकर रोना चाहा, मगर आँखों में सूखा रेत बिछा था, भीतर की सारी नमी सोख गया। कोसों दूर रहे आदमी के बिछोह में अपने दिल के नजदीक तक न आ सकी। यादों के नाम पर याद रह गया पति का जीवित स्वर—यह हमारी बेटी, जब इसका जन्म हुआ, ग्रह-नक्षत्रों ने रास्ता दिया। देवता और ऋद्धि-सिद्धि साथ हो लिये। पंडितजी ने यही कहा था न ? और यही हमने देखा, हमारे घर में अन्न और दूध कि सारे गाँव में अमन चैन ! मैत्रेयी आई है हमारे घर।

बीमार आदमी से क्या कहती कस्तूरी ? नहीं कह पाई कि अमन-चैन क्यों आता जाता है ? फसलें क्यों अच्छी हुईं ? जानवर क्यों दूध देने लगे ? इसीलिए कि अब कहीं आजादी की आहट सुनाई पड़ रही है। गोरों का कोड़ा ढीला हो आया है। हुकूमत के ग्रह पलटने लगे हैं। गाँधीजी का आन्दोलन रंग ला रहा है। वह पति से कैसे कहे कि नई बातें जमींदार के बेटे चन्द्रपाल से सुना करती है। कि हवेलीवाली तो यहाँ तक

कह रही थी—जमींदारी टूटेंगी। तब मेरा काम तो वही पीसना-कूटना रह जाएगा, मर्द की गद्दी चली जाएगी। काम और राजपाट में यही भेद है। मेहनत और ऐश-आराम का यही अन्तर है। बीमार आदमी से कस्तूरी ने कुछ नहीं कहा सिवा इसके कि अब लगान भरने के दिन जानेवाले हैं। तुम अपनी टेक पर अड़े रहे। टेक पर अड़नेवाले ही जीतते हैं।—बस अपना हाथ पति के हाथ पर धरकर आशापूर्ण आँखों से देखती रही थी। पटाक्षेप ऐसे ही निराशा में नहीं होने देना चाहती थी कस्तूरी। पति आजादी से पहले आजाद आदमी की तरह रहे तो आजाद नागरिक की तरह ही मरें, यही सोचा था।

विधवा होने के बाद कस्तूरी ने सती रेशम कुँवर की किताब को छूने की हिम्मत तक नहीं की। किताब जिस किवड़िया में रखी थी, लगता था उसमें से लपटें उठ रही हैं, साँप-की जीभ-सी लपलपा रही है। लोग मन्त्र पढ़ रहे हैं। ढोल बज रहा है। ईंगुर आल्ता और माँग-टीका सजाया जा रहा है।

कस्तूरी ने अपनी पोशाक बदल डाली, इसलिए नहीं कि विधवा को रंगीन कपड़े नहीं पहनने चाहिए, शृंगार नहीं करना चाहिए, इसलिए कि उसे रेशमी रंगीन कपड़े पहने हुए, गहनों से सजी, ईंगुर आल्ता लगाए पति का सिर गोद में रखकर चिता पर जिन्दा बैठी हुई रेशम कुँवर की छवि नजरों के सामने दिखाई देती, सपनों में भी वही आती।

क्या उसी छवि के हौल की मारी वह रोई नहीं थी और गाँव में हल्ला था कि कस्तूरी इस गाँव में ऐसी पहली औरत है, जिसने पति की मौत पर रुदन नहीं किया।

"हाय कठकरेज लुगाई !" औरतों ने कहा और मर्दों ने च् च् च् करके आश्चर्य जताया।

मायके खबर पहुँची तो माँ आ गई। बेटी कैसा अनर्थ कर रही है, दुनिया क्या कहेगी ? बूढ़ी ने सबेरे-शोक में रोने की रस्म अपने सिर ले ली और कोई मिलने भेंटने आता तो अपने और बेटी के बदले का रोकर दिखाती। कस्तूरी को टहोकती कि साथ दे।

"यह मेरे बस का नहीं है चाची, क्योंकि अब मैं अपनी जिन्दगी और बेटी की नन्ही जान को लेकर ही सोच पाती हूँ। मुझे लोग धिक्कार रहे हैं, जानती हूँ। धिक्कार किसे अच्छी लगती है ? पर कैसे समझाऊँ कि मेरे सामने आनेवाले दिन बाघ की तरह मुँह फाड़े खड़े हैं। मैं आनेवाली घड़ियों से छुटकारा पाकर बच जाऊँगी ? हर हाल में सामना करना होगा..."

उसके बाद अनादि काल से चलता आया शोक-नाटक चलाता रहा। वह कितनी ही बातें सहेजती, कितनी विसर्जित कर डाली। कई विधुर पुरुष याद आए—कैसे बन्धनहीन जिन्दगी मिलती है उन्हें, ब्याह करें, न करें। घर रहें, कहीं भी चले जाएँ। सन्तान पैदा करना उनका काम है, पालने की बाध्यता नहीं।

'कैसी हूँ मैं ? अपने आपको दूसरी औरतों से छिटकाकर अब घबरा रही हूँ। क्यों नहीं रो-रोकर निढाल हुई ? क्यों तड़प-तड़पकर चिंघाड़ती हुई लोगों की करुणा नहीं

इकट्ठी कर रही ? दुनिया का चलन ठुकराकर आखिर क्या पाने की इच्छा है ?' बड़ी छटपटाहट हुई, उसी धार में बहते हुए माँ से कहा था—'चाची, जा तू लौट जा। इस घर का खाती नहीं, यहाँ का पानी नहीं पीती, कब तक यहाँ रहेगी ?' रिवाज माँ को बेटी के पास रहने की भी इजाजत नहीं देते, जैसे वह सन्तान ही न हो।

माँ बेआवाज रोती रही। जैसे रोने के सिवा उसके पास कुछ हो ही नहीं तो रहने के लिए भी क्या था ? उसने बिलखती हुई माँ को अपनी भाषा में समझाया—गीता में लिखा है, कोई किसी का नहीं, यह हम औरतों के लिए बड़ा सही बैठता है। जो हमारा नहीं, उसके लिए रोना क्या ? बोल, मैंने गलत किया ?

माँ का गीता में कोई विश्वास न हो जैसे। उसके सब अपने हैं, बराबर से अपने हैं, हाँ परम्परा के चलते रिवाजों की धार पर खुद ब खुद अन्तर हो जाए तो माँ इसमें क्या दोष ? इज्जत-आबरू और मर्यादा से बाहर कोई आने दे फिर देखे कि वह कैसी माँ है ? बेटी की विपता से, उसके शोक से ठूँठ हुई माँ नहीं बता पा रही थी कि कस्तूरी के भाई इस वक्त क्या सोच रहे हैं ? बताने का मन था, मगर बताने की छूट नहीं क्योंकि कस्तूरी के मुकाबले समाज में बेटा भारी और कीमती रत्न है। सो बस चलते-चलते ममतावश बोली—अपनी बेटी का खयाल करना बीबी। खेती अब जमींदार के चंगुल से छूट रही है, इस छोटी सी जान के लिए तबाही न बन जाए...। माँ की आँखों में डर बोल रहा था।

सपने में भी नहीं सोचा था ससुर इस तरह पेश आएँगे।

माँ भाइयों की नीयत का इशारा कर गई थी, यहाँ ससुर-बहू का किस्सा उठ खड़ा हुआ। बेटे के सामने बहू को शीश पर उठाकर रखनेवाले बूढ़े, बेटे के जाते ही बेगाने हो उठे ! पैंतीस साल का जवान बेटा मरा है, दुख भूल गए, जबकि जानलेवा शोक तो उन्हीं के लिए था। बहू का दुख भी उसी दुख में रिला-मिला....इहकाल परकाल सारे गडमड हुए एक पुरुष के बिछोह में...

फिर तोड़-फोड़ कहाँ हुई ? अविश्वास कैसे जागा ?

वे सीधे कचेहरी पहुँच गए ! इगलास की गैल में कितने कंकड-काँटे और गठिया से तुड़े-मुड़े वृद्ध के पाँव जूता पहनने लायक नहीं, अभी तक जहाँ जाते थे, बहू बैलगाड़ी का इन्तजाम करती थी। आज निखालिस अपने बेटे के पिता हो गए !

"हुजूर, मैं मरहूम हीरालाल का अभागा बाप....उसके बाद खेती के रकबे का अकेला हकदार। कागजात में अब मेरा नाम आना चाहिए।"

कस्तूरी के सामने पिता समान पिता का चेहरा बदल गया। चोकर छान-छानकर यथाशक्ति आटा निकालती, बुजुर्ग का पेट भूखा नहीं रहने देती और खुद अपने पेट में घुटने देकर पड़ी रहती। तीन-चार दिन कभी आलू नसीब हुए तो, दिन-दो-दिन में शकरकन्दी का टुकड़ा मिला तो पेट में डाल लिये। नहीं तो भूखे रहने की आदत ही

पेट में पड़ी रही। अधपेट खाया और इस घरबार की खातिर माँ से भी नाता तोड़ लिया ! यही था एक औरत की जिन्दगी का मकसद ? या यही कर्तव्य उसके हिस्से आया।

अहलकार ने साफ मना कर दिया। पत्नी के होते पिता का नाम नहीं आएगा। हीरालाल के नाम पर खेत आया था उसकी माँ के नाम के बाद। इस पर किसी पिता का हक क्या ?

बड़ी जग हँसाई हुई। गाँव के लोगों ने ठट्ठा किया—बाबरे हैं डोकर, खेत का चस्का बुढ़ापे में लगा। अजी इगलास तक नंगों पाँवों भागे गए। बैरंग वापस। वापस !

मजाक, मखौल...वह मर्माहत हुई। सोचने-विचारने के बाद समझ में भी आ गया कि पागलपन का कारण लोभ-लालच नहीं, एक ठोस बात है, आँखों देखा अँधेर है। बस इसलिए ही ज्यादा चौकन्ने हो गए हैं।

विधवा होने के डेढ़ महीने के बाद मायके से भाई आया था, हेतराम।

क्या नजारा था उस रात ?

फूँस का ओसारा, ओसारे में मैत्रेयी के बाबा...अपाहिज मगर मजबूत मूँछों के धनी की तस्वीर कस्तूरी के मन में है। उस तस्वीर में हल उठाता हुआ भाई...बाबा ने खाट से उठने की कोशिश की, मगर रीढ़ साथ नहीं दे सकी और हेतराम इतनी देर में हल उठाकर चल दिया। बूढ़े आदमी, बाबा चिल्लाते रह गए। उनसे हल ले जाता आदमी किसी तरह रुका नहीं, तब गाँववालों को आवाज लगाई, वरन कस्तूरी के भाई को वे उठाईगिरा होने के इल्जाम में नहीं फँसाते, आखिर अपना रिश्तेदार था।

''ओ रामौतार ! ओ खूबाराम ! ओ रे लछ्मी...''

''अरे चलियो रे भइया। अरे हमारा हल गया रे...''

बाबा के हाथ-पाँव जितने अशक्त हैं, आवाज उतनी ही बुलन्द है, कस्तूरी यह बात अच्छी तरह जानती है।

खूबा, रामावतार और लक्ष्मीनारायन से पहले बाबा की आवाज वह सुन लेती है। बाहर निकलकर धोती की तिन्नी कमर में खोंसकर उलझती-गिरती दौड़ लगा देती है, और गाँव बाहर पोखर के मैदान पर रुकती है। पीछे-पीछे लोग भागते हुए आ गए।

हल ले जाता आदमी न जाने कहाँ अन्तर्धान हो गया ? लक्ष्मीनारायन हो-हो करके ऐसी आवाजें निकालने लगे ज्यों नील गायों को भगा रहे हों।

चोर नहीं मिला, खोजी दस्ता निराश होकर गाँव लौट आया।

बाबा सिर झुकाकर रह गए।

किसान किसान की मुसीबत समझता है। बुवाई के दिन, अब किसका हल माँगेंगे ? वक्त पर औजार तो सभी को चाहिए। जैसे पानी का अपना समय होता है। खेतों की जरूरत तो सभी के लिए एक-सी है।

''फूफा !'' खूबाराम ने बाबा को पुकारा, ज्यों अपनी ओर बुला रहे हों।

बाबा ने सिर उठाकर देखा तो पाया कि नौजवान खूबाराम कह रहे हैं, ''एक ही हल था क्या ? अरे हम अपनी बुवाई दो-तीन दिन में निपटा लेंगे। या फिर तुम्हारे

खेत पहले बो देंगे।''

बाबा की आँखें नम हो आईं, शायद हल जाने के दुख को आँखों में अब तक रोके हुए थे, हमदर्दी ने सोते खोल दिए। अब आँसुओं से लबरेज आँखें सिर उठाने को मोहलत नहीं दे रही थीं, बस हाथ उठा दिए। मतलब कि खुश रहो बेटा, तुम्हारी जवानी और हिम्मत ऐसे ही कायम रहे।

बाबा रिश्तेदारों की नीचताएँ बचाते-बचाते अब मजबूर हो उठे कि हेतराम इस नीचता से भी कहीं आगे न बढ़ जाए। कस्तूरी को यह बात उस दिन नहीं, तब पता चली, जब वे खेती में अपना नाम डलवाने इगलास गए थे और वापस निराश हताश लौटे।

''कस्तूरी, तुझे बुरा लगा होगा बेटी, मेरा इस तरह हक जताना अखरा होगा। पर मैं आज जब सब तरह से निहत्था हूँ, अपने पड़ौसियों से कहता हूँ—वे सबसे ज्यादा नजदीक हैं, मुझ बूढ़े की कब आँखें मुँद जाएँ, यह भी तो हो सकता है। हमारी लाली (मैत्रेयी) को बड़ा खतरा है। जल्लाद हेतराम उसका टेंटुआ दबा सकता है, नदी में बहा सकता है। मुझे डर लगता है, क्योंकि जायदाद का लोभ बड़ा बेरहम होता है।''

जिसने सुना, वही अविश्वास से देखने लगा। तब मैंने कहा, विश्वास करो और चौकन्ने हो जाओ। मुझे बड़े भरोसेबन्द आदमी ने बताया है कि यह बदफरोस मामा हमारी लाली को मारकर बहन को दूसरी जगह बिठाना चाहता है। बहन की रकम भरेगा और यहाँ खेती का कोई वारिस नहीं।

अब एक सिलसिला था, जो कस्तूरी की आँखों के आगे और नाक के नीचे से गुजर रहा था। भाई कब आए, कब कुम्हार के गधे पर अनाज लाद ले जाए। तमाकू बिककर रुपए आए, भाई ने बहन के पाँव पकड़ लिये, बहाने तमाम थे।

इन दिनों कस्तूरी ससुर से इतनी शर्मिन्दा थी, जितनी जिन्दगी में कभी नहीं हुई। देखती आई है कि मर्दों को अपने बारे में सोचना आता है, बाकी सम्बन्ध फीके हैं। भाई फिर नई घृणा से जुड़ा।

मगर बाबा ने इस सारे कांड का क्या अर्थ लगाया होगा, उनके व्यवहार से ज़ाहिर है। यह ससुर का पागलपन नहीं, बुद्धिमानी है।

बहू ने ससुर का पर्दा त्याग दिया।

कस्तूरी के अनुसार पर्दे में बहुत-सी बातें ढँकी-दबी रह जाती हैं। गलतफहमियों के तमाम मामले बनते हैं।

''दादा जी !'' बहू ने पुकारा।

वृद्ध की आँखों में प्रार्थना विनती और अनुनय के सिवा कुछ न था।

नीची नजर किए कस्तूरी ने बाबा को ढाढ़स बँधाया, क्योंकि आड़ की आदत पड़ी हुई थी, सीधे देखने की हिम्मत नहीं....फिर भी—

''मेरा भरोसा करो दादा जी। मैं अपनी बेटी को पढ़ा-लिखकर बड़ा करूँगी कि मेरे तुम्हारे बाद वह अपने दुश्मनों का मुकाबला करे।''

फिर क्या था, पाँव खोल दिए कस्तूरी ने।

जमींदार की संगत, हवेलीवाली सखी का सान्निध्य और हवेली में होती गाँधी-नेहरू की बातें। नम्बरदार भाषण सुनकर आते, गाँव आकर किसानों को उन व्याख्यानों का सार समझाते। आजादी कैसे आ रही है, कितने बलिदान माँग रही है, चन्द्रशेखर, भगतसिंह जैसे वीर, जो देश पर कुर्बान हो गए, अपने गाँव से नम्बरदार ने ही परिचित कराए थे। नहीं तो सुभाष बाबू कहाँ होगें ? यह सवाल गाँव के कूपमंडूक किसान क्या जानते ?

कस्तूरी के स्त्री जीवन ने करवट लिया।

बन्धक जिन्दगी मुक्त होना चाहती है।

देश में गूँजती नेताओं की वाणी से जो सूत्रवाक्य निकलते, उनमें से एक वाक्य था—स्त्री-शिक्षा। औरत के मन में बन्द गाँठें खुलने लगीं। पढ़-लिखकर आदमी ज्ञान की उस दुनिया में पहुँच सकता है, जहाँ वह अपने आपको देख सके कि माहौल में उस की तस्वीर क्या है ? बिना पढ़े मनुष्य का गधे जैसा जीवन...

किताबें पढ़ लेती है कस्तूरी, धीरे-धीरे ही सही, बाँच तो लेती है।

यह अक्षरज्ञान काफी नहीं। पढ़ने-लिखने की आकांक्षा जोर पकड़ने लगी है। क्या अब तक लगन खत्म नहीं हुई थी ? शायद दब गई थी।

नम्बरदार कहते हैं—शहर की स्त्रियाँ विद्या-बुद्धि में आगे रहती हैं।

रहेंगी, क्यों नहीं रहेंगी, उनके पास पढ़ने-लिखने के साधन हैं। स्कूल-विद्यालय हैं। कस्तूरी ऐसे साधन कैसे पाए ? इस भूलभुलैया में ही अटककर रह जाना है। समय किसी का इन्तजार करता है कि उसका करेगा ? यह गाँव भी कैसा है, मन्दिर दो-दो हैं, स्कूल एक भी नहीं। आज के नेता कहते हैं—पढ़ो-पढ़ाओ, यही पुण्य है—मगर कहाँ पढ़ो-पढ़ाओ ? उसने कल्पना में एक स्कूल की तस्वीर तैयार की, मन आह्लाद से भर उठा। मगर मास्टर कौन ? कापी, कलम, स्याही का खर्चा कहाँ ? तमाम तरह के झंझट।

क्या सोच रही है ? यह सब उसके स्वभाव का दोष है। माँ के अनुसार उस सुई का जो कान के पीछे चुभी थी, उसी के चलते कि उसके बाद ही ऐसी पागल हुई।

हाँ पागल ही तो हुई है, नहीं तो इस सम्भावना की बात पर सोचती, जिसका सपना तक नहीं देखा—स्कूल, मस्टरानी और बाकायदा लिखाई-पढ़ाई। माँ ने कहा था—कभी पीहर चिट्ठी मत डालना। उसने वचन निभाया। अगर ऐसी ही फालतू कसम कोई दे दे तो पढ़ाई-लिखाई का मतलब क्या होगा ? वह दुविधा में फँसने लगी। जाल में बिंधे पंछी की तरह फड़फड़ाती हुई !

वह खुद ही शपथ लेती है—मैं अपनी विद्या को अकारथ नहीं जाने दूँगी।

इगलास ! तहसील स्तर का कस्बा।

गाँव के लोग क्या कहेंगे ? ढाई कोस इधर से, ढाई कोस उधर से, सबेरे-साँझ आना-जाना।

बिना घूँघट की बहू, हाथ में किताब-कापी भरा झोला ! कैसा लगेगा ? गाँव में

बहुओं का एक कायदा होता है—रस्सा, हँसिया, खुरपी, डलिया लेकर निकलें तो आँखें झुकी रहें, चेहरा ढँका हुआ हो। गाँव से दूसरे गाँव तक जाना है तो किसी मर्द के साथ, भले वह दस साल का लड़का रहे।—मैं मर्द कहाँ से लाऊँगी ? घर के मर्द भी स्त्री का साथ देने कभी-कभार ही तैयार होते हैं। रोज-रोज कौन जा सकता है ? शायद इसीलिए औरतों का कभी-कभार आना-जाना बताया गया है।

गृहस्थी का नक्शा भी कैसा कमजोर है—स्त्री, बूढ़ा और बच्ची ! पढ़ाई-लिखाई के चलते घर और खेत का क्या हाल होगा ? उजड़ती गृहस्थी और लुटते खेतों का किस्सा ऐसे ही खत्म होनेवाला नहीं। फिर रिवाजें भी यहाँ जिन्दगी से कई गुना बड़ी हैं। ससुर से संवाद ही बहुत भारी पड़ रहा है, जैसे उसने परम्परा उलट डाली हो।

यहाँ से निकलकर चली तो नजारा क्या होगा ? ससुर धीरजवान श्रोता क्या हुए, गाँव की पंचायतें दम नहीं लेतीं। लोग उन्हें अकेला नहीं छोड़ते। तमाकू पीते हैं, बहाना हमदर्दी का है...सोचते हुए कस्तूरी ओसारे में बैठे लोगों को दुश्मनों की निगाह से देखने लगी।

उसका संकल्प कोई नहीं समझेगा, क्योंकि यह संकल्प नहीं अजूबा होगा।

ससुर मना नहीं करेंगे, मगर रजामन्दी देंगे, इसमें सन्देह है। दूसरी विधवाएँ हैं, वे कुछ ऐसा सोचती हैं, जिस पर गाँव उँगली उठाए और घर के लोग शर्मसार हों ? अगर अपनी ऐसी-वैसी इच्छा को नहीं दबा पातीं तो कुआँ, पोखर में डूब मरती हैं। विधवा का इतिहास तो इतना ही है, फिर नए भविष्य कि ऊटपटाँग माना जानेवाला रवैया क्यों जोड़ने जा रही हूँ ? अपनी जिदें, अपना पागलपन अब तक भरसक छिपाया, मगर क्या कुछ ढँका-छिपा रह सका ? आज जब अपनी गृहस्थी समेटकर पीहर और ससुराल की मर्यादा का पालन करते हुए, 'विधवा कर्तव्य' जैसी किताब (जो ममिया ससुर लाए हैं) पढ़नी चाहिए और परपुरुषों से बचकर रहना चाहिए, मैं पाँव बाहर निकाल देना चाहती हूँ, जहाँ रास्ते और कस्बे में परपुरुषों से ही वास्ता पड़ेगा। थू-थू तो बहुत होगी।' कस्तूरी का गला काँप गया और कनपटी गर्म हो गई।

अपनी बीमारी वह जानती है, कहीं कनपटी में लगी सुई, जो खून के साथ शरीर में घूम रही है, इन दिनों दिमाग की ओर तो नहीं चढ़ गई ? शायद। नहीं तो मगज में फितूर क्यों जमा होता जाता है—मैंने ब्याह नहीं करना चाहा था, किसी ने सुनी मेरी बात ? मैं भाई के ब्याह के लिए बदले में किसी बूढ़े के साथ नहीं जाना चाहती थी, बस चुपके से बेच दिया मुझे। आज विधवा हो गई, मेरे साथ कौन है ? चिन्ता है किसी को ?

'हाँ, मेरे मगज में सुई कसक रही है। मैं दर्द से तड़प रही हूँ, जिस मायके की आन रख रही हूँ, जिस ससुराल की मर्यादा मान रही हूँ, वहाँ कौन कितने दिन साथ देगा ? देगा तो मुझे लज्जाशील मानेंगे लोग ?'

सोचते-सोचते वह इतनी तल्ख हो उठी कि सबकुछ काबू से बाहर होने लगा। यह आग, जो वह सालों से बुझाने की चेष्टा करती आ रही है, किस हवा के झोंके से भड़क

उठती है ? ये बातें, जो कपाल में हैं, निस्सन्देह किसी सामान्य-साधारण लड़की के लिए मुसीबत की जड़ हैं।

आशाएँ धकेलती रहीं, सपने द्वार खोलकर सामने खड़े थे। दुविधाओं में अब क्या सार ? मगज में लगी सुई घेरे में अटककर एक ही स्वर पर लग गई है—आओ आओ, आगे बढ़ो।

फैसला अपना था, फैसला लिया।

स्कूल जानेवाली झोला लटकाए औरत को भौंचक होकर सबने देखा। वह इस कदर परेशान हुई कि किसी को तो क्या, रास्ते के कंकड़-पत्थर और चढ़ाव-उतार तक न देख पाती। ठोकर लगी, मुँह के बल गिरी।

झेंपती हुई स्त्री चोट और दर्द भूलकर चुपके से उठती, धूल झाड़कर धीमे से खड़ी होती। आसपास तमाशगीर होते। हँसते-मुस्काते बूढ़े, जवान और बच्चे। औरतें घूँघट में कैसा चेहरा लिये रहतीं, पता न चलता।

बस इतना पता चल गया कि उसे लोगों ने पागल मान लिया है।

कस्तूरी के पागलपन की खबर जब मायके पहुँची तो माँ ने अपना कपाल पीट लिया और जल्दी-से-जल्दी अपनी विश्वसनीय धोबिन के हाथ खबर भेजी—कस्तूरी, तूझे दूसरे खसम की सार लगी है तो खसम कर जा, तिरिया चरित्तर क्यों पसार रही है ? दूसरे ब्याह पर लोग चार दिन निन्दा-बदनामी कर लेंगे, फिर तू अपने खूँटे बँधेगी। यह रोज-रोज का झोला लेकर मीराबाई बने फिरना...क्या चाह रही है, लुगाई की जिन्दगी पाकर ? तूने दोनों कुल बोर दिए।'

माँ का सन्देश पाकर कस्तूरी आग का गोला हो गई—"मेरी माँ मेरी सबसे बड़ी दुश्मन है, महाबैरिन।" "कह देना धोबिन भाभी, दूसरा खसम करना मतलब कि फिर से गुलामी में जाना। और कस्तूरी किसी गुलाम-मिट्टी की नहीं बनी। चाची को लाज लगती है तो खुद कुआँ-पोखर में डूब मरे। लजवन्तियों के लिए ये ही जगहें बनाई गई हैं। मुझे तंग न करे आगे से।"

मायके से रिश्ता काट लिया। दुधमुँही बच्ची घर छोड़ी। अपाहिज ससुर की कातर आँखों के लिए करुणा नहीं दिखाई। खेत और घर के नफा-नुकसान नजरअन्दाज कर डाले। नंगे पाँवों रास्ता नापती स्त्री की सारी दौलत किताब-कापियाँ हो गईं, जिन की झोली लटकाए वह सूरज और चन्द्रमा के साथ समय की परिक्रमा करती रही और धरती के सारे दोषों से दूर होती जाती। जन्म, ब्याह और पर्व-त्योहारों के गीतों को सुनकर कनपटी के पास जो दर्द उभरता, कविता की किताबों पर फैलकर बिला जाता। वह सोचती, क्यों होता है ऐसा ? क्या वह अपनी परम्परा से दूर जा रही है, कि परम्परा में अपने वैधव्य के लिए कुछ भी न पाकर मुँह फेर रही है ? नहीं, शिक्षा विद्या के पर्व पर सारे त्योहार निछावर कर डाले हैं। तभी वह खुशी से लबरेज हुई, मगर खामोश होकर अपनी सोती हुई बच्ची का चेहरा देखा करती, जैसे उस चेहरे को अपनी शिक्षिकाओं के चेहरे से मिला रही हो।

पीछे के चबाव थे—'क्यों फूफा (कस्तूरी के ससुर) गई बहू ? लड़की बीमार...'

उत्तर में एक चुप्पी होती, जिसमें से गुरेज, असहायता और दुख का मिला-जुला भाव सन्नाटे में तैर जाता। करुणा, तरस और हमदर्दी लुटानेवालों ने उसके जीवन का यह अजूबा देखकर सभी सद्भावनाएँ वापस ले ली हैं, वह जान गई थी। फिर भी अपनी बनाई अलौकिक दुनिया में रमती चली जाती। अब चौकन्नापन भी जाता रहा। जीवन का यह हिस्सा कि सुख का अनिर्वचनीय स्वाद, वह भविष्य के सुनहरे अक्षर लिखती रही।

नहीं, रात के दूसरे पहर, जब सारा गाँव खा-पीकर सो गया, वह चूल्हे में कंडे सुलगा रही है। दाल साग कब रन्धेगा ? बच्ची भूखी सो गई। बूढ़े सबेरे से राह देखते हुए बैठे हैं। उन्होंने गाय-बछड़ों के चारे-पानी का जिम्मा ले लिया है। रेंगती चाल से खेतों पर हो आते हैं। दोनों हाथों में लोटा थामकर बच्ची को नहला देते हैं। अगर गठिया ने उँगलियों के टेढ़ेपन में हाथों की मुट्ठी न बना दी होती तो इसमें शक नहीं कि वे रोटी भी बना लेते।

खाना तैयार हुआ। ससुर को परसा।

अकसर ऐसा हो जाता है कि खुद खाने बैठती है तो दाल कच्ची या साग में नमक कम या ज्यादा रह जाता है। शर्म आती है दादाजी क्या कहेंगे ? आज तो खैर ढिबरी में तेल नहीं बचा, चूल्हे की आग ही रोशनी थी, मगर हमेशा जो रोटी जल-लख जाती है ?

दुख लगा, पश्चात्ताप रह गया।

लोग बूढ़े के दुख से कराहते, दादाजी देखते न थे। क्या उन्होंने यह सोच लिया है कि ये कराहने के दिन नहीं, निबाहने का समय है। बहू घर छोड़कर चली गई तो ? निश्चित ही खेती संग चली जाएगी, क्योंकि वह इतनी होशियार है कि बाकायदा दूसरा ब्याह भी नहीं करेगी। हाँ, यही सोचा है और पति के पिता कस्तूरी के पिता हो गए। ससुर खेत के बारे में गम्भीरता से सोचे तो बहू बीज और खाद के उन्नत होने की सलाह दे।

मिट्टी देखकर फसलें उगाईं।

मौसम देखकर पानी दिया।

भूख और निर्धनता से निजात पाए हुए आगे बढ़ने लगे। बच्ची का किलकता चेहरा दोनों का सुख था।

'सुख पति के जमाने में क्यों नहीं था' इस सवाल से कस्तूरी अकसर जूझने लगती है। स्त्री के जीवन में बचपन से लेकर मृत्युपर्यंत पुरुष का साया ही सुख माना जाता है, जबकि उसको कभी सुरक्षा तक महसूस नहीं हुई। क्या उसी के लिए मान्यता झूठी पड़ गई या मान्यता केवल मानने की बातें हैं ?

यह भी हो सकता है कि देश आजाद हो गया। अँगरेजी राज गया, जमींदारियाँ खत्म हुईं। पति तो गुलाम देश के गुलाम पुरुष रहे, किसी को क्या सुरक्षा देते, सुख तो देते

ही क्या ? खेत अपने नाम पर थे, मगर कब्जा अँगरेज का था। धरती में बीज छींटने की कूबत भी रेहन हो गई। लुका-छिपा आदमी मुश्किलों से दूर रहना चाहता, मगर छिपने से मुश्किलें दूर होती हैं क्या ?

कस्तूरी अपने पति का नाम बच्ची के सामने कभी नहीं लेती। जबकि वह सखी-सहेलियों के पिताओं को देखकर अपने बाप के बारे में अकसर पूछती है। गुलामों की दास्तान कह-कहकर आजाद देश के बच्चों में हीनता पैदा करना हुआ न ? आम आदमी का संघर्ष भी उसकी बेचारगी समझा जाता है, बाप की कथा पर बच्ची क्यों शरमाएँ ? फिर इतना छोटा बच्चा उस लोक को केवल सुनकर जानेगा भी कैसे ?

फिर भी वह पिता के गीत गाया करती है। अफसोस-भरी बालसुलभ कड़ियाँ—सरला के पिताजी हैं, मेरे हैं ही नहीं। पिताजी गुड़िया लाते हैं, मेरे लाते नहीं...

लड़की ! कस्तूरी ने सोचा था उस पर बाप की दुनिया की छाया तक न पड़े, क्योंकि उनके संसार में अँधेरा-ही-अँधेरा रहा, अँधेरे में गुम हो गए। सोचते-सोचते पता नहीं कौन-सी बात याद आ जाती, शायद वही, जिसकी विषबेल जीवन पर फैली है—पति आज रहते तो मुझे पढ़ने देते ? बेटी के पढ़ने की बात सोचते ? औरतें खरीदनेवाला आदमी इस लड़की को बेचने में हिचकिचाता भला ?

कस्तूरी कड़वी बातें सोचकर क्यों मन खट्टा करती है ? यह भी भूल जाती है कि पति ने उसे कथा किताब पढ़ने से कभी नहीं रोका। जमींदार-नम्बरदार के घर जाकर पढ़ने गईं तो चुप्पी मार गए। गँवार आदमी की तरह पीट भी तो सकते थे। इस समाज में औरत के लिए इतनी छूट, उसकी मुक्ति ही मानी जाएगी। स्कूल में तो इस गाँव के लड़के तक नहीं जाते, लड़की और औरतें पढ़ेंगी, इस बात का सपना कैसे देखा जा सकता था ?

बस ऐसी ही सम-विषम बातों का चरखा चलाते-चलाते समय बीतने लगा। घर की शक्ति-सामर्थ्य बढ़ रही थी, बेटी बड़ी हो रही थी।

उलट पवन कहाँ राखिए...

अचानक धक्का लगा।

लगा कि कस्तूरी के जीवन में बेटी का अध्याय यहाँ से शुरू होता है। इसी सावन के महीने से। अब तक तो मैत्रेयी ऐसा बच्चा थी, जिसे उँगली के इशारे पर उठाया-बैठाया जा सकता है, कि जिसके लिए माँ का कहा ईश्वर का आदेश होता है, कि जिसकी दुनिया माँ की दुनिया के भीतर है, कि जिसकी आँखों में माँ की खुशी और गुस्से के उजाले-अँधेरे छाए रहते हैं, कि जिसका हर काम माँ को सोचकर होता है।

क्या अब वह उस बाल्यावस्था से निकल रही है, जिसमें बच्चे में आज्ञाकारी भाव रहता है ? अब वह चुप भी रहे तो आँखों में प्रश्न बोलते हैं। प्रश्नों के उत्तर न मिलें तो वह माँ की परवाह करना छोड़ देती है। नहीं तो गाँव की पुरोहितानी खेरापतिन और उसका क्या संग ? यह दुनिया को आँखें खोलकर देखनेवाली नई बच्ची और वह जमाने की मार खाई चमड़ी पर आड़ी-तिरछी लकीरों-भरे चेहरेवाली बूढ़ी होती स्त्री, संग मिलकर 'चन्दना' का गीत गाती हैं। गीत के बहाने एक अश्लील चर्चा करती हैं। कस्तूरी उस कथा को अपराध की जड़ मानती रही है—ब्याही चन्दना सुनार के लड़के के प्रेम में फँसी। पति ने दोनों को प्रेम की स्थिति में देखा। विदा करके ले जा रहे कुँवरजी ने चन्दना को जंगल के बीच रोककर 'सच क्या है ?' पूछा। चन्दना सच से मुकर गई, क्योंकि डर गई। कुँवरजी ने अपनी तलवार से उस प्रेम करनेवाली लड़की का सिर धड़ से अलग कर दिया। सही किया या गलत किया, कस्तूरी आज तक इस निर्णय पर नहीं पहुँच पाई, लेकिन सारे कांड के मूल में था पुरुष और पुरुष-प्रेम। औरत क्यों पुरुष के जंजाल में फँसी ? इस पुरुष के या उस पुरुष के...दोनों ही सलामत रहे, चन्दना ही मारी गई। समाज की इस अश्लील गाथा से उसे नफरत है।

...और आज मैत्रेयी का बाल स्वर इसी गीत-कथा की कड़ियों में गूँजा है—'तीजन चरचा चन्दना की चलि रही जी, एजी कोई मच्यौ सहर में सोर, सिर बदनामी चन्दना बेटी लै रही जीऽऽ...''

स्वर नहीं, माँ के सावधान हो जाने का सायरन। स्कूल के मास्टर लाल सिंह क्या कह रहे थे—'उसका मन पढ़ाई-लिखाई में नहीं रमता। वह स्कूल से मुकम्मल तौर पर गैरहाजिर रहती है। कस्तूरी चाची, वह अपने पिता पर पड़ी है। पढ़नेवाली नहीं। बाबा

बेचारे अपाहिज, उस बालक के पीछे कहाँ-कहाँ भागें ? तुम पढ़ लो या उसे ही पढ़ा लो।'

कस्तूरी की आँखों के आगे दिन में अँधेरा छा गया। औलाद का बिगड़ना, अपने बने वर्तमान और भविष्य पर कालिख है। यदि ऐसा ही रहा तो अगला पीढ़ी भी गर्त में गिरेगी, कस्तूरी कैसे बचा सकती है ?

माँ अब हर गर्त में झाँक-झाँककर देखने लगी, वह मेढकी कहाँ मिलेगी, जिसे वह मैत्रेयी कहती है। सबसे पहले तो वहीं, खेरापतिन के पास। गँवई कहानियाँ और भदेस गीत-कथाओं की झोली दिखानेवाली वह स्त्री मैत्रेयी के लिए विलक्षण है। उसी के खिंचाव से ऐसा भटकाव आया कि स्कूल छोड़ बैठी। वह बुढ़िया होती औरत भी कम नहीं, इन दिनों अपनी गायिकी का नया वारिस खोज रही है, क्योंकि उम्र उतरते उसे साँस का रोग लग गया है अब धुन सधती नहीं। उसकी तलाश मैत्रेयी पर आकर क्यों ठहर गई ? क्या इस लड़की का कंठ इतना मीठा है ? अगर मीठा भी है तो खेरापतिन का साथ कितने दिन निभा पाएगी ? वह चतुर औरत जानती है कि कंठ मीठा-खट्टा कैसा ही रहे, अभ्यास से सुर साध लेगी। सबसे बड़ी बात यह कि बिना भाई की बहन है। ब्याह होगा, वर यहीं आ जाएगा, खेती का वारिस बनने। मैत्रेयी पति के साथ यहीं रहेगी। कस्तूरी ने अपना पहरा कड़ा कर दिया और खींचकर सुना दिया—"खेरापतिन के संग न देखूँ कभी। स्कूल का रजिस्टर हर हफ्ते देखूँगी।"

मगर ढीठ लड़की स्कूल के रजिस्टर में नहीं, गाँव की कथा भागवत, वृष्टि, अनावृष्टि को लेकर मनुष्य के बचाव में गीत गाती हुई, देवता मनाती हुई पाई जाती। खेरापतिन दादी जहाँ-जहाँ से गुजरती, मैत्रेयी सुई के धागे की तरह साथ-साथ होती। दादी जहाँ-जहाँ बैठती, वह घुटनों में फ्रॉक फँसाकर बगल में बैठ जाती है। खेरापतिन अश्लील गीतों में उसे दीक्षित किए दे रही है, क्योंकि जहाँ बूढ़ी का स्वर टूटता है, मैत्रेयी अपनी आवाज मिला देती है कि लय टूटे नहीं। इस स्वर-साधना को भंग करके रहेगी कस्तूरी। मैत्रेयी की माँ ने दाँत पीसे।

तीज के दिन बादल रिमझिम बरस रहे थे। गाँव में नई ब्याही लड़कियों की सोहगी (सुहाग पिटारी) आने का दिन था। बूढ़ी-बेटियाँ तक सावन झूलने आ गईं।

पता चला कि मैत्रेयी माँ के इगलास जाते ही पोखरवाले मैदान पर खड़ी हो गई थी। पहले तो बिन्नक-सी लड़की गड़रियों की लड़कियों के साथ बकरियाँ चराने निकल गई और शाम को ससुराल से आनेवाली बुआ-बीबियों की लाई हुई साबौनी और घेवर के इन्तजार में चामड़ मइया के थान की परिक्रमा करती रही। कहनेवाले ने सच का सबूत दिया—इसके हाथ जुड़े हुए थे और आँखें मुँदी हुईं।

माँ की आँखों के सामने लड़की की छोटी-सी छवि नाची। आशाओं भरा मन रेगिस्तान हो गया। लड़की है कि हरियाली का उत्सव मना रही है।

इसका नाम 'मैत्रेयी' रखते वक्त खुर्जावाले पंडितजी ने क्यों कहा था कि यह ज्ञानवान बनेगी ? पति भी कहते थे—तू जानती है मैत्रेयी की कथा, मैत्रेयी कौन थीं ? ऋषि याज्ञवल्क्य की पत्नी। उन्होंने अपने ऋषि-पति से कोई सम्पदा नहीं माँगी, कोई सुख

नहीं चाहा, बस ज्ञान माँगा था।

कस्तूरी का दिल उमड़ता, उससे पहले सुई कसकने लगी, जो कनपटी के पास, कि गले की नसों में होकर छाती में चली आई। सर्वांग दर्द से भर गया तो मरे हुए पति को पुकारा हो जैसे—'तुम्हारी मैत्रेयी 'चन्दना कथा' का ज्ञान ग्रहण कर रही है। अभी मेरे दसवीं पास करने में एक साल रहता है, इसे संग-संग बाँधे फिरूँ तो मेरा क्या हो ?'

देवता पूजती, गीत गाती, नाचती औरतों की संगत कस्तूरी को कभी भायी नहीं, मगर गुस्से की धमक और दुख की लपट ने माथा ऐसे जला डाला कि निठुराई कई गुना बढ़ गई। वह बदहवास, औरतों का झुंड चीरती हुई आगे इस तरह बढ़ी कि गीत की लहरें टूटने लगीं।

भोले गलेवाली उसकी बेटी...तड़ाक्-तड़ाक् तीन-चार थप्पड़ लगाए। बाँह से खींच-घसीटकर समूह के किनारे ले आई।

लड़की कम जिद्दी नहीं, जो स्वर टूटा था फिर पकड़ लिया।

माँ ने कन्धा धर लिया तो गीत की लय चिंघाड़ में बदल गई।

"तू चन्दना गाएगी ? ऐं ? चन्दना सीखेगी ? ऐं ? बेवकूफ लड़की, कुँआरी लड़कियाँ चन्दना सुनती तक नहीं। तू घर चल...तब।" हर वाक्य के साथ पीठ पर धमूके पड़े। छोटी-सी दुबली रीढ़वाली पीठ झुककर कमान हो गई। कहाँ गा रही थी, अब काठ मार गया। मुँह से गर्म भाप निकल रही थी और नाक से पानी बहने लगा।

माँ ने बेटी को कोठे में बन्द कर दिया और साँकल चढ़ा दी।

कस्तूरी ने जैसे खुद से ही युद्ध किया हो, बुरी तरह हाँफने लगी। कोठे के द्वार के सामने से हटने का मन न करे और मैत्रेयी की साँसों को सुनकर दिल उमड़-उमड़ आए। अकेले में बैठकर रोना बड़ा आसान होता है, हिलकी बँध गई, क्योंकि लड़की को पीटकर पिटने से ज्यादा तकलीफ हो रही थी। माँ इस बात को समझ रही हैं कि इस छोटी-सी लड़की को पढ़ाई-लिखाई से उतनी ही नफरत है, जितनी कि माँ को पढ़ने की चाहत है, यह कैसा संयोग हुआ ! कस्तूरी लड़की की प्रकृति को हर्गिज मानना नहीं चाहतीं, बेशक जानती हैं कि किताब-कापियों के नाम पर, स्कूल जाने-आने के सवाल पर मैत्रेयी उन्हें कड़वे होंठ करके तीखी निगाहों से देखती है, जिसे वे उसकी गुस्ताखी न मानें तो और क्या मानें ?

—क्या इस लड़की को मेरे व्यवहार से इतनी घृणा है ?—उन्होंने सोचा और बातों-बातों में यही बात पूछनी चाही तो लड़की की आँखों में आँसू लहरा आए। चेहरे पर दहशत के भाव लगातार भीगते रहे। मैत्रेयी का भोला चेहरा बेहाल हो गया तो कस्तूरी की हिम्मत जवाब देने लगी। बच्ची की कातर निगाहों में ऐसी अजीब चुनौती थी, जिस पर अपने आपको घिसना सम्भव नहीं हो सका।

खेरापतिन की बताई कहानी, जो वे अब तक मनगढ़न्त समझ रही थीं, बेशक सच्ची है। लड़की पढ़ाई से नहीं, रास्ते से डरती है। रास्ते की कथा याद नहीं करना चाहती

कस्तूरी, लेकिन कोई बात भूल जाने की इच्छा से कहीं भूली जाती है ? उनके कानों में खेरापतिन की जुबानी मैत्रेयी बोलती रहती है–

'स्कूल की जानेवाली पगडंडी है न, जो खेतों में होकर, ऊसर से गुजरती हुई स्कूल तक जाती है, दो कोस की है, जिसे माँ तुम तीन मील कहा करती हो। स्कूल जानेवाले बच्चों में गाँव के छोटे-बड़े लड़के हैं, लड़की तो बस मैं ही हूँ। नई कक्षा में दाखिल होनेवाले नए-नए बच्चों के झोलों में नई-नई किताबें रहती हैं। किताबें बहुत अच्छी हैं, क्योंकि उन पर हम जैसे बच्चों की तस्वीरें बनी हैं। पगडंडी पर चलते हुए हमारा मन बार-बार अपनी किताबें देखने का होता है, पर हम स्कूल की दूरी सोचकर लगातार चलते ही रहते हैं। रास्ते में आम के पेड़ हैं। पेड़ों की छाया हमें अच्छी लगती है। हम बैठ ही जाते हैं। जल्दी-जल्दी किताब निकालते हैं और उन बच्चों को देख लेते हैं, जो किताबों पर छपे हैं।'

कस्तूरी को याद आया, उनके कानों में यह बात आई थी कि लड़की पढ़ने नहीं जाती, कुछ लड़कों के साथ आमों की छाया में बैठी रहती है।

मगर लड़की का बयान था–"हम माने मैं और एदल्ला। एदल्ला ने स्कूल में अपना नाम एदलसिंह लिखा दिया है, सो जाटों के सारे लड़के उससे गुस्सा हो गए। एक लड़के ने कहा–'जा साले, हम तुझसे कभी एदलसिंह नहीं कहेंगे। चमार होकर सिंह बनाता है। सिंह माने जानता है ? सिंह होते हैं ठाकुर या जाट, बस। तू कल जाकर अपना नाम कटवा देना।' एदल्ला कुछ न बोला, बस चुप रहा। सारे जाट और बनिया लड़कों ने बारी-बारी उसका कान उमेंठा। कान लाल हो गया। मुझे ऐसा लगा, जैसे कान खून में डुबोकर एदल्ला की कनपटी पर चिपका दिया हो। मैं काँपने लगी थी। हम फिर स्कूल भी नहीं गए।"

खेरापतिन दादी ने पूछा–"कहाँ गए ?"

"वहीं बैठे रहे। चुपचाप।"

मैत्रेयी कहती थी–"एदल्ला उन लड़कों से बचता है। उन्हें देखते ही छिप जाता है। सामने आ भी जाए तो सिर झुकाकर खड़ा हो जाता है, क्योंकि वह अपना नाम एदलसिंह ही चलाए जा रहा है। लड़के गुस्सा होकर उसके सिर में धूल डाल देते हैं। कोई-कोई इतनी जोर से बाल खींचता है कि एदल्ला चिंघाड़ उठता है। पर अब दो दिन से वह चुपचाप बाल खिंचवा रहा है। कहता है, उसे आदत पड़ रही है। अब उतना दर्द नहीं होता।

"अब हम लड़कों के साथ नहीं जाते। उनसे बहुत पहले चल पड़ते हैं। एदल्ला ने पक्की विद्या कसम खाई है कि अब वह लड़की के साथ ही आया-जाया करेगा। कितना अच्छा है एदल्ला, जानता है कि मैं तेज नहीं चल पाती। सदा ही लड़कों से पीछे रह जाती हूँ।"

खेरापतिन ने मैत्रेयी के सिर पर हाथ रखकर कहा–"छोरी छापरी धीमी चाल से ही चलती अच्छी लगती है लाली।"

"दादी, मैं खूब-खूब तेज चलती हूँ और एदल्ला खूब-खूब धीमे, तभी हम बराबरी से चल पाते हैं।"

दादी हँसी—"अच्छा तो यही है मिताई की बात। चल चोखी है। तब ही...एदल्ला ऐंतवार (इतवार) को हमारे मौहल्ले में आने-जाने लगा है। अपने बाप के संग साहूकार की भैंसों का गोबर भी डलवाता है और तेरे संग पढ़ता है। फिर साहूकार के घर से मिली मट्ठा-रोटी खा लेता है। छोरा अच्छा है।"

"दादी, एक बात कहूँ ? मैं न एदल्ला को मट्ठा के संग खाने के लिए गुड़ दे देती हूँ। खट्टा मट्ठा मीठा हो जाता होगा, है न ?"

खेरापतिन दादी ने ताज्जुब से देखा और बोलीं—"अच्छा, तो तू ही घर का गुड़ इन बाप-बेटों को खिला रही है ! तेरे बाबा झूठ नहीं कह रहे थे—सारे ढेढ़ गुड़ खा गए। मैंने समझी ढेढ़ कौओं से कह रहे हैं।"

"दादी, बाबा कितने गन्दे हैं, एदल्ला से कौआ (ढेढ़) कहते हैं।"

इतनी कहानी सुनकर कस्तूरी का मन आश्वस्त हुआ था कि लड़की में इनसानियत जाग रही है। उन्होंने एदल्ला के लिए अलग से गुड़ रखना शुरू कर दिया। मकसद यही था कि एदल्ला के साथ जाकर ही मैत्रेयी अपनी पढ़ाई जारी रखे तो उनके लिए सबकुछ अच्छा-अच्छा है।

मगर कहानी आगे बढ़ी—

खेरापतिन ने बताया कि मैत्रेयी कहती है—'दादी, हम दोनों स्कूल के रास्ते पर थे तो जाटों के लड़के हमें देखकर खड़े हो गए। पीछे से साहूकार का लड़का आया। सबके सब एदल्ला को देखकर मुस्कुराने लगे। मैं और एदल्ला भी डरते-डरते मुस्कुराए। टोली ने हमें साथ मिला लिया। सब आगे बढ़े। चलते-चलते वह पड़ाव आया, जहाँ रहट चलती है। सब रुके, सबको पानी पीना था। लड़कों ने अपने-अपने बस्ते खेत की मेंड़ पर रख दिए। एदल्ला को बस्तों के पास छोड़ा और कहा तू चमार है, सबसे पीछे पानी पिएगा।

—जब सबने अपने-अपने बस्ते उठाए तो साहूकार का लड़का बोला कि सारे बच्चे अपने-बपने बस्ते एदल्ला के सिर पर लाद दें। इसका तो काम ही है—बोझा उठाना। इसका बाप हमारे जानवरों का गोबर उठाता है। मरे ढोरों की चमड़ी खींचकर हमारे लिए पुर (पानी भरने का बड़ा झोला) बनाता है।

—बस एदल्ला के सिर पर लड़के अपने बस्ते लादते गए। उसकी गर्दन लचकने लगी। उसकी ठोड़ी आगे निकल आई। उसकी आँखें ढँक गईं। कुछ झोले उसकी बाँह में खूँटी की तरह लटका दिए और कहा, 'अब चल।'

—एदल्ला खड़ा रहा, क्योंकि सुस्त हो गया था। एक लड़के ने फराश की संटी तोड़ी और एदल्ला की टाँगों में मारने लगा। मैं रुआँसी हो आई। तब उस लड़के ने कहा, 'अरे, छोरी रो रही है। इसका बस्ता तो एदल्ला के ऊपर टाँगा ही नहीं।' वह लड़का मेरा बस्ता खींचने लगा। पर मैंने अपना बस्ता नहीं दिया तो वह गुस्सा होकर बोला,

'आज से इसे बाह्मनी नहीं, चमरिया कहेंगे।'

सब लड़के हँस पड़े।

'दादी, एदल्ला की गर्दन हिलने लगी, उसके पाँव लड़खड़ा रहे थे।'

खेरापतिन दादी बोलीं, 'हाय बोझ ज्यादा हो गया होगा।'

—हाँ दादी, तभी तो मैं खूब-खूब धीमे चली, एदल्ला खूब-खूब तेज चला, पर मेरी बराबरी पर नहीं चल पाया।

—और लो दादी, एदल्ला गिर पड़ा। सारे बस्ते बिखर गए। बस्तों में से रोटियों और पराँठों की पोटलियाँ गिर गईं। सारा खाना फैल गया।

एदल्ला के घुटने फूट गए, पर वह बिखरे खाने को बटोरने दौड़ रहा था। रोटियों की धूल झाड़ने लगा। तभी घनश्याम, जाट के लड़के ने उसकी कमर में लात मारी और कहा, 'साले ढेढ़, यह क्या किया ? पराँठे रोटी हम उठा लेते। हमारा खाना छूकर धरम बिगाड़ दिया। अब हम सारे दिन भूखे रहेंगे।'

एदल्ला सिर झुकाकर रोने लगा। चोट लगी थी, तब इतना नहीं रोया था। अब सारे लड़के बारी-बारी उसे मारे जा रहे थे, लात-घूँसे-थप्पड़, पर अघा नहीं रहे थे। फिर एदल्ला के अँगोछे से ही उसके हाथ-पाँव बाँध दिए और उसे खेत में लुढ़का दिया। सब हँसे और बोले, 'जमींदार ऐसे ही सजा देता है।'

लड़के चले गए। मैं एदल्ला के बन्धन खोलने लगी। गाँठ कड़ी थी, मेरे नाखून टूट गए। देखो, देखो दादी। फिर हम स्कूल नहीं गए—मैत्रेयी अपनी उँगलियाँ खेरापतिन दादी को दिखा रही थी।

कस्तूरी इस कहानी को भी पी गईं क्योंकि इरामें एदल्ला की मुसीबत के साथ मैत्रेयी की बेवकूफी ज्यादा थी। वे अजीब असमंजस की हालत में आ गईं। लड़की के स्कूल जाने तक का क्या इन्तजाम करें ? किसी साइकिलवाले लड़के से बात कर लें ? पाँच-दस रुपए दे दिया करेंगी।

साइकिल की कहानी अलग से घटित होगी, उन्हें क्या पता था ?

खेरापतिन ने ही व्यथा-कथा बताई—छोरी कह रही थी, कस्तूरी—साइकिलवाला जगदीश उसे बड़ा अच्छा लगा था। उसने एदल्ला के सिर से कुछ बस्ते उतारकर भी अपनी साइकिल पर टाँग लिये थे। मैत्रेयी को अगले डंडे पर बिठा लिया। साइकिल चली तो एदल्ला बहुत पीछे रह गया।

लड़का बोला, 'चल तब तक बैठते हैं, जब तक एदल्ला न आ जाए। मैं अब उसके बचे-खुचे बस्ते भी अपनी साइकिल पर टाँग लूँगा। फिर वह मजे से चलेगा।'

मैत्रेयी बहुत खुश हो गई।

लड़के ने साइकिल रोक दी और उतर गया। लड़की से बोला, 'तू भी उतर। तब तक पेड़ की छाया में सुस्ता लेंगे।'

वह बैठी थी। लड़का बैठा था। मैत्रेयी की आँखें एदल्ला की गैल से लगी थीं। अचानक वह चौंकी। अरे ! लड़के का हाथ उसकी फ्रॉक को पार करता हुआ जाँघों

तक आ गया है। वह ऐसी डरी कि उछलकर एक ओर गिरी। उसे लगा उसकी धुकधुकी बन्द हो गई और वह उठ नहीं पाएगी। मगर घबराकर खड़ी हो गई। खड़े होने से क्या होता है ? लड़के ने मजबूती अख्तियार कर ली और बेरहमी बरतने लगा। वह भागती उससे पहले ही उसे पटक लिया। जद्दोजहद ऐसी हुई कि कच्छी बचाते-बचाते फ्रॉक फट गई। पहले तो लड़का पटक रहा था, फिर पीटने लगा।

मैत्रेयी मुँह फाड़कर चिल्लाई, 'एदल्लाऽऽ...'—जबकि जानती थी कि एदल्ला उससे बहुत-बहुत दूर है। आवाज खेतों में फैलकर रह गई।

पर जैसे पौधों ने पौधों से कहा हो। पेड़ों ने पड़ों से कहा हो, खेत-खेत होती हुई बात एदल्ला तक पहुँची हो।

'लालीऽऽ...!' एदल्ला मैत्रेयी की पुकार का जवाब देता हुआ खेतों के बीच प्रकट हुआ।

इतना तो मैत्रेयी भी जानती थी कि वह आएगा तब भी कुछ न कर पाएगा। हाँ, ऐसा ही हुआ। वह हाजिर होने के जुर्म में इतना पिटा कि नाक से और दाँत में चोट लगने से खून की धारें बहीं। देह एकदम लाल रंग में रँग गई। सिन्दूर पुता हनुमान-सा एदल्ला...। वह फफक-फफककर रोई। वह लड़का अपनी साइकिल उठाकर गाली देता हुआ चला गया। उस दिन दोनों में से कोई स्कूल नहीं गया क्योंकि मैत्रेयी की फ्रॉक इतनी फट गई थी कि उतारकर फेंक दे, तो भी कोई फर्क न पड़े। एदल्ला की तो सूरत ही बिगड़ गई थी। आधे रास्ते से घर लौटना पड़ा। संग रोते-रोते आए थे, अपने घरों में अलग-अलग रोए।

इस घटना ने कस्तूरी को दहला दिया। आज सोचने पर मजबूर हुईं कि अगर एदल्ला ऊँचे लोगों का बोझ ढोने और गन्दगी साफ करने को तैयार रहे तो समाज की मार से बच सकता है। ऐसे ही मैत्रेयी उस लड़के का विरोध न करती तो साइकिल की सवारी के साथ सुरक्षा भी पा सकती थी। एदल्ला और मैत्रेयी के साथ ऐसा क्या हुआ कि दोनों बच्चे उस रस्म को नहीं निभा पा रहे, जिससे ऊँचे पुरुषों का अहंकार तुष्ट हो। क्या तेजा चमार ने अपने बेटे को इन 'माई बापों' की सेवा और उनके प्रति वफादारी का पाठ नहीं पढ़ाया ? जैसे मैं लड़की की माँ की तरह उसे मर्द के लिए समर्पित होने की दीक्षा नहीं दे पाऊँगी। जन्मजात दासों को अपनी औकात भूलनी नहीं चाहिए, नहीं तो उनकी गुस्ताखियों की भयानक सजाएँ उनको दी जाएँगी।

'लड़की की पढ़ाई बन्द करनी होगी ?' यह वाक्य मुँह से निकलती गर्म भाप की तरह बाहर आता और खौलते सीसे की तरह अपने ही कानों में धँस जाता। लड़की की ओर देखते न बनता। अपने ही काल्पनिक भाव वाक्यों में बदल जाते, जैसेकि बेटी ही कह रही हो। खेरापतिन ने भी तो ऐसा ही जताया था कि मैत्रेयी छोटी-सी लड़की, बड़ों की तरह कहती है—मेरी माँ, माँ नहीं, माताजी हैं। मैं उनसे डरती हूँ, सो कुछ नहीं कह सकती। वे सरला, शिवकुमार की अम्मा जैसी अम्मा नहीं हैं। अम्मा होतीं तो झोला टाँगकर इगलास क्यों जातीं ? वे घर पर रोटी बनातीं, दही बिलोती, कूटतीं-पीसतीं और आँगन लीपतीं। दादी, तुम माताजी को कुछ मत बताना। बताओगी तो माताजी मुझे मारेंगी।

मैं उनसे कभी रोटी नहीं माँगती। दादी, सरला, शिवकुमार के कितने मजे हैं, रोते हैं, जिद करते हैं। चीख-चिल्लाकर अम्मा को पुकारते हैं। वे डाँटती हैं तो कन्धे उचकाकर भाग जाते हैं। मेरी माताजी इतना सब नहीं झेल सकतीं। सो मैंने कभी नहीं कहा कि मैं खेलूँगी, मैं गाऊँगी, मैं झूलूँगी।

'बचपन के रहते ही बचपन छोड़ना पड़ा है' मैत्रेयी इस बात को जानती है कि नहीं जानती, हाँ कस्तूरी समझती हैं कि पढ़ाई की गम्भीरता के चलते उसे न गाना है, न खेलना है, बल्कि इस गाँव से अपना वजूद उठा लेना है।

माताजी अपनी बेटी की कुछ इस तरह मालिक हुईं कि गाँव की स्नेहमयी स्त्रियाँ उन्हें जी भर-भरकर कोसने लगीं।

—यह रांड़ क्या हुई, सांड़ हो गई। न छोरी पर ममता, न बूढ़े ससुर का रहम। 'पढ़ाई-पढ़ाई' का भजन करती हुई दोनों को रौंद रही है। अरे तू डाँव-डाँव डोलेगी तो बच्चा की ऐसी ही गत बनेगी। बनी है महातमा गाँधी की चेली।

कस्तूरी सबकी सुनतीं और सनसनाकर रह जातीं। गालियाँ देनेवाली और उन्हें समझानेवाली औरतें मैत्रेयी को लाड़ की नजर से देखती हैं और घर बैठ जाने के लिए कहती हैं। ये सब गाँव की गोपिकाओं, रसिकाओं और यशोदाओं के सिवा हैं क्या ? निश्चित ही ये मैत्रेयी, गार्गी नहीं हो सकतीं, कितने ही पुराण सुना लो। इन्होंने अपने संस्कारों के भीतर ही जीवन बिताना तय माना है, मानती रहें। कस्तूरी अपनी बेटी को तीज-त्योहारों, गीतों और मेलों के लालच में फँसा देखकर यहाँ नहीं छोड़नेवाली। उसके सामने हर हाल में स्कूल की इमारत होनी चाहिए। अध्यापक ही उसके साथी हैं और कलम-दवात उसकी सहेली, किताबें उसकी माता होंगी।

हुक्म सुना दिया—"जब तक यहाँ के स्कूल में है, बस पैदल जा और आ। कोई बदतमीजी करे तो स्कूल के मास्टर से कह," तुरन्त लड़की ने कटखनी निगाहों से देखा, क्योंकि वह हर मोर्चे पर हार रही है।

मैत्रेयी ने कहा, "मैं स्कूल से भाग जाऊँगी। फिर कभी नहीं आऊँगी।"

कस्तूरी को हँसी आ गई। नादान लड़की ! माँ की आज्ञा टालना जितना आसान समझ रही है, उतनी आसान है क्या ? लड़कियों के लिए यदि बचपन में ऐसा सम्भव होता तो वे खुद भी अपनी माँ की आज्ञा मानकर बिकने के लिए तैयार क्यों होतीं ? बिक भी गई थी, तो मालिक के खूँटे से बँधे रहना कहाँ की मजबूरी थी ? बस इतना ही था कि कर्तव्य में कोताही करते समय आदमी अपनी नजरों में ही गिरने लगता है। वे समझती हैं कि मैत्रेयी कितनी ही जोर-जबर्दस्ती करे, अपना चाहा नहीं कर पाएगी। उसे माँ की राह ही आना होगा। पहले यहाँ से वे हटेंगी, फिर मैत्रेयी का प्रबन्ध करेंगी।

बहुत कुछ साथ-साथ होनेवाला है, ऐसा मैत्रेयी ने कहाँ समझा था ? रामावतार चाचा पास के एक गाँव में अध्यापक हैं। अध्यापक, यानि पढ़े-लिखे व्यक्ति को अखबार रोज पढ़ना चाहिए, ऐसा वे मानते हैं। रोजमर्रा की दुनिया में शामिल होने के लिए उन्होंने गाँव में 'नवभारत टाइम्स' मँगाना शुरू किया था, जिसमें बच्चों का पृष्ठ आता था। क्या पता था कि एक दिन मैत्रेयी को 'नवभारत' ही उठा ले जाएगा और इस घर के उजड़ने में रामावतार चाचा की सक्रिय भूमिका रहेगी—एक स्त्री के लिए सरकारी नौकरी का फरमान लाकर।

मैत्रेयी अकबकाई-सी देखती, जब औरतें गली चलते पूछतीं—लाली, तेरी माताजी नौकरी करने जा रही है ? तू और तेरे बाबा की रोटी-पानी का हीला क्या होगा ?

हीला क्या होगा ? उसे क्या पता ? माँ ने उस लड़की को छोटी समझकर कोई सलाह तो नहीं की। न कोई उपाय खोजा। उसके पास ऐसी कोई खबर नहीं कि आनेवाले दिनों की तस्वीर बनाए। डर रही है कि उससे गाँव न छुड़ा दिया जाए।

हाँ, सरकारी सर्विस पाते ही गाँव में माताजी की वाहवाही होने लगी, जिस पर कस्तूरी नाम की स्त्री खुश ही नहीं हो रही थी, बल्कि कह रही थी—पढ़ने जाना लोगों की आँखों में कैसा खटकता था ! नौकरी मिलना उन्हीं लोगों को नियामत लग रहा है, क्यों कि यह आना-जाना पैसे से बँधा है। अनपढ़ लोगों के लिए शिक्षा पैसा कमाने का साधन हो, तभी सुकारथ है। यह नहीं समझते कि मेहनत से पैसा कमाकर कुछ शिक्षा के लिए खर्च करें।

कस्तूरी गाँव के लिए अब औरत नहीं 'देवी' है। जो रिश्तेदार कभी नहीं आए थे, वे भी उनके दर्शन के लिए आए। माताजी का चेहरा ऐसा था, जैसे जिन्दगी में पहली बार धरती और आकाश को अपनत्व से देख रही हों। उनके लिए अब चारों दिशाओं से रोशनी छिटकी हो। इधर-उधर से हमला करनेवाली आशंकाएँ, दहशतें झलमल करते उत्साह में बदल गईं। मटमैला गाँव गुलाबी और सुनहरी किरणों से दिपदिपाने लगा। हर तरफ आश्चर्य और कौतुक खिले हुए थे। बेटी की पढ़ाई के लिए अनेक शिक्षा संस्थानों के नाम लेतीं।

क्या माँ ने सचमुच शिक्षित होने के लिए शिक्षा ली थी ? अपने खुलते हुए मन को और खोलने के लिए ? या वह इस गाँव की औरतों के लिए नजीर बनना चाहती थीं कि आजादी के बाद का भारत स्त्रियों के चलते यह रूप लेगा। जो भी था, उनके सपनों का परिणाम था या शरीर में कोलाहल मचाती सुई जब न तब ऐसी बेमौसम बात सोचने पर उतार देती थी, जिसे लोग अकसर बीमारी और पागलपन के रूप में देखते। मगर कस्तूरी आज जब चलने लगी तो लोग विदा देने घिर आए। सती रेशम कुँवर की कथा पलटकर सुनानेवाली स्त्री ने विधवा कर्तव्य नहीं पढ़ा, अपने चलते निन्दा, अपमान या हानि-लाभ का लेखा-जोखा नहीं किया, अनदेखे खतरनाक रास्तों का सफर सचमुच किसी विराट दुनिया की ओर जाता है ?

माताजी ऐसी ही कुछ बातें, ऐसे ही कुछ विचार आँगन में खड़ी-खड़ी बाँट रही थीं।

और अनिर्वचनीय आनन्द अभी बाकी था, जिसकी महक फैलती जा रही थी। गाँव का कोना-कोना गमगमा उठा। जमींदार-साहूकार दरवाजे आए।

कस्तूरी इन सबको प्रणाम करती हैं, क्योंकि ये लोग उनके आदरणीय हैं। ये इल्म की कद्र में आए हैं।

ससुर लाठी के सहारे एक ओर झुके खड़े थे। सबको द्वार आया देखकर चमत्कृत हुए। विभोर से बोले, "देख लो, बनवारी लाल, भगवानदास, हमारा बेटा कैसा था ! दुख देता रहा, बस। बहू के हाथों सुख मिलेगा, कौन जानता था।"

यह कैसा सुख है ! बाबा का चेहरा बता रहा है। वे लगातार मैत्रेयी की ओर देख रहे हैं, जो अपनी फ्रॉक के घेर को उठाकर आँखें पोंछ रही है। बाबा आगे बढ़ते हैं, उसके सिर पर हाथ रखते हैं। उसकी रुलाई अब पूरे वेग पर है। माताजी कह रही हैं—"इसे तो बात-बात पर रोने की आदत है। कच्चे जी की लड़की है।" वह बच्ची के रूप में नहीं कह पा रही कि—'आगे का मोर्चा मेरे लिए बड़ा कठिन है माँ ! मैं अब निपट अकेली...'

बाबा के रहते गाय बिक सकती थी ?

मैत्रेयी दुखी है या नाराज, माताजी क्या जानें ? वह तो हाथरस से आए आदमी से गाय का सौदा करने में लगी हैं।

और मैत्रेयी बेआवाज परलोकवासी बाबा को पुकारती है—प्यारे बाबा, तुम मेरा साथ इतनी जल्दी छोड़ गए ! क्या जानते नहीं थे कि लाली अकेली रह जाएगी। यह सूना घर और मैं...यह भी नहीं पूछ पा रही कि माँ गाय क्यों बेच रही हो, एक साथिन तो रहने दो। बाबा, माताजी कहती थी, तुम लड़की को बिगाड़ते हो, पर बहुत-सी स्थितियाँ सँवार नहीं लेते थे तुम ? हिम्मत करके दुख से लड़ जाया करते थे। खेरापतिन दादी कहती थीं—तेरे बाबा में अपने बेटे के सामने जो ताकत थी, तेरी माँ के सामने छीजने लगी। जमीन-जायदाद का हक चला जाता है तो ऐसा ही होता है। सम्पत्ति की सामर्थ्य छोड़ दी, बस हाँ में हाँ मिलाना रह गया। बहू का सहयोग कर रहे थे कि गाँव के दया-तरस से बच रहे थे ? नहीं तो अपने मरणकाल में ऐसे कहते—'मेरा क्रियाकर्म, मेरा श्राद्ध कर्म मेरी पोती करेगी, क्योंकि वही हमारी जायदाद की वारिस होगी, गजाधर ! समझा तू ?'

गजाधर उनकी ओर देखते रह गए।

वे बोले, 'अरे ऐसे क्या देख रहा है, कोई अनहोनी हुई ?'

—पांडे, तू कुलीन बाहमन, जनम-मरन के संस्कार जानने, समझनेवाला। नाती-पोते भाई-बन्धु के अलावा किरिया करम करता है कोई ? और यह लड़की ! अरे, जीते जी जो नहीं कर सका, मौत के आसपास हिम्मत की ! बता, तेरी बिरादरी के लोग हमें ऐसा करने की हिम्मत करने देंगे ?

गजाधर बाबा 'जाट' कलेजा रखनेवाले। लड़की को अपने संग-संग मरघट ले गए

थे। माताजी भी पीछे-पीछे आईं। रोने की तो आदत थी ही नहीं, आज भी रोने का जिम्मा खेरापतिन पर छोड़ा माताजी ने—तुम गाती हो तो रोओ भी माईजी। हरेक घर में जश्न ही तो नहीं होते कि गीत ही गाओ।

सचमुच ही जब बाबा को राख में बदलकर लोग गाँव लौटे तो सारे मौहल्ले की औरतें रो रही थीं कि सारा मौहल्ला ही रो रहा था—आखिर इस गाँव के दामाद थे, स्त्रियों के ननदोई, सरौतावाले।

गाय बिक गई। आज मैत्रेयी फिर रोती है। वह गाय के संग-संग चल रही है। विदा देने की वेला में गाय और उसकी चाल में दुख बँधा है। माताजी पीछे-पीछे आ रही हैं, उनके पाँवों की आहट, चप्पलों की आवाज है। मैत्रेयी को माँ से गाय की-सी घनिष्ठता कहाँ ? वह कुछ भी कहे, गाय जैसी नजर चाहिए, नहीं तो बोलती बन्द हो जाती है।

मन में जमीं इच्छाएँ दूब-सी जलीं...जलना महसूस होता है, कहा नहीं जाता। मालिक के पीछे-पीछे जाती गाय के मन की अनकही इच्छाएँ लड़की समझ लेती है, क्योंकि खरीदनेवाला आदमी जब गले में बँधे रस्से को जोर से खींचता है, गाय की बालिश्त-भर जीभ निकल आती है, मैत्रेयी के आँसू लगातार बह रहे हैं।

बाबा होते काश, वह फिर सोचती है। अपना दबाया-छिपाया सब खोल देती। इस हक के लिए माँ होना जरूरी नहीं, संग-साथ रहना ही बहुत है, इसी अधिकार के चलते उसे पता है कि बाबा का जिन्दा रहना गाय के बिछोह का प्रतिकार होना था।

शर्तिया यही हुआ कि बाबा के नाम पर लड़की ने मुँह खोलकर चीख मारी। ऐसी मर्मान्तक चीख की माँ दिल दहल उठा। मैत्रेयी ने समझा दिया कि उसके रोने का अर्थ क्या है ?

तब माताजी ने बुदबुदाहट के बहाने वह कुछ सुना डाला, जो इस तरह कहा जा सकता है—'यह छोटी सी लड़की अपने दुख-दर्द के सिवा क्या कुछ समझ सकती है ? शायद दुनिया में बच्चा ही सबसे ज्यादा स्वार्थी होता है, जो दूसरों की तकलीफ और मजबूरी को हर समय नजरअन्दाज करता रहता है।'

गाय का बिकना, गाय का जाना कस्तूरी के लिए वही जानलेवा दृश्य है, जो दोहराया जा रहा है। बार-बार क्यों देखना चाहती है इस खरीदने-बेचने के नजारे को ? इसलिए कि गाय की जगह उस समय सत्रह वर्षीया लड़की कस्तूरी थी। भाग्य विक्रेता और खरीददार के हवाले था। जिन्दगी बिकने का, बिकते देखने का पीड़ादायी आनन्द उठता है आसपास। धूल का एक बवंडर बन जाता है और फिर उसी में अपना वजूद खोने लगता है। बेटी नहीं जानती कि माँ गाय बेचकर अपने पिछले जीवन की छटपटाहट से मुक्ति पा रही है। मालिक में तब्दील होना उसकी आकांक्षा रही अब तक...क्योंकि मालिकों ने उसे मवेशी की तरह इस्तेमाल किया।

मैत्रेयी जिसे जुल्म समझ रही है, वह असल में आगे बढ़ने की सीढ़ी है। वे अगले-पिछले जीवन के बन्धन काटकर आजाद हुईं।

कच्ची उम्र की लड़की के लिए मन का मोह ही सबकुछ है। चाहती है, माँ उसकी

बात माने। गाँव के लोगों का मुँह जोहे। गृहस्थी करे।

...मगर इस टूटी-फूटी गृहस्थी में कस्तूरी की जगह कहाँ है ? सन्तोष तो यह सोचने में होता है कि आज वह गृहस्थी छूट रही है, उनकी जो माँ की थी, अपनी भी थी...विदा लेती हैं आज। चेतना नहीं टिकेगी तो सारा किया-कराया धूल में मिल जाएगा। राई-भर अक्ल वाली लड़की के कारण पहाड़-सा संकल्प ढहा दें, यह कहाँ की बुद्धिमानी है ?

कस्तूरी ने ऐसा कुछ नहीं किया कि बाद में पछताना पड़े। 'चिड़िया चुग गई खेत' वाली कहावत जीवन का सार है। नहीं तो क्या अपने गौरव के आगे रखकर सारे लगाव काट डालतीं ? वे उन्नति का मर्म समझती हैं।

अब घर के सामान की बारी थी।

प्रशिक्षित ग्राम-सेविका की पहली पोस्टिंग जिला झाँसी में हुई है। रेल में बैठकर सैकड़ों मील का सफर करना होगा, बर्तन-भाँडे कहाँ बटोरे फिरेंगी ?

बोरे भरे जाने लगे।

मैत्रेयी घर की दुवारी के अँधेरे कोने में चली गई। कान थे कि बर्तनों का साथ नहीं छोड़ना चाहते। अब बोरे में परात धरी गई जो अपनी आवाज सुनकर मैत्रेयी को पुकारती है। 'हाँ, आ रही हूँ' कहना चाहनेवाली लड़की के होंठ काँपने लगे। चकला-बेलन भी बोरे के भीतर धकेले गए, मैत्रेयी की नाक दर्द से फड़की कि फड़कती ही गई। उससे अब नहीं रहा गया, बेलन उसकी मुट्ठियों में खेलता रहा है, चकला सामने बिछा रहा।

हाय चिमटा ! यह मेरे बाबा की टेढ़ी-मेढ़ी उँगलियों का सहायक, भरसक तौर पर उन्हें जलने-झुलसने से बचाए रहता। माताजी को क्या पता कि उनके चले जाने के बाद बाबा पीढ़ी पर बैठकर चूल्हे पर रोटी सेंका करते थे, जिन्हें मैत्रेयी खूब गोलाकार बनाकर बेलती थी। माँ, बाबा और नातिन के साथी ये बर्तन...

वह जार-जार रो रही है। माताजी पुकार रही हैं। सामने नहीं जा पाएगी। जाते समय माताजी को रोनेवाली लड़की नहीं सुहाती। कहती हैं—'आने तक वे ही आँखें याद रह जाती हैं, रोई हुई। इसी कारण उन्हें जल्दी-से-जल्दी आने के लिए मजबूर होना पड़ेगा। छुट्टी मिल पाएगी ?'

मैत्रेयी ने अपनी फ्रॉक के घेर से कई बार रगड़कर आँखें पोंछी हैं, मगर वे गीली से गीली होती जाती हैं। माँ से वह किन शब्दों में कह पाएगी कि बच्चों का रोने और हँसने पर वश नहीं चलता। उनका काबू रहे तो रहे।

न रोने की कोशिश में गला ऊपर तक आँसुओं से लबरेज था। उजाले भरे आँगन में हिम्मत बाँधकर खड़ी हो गई। अब रजाई-गद्दे और चादरों का बाँधा जाना...छोटी-सी छाती में दरार पड़ी। बाबा की छाया अनचाहे ही लहराई, दरार पर ठंडक-सी पड़ी कि आँखें मींच लीं। आँखें मींच लेने से बहाना किया जा सकता है—आँखों में धूल-तिनके घुसे हैं। रोना सुगम होने लगा कि बोरे का मुँह कसकर अँधेरे कोठे में बर्तन पटक दिए। भीतर भरे बर्तनों का रोनेवाला स्वर...मैत्रेयी के दिल से उठती हू-हू में आ मिला।

काँच के खिलौने टूटने लगे।

अब उसकी बारी है।

माताजी कह रही हैं—'मैत्रेयी की पढ़ाई के लिए उसे...'

लड़की के पास 'उस जगह' की कल्पना नहीं कि गाय और बोरे में कसे सामान की तरह वह कहाँ भेजी जाएगी या पटकी जाएगी ? किन लोगों के साथ रहना होगा ? उन लोगों के चेहरे कभी देखे हैं या नहीं ?

गाँव से जाने का डर आँखों में आ गया तो माताजी ने खेरापतिन दादी से कहा, ''यह लड़की बेकार ही दहल रही है। मैं इसे समाज कल्याण बोर्ड की संयोजिका के यहाँ रखूँगी। वे उन्नति-तरक्की का महत्त्व जानती हैं। इसकी पढ़ाई में बाधा नहीं बनेंगी।''

खेरापतिन दादी क्या कहें ? वे तो ब्याह होती लड़कियों के रोने का समर्थन करती हुई कहती हैं—'छोरी रोए नहीं तो क्या करे। अनपहचान आदमियों में रहने-रुपने का कलेजा तो पेड़-पौधों तक का नहीं होता, वे भी मुरझा जाते हैं पहले-पहले और बाज मर भी जाते हैं। बेटियों के भाग में माँ-बाप का बिछोह बदा-ही-बदा है।'

दादी ने लड़की की ओर देखकर माताजी की ओर ऐसे देखा, जैसे कह रही हों—'ब्याह हुआ नहीं, ब्याह की उम्र भी नहीं, फिर भी माँ से बिछोह...मैत्रेयी के भाग्य में यही बदा था !'

—माईजी, चिन्ता मत करो। इसका अभी ब्याह कहाँ ? इसका फेरा तो 'पढ़ाई' के संग पड़ा है, वही निभाना है। विद्या की खोज में बालक कहाँ नहीं जाता था पुराने जमाने में।

माताजी की बात खेरापतिन दादी की समझ में नहीं आई और न वहाँ खड़ी चन्दा चाची, शान्ति भाभी और कलावती चाची ही समझ सकीं। तब माताजी ने अपना रुख बगल में बैठे रामावतार मास्टर की ओर मोड़ा—''रामावतार, ये माँएँ अपने बच्चों को छाती से चिपकाकर रखना चाहती हैं, नहीं सोचतीं कि ऐसी मोह में डूबी माँ ही अपनी सन्तान की सबसे बड़ी दुश्मन होती है। बरबादी का कारण बनती हैं।''

औरतों को यह बात नागवार गुजरी है, यह उनके आपसी इशारों से जाहिर था। किसी ने होंठ बिदोरे, किसी ने सिर झटका और किसी ने कहा, ''है ! रहने दे तू।''

मैत्रेयी को ऐसी चाची-ताइयाँ चाशनी-सी मीठी और प्यारी लगती हैं, जो माताजी को पछाड़ने खड़ी हो जाती हैं। उनकी उजली धोती से डरती नहीं।

माताजी ने गुस्सैल औरतों को फिर समझाया—''देखो, हम अपनी तकदीर बदल तो नहीं पाते, सँवार तो सकते हैं। ताजिन्दगी पिछली यादों और दुर्भाग्यों को रोते-पीटते रहें तो आगे क्या बनेगा ?''

माँ समझती हैं कि ये बातें औरतों के लिए कम, मैत्रेयी के लिए ज्यादा हैं। दूर जाती बेटी को यादें तंग करेंगी, इसलिए निर्मोह की ये बातें उसके मन में डालना जरूरी है। शायद माँ यह नहीं समझती कि गाँव और गाँव के लोगों के विरोध में वे जो बातें कहती हैं, वे ही बेटी के मन में नफरत पैदा करती हैं, गुस्से का धुआँ उठाती हैं।

माँ ने यकायक सवाल किया, ''अरे ! तेरे तो नाक-कान छिदे हैं, किसने छेदे ?''

मैत्रेयी अपराधबोध में घिर आई। खेरापतिन दादी की ओर देखा तक नहीं।

कलावती चाची को गुस्सा आ गया, तमककर बोली, ''छोरी को क्यों ताँस रही है, हमने छिदवाए हैं, बोल क्या करेगी ?''

—अच्छा नहीं किया माईं जी—माँ कड़आ मुँह बनाकर कलावती को धिक्कारने लगी।

—हमारे गाँव में अच्छा यही है। छोरी इतनी बड़ी हो गई, कब छिदते कान-नाक ? जब लौर (लवें) करीं हो जातीं, तब ?

—कभी नहीं। ये राग-रिवाज मुझे पसन्द नहीं। लड़की को छेद-बाँधकर गुलामी करने के लिए तैयार करना है।

—अरी रंघैरीऽ...—कलावती चाची ने सिर हिला-हिलाकर माँ को चिढ़ाया।

—मुझे गँवारों से बात नहीं करनी—माताजी ने ईंट का जवाब पत्थर से दिया।

औरतें अपने-अपने घर चली गईं। मैत्रेयी माँ के चंगुल में थी।

वे अब कैंची ले आईं और हुक्म दिया—''जा, बोरा लेकर आ।''

बिछे बोरे की ओर इशारा किया—''इस पर बैठ।''

नहीं बैठी वह। माँ को छोड़ चाची-ताइयों को खोजने लगी।

फ्रॉक पकड़कर जबर्दस्ती बिठाई और दो चोटियों में से एक चोटी खचाक् से काट डाली। लड़की भौंचक रह गई। उसने समझा था, माँ कान में पड़ा डोरा काटेगी, जिससे कान छिदा था।

''माँऽऽआ !'' मैत्रेयी लोट-पोट हो गई कि माँ अस्त-व्यस्त होने लगी। पर माँ के बराबर लड़की में ताकत कहाँ ? महीन आवाज में चीख ऐसी गूँजी कि छान-छप्पर, भीत-दीवारें पार करके शान्ति भाभी के आँगन में गूँजने लगी। रुदन में शोक था। शोक चोटी का था।

भाभी और चाची छत पर आ गईं। रोती हुई मैत्रेयी के बाल अब लड़कीवाले न रहे। लम्बी-लम्बी दो चोटियाँ मरी हुई साँपिन-सी धरती में पड़ी हैं। नजारा देखकर कलावती चाची ने धरउअल गालियाँ दीं—''रंडी, तू राँड़ है, अपने बार-चुटिया काट। वारी-कुँआरी छोरी का असगुन क्यों कर रही है। चार पोथी क्या पढ़ ली, लुगाई से लोग हो गई। पर तू क्या बिरमा (ब्रह्मा) भी हो गई कि छोरी को छोरा बना देगी ? आजा बाहर तेरी ही हेकड़ी निकालूँ पहले।''

माताजी ने चुपचाप किवाड़ें बन्द कर लीं।

मैत्रेयी रोते-रोते जमीन पर सो गई। काश वह कभी न जागती। जागकर जब अपना सिर टटोला तो नए सिरे से दोगुना दुख हुआ। सोच लिया, समझ लिया कि इस संसार में अगर उसका कोई दुश्मन है, तो वह माँ है। खेरापतिन दादी से कह देगी कि आइन्दा कभी यह न कहें कि इस दुनिया में माँ से बढ़कर कोई दूसरा नहीं होता कि उसकी कड़ी बातों में भी मीठापन छिपा रहता है। मीठापन माने भलाई।

मैत्रेयी का छोटा सा मन बुरी तरह घायल है, उसकी चोटियाँ काटी नहीं गईं, उखाड़ी गई हैं, जड़ से उच्छेदन। उसका दिल रो रहा है—माँ, माँ ऐसा मत करो। बहुत बार आदमी उखड़ता नहीं, टूट जाता है, फिर उसकी जड़ कहीं, धड़ कहीं ओर, सिर कहीं...

माताजी का चेहरा कहता है—जो तुझे आज बुरा लग रहा है मैत्रेयी, वहीं से तेरा भला होनेवाला है। स्त्री के लिए बाल श्रृंगार बताए गए हैं, मगर श्रृंगार ही उसका जंजाल है, यह तू अभी नहीं समझेगी, क्योंकि जी से जंजाल चिपटानेवाली औरतों की संगत में रहती है। चोटी काटने की तरह इस दकियानूसी संगत को काटना भी कितना जरूरी है, यह बात मैं जानती हूँ।

माताजी ने क्या सोचा, मगर जो कहा उसका सार यही था। उसी सार से रामावतार चाचा बेहद खुश हुए। नौकरी पाने के बाद कस्तूरी का हर कदम धन और यश की ओर जा रहा है। उनकी कही हर बात औरतों के लिए दृष्टान्त है। वह अपने आपको यहाँ से उखाड़ रही हैं, यह भी गौरव है। उन्होंने अपनी जिन्दगी को जो मोड़ दिया है, आज कितनी औरतें इस तरह सोच सकती हैं ? ऐसा सपना देखते ही उजड़ जाएँगी। इस असभ्य गाँव से मुक्त होना ही व्यक्तित्व बनाने का पहला कदम है। रामावतार चाचा जैसे लोग इस तरह सोच रहे थे तो दूसरे लोग मान रहे थे कि अब कस्तूरी के पाँवों तले खजाना खुलनेवाला है।

मगर मैत्रेयी मुड़ी छेरी-सी घर से बाहर न निकली। माँ ने एक तरह से उसे बे-इज्जत किया है। इस अपमान को कभी भूलेगी नहीं। आज तो माताजी के डर से उसका छोटा सा दिल पानी की बूँद की तरह थरथरा जाता है, क्योंकि नहीं पता अब कहाँ गिरना है ? मगर जब वह बड़ी होगी तब...माताजी को इसी तरह मूँड देगी।

लड़की दाँत घिस रही है।

माँ उसे झकझोर कर जगाती है—"उठ, दाँत किटकिटा रही हैं बुरा सपना देखा है या पेट में कीड़े हो गए हैं ?"

माँ को बीमारियों के कई-कई नए ज्ञान हुए हैं। क्या वे अपने शरीर में से वह सुई निकलवा आईं, जो अकसर उत्पात मचाती रहती है ? या सारे उपद्रवों को माँ सुई के बहाने करती रहती है ?

मैत्रेयी बड़ों की तरह सोचने लगी है, मगर बोल नहीं पाती, छोटों की तरह भी।

यह अलीगढ़ है। यहीं मैत्रेयी के रहने-पढ़ने का प्रबन्ध हुआ है।

समाज कल्याण बोर्ड की संयोजिका का घर। माताजी ने भी यह घर मैत्रेयी की तरह पहली बार ही देखा है।

बड़े से आँगन में लाल ईंटों का खरंजा बिछा है। लड़की अपनी छोटी-सी बकसिया कहाँ टिका दे ? एक कोने में पड़े तख्त पर रंगीन दरी बिछी है। दरी के मुकाबले मैत्रेयी और बक्सा दोनों बदरंग हैं। उसे तख्त और दरी से शर्म आ रही है।

माताजी ने आवाज दी—"माताजी।"

लकड़ी-सी पतली एक स्त्री निकली, जिसकी धोती माँड़ के कारण काफी तन्दरुस्त लग रही थी, उस लकड़ी शरीर का छाता हो जैसे। मैत्रेयी ने ऐसी स्त्रियाँ गाँव में नहीं

देखीं। वहाँ कपड़ा नहीं, औरत का शरीर सामने होता है। उसकी कद-काठी होती है।

मगर वह औरत अच्छी लगी। मैत्रेयी से कह रही है—''मुन्नी तख्त पर बैठ जाओ।'' सच्ची में शहर की बोली में जादू है। वह भरमाई-सी देख रही है। अपने गाँव में मुन्नी नाम सिर्फ साहूकार की लड़की का हे, जिसे दूसरा कोई अपनी लड़की के नाम पर नहीं लगा सकता। इस औरत ने साहूकार का रौब नहीं माना। बड़ी बहादुर है।

माताजी उसे 'बहूजी' कह रही हैं। यह औरत इस घर की बहू है। बहू की ओर मैत्रेयी मुस्काने की कोशिश कर रही है, मगर मुस्कुराहट की जगह होंठ रिरियाहट में फैल जाते हैं। ऐसी मुश्किल उसे गाँव में कभी नहीं आई, जिसमें सैकड़ों घर थे, यहाँ एक ही घर गर्दन उठाने नहीं दे रहा।

''माताजी।''

''चली गईं।''

''हैंऽ ! चली गईं ?''

''और क्या करतीं ? झाँसी के लिए जानेवाली रेल तो उनका इन्तजार नहीं करती।''

मैत्रेयी धोखा खाई-सी खड़ी रही। खिसियाकर रोने लगी। रोते हुए सोचा—'चुप हो जाऊँ, यहाँ नाक सिनकने कहाँ जाऊँगी ?' फ्रॉक में इतनी गुंजाइश नहीं बची कि आँसुओं और नाक के पानी का गीलापन सोखती जाए। गाँव से चलते समय से भीगती आ रही है। आगे का घेर सूखकर कड़ा हो गया है।

अपना मन दूसरी बातों की ओर मोड़ना चाहती है वह, मगर इस समय माताजी के सिवा उसके पास कौन सा विषय है ? जब से होश सँभाला है, माँ का चला जाना ही उसकी सबसे बड़ी समस्या है, सबसे बड़ा दुख है, सबसे बड़ा शोक है।

'दुख और शोक नहीं करते बेटी,' नम्बरदार ने कहा था, जब वे पहली बार गई थीं और समझाया था, 'तेरी माँ सदा से समय की पाबन्द है। कोताह करना आता नहीं। फिर अब तो नई नौकरी का जोश है जैसे बीसियों वर्षों के अँधेरे के बाद उसने कोई नया उगता सूरत देखा हो। ऐसी आजादी, जैसे देश आजाद हुआ था। हमने जश्न मनाया था। गाँधी-नेहरू की जय बोलते हुए चेहरे चमकने लगते थे। ऐसा ही उत्सव तेरी माँ के मन में रचा है, जिसकी रोशनी वह हर कहीं बिखेर देना चाहती है।'

नम्बरदार जान रहे थे कि लड़की इन शब्दों को बहुत ज्यादा नहीं समझ पाएगी, जिसने देश को गुलाम नहीं देखा, गुलामी का कहर नहीं झेला, वह आजादी का अर्थ किस तरह समझेगी ? मगर वे लड़की के बहाने बाबा को भी समझा रहे थे और खेरापतिन जैसी स्त्रियों को भी, जो अँगरेजों के समय को 'कंटरौल का जमाना' कहती हैं और एक धोती पर इज्जत और जान लुटा सकती हैं।

संयोजिका की पुत्रवधू से ही पता चला कि संयोजिका माताजी अपने परिवार से अलग पकाती-खाती हैं। कस्तूरी उन्हें एक मन गेहूँ और बीस रुपए प्रति माह देगी। इस सबके बदले माँ बेटी की पढ़ाई और उसकी गलतियों के लिए माफी की अरज कर गई हैं। माँ जानती हैं कि लड़की गाँव में रही है, शहर में वहाँ के तौर-तरीके गड़बड़

जैसे लगते हैं, इसलिए रोज डलिया भर माफी की जरूरत पड़ेगी नहीं तो सजा...

रोना आता था माँ के बिना, जैसे माँ छोड़ नहीं गई, मर गई है पिता की तरह। कब आएगी, कि कभी नहीं आएगी ?

एक साल बीतने को आया, मैत्रेयी गानेवाली लड़की से गूँगी बन गई।

एक मन गेहूँ ! वह भूखी की भूखी।

बीस रुपया ! उसके कपड़ों के लिए, साबुन नहीं।

माताजी के खत पर खत—घर के सब सदस्यों का कहना मानना। किसी से लड़ना नहीं। चुराकर मत खा लेना, निकाल देंगी। अपनी पढ़ाई में मन लगाना। स्कूल में साफ-सुथरे होकर जाते हैं। बाल धोने-काढ़ने-सुलझाने का झंझट तो खत्म हुआ। आशा है तुम खुश होगी—तुम्हारी शुभेच्छु—कस्तूरी देवी।

कुशल-मंगल की बात कि माताजी का पोस्टकार्ड, बस माताजी ही हैं। आज्ञा देने वाली माँ, वहीं बैठे बेटी को भूखे मार रही हैं, गन्दे कपड़ों में रख रही हैं, बस चल रहा है, उसकी गर्दन तोड़ रही हैं। इससे ज्यादा माँ और कर ही क्या रही हैं ? जानती हैं कि यह हॉस्टल नहीं, तभी कायदे समझा रही हैं। यहाँ आकर देखें तो समझ में आ जाएगा कि बच्चे के लिए पराया घर ही स्वयं एक कठोर कायदा होता है।

उस घर के ब्योरे में संकटों के सिवा मैत्रेयी के लिए और क्या है ? संकटों को कोई कहाँ तक सुनेगा ? माँ भी नहीं सुनना चाहेगी। तब क्या वह घनघोर विपत्ति भी छुपा ली जाए, जो हर रात जानलेवा विषधर की तरह बदन पर सरकती आती है।

माँ, यहाँ एक आदमी है। इस घर का सबसे छोटा बेटा, जिसका ब्याह हो गया है। वह अपनी पत्नी के पीछे दीवाना नहीं, यही उसकी तारीफ है।

माताजी, वह मुझे रात-भर सोने नहीं देता। मैं यहाँ नहीं रहूँगी। गाँव भाग जाऊँगी। शहर के लोग कैसे हैं, रात में पेट पर हाथ धरते हैं। छाती नोंचते-बकोटते हैं और कच्छी...

सारी बातें चिट्ठी में लिख दीं। संयोजिकाजी से कहने का मन था, मगर हिम्मत नहीं पड़ी, क्योंकि वे उससे बोलती ही नहीं थीं सिवा इसके कि—लड़की पानी ला, लड़की रोटी ला, लड़की पाँव दबा, लड़की कपड़े धो।

ये बातें वह अपनी माँ के आमने-सामने भी नहीं कह सकती। नहीं बता सकती कि वह आदमी कैसी गन्दी बातें करता है। खेरापतिन दादी ही ऐसी हैं, जिन्हें वह सबकुछ बता सकती है। माँ से तो लगभग संयोजिकाजी जैसी ही झिझक है।

'अनुशासनप्रिय दोनों औरतें बच्चों को मुँह ही कहाँ लगने देती हैं ? मोहलत देतीं तो ऐसी पद-प्रतिष्ठा पाकर जगमगातीं ?' इन दोनों के लिए लोग इस तरह ही बातें करते हैं।

माताजी निर्मोही कितनी ही हों, लापरवाह नहीं। उन्होंने अपनी बेटी की चिन्ता व्यक्त करते हुए संयोजिकाजी को चिट्ठी लिखी। समस्या समझाई। समाधान करने की प्रार्थना की।

संयोजिकाजी भी साधारण औरत नहीं थीं कि बात को दबाकर लड़की को अपने पास सुलाने लगतीं। वे समाज कल्याण बोर्ड की कर्ता-धर्ता, अपने बेटे को तुरन्त तलब

किया और मैत्रेयी को बुलाया, पूछा—"बता लड़की, यह क्या करता है ?"

वह पहले तो उस आदमी को देखते ही दहल गई। सबकुछ बताने के लिए कहा तो सिर नीचा करके रोने लगी। रोती ही गई...

आदमी बुशशर्ट और हाफ पैंट पहने हुए, बालों वाली जाँघोंवाला, छोटी मूँछें और लाल आँखोंवाले चेहरे से व्यक्त कर रहा था—'यह लड़की है कौन ?'

संयोजिकाजी की नजर में अपराधिनी मैत्रेयी...गाँव भाग जाए या मोटर से कट जाए। बर्तन माँजनेवाली कहारिन लगा ली जाएगी या ऐसी ही कोई दूसरी लड़की...इस घर का इतिहास यही रहा है।

दिन-भर डरना, रात-भर जागना।

कितने दिन ? कितने दिन ? शिकारी की आँखें अँगारों-सी दहकती हैं। उनके सामने कितने दिन ? उसकी बाँहें अजगर-सी कसती हैं, विरोध कितने दिन ?

चलते समय मंगो दादी ने अपने दामाद का पता दिया था और कहा था—लरिकिनी, भीर उछीर, कभी जरूरत परै तौ। तुम्हारी कशमीरा बीबी वहीं है—खाई डोरा जैगंज। ताले का कारखाना, मालिक वशीर अहमद, दुकान नम्बर 10।

'मंगो दादी, तुम कहाँ काम आईं। हम तो समझते थे, साँवलिया बाबा बस मश्क से छिड़काव करते रहते हैं गाँव में,' मैत्रेयी ने दिल से दुआ दी और ठीक जगह पहुँचकर कुर्ता-पाजामा और जाली की टोपी पहनकर गाँव आनेवाले फूफा से कहा, "मुझे कशमीरा बीबी के पास..."—आगे बोल नहीं पाई लड़की फफक-फफककर रोने लगी।

काले रंग की कशमीरा बीबी, जो नई मांड़दार धोती पहनकर गाँव आई थीं, मैत्रेयी उन्हीं के साथ-साथ चली आई। या कि मैत्रेयी के संग कशमीरा बीबी आईं।

घर के द्वार की किवाड़ों पर लटका ताला, जिसकी चाबी खो गई थी, खूबाराम चाचा ने तोड़ डाला। चन्दा चाची ने घर बुहारा।

अब मैत्रेयी घर में थी। घर जैसे घोंसले में आ दुबकी हो वह। चिड़िया के बच्चे-सी सहमी हुई।

माताजी को खबर मिली।

वे नहीं आ सकीं, चिट्ठी आई। चिट्ठी में साल बरबाद होने का ऐसा अफसोस था, जैसा शायद मैत्रेयी के मर जाने पर होता। एक तरह से यह भी कि साल बरबाद करने से तो अच्छा होता लड़की मर-खप जाती। मनहूस को कहाँ जगह जुटे ?

माँ फिर तीन महीने बाद साक्षात मिली।

कुछ पूछा नहीं, बोलीं, "मुझे सब पता है, नया क्या है ?"

कराहती रहीं। कराह-कराहकर लगभग रो दीं। कितनी दुखित हो सकती हैं, यह तो मैत्रेयी पहले ही जानती थी। क्या श्राप दे सकती हैं, यह कल्पना भी उसके पास थी। जो कुछ नहीं सोच पाई वह यह था—ऐसे भागने से तेरा क्या बनेगा ? कोई बुरी नजर न डाले, इसलिए ही मैंने तेरे बाल काट दिए थे। कान-नाक के छेद मूँदने को कहा था, जेवर भी आदमी की बुरी निगाह को न्योता देते हैं। सामना करना सीखना होगा, ऐसे

ही जैसे हम विधवा औरतें किया करती हैं। यह बात गाँठ में बाँध ले कि मर्द की जात से होशियार रहकर चलना होता है, भले वह साठ साल का बूढ़ा हो।

माना कि लड़की में इतनी कुशलता नहीं कि अपनी भावना को शब्द देकर माँ को समझा सके। बस रोकर किसी तरह थम-रुककर जो कहा उसका सार यही समझा गया—कि अँधेरे में कौन-सी होशियारी चल पाती है ? ताकतवर आदमी हमला करता है या नहीं करता। तुम बचते हो, या नहीं बचते। बीच की स्थिति नहीं होती।

गाँव के लोगों में सुगबुगाहट फैली, पर माँ ने बात को मोड़ दिया—संयोजिका लड़की को पेट भरकर खाना नहीं देती थी। रात को देर तक पाँव दबवाती रहती थी। ऐसे पढ़ाई में बाधा पड़ती है।

फिर भी खूबाराम चाचा ने कहा, ''तू तरक्की कर रही है और छोरी को बरबाद कर रही है, बात बरोबर हो गई।''

माताजी को उलझन थी, झुँझलाहट थी, सो गुस्सा भी कम नहीं था, द्वार के चबूतरे पर उकड़ूँ बैठकर अपनी स्थिति साफ कर दी कि लड़की के झूठे हिमायती सुनें, ''जहाँ मैं रहती हूँ वहाँ भी गाँव है। स्कूल दूर है। जरूरी नहीं कि जहाँ मैं रहूँ, वहाँ कोई हादसा न हो। अपनी रक्षा इस लड़की को खुद करनी है। बचाव के रास्ते अपने आप खोजने होते हैं। दूसरा कोई कब तक और कहाँ तक बचाएगा ?''

''हादसा ! कोई हादसा हुआ है क्या ?''

माताजी सकपका गईं आदर्श बात कहते-कहते असलियत खोल बैठीं सो लीपा-पोती करनी पड़ी, ''हाँ, डाकुओं का इलाका है वह, हादसे हो सकते हैं वहाँ। यहाँ की बात मैं नहीं कर रही।'' कहकर उन्होंने गहरा साँस लिया ज्यों अपनी बनाई खाई फलाँग गई हों।

खेरापतिन दादी को मिसालें देनी आती हैं। मैत्रेयी के सिर पर हाथ धरकर बोली, ''बचना कैसे होता है, यह सोचने की भी अवस्था होती है। तू तो पढ़ी-लिखी है कस्तूरी, इतना तो जानती होगी कि शेर का बच्चा भी कुछ दिन तक अपनी माँ का लाया शिकार ही खाता है। बेटी, तेरी तरक्की ने तुझे ऐसा चकाचौंध कर डाला कि सबके सीस पर मुकट देख रही है।''

माताजी को अपनी गलती का अहसास हो जाता है, यह खूबी उनके व्यक्तित्व को और भी निखार देती है।

अब की बार पूरी सावधानी बरती गई। मैत्रेयी को माताजी ऐसे घर ले गईं, जिन से मैत्रेयी का परिचय था। अपने ही गाँव के भाई अलीगढ़ प्रवास कर गए थे। खेत बेचकर शहर में घर बनवा लिया था। छोटी-सी नौकरी भी जुट गई, जिसका वेतन खेती की पैदावार की कीमत के मुकाबले प्रतिमाह ज्यादा बैठता था। फिर वे गाँव की धूल-मिट्टी में क्यों रहते ? दसवीं तक पढ़ाई की थी आखिर।

माताजी इस घर में अपनी बेटी के साथ आठ दिन रहीं और जाँच लिया कि यहाँ संयोजिकाजी के घर जैसा खतरा नहीं है। साथ ही, आठ दिन में उन्होंने मैत्रेयी को इतना लाड़ किया, जितना पूरे आठ वर्ष में न किया होगा। उसी दुलार में डूबते हुए मैत्रेयी

ने निर्णय लिया कि वह बिलकुल ऐसी ही बन जाएगी, जैसीकि माताजी चाहती हैं।

माँ चलीं। भरी आँखों विदा की।

चुपके से उनका ब्लाउज अपने पास रख लिया, जिसमें उनकी गन्ध बसी थी। रोज रात को वह तकिया के नीचे रहता, लगता कि माँ पास है।

लेकिन एक दिन सुरक्षा टूटी तो वह सारी तन्द्रा छोड़कर चौकन्नी हो गई। उस घर में आनेवाला एक तन्दरुस्त बूढ़ा, जो भाभी को सिनेमा दिखाने ले जाता था। मथुरा-वृन्दावन घुमाता था। भइया बूढ़ी आयु का सम्मान करते। तीर्थों को जाना धर्म मानते।

एक दिन भाभी-भइया दोनों मिलकर सिनेमा गए थे। भाभी का सिनेमा जाना गाँव में मशहूर था और लोग कहते थे, राजेश्वर की बहू सिनेमा की खातिर खेत बिकवा गई।

बूढ़ा उन दोनों की गैरहाजिरी में आया। उसकी हरकतें संयोजिका के बेटे की हरकतों से हूबहू मिल रही थीं। हरकत आगे चली, मैत्रेयी चिल्ला पड़ी। बूढ़े का कान खा डाला। उसने वह बुरी तरह पीटी और रोए नहीं, मुँह भींचे रही। किस तरह छूटी, कुछ याद नहीं। छूट गई, इसका भी विश्वास नहीं। बस मुँह खोलकर हाँफ रही है।

पड़ौसिन चाची को पुकारा।

चाची आई। घर में घुसे बूढ़े को देखकर पर्दा कर लिया। मैत्रेयी को लगा चाची का घूँघट फाड़ डाले। बुजुर्गों का पर्दा करने की आदत पड़ गई है, उनका आदर करने का रिवाज है, पर क्यों है ? जवानों से ज्यादा दोष बूढ़ों में होते हैं, क्योंकि वे बूढ़े हैं। नहीं तो यह बूढ़ा संयोजिकाजी के लड़के से भी बदतर क्यों हुआ ? अब भी भीतर बुला रहा है। उसे और भी डरा रहा है। गाँव में ऐसा डर उसे कभी नहीं लगा।

आ रहा है इधर ही ! बाँह पकड़कर खींचने लगा तो ? मैत्रेयी लपककर दीवार के पीछे छिप गई। बूढ़ा निकल गया, तब द्वार पर आई। मगर घर में नहीं जा सकी। घर में बूढ़ा नहीं, बूढ़े का डर रह गया। माँ का ब्लाउज भी उसी डर की चपेट में था, माँ की गन्ध आसपास न थी।

वह असहाय की तरह फूट-फूटकर रो पड़ी।

भय ने इस कदर कुचल डाला कि वह चलने-भागने की असफल कोशिश करने लगी। ऐसे कब तक चलेगा ? माताजी को चिट्ठी लिखे और वे जवाब में चिट्ठी लिखें, यह केवल पोस्टकार्डों का आदान-प्रदान है। न मैत्रेयी के भीतर समाए डर का उन्हें अन्दाजा हो सकता है और न लड़की उनकी चिट्ठी में लिखी सीखों, नसीहतों, सुझावों, बचावों को व्यवहार में ला सकती है।

जिस घर में थी, उन भाभी से भी कहा अपना दुख, अपनी समस्या।

उत्तर था—'पराई लड़की को रखने की जिम्मेदारी लेकर ही हम तो पछताए। मामाजी ने पहले ही कहा था, इस आग में हाथ मत डालो।'

आग माने मैत्रेयी। मामा माने बूढ़ा ?

वह भाभी को भरी आँखों देखती रह गई। इतना सब सुनकर भी भाभी ने उस बूढ़े को माफ कर दिया ? अब यह तय रहा कि मैत्रेयी अपनी व्यथा किसी को नहीं समझा सकती। माँ के अनुसार पढ़ाई-लिखाई में अड़चन आना ही सर्वनाश होना है। जबकि मैत्रेयी की समस्या यह है कि वह 'लड़की' है। लड़की होने की सजा वह जगह-जगह पाएगी।

दस साल की उम्र में वह पैसेंजर ट्रेन में बैठकर अकेली झाँसी गई थी, क्या अब नहीं जा सकती ? अलीगढ़ से आगरा और आगरा से झाँसी। खुद ही टिकिट लिया, खुद ही गाड़ी बदली। सफर भी रात का था।

गाड़ी से उतरने के बाद भी लगता रहा वह रेल में सफर कर रही है। आँखों और दिमाग में रफ्तार भर गई थी।

माताजी ने चिट्ठी में लिखा था—झाँसी के बस स्टैंड पर उरई, कालपी, कोंच, जालौन जानेवाली बस ग्राम खिल्ली से गुजरती है।

छोटी अवस्था से सफर शुरू करनेवाली लड़की के लिए कौन-सा रास्ता दुर्गम है ? शहर के बीहड़ उसे लगातार भटका रहे हैं, रास्ता भुलाकर भरमाते हुए तबाह कर रहे हैं। वह अब मर्दों से सौ कोस दूर भागती है, मगर हर कदम पर पुरुष मिलता है, पीछा करता है।

क्यों न खिल्ली जाया जाए ?

माताजी डाँटेंगी।

वे कब नहीं डाटतीं ?

बूढ़ेवाली भाभी कह रही थीं—'लड़की पैदा की है, तब क्या जेठों के लिए ? अपना बोझ खुद क्यों नहीं ढोती कस्तूरी ? अपना आजाद रहना तो बड़ा अच्छा लगता है, दूसरों को रस्सियों से बाँध जाती है। गाँव से गौरा (माताजी की साथिन) को ले गई, बेटी में क्या काँटे लगे हैं ?'

वही भाभी सहायक हुईं। झाँसी आने का हौसला बढ़ाया। टिकिट देकर मैत्रेयी को विदा किया और कहा—'अपनी माँ से कहना हिसाब-किताब बराबर।'

"तुम कस्तूरी की बिटिया हो ?"

उजले रंग के बुजुर्ग ने बस से उतरने के बाद सड़क के किनारे खड़ी मैत्रेयी से पूछा। लड़की ने देखा सफेद धोती-कुर्तावाले व्यक्ति दादा हैं, जो पहले भी देखे हैं। मगर कहाँ ? झाँसी में ही। जब माताजी खैलार में ग्रामसेविका थीं।

"हाँ, मैं।"

उनके पीछे-पीछे चली मैत्रेयी, उनके देखे हुए रास्ते पर।

माँ के सामने जाने के पहले उनके साथ-साथ हो गई।

कभी पीछे, कभी साथ, यह पिता जैसा पुरुष कौन है, क्यों इतना ध्यान देता है ?

इस घर के लड़के उसके आगे-पीछे रहते हैं, ऐसे बहुत सारे सवाल थे, जो जी का

जंजाल बन सकते थे, मगर अब माँ साथ थीं, वह अल्हड़ किशोरी हो गई कि असमय बूढ़ी होने से बच गई मैत्रेयी।

मन में अपना महत्त्व जागा—दादा के यहाँ कोई पुत्री नहीं है, बेटी का दर्जा उसी का है।

इस घर के लड़कों की कोई बहन नहीं है, रक्षाबन्धन अब मैत्रेयी का हुआ।

काकी लोगों को पाँव छूने के लिए कोई कन्या नहीं है, रानी बिटिया अब वही है।

इतना बड़ा परिवार, पाँच काका, चार काकी, दस भाई और चार भाभियाँ ! सारे कुटुम्ब की लाड़ली मैत्रेयी रोज डी.बी. इंटर कॉलेज, मोंठ में पढ़ने जाती-आती है। सबेरे-साँझ भरपेट रोटी मिलती है। लड़कों की तरह दूध और मक्खन भी। अहीरों के घर भैंसें, गायें खूटों से नहीं बाँधी जातीं, बाड़े में खुली रखी जाती हैं।

पर अजीब है !

माताजी अनमनी हो उठती हैं। क्या माँ के पास बेटी के लिए जो साँचा है, मैत्रेयी उसके आसपास नहीं ? शुरुआत में स्नेह और दुलार-भरा रवैया माँ को बुरा नहीं लगा था। मगर अब एक-एक घटना आफत लगती है। सबसे ज्यादा बुरा लगता है, लड़कों के बीच बैठकर बतियाना। ऐसे अंट-शंट व्यवहार के लिए माताजी कड़ी फटकार लगाने लगीं।

मैत्रेयी ने अचम्भे से देखा। यही माँ जब दूर शहर से उसकी चिट्ठी पाती थी, सुझाव देती थी कि कैसे झपट्टा मारनेवाले पुरुषों से मैत्रेयी को बचना है, जबकि यह भी जानती थी कि सुझावों से सुरक्षा नहीं हुआ करती, उसमें तो अपनी ही जद्दोजहद काम आती है, जो हो पाए या नहीं हो पाए। आज अपनी आँखों के सामने कोमल वयवाले किशोरों से संवाद हुआ, माँ की दुनिया में ज्यों धमाका हुआ। उनका चेतनाहीन-सा पीला चेहरा देखकर मैत्रेयी का दिल काँप जाता है।

जब माताजी से न रहा गया तो पागल की तरह चीखकर कहा—"बस बहुत हो गया दादा के घर आना-जाना, खाना-पीना। वहीं घुसे रहने के बहाने मत पकड़, मैं सब जानती हूँ।"

—अरे क्या हुआ माताजी ? हम तो सब संग-संग पढ़ते हैं।

—यह सब कहने से पहले मुझे अन्धी-बहरी कर देती तो ठीक था—माँ ने दाँती पीसी और माथे पर हथेली धर ली।

—माताजी, क्या हुआ ऐसा ? कोई गलती...?

—क्या नहीं हुआ ? तू जगतसिंह की साइकिल पर आगे बैठकर स्कूल गई कि नहीं गई ?

—गई।

—तो बस।

मैत्रेयी काठमारी-सी...माताजी यहाँ रहती हैं, आँखें सड़क तक जाती हैं, कैसा कमाल है!

माताजी की साथिन गौरा ने रोती हुई मैत्रेयी को चुपाते हुए कहा था—"लाली, संशय की आँखें सब जगह होती हैं। माताजी तुम पर शक करती हैं। गुफा में छिप जाओ,

कुआँ में डूब जाओ कि आसमान में उड़ जाओ, संशय तुम्हें कहीं बख्शेगा नहीं।''

—फिर ?—कातर हुई मैत्रेयी और अपने व्यवहार में परिवर्तन लाने की चेष्टा करने लगी। जितना बना, उतना कसा खुद को। कसते-कसते विषाद में डूबने लगती। माताजी पढ़ी-लिखी हैं, जागरूक हैं। अपने जीवन को बदलकर देखनेवाली, मगर कोड़ा क्यों चलाती हैं ? उन्हें कोड़ा चलाना अच्छा लगता है ? क्या वह मैत्रेयी के लड़की रूप से नाराज हैं, क्योंकि अपने लड़की रूप से खफा रही हैं। कमजोर लड़की से घृणा करती हैं। दादा के आश्रित देखकर खूँखार हो जाती हैं। माताजी काकियों जैसे औरत नहीं, मर्दों जैसी कठोर हो गई हैं। मैत्रेयी स्वर्गीय पिता को माँ जैसा प्यार करती है और माँ से ऐसे डरती है, जैसे कोई पिता से डरे। फिर पिता मरे ही क्यों ? शायद पिता कभी नहीं मरते, वे माँ के रूप में पुनजीर्वित हो जाते हैं। माताजी ताकत से लैस हो गई हैं, हुकूमत करने लगी हैं। नहीं तो लड़कों के बीच से उसके बाल पकड़कर बेरहमी से उठा लातीं।

क्या पाया माँ के पास आकर ?

पहले बिछोह था, अब सजाएँ हैं।

गौरा कहती है—''माताजी डरती हैं। डर से गुस्सा बढ़ता है। सो बेरहम हो जाती हैं। पागल जैसी। समझ लो कि वे दादा से लोहा लेती हैं।''

मैत्रेयी इन दिनों उस दुख को समेट रही थी, जिसे वह चिट्ठी में लिखकर किसी के पास नहीं भेज सकती। दादा से नहीं कह सकती। काकियों से नहीं बाँट सकती, माँ का भेद देकर माताजी की सम्पूर्ण शासन व्यवस्था को कैसे ढहाए ? गौरा कहती है—''लाली वे तो अपने आपको ही सजा देती हैं। तुम्हें सताकर उन्हें कोई सुख तो मिलता नहीं।''

जो भी हो, हालत अच्छी नहीं। ऐसा कब तक चलेगा ?

जिउ तरसै तुम मिलन को, मन नाहि विसराम

''माताजी, मेरी शादी कर दो,'' बी.ए. में पढ़ती लड़की बोली।

सत्रह साल पूरे किए हैं मैत्रेयी ने। ऐलान करने के पहले न तो यह कहा कि उसकी जैसी उम्र माँ ने परिवार के साए में सुरक्षित बिताई थी और न यही समझाया कि एक अबोध अल्हड़ लड़की और अनुभवी स्त्री के अकेले रहने में फर्क होता है। यह अन्तर इतना ही सच है, जितना सच पौधे की बनिस्बत एक पेड़ का होता है। पौधे को चर जानेवाले पशुओं से बचाने के लिए लोहे या ईंटों की ऊँची हवादार रेलिंग के भीतर रखा जाता है।

यह भी जाहिर नहीं किया कि लड़की के भीतर वह आकर्षण पैदा हो रहा है, जिसे अकसर ही तुम व्यभिचार या अपराध मान लेती हो, जबकि पुरुषों की ओर से आए अभद्र हमलों को नजरअन्दाज करके अपनी बेटी को सुरक्षित समझती हो।

याद नहीं दिलाया कि माँ तुम्हारे भाई ने तुम्हें बेचा था, उसने सुना है, मगर सुना यह भी है कि तुम्हारी माँ तुम्हें किसी गोरे के चंगुल में फँसने दे, उससे पहले खुद को हाजिर करना चाहती रही थी। मैत्रेयी मानती है, तुम्हें बेचने की बात नजायज और अवैध थी, एक परिवार के लिए लड़की को कुर्बान कर देना जुर्म था, लेकिन कितना सुरक्षित दायरा था तुम्हारे लिए, सुख-सुविधा का शिखर तब खेती और घर ही तो होता था, वह तो सबकुछ था ही।

यदि वे साधन न होते तो कस्तूरी का आगे पढ़ना, आगे बढ़ना सम्भव होता भी, पर कितनी मुश्किलों, जानलेवा बाधाओं में घटता। यह बात दीगर हो सकती है कि साठ बीघा धरती की मालकिन तुम सूझ-बूझ की धनी निकलीं। खेतों से फसल नहीं, सोना पैदा किया।

क्या तुमने खेती-किसानी और फसल का बोना-उगाना उन्नति तरक्की में शामिल किया ? तुम जानती थीं, किसान पुरुष हो या स्त्री, उसे सभ्य शिष्ट माने जानेवाले सफेदपोश शहरी असभ्यता के दायरे में रखकर ही देखते हैं। निश्चित ही तुमने सभ्यता के वशीभूत होकर उन खेतों को भुनाया, बेच डाला।

माँ परेशान हुई, मैत्रेयी का मन खेतों से इस कदर क्यों जुड़ा है ? नादान लड़की धरती की ताकत के बारे में क्या जाने ?

माँ की आँखों से उठते सवाल बेटी के लिए क्या अजनबी होते हैं ? रात-दिन का सामना है, बचा-छिपा क्या है ? माताजी कभी अचम्भे से देखती हैं, कभी दुख से और पूछना चाहती हैं—मैत्रेयी तेरा मन पढ़ाई से विरक्त हुआ है या माँ से ? तू कभी शादी की बात करती है, कभी खेतों की याद !

'खेत मेरे बाबूजी की छाया थे और शादी मेरे बाबा का सपना !'

'सपनों की छाया मेरे प्राणों से बँधी है कि उन दोनों के बिछोह में किसी पुरुष को खोजती फिरती हूँ ? माँ तुम खफा क्यों होती हो ? मेरी स्वाभाविक इच्छाओं को कठोर उपवास में मत बदलो। मैं अपनी इन्द्रियों को कसते-कसते दूसरों की हवस का शिकार हुई जाती हूँ।'

कुछ ऐसी बातें, कुछ ऐसे भाव, कुछ ऐसे आचरण दिखाई पड़े तो कस्तूरी ने एक बारगी सिंहनी का रूप धारण कर लिया।

...मगर सिंहनी अपने ही शावक को कैसे खा जाए ? धीरे-धीरे उनकी गहरी और पैनी आँखों में घबराहट की बदलियाँ घिर आईं। आँखें भावनाओं की चुगली करती हैं। आँसुओं का रिसाव होने लगा तो ? पहले ही वे मैत्रेयी के पास से उठकर चली गईं।

खाट ही आसरा हो गई। तकिया में मुँह छिपा लिया। माँ का आशय है—क्या यह लड़की नहीं जानती कि साधारण गृहस्थी से उन्हें चिढ़ रही है। वहाँ इसके सिवा नया क्या है कि खाना-सोना और वंशवृद्धि करना। यही जिन्दगी वांछनीय थी तो मैत्रेयी ने कस्तूरी की कोख से जन्म क्यों लिया ?

मैत्रेयी पीछे से उनकी खाट के पास आ गई तो उन्होंने अपने उद्गार व्यक्त किए।

माँ के चलते लड़की का ब्याह करना अति साधारण कोटि में आता है और वे विशिष्ट हैं। महिला मंगल योजना की सर्वोच्च पुरस्कार प्राप्त ग्रामसेविका, जिसने बीसियों परित्यक्त विधवा स्त्रियों का उद्धार किया है, क्योंकि ग्रामलक्ष्मियों के पद पर वे नियुक्त हुई हैं, यह बात मैत्रेयी अच्छी तरह जानती है। इसी के चलते याद आती है नर्मदा, जिसे माँ खैलार गाँव से अपने साथ महरौनी ब्लॉक के गुढ़ा गाँव अपने तबादले के चलते ले गई थीं।

बात इतनी-सी थी कि वह परित्याग की हुई लड़की उस गाँव के ग्रामसेवक से घनिष्ठता रखने लगी। महिला मंगल में किसी पुरुष का समागम कस्तूरी देवी के हिसाब से अपराध था, बदनीयती थी, लेकिन यहाँ तो हाथ में हाथ लेने-देने का दृश्य था, रात के समय एक खटिया पर शयन...

मैत्रेयी तब ऐसी बच्ची थी, जो ऐसी बात की मूक दर्शक बनी रहे, क्योंकि मिलन सम्मिलन का आधा-अधूरा डरावना भयावना ज्ञान था। मगर आज माँ से पूछना चाहती है कि उसके व्यक्तिगत फैसले पर कस्तूरी देवी ने प्रधान से कहकर पंचायत क्यों जुटवाई ? उसके अपमान के लिए ही न ? सच में यही महिला मंगल का उद्देश्य था ? संयोजिका से कहकर उसे बर्खास्त कराया जाए, यह सजा स्त्री-शक्ति के खाते में जुड़ती है ?

माँ, तुम्हारे महिला मंगल और कल्याण-संस्था को धता बताती हुई नर्मदा चली गई।

ग्रामसेवक के साथ विवाह करके तुम्हारे रुक्खड़ और अक्खड़पन पर पानी फेर दिया। जाते-जाते तुम्हारा उपकार माना—बहनजी मैं आपके संग चली आई, अच्छा हुआ। यह साथी मिल गया। छोड़ी हुई औरत को तमाम मनचले पकड़ते हैं।

माँ, मैंने सोचा था, तुम्हारा काम महिलाओं को दिशा देना है, कब्जे करना नहीं। मैं क्या करूँ, मैं तो तुम्हारी बेटी ही हूँ, तुम्हारे पूरे अधिकार में हूँ। तुम्हारी आज्ञा मानना मेरी जिन्दगी का हिस्सा है। ऐसा न होता तो तुम्हारे केन्द्र पर आने-जाने वाले ए.डी.ओ., बी.डी.ओ. और दफ्तर के क्लर्क मुझे मनमाने समय पर तलब न करते।

''लाली, अपने फैसले पर विचार कर। फिर से सोच।''

माताजी उठकर बैठ गईं।

''मैं जानती हूँ लाली कि तू उद्दंड नहीं, कभी-कभी मेरी बात का उल्लंघन कर जाती है। लेकिन तेरा इस तरह भिड़ पड़ना नौकरी के चलते भारी पड़ता है। आजीविका पर बन आती है।''

मैत्रेयी का मन माँ के पास ठहरने का एकदम नहीं। माताजी अपराधबोध से उसे लादे देती हैं कि खुद को बचा तक न पाए। खुले बीहड़ हैं, शिकारी पिछिया रहा है...लड़की पूछना चाहती है—माँ तुम्हारे साथ भी ऐसा हुआ था ? हुआ था तो बचाया नहीं खुद को ? या नहीं हुआ था तो यह बात माँ में मुझे विशेष लगती है। तुम सचमुच ही साधारण स्त्री से ऊपर उठ जाती हो। उन सती कहलानेवाली स्त्रियों से भी ऊपर जिन्हें सीता और अहल्या कहते हैं। सचमुच तुम स्त्रीत्व से मुक्त स्त्री ! यही कारण तो नहीं कि गाँव के लोग तुम्हें देवी का दर्जा देते हैं। अगर मुझे अपनी तरह बनाना है तो पहले मेरा स्त्रीत्व खत्म कर दो। यह बात सही न भी हो, विशिष्ट तो होगी।

सत्रह वर्षीया लड़की के इन उद्गारों से माँ भी अपरिचित नहीं, मगर असमंजस में पड़ी हैं और पूछती हैं—ये भावनाएँ, ये सवाल कितने व्यावहारिक हैं, कितने अव्यावहारिक, तूने सोचा है मैत्रेयी ? कस्तूरी किस धूल से उठी, कहाँ तक आई। अँधेरों-उजालों से गुजरता हुआ महिला मंगल का काफिला किस प्रशस्त रास्ते पर है, तू देखती नहीं ? क्या सचमुच ही इस दिशा की ओर देखनेवाली नजर तेरे पास नहीं ?

—खेत खेत करती है, नादान यह नहीं समझती कि गाँव में जिसके पुरुष नहीं होते, उसके खेत भी नहीं होते। संवाद भी बना रहता है, उसी के जरिए गाँव के लोग हमें लूटते-खसोटते रहते हैं। मायकेवाले डाका डाल ले गए, तूने सुना तो होगा। अपने ब्याह के बहाने तू मुझे उसी गाँव में मत धकेल।

कस्तूरी के सामने पिछले जीवन के सिनेमा की रीलें लगातार क्रमशः चलती हैं। वे सारे दुख जो सहे, वे सारे सुख जो मरीचिका साबित हुए, वे सारे सम्बन्ध जो ढोंग से ज्यादा कुछ न थे और गाँव में चलती राजनीति...मैत्रेयी की समझ में कभी नहीं आएगी, क्योंकि यह लड़की भावनाओं की भावुक गुलाम है।

परिवार का सपना देखती है, जिसे अखंडता कहती है। उस अखंडता के बीच कैसी सेंधमारी चलती है, इसका तर्जुबा अपनी माँ से सुन। कस्तूरी की माँ भी किसी स्वार्थ

से प्रेरित होकर प्यार लुटानेवाली माँ थी। यह महज संयोग था कि आठ सौ चाँदी के कलदार देनेवाला पुरुष खेती का मालिक निकला। उस संयोग के सहारे कस्तूरी ने अपनी शिक्षा आगे बढ़ाई नहीं तो मजदूरी करते-करते उम्र बीत जाती। तब क्या अपनी माँ के प्रतिगामी सोच के बिना मैत्रेयी बी.ए. तक पढ़ लेती ? उसका भी हश्र हल चलाते किसान या घास खोदते मजदूर की घरनी बनने पर न उतर आता ? चूल्हा-चौका करते हुए अब तक एक बच्चे की माँ हो गई होती।

स्त्री होती है तो स्त्रीत्व होता है, मगर उसका मादा रूप ही मुख्य रहे, यह जरूरी तो नहीं। माताजी ने जोर-जोर देकर कहा, ''स्त्रीत्व माने स्त्री-शक्ति। तू उस स्त्री-शक्ति को गँवाने पर तुली है, मुसीबत तो यही है।''

कस्तूरी के सामने अँधेरी रात में एक तारा उदित हुआ। उन्होंने बेटी को उस समय आवाज दी, जब वे रेडियो पर अपना मनपसन्द गीत सुन रही थी—ये वादा करो चाँद के सामने, भुला तो न दोगे मेरे प्यार को...

मैत्रेयी !

—हाँ, माताजी ! कहकर उसने रेडियो का स्विच बन्द कर दिया। उनकी धीमी और लाड़ में पगी आवाज सुनते ही अपराधबोध का सागर भीतर-ही-भीतर उमड़ पड़ा। माँ नाराज नहीं है, जबकि गुस्ताखी जघन्यतम अपराध जैसी थी। जो बात उन्हें सबसे ज्यादा नापसन्द है, वही कह डाली। कलयुगी सन्तान ऐसी ही होती है, माँ-बाप के जीवन में उथल-पुथल मचानेवाली।

कल झाँसी चलना है।

—क्यों ?

—संयोजिका ने जिला नियोजन अधिकारी से तेरी नौकरी की बात कर ली है। ग्रेड बहुत अच्छा है, ग्यारह बजे तक बुलाया है।

माँ का संकल्प—इस मनचली लड़की को स्थिरता देनी होगी। ब्याह जैसी बेड़ियों का मर्म समझना होगा। बी.ए. पास लड़की के लिए नौकरी की कमी नहीं। माँ-बाप लड़कियों को पढ़ाना फालतू का खर्च और आबरू का खतरा मानते हैं। कस्तूरी की राय में बेटी को ब्याह कर गाय की तरह हाँक देने जैसा कोई दूसरा अपराध नहीं। लेकिन उलटी गंगा तो देखो कि उन्हीं की बेटी आगे की ओर नहीं, पीछे की ओर चल रही है। क्या इसीलिए था उनका संघर्ष ?

'मेरा मन हाय-हाय करता है ?' उन्होंने सोचा—'लगता है जैसे अथाह पानी में डूबती चली जा रही हूँ। अपनी याददाश्त पर भी अचम्भा हुआ। बेटी इतनी बड़ी हो गई ! और मैंने निरखा तक नहीं। छोटी-सी बच्ची बढ़ी और हिम्मत इस कदर बुलन्द हो गई कि माँ को अपना होना बताए ?'

मैं बूढ़ी हो चली ! हाथ से वयस खिसक गई ! उसी के चलते तो आदमी को

अपने ऊपर, केवल अपने अकेले पर इतना भरोसा रहता है कि जीवन में आए लोभ-मोह को अँगूठे पर गिने।

वह समय आ ही गया लगता है, जब उम्र छीज़ना शुरू होती है, नहीं तो मन हाय-हाय क्यों करता ? उन्नति, तरक्की और समाज कल्याण के नशे में समय का बहाव भूल बैठी थी। काल का ज्ञान खो दिया। बेटी ने चेताकर चौंका दिया—'माँ तुम्हारी उम्र पक चली, क्योंकि मैं जवान हो गई।' अभी तो बहुत चाह थी। बहुत कुछ पाना था। कोई अदेखी-अनजानी ताकत ललकारती थी। मेरी राह आओ, तुम्हारा जीवन बदल जाएगा। अपने ही रचे-गढ़े जीवन का लेखा-जोखा महत्त्वपूर्ण लोग रखेंगे। पीढ़ियों की जिन्दगी मेरे बनाए रास्ते पर चलेगी, लेकिन पीढ़ी की पहली ही दावेदार ने उस पेड़ की डाल पकड़कर हिलाना शुरू कर दिया, जिसके फल को अपनी अंजुरी में खप से भर लेना चाहा था, उसको धरती पर गिरकर फटता देख रही हूँ।

कस्तूरी मर्माहत हो गई—असन्तोष, दुख और असफलता का स्रोत कहाँ होकर फूटे, कौन जानता है ? जीवन का यह मूल्य पर्याप्त नहीं। सारी जिन्दगी घुला-गलाकर जो मिला, वह कितना है ? माँ-बाप अपनी तपश्चर्या का फल बच्चों के जीवन-बीज में देखते हैं फिर इसे पनपते और फूल-फलों के रूप में पाना चाहते हैं। यहाँ तो बेटी के लिए आमों के पेड़ लगाए और उसने बबूलों के बीच से रास्ता चाहा है ! यही मेरी तरक्की है ? यह किसके काम की है ? महिला मंगल में काम करती उन स्त्रियों के काम की, जो सम्बल पाने आती हैं और प्यारी हिरनी-सी प्यार के सरोवर की ओर भागती हैं। नर्मदा ने बड़ी चोट दी थी। भुवन के जाने पर महिनों चैन नहीं मिला था। उनका मोह नहीं, उनसे मिली पजराय ने तोड़ डाला था। मैं कौन थी, कोई नहीं। इस संसार की लीला में दखल देनेवाली मैं कोई नहीं...

...लेकिन अब मेरी बेटी का मामला है, मेरी कोख से जन्म लेनेवाली मैत्रयी का। मैं इसको उस खड्ड में नहीं गिरने दूँगी, जिसमें गिरकर औरत जीवन-भर निकलने को छटपटाती रहती है और एक दिन खत्म हो जाती है।

अपने आपको ललकारा था कस्तूरी ने।

...लेकिन माँ को क्या पता कि उनका हुक्म सुनते ही मैत्रेयी की जिन्दगी की हरी-भरी कल्पना रेत हो गई ? हालाँकि समझ रही थी कि माताजी उसे आर्थिक रूप से मजबूत करने की सोच रही हैं। यही स्थिरता का मूल है। वे ब्याह जैसी रूढ़ि का महत्त्व एकदम खारिज कर सकती हैं।

फिर भी मैत्रेयी ने अपनी टेक रखते हुए कहा, "मैं नौकरी नहीं करना चाहती।"

दुस्साहसी लड़की की ओर माँ ने अवाक् होकर देखा और धीरे-धीरे नजर मुलायम होने लगी जैसे सोचा हो, शायद यह उत्तेजना में लिया निर्णय है। शायद यह माँ के विरोध में पीढ़ी का अन्तर है। शायद यह आत्मतृप्ति का साधन है। पढ़ी-लिखी लड़की नौकरीपेशा होने का अर्थ समझती होगी।

—तू विवाह को गुड़ियों का खेल समझती है ?

—नहीं तप और जद्दोजहद तो हर जगह होती है। फिलहाल तो मैं सुख-दुख के एक साथी की तलाश में हूँ।

एक दिन। दो दिन। तीन दिन।

तीन महीने तक यही मामला दोनों के बीच लटका रहा। उनके तर्क और मैत्रेयी की जिद।

जहाँ माँ-बेटी इस समय थीं, वह खिल्ली गाँव था। गाँव में मुखिया के घर पर बसेरा था बेटी का। और माँ की पोस्टिंग किसी दूसरे ब्लॉक में थी। मगर दोनों में होता संवाद दादा ने भी सुना। नेक सलाह दी—विवाह योग्य बेटी का विवाह करो, फिर चाहे नौकरी करे या नहीं करे। अपने घर में हिफाजत से रहे।

गँवार लोगों की गँवार बातें ! अक्खड़ और इस गाँव के मुखिया हैं, साथ में इस लड़की का संरक्षण लिये हुए हैं। तब क्या अपनी बात मनवा लेंगे ? इनको पता नहीं कि विवाह के बाद पति का पत्नी पर कैसा कब्जा होता है ? क्या इनकी मर्जी के बिना इनके घर की औरतें चौखट के बाहर कदम रख सकती हैं ? पढ़ाई-लिखाई से मिली सभ्यता को मर्द लोग औरत के पक्ष में नहीं खपाते, बल्कि उसको अपनी तरक्की का साधन बनाकर आगे बढ़ जाते हैं। कस्तूरी के अपने अनुभव हैं, कोई झूठ बात नहीं। नर्मदा उन्हें छोड़कर चली गई। आगे क्या किया ? ग्रामसेवक के लड़का-लड़की पैदा करके उनकी परवरिश की जिम्मेदारी के सिवा क्या आया हाथ ? जिन्दगी का मकसद यही था तो गाँव में ही किसी का हाथ पकड़ लिया होता, महिला मंगल में आने का ढोंग क्यों ? हम लोग नाहक ही स्त्री की मजबूती की बात सोचते हैं।

कस्तूरी किंकर्तव्यविमूढ़-सी धरती पर बैठी रही।

एक अघोर भैरवी भीतर से हाँफ रही थी। उसका मौन डरावना था। उसकी हुँकार से मैत्रेयी का कलेजा काँप जाता। वह इसके सिवा क्या सोचती कि उसका सामाजिक प्रस्ताव माताजी के हिसाब से अशोभन है। उन्हें दुख देनेवाला है।

जैसे-जैसे माँ के चेहरे पर करुणा फैलने लगी, मैत्रेयी पश्चात्ताप के गर्त में गिरने लगी। अपना प्रस्ताव वापस लेने की बात मन में आ समाई।

रात को वे खाट पर उठकर बैठ गईं। मैत्रेयी अपने ही ऊपर अवसन्न...हिमाकत क्यों कर बैठी ?

''सो रही है लाली ?'' पास आकर उन्होंने बेटी को टटोला।

''नहीं, नींद नहीं आ रही।''

''तू चली जाएगी तो मैं अकेली रह जाऊँगी, फकत अकेली।'' आवाज में दिल छील देनेवाली कातरता...उनके रोए हुए चेहरे का बयान कर रही थी। उनके खून में कितनी हलचल होगी, बेटी कल्पना कर सकती थी, क्योंकि उन्हें कभी रोते-बिलखते देखा नहीं।

''तो रहने दो ब्याह-शादी।'' मैत्रेयी उनकी पराजय से डर गई।

"तू मुझे गलत समझ रही है। मेरा मतलब यह नहीं कि विवाह बुरी चीज है। यह औरत के लिए ऐसे बन्धन पैदा करता है, जो जीवन-भर कसे रहते हैं। पति के रहने पर भी और न रहने पर भी। पति की पसन्द-नापसन्द दोनों औरत पर ही भारी पड़ती हैं। तूने किसी विधुर को विधवा की तरह रहते देखा है ? किसी छोड़ी हुई औरत की तरह उसके पुरुष का अपमान होता है ? और ये बातें अशिक्षित लोगों में तो अत्याचार की हद तक जा पहुँचती हैं।"

उस रात समझाना-बुझाना चलता रहा। बेटी को भी माँ से जुड़े कुछ भावुक प्रसंग याद आते रहे—तुमने भी बड़े अभाव ढोए हैं माँ। मेरा लालन-पालन जैसा बन पाया, किया। तुम्हारी अपनी सीमाएँ थीं। माँ और बाप दोनों की भूमिका में आने पर किसी भी मनुष्य के भाव बदलेंगे। असमंजस फाँक की तरह सदा माँ-बेटी के बीच रहा कि कब कड़ाई बरती जाए, कब लाड़ किया जाए ? माँ बनते ही तुम्हें पिता का कर्तव्य याद आ जाता था, इसमें तुम्हारी क्या गलती ? व्यावहारिकता, जिसमें सामाजिक नैतिकताएँ मिली थीं, उन पर माँ का क्या जोर, ममता कहीं पीछे पड़ी रह जाती। क्या दोनों भूमिकाओं से तुम भी घबरा जाती थीं ? नहीं तो मुझे अपने से दूर क्यों धकेल देती थीं ? चैन हासिल करने के उपाय में ज्यादा दुविधा में पड़ जाती थीं। क्या तभी फील्ड में घूम-घूमकर बेसहारा औरतों को इकट्ठा करती थीं ? तुम्हारे मन में कोई अपराधबोध का खोखल था, या सच में ही समाज कल्याण का कोई संकल्प ?

तुम्हारा प्यार बटुए का मुँह खोलकर छलकता था। खर्चे के रुपए देने के बाद मुझसे बिछुड़ते हुए जब तक साथ रहतीं रुपए देती रहतीं। पचास दूध के, बीस फलों के लिए दस कपड़ों पर इस्तिरी के लिए, पाँच और दो और। बस में बैठने के बाद फिर दस-बीस रुपयों के नोट मेरी और फेंक देतीं, जैसे वे माँ के अभाव की भरपाई कर देंगे।

दोनों ओर से फिर किसी ने कुछ नहीं कहा...लेकिन वे माँ थीं, बेटी को खुश देखना चाहती थीं। जरूरी तो नहीं कि उनका दिखाया रास्ता ही खुशियों भरा हो। वे अपना बड़ा-सा चमड़े का पर्स उठाए गाँव-गाँव वर खोजती फिरतीं, अब यह दीगर बात है कि अपनी कुछ मान्यताओं को वे चाहकर भी नहीं छोड़ पाती थीं।

आम रिवाज के अनुसार वे बेटी के सगाई-सम्बन्ध के लिए जरूरी किसी पुरुष को साथ नहीं ले गईं। खुद जातीं और सम्भावित समधी के द्वार पर पड़े खटिया-मूढ़ा पर मर्दों की बराबरी में बैठती। गाँव में उस समय तमाशा लगता। लुगाई आई है ! लुगाई आई है ! किसी बेटे का पिता अपना तमाशा बनवाएगा, इसमें सन्देह था।

दूसरी बात कि दहेजवाले मामले की गन्ध आते ही उठ खड़ी होतीं। तीसरी बात यह कि शादी का उम्मीदवार लड़का ही बात करे, लड़की से मिले। माँ-बाप का हस्तक्षेप न हो।

चौथी, अन्तिम और सबसे जरूरी शर्त के मुताबिक बेटी की जन्मपत्री की जगह

मार्क्सशीट ले जातीं और लड़के की सनद माँगतीं।

कुल नतीजा यह निकाला जाता कि मैत्रेयी की हस्तरेखाओं में शादी की लकीर नहीं...

लेकिन मैत्रेयी के लिए अधिक सोचना बेकार था क्योंकि जीवन में सबकुछ पाने और सबकुछ लुटा देने की अदम्य लालसा हस्तरेखाओं के ऊपर निकल चुकी थी।

ऋतु गमक उठी। ब्याह की बात चली है। मैत्रेयी हल्दी और मरुअट की गन्ध में डूबी है। मन में गुदगुदी लगी है, तन सिहर-सिहर उठता है। कल्पना में आकार लेता भावी वर आँखमिचौली खेल रहा है। पर्देदारी के कई रहस्य खुलने लगे। चकमकाती आँखें खुली सीपी हो गईं।

चढ़ती वय की लड़की ने मिलन-संयोग का शृंगारिक स्वर्ग गढ़ लिया है। अब तक कहाँ थी यह रोशनी ? वह अँधेरों से हार रही थी, घुप्प गलियों और काली सड़कों पर शिकारी के आगे-आगे भागती बदहवास हिरणी-सी...। घर की कल्पना करती हुई पराए मकानों के उग्र कोनों को आज जीभ चिढ़ा रही है। छिपने-बचने की मनुहारों के दिन पूरे हुए।

लड़की वर्तमान पर भविष्य का रौब गालिब कर रही है।

उसके जीवन में वह शुभ और नेक घड़ी आने को है, जिसमें अपने कहे जानेवाले घर की ड्योढ़ी पर उसका स्वागत होगा। दीवारों पर ऐपन गेरू से बनी घोड़ी और चाँद-सूरज पूजकर देहरी पर अन्न बिखेरती हुई, जल की बूँदों से महावर भिगोती हुई आँगन में आ खड़ी होगी। देखते-ही-देखते पायजेब छनकाती हुई दालान में आ जाएगी। झरोखेनुमा खिड़की से झाँकेगी वह। बाहर की दुनिया में नीम के हरियल पेड़ पर बैठे नटखट तोतों से बतियाएगी।

अनूठा विश्वास, अनोखी निष्ठा ! अपने भाग्य के प्रति कृतज्ञ है मैत्रेयी। मन-ही-मन प्राणसखा के साथ जीवन-लीला रचती है। आसपास की कोरों पर बेलबूटे खिलाती है। बंजर में रही है लड़की, आज घर का अरमान जागा है। फूलोंवाला पलँगपोश और 'शुभागमन' का मेजपोश काढ़ लिया है। 'स्वागतम्' लिखा हुआ तकिया पलँग पर रखने की कल्पना से उसका चेहरा लाल हो जाता है। अकेले में मुस्कुराती है।

सजी-सब्ज दुनिया की मालकिन।

माताजी सामने से गुजर गईं। विकास ऑफिस जाते हुए उनकी छाया पड़ी कि सकपका गई मैत्रेयी। वह ब्याह की बात, अपराधबोध, कि पाप में लिप्त थी ? लड़की जब तक पत्नी नहीं बनती, उसके लिए पुरुष का सपना गुनाह है। माताजी के अनुसार कुँआरी का कलंक ओढ़ रही है मैत्रेयी।

शायद ! सदा से अनुशासन लदे मन में बलात् कलेजे की धरती फोड़कर कैसे अँखुए निकल आए कि दाबे दबे नहीं। उलटे पनपने लगे। नरम पत्तों और रंग-बिरंगे फूलों से भर गए। क्या लड़की जानती नहीं कि माताजी की दुनिया में रंगों का प्रवेश वर्जित

है ? जानती है, एक अनकहा, अनदेखा पहरेदार तैनात किया हुआ है, हरकता-बरजता रहता है। गा-गाकर कहता है—ऐसे फूले वे फिरें आज हमारो ब्याहु/तुलसी गाय-बजाय के देत काठ में पाउ।

जिन्दगी फूलों की सेज नहीं है। हाँ।

मगर लड़की का स्वभाव भी बड़ा अजीब है, सोचती है—दूसरों की रस्सी का फन्दा तो गर्दन घसीट रहा था, अब तो पाँव पर ही बीतेगी। निजात तो है ही कहीं तक। मैत्रेयी की स्थितियाँ तो और भी काँटेदार हैं, इसलिए निवेदन करती है—माँ, तुमने जिस तरह सुनसान बीहड़ों में दौड़ने को ललकारा, उसी तरह खुले मन से फूलों से गुजरने का हक दे दो।

लड़की ने माँ के पास आकर उन्हें चुपचाप प्रणाम किया।

रंगों में उतरने की गुस्ताखी पर तपा माँ का हृदय कुछ देर के लिए ठंडा-सा हो जाएगा। शायद !

आवेग-प्रवणता कस्तूरी के स्वभाव में न हो, ऐसी बात नहीं। ऐसी बातों पर उनकी त्यौरियाँ चढ़ जाती हैं। भले उनकी अपनी बेटी रहे। सस्ती-घटिया बातें असन्तोष का कारण न बनें, ऐसा कैसे हो सकता है ? इस लड़की को ऊँची शिक्षा दिलाकर अफसर बनाने की साध थी उनकी। सोचा था—एक दिन मैत्रेयी उनके तथा उन जैसियों के साथ कदम-दर-कदम चलकर प्रशासनिक व्यवस्था से उन तमाम गड़बड़ों को उखाड़ फेंकेगी, जो जूझती, आगे बढ़ती और रुकावटों के कारण गिरती औरतों की टोली से सहज सामान्य जीवन जीने का हक छीनती रहती हैं। वह स्त्री के सशक्तीकरण की मशाल अपने हाथ ले लेगी। लोग कहेंगे, कस्तूरी माँ के रूप में धन्य है। जीवन-संघर्ष का मतलब होता है, जीवन-दर-जीवन संघर्ष।...लेकिन आदमी का मन चीता हो भी जाए, यह जरूरी तो नहीं !

उन्होंने गहरी उसाँसें दबाकर सोचा—बेटी गृहस्थिन होना चाहती है। शिक्षा का धन उसके पास है। सिर्फ खा-पहनकर सुखी हो जाए, ऐसा उसकी चेतना गवारा नहीं करेगी। आज नहीं तो कल, उम्र के साथ समझ में आ जाएगा कि उसका धर्म क्या है ? जिम्मेदारी क्या सौभाग्यवती रहने में ही है ? सम्मान और अपमान के भेद का रहय खुलेगा।

कस्तूरी को युक्तियाँ सूझती हैं। अपने लिए सूझीं—पढ़ाई का झोला उठा लिया। विधवा गौरा के लिए सूझी—मर्यादा का लबादा हटा दिया। आज सामने बेटी है। बेटी न स्वयं उन जैसी है, न गौरा जैसी, यह बात समझते हुए उन्होंने बी.ए करनेवाली मैत्रेयी के लिए सोचा कि वह अफसर, डॉक्टर और इंजीनियर जैसी आधुनिक विद्याओं की ज्ञाता के रूप में किसी पद पर प्रतिष्ठित नहीं हो पाई तो क्या, विवाह का सदुपयोग इस तरह किया जा सकता है कि कोई इन्हीं विद्याओं में से किसी एक विद्या का विशिष्ट युवक उसका जीवन-साथी बने।

"गौरा, अब हम मैत्रेयी के लिए डॉक्टर-इंजीनियर वर खोजेंगे।"

उनकी बात सुनकर गौरा चूल्हे के पास बैठी हँस पड़ी, जैसे उन्होंने शेखचिल्ली का सपना देखा हो।

"अरे वाह ! अपनी औकात कितनी जल्दी भुला देता है आदमी।"

कस्तूरी को झटका लगा।

"औकात ? और क्या होती है औकात ? जो जनहित में लगा हो, उससे बड़ी औकात किसकी होती है ? उनकी, जो कुत्ता-कुकरों की तरह सिर्फ पेट भरने की सोचते रहते हैं ? उनकी औकात नहीं होती, बस आजीविका होती है, समझी ?" कहकर जैसे वे कुछ याद करने लगी हों।

चूल्हे में से बड़ा धुआँ उठ रहा था। उनका चेहरा धुएँ में घिर गया। गौरा भी साफ-साफ दिखाई नहीं दे रही थी। एक आवाज थी, जो उनके कानों को कुरेद रही थी—कभी अपने लिए भी रिआयत बरत लिया करो। डॉक्टर-इंजीनियरों से भिड़कर लाली का पाँव तो काठ में पीछे फँसेगा, तुम्हारे कन्धे पहले टूट जाएँगे।

वे उठीं। फूँकनी हाथ में ली और सारी ताकत लगाकर फूँक मारी। धुएँ की जगह आग दिखने लगी। आग जलते ही वे वहाँ से उठकर अपनी जगह बैठ गईं। बात फिर से उठा ली—

"इसमें भिड़ने की बात कतई नहीं है। पढ़ी-लिखी लड़कियों का अकाल है अपने यहाँ। शहर के ऊँची तालीमयाफ्ता लड़के भले शिक्षित लड़की पा जाएँ, गाँव के तो ललचाते ही रह जाते हैं। तूने देखा नहीं ? अपने गाँव के आसपास कितनी मिसालें मिल जाएँगी।

"रामजीलाल के सौदान के साथ क्या हो रहा है ? पढ़ी-लिखी बेटियों के चार-छह पिता आए, मगर जमा एक भी नहीं। गाँव की कच्ची डगर, गँवई किसान परिवार और कच्चा घर देखा कि जी उचाट हो गया। सोचा, अगर उनकी बेटियाँ छटे-छमाहे भी गाँव आईं तो उनके पाँव मैले हो जाएँगे। कंकड़-काँटे चुभ गए तो प्रलय हो जाएगी।"

यह एक उदाहरण गाँव के हर उस घर की भाभई है, जिसमें रहते किसान ने अपना खून-पसीना लगाकर बेटे को ऊँची शिक्षा दिलाई है। अब ब्याह के नाम पर हालत यह है कि पाँच-सात पास लड़की से ज्यादा पढ़ी लड़की का रिश्ता आता नहीं, लड़का शादी के लिए तैयार होता नहीं। गाँवों तक सड़क जाए और उनमें पक्के मकान बनें क्योंकि पढ़े-लिखे आदमी की सबसे बड़ी समस्या धूल-मिट्टी है, पैदल चलने की मशक्कत है।

गौरा देवी समझें या न समझें, कस्तूरी देवी का काम औरतों की जिन्दगी को समझना और स्त्रियों को समझाते रहना है।

उन्होंने अपने विभाग का हवाला दिया, "महिला मंगल योजना के अन्तर्गत औरतों में विधवाओं के बाद परित्यक्ताओं की संख्या कम नहीं। अपने ही अफसरों-कर्मचारियों को देख लो, गाँव में छोड़ी पत्नियों को बिछोह देने की सजा का कारण उनका अनपढ़ होना है। बिना पढ़ी औरत का छोटा दिमागी दायरा, उसमें लियाकत और तमीज कहाँ से पैदा करे ? बेचारों को ऐसी अनपढ़ गँवार पत्नी के साथ चलने में शर्म आती है। लज्जित होना किसे अच्छा लगता है ? ऊपर से सितम यह भी कि 'छोड़ दिए जाने'

की तोहमत भी औरत के सिर आती है। उनकी अवज्ञा ही उनका दोष है क्योंकि वे अपने पति को तनाव में रखने की गुनाहगार हैं। विधवा स्त्री को मिलनेवाला रहम-करम भी उनके भाग्य में कहाँ ? और न जिन्दा जीते पति के रहते अकेली जिन्दगी में सब्र।

"गौरा, अच्छा करते हैं। आज के पढ़े-लिखे लड़के, पढ़ी-लिखी पत्नी की माँग मुँह खोलकर करने लगे हैं। तालीमयाफ्ता के साथ अनपढ़ बाँध देना ऐसे ही है जैसे गाड़ी में एक ओर घोड़ा जुता हो, दूसरी ओर गधा। गधे के संग घोड़ा कब तक अपनी चाल भूला रहे ? इस हालत को देखकर गाँव के लोग अपनी लड़कियों को पढ़ाने तो लगेंगे।"

कस्तूरी अपनी योजना से आश्वस्त थीं। उन्होंने अपनी लिस्ट से थानेदार तक निकाल फेंका, अध्यापक और ओवरसियरों की तो बिसात क्या ? वे इस समय अपने गाँव में थीं, गाँव के लोग उनके अपने थे, अपनों के बीच उनकी यह अक्लमन्दी गर्व का विषय बन गई थी। खुशी का स्रोत उनके भीतर बहता था, जगमगाहट आँखों में छलछलाती।

गाँव का नाम—अढ़ू का नगला, पिता का नाम बद्री प्रसाद पाठक, लड़के का नाम—अयोध्या प्रसाद, शिक्षा—इंजीनियरिंग का तीसरा साल, ब्रांच—मैकेनीकल, संस्था—अलीगढ़ यूनिवर्सिटी; कस्तूरी ने इस तरह के चार लड़कों की लिस्ट नम्बरदार के हाथ में थमा दी। वे पता करें, सूचना दें, जरूरत पड़ने पर उन्हें बुला लें। वे जानती थीं, नम्बरदार यह सब करेंगे, क्योंकि अब अंग्रेजों का जमाना नहीं। जमींदार का रौब नहीं।

नम्बरदार ने सूचीवाला कागज पकड़ते हुए अपनी ओर से प्रस्ताव रखा और बा-लियाकत यह सिद्ध किया कि वे अंग्रेजों की सोहबत में रहे हैं और इल्म रखते हैं कि इंजीनियर के मुकाबले डॉक्टर ज्यादा भारी पड़ता है, अतः हाथरस के बाजार में निजी 'शफाखाना' चलाने वाले डॉ. श्री नारायण शर्मा के बारे में विचार कर लिया जाए पहले।

कस्तूरी की जैसी आदत रही है, पहला सवाल दागा, "डॉक्टरी की डिग्री देखी है ?"

"अजी, तुम भी कमाल करती हो, ये चीजें देखने की होती हैं ?"

"मुझे गफलत में काम करना अच्छा नहीं लगता, नम्बरदार।" कहकर कस्तूरी ने उनकी ओर ऐसे देखा जैसे जमींदार की व्यवहार-बुद्धि को चुनौती दे रही हों। गजब कर रही हैं, पढ़-लिख जाने और नौकरीयाफ्ता हो जाने का मतलब यह नहीं कि गाँव पर राज करनेवाले नम्बरदार की योग्यता को ललकारें। आजादी के बावजूद, जमींदारी खत्म होने के बारह वर्ष बाद भी गाँव के किसानों में यह हौसला नहीं है कि उनकी बात को एकदम खारिज कर दें।

एक अव्यक्त-सी फटकार नम्बरदार के चेहरे से गुजर गई। साथ-ही-साथ गम खाते हुए आँखों की आँखों में समझा दिया—तुम स्त्री हो, पुरुष होता तो माहौल का चेहरा कुछ और होता। और शब्दों में जो व्यक्त किया, बस इतना कहा, "कस्तूरी, चार अक्षर पढ़ लेने से तुम्हें कोई मर्द न मान लेगा। सनद—सार्टिफिकेट दिखाने की तो बात दूर, कोई अपने द्वार तक न झाँकने देगा। लड़केवाले का भी कोई रसूख होता है।"

कस्तूरी नम्बरदार की बात से सहमत नहीं थीं, लेकिन उनकी बात का उत्तर देना चाहती थीं, दो पल विराम जरूरी लगा कि नम्बरदार को उनका जवाब मुँह पर मारा तमाचा

न लगे, क्योंकि यह स्त्री-पुरुष का नहीं, स्त्री और जमींदार रहे महापुरुष का संवाद था।

नामालूम से अन्तराल का फायदा उठाया वहाँ बैठे चरनसिंह बौहरे ने, 'लम्बद्दार' रसूख का मतलब क्या होता है ?"

"नम्बरदार, कुछ जवाब नहीं देंगे इसका, प्रजा उनसे ऐसे तमाम वाहियात सवाल करती रही है।" नम्बरदार के पास खाट पर बैठे रामचन्द ने धरती पर बैठी कस्तूरी को सुनाकर कहा, "लम्बद्दार अपनी जमींदारी का रुतबा ऐसी बोली बोलकर ही गाँठते रहे हैं। और बिना बाप की बेटियों के धरम पिता बने गाँव के राजा की जिम्मेदारी निभा रहे हैं। ऐसी बोली बोलनेवाले की बात टालना मुश्किल होता है। खास बोली का खास आदमी। लम्बद्दार से बहस मत कर।"

कस्तूरी ने अरज की, "नम्बरदार, आप तो बुरा मान गए। असल में मैं दूध की जली छाछ फूँक-फूँककर पीने को लाचार हूँ। खास भतीजी का ब्याह लड़के को दसवीं पास मानकर अँगूठा छाप वर से हो गया। बिरादरी ब्राह्मणों की है, तब क्या उसमें झूठे और मक्कार नहीं। पंडित, पुजारी कम चालबाज होते हैं ?"

चबूतरे पर बैठे मास्टर रामावतार ने 'अमर उजाला' अखबार में से सिर निकालकर कहा, "वाजिब बात कही है कस्तूरी भाभी ने। इस लड़की के संग धोखाधड़ी नहीं होनी चाहिए; पढ़ी-लिखी है। अनपढ़ों की तरह धोखे को तकदीर की मार समझकर नहीं ढोएगी।"

नम्बरदार, चरनसिंह, रामचन्द और रामावतार मास्टर की बातों को परे झटककर मूल मुद्दे पर न आ जाएँ तो वे नम्बरदार किस बात के ? आवाज को गहरी बनाते हुए बोले, "भाई, हम तो सौ बातों की एक बात जानते हैं कि अपने इलाके में किसी का लड़का एम.बी.बी.एस. डॉक्टर नहीं, जिसकी कस्तूरी को तमन्ना है। अब चरनसिंह, तू यह मत पूछना कि तमन्ना का मतलब क्या होता है ? साले पंडित होकर बात को हलकी करता है !"

"हाँ, कह तो तुम ठीक ही रहे हो, इगलास के चिरंजीलाल का लड़का डॉक्टरी पढ़ गया, पर डॉक्टर होते ही उसने लखनऊ रहना शुरू कर दिया। कहता था कि इगलास तो हकीमों के काबिल है।"

"अच्छा !" कस्तूरी ने आश्चर्य किया और कहा, "लखनऊ में डॉक्टरों की कमी है क्या ? या वहाँ यहाँ से ज्यादा रोगी हैं ? चिरंजीलाल का लड़का रोगियों के लिए नहीं, शहर के लिए पढ़ा है।"

नम्बरदार फिर मुद्दे पर आ गए, "ऐसा करो कस्तूरी, झाँसी में ही देख लो।"

"झाँसी क्या कम बैकवर्ड है, यहाँ से ज्यादा ही शायद।" उन्होंने अफसोस के साथ कहा।

"सो कैसे कह सकती हो ? रानी लक्ष्मीबाई झाँसी की ही थी, पिछड़े इलाके की। यहाँ तो अँगरेजों को चुनौती देनेवाली औरत क्या, कोई मर्द तक न हुआ।"

रामचन्द ने नम्बरदार को बड़ी विनय से पकड़ा, "तुम क्या थे, औरत या मर्द ?"

रामावतार मास्टर हँसे, "जमींदार थे। जमींदार औरत मर्द नहीं हुआ करते।"

"यार, कहाँ की बात कहाँ पहुँचा देते हो।" नम्बरदार झल्ला उठे। उनके चेहरे पर नाक की नजदीकी रेखाएँ बन-बिगड़ रही हैं।

कस्तूरी ने समझ लिया कि चरनसिंह बौहरे और रामचन्द अपनी-अपनी निजी कचोटों को इस बातचीत के जरिए निकालना चाहते हैं, अतः वे सगाई को बात पर आ गईं।

"झाँसी में एक डॉक्टर था। बोला, पिता से बात करके देख लो। वैसे फैसला मुझे ही करना है, पर पिता का मान भी मुझे ही रखना है, वरन् पढ़ाई-लिखाई का मतलब क्या है ?"

"क्या कहते थे पिताजी ?" नम्बरदार ने डॉक्टर के पिता के प्रति आदर दिखाते हुए पूछा।

"सोने का वजन पूछ रहे थे, कितना दोगी ?"

नम्बरदार सुनते ही सकते में आ गए, गुस्से में वही जुबान निकली, जो कारिन्दों से बोला करते थे, "लाहौल बिलाकूवत ! सोना !"

कस्तूरी लाचार-सी देख रही हैं।

"डॉक्टर का बाप होकर सोना माँगता है ? डॉक्टर के घर अखबार नहीं आता ? कि वहाँ डॉक्टर को छोड़कर सब अनपढ़ हैं ? च् च् च् मुल्क में चीन से घमासान होकर चुका है। हथियारों की एवज कितना सोना चला गया, यह नहीं जानता बाप ? तुमने सुनाया नहीं कस्तूरी, कि हम तो अपनी बेटी के लिए भी जेवर नहीं चाहते, वह तुम्हारे बेटे को अपना जेवर समझेगी, कि क्या तुम्हारा लड़का हमारी बेटी को मिट्टी मान रहा है ?"

कस्तूरी तनिक कराहीं, "शादी योग्य लड़के का बाप हो जाने के बाद शायद त्याग-बलिदान की बातें भुला जाती होंगी। नहीं तो ऐसा सवाल क्यों किया। पर पाँचों उँगलियाँ बराबर नहीं होतीं और न सब धान रुपए के सत्ताइस सेर। एक है डॉ. अशोक दुबे, बात-व्यवहार में गुणी, तन्दुरुस्ती के धनी, पढ़ाई और पोजीशन समझनेवाले, तैयार हो गए थे सम्बन्ध के लिए। पर मैत्रेयी ही कहीं से धुआँ पकड़ लाई और बोली—बहका रहा है वह। अनुपमा शर्मा से शादी करेगा। उससे प्रेम करता है। नम्बरदार, वह मेरा मखौल तो नहीं बना रहा था औरत जानकर ?"

"लव मैरिज !" नम्बरदार को अंग्रेजों के जमाने का शब्द ऐन मौके पर याद आ गया। फिर वे अत्यन्त दुखपूर्ण लहजे में बोले, "लोग क्यों खुश होते हैं कि हम अँगरेजों से आजाद हो गए। लव मैरिज तो अँगरेज ही करते थे और लव मन्दा पड़ते ही मैरिज तोड़ देते थे। बुरा चलन आनेवाला है भारतवर्ष में। कस्तूरी, अब हमारा दिमाग काम नहीं कर रहा, क्योंकि हम शहर के इतने जानकार नहीं कि यह जान लें कि किससे ब्याह किया जाता है, किससे मखौल। जमींदार रहे हैं, शहरी नहीं।"

नम्बरदार गाँव-गाँव गए। कस्तूरी अलीगढ़ विश्वविद्यालय से लेकर रुड़की और लखनऊ तक फिरीं। सूची के सारे लड़के किनारे लग गए। बस एक बचा था अढ़ू के

नगलावाले पाठकजी का बेटा अयोध्या प्रसाद। वहाँ भी टालमटोल जैसा कुछ दिखाई देने लगा।

कर दिया करिश्मा !

गाँव के महत्त्वपूर्ण लोगों का महत्त्व ही यह है कि हिम्मत न हारें, मैदान न छोडें। स्वार्थ और परमार्थ का मामला एक समझें। फिर यह तो लड़की के विवाह की बात थी, कन्यादान का माहात्म्य जुड़ा था।

गाँव के भारी-भरकम बदनवाले साहूकार भगवानदास ने इंजीनियर पुत्र रत्न के पिता बद्री प्रसाद पाठक को पत्र लिखा। उनकी आँखों में गजब का आत्मविश्वास और साँवले चेहरे पर विजय की दीप्ति जगमग थी।

कस्तूरी की पौर में जैसे पंचायत जुड़ी हो। सार्वजनिक रूप से बात खोली गई। बड़ी दरी पर चरनसिंह बौहरे, रामचन्द, रामावतार मास्टर, रामजीलाल जाट, रामजीलाल ब्राह्मण, राधेश्याम बनिया आदि। छोटी जाति के लोग देहरी के बाहर धरती पर उकड़ूँ बैठे थे—झज्जू खटीक, रामसरूप कुम्हार, सूँसा तेली, ननुआँ नाई आदि। कान तो सक्का (मुसलमान भिश्ती) गड़रिया, चमार जैसे सभी लोग दे रहे थे। गाँव की बात जो ठहरी।

कस्तूरी आदमियों के बीच बैठी थीं, आसपास कोई औरत न थी। औरतें पर्दा करती हैं। खेरापतिन दादी जैसी बूढ़ी पर्दा तो नहीं करती, पर मर्दों के बीच बोलती नहीं।

कस्तूरी बोल रही थी, "मैं पाठकजी से कम-से-कम चार बार मिली हूँ—सासनी, हाथरस, अलीगढ़ और अढ़ू के नगला। उन्होंने हर बार दिलासा दिया है और यही कहा है कि लड़की देखने के बाद जवाब देंगे, लड़की देखने आने की अभी फुर्सत नहीं है।"

"फुर्सत कब होगी ? झाँसी से बार-बार यहाँ आना मुश्किल हो जाता है।"

"अब तुम नहीं आओगी, हम ही आएँगे—उन्होंने कहा, "कस्तूरी इतना बताकर चुप हो गईं। 'कोई आया, न गया' वाली बात सबके सामने थी। उन्हें याद है कि सारा गुस्सा मैत्रेयी पर आग के तसले की तरह उलट दिया था। उसी के कन्धे झिंझोड़ती हुई उद्दीप्त गले से बोली थीं, 'तू ! तू बैठी रह यहीं जैसे ढोर-मंडी में गाय-भैंसें बैठी रहती हैं, तब तक, जब तक उनका खरीददार न आ जाए। मेरा तो बी.डी.ओ. जवाबतलब करने के लिए तैयार बैठा होगा। लानत है, ऐसी पढ़ाई पर जिसका मकसद शादी-ब्याह ही हो।'

तब से उन्होंने पाठकजीवाली फाइल बन्द कर दी थी।

आज उन्हीं पाठकजी को भगवानदास सम्बन्ध के लिए राजी बता रहे हैं !

"लड़की बिना देखे ही तैयार हो गए ?" कस्तूरी ने जैसे अदृश्य अन्धकार में हाथ बढ़ाकर उजाले के किरण के लिए सवाल किया हो।

"तुझे शक है ?" रामचन्द अपनी घनी मूँछों के सिरे को बटते हुए बोले।

"मेरी बात क्यों नहीं सुनी ?"

भगवानदास अपनेपन का पान-सा गाल में दबाए विभोर हुए बोले, "चूं चूं चूं ! कस्तूरी तुम पढ़ गईं पर गुनी नहीं।"

"कहाँ गलती हुई ? सुनूँ तो।"

"गलती-फलती तो हम जानते नहीं। बात इतनी ही समझनी थी कि तुम नौकरपेसा हो गईं। तरक्की का तमगा लटका लिया, पर अपने समाज में कहाँ ठाड़ी हो ? यह बात कहने की नहीं, समझने की है।"

"क्यों मेरा ठौर वह नहीं, जहाँ तुम सब खड़े हो ?"

"अरे, हमने चल मान भी लिया कि वही ठौर है, जो हमारा, पर पाठक तो नहीं मान लेगा। कह ही रहा था—रिश्ते तो बहुत आ रहे हैं। तुम्हारे गाँव की राँड़ी भी चार बार चक्कर मार गई है। अब तक कोई रिश्ता जँचा नहीं। तुम्हारे गाँववाला ठीक लग रहा था, पर उस राँड़ी की क्या साख ? झाँसी की बात झाँसी में, वहाँ ए.डी.ओ.डब्ल्यू. रहे या दाईगीरी का काम करे, कौन देखने जाता है ? हमारे लड़के के लिए तो न साले न ससुराल, नाठ है।"

कस्तूरी की छाती पर से साँप गुजर गया। साँस आए, न जाए। यह है उनका समाज ! इस समाज में वे मनुष्य तो क्या औरत भी नहीं, राँड़ हैं, विधवा, बस ! ऊपरे से निपूती। साख के लिए कोई रूख तो क्या, कोंपल तक नहीं। पुरुषों जैसे काम करने से पुरुष जैसी नहीं मान ली जाती स्त्री। सामाजिक कामों के चलते उसे किसी पुरुष की जरूरत होती है, भले वह पाँच या दो साल का हो। पति और बेटा कहाँ से लाए कस्तूरी ? काँपते कलेजे को पुरुषों के आतंक ने कस लिया। चेहरे पर दर्द उभर आया। बदनामियों से बचकर निकल आनेवाली औरत किस स्थिति में मुँह के बल गिरेगी, पता नहीं होता।

धीरे-धीरे दर्द होंठों पर उद्धतता का रूप ले गया, "मैं स्त्री नहीं, माँ नहीं, राँड़ हूँ।"

भगवानदास उनकी दशा देखकर घबरा गए। दिलासा देने के मकसद से बोले, "छोड़ो उनकी बातें। बेवकूफ हैं साले। खुद में तो कोई खासियत है नहीं, लड़के को पढ़ा लिया, बस अत्ते खाँ के बाप बन गए। हम भी चित न कर दें तो बनिया से जाइन्दा नहीं। आजा बेटा पाठक, तू डाल-डाल तो हम पात-पात।"

कस्तूरी की हालत इन दिनों अजब है। लड़केवालों ने उन्हें बार-बार मात देकर ऐसा कर दिया है कि वे दो कड़वे बोलों से ढहने लगती हैं और एक दिलासे से ताल ठोकने जैसी हिम्मत पा जाती हैं। अब तक जो भिड़न्त हुई, अपने परिवारों से हुई, जहाँ एक-दूसरे की मजबूरियाँ घुली-मिली रहती हैं। यह मामला परिवार का नहीं, निष्ठुर और क्रूर समाज का है, जहाँ स्वार्थ तो घुल-मिल सकते हैं, लाचारियाँ और कमजोरियाँ नहीं।

भगवानदास सेठ के अपनत्व की चादर तले छिप जाना चाहती हैं कस्तूरी। गाँव ही उनका कुटुम्ब है, उसी की छत्रच्छाया में सुरक्षा लग रही है, क्योंकि उनकी उन्नति-प्रगति के हथियार टूट गए।

पाठक को भगवानदास ने कैसे भरमाया ?

"सुनो जी, कान खोलकर सुनना। हमारी लड़की पढ़ी-लिखी है, चिट्ठी-पत्री बाँचने

लायक नहीं, भाषण-लैक्चर देने लायक। आसपास हल्ला हो जाएगा, असलियत में पढ़ी बहू लाए हो। हमारी मैत्रेयी कहने के लिए काबिल नहीं, उसको देखने में काबिलियत झलकती है।''

पाठकजी कराहे, ''लड़के की जिद पर अपनी खुशी मान रहे हैं। उस नालायक को कलम-कागजवाली से ब्याह रचाना है, चूल्हे-चौकेवाली से नहीं। देखें साला ब्याह बाद रोटी खाना छोड़ देगा क्या ?''

''अच्छे पिता की तरह बेटेजी की जिद पूरी करो। रोटी की फिकर कर रहे हो तो रोटीवाली लगा देना।''

''ऐसे ही ?''

''तो कैसे ?''

''सेठ होकर नासमझी मत करो। हिसाब-किताब ही ओढ़ते-बिछाते हो।''

''पाठक, तुम मास्टर आदमी, मास्टरनी बनवा देना, हिसाब-किताब भी कर लेगी और संग में घर का काम भी निपटाएगी।''

''इस बात का लालच मत दो हमको। हमारा लड़का ब्याह कर रहा है, मर्दानगी संकल्प नहीं कर रहा। औरत की कमाई कौन खाता है ?''

''चलो, मत खाओ औरत की कमाई, खेतों में फसलें तो काट लोगे ? इकलौती सन्तान है, जानते तो हो। रिश्ता तभी जँच भी रहा था। साले, हम तुम्हारी नस पहचानते हैं।''

''खेत तो...सुनते हैं कि बेच डाले।''

''किसने कहा ?''

''ऐसी बातें कही नहीं जातीं, उड़ती हैं।''

''पाठक, ऐसा करो, हाथरस जाकर कान की मैल साफ करा आओ।''

''झूठी कह दी किसी ने ?''

''नहीं, झूठी भी नहीं थी बात, आधे खेत बेच दिए थे।''

''तो अब तीस बीघा रह गई होगी ?''

''पूरे ज्ञाता हो।''

''भइया, दूध का जला आदमी, छाछ भी फूँककर पीने लगता है। बड़े लड़कों के ब्याह में धोखा हो गया। एक पंडित के दो लड़कियाँ थीं। लड़कियों की माँ नहीं थी। पंडित ने दोनों का सम्बन्ध हमारे दोनों बड़े लड़कों से कर दिया। भाँवरों पर अपने खेत भी संकल्प कर दिए। पर बेईमानों का संकल्प क्या, कन्यादान क्या ? हरामी ने दोनों लड़कियाँ विदा करते ही अपनी साली घर बिठा ली, बिरादरी को पाँति दे दी, लो कर दिया हमें बेदखल ! दो साल पहले लड़की पैदा कर ली। लड़की हुई है तो लड़का भी हो जाएगा। धोखेबाजों की कमी है क्या बिरादरी में ? एक-से-एक लेंड़ी पड़े हैं। तुम सोचते हो तीसरे के ब्याह में भी गोली खा जाएँ !''

भगवानदास हँस पड़े। हँसने के बाद गम्भीर हो गए, पाठकजी को जमकर समझाया,

''महाराज बुद्धि-विवेक से सोचो। तुम्हारी बड़ी बहुओं का बाप मर्द था, जब मन आया ब्याह कर लिया। विधवा कर सकती है ऐसा ?''

''क्यों, तुम्हारे गाँव में हुआ नहीं है क्या ? महावीरी और ज्वालाप्रसाद, देवर भाभी। देवर भी पाँच साल छोटा।''

''अरे ! फिर वही बात। वे औहतिया (भूमिहीन) थे। साढ़े तीन भाँवर डालें चाहे सात, किसी को क्या फर्क पड़ता है। पर जमीनवाले इज्जतदारों के यहाँ न ऐसा हुआ और न होगा। कस्तूरी हमारे गाँव का नाम रोशन करनेवाली मसाल हैं। मामूली औरत समझ रहे हो ?''

''सेठजी, कुनबा-गोता ?''

''यार तुम तो मथुरा के चौबों को भी मात कर रहे हो। चलो वंशावली सुन लो—मेवाराम घर जँवाई आए थे गाँव में। उनका एक ही बेटा था—हीरालाल। हीरालाल की एक ही बेटी मैत्रेयी। इसके चश्मदीद गवाह हम ही नहीं, पूरा गाँव है। और कुछ ?''

''सेठजी ! कैसी बातें करते हो ? यह छानबीन हम अपने लिए नहीं कर रहे, अयोध्या की माँ पाँव पीट रही है कि उसके पूत को हम 'नाँठ' की जगह बाँध रहे हैं। उसके लिए वहाँ बस लुगाइयों की दुनिया है। बताओ आप ही, उसे क्या कहकर बहलाएँ ? यही कि 'नाँठ' के संग ही 'गाँठ' आया करती है। तीस बीघा खेत में कोई हिस्सेदार नहीं।''

भगवानदास निरुपाय...आज तक कितने ही हिसाब लगाए हैं, बहियों के आँकड़े जोड़े हैं। आज ऐसे साहूकार से सामना हुआ है, जो ब्याज चक्रवर्ती ब्याज तक भी नहीं रुकना चाहता। धन की फसल काटता आगे-ही-आगे दौड़ रहा है।

''तो सुन लो सेठजी, अपने गाँव में बेशक मुनादी करवा देना कि पाठक ने पाँच-पाँच हजार के 'ठिया' माँगे हैं। खेत तो लड़की के संग पलँग-बर्तनों की तरह ही आएँगे। लड़के की काबिलियत फ्री में जाए ?''

''पाँच-पाँच हजार। चार ठिया ! बीस हजार !''

भगवानदास साहूकार आज कैसे साहूकार के सामने बैठे हैं कि इसका हिसाब कहीं टिकता-ठहरता ही नहीं। ब्याज, चक्रवर्ती ब्याज तक ही उन्होंने तो हिसाब-किताब पढ़ा था, जाना था, व्यवहार किया था। वे हाँ करें या ना ? परेशान ही नहीं हुए बाकायदा झुँझला गए। मगर खुद को कसा। हाँ-ना करने से पहले उन्होंने अरज-विनती करना ही उचित समझा।

''भगवान की मार से बेहाल औरत पर और कोड़े न बरसाओ पाठकजी। इतना कहाँ से लाएगी ? बीस हजार के साहूकार तो हम भी नहीं हैं।''

पाठकजी लाचार हुए बोले, ''शर्मिन्दा मत करो सेठजी। लियाकत और काबिलियत वाले बेटे का ब्याह कौड़ियों में कर लें तो आसपास फैला गाँव-समाज, नाते-रिश्तेदार हम पर थूकेंगे। मूर्ख की तरह धिक्कारा जाना किसको बर्दाश्त होता है ? अपने लिए कौन माँगता है, सब इज्जत के लिए भिखारी बनते हैं, ज्यादा कुछ न उगलवाओ। इलाके में

देनेवालों की कमी नहीं।''

भगवानदास ने उस दिन को जी भरकर कोसा, जिस दिन मौत ने उनके साथी-सखा हीरालाल को मार गिराया था। पाठकजी से कहें कि उस घर में एक मर्द भी था जो अंग्रेजों से टक्कर लेने का दम रखता था, कोड़ा खाता, कुर्की होती मगर जमींदार को न लगान देता और न कब्जा। गाँव के किसानों की यादों में आज तक इसीलिए जिन्दा है हीरा। वे पाठकजी को बता दें कि उस घर में ही एक बालक जन्मा था—कामदेव-सा रूपवान, जिसके दर्शन करने सारा गाँव आया था। अगर वे दोनों जीवित होते तो पाठक जैसे लोग उस घर को डकैत की तरह लूटने की योजना नहीं बना पाते।

क्या कहना चाहते थे भगवानदास और क्या कहने लगे।

''भगवान के आगे बलवान का भी जोर नहीं चलता पाठकजी, आप उनकी मौत का मुआवजा मत माँगो।''

पुत्र रत्न के पिता की शान में गुस्ताखी हो गई। मछली का जाल मछुआरे के हाथ में है। जाल की ताकत उसकी ताकत है। भगवानदास को अपनी गलती का अहसास हुआ। उनके भीतर हीरालाल जिन्दा हो उठा था एक क्षण के लिए। समय का फेर देखकर वे बेटी के बाप में तब्दील होने लगे। हीरालाल क्या करता, क्या न करता, वे अनुमान नहीं लगाना चाहते। आँखों से क्षमा याचना करते हुए वे पाठकजी के सामने भीरु पुरुष की मुद्रा में बैठे रहे।

पाठकजी ने थोड़ी-सी छूट दे दी।

''आपको रकम भारी लग रही है ? चलो चार-चार हजार पर बात तय रहने दो।''

जाति के बनिया भगवानदास मोल-तोल में कम तो नहीं। रकम को तीन-तीन हजार तक खींच लाए और सोने का भाव एक सौ बीस रुपया तोला बताकर बारह हजार रुपयों को सोने में तब्दील करके मूल्य बता दिया।

पाठकजी की एक मामूली शर्त—लड़की की माँ इस रकम के लिए न तो खेत बेचेगी, न खेत गिरवी धरेगी। कस्तूरी ने क्या-क्या सुना।

भगवानदास सारी दास्तान सुनाने के बाद मुँह फेरकर उँगली की कोर से आँसू पोंछने लगे। कस्तूरी ने सारा क्रोध, सारा अपमान आँखों की राह बहाने के बजाय गले की ओर मोड़ दिया। याद आता है—

यह वही गाँव है, जिसने अपनी सरहदों से मेरे सगे भाई हेतराम को इसलिए खदेड़ दिया था कि उसकी आँख खेतों की फसल पर और मन जमीन की कब्जेदारी पर आ गया था ? रामचन्द, चरनसिंह, खूबाराम वे ही जवाँ मर्द हैं, जिनके साथ उन्होंने अपने माँ जाये वीर से जिहाद छेड़ी थी। उनके लिए खून की एकता और रिश्ते की विवशता थी, लेकिन अन्याय का प्रतिकार करनेवाली ताकत अहम थी। मैत्रेयी का कैसा रिश्ता जुड़ने जा रहा है कि इन बहादुरों की सारी ताकत छीज गई ! पाठक जैसे लुटेरे ने इन जवाँ मर्दों को सिर झुकाने के लिए मजबूर कर दिया। वह हमलावर की तरह घोड़ा दौड़ाता आएगा और यहाँ ब्राह्मण, बनिया, जाटों के साथ सातों कौम मिलकर उसका सामना न

कर पाएँगी।

कस्तूरी के चेहरे पर भीतरी खलबली की भंगिमा तारी है। ललकारने को गरजती तरंगें आँखों में आलोड़न मचा रही हैं। भयानक आलोड़न का विस्तार होता जाता है। अपनी ही दशा से भयभीत वे हीनता और दयनीयता के दायरे में आने लगीं। ताकत की बूँद-बूँद चुक रही है।

चरनसिंह बौहरे ने कराहकर कहावत कही, "बेटी होते बुरी, बेटी जाते बुरी। बेटा जाये खुशी, बेटा ब्याहे खुशी।"

मैत्रेयी के होते कस्तूरी ने मृतक बेटे को कभी याद नहीं किया, आज सहसा ऐसा रौ आई कि उसकी काल्पनिक काया गबरू जवान के रूप में सामने खड़ी हो गई। आज होता तो पाठक जैसे लोगों की मूँछ हिलाकर कहता—तेरे लड़के में कौन से सुर्खाब के पर लग रहे हैं, बहन हमारी भी पढ़ी-लिखी काबिल है। और हम तेरे बेटे के मुकाबिल हैं।

'क्या मिला बेटी की काबिलियत से ?' कस्तूरी को बेटी के जन्म, जीवन और पालन पर कचोट-सी हुई, क्षोभ बढ़ने लगा। क्यों संकल्प लिये थे ? सारे अँधियारे के बावजूद मुट्ठी में रोशनी सँजो लेने का क्यों व्रत ले बैठीं वे ? और उजाला बचाकर किसका भला किया ? यही कि आदमी खुलकर सिक्कों का खेल खेलने लगा। कुबड्ड, गँवार असभ्य लड़की पर इतने दाँव न लगाते, सस्ते में छुट जातीं।

सोचतीं, घुटतीं वे मलाल में डूब गईं, उन्हें क्या पता था मैत्रेयी उनके पाँव में पड़ी ऐसी साँकल है कि मौका पाते ही उसे खींचकर लोग उनकी औकात बता देंगे। उनका जीवन बेकार गया। महिला मंगल योजना के तहत जिनको सँवारा-उठाया जा रहा है, वे इस समाज में कितनी देर टिकेंगी...बेटी के चलते असलियत जानकर उनका दुख बढ़ता जा रहा था, क्योंकि जान गई थीं कि इच्छाओं के आवेग और कुदरती माँगों को मारकर महिला-कल्याण का लबादा भले ही ओढ़ लिया, पर कौन-सा अलख जग गया ? जो जहाँ गड़ा-दबा था, वहीं उग रहा है। लोग जहाँ थे, वहीं खड़े हैं। कौन कहता है समय परिवर्तनशील है, आसपास क्या बदला ?

उनका रोया हुआ-सा चेहरा दर्द में डूबा था। कलेजा कट रहा था।

और जाने-अनजाने कटे पर नमक छिड़का भगवानदास ने।

"चिन्ता मत करो, कस्तूरी, गाँव में ब्याह-शादियों के लिए हर किसान कर्ज लेता है। खेत गिरवी धरता है। बेटी के कन्यादान की खातिर तो लोग बैल-भैंस बेचते और बर्तन-भाँड़े रेहन चढ़ा देते हैं। तुम्हारी ऐसी हालत नहीं। जितना जरूरत हो, उतना रुपया हम कर देंगे। दूसरों से दो रुपया सैकड़ा लेते हैं, तुम एक रुपए सैकड़े की दर पर उठा लेना। चुकाने के वक्त की सीमा नहीं। और बोलो।"

भगवानदास ने जितने आहिस्ता बात कही थी, कस्तूरी उतनी खुलकर सामने आ गईं—

"तुम भूल कैसे गए ? ताज्जुब है ! नहीं याद रहा तो याद दिलाए देती हूँ, मैंने कभी कर्ज लिया नहीं, अपने घर पर चढ़ा कर्ज पटाया है।" कहते हुए उनकी आँखों

में चुनौती नहीं, चुनौती की आँधी-सी उठी। वे खुद को साध रही थीं, मगर बादल थे कि फटे, "पाठक मेरी बेटी ब्याह रहा है या हमारे लिए शर्तों के चक्रव्यूह रच रहा है ? अगर बहन के घर भाई कुत्ते की दर पर था तो जँवाई भी कुत्ते की दर पर ही होता है। यह मानकर कि शादी-ब्याह एक सामाजिक संस्कार है और समय पर हो जाना चाहिए, मेरी चेतना इसकी गवाही नहीं देती कि यह जरूरी संस्कार भी है। बस इसीलिए कहती हूँ कि पाठक की शर्त मुझे मंजूर नहीं। ब्याह करना भी पड़ेगा तो मैं कर्ज नहीं लूँगी, भले खेत बेच दूँ।"

कस्तूरी ने अपना सिर पीछे दीवार से टिका लिया ज्यों अब अपने सिर का वजन भी सहन होनेवाला नहीं, बेटी के ब्याह की शिला सिर उठाने क्या, हिलाने तक नहीं देती।

भगवानदास, चरनसिंह, रामचन्द और खूबाराम ऐसे बैठे थे, ज्यों हाथों के तोते उड़ गए हों।

"कुछ तो समझो कि एकदम ही तार तोड़ दिया ?" भगवानदास ने हाथ उठाकर समझाने की मुद्रा में कहा।

वे अब तक कुशलतापूर्वक अपनी आँखों की नमी छिपाए थीं, मगर अब उमड़कर तलइयाँ भर आईं। आवाज भी रुँध गई, फिर भी बोलीं, "सब समझती हूँ। गरीब किसानिन होती, बेटी बेचने पर मजबूर हो जाती। हाथ में चार पैसे हैं, नाम पर खेती चढ़ी है तो मैत्रेयी के लिए वर खरीदने की बेबसी है। नया क्या है समझने को, जो समझूँ ?" ये तीन-चार वाक्य उन्होंने अपने साँवले कठोर होंठों को भरसक काबू में रखते हुए कहे, नतीजतन कनपटी की नस भयानक रूप से फूल उठी।

उनका जो हुलिया बना, गनीमत है, आसपास सयाने लोग बैठे थे, बच्चे होते तो डर से चीख पड़ते। कस्तूरी चिंघाड़ मारकर रो पड़ने या दीवार से सिर फोड़ने जैसी सदमेवाली कोई घटना कर दें, उससे पहले रामचन्द ने उनको अपनी बलिष्ठ बाँहों में उठा लिया और भीतर कच्चे कोठे में पड़ी खाट पर लिटा दिया। वे आँखें बन्द करके नाक से फोंस भरती हुई खाट पर चित लेटी हुई थीं और पास खड़े चरनसिंह बौहरे कह रहे थे, "कैसी औरत है कस्तूरी, जानी-समझी बातों पर प्रलय काट रही है। इसमें कुछ नया नहीं है तो बुरा भी क्या है ?"

भगवानदास संकट की घड़ी में आवाज धीमी कर लेते हैं सो धीमे से ही कहा, "घर नहीं, गिरस्त नहीं, सहनशीलता कहाँ से आए ? हमारी-तुम्हारी औरतों को ऐसे दौरा पड़ सकता है ?"

"नौकरीपेशा हो गई तो नाजुक-मिजाज भी हो गई ? भूल गई कि खुद का ब्याह कैसे हुआ था ?" रामचन्द ने सवाल किया।

"हमारे जाने छोरी का ब्याह करने की मंसा नहीं है, सौ बातों की एक बात।" चरनसिंह ने निष्कर्ष निकाला।

आपसी खुसुर-पुसुर के चलते विचार-विनिमय करते हुए तीनों लोगों ने देखा, कस्तूरी

ने यकायक लम्बा उसाँस भरा है। रामचन्द ने तुरन्त पूछा, "भाभी, अब जी ठीक है ?"

कस्तूरी का तमतमाया हुआ चेहरा अब राख की तरह बुझ गया था।

अब ब्याह क्या खाक होगा ?

माताजी पछड़कर गिर गईं। मैत्रेयी पिछड़ रही है।

वे लम्बे अँधेरे कोठे में खटिया पर लेटीं, बुदबुदा रही हैं या अपनी टेक का शोकगीत गा रही हैं ? "मैं मर भी जाऊँ तो मेरा स्वभाव बदलनेवाला नहीं। मैं पाठक जैसे लोगों के घटिया चलन और दादागिरी से दहल जाऊँगी क्या ? उसे पता नहीं, बीते जीवन में मैं किन हदों से गुजरकर आई हूँ ?"

मैत्रेयी की छाती धक-धक कर उठी। लगा कि माँ किसी और को नहीं, उसे ही चुनौती दे रही है। पाठक यहाँ सुन नहीं रहा। पास बैठी उनकी साथिन गौरा का इस बात से कोई सरोकार नहीं तो फिर माँ का यह संवाद उसी से हुआ न ?

वह क्या करे ?

माँ के लिए तो ब्याह ही कुरीति में शामिल था, दहेज का खूँखार चलन और आ कूदा। अब उसके द्वारा किया गया सम्मान और रखी हुई श्रद्धा बेकार हुए, माँ विश्वास ही खो बैठी। माताजी मैत्रेयी को जलती निगाहों से देखती हैं, जैसे वही भस्म करनेवाली विवाह की अग्नि हो और वही दहेज प्रथा की राक्षसी। माँ ने मैत्रेयी को कभी गालियाँ नहीं दीं। मगर आज उनका चेहरा उन्हीं माँओं से क्यों जा मिला, जो बेटियों को उठते-बैठते गालियाँ देती हैं और खाते-पीते देखकर उनकी जवानी को कोसती हैं। क्या माँओं को लड़कियों के जीवन का बसन्त अपनी जिन्दगी का पतझड़ लगता है ?

मैत्रेयी का मन इन दिनों अपनी देह के साथ बढ़ चला है, माँ की बात क्या समझे ?

माताजी लगभग विलाप के स्वर में कह रही हैं—

"गाँव के लोग चाहते हैं, बेटेवाला लात भी मारे तो हम उसके तलवे चाटें।"

मैत्रेयी ने सुना तो विचलित हो उठी। माँ नहीं, उनका अपमान रो रहा है। वे अपने मुँह से नहीं कहतीं, तब क्या लोग जानते नहीं ? पाठक के दरवाजे बार-बार जानेवाली कस्तूरी से वह कैसे पेश आया था। माताजी जिस आत्मविश्वास से उसकी चौपाल पर पड़े मूढ़े पर जाकर बैठ जाती थीं, उसने उतनी झल्लाहट-भरी क्रूरता से कह डाला—

"रोज-रोज आ जाती है। तूने यह घर खाला का घर समझ लिया है ? झोला उठाया और चल दी ! हमारी कोई इज्जत नहीं है क्या, कि शादी-ब्याह जैसा मामला लुगाई तै करे। जा यहाँ से, कोई मर्द-मानस हो तो भेजना। बिरादरी के लोग मखौल उड़ाते हैं।"

माताजी मूढ़े पर बैठी पानी-पानी हो गईं। किधर बहें, कहाँ निकलें ? अपमान के मारे आँखें भर आईं। औरत की तरह रोना भी मुहाल लगा। औरत होना ही तो भर्त्सना पा रहा है। वे मर्द की तरह होंठ कसे और नथुने फुलाती हुईं बैठी रहीं। मगर कितनी देर...

ढेर हो गई थीं घर आकर।

झोला (बेग) न जाने कहाँ गिरा आई।

साथिन गौरा उनका चेहरा देखकर डर गई क्योंकि उस चेहरे पर बेइज्जत होने का भाव इस कदर तारी था कि वह चेहरा नहीं स्याह तवा-सा लग रहा था, आँख-नाक-विहीन, सपाट। मानो उनके सामने एक काला पर्दा टँग गया हो। उस पर्दे पर काले बाल साँप के-से फन लटक रहे थे।

मैत्रेयी खड़ी-खड़ी सूख गई। किसी भय से ज्यादा भय...क्योंकि माताजी दालान में बैठी कराह रही थीं।

''गौरा, अब क्या होगा ?'' विष-भरा-सा वाक्य।

गौरा चुप। सदमे ने उसकी जुबान कील दी।

''आसपास डुगडुगी बजेगी ?''

मैत्रेयी की छाती में एक आर्त डुगडुग होने लगी।

''अच्छा होता मैं इस लड़की के लिए रिश्ता खोजने की बात न सोचती, पर...जाको प्रभु दारुण दुख देंही, ताकि मति पहले हर लेंही...'' कहने के बाद वे फफक-फफककर रो पड़ीं।

मैत्रेयी की हालत भी बिगड़ने लगी, क्योंकि माँ की रीढ़ टनटन कर रही थी।

गौरा ने माताजी को छाती से लगा लिया। वे रुदन में विचरती हुई सिर हिला-हिलाकर बोल रही थीं, ''अब इस दुनिया में रहना नहीं...तू ही बता मरने का कौन-सा रास्ता...फाँसी का फन्दा तैयार कर गौरा या कुएँ-पोखर में धक्का दे दे। मैं तेरा अहसान मानूँगी।''

''माताजी...'' मैत्रेयी के मुँह से बोल नहीं फूटा, भाप निकली। खुद-ब-खुद बेर-सी काँपने लगी। अधम नीच प्रकृति—लड़की ! कौन कहता है कि वह स्थिर, शान्त और मेधावी है ? माँ को आत्महत्या की कगार पर लानेवाली निष्ठुर बेटी...मन-ही-मन पछता रही थी—माँ मैं तुम्हारे स्वभाव को जानती थी। बेटी ब्याह कर दामाद लाना, उसका गृहस्थ होना तुम्हारे जीवन का लक्ष्य नहीं। तुम्हारे जीवन की सार्थकता मैं छीनने लगी...—मैत्रेयी का कलेजा कटने जैसा हो गया। माताजी चुप न थीं।

''गौरा, जिन्दा भी रही तो...भीख माँगने के लिए ?'' माँ ने कटे पर नमक छिड़का कि अपना दुख बरसाया। वह बोलों के शिकंजे में है।

मैत्रेयी प्रतिज्ञा पर उतर आई, ब्याह का नाम तो दूर, बात तक न सोचेगी।

हाँ, बात तक न सोचेगी, मगर कुछ बातें पीछा नहीं छोड़तीं !

माँ, मैं ब्याह नहीं करूँगी। मेरा हश्र मुझे मालूम है। तुम पाठक जैसे 'भूत-पिशाच' से अपमानित हुई हो जो असहनीय है। मैं अब तैयार होती हूँ तुम्हारे हेडक्लर्क सारस्वत के स्वागत को, जो तुम्हारी तरक्की की रिकमंडेशन डी.पी.ओ. साहब तक पहुँचाने आया था। साथ ही, मेरे कमरे में ठहरने का हक भी लाया था। माँ मैंने बताया नहीं कि मैं उससे बड़ी रात तक जूझी थी और फिर कमरे की मालकिन बाई की मदद से छूटकर कमरे के बाहर हो गई थी। बाई ने तुमको हजार गालियाँ दी थीं माँ...और सारस्वत मुझे गालियाँ देता हुआ कमरे से बाहर हो गया था।

बाई ने मुझे रोती हुई को कन्धे से लगाते हुए कहा था, 'रो मत बिट्टी, मैं अभी पुलिस बुलाती हूँ।'

मैं डर के मारे अपना दुख भूल गई थी माँ और बाई से प्रार्थना करने लगी थी, माताजी की तरक्की नहीं होगी, ऐसा न करना बाई। माताजी की साथिनें कब की तरक्की पा गईं।

बाई हक्की-बक्की मेरी ओर देखती रह गई और मैं हाथ जोड़कर एक ही बात गिड़गिड़ाते स्वर में न जाने कितनी-कितनी बार कहती रही।

माँ, मैं जानती हूँ सरकारी दफ्तर बनिए की दुकान नहीं, जहाँ उधार-खाता चल जाए। मैं सारस्वत का उधार चुकाने के लिए तैयार होने की कोशिश करूँगी...

मैं अपने गुनाहों की बही लेकर बैठी हूँ, माताजी ! तुम्हारी तरक्की में सहायक न बनकर रोड़ा साबित हुई। मैं रोड़े की तरह हटूँगी ही नहीं, एक पत्थर से कई शिकार करने में माहिरपन सीख लूँगी। बी.डी.ओ. साहब से कहना, तुम्हें जिला-संयोजिका (महिला) बनवाने की बात पर गौर करें, मैं मोंठ के सरकिट हाउस में उन्हें मिलूँगी। वे जीप में बिठाकर जहाँ भी ले जाएँगे, चली जाऊँगी। रास्ते में मिलनेवाले सहपाठी बाजबहादुर की साइकिल की ओर देखूँगी भी नहीं। पिछली बार बी.डी.ओ. साहब से लघुशंका के बहाने जीप रुकवाकर उस फटीचर लड़के की खटारा साइकिल के कैरियर पर बैठकर उड़ गई थी...मेरी गुस्ताखी माफ करें बी.डी.ओ. साहब। मेरी ओर से विनती करना माँ...

सच मानो मैं थर्रा नहीं रही। सारस्वत और बी.डी.ओ. साहब की आकांक्षा, माँ की आकांक्षा से जुड़ती है। मैं तुम्हारे सम्मान में बाजबहादुर को भूलना चाहती हूँ। मैंने यह भी मान लिया कि कोई परिवार, कोई घर हमारे लिए बन्द चहारदीवारी साबित होगा क्योंकि मैं वह साधारण लड़की नहीं, जो माँ-बाप के घर पलती है, व्यवस्थित होने के लिए ब्याह दी जाती है। गृहस्थी करती हुई छोटी-छोटी कलहों, मीठी-मीठी गालियों और नन्ही-मुन्नी ठिठोलियों में खोकर जिन्दगी का उत्सव मानने में खत्म हो जाती है। क्या हासिल करती है, उसे खुद पता नहीं। पढ़-लिखकर मैंने ज्ञान पाया है, माँ ! ऐसी गफलतें मुझे शोभा नहीं देतीं।

माँ रोओ मत, मरने की बात कभी न सोचना। तुम्हारी बेटी जिन्दा है। तुम्हारे सामने है। इसे अपनी तेज धारवाली आँखों से छेद डालो। जहर सिंझाए लहजे से सख्त अनुशासन करो। साँसों की फुँफकार इस ओर छोड़ दो माँ...मैंने अपने आपको तुम्हारे हवाले किया।

सच मानो माताजी, मैं तुम्हारे वैधव्य में शामिल विधवा रूप ही रहूँगी, ब्याह नहीं हुआ तो क्या ?

चढ़ती उम्र के गजब, और मैत्रेयी के सपने !

मन-ही-मन प्रतिज्ञा करके सोनेवाली कुँवारी ब्रह्मचारिणी कन्या ने सपना देखा कि किसान खेतों को जोत रहे हैं। क्वार मास का समय और ब्रह्ममहूर्त की बेला ! अपने

गाँव की चन्दा चाची, लौंगसिरी बीबी और कलावती चाची धरती में बीज छींट रही हैं। लड़की न मालूम कब तक देखती रही, बीजों से पौधा अँकुआ आए। देखते-ही-देखते धरती हरी हो गई। गेहूँ, चना, मटर और अलसी, बालियों और नीले-गुलाबी-बैंगनी फूलों से लद गए। पौधों का जीवित संसार धरती पर शोभा बरसा रहा है !

...और वह खुद अरहर के पौधे-सी बढ़कर लम्बी होती जा रही है।

मैत्रेयी सपने में माताजी से बेझिझक कह रही है, 'डॉक्टरों, इंजीनियरों की फेहरिस्त को फाड़कर फेंक दो माँ, मैंने किसानिन बनने का संकल्प लिया है। किसान ढूँढ़ना नहीं पड़ेगा, वही तो हमारे आसपास है। खेतों से उठती गमक नरम हवा के संग मेरे प्राणों में उतर गई है और गुनगुनी धूप उसे पोस रही है। मैं किसान से ब्याह करूँगी, माताजी...'

'मैत्रेयी !'

काँसे का बेला अचानक पक्के फर्श पर गिरकर टूटा। गौरा भाभी का गला झनझनाया। जिस कच्ची छत पर मैत्रेयी सुबह के सपने में डूबी सो रही थी, उसी छत की ओर आवाज का रुख था, "लाली, तुम अब तक सो रही हो ! माताजी जा रही हैं।"

सपना क्या, नींद उड़न-छू हो गई। सुस्ती कपूर की नाईं उड़ गई। कहाँ जा रही हैं माताजी ? जैसीकि उनकी हालत थी, जैसाकि वे कहती थीं, कहीं वही हादसा...माँ ने जीवन छोड़ने का इरादा किया है क्या ?

उसका बस चलता तो छत से उतरने की खूँटियों पर पाँव रखने की बात भूलकर नीचे छलाँग लगा देती। सपने में बँधी लड़की जीवन की डोर पकड़े हुए थी, मरने को तो चलती क्या है, किसी अंग को चोट लगने से भी डरती है।

आहिस्ता-आहिस्ता उतरी !

आँगन में आ गई।

'हाय, मेरी माँ...गेरुआ बाने में !'

गौरा भी गेरुआ धोती के ऊपर जल्दी-जल्दी उसी रंग का सलूका चढ़ा रही है !

मैत्रेयी माँ के पास आ गई मगर आँखें नहीं मिला पाई, क्योंकि माताजी आँखें बन्द किए बैठी थीं।

आँखें बन्द किए बैठी थीं, मगर उनके दिव्य चक्षु खुले हों जैसे। बेटी के पाँवों की आहट उन्होंने माँ की तरह ही पहचान ली और योगिनी की तरह बोलीं, "नादान, तेरी जिन्दगी का ध्येय आदमी के संग सोने और बच्चा पैदा करने के सिवा कुछ नहीं तो हमारा भी मकसद इस भवसागर में डूब जाना नहीं। हाथरस में मुक्तानन्द स्वामी आए हैं और हम तक उनकी पुकार आ रही है। संकटों के नाश करने का यही उपाय है।"

वैराग्य !

उम्र के बसन्त में खड़ी लड़की सुनकर ही अधमरी हो गई। वह तो माँ की फुँफकार सहने को तैयार थी, नजर के तीखेपन से छिदने को हाजिर थी, जोग तो मौत-सा ठंडा है माताजी। यह तुम क्या कह रही हो ? इतने ठंडेपन की उम्मीद नहीं थी मैत्रेयी को... उसने खेतों में खड़ी फसलों का सपना देखा है, माँ जीवन उजाड़ने पर तुल गईं !

"तू इस दुनिया से उबरना चाहती है तो हमारे संग चल।"

परीक्षा पर उतर आईं माँ ! अपनी या उसकी ?

कल्पना नहीं की थी कि माताजी की दुनिया इस तरह भी बदल सकती है ! धूप, गूगल, फूल, चन्दन, लोटा-माला उनके जीवन में कभी आए नहीं, फिर उनकी जिन्दगी में मुक्तानन्द ने क्यों प्रवेश किया ? पाठक जैसे लोगों की अनीति ने भरोसा डिगा दिया या महिला मंगल में सैकड़ों औरतों का भविष्य बनानेवाली कस्तूरी देवी के संजीदा आत्माभिमान को ऐसी कठोरतम ठेस लगी कि जीवन असार लगने लगा ?

मैत्रेयी सूखे चेहरे और बेचैन मन सामने खड़ी है। पूछने का सही वक्त नहीं, मगर पूछने का मन कर रहा है—माताजी, ओहदा पाए अफसर की तरह तुम गाँव के पुरानी परम्पराओंवाले लोगों की गुस्ताखी पर इस कदर बिगड़ीं कि अपना जीवन उजाड़ने पर आ गईं ! गाँव-गाँव विकास का अलख जगानेवाली की नाक इतनी संवेदनशील हो गई है कि नाक पर मक्खी भी बैठे तो छींक आ जाए ! पद-पदवी ने इतना कमजोर कर दिया कि तुम्हारे वजूद में वह कस्तूरी दिखाई ही नहीं देती जो विधवा होने के दुख से दहली, मगर बहुत जल्दी उबर आई। अपाहिज ससुर, शिशु बेटी और खूँटे पर बँधे गाय-बैलों की जिम्मेदारी से जिसके कन्धे झुके तो, मगर टूटे नहीं। सगे भाई के सामने तुम बहन से सिपाही बन गई थीं माँ...सचमुच संघर्ष खत्म हो गए और तुम ढुलमुल !

मुक्तानन्द स्वामी हमारे बाबा से ज्यादा बड़ा नहीं और न हाथरस कस्बे का वातावरण हमारे सिकुर्रा से ज्यादा सुरक्षित। किस फल की प्राप्ति के लिए वहाँ जाना है जो मुक्तानन्द की करिश्माई सूझों से पैदा होगा ?

'इस माँ को मैं कभी खुश नहीं कर सकती...' मैत्रेयी ने मन-ही-मन फैसला लिया। या शायद माताजी जो वर्जिश कराना चाह रही थीं, वह उससे सधी नहीं क्योंकि पीछे दहशत और आतंक की खाई थी और आगे वैराग्य के संयोजन का कुआँ !

आँखें डबडबा आईं। आँसुओं को गले में उतार ले, वह सामर्थ्य नहीं थी। बाँध टूट गया क्योंकि कई प्रतिज्ञाओं के पुलों से गुजरी थी। रोते-रोते अस्पष्ट शब्दों में कह दिया, "मैं हाथरस नहीं जाऊँगी माताजी !"

माँ ने पूरी आँखें खोलकर मैत्रेयी को देखा। रोई हुई लड़की से उनकी बेरहम घृणा टकराई। स्वर रूखा था, रूखा ही रहा, "हाथरस नहीं जाएगी, क्यों ? अब यहाँ तेरी दिखनौटी करनेवाला कौन आ रहा है ?"

"खिल्ली जाऊँगी।"

क्या कह गई मैत्रेयी। अनजाने ही कह गई या जानबूझकर ? माताजी की जब से तरक्की हुई है, खिल्ली गाँव का नाम भूल गई हैं। आदर्श केन्द्र खिल्ली की ग्रामसेविका कस्तूरी देवी को उस गाँव को छोड़ते ही तमाम आशंकाओं ने घेर लिया था तभी तो उन्होंने कहा था, "मैं अब यहाँ नहीं रहती, तेरे यहाँ रहने का मतलब ?"

"आपसे मुझे दादा माँग नहीं चुके ?"

"माँग चुके हैं, तब क्या उन्होंने गोद धर ली ?"

"गोद धरना कैसा होता है, मुझे नहीं पता। हाँ, घर के और बच्चों से ज्यादा लाड़ है मेरे ऊपर। दादा मेरे बिना रोटी भी नहीं खाते।"

"बैकवर्ड, गँवार ! उन्हीं में रहकर तू बरबाद हुई है। उस अहीर चिमनसिंह को मैं जानती नहीं हूँ क्या ? बूढ़ा होकर तुझ पर लट्टू हुआ है। ज्यादा करेगा तो अपने किसी पिट्ठू से तुझे ब्याह देगा। औरतजात की कीमत क्या है उन लोगों के यहाँ, मैं बार-बार समझाती हूँ तुझे।" माताजी गेरुआ कपड़ों में जोगमाया-सी लग रही थीं।

बाबा के बाद दादा ने अपने स्नेह की छाँव तले मैत्रेयी को खींच लिया है। खिल्ली गाँव के प्रधान और झाँसी-इलाके में अच्छी हस्ती के मालिक समर्थ खेतिहर किसान के पाँच भाइयोंवाले भरे-पूरे परिवार में उस अकेली का अकेलापन बिलमा गया कि वह कब हमउम्र लड़कों के बन्धुत्व में रम गई, क्या जाने ? जानती और जनवाती माताजी समय-समय पर खबरदार करती रहीं—मैंने यहाँ इसलिए छोड़ी है तू कि लोग तुझे इनके घर की बेटी मानें और तेरी पढ़ाई बिना बाधा के चलती रहे, समझी ?

मैत्रेयी जब ज्यादा सोचने-समझने की उम्र में नहीं थी, हैसियत में नहीं थी, तो क्या समझ पाती ? आज समझने लायक हुई है तो इतना समझ पाती है कि जोग, ब्रह्मचर्य और उज्ज्वल दामन रहने की दुहाई देनेवाली माँ अपनी बेटी की जिन्दगी से अनभिज्ञ हैं या जानबूझकर सबकुछ अनदेखा करना चाहती है ? अनदेखा करती हैं, मगर दादा के बरसाए प्यार को सोखना चाहती हैं, तभी उनकी पीठ पीछे उन्हें हजार-हजार गालियाँ देती हुई, इलजाम तक घसीट लाती हैं।

पहले-पहल जब उन्होंने दादा के लिए लाँछन दिया था तो मैत्रेयी कटकर रह गई थी। पिता के प्यार को तरसती लड़की पिता पर व्यभिचारी का सम्बोधन सुने तो हक्की-बक्की न रह जाए ? आक्षेप के दंश से तड़प-तड़पकर न मर जाए ? माँ की दुनिया पुरुषों के हिसाब से दो भागों में बँटी है, एक विकासकर्ता और उद्धारकों की दुनिया, दूसरी अविकसित असभ्यों का संसार...

मैत्रेयी को पागल मानती हैं माँ ! वह असभ्यों-अनपढ़ों के मोह को प्रेम समझती है। उनसे सम्बन्धों के बन्धन पालती है। उन बन्धनों को निभाना जीवन का लक्ष्य समझती है। माँ के विचार बेटी के चलते स्पष्ट हैं।

मैत्रेयी अब किधर जाए ? एक ओर गेरुआ वस्त्रों की माया है, दूसरी ओर धूल-धंगड़ में नहाए पेड़ों की छाँव। माताजी और दादा की जीवित मूर्तियाँ दाएँ-बाएँ !

वह कजरौठ से हाथरस और हाथरस से आगरा तक रामावतार चाचा के साथ आई थी। उन्होंने ही टिकिट लेकर झाँसी के लिए विदा कर दी। झाँसी से खिल्ली तक का बस से सफर...

माताजी की पोस्टिंग खिल्ली में नहीं थी, मगर वे खिल्ली आईं।

उन्होंने मैत्रेयी को आदेश दिया कि दो बजे के बाद दोपहर को औरतों को इकट्ठा

करे। वहीं, जहाँ अपने ग्रामसेविका-काल में वे प्रौढ़ कक्षा लगाती रही हैं, वहीं सारी स्त्रियाँ आकर बैठें।

गेरुआ साड़ी पहने माताजी मुक्तानन्द से क्या दीक्षा लाई हैं ? मैत्रेयी को जिज्ञासा हुई। कुछ न लाई होतीं तो औरतों को सम्बोधन के लिए यों न बुलातीं। गौरा संग आई। दो तपस्विनियाँ ! दादा भी देखते रह गए। 'सीताराम' कहकर अभिवादन करनेवाले लम्बे कद और मजबूत काठी के पचपन वर्षीय उजले रंग के दादा ने झुककर माताजी को अभिवादन किया, मगर मुस्कुराए। और बोले, "दालान में पंचायत है।"

बड़ी कक्को, गोरावाली कक्को, बंगरावाली भाभी, प्रभा भौजाई जैसी अनेक स्त्रियों की सभा जुड़ी। सभा जोड़ने की आदत है खिल्ली की औरतों को। माताजी ने सभा की शुरुआत की थी। आज सभी औरतें चकित थीं इसलिए उत्साहित थीं।

माताजी और गौरा दोनों दो पीढ़ियों पर विराज गईं।

मैत्रेयी दीवार से पीठ टिकाकर खड़ी थी। दो चोटियों में से एक चोटी को खोलती-बाँधती हुई आगे के कार्यक्रम का अनुमान लगा रही थी।

माँ ने पहले दो मिनट के लिए आँखें बन्द कीं, फिर खोलीं और बोलने लगीं—

"मैंने जोग की दीक्षा ली है। यह उन गृहिणियों के खिलाफ है, जो पत्नियाँ बनती हैं और समझौते करती हैं। उन ममतामयी माँओं के विरुद्ध है, जो मुँह सीकर दहेज का कोल्हू खींचते हुए बेटियों की भाँवरें डालती रहती हैं। हम-तुम अपने ही खिलाफ बजार नहीं लगा देते ? वर खरीदें या बेचें, मर्दों की सहायता ही करते हैं। ऐसा तो जानवर भी नहीं करता। कन्यादान किस पुण्य-लाभ के लिए है ? विवाह-संस्कार में हम अपना सर्वस्व होम कर देते हैं। जो आदमी भारी रकम ऐंठे बिना तुम्हें अपने परिवार की सदस्य नहीं बनाना चाहता, वह तुम्हें अपनी घरवाली तो क्या ही मानेगा ? हमारे कुटुम्बों का ऐसा ही विधान है कि लड़की के माता-पिता को लूटकर भी उसे सम्पत्ति में शामिल नहीं करते। समझ रही हो न ? मैं क्या कह रही हूँ ?" माँ ने सवालिया निगाहों से औरतों को देखा।

कोई समझे या न समझे, मैत्रेयी ने सबकुछ समझ लिया। सम्भवतः यही माताजी का मुख्य लक्ष्य था। माँ बनकर अपनी बात समझाना उन्हें सदा ही हलका और प्रभावहीन मालूम होता है। फिर आज तो गेरुआ वस्त्रों का दबदबा अलग। संसारी मनुष्यों से अलग क्षमता रखनेवाली साध्वीरूपा माता। सबने तालियाँ बजाईं।

सबने सिर झुकाया, सबने बात मानी।

सब औरतों ने प्रतिज्ञा ली ! मैत्रेयी का सिर खुद-ब-खुद झुक गया।

मुक्तानन्द तो होगा सो होगा, माताजी ऐसे करिश्मे करने में सदा आगे रही हैं आज का असर कि...मैत्रेयी धीरे-धीरे खुद को धिक्कारने लगी—

मैं माताजी की बेटी ! क्या-क्या सपने देखे थे मुझे लेकर। जालिम क्लर्क और बदमाश अफसरों से माताजी का पाला पड़ता है तो वे इसमें क्या करें ? अपनी निरुपायता की माफी माँगें ? बेरंग कपड़े, उजड़ा सूना चेहरा, नंगे-बूचे हाथ, बेरौनक खुरदरे पाँव...यह वेश आखिर क्यों है ? व्यभिचारियों के खिलाफ एक मुहिम ही तो है अनाकर्षक रहना

और अपने आपको किसी तरह बचाना। अब यह दीगर बात है कि नर की शिकार मादा होती है, वेशभूषा नहीं, माताजी इस बात को मानेंगी भी या नहीं ?

क्या अपने चलते वे शरीर को भूल गईं ? इसलिए ही बेटी की देह को बदलाव से गुजरते हुए देख नहीं पाईं ? नहीं, अब कोई प्रश्न नहीं करेगी मैत्रेयी। उसकी समस्याएँ प्रश्नों से हल होनेवाली नहीं। सवाल कर-करके माँ के खिलाफ बवंडर खड़े करना है। ज्यादा किया तो माँ जोगिन होकर भाग जाएगी। फिर वह क्या कर लेगी ?

सच में ही माँ निर्दयी नहीं, मजबूर है। समाज के जालिम लोग उनके अभावग्रस्त जीवन की बेरहम सच्चाइयों को नजरअन्दाज करते हुए अपने लाभ में लिप्त हैं। वे ऐसे लोगों से कैसे सम्बन्ध जोड़ें ? सन्तिनी बनना उनका पलायन नहीं, निरुपायता है। और गेरुआ कपड़े उस निरुपायता को ढँकने के अपारदर्शी पर्दे।

माँ के प्रति मलाल त्यागती रही वही।

दो स्त्रियों का परिवार जैसे दो कालखंडों में दौड़ती दो हिरणियों की विच्छेद होती दिशाएँ...कहाँ मिलें, कहाँ जुड़ें ? मैत्रेयी सन्धियों की कल्पना करते-करते थकी जा रही है। सोचते-सोचते उसने एक लम्बी उसाँस ली।

उसाँस लेकर उबरने लगी। मन हुआ, माताजी से कहे—दीक्षा मुक्तानन्द की हो या खुद तुम्हारी, इसमें सन्देह नहीं कि हम लड़कियों का जीवन इतना तुच्छ, बेकीमत नहीं, जितना बना दिया जाता है। एक तो अकेली दूसरे के घर भेजो, साथ में अपने घर का 'सब' भेजो। सच में ही माँ वे लोग मुझे अपने परिवार में नहीं मिलाएँगे ? फिर मेरी आकांक्षाओं का क्या होगा, जो कुटुम्ब में मिलकर जीने को ही सम्पूर्ण जीवन मानती है। उस हृदय का क्या होगा जो प्रेम से लबरेज है। तुम कहती हो पुरुष को प्रेम नहीं, पैसा चाहिए ! तुम्हारी बात मेरे ब्याह की बात छेड़कर सच साबित हुई। तुम बड़ी हो। तुम गुरुजन हो। मन होता है अपनी इच्छाओं का चूरन कर दूँ।

मैत्रेयी माँ के संग-संग खिल्ली से मोंठ चली गई।

खिल्ली के मुकाबले मोंठ के विकास परिसर में महिला मंगल का पुस्तकालय बड़ा है। माताजी का क्वार्टर भी मामूली नहीं।

उनकी पोजीशन अच्छी है। मैत्रेयी पर बी.डी.ओ. साहब नजर रखते हैं, माताजी पर कृपा बरसाते हैं। आनन्द है, हमारा क्या जाता है, के भाव से यह निश्चिन्त होना चाहती है।

माताजी नौकरपेशा स्त्री हैं। ऑफिस में गेरुआ वस्त्र पहनना शोभा नहीं देता। माला और सन्तई उतार दी। मैत्रेयी के ऊपर से संन्यास का बोझ उतर गया हो जैसे। फिर भी माहौल और ऊपर की दो-तीन बातों का ध्यान रखते हुए मैत्रेयी ने महिला मंगल पुस्तकालय की अलमारी से 'दहेज समाज का कोढ़ है', 'विवाह पाँवों की बेड़ी है' जैसी पुस्तकें निकालकर अपने पास रख लीं। कोर्स में लगे बिहारी के दोहे और देव, घनानन्द के कवित्त सवैयों की पुस्तिकाएँ परे सरका दीं। सचमुच ही कवियों द्वारा रचित मुग्धा

नायिकाओं के नख-शिख वर्णन और संयोग-वियोग शृंगार की प्रभावकारी कविता ने उसका मन चलायमान किया है। स्लेबस सैट करनेवालों को पढ़नेवालों की वय का ध्यान रखते हुए किताब छपवानी चाहिए। इस उम्र में उद्दीपन और हो तो जंगल में आग लग जाती है और बुझानेवाला कोई नहीं होता।

रूखी-सूखी किताबों में लिखे समाज सुधार के उपायों को पढ़ते हुए उसने विवाह जैसे 'विषय' से मन मोड़ना चाहा था। मातृ-भक्ति के हथियार से उमंगों-तरंगों की बढ़ती लता-बल्लरियों को काट डाला। आचरण में माताजी के बताए चन्द नियम उतार लिये, जैसे—नव विवाहिताओं से दोस्ती मत रखो। समवयस लड़कों की ओर मत देखो। नजरें झुकाने की जरूरत नहीं, उन्हें कड़ी करना सीखो।

माना कि इस नियमावली की साधना मैत्रेयी के लिए सूखे रेतीले ढूह पर खड़े रहना है, पर रसिक भावों के खिलते फूलों ने तो माँ-बेटी को रौंद ही लिया, कोई क्या करे ?

मैत्रेयी संकल्प लेती है, माँ...मैं तुम्हारा अंश हूँ। अपने काल्पनिक प्रियतम से मुक्ति पाकर तुम्हारी तरह वैधव्य धारण करती हूँ। तुम संन्यासिन मत बनो माँ, विधवापन उससे ज्यादा कठिन तप है।

मैत्रेयी की आँखों में कलियाँ नहीं चटकतीं, छटक्-छटक् चिनगारियाँ छूटती हैं। होंठों में फूटते बताशों की जगह नीम-करेला-सा जहराता है। बालों की रस्सी-सी लटें और खुरदरा मुँह माथा। आठ दिन बाद शीशा देखा तो सामना एक बिगड़ी सूरतवाली लड़की से हुआ।

कहाँ चली गई उम्र की लुनाई ?

चढ़ती वय का ढलता समय मन से क्या गुजरा देह पर उतर गया। आकांक्षाएँ कुचल डालीं, यौवन दाह पर चढ़ गया। नन्दन-कानन की मालकिन खाक हो जाना चाहती है। राग-विराग जलाने में संघर्ष करते-करते थक गई वह।

तुम्हारी मैत्रेयी, माँ !

माताजी के संग-संग शलवार-कमीज के खुरदरी खादी पर सूती दुपट्टा लपेटे तेज चाल से चली जाती है। मुख्य केन्द्र, खिल्ली के आसपास सिकन्दरा, मड़ोरा खुर्द और अमगाँव का हफ्ते में पाँच बार दौरा करती, स्त्रियों को पढ़ाती हुई मैत्रेयी के पाँव खुद रास्ता हो गए। बीस रुपए महीने वेतन पर बहाल हुई है वह।

युवा होती बेटी का महिला मंगल में प्रवेश—माताजी की नजर में चमक है। वे ग्राम सेविकाओं की मीटिंग में उसका परिचय कराती हुई कहती हैं—महिला विकास की मशाल अब युवतियों के हाथ में होनी चाहिए। यह शुभ लक्षण है।

कितनी-कितनी प्रशंसा पा रही है वह। और जीवन सफल मानकर सफेद धोती पहने मुस्कुरा रही हैं माताजी !

अगर मामा न आते तो मैत्रेयी को विकास खंड, मोंठ की सर्वश्रेष्ठ ग्रामलक्ष्मी का पुरस्कार मिल जाता।

उसका काम देखकर झाँसी रीजन की डायरेक्टर ने कहा था—बी.ए. पास होते ही 'भगिनी मंडल, झाँसी' में अच्छे पद पर नियुक्ति मिल सकती है।

अजगर ने गुंजलक खोली, मैत्रेयी की चाकरी में खलल पड़ गया।

अजगर माने मामा। सैकड़ों कोस पार करके रेल का खूब सारा किराया भरके वे माताजी के पास आए हैं। कस्तूरी उनके आने का मतलब अब से नहीं, बरसों से समझती रही हैं और उपमा देती रही है—चींटे का गुड़ पर आना, शिकार पर गीदड़ का झुकना। माताजी अब की बार खेती के लगान की रकम अपनी गाँठ में दबा लाईं, मामा माताजी को नहीं, चींटे की तरह गुड़ को पिछियाते चले आए।

बात मोंठ ब्लॉक के क्वार्टर की है।

शनिवार का दिन था। गौरा इतवार मनाने आ चुकी थी। चलते आ रहे कायदे कि हिसाब से गौरा बेसन के लड्डू बनाकर लाई थी। माताजी के लिए नाश्ते में इस तरह की चीजें जुटाना, गौरा का ऐसा धर्म है, जैसे सरला बहन का उनके पाँव दबाना, कपड़े धोना और सिर में तेल मलना।

इस तरह की स्त्रियाँ क्वार्टर पर न हों तो आने-जानेवालों के खान-पान की व्यवस्था कैसे हो ? मैत्रेयी पर इस तरह का भार कभी नहीं डाला माताजी ने। पढ़ाई में व्यवधान जो आता है।

गौरा आवभगत करने लगी। मामा भूखे थे। अपनी सैंतालीस वर्ष की उम्र में मामा ने बाजार से दो पैसे की चीज खरीदकर नहीं खाई, रिकार्ड है। ब्याह नहीं हुआ तो क्या, भाई का परिवार उनका ही गृहस्थ है। गृहस्थ में से दो पैसे बचते ही कहाँ हैं ?

अफरा-तफरी में लड्डू और पानी ले जाते समय गौरा उसका पाँव कुचलकर निकली।

तड़पकर कराह उठी मैत्रेयी !

गफलत में ऐसा ही होता है। मैत्रेयी गफलत में थी। 'दहेज समाज का कोढ़ है' में ढँककर 'नवनीत विशेषांक' पढ़ रही थी। मन की लगाम छोड़ने का फल !

माताजी और मामा की बातचीत दूसरे कमरे में होने लगी।

भाई को देखकर ज्यों उनके प्राणों में अतिरिक्त बल आ गया हो। साफ और ताकतवर आवाज में बोलीं, "आज ही मैं तुझे बुलाने के लिए चिट्ठी लिखनेवाली थी।"

"सो क्यों ?"

"क्यों की बात नहीं बता सकती, बस दिल घबरा रहा था।"

मैत्रेयी यकायक चौकन्नी हो गई। क्या माताजी ने 'दहेज समाज का कोढ़ है' के भीतर 'नवनीत विशेषांक' देख लिया ? लड़की की यही बेवकूफी-भरी जिद लिखना चाहती थीं ? क्या पता क्या लिखना चाहती थीं ? होगा कोई दुखड़ा, जिसे मामा से कहना सुविधाजनक लग रहा होगा।

उसने तुरन्त 'दहेज समाज का कोढ़ है' नामवाली किताब हाथ में ले ली। किताब क्या है, आत्मविश्वास-भरा कवच है। स्पर्श ही हिम्मत जगा देता है। इतने दिनों से सुधारी छवि का सत्यानाश करने पर उतरी है मैत्रेयी। क्या जरूरत थी 'नवनीत विशेषांक' की ?

जानती है कि माँ अच्छी नजर से नहीं देखतीं। उसे लगा आसपास का माहौल गर्म हो गया है।

पागल है मैत्रेयी। सदा ही दूसरों को अपने प्रति कड़वाहट से भरा समझना अच्छा है क्या ? माताजी चबाव क्यों करेंगी ? मैत्रेयी किवाड़ के पीछे सट गई फिर भी।

"हेता," माताजी ने भाई को नाम से सम्बोधित किया।

"बोल," उनकी मूँछों के नीचे से आवाज आई।

"महिला मंगल योजना में आने के बाद मैं अपना विधवापन भूल गई थी। विधवापन क्या, यह भी कि मैं औरतजात हूँ। पर इन दिनों मेरी आत्मा लोगों ने भालों से छेदी है, अपने ही गाँव के लोगों ने...जहाँ मिमियाना भी मुश्किल है। मुझ-सी दुखिया कोई होगी ?"

मामा ने देर तक कोई जवाब नहीं दिया। गप-गप लड्डू खाते रहे।

थोड़ी देर में लड्डुओं का चूरा हाथों से झाड़ते हुए बोले, "तेरे ऊपर यह उदासी अच्छी नहीं लगती, लाली। माना कि आदमी औरत की काबिलियत को भाव नहीं दे रहा, पर इससे तेरा क्या नुकसान ? तेरा मर्दों से क्या लेना-देना ? अपनी नौकरी बजा, मौज कर।"

माताजी मामा की बात गुन रही हों जैसे।

"हेता (हेतराम) बेटी होना तो बुरा होता ही है, बेटी की माँ होना तो समझ ले कि जीवन-भर मुकद्दर में बैठे राहू-केतुओं से लड़ो। मैं 'स्त्री दुर्दशा' पर भाषण देती फिरती हूँ। मारी और सताई गई औरतों को समेट-बटोरकर रोजगार दिलाती हूँ, क्या जानती थी कि मेरी हेठी बेटी के जरिए आएगी।" माताजी का साँवला चेहरा दुख से भरा और भी साँवला...

"काए की हेठी ? इलाके में तेरी तो जै जैकार है," मामा के चेहरे पर हिम्मत बोलने लगी, "मैत्रेयी की यह सोच ले कि पढ़ा दी, लिखा दी, अपना रस्ता देखे। औरतों की नौकरी लगवा रही है, इसकी क्यों नहीं लगवा देती ?"

"मुझे उम्मीद नहीं, वह नौकरी करेगी। पता नहीं, कब सिर उठा दे।"

"उठा दे तो उठाती रहे। पढ़ाकर यही हासिल निकला। जितना वजन नहीं है, उतना रुपया चूरन हुआ है, तू कहती क्यों नहीं ? ब्याह के लिए पढ़े-लिखे वर खोजो। साले हाथ आते हैं ? तेरी क्या हालत बना दी। मैं एक ओवरसियर के यहाँ गया तो वह हँसने लगा। मेरे कपड़े-लत्तों को देखकर बोला, 'देखो, ये आए हैं। जनानी किनारी की धोती पहनकर। इनकी भानैज को तो कोई जनानिया ही ब्याह सकता है, मैं बोला—बड़े नादान हो, लड़की की बात न पूछी हमारे लत्ते-कपड़े जाँचने लगे !'

माताजी चुप थीं। धरती पर आँखें गड़ाकर न जाने क्या देख रही थीं।

सिर उठाकर बोलीं, "सिकुर्रा में लोग क्या कह रहे हैं ?"

"जो कह रहे हैं, कहते रहने दे। जब झोला उठाकर पढ़ने गई थी, तब सोचा था, लोग क्या कह रहे हैं ? नौकरी करने यहाँ आ गई, तब लोगों की परवाह की थी ?"

वे निचला होंठ काटती हुई कुछ सोच रही थीं।

"हेता, मैं मन को बहुत समझाती हूँ, पर कोई-न-कोई ऐसी बात, कोई-न-कोई ऐसा लक्षण आँखों के सामने आ जाता है कि...। जब पढ़ने गई थी, तब अकेली की समस्याएँ या फैसले थे, मगर अब..."

मामा ने दाएँ-बाएँ सिर हिलाया, "अब कुछ नहीं। या तो तू इज्जतदार हो गई है, क्योंकि इज्जतदार ही ज्यादा-से-ज्यादा इज्जत पैदा करना चाहता है। या लड़की की गुलाम। वही तुझ पर बीस पड़ रही है। कहा नहीं जाता कि तूने वह किसी दूसरे का परोथन पीटने (रसोई करने) के लिए नहीं पढ़ाई थी। कायदा तो कहता है—नौकरी करे। माँ का संग दे। ब्याह करके क्या मिलेगा ? खेती, रुपया सब ढो ले जाएगी और रें-रें करते बालकों के टट्टी-पेशाब उठाएगी। पढ़ी-लिखियों के ये काम हैं ? रंघैरी छोरी।"

मैत्रेयी ने क्या सुना ? वह क्यों तमतमाई ?

मामा...कंस मामा ! मैं पढ़ाई-लिखाई की कीमत कैसे अदा करूँ, बताओ तो। कितना कर्ज है ? मामा, आज तुम बहन-भाई मिलकर जो कुछ कहो, वही सही है। मैं क्या तुम्हारी असलियत जानती नहीं ? तुम क्या सोचते हो, मेरे शैशव ने कुछ समझा नहीं तो क्या मैंने सुना नहीं...

कुछ क्रूर दृश्यों के जहर-भरे तालों का दर्शन बाबा करा गए थे। उनके ही किनारों से आज तक टकराती हूँ। तुम हमारे घर के लुटेरे, हमारे घर के विनाशक...माताजी हर बार सिर पटकतीं। बाबा से माफी माँगतीं।

बाबा ने कहा था, 'कस्तूरी, तू उस उठाईगीरे, बेईमान के लिए छिमा माँगकर अपने आपको क्यों छोटा करती है बेटी...उदास मत हो, उपाय सोच। वह तो हमें कंगाल करने पर तुला है। बहन-भाई का रिश्ता बड़े अन्याय का होता है। बहन सदा ही भाई पर निछावर कर दी जाती है, तेरी माँ ने यही सोचा था।'

बैल खोलने का समय आ गया था, क्योंकि बाजार में बैलों के दाम आसमान छूने लगे। हमारी गाय बछड़ों की माँ थी। मामा आधी रात को आए। किवाड़ें नहीं खटकाईं, गिलट की पायजेबें बजाईं कि बाबा सुन भी लें तो समझें कोई औरत दरवाजा खुलवाना चाहती है और बाबा स्त्री की ओर देखेंगे क्यों ? मामा के संग दो आदमी और दो भतीजे थे।

बाबा जान गए, बहनें दिल की कमजोर होती हैं, नहीं तो यह आदमी कस्तूरी से द्वार क्यों खुलवाता ?

बाबा के पाँव टेढ़े थे, बाबा जूता नहीं पहन सकते थे। वे नंगे पाँवों खूबा चाचा के पास गए। लगा ऐसा जैसे पेशाब के लिए उठे हैं। अपाहिज आदमी से कोई खतरनाक उम्मीद कैसे की जा सकती है ?

जादू-भरी रात थीं। अँधेरे ही अँधेरे में जैसे सिपाहियों की टुकड़ी इकट्ठी हो गई हो...इधर माताजी ने दरवाजा खोल दिया। पाँचों आदमियों को घर में घुसा लिया। साँकल चढ़ा दी।

मामा ने कहा था, 'लाली, बैल तू ही खोलना। हम अनपहचान आदमी, बैल बिदकेंगे।

एक-एक करके चारों बछड़े (नए बैल) पोखर तक पहुँचाने होंगे।'

'हाँ, पहुँचा दूँगी।'

'सावधानी से, बूढ़ा हल्ला कर देगा।'

इतने में ही दरवाजे पर हमला हुआ। माताजी बड़े इत्मीनान से उठीं और बोलीं, 'गाँव के लोग आ गए हैं। ऐसा करूँ ताला लगा आऊँ। साँकल खुल सकती है।'

मामा ने अपने हाथ की टॉर्च माताजी को दे दी। छोटी बहन उनको सब तरह से बचाएगी। वे क्या, सारे साथी जान रहे थे। द्वार के बाहर पड़ती पदचापों से महफूज लोग बीड़ी पीने लगे।

दरवाजा मचमचा रहा है। माताजी ताला लगाने का उपक्रम कर रही हैं।

कि द्वार खुल गया। टोली भीतर आ गई। हल्ला होने लगा।

अँधेरे में मारपीट मचने लगी। कौन किसको घायल कर दे ? माताजी ने धीमी हुई लालटेन की बत्ती ऊपर कर दी। सबके चेहरे उजागर हो गए। सबकी करतूतें खुल गईं। गाँव के लोग पीटते-पीटते माताजी के मातृपक्ष के दल को बाहर ले आए।

बाबा के पास खड़े थे नम्बरदार। लालटेन की रोशनी में हाथ उठाकर गाँव के लोगों को ललकार रहे थे, 'कस्तूरी के पीहरवालों को सिकुर्रा की सरहद पर देखो, खदेड़ दो। उनका मकसद हमारे गाँव की भूमि पर कब्जा करने का है। वे हमारी बहू को भूमिहीन बनाना चाहते हैं।' आजादी मिलने के बाद यह उनकी सबसे पहली मुनादी थी। और उन्होंने सोना भंगी को गाड़ीवान बनाकर, जिसका कि किसी गाँव में सन्देशवाहक बनकर जाना अशुभ होता है, भेजा था। गाड़ी में घायल लहूलुहान लोग थे जिनको गाँव बिदिरिका की सीमा पर छोड़कर आना था।

चन्दा धोबिन को चुपके से नानी ने बुलाया था। उन्हें पता था धोबिन सन्देश लाई है। चन्दा धोबिन से माता ने अपना कहा था, 'चाची (माँ) से कह देना, अपने बेटों को समझा ले। मैं विधवा हो गई हूँ, मगर असहाय नहीं। पूरा गाँव साथ है। बच्ची आज छोटी है, दिन-दिन बड़ी होगी।'

मैत्रेयी कहना चाहती है—

''तुम्हारी बेटी बड़ी हो गई, माँ।''

बड़ी हो गई और समझ गई कि मामा का दिया मन्त्र जपोगी तो फिर पछताओगी। आदमी के स्वभाव की तस्वीर आग-पानी की तासीर जैसी होती है। जैसे पानी को गर्म करो, वह धीरे-धीरे ठंडा होकर ही मानता है, और मामा को ठंडा करना किसी के बस का नहीं। मामा का स्वभाव बदल गया होगा, यह आशा छोड़ दो। कैसी प्रगतिगामी सोच है मामा की ! कह रहे हैं, नौकरी कर, कुँआरी रह।

आसान और सुविधाजनक रास्ते का सुयोग मेरे बाबूजी और बाबा के मरने के बाद भी न मिला तो अब मिल जाएगा। मैत्रेयी नौकरी करेगी, ब्याह नहीं होगा तो वंश नहीं होगा। निरवंशियों की खेती मामा-फूफाओं के वंश की सेवा में चली जाती है। मैं जान गई हूँ माताजी, क्योंकि बड़ी हो गई हूँ।

और बड़ी ऐसे ही नहीं हो गई। लड़की का बड़ा होना आसान नहीं होता। माँ, जबकि कहावत है कि लड़कियाँ एक रात में एक साल की बढ़वार ले जाती हैं। कौन-सी होती हैं वे लड़कियाँ ? वे, जिनके पास उनके पिता होते हैं, भाई होते हैं, सगे-सम्बन्धी नहीं तो माँ ही होती है ?

मेरे पास कौन था माँ ? न तुम न ये मामा !

हाँ, फिर भी मैं बड़ी हो हुई ही...सुने-सुनाए किस्से तुम्हारे पास भी होंगे माँ, जो मुझ पर गुजरी थी, बात आम हो गई थी, क्योंकि स्थिति सब जानते थे, औकात सब जानते थे, सामर्थ्य का सबको पता था। चिमन सिंह यादव की बेटी कहने से क्या उनकी बेटी मान ली गई ? लोग इतने भोले नहीं होते, असलियत भी पत्थर की लकीर होती है।

अगर मैं चिमन सिंह यादव (खिल्ली) की बेटी होती तो क्या सड़क पर ट्रक चलानेवाले ड्राइवर, गोश्त मंडी का कासिम कसाई और डी.बी. इंटर कॉलेज के प्रिंसिपल से लेकर क्लर्क तक हाथ आजमाने की जुर्रत करते ? भले चिमन सिंह मेरी बाबत अपनी ताकत की मुनादी करते रहें, परन्तु उसका अर्थ क्या ? प्रयोग में लाई गई, आजमाई गई अपनी ताकत ही ताकत होती है, उधार की ताकत का क्या भरोसा ?

कोई भरोसा नहीं...इस इंटर कॉलेज में यह लड़की अकेली दाखिल होने आई थी—प्रिंसिपल साहब ने भाँप लिया।

लड़की कमजोर और डरी-डरी-सी।

हुक्म था—

अकेली कक्षा में मत बैठा करो लड़की। सहशिक्षा इसी साल से लागू हुई है। लड़के देखते हैं, चौंकते हैं, चुहल करते हैं। अपना चरित्र बिगाड़ बैठेंगे। अकेली लड़की पैंतालीस लड़कों के बीच सुरक्षित नहीं।

छोटा-सा कमरा, तुम्हारा कॉमन रूम है लड़की। घंटा खत्म होते ही टीचर के पीछे-पीछे चली आओ। दूसरे टीचर के पीछे-पीछे चली जाओ। हिफाजत में रहोगी।

एक्स्ट्रा क्लास के लिए आना हो तो इसी कमरे में इन्तजार करो लड़की, यहाँ कोई खतरा नहीं। लड़के हूट करते हैं, फब्तियाँ कसते हैं। अनुशासन भंग हो रहा है।

जवानी का लाव-लश्कर बदन पर छा गया है लड़की, तुमने अपनी देह देखी है ? और वह रास्ता, जो खिल्ली से मोंठ तक आता है, जंगली रास्ता वनबिलावों से घिरा है। शरीर के खजाने की एक-एक बोटी खा जाएँगे।

'माँ, तुम्हें बताया था प्रिंसिपल साहब जिद करते हैं, मोंठ में रहो।'

'कहा नहीं, हमारे पास कस्बे में रहने का इन्तजाम नहीं।'

'तब वे धमकी देते हैं—टी.सी. ले जाओ। को-एज्यूकेशन इस तरह नहीं चलती।'

'मतलब ?'

'मतलब नहीं पता। देखो न एक्स्ट्रा क्लास के दिन अकेले जाना और लड़के तो जाएँगे नहीं।'

'तो ?'

'जगत सिंह भइया जा रहे हैं, उनके संग चली जाऊँगी।'

'अपनी साइकिल उठाओ,' माँ ने आदेश दिया था और जाकर झाँसी नुमाइश में कैम्प लगा लिया। वहाँ से हमीरपुर और फिर जालौन। लम्बा दौरा...

और मैत्रेयी का छोटा सा पड़ाव, खिल्ली से मोंठ।

मोंठ में कॉलेज। कॉलेज में कॉमन रूम।

बैठे-बैठे आधा घंटा बीत गया। कहीं कोई नहीं। लड़की कॉमन रूम से सटे प्रिंसिपल ऑफिस में झाँकती है—सर काम कर रहे हैं।

'सर एक्स्ट्रा क्लास !'

जवाब में प्रिंसिपल साहब उठ चले आए। भारी-भरकम शरीर, चौड़ा-चकला चेहरा, मझोला कद और सीधे कढ़े काले बाल। मैत्रेयी के बराबर उम्र की बेटी के पिता।

बाँहों के घेरे में कस रहे हैं लड़की को। चुम्बन और मनुहार...सिटपिटा गई लड़की।

'सर ! सर छोड़िए। छोड़ि...'

पकड़ा-धकड़ी, छूटने की जद्दोजहद। मार-पीट, नोंचा-खोंसी...

लड़की हार नहीं मान रही। दुबले-पतले हाथ-पाँवों को लाठी और कुल्हाड़ी की तरह भाँज रही है। ब्राह्मण की बेटी मैत्रेयी, यादवों के घर का पानी पीनेवाली अक्खड़ और मजबूत। इरादा बलवान, नजरें बहादुर। मुँह बकोट लिया। हाथ में दाँत गड़ा दिए।

बहादुर लड़की ने झपटकर साँकल खोल दी। उसकी देह से लिपटे हुए सर उसी के साथ गिरे। बीच चौखट पर धमाका हुआ। मैत्रेयी इधर, सर उधर। इसके घुटने फूटे, उनका होंठ कटा। कपड़े फाड़ डाले सर ने। खुद के उतर गए। खून खच्चर था सबकुछ।

वारदात का चश्मदीद गवाह था चपरासी। वह चपरासी था सो 'सर' का मातहत था। उसका हिमायती कोई नहीं...कहा गया कि वे तो गिर गए थे काँटों की बाड़ पर...

खिसियाकर रोई थी लड़की। रो-रोकर बेहाल हो गई थी। माँ पास नहीं। दादा से क्या कहे ? कहे या न कहे ? मर्द का विश्वास कभी हासिल नहीं रहा, भरोसा भी बँधे तो कैसे ?

मामला प्रिंसिपल का। लड़कों में उफान आ गया। जगतसिंह ने हाथ में हाथ दे दिया।

साथी सहपाठी ही हमराज बने। कभी सोचा न था, 'सारी-सारी रातें तेरी याद सताए' गाकर हँसनेवाला लड़का प्रिंसिपल साहब को चुनौती देगा। 'छुपनेवाले सामने आ' से आशिकी दिखानेवाला खुद सामने आकर खड़ा हो जाएगा। गाकर, छेड़कर झूमनेवाले लड़कों का क्रोधित समूह देखते-ही-देखते स्कूल के गेट पर इकट्ठा हो गया। युवा आवाजें एक स्वर होकर बोलीं—प्रिंसिपल को बाहर निकालो। बलात्कारी को फूँक दो।

पुलिस, सुरक्षा, घेराव। लड़की आमरण अनशन पर बैठ गई। दादा पीछे खड़े हो गए। आसपास न माँ थी, न मामा।

माँ को तब पता चला, जब बात रेस्टीकेशन के कगार पर आ गई।

गुंडों के साथ रहनेवाली लड़की गुंडी !

माँ का आदेश—प्रिंसिपल से माफी माँग ले। बात यहीं तक है। अलीगढ़, इगलास होती तो लोग तुझे मदारगेट (वेश्याओं का इलाका) पहुँचा देते।

माँ की बात पर मैत्रेयी हतप्रभ रह गई थी।

माताजी घबराकर मरने लगीं। मामा, अपने सगे भाई को खबर नहीं की। उनको किस दिन के लिए पाल रही हैं। शायद बेटी के चरित्र पर लगे कलंक के धब्बे वे भाई को न दिखा सकेंगी। ऊँची ओहदेदारी को शर्म आ रही है, या लड़की के बहाने खुद ही दागदार हुई जा रही हैं। वैधव्य के बेदाग पवित्र खजाने की मालकिन कस्तूरी...

मैत्रेयी को दुखद आश्चर्य हुआ था, यह वही माँ है, जो दहेज के मामलों पर अकसर बिगड़ा करती है, जो स्त्रियों का पक्ष लेकर पुरुषों से भिड़ जाया करती है, औरतों की आँखें खोलने के लिए नारे बोलती हैं और गाने गाती हैं।

अवसन्न इस बात पर भी थी कि अपनी बेटी के चरमतम अपमान को किनारे करती हुई शिक्षा की कीमत चुकाने के पक्ष में हैं। कैसी पढ़ाई-लिखाई है यह, जिसके चलते लड़की हास्यास्पद बनी, बदनाम हुई। यह कैसा विद्यामन्दिर है, जिसकी छीछालेदर गुरुजन ही कर रहे हैं।

लड़की ने ऐलान किया, 'मुझे नहीं पढ़ना। करने दो रेस्टीकेशन।'

वह न मैनेजमेंट कमेटी के सामने बयान देने गई थी, न प्रिंसिपल से कभी अभिवादन किया। कक्षाएँ चलतीं। मिट्टी के बुत-सी लड़की क्या पढ़ती, क्या न पढ़ती ?

मामा को बताने के लिए बाध्य तो नहीं है, फिर भी उन जैसों के लिए यह जानना जरूरी है कि प्रिंसिपल सरीखे महापुरुष लड़की की ट्यूशन फीस माफ कर देते हैं, क्योंकि फीस वसूलने के लिए उनके पास बहुत कुछ होता है। सोचते-सोचते साँस रुँधने लगी। हथेलियाँ हैं कि मुट्ठी बन गईं।

मैत्रेयी साधारण लड़की।

मामूली इच्छाओं को मालकिन।

माँ सचमुच ही यह मानकर उसका पक्ष छोड़ बैठी है कि लड़की पारम्परिक विवाह करके कुछ हासिल नहीं कर पाएँगी। ऊँचे सिद्धान्त ऐसी लड़कियाँ नहीं गढ़ सकतीं। कोई दृष्टान्त इसे देखकर स्थापित नहीं हो सकता। कीड़े-मकोड़ों, बहुत से बहुत ढोर-डंगरों जैसी जिन्दगी...यह किस काबिल है ?

मैत्रेयी अपनी गत समझती है। आगे-आगे चलनेवाली माँ की उलटे पाँव चलती बेटी...क्या समझाए माताजी ? क्या बताएँ मामा ? और क्या कहे गौरा ? किसका असर होनेवाला है ? माताजी का चेहरा बता रहा है, उनके कलेजे में धंग-धंग करती हुई हथौड़ी चल रही है।

मामा सामने बैठे थे, माताजी बड़बड़ाईं, "भूतों के लिए सबेरा नहीं हुआ करता। वे तो अँधेरे में ही खत्म हो जाते हैं।"

माँ को कितना दुख है, छाती में लोहार की धोंकनी चल रही है, साँस शिखर पर आ गई। उत्ताप के चलते कुछ भी कहने के लिए तत्पर हो जाता है आदमी।

कमरे में कुर्सी पर बैठी झकाझक सफेद पोशाक पहने माताजी की नजर मैत्रेयी के चेहरे पर कैसे पड़ गई ? माँ को गर्दन मोड़कर देखने की आदत नहीं। सबकुछ एक दिशा में चलता है, सीधा-सीधा। शायद मैत्रेयी ने ही ताँका-झाँकी की है और अपना होना दिखा दिया है। अस्वीकार की भंगिमा से लबरेज चेहरा देखते ही माताजी ठंडे पत्थर-सी हो गईं या कि बेटी के भावान्तर को लेकर चर्चा करना दकियानूसी और उसके ठस्सपन को व्यर्थ का महत्त्व देना मान लिया। वे सभा विसर्जित करने के लिए तैयार थीं।

कि बाकायदा माँ के सामने खड़ी हो गई मैत्रेयी।

माँ और मामा की जोड़ी चौंकी। गौरा कमरे से जाते-जाते थम गई। बहाने के लिए अलमारी में रखे धोती-ब्लाउज ठीक करने लगी।

"मैं मऊरानीपुर नहीं जाऊँगी, हरगिज नहीं।" आचार-आचरण को कसती-बाँधती मैत्रेयी को जरा भी परवाह नहीं रही कि शान्त-शिष्ट रहकर माँ तथा अन्य लोगों से वाहवाही पाए। मारे गुस्से के उसके हाथ-पाँव काँप रहे थे।

माँ की कुर्सी हिली।

लड़की के मन का मजबूत परिचय पाकर गौरा भी दहली। मामा की समझ के बाहर था सबकुछ। वे क्या जानें कि मैत्रेयी को माताजी की किसी चेली की जगह खुद इम्तहान में बैठना है और उसके लिए परवश स्त्रियों के शिकारी जगन्नाथ त्रिवेदी के संग रात की यात्रा करनी है। चेली के लिए इसी तरह प्रवेशिका पास कर चुकी है, अब विद्या विनोदिनी के लिए अँगरेजी का पर्चा है।

देखते-ही-देखते माँ का चेहरा स्याह होने लगा। कलेजे में दरार पड़ने लगी हो तो कोई कहाँ तक सधे ? होंठों की मुद्रा देखने लायक न रही। हलक में करेला घुला हो जैसे, चेहरे का समीकरण ही बिगड़ गया।

जीवन में होता आया बिगाड़ बनाने के लिए कई जगह समझौते भी करने पड़ते हैं। माताजी ने मैत्रेयी के सात खून माफ किए हों जैसे, वे मानती हैं कि लड़की काबू से बाहर जाने की जुर्रत करना सीख गई है, लेकिन अँगरेजी की ज्ञाता तो वही है। नम्बरदार के साथ अँगरेजों से घृणा करना सीखनेवाली कस्तूरी सामने खड़ी 'अँगरेजी देवी मइया' के सामने नतमस्तक हुई और दर्शाया कि उन्होंने मैत्रेयी की अस्वीकृत सुनी ही नहीं। कुछ इस नजर से देखा कि बिगड़ते चेहरे पर मिठास आ गई। कॉलेज में पढ़ी बेटी और अँगरेजी की ऊँची सीढ़ी चढ़ाने में समर्थ है। लेकिन उस समर्थ को सीढ़ी चढ़ाने-उतारनेवाली माताजी ही हैं।

'तू तो घबराती नहीं। डी.बी. इंटर कॉलेज के प्रिंसिपल को चित कर दिया था, याद है ? मैं तेरे भरोसे के सहारे महिला मंगल की आदर्श ग्रामसेविका रहकर ए.डी.ओ. की पोस्ट तक आई हूँ। तू घबरानेवाली नहीं, मैं जानती हूँ, पाँच गाँवों का दौरा अकेली चलकर करती है।'

'मैं बहुत घबरा रही हूँ माताजी।'

दुविधा-भरी उत्तेजक घड़ी में सहज होने का कठिन संयम साधती हुई माँ ने मानवता

से काटी गई स्त्रियों के दुख दर्द की दुहाई दी—

"अबला, असहाय और मर्दों की दुनिया से पीटकर खदेड़ी गई औरतों के लिए तुझ जैसी सामर्थ्यवाली लड़की के पास सहानुभूति तक नहीं ?" कहकर उन्होंने अनजाने की दुखिया औरतों की दीनता भरी दृष्टि से देखा।

"सहानुभूति का आधार क्या बेईमानी भी होता है ?" उसने विनम्रता से पूछा, ज्यों माँ से मनुष्यता का पाठ पढ़ रही हो।

"बेईमानी ? कैसी बेईमानी ? वे कितनी तो मेहनत करती हैं !"

"इम्तहान का नाम ही विद्या विनोदिनी है, मेहनत की वहाँ जरूरत ही क्या है ?" मैत्रेयीं ने जैसे एक परीक्षा का नहीं, एक कल्याणकारी संस्थान का मखौल उड़ाया हो, सुनकर बौखला गईं माताजी।

"मखौल मत उड़ा। बोर्ड की रीति-नीति पर बात कर और समझ कि दिन-रात काम में जुटी औरत कब अँगरेजी पढ़े ? वह कोई बचपन से स्कूल में पढ़कर नहीं आती, जन्म के शुरुआती दिन से गाली खाती है। भगाई-खदेड़ी औरत की मानसिक अवस्था कैसी होती है, तू क्या जाने ? जैसे-तैसे कोई हीला मिलता है तो बालबाड़ी, प्रौढ़ शिक्षा, चार-चार ग्रामलक्ष्मी सेंटरों की देखभाल के बाद उन औरतों की सेवा में हाजिर रहना, जो सुख-सुविधावाले घरों में पैदा होकर पढ़-लिख गईं और अब 'देवी' के आसन पर विराजती हैं। चौबीस घंटे की चाकरी करनेवाली से अँगरेजी की सनद माँगना कहाँ का न्याय है ? सार्टीफिकेट न देने पर नौकरी छीन लेना कैसा महिला मंगल है ? तुझ जैसी समाज-कार्य करनेवाली लड़की को इसी तरह से सोचना चाहिए और जैसे बने, तैसे मदद के लिए तैयार रहना चाहिए कि वे अपमानित इनसान सम्मानित जिन्दगी पा जाएँ। इस यज्ञ में हम और क्या आहुति दे सकते हैं ?"

समाज-सुधार का धुआँधार भाषण और उदारता की चरम सीमा !

महिला मंगल को माताजी जैसी समाज-सेविका मिलना मुश्किल है, जो वैधव्य की अनन्त साधिका और अपूर्व दानी राजा मोरध्वज की छोटी बहन बनकर बेटी के स्त्रीत्व को दाँव पर लगाने से नहीं हिचकती। कोटि-कोटि नमस्कार करता है स्त्री-समाज।

वह माँ से पूछे कि आचरण की शुद्धता क्या होती है ? सच, ईमानदारी क्या चीज है ? इम्तहान में कभी नकल न करने पर दी जानेवाली शाबाशियाँ फरेब थीं ?

क्या-क्या रूप खुल रहे हैं माताजी के। असहनीय !

मैत्रेयी लौट पड़ी। सबसे पहले 'दहेज समाज का कोढ़ है' नाम की किताब चीरकर धर दी। जिस जगह महिला मंगल पुस्तकालय की अलमारी रखी थी, उस जगह से उसे खिसकाकर बाहर की ओर कर दिया। खाली हुए कोने में अपनी मनपसन्द किताबें जमा लीं। यह देखकर माताजी सकपकाईं। विद्या विनोदिनी का 'अँगरेजी पर्चा' उनका मुँह सिए था।

अब वह माताजी को अकसर ही 'नवनीत विशेषांक' पढ़ती दिखती, खासकर कविवर नीरज की वह कविता गुनगुनाती, जिसके भाव उसके मरियल मन को ताकत देते—

प्यार अगर थामता न उँगली पथ में
इस बीमार उमर की
हर पीड़ा वेश्या बन जाती हर आँसू
बनजारा होता।

मैत्रेयी की आस्था लोक अदालत में है।

नहीं तो उसे अपने उस ओसारे का सपना आता, जिसमें बाबा बैठते थे ? बीचोबीच बिछी उनकी खाट के इर्द-गिर्द मूँज और सरकंडों से बने मूढ़े रखे रहते। जाति और वर्ग के हिसाब से लोग मूढ़ों और धरती पर बैठते। ऊँच-नीच के अनुसार जाजिम और नंगी जमीन, चबूतरा और नीचे गली तक बैठने का अनुशासन रहता।

हुक्का आसपास घूमता। एक हद के बाद अकेली चिलम जनसमूह में परिक्रमा करती।

बाबा गाँव के प्रधान कभी नहीं रहे और न कभी सरपंच बने। ओसारा भी सरकारी पंचायती जगह नहीं थी।

जन-जन की निष्ठा, लोगों का विश्वास उस चबूतरे पर छवे ओसारे से जुड़ गया था, क्योंकि गृहकलहों, आपसी फसादों, पारिवारिक झगड़ों, जमीन-जायदाद की कब्जेदारी से लेकर औरतों की हठें और स्कूल में बच्चों की पिटाई पर वहाँ विचार होता, बहस होती और निष्कर्ष निकालकर फैसले दिए जाते।

जमींदारों के जमाने में भी नम्बरदार ने यहीं बैठकर निर्णय लिये हैं, भले बाबा का बेटा हीरालाल उनको 'अँगरेजों का पिट्ठू' कहकर नीचा दिखाने से बाज न आता। नम्बरदार उसे समझाते—जमींदारी हाथ में है तो किसी हद तक अपने गाँव के कर्ता-धर्ता हम हैं। किसी दूसरे गाँव के आदमी को जमींदारी दे दी जाएगी तो वह हमारे गाँव के बारे में कितना सोचेगा ?

हीरालाल माने-न-माने, बाबा मानते थे नम्बरदार को। गाँव भी मानता ही था।

मैत्रेयी सपने में देख रही थी—

खेरापतिन दादी बाबा से कह रही हैं—पूरे अठारह की हो रही है तुम्हारी नतिनी। उसके साथ की लड़कियों के बच्चे होने लगे।

खेरापतिन दादी के मन में गाँव के विवाह योग्य लड़के-लड़कियों की जन्मपत्री छपी रहती है। पैदाइश का दिन, सूरज के हिसाब से समय। महीने, सालों का पूरा ब्यौरा।

पास ही बैठे चम्पाराम बताते हैं कि उनके पास उम्मीदवारों के पैगाम आए हैं।

कलावती चाची कमउम्र हैं, बाबा उनके ननदोई हैं, ननदोई का पर्दा कौन करता है ? नाक पर घूँघट रहता है, मगर खुली आवाज में कह रही है—कस्तूरी की मति मारी गई है। छोरी बूढ़ी भई जा रही है। अपनी तरह 'बाई' बनाकर गाँव-गाँव घुमाएगी ? ऊजरी धोती पहन ली, तब क्या रीति-रसम भी धो दिए ?

कलावती चाची की बात लोग अकसर काट दिया करते हैं, खरा जरा खुरखुरा लगता है सो। मगर ओसारे में बैठे लोग उनकी इस बात के समर्थन में अपनी-अपनी स्वीकृति

दे रहे हैं।

आँख खुली, सपना टूटा।

टूटा, मगर याद रहा। सपने की रौ तारी थी।

रौ में रोड़ा भी पड़ा—क्या वह माताजी को गाँव की अदालत में खींचनेवाली है ? खींचकर क्या पा लेगी ? ब्लॉक डेवलेपमेंट ऑफिसर, डिस्टिक प्लानिंग ऑफिसर और रीजनल डाइरेक्टर जैसे योग्यता-सिद्ध लोगों, प्रधान से लेकर एम.एल.ए. तक से संवाद बनानेवाली माताजी खेरापतिन, चम्पाराम और कलावती चाची को क्या समझनेवाली हैं ? कैसी अविवेकी हो रही है मैत्रेयी ? विवाह किस नूर का खजाना है ? पति कितना प्यार लुटानेवाला होगा ? क्या प्यार ही खाएगी, ओढ़ेगी, पहनेगी ? इसके सिवा जीवन में बाकी कुछ नहीं है ? हर समय प्रेम का राग अलापती है, एक कतरा पा जाने की चेष्टा में मरती रहती है। बेवकूफ लड़की। इस वृथा प्रयत्न में पड़कर पी.सी.एस. में बैठने की तैयारी करना भूल गई। बैठी-बैठी प्रेम-कविताएँ लिखती है। बच्चन की 'मिलन यामिनी' ने नींद छीन ली उसकी या कि प्रसाद के 'आँसू' ने हँसी हर ली ?

गौरव था नीचे आए प्रियतम
मिलने को मेरे
मैं इठला उठा, अकिंचन
देखा ज्यों स्वप्न सबेरे

सवेरे ही सवेरे माँ से मुठभेड़ हुई।

लेकिन मैत्रेयी की ओर से 'शान्ति वार्ता' जैसा स्वर था, ''इम्तहानों के बाद मैं गाँव जाऊँगी माताजी।''

''यह कहाँ से सूझा ?'' माँ ने विरक्त भाव से पूछा।

सवाल का जवाब नहीं सूझा तो क्या बता दे वह ? माँ ने शायद इसे अवज्ञा समझ लिया।

माँ पूर्वानुमान कर लेने में माहिर हैं, अन्दाजा गलत हो या नहीं, वे सही ही मानती हैं। वाक् विष का छिड़काव करते हुए कहा, ''अढ़ू के नगलावाले पाठक से अब भी आशा है तुझे ? जा। जाकर खुद ही बात क्यों नहीं कर लेती।''

भौन्दू-बुद्धू मैत्रेयी का मन इन दिनों प्रेम से लबरेज है, उत्साह भी कम नहीं, सो कहने का साहस कर गई, ''समय पड़ा तो खुद भी बात कर लूँगी। वैसे मैंने ब्याह के लिए जाने की बात नहीं सोची थी। खेत का लगान खुद लेना चाहा था। हर साल मामा के हवाले हो जाता है। फिर हमारे खेत किस बात के हुए ?''

माताजी आहत हुईं जैसे बेटी ने उनके सिर पर भारी पत्थर गिरा दिया हो। पर फिर भी दर्द प्रकट नहीं होने दिया। पसीना-पसीना होती हुई हँसते हुए स्वर में कहने लगीं, ''तेरा ब्याह तो मैं खेत बेचकर भी कर दूँगी। पैसा जुटाने की चिन्ता में मत मर।''

माताजी के तरकश में अद्‌भुत तीक्ष्ण तीरों का संयोजन रहता है, कब कौन सा गम्भीरतम घाव देगा, उनको इसकी पहचान है।

अब की बार उनकी हँसी और तीखी थी, ज्यों दुख ज्यादा गहरा गया हो। सवाल बेटी के पिछले अपराध से जुड़कर अब की दुस्साहसिक घोषणा से दो-चार होता था।

खीझकर बोलीं, "रात की गाड़ी से अकेली का सफर। समथरवाली ग्रामसेविका के विद्या विनोदिनी के अँगरेजी पर्चे के लिए तो त्रिवेदी के संग-साथ भी डर लगा था। अचानक हिम्मत पा गई। कमाल है।"

कमाल तो माताजी का है—मैत्रेयी ने सोचा—बीती बातों का इस्तेमाल किस कौशल से करती हैं कि वह घेराबन्दी में आने से बच नहीं सकती। इस तरह की अचानक आई स्थितियों पर मैत्रेयी अकसर रो पड़ती थी, लेकिन धीरे-धीरे ऐसी मजबूत हुई कि न गले, न टूटे।

गला साफ करके माँ को सूचना के लिए सुना दिया, "सौ अनजान लोग कुछ नहीं बिगाड़ सकते किसी लड़की का। कपड़े उतारने के लिए एक परिचित हमदर्द ही काफी है। अपनापन ही तो आसनी से फरेब दे जाता है।"

माँ ने ऐसे देखा जैसे सोच लिया हो कि यदि बेटी जीते तो उन्हें हारना ही होगा। थोथे से बदन उठीं, पर्स खोला और कुछ नोट बिना गिने ही उसकी ओर फेंक दिए, "ले, जा, अभी चली जा।"

गाँव वही है, मगर ओसारे में लगनेवाली लोक अदालत कहीं नहीं। पिछले दिनों गाँव प्रधान के चुनाव क्या हुए, गाँव कई फाँकों में खरबूजे की तरह फट गया। ओसारे का छप्पर, कहते हैं कि चुनाव की आँधी में ही उड़ गया और बाँस लकड़ी नए लड़कों ने होलिका दहन के काम ले लिये।

मैत्रेयी विस्मय-विस्फरित आँखों देखती रह गई। गाँव की दुनिया की अलस चौपालें, गप्पबाज अड्डों का बसर अब कहीं नहीं। नम्बरदार की हवेली माना कि जमींदारी जाने के बाद रँगाई-पुताई न होने के कारण श्रीहीन-सी लगती थी, अब तो फूटने-ढहने भी लगी। रामचन्द की ओर का पक्खा अधर में झूल रहा है। क्या वे 'नम्बरदार' का खिताब चिपकाए हुए बनवारीलाल केवल जवाहरकट सदरी और गाँधी टोपी के सहारे दिन काट रहे हैं ?

मैत्रेयी ने सपने में देखे चम्पाराम, खेरापतिन दादी और कलावती चाची से अब भी उम्मीदें बाँध रखी थीं। वह उनमें से किसी को भी जहाँ देखती, वहीं पास पहुँच जाती। ये लोग किसी खिताब के तहत नहीं, प्रजातन्त्र के सच्चे नागरिक की तरह रह रहे थे। अपनी बात कहना ही नहीं, इनसानियत का दम भरना अपना धर्म मानते रहे हैं।

...लेकिन अब वे मैत्रेयी से आँखें चुराते हैं, क्योंकि अब गाँव में किसी के हित की कहने पर, न्याय का पक्ष लेने पर, सच पर जोर देने पर लोग पुलिस की धाराओं

के नम्बर गिनाते हैं। अब ओसारों में होता आपसी हँसी-ठठ्ठा और गाली-गलौज सभ्यता के दायरे के बाहर है।

नए प्रधान की घोषणा है कि एक जगह ज्यादा लोग न इकट्ठे हों, झगड़े-वारदातों की सम्भावना हो जाती है। पार्टीबन्दी के चलते साजिशें हो सकती हैं। जातिगत वैमनस्य पनप सकते हैं। जो तय करना है पंचायती चबूतरे पर इकट्ठे होकर तय करो।

गाँव समाज का ढाँचा ऐसा ही हो गया है। नया ढाँचा एम.एस-सी. (ए-जी.) की योग्यता प्राप्त प्रधान ने बनाया है। लोग कभी भौंचक से देखते हैं तो कभी अभिभूत होते हैं। सिकुर्रा गाँव में ट्रैक्टर आ गया है। भगवानदास की साहूकारी भी नए प्रधान ने फीकी कर दी। सरकार से ऋण दिलाने का दम-खम रखता है। प्रधान में सद्गुण हैं।

लेकिन मैत्रेयी के ब्याह का इससे क्या मतलब ?

मतलब कैसे नहीं ?

तालीमयाफ्ता प्रधान भी अपने गाँव की लियाकतवर बेटी को ऐरे-गैरे को देने देंगे ?

नहीं, प्रधान दखल नहीं देगा।

भगवानदास मैत्रेयी के आ जाने पर अढ़ू के नगलावाले पाठकजी को इत्तला दे चुके थे—लड़की देखनी हो तो देख लो।

पार्टियाँ चौकन्नी हो गईं। पार्टियाँ क्या थीं, जातियाँ ही थीं। दल के रूप में खड़े होकर पार्टी में अवतरित हो जाती हैं। अपनी ऊँचाई, अपनी बड़ाई, कुछ चुनौतियाँ, कुछ आपत्तियाँ, फिर लड़ाइयाँ, ताकत की दावेदारियाँ...यही तो रूप है इनका।

पंचायती चबूतरे पर लोग जुड़े। सातों जात के लोग।

मैत्रेयी अपने गाँव की पंचायत पहली बार देख रही थी—मुद्दा क्या है ?

इंटरमीडिएट तक नागरिकशास्त्र पढ़नेवाली लड़की ने सुना—मुद्दा उसी की शादी का है तो यकायक मुँह से निकल गया—'हाय राम ! मेरा पंचायती ब्याह !'

कलावती चाची ने सिर पर हाथ फेरकर समझाया, "बीबी, जिसके बाप नहीं होता, दस बाप बन जाते हैं। और यह तो अच्छी ही बात है कि सारा गाँव तेरे ब्याह की फिकर कर रहा है।"

माँ से लाज-शर्म नहीं मानी थी, मगर गाँव के आदमियों को तो लाज है। प्रधान ने कहा, "मैत्रेयी को यहाँ से हटा दो।"

जो हुआ कलावती चाची ने बताया—

"बहना, बनियों ने बड़ी चतुराई से पाठकजी के यहाँ ही सम्बन्ध सही बताया। सुन लो कि बनिया ही चतुर हैं ? आजकल जाट बनियों के कान काट रहे हैं। खूबा तुरन्त बोले—तुम तो चाहोगे ही—पाठकजी पहुँचवाले आदमी हैं। लड़का ऐलकार हो जाएगा तो तुम्हारे लड़कों को भी नौकरीयाफ्ता बना देगा, क्योंकि गाँव में लड़के तो कायदे से तुम्हारे ही पढ़े-लिखे हैं। जाट का लड़का पढ़े भी तो कुबड्ड का कुबड्ड। साले की बोल-चाल ही ऐसी होती है।

ब्राह्मणों ने हाथ उठाकर अपनी झंडी ऊँची करी—यार तुम लोग भी। छोरी हमारी

है, क्योंकि हमारी बिरादरी की है। हम तो डॉ. श्री नारायण से बात भी चला चुके हैं। वह जँवाई बन जाएगा तो 'हारी-बीमारी' यहाँ आता ही रहेगा। गाँव की सेहत बनी रहेगी।

खूबाराम जाति से जाट है, सिर ऊपर-नीचे हिलाते हुए बोले—बामन देवता बड़े हुसियार हैं, डाकधर आ जाएगा सो जो लोग पालागन करना भूल गए हैं, वे पाँव पूजेंगे। छोरी हमारे मौहल्ला की है। इस मौहल्ले में कस्तूरी का घर ही बामन का इकलौता घर है। हम किसी को नहीं समझते। इगलास के बड़े दरोगा का लड़का ग्यारह में पढ़ रहा है। अच्छी तन्दुरुस्ती का है, फिट रहेगा।

मैत्रेयी भीतर-ही-भीतर घुटकर रह गई। ग्यारह में ! उसने बी.ए. कर लिया।

कलावती चाची भले जाटिनी हैं, चम्पाराम भले कुम्हार हैं, खेरापतिन जाति की ब्राह्मणी हैं, पर जन्म को छोड़ दें तो स्वभावतः उनकी एक ही जाति बनती है, मनुष्य जाति। तीनों ने एक स्वर होकर कहा—सिमरधरी के विधीचन्द का बेटा वकील है। सिमरधरी नदी के उस पार है। मैत्रेयी वहाँ ब्याही जाएगी तो कस्तूरी दोनों गाँवों को समझा लेगी और खुद भी कोशिश करेगी कि मिल-जुलकर नदी का पुल बाँध जाए। सरकारी काम तो सरकारी ही होता है, जनता के दुख-दर्द का नहीं। अँगरेजों की सरकार चली गई। सुना था, अपनी सरकार पुल बाँधेगी। पुल गाँववालों के सपने बाँधे तो बाँधे।

ढोलावाले दादू ने समर्थन किया—भई वाह ! हमें भी सिमरधरी, उड़नबरा और तरसारे से लेकर बेसवाँ धरनीधर में ढोला गाने की सहूलियत हो जाएगी।

लौंगसिरी बीबी पंचायत में जरा देर से पहुँचीं। जितना तार-सूत हाथ लगा, उसी से अनुमान लगाकर बोली—हैऽऽ कड़ीखाए हो, सिमरधरी का सम्बन्ध हर तरह से ठीक है। रोज लड़ते-झगड़ते हो, गाँव का जँवाई वकील होगा तो बेधड़क कचेहरी में घुस जाओगे। न्याय पाने से कौन रोक सकता है ?

ये सब जातियों की बातें थीं। पंचायत में स्त्रियाँ नहीं गईं। खेरापतिन बूढ़ी हैं, पुरुषों में शुमार है। कलावती चाची कुछ भी कहें, बात पर गौर नहीं होता। लौंगसिरी बीबी गाँव की बेटी हैं, जो कहें सो माफ।

बहरहाल मैत्रेयी ग्यारहवीं पास लड़के को छोड़कर बाकी जितने वर बताए गए, एक-एक करके सबके सिर पर दुल्हे का मौर सजाकर बरात की कल्पना करने लगी। ऐसी कल्पनाएँ उसे अच्छी लगती हैं। आशा और भविष्य का सुनहरा सपना जगाती हुई।

स्त्रियों का खेमा अलग ही था, जिसको किसी जाति की दरकार नहीं। उनका अपना कुछ अगर है तो वह है लज्जा-शर्म, लिहाज-आदर, मान-मर्यादा, रीति और परम्पराओं का निर्वाह। अचानक गाज-सी गिरी, जिसकी कल्पना उसने सपने में भी न की थी।

मैत्रेयी पर जैसे सबने मिलकर हमला किया हो—छोरी बड़ी बेहया है।

—बाप होता तो खींच लेती साँस ? मइया तो भाएली सहेली की दर पर धरली।

—कहनावत तो यह थी कि राँड़ का पूत बिगड़े, रँड़आ की धिय। पर बहना कलजुग की मार, सबकुछ उलटा-पुलटा हो गया। राँड़ के हाथ धिय की जंजीर ही कहाँ है ?

—अरी लाज-शरम घोलकर पी गई। मुँह खोलकर खसम माँग रही है।

पंचायत और नए प्रधान के प्रभावी माहौल में गाँव का चेहरा बना-बिगड़ा है, औरतों की दुनिया ज्यों की त्यों है। मैत्रेयी ने औरत होकर जन्म लिया या लज्जाशील औरत के साँचे में ढाली जा रही है ? वह तो अपने आपको मनुष्य का मूल रूप नारी समझ रही थी, जैसे मनुष्य का मूल रूप पुरुष होता है।

सपने में देखा गाँव...किधर जाए वह ? जिधर जाती है, गालियों की आँधी में घिरने लगती है। निगाहों के तूफान मँडराते हैं। बेजार लड़की अपने फूटे-पुराने घर में कि खेरापतिन दादी के आँचल में छिप जाना चाहती है। बेबस-सी पूछती है—

"दादी, कैसी हूँ मैं ?"

"अच्छी है। पतली-दुबली लहराती देह। अच्छी आँखें। गोरा रंग। लम्बा-सा कद। जो देखेगा, मोहित हो जाएगा।"

"नहीं दादी, और लड़कियों जैसी नहीं हूँ मैं ?"

दादी बात का मर्म समझकर समझाने लगीं, "सबको बिना मुँह की लड़किनी अच्छी लगती है। तू अपने ब्याह की बात मत कराकर बेटा। हिजों की बात है।"

मैत्रेयी झेंप गई। पछताने लगी—मेरा धीरज ऐसा टूटा कि ब्याह जैसी शरमानेवाली बात को सरेआम कह दिया। सबके सामने मखौल की पात्र बनी, सबके सामने हेय हुई। गाँव में विवादास्पद लड़की की दुर-दुर छिः-छिः हो रही है।

मैत्रेयी सिर झुकाए बैठी थी। खेरापतिन दादी हुक्किया पीने लगीं।

दोनों को साथ बैठे देखकर कलावती चाची आ खड़ी हुईं। किसी ने कुछ न कहा, फिर भी बैठ गईं। अपनी आदत के अनुसार अनुपस्थित माताजी को धिक्कारती हुई बोलीं, "धन्न-धन्न है कस्तूरी। छोरी के ब्याह का नाम नहीं लेती, यहाँ गाँव पंचायत कर रहा है। रंडी, राँड़ हो गई तो क्या यह भी भूल गई कि उमर पाए बछिया भी रम्भाने लगती है। गरीब-से-गरीब आदमी बेटी की भाँवर डाल देता है, इस अधरमिन को तो बहुत दिया है भगवान ने।

"चम्पाराम तो ढोलावाले दादू से कह रहे थे कि कस्तूरी से छोरी का ब्याह नहीं बनता तो गाँव के लोग चन्दा करके बरात की खातिरदारी कर देंगे। पान-फूल देकर हाथ जोड़ देंगे। अरे, बिना बाप की बेटी के कन्यादान में सब शामिल हैं।"

कस्तूरी के जीवन में ग्रह-नक्षत्रों का कोई महत्त्व नहीं।

मगर चन्दा ने ग्रस लिया उन्हें।

जेठ की ठीक दोपहरी में आई थीं गाँव। कजरौठ के रास्ते के गर्म रेत ने पाँवों में ज्वार के फूला की तरह छाले डाल दिए। घर में छत की छाँव तले बैठी भी न थीं कि कलावती चाची ने आदत के अनुसार बताना शुरू किया कि चम्पाराम कुम्हार सरेआम लड़की के ब्याह के लिए गाँववालों से चन्दा करने की दुहाई दे रहे थे।

दूती लुगाई कलावती चाची। नहीं, तोते जैसी बोली है उनकी। दूत का मतलब झूठ

नहीं होता। बात में वजन है। पर चन्दा की बात औहतिया (भूमिहीन) कुम्हार कर रहा है !

काश वे आजीवन सन्न-सन्न ही बनी रहें। धरती पर उनके लिए यह भी घटेगा, सोचा था कभी ? बिना सोचा घटता है तो अघटित ही लगता है। अब वे कैसे सीधी और सिर उठाकर खड़ी हों ? चार-चार ग्रामलक्ष्मियों को अपने पास से खिलाया। इस गाँव के लोगों को पता है ? मगर जो कुछ पता है, उसे भी कब मान रहे हैं ? गाँव कैसा जालिम है, अपने चलते छोटी-सी गफलत माफ नहीं करता। ब्याह की बात गफलत है भी ?

माँ की अवस्था और चेहरे की दशा बिगड़ती देखकर मैत्रेयी डर गई।

भीतर की अव्यक्त यन्त्रणा को कोई शब्द न दे पाने की छटपटाहट में कस्तूरी के नथुने और ऊपरी होंठ रह-रहकर फड़कने लगे। औचक की दीवार से सिर ठोंक देने का मन हुआ।

उन्होंने मैत्रेयी को चुनौती-भरी निगाह से देखा, ईर्ष्या से जलकर कहना चाहती हैं—तू लाख जतन कर ले, मैं अपनी टेक से हटनेवाली नहीं। इस कुम्हार द्वारा किए गए अपमान के अंकुश से तिलमिलाकर तेरा मनचीता करने के लिए उठ खड़ी हूँगी क्या ?

वे भीतर कोठे में घुस गईं।

गौरा साथ न आई होती तो क्या होता ? वह न होती तो किसी के सामने रो भी न सकतीं। गौरा ने अपना कन्धा आगे कर दिया और कस्तूरी ने उस कन्धे पर अपना बोझिल सिर टिका दिया। रोते हुए, मगर धीमे स्वर में शोक गीत की कड़ी गाई, "इस दिन के लिए जिन्दगी गलाई थी री गौराऽऽ...लड़की ने कहाँ लाकर माराऽऽ..."

गौरा परदुखकातर नहीं, निज दुख पीड़ित स्त्री है। मैत्रेयी की माँ को बच्चे की तरह पीठ थपक-थपककर बहलाने लगी, "उस मैली मूँछोंवाले बूढ़े के कहे का दुख किया ! मूर्ख-गँवार हमारी तकदीर का फैसला करेंगे ? नहीं, ये इसके सिवा कुछ न करेंगे कि लड़का मरे इनका और राँड़ कहें हमसे।" कहकर गौरा अपने पिछले शोक-संसार में डूब गई हो जैसे।

"आए हैं बड़े चन्दा देनेवाले। चन्दा देते हैं, हक नहीं दिया जाता।"

ऐसे मौकों पर गौरा को अपनी व्यथा याद आ जाती है। सबको ही अपने दुख पर रोना आता है, पराया दर्द तो बहाना होता है। गौरा ने अपना हवाला देते हुए गाँववालों की नीयत को स्पष्ट किया, "मो सरीखी थी, जो मट्ठा-रोटी पर गुजारा करती रही, पर अड़ी रही। न अड़ती तो इस गाँव में ससुराल तो रहती पर पाँव रखने को धरती न होती। औरत को सुई की नोंक-भर का हकदार नहीं समझता आदमी। लो, आदमी तो ऐसे हैं कि उस कस्तूरी के लिए चन्दा उगाहने की सोच रहे हैं, जिसने कचेहरी पर चढ़कर मेरे लिए खेती उगलवा ली। नासमिटे आग लगे, गाँव में रह रहे हैं तो खुद को गाँव का मालिक भी समझ रहे हैं।"

पिछले वाक्य कस्तूरी की दुख-भरी मूर्च्छना में संजीवनी बूटी सिद्ध हुए।

गौरा बेहोशी तोड़ने की कला जानती है। संजीवनी की दूसरी खुराक में कहा, "फिर

तो नम्बरदार को भी ताव आ गया था कि औरतें हौसला जुटा रही हैं तो वे ही पीछे क्यों रहें ? जमींदारी न रही, झंडाबरदारी सही। अच्छे-अच्छों को नबाया-झुकाया है तुमने, आज उस चम्पटा की बात पर धीरज छोड़ दिया।''

गौरा की बात सुनकर कस्तूरी सब्र न बाँध पाईं, जिबह होती बकरी-सी कराहने लगीं। कराह में रोने का अंश ज्यादा था। बात मामूली तो थी नहीं, मामूली कैसे मान लें ?

गौरा ने 'क्या करे' के भाव से इधर-उधर देखा और साथ ही यह भी निरखा कि उन्हें कोई देख तो नहीं रहा ? समय पर इस कदर पकड़ ढीली अभी हुई नहीं। ऐसी असहायता कि गाँव के भुच्च लोगों से शर्म लगे, कभी आई नहीं। कस्तूरी तो हर दुख में, शोक में और कड़ी-से-कड़ी घड़ी में अपनी लगन और साहस का परिचय देती रही हैं–यह बात गौरा ही नहीं जानती, हर कोई जानता है। तो क्या इसमें मजा ले रहे हैं कि अब की बार ऊँट पहाड़ तले है ?

गौरा ने नेक सलाह दी, ''तुम सीधी गर्दन करके लड़केवालों के खिलाफ क्यों बोलने लगती हो ? तुम्हारे ब्यानों को लोग अपने लिए भी समझने लगते हैं, यहाँ लड़केवाला कौन नहीं ? सोचते हैं, ये राँड़ें आस-औलादवालों से जलती हैं।''

''तब क्या पाठक जैसे लोगों के रवैए की वाहवाही करूँ।'' उन्होंने टूटती आवाज में कहा।

''कौन कहता है कि उसको शाबासी दो, पर अपनी जुबान पर तो लाचारी लाओ। हर लड़की का बाप हमसे ही यह कहता मिलता है कि लड़कों का अकाल पड़ गया, बेटी के लिए वर खोजते जूता घिस गए–ऐसी बोली के जरिए ही वह जग का रहम लूटता है, हमदर्दी पाता है। भले वह घर से निकलकर बारे (गाँव से सटे खेत) तक न गया हो।''

कस्तूरी ने लम्बा श्वास छोड़ा और गर्म निगाहों से गौरा को देखते हुए बोलीं, ''उतरती अवस्था में झूठ बोलना सीख पाऊँगी ? यह उनको ही शोभा देता है, हमें नहीं।''

''नहीं सीख पाओगी तो फिर घबराती क्यों हो ? सतवादी बनकर राजा हरीचन्द का संसार तक न चला, हम-तुम किस खेत की मूली हैं ? मैं पूछती हूँ, झूठ से इतनी नफरत क्यों करती हो ? तभी न घर के छप्पर की खूँटी उखड़ने लगी। आबरू उघड़ने वाली है।''

आबरू !

गौरा ने धीरे से वह कापी निकाल ली, जिस पर मैत्रेयी ने डायरीनुमा कुछ बातें दर्ज की थीं। उसने उस इबारत को पढ़ा भी जरूर होगा, मगर समझ में कितना आया ? आया कि न आया, क्या कहे ? हर हाल में वह कस्तूरी को बेटी के भावों से अवगत कराना चाहती है।

डायरी उनके हाथ में आ गई। लिखावट सामने है। लेटकर पढ़ने लगीं।

–यहाँ उत्सव होना था, संग्राम मच गया। आत्मघाती युद्ध। कितना कुछ बचेगा ? सुरुचियों, कल्पनाओं और भावात्मक संसार की भीतरी भंगिमाएँ क्षीण होती जा रही हैं।

अपने आसपास के वातावरण की बर्बर दौड़ से निजात पानी चाही थी, क्योंकि निष्ठुरता सिर के ऊपर से गुजरने लगी। कितनी राहें तलाशीं ? कितने रास्ते खोजे। कितने पहाड़ धकेले...फिर भी सारी चेष्टाएँ निष्फल होने को हैं। कैसे बताए किसी को कि आँसू बहाने से जलन बुझती नहीं। न माताजी की दीक्षा से जीवन शुद्ध होता, बचा भी क्या है...

कभी न धीरज खोनेवाली माँ बात-बात पर रोने लगी हैं, क्यों ? यह सचमुच उनका प्रेम है ? कि ममता बिलखती है ? बिछोह की बात बर्दाश्त नहीं...

मैत्रेयी के भीतर उम्र के कई घट रीते पड़े हैं। बचपन तो एकदम ठनठन है। माँ को आवाज देता बचपन आज भी भीतरी कोनों से टकराता है—

माताजीऽऽ मेरे पास रहो। माताजी आज मत जाओ। कल इतवार है, छोटी-सी बच्ची दिनों का हिसाब रखने में माहिर हो गई थी, क्योंकि इतवार से उसकी माँ की आजादी बँधी है। आँचल पकड़कर मचल जाना—अपना अधिकार समझनेवाली छोटी-सी मैत्रेयी जिद पर उतर आती—मैं तुम्हारी खाट पर सोऊँगी। कोठे की कड़ियों में रात को साँप आता है। मुझे डर लगता है। तुम साँप को मार देना...

उसकी आँखों से मोती झरते हैं। गालों पर माला बनती है, ठोड़ी से लटकती हुई स्नेह की माला। उसके दोनों हाथ माँ की कमर से लिपटना चाहते हैं। उसके छोटे-छोटे पाँव ता त थइया नाचते हैं। जिद, हठ, रुदन और आँसुओं की मालकिन छोटी-सी लड़की... यकायक अपने छोटे-छोटे हाथों पर कड़ा झटका महसूस करती है, गिरते-गिरते बचती है मैत्रेयी। बेवकूफ-सी सँभलती है, सुनती है, माँ क्या कह रही है ? सफेद धोतीवाली माताजी के हाथ में चमड़े का बैग है, दूसरा हाथ उठाकर समझाती हैं, "तू ही चली जा फिर, मैं यहीं रह जाती हूँ। पागल। छोड़ मुझे। तीसरे दिन जौइनिंग रिपोर्ट देनी है। दो दिन का रास्ता..."

लड़की रोना भूल जाती है। भयभीत-सी देखती है। नहीं पूछती, जौइनिंग रिपोर्ट क्या होती है ? नहीं पूछती, दो दिन का रास्ता कितना लम्बा होता है ? उसे ड्यूटी का अर्थ पता नहीं। और न यह मालूम कि माँ उसे किसके भरोसे छोड़ जाती है ?

पड़ोस में रहनेवाली चन्दा चाची उसकी बाँह पकड़ लेती है, धीरे-धीरे अपनी ओर खींचती हुई खुद से चिपका लेती है। चाची की धोती में लिपटकर सिसकने लगती है लड़की।

आँसू-भरी आँखें बेचैन हैं। छोटी-सी नजर लम्बी दौड़ भरती है। दूर, बहुत दूर फरास के पेड़ों में माँ को ढूँढ़ लेती है। माँ है या नहीं, काल्पनिक सफेद गोले को माँ बना लेती है।

चन्दा चाची पोखर के किनारे खड़ी उससे घर लौट चलने की जिद करती है। करती रहे...टस से मस नहीं होगी मैत्रेयी। उसकी सारी दौलत फरासों के पेड़ों में छिपी है।

गाँव की औरतें कि मौहल्ले की चाची-ताइयाँ मैली धोतियों के मैले आँचलों से बच्चों की नाक-आँख पोंछती हुई कहती हैं—अपने बालक से ज्यादा प्यारा दुनिया में क्या होता है ? कुछ नहीं, हम कहते हैं कि कोई दौलत नहीं, देवता और भगवान नहीं। इस अभागिन

की तकदीर ही खराब थी सो ऐसी मइया...—कहकर उसे देखती हुई रो देती हैं चाची-ताई। आँखें बहें-न बहें, नाक सिनकने लगती हैं। सिर पर हाथ फेर-फेरकर उसे और-और रुला देती हैं।

मैत्रेयी नहीं बताती कि रात को उसकी नींद में माताजी होती हैं, साँप नहीं होता।

सवेरा होते ही सारा गाँव सूना हो जाता है। घर के कोठे-दुबारी और दालान की छत साँपों से भर जाती है।

वह रोती है। स्कूल जाने से भी डर लगता है, रास्ता एकदम सुनसान...

चबूतरे पर सारा दिन काट देती है। गाय-बछड़ों के सूने खूँटे उसके साथ रोते हैं।

चम्पाराम बाबा खोजी आदमी हैं। शाम को आकर कहते हैं, ''इसकी महतारी झाँसी-फाँसी कहाँ गई है, गंगौली जा पहुँची। गौरा के पीहर।''

''च् च् च्।'' खेरापतिन दादी चकित-सी रह जाती हैं। विश्वास नहीं कर पातीं।

मैत्रेयी उलझे बालोंवाला सिर उठाकर चम्पाराम को देखती है।

पास खड़ी कलावती चाची चन्दा चाची को ओर देखती हैं, देर तक। बोलने के लिए कुछ न रहा हो जैसे। फिर भी बोलने से माहौल में आई बेरहमी तोड़ने की खातिर कहती हैं, ''राँड़ लुगाई, बच्चा बन्धन लगता है।''

''आजाद बछेड़ी गौरा के संग मौज कर रही है। खसम-लुगाई हो गईं दोनों...''

चम्पाराम बाबा मुँह फेर लेते हैं, फिर चल देते हैं। हाथ कमर के पीछे बँधे हैं।

मैत्रेयी टुक-टुक औरतों को देखती है। सपने जैसी बीती रातें दिन में ही दिखने लगती हैं—माताजी की खाट से उसे गौरा ही उठाकर दूसरी खाट पर डाल देती थी। नींद टूटने पर दिखता कि उसकी जगह गौरा माताजी के संग सो रही है। मैत्रेयी के छोटे से सीने में गौरा साँपिन बनकर रोज उतरने लगी।

औरतें प्रसंग बदल देती हैं। शायद लड़की की फटी-फटी आँखें देखकर आशंकित हो जाती हैं। सो कहती हैं—जिन्दगी सुधार दी गौरा की, इन बातों में क्या धरा है ? नहीं तो घूँघट पर सेर-भर मक्खी भिनकतीं। आज देखो कि झकाझक कपड़ा पहनकर पटवारिन बनी डोल रही है।

गौरा के सास-ससुर कस्तूरी को कोसते हैं। इस नन्ही जान को मरने की दुआ देते हैं। देते रहें। सत्यानाश झेलनेवाली को कौन सी गाली असर करेगी ?

बचपन का सारा छोटा-छोटा उम्र बढ़ने के साथ ही बड़ा-बड़ा होता जाता है। पीपल के खड़खड़ाते पत्तों का अँधेरे भरा डर, आँखों में खुद-ब-खुद बनती भूत-प्रेतों की आकृतियों का डर जम गया है, पेट में ठंड की तरह उठता है। खेरापतिन दादी ने तभी उपाय किया था। कमीज की पीठ पर गेरू का साँतिया (स्वस्तिक) काढ़कर गले में ताबीज बाँध दिया था, मगर डर था बड़ा बलवान, दादी के ताबीज को तुरन्त झूठा कर दिया। फिर चला अँधेरे के देवताओं से अविराम युद्ध।

माताजी डरनेवाली, डरकर रोनेवाली लड़की से खफा थीं। उसने उनकी सीखें, उनका दिया साहस आँसुओं की राह बहा दिया।

वह कैसे बताए कि उन बच्चों से उसे सदा ईर्ष्या रही है, जो अपने माँ-बापों के साथ रहते हैं। याद आता है, अभिन्न सखी मुन्नी से उसने इस बात से जलकर कुट्टी कर ली थी कि वह अपनी माँ के साथ धरनीधर के मेले गई थी। बहाना गुड़िया न दिखाने का बनाया था। शिवकुमार उसका मुँहबोला भाई और साथ खेलनेवाला दोस्त रहा है, मगर उसकी अम्मा जब उसे दूध पीने पुकारतीं, मैत्रेयी नाम की लड़की का खून जल जाता। वह दाँती भींचकर अगला खेल बिगाड़ देती। कुढ़ने-कलपनेवाली लड़की माताजी की सीखें भूल जाती, साहस जुटता न था।

डायरी पढ़ते-पढ़ते कस्तूरी की ऐसी हालत हुई कि आँखों से कुछ दिखाई न दे। अपने भीतर उठती ऐसी हूक का कभी अनुभव नहीं किया, गौरा ने आज डायरी की जगह उनका किया-धरा थमा दिया। जिस तरह ईश्वर के दरबार में अपने पाप-पुण्य स्वीकार करने पड़ते हैं, वे बेटी की अदालत में खड़ी होकर माफी माँगें ?

नहीं, यह मोह का उमड़ा हुआ सोता उनकी कमजोरी है। इस मोह-मन्त्र से ही उनका जीवन जर्जरित हो जाएगा। उन्हें इस माया से दूर रहना होगा। एकान्त की सत्ता मजबूत होती है, क्योंकि अलौकिक होती है। केवल कठिन कठोर...जिन्दगी-भर किसके लिए तपी ? यह नादान लड़की एक दिन जरूर समझ पाएगी कि माँ अपने गीलेपन के कारण माँ नहीं होती, गुरु की तरह रास्ते पर ढालने के कारण ही माँ होती है।

उन्होंने गौरा को कापी रूपी डायरी लौटा दी और उठकर बैठ गईं। खुद को पक्का करते हुए बोलीं, ''मैं अब भी कहती हूँ, शादी-ब्याह काठ में पाँव देने जैसा है। प्यार-प्रीति का घूँघट ओढ़कर एक झूठा समझौता। कल के दिन यह लड़की इस बात के लिए भी दोष देने लगे तो मैं इसकी नादानी को बुद्धिमानी समझ लूँ ? मैं तो समझती हूँ कि यह इसका ही नहीं, हर लड़की के जीवन का मुद्दा है। ऐसा न होता तो बता गौरा, कि हम गाँव-गाँव क्यों फिरते ? 'पढ़ो, सोचो और अपने पाँव खड़ी हो जाओ' का पाठ झूठा है ? ब्याह की बेड़ियाँ ही औरत को मौत तक रिहा नहीं होने देतीं और यहाँ हमसे दहेज जैसी कुप्रथा का जंजाल लिपट गया। आगे बढ़ने नहीं देता। लड़की है कि पीछे हटने नहीं देती।

''मैं तो बिजूका हो गई गौरा। एक जगह खड़ी हुई-सी !'' उनका स्वर असहिष्णुता के चरम पर आ गया। गुस्सा, असहायता और आवेग का मिला-जुला रूप माताजी...

मैत्रेयी का सिर झमझमा आया !

माताजी क्या-क्या कह रही हैं। देशोद्धार की रेल उसके ऊपर से ही गुजरेगी ? चिड़िया की तरह घोंसले में बसने की मनुष्य-प्रवृत्ति क्या उसकी अधोगति है ? क्या माँ के निर्जन जीवन का बियाबान ही जिद तो नहीं पकड़ रहा, क्योंकि सूनापन भी जानता है कि उसकी सत्ता का प्रभाव अनन्तकाल तक नहीं रहना। चराचर जगत की महिमा पसरे बिना नहीं मानेगी। सृष्टि का राग रुकनेवाला नहीं।

तभी भीतर से उग्र स्वर आकर टकराया, ''ऐसी लड़की को मैं अपनी बेटी नहीं मानती। यह तो अपनी पूरी नस्ल के लिए अपमान का कुंड तैयार कर रही है।''

इतने वृहद, ऐसे विशाल और विस्तृत फलक पर सोचनेवाली माँ के सामने मैत्रेयी समुद्र और बूँद के अनुपात में उपस्थित है। बूँद समुद्र में नहीं मिल पाएगी तो सूख जाएगी। अपने विलय का नतीजा कई बार देखा है उसने। माँ ने उसके बूँद-से अस्तित्व को यह कहकर बड़ा किया है कि मैत्रेयी जैसी लड़की कितनों को मिलती है ? झूठ नहीं बोलती, फैशन नहीं करती, पढ़ाई में अव्वल आती है। गंगाजल-से पवित्र चलनवाली सदाचारी बेटी !

लेकिन वही माँ मैत्रेयी को अपने से दूर छिटकती देखकर कह रही है—

''छोटेपन में खूब अच्छी तरह पढ़ी-लिखी। क्या पता था कि कक्षाओं की ऊँचाइयाँ लेते-लेते उसके संकल्प की डोर ऐसी कटेगी कि धड़ाम से गिरेगी और पोखर में डूब जाएगी। उबर नहीं पाएगी—तू जानती थी गौरा ?''

अधोगति ! यही है माताजी के हिसाब से अधोगति ! गौरा क्या जानेगी ? क्या समझेगी ?—मैत्रेयी गौरा के पिछले जीवन को दाँतेदार यादों के बीच गन्ने-सा पेरने लगी।

रस नहीं, माताजी के अनुसार, विष निकला।

बरहन गाँव का दृश्य याद है मैत्रेयी को। वह माताजी के संग गई थी। ग्रामसेविका गौरा का कमरा बन्द मिला था—ताला बन्द। माताजी को बैठने की जगह नहीं। गली में खुलनेवाली बैठक के द्वार पर खड़ी माताजी को देखकर पड़ोसिन चाबी ले आई। उसने ताला खोला और खोलीं बहुत-सी गोपनीय बातें।

माताजी का साँवला चेहरा बिगड़ने लगा। गौरा से मिलने का चाव नाक से गर्म भपारे बनकर उड़ने लगा। सच्चा साथ लड़खड़ाया, विश्वासघात ने ऐसी ठोकर मारी।

कमरे में बेसिलवट बिस्तर था, माताजी की साँस तनिक थिर हुई। बक्स-अटैची अपनी पूर्वावस्था में थे, उसने भी इत्मीनान दिया। मगर दाएँ हाथवाले कोने की खूँटी पर मरदाने कपड़े, पैंट और कमीज...मानो दो जहरीले नाग लटक रहे हों, कि उन दोनों कपड़ों को धारण किए हुए व्यभिचारी पुरुष से माताजी का सामना हुआ हो।

नजरों में मुठभेड़ थी। माँ पसीने-पसीने होने लगी। वे बिस्तर पर न बैठकर बक्से पर बैठीं और नजर जड़ हो गई। जगमग ज्योति के दृश्य का अरमान था, आले में रखी सिगरेट की डिब्बी में से कोई सिगरेट निकली नहीं, जली नहीं, फिर माताजी की आँखों में कैसा धुआँ भरा कि खूनी लाल हो गईं।

झाँसी लौटनेवाली गाड़ी रात में न होती तो वे उसी दम लौट लेतीं। काश, लौट ही लेतीं, क्योंकि माँ की निरुपायता बार-बार थूक निगलने के रूप में, मुँह फेरकर आँखें पोंछने के रूप में मैत्रेयी देख नहीं पा रही थी। 'माताजी पानी लाऊँ' कहने की हिम्मत भी दगा दे गई। रह-रहकर यही खयाल आता रहा कि अब माँ गौरा की सूरत देखने वाली नहीं। इस महापाप को चाल-चलन के खराब खाते में डालकर उसकी अस्थायी नौकरी छुड़वा देंगी। उनके हिसाब से गौरा जैसी ग्रामसेविका महिला मंगल में कलंक है।

राम-राम भजकर समय कटा।

गौरा दोपहर के बाद आ गई।

ताज्जुब कि मैत्रेयी की आशंकाएँ निरर्थक निकलीं और यह फिर एक बार प्रमाणित हो गया कि गौरा उनकी 'सच्ची साथिन' है। आचार-व्यवहार की झोल गौरा के सफाई देने पर इस आसानी से खत्म हो गई कि मैत्रेयी को विश्वास न हुआ। मन आया माँ से पूछे, यह क्षमा नर्मदा नाम की ग्रामलक्ष्मी को क्यों नहीं मिली थी ? उसके प्रेम के करुण दृश्य की चश्मदीद गवाह है मैत्रेयी। भवभूति के क्रोंचावस्था में रति युगल थे कि माताजी ने नर्मदा के बाल पकड़कर उसकी गर्दन घसीट ली। खटिया पर युग-प्रलय आ गया।

"यहाँ कौन-सी मजबूरी है ?"

गौरा की फतह।

वह दाँती पीसकर मिसमिसा रही थी कि गौरा की लम्बी परछाईं दालान में पड़ी।

वह कब परवाह करती है।

धर्ममाता की सेवा का अभिनय करके आ रही है, उसकी बला से। मैत्रेयी क्या समझती नहीं कि यह सब माताजी को खुश करने के लिए और उसे सबक सिखाने के लिए है।

मगर गौरा की हिम्मत ! उसके पास आकर धरती पर बैठ गई। बालों पर हाथ फेरकर समझाने लगी—

"तुम अपनी माँ को क्या समझाना चाहती हो लाली ? समझा पाया है उन्हें कोई ?"

"तो तुम मुझे क्या समझाने चली आईं ?" मैत्रेयी ने प्रतिप्रश्न किया।

"कुछ समझाने नहीं, प्रार्थना करने...अपनी माँ की तरफ देखो। अपनी पढ़ाई-लिखाई की चिन्ता करो।"

"तुम लोग मेरी चिन्ता मत करो। अपनी जैसी जिन्दगी के हाथी-पाँव से मत बाँधो।"

"हाथी-पाँव से तो छुड़ाती हैं, तुम्हारी माताजी। आजादी दिलाती हैं।"

उसकी घृणा बेबस हो आई। कहना नहीं चाहती थी, मगर कह गई, "मैं थूकती हूँ ऐसी आजादी पर, जिसके देनेवाली दुमुँही हों। अनपढ़, अशिक्षित होने के बावजूद उन्होंने अपनी कमान अपने हाथ में रखी और किसी दूसरे को अपने जीवन का फैसला लेने नहीं देतीं ! मेरे हिसाब से वे औरत रही नहीं। स्त्री की जिन्दगी में पुरुष आते ही वे खूँखार हो जाती हैं। ऐसा तो पुरुष करते हैं। नौकरी देकर जिन्दगी गिरवी धर लेती हैं। तुमसे ज्यादा इस बात को कौन जानता होगा। है न ? और आगे सुनो कि अपनी बेटी को ब्याह के कारण 'छिः' की निगाह से देखनेवाली कस्तूरी स्त्री नहीं हो सकती। तो फिर माँ कैसे हो सकती है ?"

कहते-कहते मैत्रेयी रुँआसी हो उठी। ताप को पिघलकर बहना ही होता है। एकान्त चाहती थी। एकान्त में गौरा व्यवधान है। उसके आँसू चिड़चिड़े हो आए। आँखें जलने लगीं, क्योंकि गौरा की दो आँखें, दसियों, बीसियों और सैकड़ों आँखों में तब्दील हो रही

थीं। उसके दो कान हजारों कानों का प्रतिनिधित्व कर रहे थे। माँ के सामने चोरी-छिपे डायरी सरकानेवाली गौरा माँ-बेटी की जंग का खुफिया प्रचार करने से बाज नहीं आएगी। माँ के तैयार किए मगरमच्छ के जबड़े से न वह भाग सकती है, न माँ खुद। दोष गौरा का है भी क्या ? गौरा बस अपनी जल-भरी आँखें माँ के सामने छलका देगी और माताजी विह्वल हो जाएँगी। उन आँखों को, जिन्हें माँ मीनाकुमारी की आँखें कहती हैं (मीना कुमारी की उन्होंने हर पिक्चर देखी है) रोते कैसे देख सकती हैं ? उन्होंने तो सदा उसके आँसू पोंछे हैं। अंडाकार स्वस्थ गेहुँआ चेहरा दमकता रहे, खुराक का खयाल रखती हैं।

गौरा ने फिर छेड़ा मैत्रेयी को। "मरियादा ऐसे रखी जाती है लाली ? कुछ सोचो तो। माताजी के सुर में सुर मिलाओ। देखो, वे तुम्हारी ही माँ हैं। हम तो फिर गैर..."

इस औरत का मन कितना ऊँचा है ? मर्यादा समझा रही है। मर्यादा क्या होती है ? जो वह सोचती है, उसे कहे नहीं, यही न ? सिर झुकाकर इनके ऐश देखती रहे। महिला मंगल की वेश्याएँ ! वह चिढ़कर बोली—

"तारीफ का सेहरा मुझे अपने सिर नहीं बाँधना। उन्नति पसन्द माँ अन्याय करेंगी और मैं चुपचाप सहती रहूँगी ? जो ऐसा करते हैं, ढोंग करते हैं।"

गौरा से मैत्रेयी का रिश्ता आग-पानी जैसा है। वह जेठ-बैशाख हुई तो गौरा सावन-भादों हो गई। उससे उम्र में पन्द्रह साल बड़ी गौरा रोने लगी। रोए, और रोए, यही चाहती है मैत्रेयी। बचपन अनाथ बनानेवाली गौरा अब उसकी उस अवस्था को भी वीरान करने पर तुली है, जिसमें वह सँभल सकती थी। भटक-भटककर उजड़ती जाती मैत्रेयी कभी ठहराव न पाए, यही इन दोनों की साजिश है, क्योंकि वह आगे उनके लिए सोने के अंडे देनेवाली मुर्गी सिद्ध होगी। ढलती उम्र को बुढ़ापे का बाघ जैसा डर है, जो उनके सारे साधनों को भँभोड़ खाएगा।

प्रलय युद्ध जारी है। जी-जान से लड़ते रहने के अलावा कुछ नजर नहीं आता। हमलों से बचती रही, क्या बचा पाई ? आगे बढ़ने की कोशिश में ही छीज गई। अपने ऊपर कभी रोई, कभी तरस खाया और कभी हमदर्द खोजती रह गई...

साँझ तक सन्नाटे में पड़ी रही मैत्रेयी।

हारकर उठी। उठकर मुँह धोया और तभी मन में आया कि माँ पर आया गुस्सा वह गौरा भाभी पर उतारकर, कि उस पर थूककर भी क्या पाना चाहती है ? क्या हो गया है उसे ? सारी सीमाएँ लाँघकर, सभी हदें तोड़कर माँ के सामने ही जा खड़े होना है तो नया क्या होना है ? कैसी लपटें उठती हैं ! कैसी झोंक आई कि कह बैठी, 'माँ से कौन-सी सीख लूँ ? यही न कि मर्द की जगह कोई औरत ढूँढ़ लूँ !' और यह कहकर उसका सुलगता अहसास ठंडक पा गया था ?

गौरा का विवर्ण मुँह फटी-फटी आँखें और चिरी लकड़ी-से खुले होंठ...

पीड़ादायक आनन्द का एक और झोंका आया।

जीवन-भर का बदला चुकाया, खून की खदकन शान्त-सी हुई।

मगर फिर क्या हुआ ?

देर तक सोचती-विचारती खुद से बेखबर बैठी रही थी वह। गौरा कब चली गई ? उसके सामने चाय का गिलास कौन रख गया ? चाय ठंडी हो गई और ठंडी हो गई मैत्रेयी की आत्मा।

उसने गुस्सा किया या ज्यादती कर गई ?

अपनी दैहिक और मानसिक जरूरतों का हक माँगनेवाली मैत्रेयी ने कभी माँ की दुनिया के अभावों के बारे में सोचा है ? नहीं। नहीं सोच सकती। हर सन्तान माँ-बाप को माँ-बाप पीछे, बूढ़े पहले समझती है। फिर माँ का संसार तो निखालिस औरतों का संसार है, वह संसार पुरुषों की दुनिया जैसा निरंकुश नहीं हो पाता, भले किसी विशेष पुरुष का अंकुश न रहे। ये विधवा, परित्यक्ता औरतें अब इस समाज के कब्जे में हैं। राज्य निर्देशिका से लेकर जिला संयोजिका, ग्रामसेविकाएँ और ग्रामलक्ष्मियों को देखा है मैत्रेयी ने, पुरुष उनके आसपास कहाँ हैं ? हो भी कैसे, आशंकाओं से घिरा महिला मंगल गाँव की गृहस्थियों से ताल्लुक रखेगा तो अमंगल करेगा। महिला मंगल पुरुषों के डर से मुक्त नहीं, चाहे कितना ही स्त्री-कल्याण करता रहे। चेतना पर खौफनाक घन हर समय बजता रहता है।

माताजी उसी घन से मुक्ति पाना चाहती हैं ?

मैत्रेयी के सामने चाय रख जानेवाली गौरा अहल्या नहीं कि शाप से शिला हो जाए। ऐसी कमजोर होती तो घात-प्रतिघातों को झेलती हुई सँभलकर खड़ी कैसे रहती ? उसके पास धैर्य की पूँजी है। उसी पूँजी में से थोड़ा-सा खर्च करने के बाद पुनः अपनी बात पर आ गई, ''तुम कुछ भी कहो, मैं बुरा नहीं मानूँगी। इस घर ने मेरा रास्ता रौशन किया है, मैं तुम्हें अँधेरे में क्यों रहने दूँगी ?''

मैत्रेयी हतप्रभ-सी देखने लगी। अब क्या बताकर रहस्य खोलनेवाली है ? माताजी की तिलिस्मी दुनिया में अँधेरे भरे कितने कोठे हैं ?

मैत्रेयी ने सफेद साड़ी-ब्लाउज में सुन्दर मुखड़ेवाली गौरा को देखा तो डाह-सा हुआ। उजड़ने की हद से गुजरकर इस औरत ने खुद को कैसा व्यवस्थित कर रखा है !

तभी गौरा ने शान्त स्वर में तीखी-सी लगनेवाली बात खोल दी—

''अपनी माँ का खयाल तो करो। वे बेजार हैं। इधर तुम ब्याह का सत्त साध रही हो, उधर उनकी पासबुक 'निल' है।''

तीखी बात ! कि अविश्वसनीय ? मन को अच्छी न लगनेवाली बात तीखी लगती ही है, उसे अविश्वसनीय मानकर छुटकारा पाना चाहती थी मैत्रेयी।

कमाल है ! इसी गौरा के लिए प्रवेशिका और विद्याविनोदिनी की सनदें खरीदने की खातिर पासबुक 'निल' नहीं थी। इसकी खेती का मुकदमा लड़ने के लिए माताजी के पास धन था। मामा का सरकारी लोन अदा करने के लिए रुपया कहाँ से आया था ? भतीजे की पढ़ाई से लेकर उसे पुलिस में भर्ती कराने तक का मामला छिपी बात

नहीं। हरबा, सरला और नर्मदा जैसी ग्रामलक्ष्मियों का सालोसाल खर्चा उठाना, माना कि महिलाओं की मदद का तमगा था, पर था तो अपना पैसा लुटाना ही...

मैत्रेयी जानती है कि माताजी मनुष्य की उन्नति और मानवता की पक्षधर हैं, लेकिन वह खुद भी तो दहेज देकर विवाह करने के खिलाफ है। आज से नहीं, बचपन में दहेज-विरोधी निबन्ध लिखवाने के बाद ब्रजलाल मास्साब ने कक्षा के सब लड़कों के संग मैत्रेयी को खड़ा किया था और वचन लिया था कि दहेज जैसी कुप्रथा का समर्थन कभी न करोगे। अपने विवाह में इसका बहिष्कार करोगे।

क्या वह कुछ कह सकी ?

''गौरा भाभी मैंने तुम्हारी बात सुन ली।'' कहकर अकेली बैठी डरती रही। क्या सोचती होंगी माताजी ? बेटी की खट्टी बातें गौरा के मुँह से सुनकर कड़वी लगी होंगी। कड़वाहट-भरे हलक और मुँह भींचकर रह जाना कितना मुश्किल है। सोई हुई शेरनी जागते ही जबड़े खोलेगी ?

...मगर खा भी जाएगी क्या ?

माताजी करतब करती हैं। उनके होते उनकी बेटी डर के मारे पत्थर नहीं हो जाएगी, यह तय है। कोठे से उठीं, दालान में आ गईं। सुर्ख आँखों देखती रहीं। मैत्रेयी का साहस नजर मिलाने का नहीं, कनखियों तक की हिम्मत जुटी जैसे-तैसे।

माताजी में तेज दम्भ ? नहीं।

प्रबल क्रोध ? नहीं।

अबकी बार उनके पास कुछ ऐसी बातें थीं, जो मैत्रेयी के होश में घटित नहीं हुईं। गौरा उनके बारे में जो धारणा बना चुकी है, जिस धारणा से मैत्रेयी को अवगत करा गई है, उसी धारणातीत स्थिति की कथा सुनाना चाहती हैं माताजी ?

पीढ़ी लेकर पास बैठ गईं और पूछने लगीं, ''गौरा क्या कह रही थी ? माताजी की पासबुक निल है।''

सिर हिलाकर स्वीकृति दी मैत्रेयी ने, वह भी सामने शून्य में घूरते हुए।

''तूने विश्वास कर लिया ?''

माँ के प्रश्न पर उनकी आँखों के आगे आँखें उठा दीं। मतलब कि न विश्वास किया और न अविश्वास।

''पासबुक 'निल' होने से आदमी खाली नहीं हो जाता। गौरा तो पैसा चाँपू औरत है। सास-ससुर के यहाँ से आई थी तो भी सोने की हँसली, चाँदी के लच्छे और छोटे-मोटे अगड़म-झगड़म जेवर साथ लाई थी, मगर भिखारिन की तरह जार-जार विलाप करती थी।''

मैत्रेयी को माताजी अपने करीब आती लगने लगीं। किसी बात पर तो गौरा से मतभेद रखती हैं।

''नम्बरदार क्या, पूरा गाँव गवाह है, रुपया-पैसा को लेकर मुझे कोई चुनौती नहीं दे सकता। तेरे बाबा मेरे पिता तो नहीं थे, मगर पिता की तरह कवच थे। तेरे बाप के मरने के बाद मैंने हिम्मत नहीं हारी, क्योंकि उन्होंने हिम्मत साधी थी। क्या था हमारे

पास ? हमारे ही पास नहीं, गाँव के लोगों के पास कुछ न था। सब साहूकार का मुँह जोहते थे।

''मैं रोती न थी, मरने की बात सोचती थी। जिन्दगी से मोह छोड़ देनेवाले को सन्तान का, घर का और दुनिया का मोह क्या होगा ? तेरे बाबा अनपढ़ थे, पर थे अकल के पुतले। क्या कहकर मोह जगाया—अरी कस्तूरी, मरना था तो हीरा की चिता में चढ़कर मर जाना था, लोग तुझे सती कहते। अब तो कहेंगे कायर। बेटी के पालन-पोषण और पति के लिए हुए कर्ज से मुँह छिपाकर भागनेवाली डरपोक। मौत के साए में चाल-चलन पर भी शंका करेंगे, क्योंकि तू औरत है। ऐसा खोटा समय तुझ पर ही नहीं, मुझ पर भी आया था, जब हीरा की माँ मरी थी। दुधमुँहा बच्चा मेरे पास था। मगर माँ का दूध न था। रोकर आँसू तो नहीं पिला सकता था उसे। और न भागकर भगवान भरोसे छोड़ सकता था। जीना, मरने से ज्यादा मुश्किल है और मुश्किलों से निकलना आदमी ही जानता है। तू तो दिलेरी और बुद्धिमानी, दोनों की मालकिन है।

''मरनेवाले जवान बेटे का बूढ़ा, अपाहिज बाप किस दमखम से खड़ा था कि मुझे अपने ऊपर शर्म आई। उसी दिन ठान लिया, मरना है तो दूसरों का कर्ज उतारकर मरो, ताकि बेटी से कोई यह न कहे कि उसके माँ-बाप बेईमान थे, कि उसके ऊपर कर्ज बरकरार है।

''गायें पालीं। तमाकू और आलू की खेती की। मैं बहू की जगह मजदूर और ग्वालिन बन गई। बछड़े हुए बाँके बैल। एक-एक ही कीमत कर्ज अदायगी की रकम बन गई। गाँव-गाँव जाती, उनके विश्वास पर रुपए गिन देती, जिन्होंने संकटकाल में तेरे पिता की मदद की होगी।

''कर्ज पटाने के बाद मरना था।

''...मगर तभी आ गया दस गुना लगान ! मौत के आगे ढाल-तलवार लेकर खड़ा हो गया। कैसी लहर आई कि किसान जिस रकम का दसवाँ हिस्सा भरने के लिए ढोर-डंगर बेचता था, बहन-बेटी का बाजार करता था और न देकर कुर्की कराता था। ताज्जुब कि दस गुना भरने के लिए तैयार हो गया। हर एक को मौरूसीदारी चाहिए थी, नई आजादी का नया जोश था। नम्बरदार समझा रहे थे—अँगरेजी राज गया। कांग्रेस किसानों की हमदर्द पार्टी है। कांग्रेस का राज है। नेहरूजी में विश्वास रखो। नेहरूजी आनन्दभवन छोड़कर किसानों की राह आए हैं, सोचो।

''भगवानदास ने खजाना खोल दिया। नए जमाने में नई तरह की साहूकारी होगी क्योंकि किसान खेतों का मालिक हो जाएगा। ब्याज की दर एक रुपए से डेढ़ रुपया सैकड़ा चलेगी। नम्बरदार ने अपनी खत्ती का अनाज बेचा और लोगों को उधार पैसा दिया। यह दीगर बात है कि जलनेवाले कहने लगे—अँगरेजों के पिट्ठू जमींदार ही सबसे पहली गाँधी टोपी पहनकर कांग्रेसी हो गए। डबल फायदा, अँगरेजों की चाकरी और चापलूसी की खता माफ, दूसरे कांग्रेस माने सत्ता, सरकार।

''मुरसान का राजा इलाके में घूम रहा था। जाट लोग कांग्रेस को नहीं मान रहे थे। जाटों के लड़के रोज सवेरे प्रभातफेरी करते हुए गाते—

माँग रहा है हिन्दुस्तान
रोटी कपड़ा और मकान
सोशलिस्ट पार्टी का ऐलान
मत देना दस गुना लगान

" 'लाहौल बिला कूवत' नम्बरदार उर्दू में गाली देते। तेरे बाबा और मैं जानते थे कि हमारा मौरूसीदार होना बड़ा जरूरी है। घर में ताकतवर मर्द नहीं, गृहस्थी बड़ी जर्जर है। कोई खेत में हल गाड़ देगा, फरियाद कहाँ ले जाएँगे ? नम्बरदार कहते थे कि लोकतन्त्र आ गया है। वे गोलालाठी की सजा नहीं दे सकते। लेकिन जिसकी लाठी उसकी भैंस की तो आशंका सदा रहती है, क्योंकि ताकत के आगे प्रजातन्त्र भी काँपता है।

'नम्बरदार के पड़ोसी प्रेमसिंह जाट ने जब सबसे पहले दस गुना लगान भरा तो राजा अपने जाति भाई से बहुत खफा हुआ। लानत की बात यह थी कि लगान के रुपए जुटाने की खातिर अपनी बहन को रोहतक जाकर बेच आया था, वहाँ औरतों के अच्छे दाम जो मिलते थे।'

"प्रेमसिंह अब मौरूसीदार था। आजाद देश का नागरिक, राजा का रौब तो मान रहा था, मगर सोच कुछ दूसरी तरह रहा था, सो कहने लगा—'राजा का राज चला जाएगा तो भी मरा हाथी सवा लाख का। हम तो चींटी के दर के न रहेंगे, खेती बिना कोई आदमी किसान माना जाता है ?'—लोगों ने कहा—प्रेमसिंह के मुँह से नम्बरदार के बोल हैं।

"मैंने साठ बीघा खेत की सारी फसल बेच दी, खाने-भर का अन्न बचा लिया जैसे-तैसे। तेरे बाबा की कामधेनु फिर काम आई। चार बछड़ों की कीमत दस गुने में लग गई।

लोगों ने कहा, औरत की सामर्थ्य।

"सामर्थ्य औरत और मर्द में अलग-अलग नहीं होती, जो जुटा ले उसी की हो जाती है। फिर तो गाँव में रौ पड़ गई, जो देखो वही किसान दस गुना देने का जुगाड़ लगा रहा है। मेरे यहाँ लम्बी-चौड़ी गृहस्थी होती तो पता नहीं क्या होता ? बड़े गृहस्थवाले किसानों की बेटियों-बहनों की जन्मपत्रियाँ पंडितों ने हथिया लीं। नाइयों के जरिए शहर के रईसों के काने-बूचे, पागल-बाबरे, लूले-लँगड़े बेटों का पता लगाकर ब्याह साधे गए। नाड़ियाँ और गुण मिलाकर 'शुभ' करार दिए गए। कई पुरोहित इस चक्कर में मालामाल हुए। खेत खरीदकर किसानों की श्रेणी में आ गए। नाइयों की माली हालत सुधार गई। ब्याह इतने हुए कि कामगारों की बख्शीश ही उनकी जीविका का अच्छा साधन बन गई।

नम्बरदार कहा करते थे, देश आजाद हो जाएगा तो रामराज आ जाएगा।

"...पर सिवा मौरूसीदारी के पट्टे के कुछ न बदला। बेचनेवाला वही रहा, खरीदनेवाला वही रहा। बिकनेवाली चीजों में गाय-बैल-भैंस, जेवर, अनाज और लड़कियाँ रहीं।"

माताजी ने कहकर गहरा साँस लिया। इतिहास से निकलकर एक स्त्री मैत्रेयी के सामने बैठी थी जिनके मन में दुख था, चेहरे पर साहस था, हाथों में मेहनत की कठोरता...

ये तीनों बातें मिलकर ही सामर्थ्य हो जाती हैं।

अन्तिम वाक्य कहा, "हाँ, मेरी पासबुक निल है।"

मैत्रेयी लकड़ाती जुबान से हलकी आवाज में बोली, "क्या अन्तर पड़ता है ?"

मैत्रेयी के ब्याह का बवंडर !

कस्तूरी के जीवनकाल में बहुत शोरगुल मचे हैं, मगर ऐसा हंगामा कभी हुआ ? नहीं, तब भी नहीं हुआ, जब वह विवाह योग्य लड़की थी और घरवालों ने उसे दो पीतल के कलशों की तरह ही बेच दिया था, कलशे बनिया को, कस्तूरी आदमी को। इसके बाद तब भी नहीं, जब मुँह दिखाई के समय उससे औरतों ने आठ सौ में खरीदी घोड़ी कहा था। उस दिन भी नहीं, जब बीस दिन जीकर बेटा मर गया था और उसी रात को पति उसी घर में परस्त्री के संग सम्भोगरत देखे थे। तब भी नहीं, जब पति का स्वर्गवास हो गया और तब भी नहीं, जब भाई दिलासा देने की जगह लूट मचाने लगा।

इतनी इतनी विपदाएँ टूटीं, वह न दहलीं न हिलीं।

फिर आज क्या हुआ ?

क्या उनके जीवन में मैत्रेयी ही सबसे बड़ा स्थान पा गई है ?

शायद। बहुत सोचने पर, मन मथ-मथकर लुगदी बन गया। जीवन की शुरुआत में आई कड़वी-से-कड़वी बातों पर गौर न किया हो, ऐसा तो नहीं, शायद एक के बाद एक संकट ने सोचने का इतना समय ही नहीं दिया कि ठंडे मन से कुछ विचार करती। दुख और सुख का भेद ही तो गम और खुशी के भेद का बोध कराता है। दुख ही दुख में आदमी क्या सोचे ? सुन्न हो गई थी सम्भवतः। दुख के लिए दुख ही क्या करना ? अन्धड़ों में क्या और कितना दिखाई दे ? गिरता हुआ, ढहा आदमी चोट लगने से कितना डरे ? कलेजे का लहू ही बर्फ बन जाए तो कोई कहाँ से रोए ?

आज कलेजा टीसता है तो महसूस हुआ पिछले दिनों वे शान्त रही हैं। चरित्र धुला-पुछा, साफ-शफ्फाक है तभी तो बेटी की दबी-दबी घृणा और अनकही धिक्कार से कलंकित हो जाने का डर सताता है। गुरु-गम्भीर सतोगुणधारिणी कस्तूरी यकायक दुख में डूबने लगती हैं और गम्भीरता का पर्दा फटने लगता है। सबकुछ उघड़ न जाए, वे गरुह बनकर रहती हैं। जहाँ तक वश चला महिला मंगल की औरतों को मुँह खोलने का मौका न दिया। रहवास से लेकर महिला मंगल तक का अनुशासन नट की तरह साधा।

बस इसीलिए बेटी के मामले को लेकर हलकान हैं। किसकी हिम्मत थी कि उन्हें चुनौती दे सकता, मगर देख रही हैं कि दबावों के बादल चारों ओर से उमड़ने लगे, इसी में वह अपमान शामिल है, जिसके चलते लगता है, औलाद की आमद सजा है और माँ-बाप का खत्म हो जाना है, उसका बड़ा हो जाना।

जीवन में जद्दोजहद उनकी संगिनी रही, मुकाम हासिल किया, फिर भी साथ है। सम्मानजनक स्थिति बनी है, अपने आपको बचाया ही नहीं, सँभाला भी है—कहीं भीतर दबी यह भावना ही तो बेचैन नहीं कर देती ? जीवन डगमगाने लगता है तो गिरने की

आशंका होती है। सम्मान पर पकड़ कसी है, तनिक-सा ढीलापन विचलित करने लगता है। अपमान अब सबसे भारी बज्र है, सबसे तीखा अस्त्र है। जब जिन्दगी लुट-उजड़ रही थी तो ये डर-भय कहाँ थे ? अभावों में आशंका नहीं थी। उपलब्धियों में भय कुंडली मारे बैठा रहता है, आज जाना।

लड़की कुछ नहीं कहती। चेहरा बोलता है। अब तक ऐसी संवादहीन दुनिया में ही तो दोनों रही हैं। गौरा चुगली करती है–'लाली छिपकर बातें सुनती है, बड़ी बुरी आदत है।'

लगभग चोरी ! उनको क्षोभ हुआ। तरह-तरह से उसे सुधारने के जतन सोचने लगीं। कितनी बार कहा है–छिपकर कोई काम आदमी तभी करता है, जब वह उसे गलत मानता है। वे समझाएँगी, बताएँगी कि ऐसा कोई काम मतकर मैत्रेयी, जो तुझे छिपाना पड़े। तू, तू है, गौरा नहीं।

कमाल ! गौरा की वह चुगली भी उसने छिपकर सुन ली। बाल खोलती हुई पास आने लगी और फिर माँ गौरा के पास से कब हटीं, यह देखकर उसने गौरा को चुनौती दी–

"तुम मेरी तरह रह सकती हो ?"

माँ ने कान बिछा दिए थे। क्या है इसके मन में ? क्या कहना चाहती है ?

गौरा यकायक हमले से डर गई। वह अपनी धर्ममाता की बेटी के अधिकार और उसके आक्रामक प्रतिकार से सदा डरती है। हाथ में बताशे-भरा कटोरा था, जिन्हें वह खीर में डालने जा रही थी, बताशे हथेली से ढँक लिये।

डरने लायक वहाँ कुछ नहीं था। मैत्रेयी की आवाज में आक्रोश था, मगर स्वर गीला था। हाँ, माँ उस गीले स्वर से भीगने लगीं और फिर ठंड-सी लग आई। लगभग कँपकँपाहट चढ़ गई...

आज बेटी क्या कह रही है ? 'माँ मुझे अपने पास बुला लो' जैसी पुकार क्या सच में ही महज जिद नहीं थी ?

"माताजी, मुझे जिन घरों में छोड़ आती थीं, वहाँ मेरा अपना कौन था ? वे घर तुम्हारे दिए अन्न और थोड़े से धन के ग्राहक थे।" माँ ने सुना तो अचकचा गईं।

–माँ, काम में ढील हो जाती थी। जाड़े के सिरसिराते दिनों में चिकनाई बरजोर हो उठती थी। बर्तनों का ढेर काबू में नहीं आता था। स्कूल जाकर देर से आने की सजा मिलती।

–घर की मालकिन को चिकने बर्तनों में खाना-पानी परोसते हुए शर्म आती। लज्जित होतीं, गुस्सा करतीं। मैत्रेयी रोज-रोज गुस्ताखी करती है, यही सोचकर एक रोज उसके माथे में उन्होंने गिलास दे मारा। उन्हें क्या पता था चोट से सबक लेने के बजाय वह खून में नहा जाएगी और अस्पताल ले जानी पड़ेगी ? टाँके लगे।

मालकिन की बेटी आशा ने कहा था–जब अम्मा यह कह रही थीं कि आगे से बर्तन गन्दे धोए तो कमबख्त को मजा चखा दूँगी–तू वहीं तो खड़ी थी। सुन नहीं पाई ?–मेरा हाथ माथे के घाव पर चला गया।

—उस दिन से कोई कुछ कहता, मैं बड़े ध्यान से सुनती। असलियत जानने के लिए छिपकर सुनतीं। लगता कि हर बात मेरी सजा में बोली जा रही है। माथे पर घाव नहीं, दाग तो था, ललकारता रहता।

माताजी दूसरे घर में इन्तजाम कर गई थीं। पढ़ाई में पहले ही बट्टा लगा बैठी। मैं छिपकर सुन रही थी।

'साली को आज रात देखता हूँ। भाँग की पकौड़ी (अश्लील किताब) पढ़ने को दी थी। सोचा था मजे पर आ जाएगी, हरामजादी उलटियाँ करने लगी। हिजड़ी है क्या ?'

'नाड़ा खोलकर देखो गुरु,' दूसरा आदमी कह रहा था।

सुनकर, समझकर और खतरे को पहचानकर मैं उस घर की बूढ़ी अम्मा के कदमों तले लेट गई। अम्मा ने कहा, 'अपनी कोठरी में जाकर सो। तुझसे बदबू उठती है।' अम्मा भगा रही है, देखकर ही मैं फफक-फफककर रोने लगी।

बूढ़ी को दया आ गई, बोली—सो जा। तेरे इम्तहान को कितने दिन हैं ? आगे अपनी माँ से कहना, कोई और घर देख ले। बेटा है तो क्या, मर्द है, मैं भी कैसे रोकूँ ?

फिर नया घर। नए लोग...

घरेलू कामों के अलावा औरत-मर्दों के पाँव दबाना। पाँव दबाने से ज्यादा गन्दा और खतरनाक काम कोई नहीं। ऊपर से उस घर में आनेवाला अपने ही गाँव का चौबीस-पच्चीस साल का श्रीप्रकाश। 'ब्रा' का पैकेट लाया। बोला, यह भी—तुझे बहुत चाहता हूँ।

उस घर के मामा के कहने से श्रीप्रकाश के साथ पिक्चर गई थी क्योंकि कहा था 'मामी' वहीं मिलेगी। मगर वहाँ मामी न थी, अँधेरा था। अँधेरे में डूबी भीड़ थी। श्रीप्रकाश की बदकारी ने क्या-क्या न कर डालना चाहा। मामी से सारी बात कह दी थी, फिर भी वह आया। आता रहा। ताज्जुब !

वह आया तो मैं अकेली घर से भागने लगी थी। ब्रा का पैकेट दिखाता जा रहा था और शलवार फाड़ने लगा। अचानक का आक्रमण ! ताकत समेटकर 'मरता क्या न करता' के रूप में खड़ी हो गई। हाथापाई, गुत्थमगुत्था करती हुई छिटकी तो बोला—चार सौ माँगे थे, देने आया हूँ। मुफ्त में कुछ नहीं कर रहा।

लगा, वहीं मर जाऊँ। पता नहीं क्या कहना चाहती थी, परन्तु मुँह से निकला—दिखा चार सौ, दिखा।

वह मनमगन-सा पैंट की जेब से नोट निकालने लगा कि मैंने तभी सरपट दौड़ लगा दी। संडास का रास्ता सहायक था। आँधी की तरह आई थी, सड़क पर मिट्टी जैसी ढेर हो गई। साँसें इतनी लम्बी कि आगे के लिए बचनेवाली नहीं, आखिरी-आखिरी...।

''माताजी को क्या पता गौरा भाभी कि मैत्रेयी भागे, भागती रहे, फिर भी छुटकारा हाथ नहीं आता। वह दिन जिन्दगी का आखिरी दिन था, बल्कि जिन्दा रहने के लिए बड़ा-सा डर था, वह और-और बड़ा होता जाता है।

''गौरा भाभी...अपने लड़कीपन की सजा भोगने का पता जब लड़की को चल जाता

है तो वह कनसुआ लेना सीख जाती है। मैं कन्या गुरुकुल में थी, जहाँ की करीब-करीब हर लड़की चोर थी। भूखी रहती थीं, रोटी चुराती थीं। वह मौका न मिलता तो एक-दूसरे का नमक-चीनी चुराकर चाटती रहतीं। 'कुछ' खाने का अहसास तो रहता ही था, क्योंकि पता था—भूखे रहना है।

"गौरा भाभी...मैं चोर, मैं कनसुआ लेनेवाली, मैं धूर्त-चालाक...मेरी तकदीर अच्छी नहीं...साजिशों का चक्र अबोध उमर से ही घूमने लगा तो बचना कैसे होता ? बताओ... इन्हीं दोषों के सहारे जिन्दगी..." कहते-कहते आवाज रोने का बड़ा-सा अंश हो गई और रोना फफक उठा।

रो रही है मैत्रेयी। गौरा के सामने शेरनी-सी खड़ी हो जानेवाली लड़की उसी की बाँहों में बँधी रो रही है। गौरा भी रोने लगी। सारा माहौल रो रहा है...

माँ अवसन्न-सी अपने आपमें पूछती हैं—जिम्मेदार घरों के स्वामी गुनाहगार कैसे हो गए। मैंने इज्जतदार लोगों को खोजा था, वे ही लड़की की आबरू उतारने लगे। सोचा था—माँ का मोह उसकी पढ़ाई में बाधा बनेगा। लाड़-दुलार से बच्चे बिगड़ते हैं। पर मैत्रेयी जो सुना रही है, उसके चलते वह बच्ची कहाँ है ? लड़की जन्म लेते ही औरत हो जाती है गौरा ?

वह आँसुओं में डूबे स्वर में क्या कह रही है ? माताजी सचेत हुईं।

"गौरा भाभी, मैंने कैसे अद्भुत माहौल में परवरिश पाई। उसी का नतीजा है कि माँ को बेटी की तरह सबक देकर आनन्द पाती हूँ। वे तो आज हर तरह से बेटी की तरह मेरा खयाल कर रही हैं। मैं ही बेटी का जालिम रूप..."

जालिम लड़की का जीवन चित-पट का खेल है।

"माताजी !" भीतरी कोठे की ओर पदचाप उभरी है।

माँ के झुके हुए कन्धे, उड़ी-उड़ी नजर ! विफल मनोरथों से टक्कर लेनेवाली माँ आज न फटकार दे रही हैं और न बेसाख्ता बिगड़ रहीं। इस स्थिति के लिए प्रस्तुत नहीं थी मैत्रेयी। वह तो माताजी को पद-प्रतिष्ठा देती रही है। कभी भी उनके मन्तव्य पर छुरी चलाने की नहीं सोची। जो हुआ अनजाने में हुआ। आज क्या माताजी उसकी बेहयाई को शबासी देने चली आ रही हैं ?

क्या अर्थ ले इसका ? क्या माँ की ताकत बेटी के बिजली जैसे तीव्र तीक्ष्ण आवेग के सामने अगोचर हो गई ? गौरा बात में न जाने कितना विष, कितना सीसा मिलाकर पेश करती है।

कुर्सी नहीं, खटिया नहीं, पीढ़ी भी नहीं...धरती पर आ बैठीं माँ !

मैत्रेयी माँ को कहाँ धरे, कहाँ उठाए ? शक्तिक्षय के बाद भी अपना संकल्प बचाने आई हैं या बेटी जिस दुनिया के लिए रास्ता बना रही है, उसे मिटाने की इच्छा जागी है ? इन दोनों बातों से इतर बात नहीं सोच पाएगी वह। क्या पता प्रसंग किसी तीसरी

ओर मुड़े।

आखिर वह क्या सुनने की आस लगाए ? माँ के बदलने की बात अस्वाभाविक है।

''लालीऽऽ...!'' माँ का आर्त्त स्वर !

गुस्से से तमतमाता चेहरा कैसा फबता है माताजी पर। वह कहीं से तीखेपन को खोज लाने की चेष्टा करने लगी। चामुंडा की मूर्ति में कमल लक्ष्मी का दर्शन...अटपटा लगता है।

अवाक्-सी ताकने लगी। 'हाँ', कहना था, भूल गई।

माँ ने बालों पर हाथ फिराया है। उसके भीतर आँसू की नदी उमड़ी है।

बाँह पकड़कर अपनी ओर खींच लिया माताजी ने, ''इतने डरने की क्या बात है लाली !''

उसका सिर ठोड़ी से छाती से छूने की हद तक झुक गया। धरती के भीतर कोई दुनिया है, जिसमें समा जाना चाहती है। इस माँ के विरुद्ध खड़ी होकर ब्याह भी करा ले तो पति की सूरत पर माँ की सूरत ही जड़ जाएगी। फिर ब्याह का मतलब ?

सिर ऊपर कैसे उठाए, खूब-खूब रो रही है मैत्रेयी। माँ, प्यार सहने की आदत नहीं, तनिक-सा परस ही धरती-आसमान हिलाने लगता है।

''लाली, मैं ब्याह को बन्धन कहूँ या नागपाश, उससे होता क्या है ?''

इतना कहने के बाद और भी कुछ कहना चाहती थीं माताजी, शायद अभी बोलना मुश्किल हो गया।

बड़े से विराम के बाद बोलीं, ''संसार की गति तो अपने विधान से चल रही है। मैं विधान को बदलने की कोशिश करती हूँ तो लोग उसे मेरे विधवापन का हवाला देकर खारिज कर डालेंगे।''

आगे और क्या कहना चाहती हैं ? अपना जीवन-दर्शन मेरे लिए न पलटना माँ, बहुत बोझ लगेगा—मैत्रेयी को जस की तस रहने में सुविधा हो रही थी।

''मुझे मुझ तक छोड़ लाली, विधवा जीवन में जीवन जैसा कुछ नहीं होता। उजड़े ठूँठ पेड़ों के झुंड को कोई बाग मानेगा ? जिन्दगी-भर जिस कुदरती चक्र को त्यागने योग्य मानती रही, मुझे क्या पता था कि वही सब तेरे रूप में मुझसे लिपटकर पिछला हिसाब माँगेगा।'' कहते-कहते माताजी के कंठ में रोई हुई स्त्री का स्वर रुँध गया।

हे भगवान् ! माँ की असहनीय अवस्था और बेबस चेहरा...पत्थर की-सी मूरत हो गई मैत्रेयी। माताजी के लिए अफसोस है या अपराधबोध ? शिलाएँ दरकीं, इच्छा पानी-सी बह निकली। माँ और बेटी ने संग-संग बाँह पसारी...एक-दूसरे से लिपटकर रोने लगीं। रोती गईं...

कुछ कहने-सुनने से रोना कितना आसान होता है। उसने पहली बार रोती आँखों माताजी का चिकना-साँवला चेहरा और छोटी-सी नाक पर नन्हा मस्सा देखा। शिथिल स्खलित-सा स्वर, ऐसा जैसे बेटी से ही उनका जीवन एड़ी-चोटी तक बँधा हो, और इस बन्धन से मुक्ति ढूँढ़े भी न मिली हो।

सन्तान का फन्दा उनके पाँवों में नहीं दिल पर पड़ा है। साधना-तपस्या और वैधव्य का योग विफल हुआ। सिद्धियाँ अँधेरे में खो गईं...मैत्रेयी के बदले ब्याह की बात माँ सोच रही है क्या ? चेहरे का ताँबिया रंग अचानक चमकने लगा।

क्या खबर थी कि माँ प्रमाण देंगी।

—लाली।

—हाँ माताजी !—उसका रुलकता, ढुलकता स्वर।

—मैं एक बात...

—क्या बात माताजी—सिर उठाकर कहते हुए शरमा गई वह।

—सुन...बेट...बेटी माताजी ने कभी कहा नहीं, जुबान अटक गई।

—तेरे संगी-साथी...

मैत्रेयी हतबुद्धि सी...

—मैं जात-पाँत नहीं मानती, तुझे पता है।

चौंक पड़ी मैत्रेयी। विस्फरित आँखों का विस्मय ! दरियादिली का सबब...? इतनी अच्छी बेटी नहीं है वह। इतनी रिआयत लेकर कैसे रहेगी ?

—तेरी शादी को लेकर यह आखिरी बात है मेरी।

—वह शर्म के कुएँ में चली जा रही है। दहशत-सी होने लगी, ब्याह की बात पर नहीं, माताजी के स्वभाव और विचारों के विपरीत बोली के नकलीपन पर। किस गले से आ रही है उनकी आवाज...? और मैत्रेयी के पास कौन-से कान आ गए हैं ?

एक-दूसरे का सामना करना मुहाल हो गया। कभी ऐसा प्रगाढ़, अन्तरंग रिश्ता बना ही नहीं, अभिनय भी कैसे किया जाए ? माताजी उठकर चली गईं। जान में जान आई।

सहपाठियों के बीच मैत्रेयी ! सखाओं के संग मैत्रेयी। साथियों के साथ मैत्रेयी का गोकुल बरसाना-नन्दगाँव। मन के मधुवन में महारास चलता रहा।

डी.बी. इंटर कॉलेज में पढ़ती लड़की। सहशिक्षा के हमसफर—साइकिल सवार। दस किलोमीटर की रोज यात्रा में साइकिल चलाती लड़की का जीवन। पिता और भाई की छाँव में लुकती-छिपती, मगर पढ़ने की औपचारिकता पूरी करती लड़की का-सा हर्गिज न था।

प्रिंसिपल साहब पहले दिन से ही नोटिस ले रहे थे कि वह लड़की कस्बे या शहर के अन्तःपुर से नहीं आई, खेत-खलिहानों का असर है। इसलिए व्यंग्य और अवज्ञा समझती नहीं। पढ़-लिखकर भी इज्जत-आबरू की जंजीरें पाँव में बँधने देगी, कहा नहीं जा सकता। इसके रंग-ढंग कॉलेजी सभ्यता और शिष्टता की शान में गुस्ताख लगते हैं।

नए स्कूली विधानों की योजना बनाई गई। वाह री पतली-दुबली लड़की।

लड़की मित्रता करती है। प्रिंसिपल आँखें दिखाते हैं। मित्रता बाज नहीं आती। प्रिंसिपल मात नहीं खाते। माँ को शिकायत मिलती है। शिकायत पर शिकायत मिलती

है। माँ के पास चुप्पी के अलावा कुछ नहीं। गाँव-कस्बों की तकदीर में उच्चशिक्षा के बालिका विद्यालय या महिला कॉलेज सपने में भी नहीं। गाँधीजी ने स्त्रियों की शिक्षा पर जोर दिया था, माँ याद करती हैं। साथ ही अफसोस भी...महात्माजी मरे न होते तो... बस वे इस असुविधा को अपनी मजबूरी मान लेती हैं और साथ ही मन की विशालता और स्वभाव की उदारता फैलाती हुई, लड़कों के साथ दाखिल कर जाती हैं।

समय के साथ उस उदारता पर वर्क दर वर्क ऐसे आखर, ऐसी लिपि और ऐसी भाषा उभर आती है कि माहौल की बाहरी जिल्द पर माँ की बदली हुई मानसिकता अंकित हो जाती है। कोई मैत्रेयी से पूछे तो वह इस मानसिकता को 'जहाँ स्कूल देखा, तहाँ पटक दिया' नाम देगी। माताजी का शिक्षा अभियान उसके तहत कुछ इस तरह रहा है, जिसके अन्तर्गत नौकरीपेशा माँ सन्तान के बोझ से मुक्त होती है, और स्त्री उद्धार, बाल विकास जैसे सामाजिक कार्यों में हिस्सा लेकर नाम कमाती है। उन्नति इसी का नाम है।

क्या कभी माताजी की इस भ्रान्ति का अन्त होगा ? उनकी समझ में यह बात शायद ही आए कि अकेली निस्सहाय औरत की अपेक्षा अकेला बच्चा कई गुना असहाय होता है। समाज-सेविकाओं के बच्चों को बाल-विकास घरों की जरूरत पड़ती है। गुस्से में, कोप में कि आक्रोश में मैत्रेयी ने विधवाओं को निस्सन्तान रहने का शाप दिया है क्योंकि उन्हें अपनी कातरता और आत्मदया को ओढ़ने-बिछाने का चस्का लग जाता है। अपनी कुंठा का शिकार बनानेवाली माँएँ मैत्रेयी को जहर की पिटारीवाली नागिन लगती हैं।

आज की दुविधा बड़ी मीठी-सी है।

आज तक जिस मातृमूर्ति के सामने वह शिशुमात्र थी, अचानक ही उनमें सखी-भाव... कैसा रहस्य है ? जमाने-भर की उदार स्त्री—माताजी ने सबकुछ खोलकर कह दिया।

अब क्या-क्या न करे मैत्रेयी ? भावी वर के रूप में सहपाठी !

पीछे छुटे साथियों को तलाशे। हमसाया ढूँढ़े। कौन-सा उपयुक्त रहेगा ?

मुग्ध-विह्वल दृष्टि आँखों के कोने में दुबकी बैठी थी, मौका मिलते ही सरक आई। कौन जांने राह में किस प्यारे दुलारे से भेंट हो पड़े। वह आँखें फैलाकर-घुमाकर चारों ओर देखती है। पीछे छूटे समय के रेत पर साथ-साथ आते दो पग-चिह्न नहीं, आठ-दस पाँवों के निशान हैं। अच्छा-खासा चौड़ा रास्ता हथिया रखा है सहयात्रियों ने।

साथियों के प्यार से लबरेज चेहरे। मैत्रेयी के मन में मधु घुलता है। उनकी यादें ताने देने लगीं, अब तक कहाँ थी मीतो ? लज्जित-सी हो गई वह, क्या जवाब दे ? आँखों में आँसू आ गए। जैसे आँखें-भर आती हैं किसी के मिलन पर। यह दृश्य उसके जीवन के किसी भी दृश्य से ज्यादा बड़ा, ज्यादा आकर्षक और ज्यादा सार्थक नहीं है क्या ?

मगर जब इस संग-साथ का, संगी-साथियों का अनैतिक, गलत और अनुचित अर्थ किसी ने नहीं निकाला था, तब बिल्ली के-से गद्देदार पाँव रखती हुई चली आई थीं माताजी ! तेज चमकती आँखों से मित्रता के शामिल खाते में सूराख करनेवाली निगाह

फेंकी थी उन्होंने।

माताजी आज क्या कह रही हैं ? क्या पूछ रही हैं ?

मैत्रेयी के लिए कक्षा-दर-कक्षा साथ पढ़नेवाले संगी-साथियों की भी निरन्तरता कहाँ रही ? हर दो साल पर स्कूल बदल जाता था, हमसफर बदल जाते थे, अवसर ही नहीं पाया कि कोई विश्वसनीय रिश्ता बनता।

मित्रता और भाईचारा लम्बे समय की माँग नहीं करता, भरोसे और गहराइयों की दरकरार होती है। दो साल कम तो न थे।

मैत्रेयी सोचते ही सकुचा गई, पहली नजर में प्यार जैसा कुछ हुआ कि न हुआ, मगर काल-प्रवाह में मन के लंगर तो कहीं थमे ही थे। मन विस्मित तो हुआ ही था। किसी चेहरे की दीप्ति में अपना अक्स दिखा ही था।

कैसे दिन थे वे ! थिर-अस्थिर भावों का समागम कि हाँ-ना वाली जद्‌दोजहद... मैत्रेयी के भीतर भावों की तरंगें उठतीं, जिन्दगी की असलियतों से टकरातीं। अपने सूखे डंठलनुमा वातावरण में किसी के कोमल तन्तुओं को बचा पाना सम्भव होगा क्या ?

जीवन का उलटा-पुलटा चक्र...कि रहना-सहना महज स्त्रियों में, जहाँ पुरुष की छाया भी पाप की निशानी है, और पढ़ना नवयुवाओं के साथ, जहाँ उम्र के तकाजे आकर्षण के घेरों में सतरंगे इन्द्रधनुष खींचते हैं।

'मैं क्या करूँ मेरी माँ !' मैत्रेयी के भीतर युवा होती आवाज आती।

सहपाठी राघव, प्राणों में धँसता युवक। यादों में सबसे पहले आ पहुँचा। स्वागत !

गोरा रंग, इकहरी काया, काली जुल्फों से घिरा चिकना माथा। लम्बा-दुबला चेहरा। हँसता तो रामलीला में 'अभिनय करनेवाले लक्ष्मणजी'-सा लगता। संस्कृत की क्लास में 'कुमारसम्भवम्' पढ़ते हुए मैत्रेयी को टुक-टुक देखा करता। पार्वती, अपर्णा लिखकर चिट फेंक देता।

वह जरूर जानता था कि उसकी निर्मल दृष्टि मैत्रेयी के हृदय से छेड़छाड़ करती है। क्या उसे पता था कि लड़कियों के सीने में एक सारंगी फिट होती है ? वह निश्चित ही सारंगी के स्वरों से परिचित था। उस स्कूल में संगीत की कक्षाएँ कभी नहीं लगीं। वहाँ न तबला, न हारमोनियम, न वीणा, न बाँसुरी। मूलगायक कहाँ छिपा था ? मैत्रेयी के आसपास रस-लहरी छिड़ जाती।

सड़क पर बस रुकी।

राघव की चिट्ठी कंडक्टर लाया।

बेवकूफ लड़का। एक पाँच साल के लड़के ने वह चिट्ठी माताजी को थमा दी। कंडक्टर ने कहा था—चिट्ठी बहनजी को दे देना। मैत्रेयी के यहाँ सभी बहनजी हैं।

खत का मजमूँ भाँप लेते हैं लिफाफा देखकर। माताजी ने वह चिट्ठी गीता के बीच रख दी। संयोगों से बड़े-बड़े काम सधते हैं। संयोग ही था कि गीता का तीसरा अध्याय मैत्रेयी के कोर्स में लगा था। वह तीसरा अध्याय पढ़ने के लिए पुस्तक खोल ही रही थी कि लिफाफा हाथ में आ गया। शुद्ध प्रेम पत्र—

वर्षा ऋतु पर निबन्ध, अगर उसकी कापी से न टीपा होता तो मैत्रेयी राघव की लिखाई किस विधि पहचानती ? नकल काम कर गई।

उस दिन की रात बड़ी सुन्दर थी। पत्र गीता में रखकर पढ़ा। मैत्रेयी उस रात कब सोई ? पहला प्रेम-पत्र पढ़कर कौन सो सकता है ? कविता के मधु में लिपटी पड़ी रही। भौंरे की तरह गुनगुनाती हुई–

गहरे उतरती चली जा रही है,
तुम्हारे हृदय की मधु भावना
बूँद-सी जिन्दगी है दिखी सिन्धु में
एक दिन है समाना अमर बिन्दु में
हर्ष की गूँज से पूर्ण करती हृदय,
जाग्रत क्षणों की मधुर कल्पना।

यह कविता राघव ने लिखी है ? कहीं से उतार ही ली होगी। नहीं, वह क्यों माने कि उतारी है ? केवल उसके लिए ही लिखी है। सबसे ऊपर सम्बोधन किसके नाम का है ?

बदले में वह प्रसाद की पंक्तियाँ स्मरण करती है–

मधु राका मुस्क्याती थी
पहले देखा जब तुमको
परिचित से जाने कब के
तुम लगे उसी क्षण हमको।

अगले दिन मैत्रेयी आँखें बन्द करके स्कूल गई थी, कहीं राघव न दिख जाए। बसन्त का मौसम, क्यारियाँ फूलों से भरी हुई थीं। पेंजी, फ्लॉक्स, डहलिया ! बहारों-भरी ऋतु की बात किस सखी से कहे वह ? पुलक स्वाद, अकेले ठाँव की ख्वाइशें हैं।

लौटकर गीता अपनी जगह पर रख दी। अपनी सखी आप ही है मैत्रेयी।

"पढ़ ली ?"

आकाशवाणी हुई या खुद-से-खुद ही पूछ रही हैं ? खरखराता गला...

"माताजी।" यकायक उसके मुँह से निकल पड़ा और घिग्घी बँध गई।

दप-दप आग लहकी हुई आँखोंवाली माँ।

माताजी ने न डाँटा, न फटकारा और न लानत-मलामत की। आदेश के लहजे में रौबदार आवाज का इस्तेमाल करते हुए बस छोटा-सा वाक्य बोला, "तू अब प्रौढ़शिक्षा की क्लास नहीं लेगी।"

बाकी बातें मैत्रेयी ने स्वयं जोड़ लीं, जो वे सामान्य तौर पर कहा करती हैं–माताजी यहाँ स्त्रियों का विकास करने आई हैं। चाल-चलन साफ, शुद्ध रखना है। बदचलन औरत को कहीं माफी नहीं। कौन घर में आने की मोहलत देगा ?

प्रेम-कविता का असर काफूर हो गया। सर्दी खाए बिल्ली के बच्चे-सी किसी कोने में दुबकी रही !

अगला दिन शनिवार का दिन था। अपने तय विधान के हिसाब से गौरा आई हुई थी। चूल्हे से उठता धुआँ कमरे में इस तरह भर गया, जैसे वहाँ रखी हर चीज आग पकड़ गई हो।

अपने दाह को सँभाल नहीं पा रहीं माताजी। उनकी बेटी साँप के बिल में हाथ देने और बाघ की गुफा टटोलने उतरी है। लौटेगी, क्या भरोसा ? कुछ इस तरह समझाया था उन्होंने गौरा को।

गौरा पूरी कर्मिन, माहौल में छौंक लगा दी, "पढ़ी थी चिट्ठी ? पढ़कर समझ ली ? मेरी समझ में तो आई नहीं।"

"तू अपनी बात छोड़। सनद हाथ में आ गई तो क्या पढ़ने-लिखने की तमीज भी हासिल कर ली ? मैं क्यों नहीं समझूँगी ? आसनाई से गन्धाती चिट्ठी...हम विधवा हैं तब क्या प्यार-प्रीति की बातें नहीं जानते ? इस रास्ते जाना मना है, पर बचने के लिए भी तो इन्हीं गलियों से गुजरना पड़ता है। वहाँ होकर गुजरने और बचने में अन्तर कितना है ?" माताजी की कटु सत्य बातें।

दुस्सह्य अवस्था ! खड़ा होना मुहाल हो गया। किसी-किसी की निगाह भालों का गोदाम होती हैं। भालों द्वारा छिदती मैत्रेयी उफ् तक न कर सकी।

आवाज कैसे निकाले, वह जानती है कि जो कुछ चिट्ठी में लिखा है, माताजी के हिसाब से गलत है, अनुचित है, अपराध है, पाप है। वह उस पाप की भागिन है।

और पाप को अपने मन की बात कैसे घोषित कर सकती है ? बेटी के मन का सच माँ के मन का भी सच हो, यह जरूरी तो नहीं। दोनों स्त्रियाँ हैं फिर भी ? दो उम्र भी तो हैं। माँ की उम्र मैत्रेयी की उम्र को गलत मान रही है। गलत मानकर हमला कर रही है, क्योंकि बेटी का बसर अन्यत्र नहीं...

चारों ओर सन्नाटा था। गीत सुन्न हो गए। रंग पुछ गए।

मन को समझा रही थी मैत्रेयी—क्या था उस राघव के पास ? एक जोड़ा कपड़ा बस। क्या जात थी उसकी ? दर्जी का बेटा। क्या थी उसकी औकात...?

आगे कोई सवाल नहीं, कोई उत्तर नहीं...लड़की का मन बोला—अलौकिक ऐश्वर्य का खजाना था राघव। आह !

इस सुघड़, मगर वर्जित वाक्य बोलनेवाले मन को मार लिया मैत्रेयी ने।

मन मारने से इच्छाएँ नहीं मरतीं।

युवा होती लड़की में अदम्य आकांक्षाओं का स्रोत कहाँ से फूटता है ? विकसित होते मन से या उठान भरते रूप से ? या कि परवान चढ़ती नजर से ?

मैत्रेयी का मन थमता नहीं, चाहे जितनी लगाम खींचो। मन तुरंग पर चढ़कर आसमान

देखो तो इन्द्रधनुष दिखें। धरती की ओर झुको तो हर जर्रा सितारा। रंगों से झिलमिलाते संसार को अनुशासित रखने के लिए माताजी के नियम बाकायदा लागू हैं। खादी के कपड़े, सूनी-बिना काजल की आँखें, खुश्क होता चेहरा, फटे-फटे हाथ-पाँव...किसी चिकनाई का इस्तेमाल नहीं। पेट और पीठ उघाड़ धोती कभी नहीं।

सारे जतन करने के बावजूद रात में कौन स्नेह-सौरभ लाता है, पूरी काया नहा जाती है। किसी का कोई वश नहीं। इन्द्रियों का अविराम युद्ध चलता है। शब्द, गन्ध, स्वाद स्पर्श और रंगों के आकर्षण का ध्वंस नहीं होता। थक गई है मैत्रेयी।

—माँ तुमने सोचा था, पौधे के रूप में पनपकर तुम्हारी बेटी ऐसा वृक्ष बनेगी, जिसकी डालों-शाखों की तुमने अपने हाथों से खुद छटाई की है। परन्तु कैसा गजब हुआ कि लड़की की आकांक्षाओं और तुम्हारी आश्वस्ति में घमासान मची है।

कोई जीते, कोई हारे, बाजबहादुर सामने आ गया।

मैत्रेयी, रानी रूपमती !

नख-शिख शृंगार। बहुत बरस जोगिन बनकर रहने के बाद वह मेकअप रूम में है। पतली कमर में करधनी, युवा उभारों पर सुनहरा हार। लश-लश करता घाघरा, चम-चम करती ओढ़नी। घने बालों का जूड़ा बना तो कद तीन इंच ऊँचा हो गया।

नाटक की नायिका का रूप स्कूल स्थित प्रिंसिपल साहब के घर आदमकद शीशे में दिखाया गया तो प्राचार्य सिगरेट के लम्बे-लम्बे कश लेने लगे। रूपमती ने उनको अनदेखा कर दिया। अनदेखा करके लड़की आदमी की औकात दिखा सकती है।

माताजी पर गुस्सा था उसे। क्या हक है उन्हें उसके रूप को बरबाद करने का ? माँ अपनी ही तरह बेटी को क्यों रखना चाहती हैं ? एक निबन्ध में सुल्तानसिंह मास्साहब ने लिखवाया कि हर पीढ़ी बदलाव की पीढ़ी होती है। उसने बदलाव के तौर पर निश्चय किया—आगे से नाटक में बेहिचक काम करूँगी। गाँव में जन्माष्टमी के मौके पर कृष्ण जन्म के बाद 'जहाँआरा' नाटक खेला जाना था। माताजी ने जहाँआरा बनने से इसलिए साफ मना कर दिया कि उसमें चमकदार कपड़े पहनने होंगे।

मैत्रेयी सधे कदमों स्टेज पर उतरी। गजगामिनी रूपमती ! दर्शकों में बैठे लड़के उसे चकित हिरनों की तरह देखने लगे। भरी भीड़ में राघव का गमगीन मुखड़ा सबसे अलग था, जैसे मन-ही-मन गा रहा हो—महलों में रहनेवाली दिल है गरीब का, रख ले इसे या तोड़ दे।

जिसे कभी इत्मीनान से अपने घर की छत नसीब नहीं हुई, आज महलों की रानी कहला रही है। नाटक में ही सही, स्टेज पर ही सही...सोचते-सोचते उसकी आँखें भर आईं !

डबडबाई हुई आँखों उसने बाजबहादुर से विछोह का संवाद बोला था। जब आँसू की लड़ियाँ गिरने लगीं, दर्शकों की तालियाँ गूँजीं। नाटक असली जिन्दगी में बदल गया।

राघव दृश्य से लाचारी में हट गया क्योंकि उसके पिता गम्भीर रूप से बीमार हुए और उसे अपना समय सिलाई की मशीन के हवाले करना पड़ा।

उसकी और बाजबहादुर की देखा-देखी चलने लगी। राजा की पोशाक बिना भी वह मनोज कुमार था।

एक बसन्ती दोपहर की बात है, वह सीने से किताबें चिपकाए बस स्टैंड की ओर चली जा रही थी।

दूर से ही अपने गाँव जानेवाली बस दिख गई—झाँसी-उरई वाया एट ।

वह लपकते पाँवों गई और बस में चढ़ गई।

'क्या पीछे बाजबहादुर आ रहा है ?' उसने सोचा। सोचकर मुस्काई कि थरथराहट अचानक ही होंठों पर आ गई। आँखों में हलचल मचने लगी। छाती में शिलाएँ पलटने लगीं। सारा दृश्य बदल गया।

खलनायक सामने खड़ा था। बस ड्राइवर !

अब मैत्रेयी बाकायदा काँप रही थी। यह आदमी तो झाँसी-एरचवाली बस पर चलता था। इसी के कारण उसने झाँसी-उरई पकड़ी। ऐबीला आदमी। खूँखार नहीं लगता, चेहरा चिकना है। बड़ी-बड़ी मूँछें न होतीं तो इससे ज्यादा सज्जन ढूँढ़ना पड़ता।

माँ को इस आदमी के करतब बता चुकी है मैत्रेयी। यह पेट पर नोंचियों से हमला करता है और हाथ सरकाता हुआ आगे बढ़ता है। सीना ऐसे दबाता था जैसे किसी ढोर ने चबा डाला हो। माताजी ने समझाया था—बस में सवारी हुआ करें, तब बैठा कर।

मगर ड्राइवर मामूली आदमी नहीं, गेयर बदलने में माहिर, स्पीड बढ़ाने-घटाने का मास्टर। मूँछों में मुस्काता आया। नमस्ते किया और आगे बढ़ गया। और दो क्षण बाद पलटकर बाँह पकड़ ली मैत्रेयी की। बस में बैठी हुई दो-चार सवारियों से बोला—ये हमारी साली साहिबा हैं। आधी घरवाली। पास नहीं बैठने देतीं। कहते हुए सटकर बैठ गया और वहीं पेट पर चिकोटी भर ली।

आह निकल गई लड़की की। लोगों ने देखा। कुछ मुस्काए, कुछ उतर गए। रिश्ते की चुहल ने सारी यन्त्रणा ढँक ली। वह अपमान की आग से जलने लगी। आकाश के नीचे धरती पर चलनेवाले चराचर प्राणियों में लड़की का हिमायती कोई नहीं। नोंच-खोंस के चलते मैत्रेयी अबला नारी-सी रोने लगी। ड्राइवर चतुराई जानता था। रोती हुई को कन्धे से लगा लिया—बेबी, क्या हुआ ?

ड्राइवर का नाटक चल रहा था। बाजबहादुर आ पहुँचा।

मैत्रेयी मरते-मरते जी उठी—मेरा नायक।

उसने साहसी बहादुर राजा की तरह ड्राइवर की मूँछें पकड़ लीं और पूरी ताकत से खींचने लगा। जीजा-साली के सम्बन्ध का पर्दा उघड़ गया। बस में अखाड़ा बन गया। अखाड़े का द्वन्द्व युद्ध। ड्राइवर उरई पहुँचने की बजाय मोंठ अस्पताल में दाखिल हुआ।

बाजबहादुर और रूपमती का सच्चा किस्सा। स्कूल की दीवारों पर जगह-जगह एक तुकबन्दी दर्ज की गई—पुष्पा बराबर जानकी/बाजी लगा दो प्राण की।

बाजबहादुर का असली नाम जानकी रमण था।

गजब यह हुआ कि इस प्रेम कैप्शन के आधार पर प्रिंसिपल साहब ने माताजी

को तलब किया और समझाया कि जानकी रमण के साथ उनकी बेटी किस तरह प्रेम की पींगे बढ़ा रही है। सुनते हैं, आज भी दोनों 'प्रिये' और 'प्राण' का आपस में सम्बोधन करते हैं। शिक्षा विज्ञान के प्रवक्ता खरे साहब ने उन्हें एकान्त में मिलते देखा है। ऐसे कितने ही सबूत हैं जो आपकी लड़की के चरित्र पर सवाल उठाते हैं और सोचने पर मजबूर करते हैं कि उसे स्कूल में रहने दिया जाए या नहीं ? स्कूल की बदनामी तो हो ही रही है। मैनेजमेंट कमेटी के सामने 'केस' रखा जाएगा।

प्रिंसिपल साहब और माताजी आमने-सामने थे, बीच में बड़ी-सी भव्य मेज का फासला था। सूटिड-बूटिड चमकदार चेहरेवाले प्रिंसिपल साहब से सफेद सूती धोती पहने साँवले और खुरदरे चेहरेवाली माँ लगभग झिझकते हुए दहल-सी रही थीं। मैत्रेयी माताजी की कुर्सी के पीछे खड़ी हुई लड़की, कनखियों से दाएँ-बाएँ झाँकती हुई बहुत व्यग्र। व्यग्रता में अकसर वह अपनी दो चोटियों में से एक को उधेड़ती-गूँथती रहती है, लेकिन आज तो माताजी ने दो चोटी बनाने ही नहीं दीं। दो चोटियोंवाली लड़की बिगड़ी हुई-सी मानी जाती है।

मैत्रेयी ने माँ के बराबर में खड़े होकर उनको हिम्मत बँधानी चाही, और टहोका देकर याद दिलाना चाहा कि ये 'वही' प्रिंसिपल साहब हैं। इनसे किसी बदले, किसी प्रतिशोध की ही उम्मीद की जा सकती है। कामान्ध आदमी जब अपने मकसद में मात खाता है तो वह स्त्री के लिए सबसे ज्यादा खूँखार हो जाता है।

कौन कहे, कौन सुने ? माताजी का चेहरा स्याह हो गया और आँखें पत्थर। होंठ थरथराए और हाथ काँपे, जिनमें एक प्रार्थनापत्र 'देव' पर चढ़ानेवाले फूलों के दोने की तरह थमा था।

"आगे ऐसा नहीं होगा, आगे ऐसा नहीं होगा, आगे ऐसा..." माताजी ने तीन बार यह जुमला बोलकर तिरवाचा भरा ही था कि मैत्रेयी का गुस्सा आपे से बाहर हो गया। "माताजी, ऐसा क्या नहीं होगा आगे ? नाटक नहीं होगा या किसी लड़की की मदद नहीं होगी ? मैं कहती हूँ, ऐसा ही होगा, ऐसा ही होगा, ऐसा ही... ।"

भगवान जाने किस साहस का संचार हुआ या कि लगा मैत्रेयी का जीवन अब शिवविहीन पार्वती के समान होनेवाला है, सो जो मन में आया बोल गई।

माताजी ने उठकर उसकी बाँह पकड़ ली, "होश में आ लाली।"

मैत्रेयी ने हाँफते हुए कहा, "माताजी, आपमें जो साहस नहीं है, जो साफगोई नहीं है, उसे अपनी बेटी में देखकर आपको तो खुश होना चाहिए। आप डर क्यों रही हैं ?"

मैत्रेयी ने प्रिंसिपल के सामने माताजी से 'आप' का व्यवहार जानबूझकर किया और आगे बोलने की सामर्थ्य जुटा ली क्योंकि संकट के समय काम आनेवाले संवाद 'रानी रूपमती' नाटक में बोल चुकी थी। दो टूक बोल गई, "यह स्कूल किसी प्रिंसिपल की बपौती नहीं। मैनेजमेंट कमेटी सुप्रीम कोर्ट नहीं। अगर यह स्कूल व्यभिचारियों और अन्यायी शिक्षकों का अड्डा है तो यह मेरे योग्य स्कूल नहीं। थू है यहाँ की शिक्षा पर।"

"लाली !" माताजी ने होंठ फैलाते हुए दाँत निकालकर आर्त्त पुकार की और बाँह

पकड़ ली। साथ ही प्रिंसिपल साहब के आगे सिर झुका दिया।

मैत्रेयी यह जानकर और भी झल्लाई कि माँ इस कदर दीनता क्यों दिखा रही हैं। माना कि अपनी बेटी के लिए ही नहीं, लड़कियों की दुर्लभ शिक्षा पर आँसू बहा रही हैं, लेकिन माँगने पर भीख मिलेगी ? नहीं। रानी रूपमती की आवाज मैत्रेयी के गले में वास कर चुकी है, उसी आवाज ने कहा, ''खिड़की के पल्ले पर खड़िया से लिखी तुकबन्दी की इतनी बड़ी सजा ! इस नाइनसाफी को बर्दाश्त करना ही हमारी अशिक्षा है। जिसने एक लड़की का अपमान किया है, उस शरारती लड़के से भी बाजबहादुर के साथ मिलकर निपट लूँगी।''

''लाली ! चुप हो जा। मैंने तुझसे सरोजिनी नायडू और सुचेता कृपलानी बनने की उम्मीद की थी। गँवार घरेलू औरतों की तरह हाथ पीटकर लड़ रही है।

''साहब, मैं आपसे माफी मागती हूँ। इस नादान को अच्छी-बुरी जिन्दगी का तर्जुबा नहीं। इसे माफ कर दो।'' मैत्रेयी को लगा माँ ने 'मुगले-आजम' फिल्म में अनारकली की माँ की तरह ही जहाँपनाह प्रिंसिपल से क्षमा माँगी है। यह लड़कियों की पक्षदारी नहीं, उनको कमजोर करना है।

उसकी निष्ठा धारों में फट गई। 'आ लौट के आजा मेरे मीत,' गले से पुकार बनकर फूट-फूट पड़ता। यह दीगर बात है कि माताजी अब बेटी के तेवरों से परिचित हो गई थीं। कुछ बोलने के पहले उसका 'मूड' देख लेतीं।

मगर इस सबसे होता क्या है ? जीवन के सम्भावित पथ बन्धु 'पापी' के रूप में देखे जाते रहे और मैत्रेयी उनसे समभाव सखीत्व रखती हुई 'पापिन'। विधवा माताजी किसी भी मुद्दे पर गैर पारम्परिक हो सकती थीं, इस मामले में उनका मन ठेठ शास्त्रीय था।

पर हाय री दहेज की क्रूर परम्परा, कस्तूरी देवी को तूने कहाँ ला पटका। अपने बचे-खुचे खेतों में बूढ़ी हिरनी-सी इधर-उधर दौड़ती हैं, कल के दिन ये दूसरे के हो जाएँगे। महिला मंगल के कल्याण वन में खड़ी छटपटाती हैं, किस मुँह से रूढ़ियों के खिलाफ बोलेंगी ? काश वे निस्सन्तान होतीं...माताजी किन-किन स्थितियों से गुजर रही हैं, मैत्रेयी अन्दाजा लगाती है।

सहपाठी शिवदयाल को खोजती हुई मैत्रेयी उसके गाँव तक गई थी। डेस्क और बेंच साथ-साथ बाँटते हुए लड़की के पेट की व्याकुल आँतों की आवाज सुन लेता था, और जाँघ पर धीरे से हाथ रखकर पूछता—भूख लगी है न ? सवेरे कुछ खाकर नहीं आतीं ?

वह कहती—दस किलोमीटर का सफर और इन दिनों माताजी दादा के घर खाने नहीं जाने देतीं। खुद इसलिए नहीं बना पातीं कि उनके काम का समय हो जाता है।

—ठीक है, हम अपनी अम्मा से बनवा लाया करेंगे तुम्हारे लिए।

मैत्रेयी डेस्क के नीचे अपनी जाँघ पर फिसलता उसका हाथ अपनी हथेली पर ले लेती। मुँह से धन्यवाद निकलता नहीं, आँखें भर आतीं। भूखी लड़की जल्दी रो देती है। अपने आँसुओं को उसने इस तरह ही उचित ठहराया था। खिल्ली में जब कोई ब्याह

होता तो मैत्रेयी अपने ब्याह की कल्पना करती। दूल्हे के रूप में शिवदयाल की तस्वीर आँखों के पर्दों पर उभर आती। साथ-साथ खाने का संयोग साथ-साथ रहने की कामना बनता जा रहा था।

एक दिन चाहत झटके से टूटी। दादा ने माताजी से कहा था—हम तो चाहते हैं, बिटिया का ब्याह अहीरों में ही कर दें। ब्राह्मण पूजापाठी बोदे होते हैं। बिटिया में बड़ा दम-खम है, निभाव कैसे होगा ?

माताजी ने अपनी सारी आधुनिकता, सारे आजाद खयालों और दादा के अहसानों को ताक पर रखते हुए सुना दिया था—ऐसा आप सपने में भी मत सोचना, मुझे इसके पिता के गाँववालों को जवाब देना है। पूछेंगे, लड़की कहाँ डाल आई ? जवाब दे पाऊँगी कुछ ?

दादा हक्के-बक्के रह गए। बात-बात पर जाति-प्रथा का खंडन करनेवाली कस्तूरी जात-पाँति के संग इस तरह जुड़ी निकलेगी, उन्होंने सोचा न होगा। तभी तो कह बैठे थे—कामयाबी पा गई हो तो अच्छी-अच्छी बने रहना भी लाजिमी है।

उस दिन ही मैत्रेयी ने शिवदयाल की जाति पूछी थी। बीस साल का लड़का जाने क्या तो समझ गया। पहले हँसा और फिर बोला—ब्राह्मण कहूँ तो ? पर जाति नहीं छिपती। मैं कुर्मी का बेटा हूँ। पर अपन तो प्रेम वि...कहकर लड़की की आँखों में झाँकने लगा।

उत्साही नजर और साहसी चेहरेवाली मैत्रेयी का तन-मन मुरझा गया। नजरें मिला नहीं सकी। बस, इतना ही कहा—शिवदयाल, अपन के यहाँ प्रेम विवाह अच्छे नहीं माने जाते।

उसने हाथ पकड़ लिया था और पूछा था—तो प्रेम क्यों किया ? क्या तुम सारे वे ही काम कर पाओगी, जो अच्छे माने जाते हैं। कायदे से तो अब तक मेरा ब्याह हो जाना चाहिए था, मैं पिताजी की इच्छा और आज्ञा टालता रहा, क्योंकि मेरे ध्यान में तुम थीं।

कुछ दिन बाद सुना शिवदयाल ने आर्मी ज्वाइन कर ली है। चीन से युद्ध होने के दौरान उसको सीमा पर तैनात किया गया है। चिट्ठी भी आई थी, जिसमें सम्बोधन था—परम्परा ढोनेवाली आधुनिक प्रियतमा ! कुछ शिकवे नहीं, कोई शिकायत नहीं। कुशल मंगल और युद्ध की विभीषिका में जलते वातावरण का ब्योरा था। लिखनेवाले की जगह नीचे लिखा था—प्रेम न सही, युद्ध में शहीद हो जाने का इच्छुक शिवदयाल।

मैत्रेयी रेडियो कान से लगाए हुए युद्ध समाचार ऐसे सुनती, जैसे कभी उसने बिनाका गीतमाला भी न सुनी होगी। सिपाहियों, कप्तानों और फौजी अफसरों के खेत रहने के समाचार में शिवदयाल का नाम न जाने क्यों मिला लेती। दादा के घर लड़कों को राखी बाँध-बाँधकर पैसे जुटाए थे, एक अँगूठी बनवा ली थी। माँ को कभी गहने पहनते हुए देखा नहीं, सो गहनों का चाव था। वही अँगूठी शिवदयाल की याद में जंग के सिपाहियों के लिए अर्पण कर दी। उस दिन कितना रोई थी मैत्रेयी और उसे कितनी सन्तुष्टि मिली थी अपने आपको युद्ध-विधवा की तरह देखते हुए...

मैत्रेयी दुखित मन सोचती है—

—माँ आज मैं किसे पुकारूँ ?

देखती हूँ नन्दकिशोर मिले और तुम्हारी-हमारी सहायता में खड़ा हो जाए। माँ वह भी तो मुझे बहुत चाहता था। अभिनेता धर्मेन्द्र का रूप, बस थोड़ा काला था। शिक्षा विज्ञान के शरारती प्रवक्ता अकसर ही कैम्प फायर का प्रोग्राम बनाते और मुझसे विशेष रूप से रुकने को कहते। प्रिंसिपल की बात दूसरी थी, शारीरिक सम्बन्धों पर उतर आए थे। सो इज्जत न पाकर भी बेशर्म की तरह हँसते रहते। मगर शिक्षा-विज्ञानी मास्टर ऊपरी खिलवाड़ों के शौकीन थे।

बहरहाल कैम्प फायर में रुकने के बाद लौटने की समस्या खड़ी होती। नन्दकिशोर बड़ी निष्ठा से तब तक साथ रहता, जब तक वहाँ से मुक्ति न मिलती। मास्साब बार-बार चाहकर भी कुछ न कह पाते। अश्लील मजाक, भद्दे कमेंट्स नन्दकिशोर के रहते-करते तो वह बाजबहादुर की तरह सुनकर न रह जाता (वह ड्राइवर जैसे छोटे लोगों का ही सामना कर सकता था) हॉकी लेकर सीधा प्रहार पर टूटता। प्रिंसिपल के विरुद्ध अन्दरूनी तौर पर वही पीठ थपथपाकर मुझे आगे बढ़ाता रहा था। उसकी संगठन शक्ति बड़ी थी। मास्साब लाचार थे।

मैंने ही आधी रात के समय लौटते में उसका हाथ पकड़कर कहा था—ऐसे ही हम जीवन के अँधेरों में संग-संग नहीं चल सकते ?

—तुम्हें अपने ऊपर भरोसा नहीं शायद। मुझे भरोसा है, इसलिए कभी मुँह से नहीं कहा।

नन्दकिशोर ने मुझे निरुत्तर कर दिया था। अपने ऊपर शर्म आई। लड़के इतने आत्मविश्वासी क्यों होते हैं ? लड़कियों पर अंकुश होता है, इसलिए वे अपने बारे में पक्का विचार नहीं बनातीं, माना, मगर मैं तो उतनी परतन्त्र नहीं। कम-से-कम इस एकान्त में तो बिलकुल ही नहीं। फिर भी शंका पीछा नहीं छोड़ती।

नन्दकिशोर के आत्मविश्वास ने हौसला पैदा कर दिया। खिल्ली में महिला मंगल का वार्षिक शिविर लगा था। समापन के अवसर पर उत्सव होना था। उत्सव में नन्दकिशोर शामिल हो, मेरी दिली इच्छा थी। मैंने उसे न्योता दे दिया।

रात के समय कार्यक्रम हुए। कार्यक्रम के बाद सोने का इन्तजाम करना था।

वह कमरा तो खाली ही था, जिसमें ग्रामसेविका-निवास था। सब शिविर के लिए लिये गए प्राइमरी स्कूल में रह रही थीं।

रात का समय और एकान्त कमरे में मैं और नन्दकिशोर।

उसके गहरे साँवले चेहरे पर चार-छह मुँहासे मेरे बहुत नजदीक थे। उसके कोट पर काला और सलेटी महीन चारखाना मेरी नजरों से टकराता। घुँघराली जुल्फें माथे के ऊपर मुझे मोह रही थीं। वह मुस्काता तो सफेद दाँतों की पाँत चमक जाती। इतने नजदीक से मैंने अब तक किसी लड़के को नहीं देखा था।

जाड़े के दिन। खटिया तो दो बिछी थीं, मगर रजाई एक ही थी।

तय हुआ कि आधी रात तक वह ओढ़ेगा। आधी रात के बाद मैं।

नहीं, दादा के घर से दूसरी रजाई माँग ली जाए।

वहाँ दूसरी रजाई नहीं मिलेगी, नन्दकिशोर दूसरी जगह सुला दिया जाएगा।

नहीं, यह नहीं करना। मैं नन्दकिशोर को इस तरह पाकर खोना नहीं चाहती थी। कौतूहल-भरी अद्‌भुत घड़ियाँ गुजरनेवाली हैं, कोई गफलत नहीं होनी चाहिए। इस तरह बातें करने का वक्त कब आएगा ?

बहुत-सी बातें सोचीं। बहुत से सन्देह जागे।

समय गँवाना रास नहीं आ रहा था।

अलग-अलग ठाँव ठंड से मरनेवाली बात है अन्तिम फैसला यही रहा।

हम एक ही खटिया पर एक रजाई में अपनी-अपनी जगह लेटे, बीच में प्यार था। प्यार करवटें ले रहा था। दोनों ओर स्पर्श, गन्ध और ध्वनियों के रंग बिखरने लगे। दो रजाइयों की जरूरत थी, अब एक भी ज्यादा पड़ने लगी। ऊष्मा बाँहों में थी। कमरा कमरा न था, गाढ़े रंग की पर्देदारी थी। हम दो थे, आसपास सारी सृष्टि थी, एक बेधड़क संसार खुल गया। अँधेरे में सब दिखने लगा। चन्द्रमा छत पर टँक गया। उजियारी छिटक पड़ी। सितारे बदन से चिपक गए।

उसे छन्द और गीतों का अभ्यास न था फिर भी लय साथ थी। होंठ ताल पर नाचते थे। मादक मुखर झींगुर बोलने लगे कि मैं ही धुन छेड़ने लगी ? रसमय मंगलगान के बाद संकल्प दोहराए। शपथ ली। वचन भरे। आँच से बदन तप-तप गए।

प्यार का समायोजन आधे पर टूटा।

बन्द कमरे के किवाड़ों पर थापें पड़ीं। मँडवा हिला।

मदहोश हंसों का जोड़ा जागा नहीं, तो भड़भड़ाहट हुई। बन्धन एकदम टूटे।

क्रोंच फड़फड़ाए।

कोई है।—आशंका ने जादू तोड़ा।

कोई नहीं—आत्मविश्वास ने गलबहियाँ डाल दीं।

भड़भड़ाहट भरा विघ्न हारता न था। धमधमाहट को लातों की आहट कहते हैं।

आतंक डराने पर आमादा था, भय पास फटक रहा था। हम दो थे कि साथ पूरी दुनिया थी। खतरा हमलावर था।

खेल अधूरा छूटा। नन्दकिशोर उठ गया।

दरवाजा खोलने के लिए आगे बढ़ा, लेकिन थम गया। क्यों ?

युद्ध छिड़ने को है, चुम्बन ले लिया।

द्वार खुलते ही दो मूर्तियों से सामना हुआ कि आँखों के सामने निरा अँधेरा आ गया।

माताजी !

गौरा, लालटेन के साथ ! सिर्फ अहसास था। कल्पना में माताजी के बड़े दाँत चमक रहे थे। गौरा का अट्टहास सुनाई दे रहा था।

स्पर्श, गन्ध और ध्वनियों के रंगीन चक्र गायब हो गए। सृष्टि लय होने लगी।

''तू ! तूने ऐसा गजब।'' माताजी के रूप में बाघिन ने जबड़ा फाड़ा।

''तुमसे ऐसी उम्मीद नहीं थी।'' शेरनी के बाद लोमड़ी चिल्लाई।

धरती हिलने का अनुभव हो गया। दीवारें ढहना अपनी आँखों देख लिया और देखते-देखते सिर के ऊपर से छत उड़ गई।

साथी कहाँ...मैं सिर तक न हिला सकी। बेचैनी बेहोश किए दे रही थी। दो औरतों ने मेरा संसार छिन्न-भिन्न कर डाला।

मगर वह था। मेरी बराबरी पर खड़ा हुआ। विश्वास से भरपूर कसावट मेरी कलाई से बाँधता हुआ। शायद यह संकेत देता हुआ कि निर्णय के क्षण आतंक के घेरे में से निकलनेवाले हैं।

मैं उसकी प्रतिष्ठा में प्राण हथेली पर लेकर खड़ी हूँ, पता नहीं उसे यह ज्ञात था या नहीं ? वह तो माताजी की लालटेन, जो उसके वजूद की धज्जियाँ उड़ा रही थी, का सामना कर रहा था।

''निकल यहाँ से। सूअर की तरह खड़ा क्यों है ? तेरे जैसे हरामी बहुत देखे हैं मैंने।'' माताजी का स्वर दबा-दबा-सा था, मगर कूट-कूटकर कड़वाहट से भरा। उसकी हालत खराब होने लगी। पाँवों में हलकी और सहमी-सी हरकत हुई, धरती पर होती खसर-खसर पाँवों का भेद खोल रही थी।

माताजी क्रोध में भी अत्यन्त चौकन्नी, उसकी कमजोरी से साहस पा गईं। दादा का नाम अपने साथ मिलाकर बोलीं, ''अभी बुलाती हूँ दादा को। इतने जूते लगवाएँगे कि यह भी भूल जाएगा कि किस बाप से जाइन्दा है।''

पुरुष को पुरुष का डर लगता है ? नन्दकिशोर को अपनी मौत का भी डर नहीं।

वह बोला, ''सुनिए, मैं आपकी इजाजत से मैत्रेयी से ब्याह...''

यह बात माताजी के हिसाब में कहाँ आती है ? उन्होंने तुरन्त प्रमाण दे डाला।

''गौरा, यह लड़की नहीं, रंडी है। अपने बदचलन बाप की औलाद...मैं अब इसका मुँह नहीं देखना चाहती।'' कहती हुई कोप के घोड़े पर सवार कि लाल-पीली आँधी का रूप हुई कुएँ की ओर भागीं, ''मैं प्राण दे दूँगी।''

आत्महत्या की घोषणा का पत्थर कई कोनेवाला था, जिसकी भाले जैसी अनी मेरे साथ नन्दकिशोर को भी घायल करती निकल गई।

वह आहत घायल था, तब क्या मरियल भी हो गया था ? (माताजी के हिसाब से) अपनी सारी अशुद्धता के बाद उन्हें बचाने भागा था। नहीं तो इस वज्रपात के बाद क्या सर्वनाश होता, माताजी ने अनुमान किया था क्या ? अपनी बाँहों में भरकर, गोद में माताजी को उठा लाया।

अधेड़ अवस्था की स्वामिनी और विकास संस्था की कर्मठ कर्मचारिणी से ज्यादा धैर्य उसमें निकला, जिसकी उमगती युवावस्था को माताजी ने अभी-अभी कील डाला था।

मैं और भी प्रभावित हुई।

उसके पौरुष और अपने स्त्रीत्व की अवज्ञा पर ही तो मुझे इतना गुस्सा आया

कि गौरा के पेडू पर लात मारकर मैंने उसे गिरा दिया था। गिरती हुई गौरा हाथ में थमी लालटेन साध न सकी। उसका शीशा झनन से टूटा। लालटेन की ढिबरी आघात से खुल पड़ी। पक्के बरामदे में तेल बिखर गया। लौ ने आग फैला दी। क्या हुआ यह ? कलियुग के नाश पर धरती का दाह होने लगा। भयानक दृश्य।

हमारे घर की गति-मति, माताजी...सचमुच हम गृहस्थ के योग्य नहीं। सृष्टि के योग्य नहीं। हम हिजड़े खसिया से...वह चला गया।

हम सभी रो रहे थे। एक से तपते आँसुओं में अपने अलग-अलग तरह के दुख ढाल रहे थे। मेरा सुख तुम्हारा दुख था। तुम्हारा दुख मेरा अन्याय था। गौरा का दुख उसका भाग्य था। इतना सबकुछ मैं जानती थी, फिर भी दुख पैदा किए जा रही थी। क्या मुझे काठ में पानी पैदा करने से कोई आनन्द मिलता था ? माँ को स्त्री की तरह रोते देखने का सुख...लगता था और कोई सुख मेरी जिन्दगी में नहीं।

फिर भी उम्र का सम्मान रखना मैं जानती थी। हमारे यहाँ लड़की से पाँव नहीं छुआए जाते, मैंने सिर झुकाकर थकी दृष्टि-सी आवाज में कहा था, "माताजी मैं माफी माँगती हूँ, आइन्दा ऐसी गलती..." कहकर फफककर रो पड़ी थी।

सन्तान गिड़गिड़ाए, इससे ज्यादा अहं तुष्टि माता-पिता को किसी की विनती से होती नहीं।

तुमने भाप मिली आवाज में कहा था, "माफी, मुझसे नहीं गौरा से माँग।"

मैं तन गई। रोने का, गिड़गिड़ाने का यह मतलब नहीं कि माँ मेरा मुँह गौरा जैसी औरत के सामने धरती पर रगड़वाए।

जैसे हँफनी का रोग लग गया हो मुझे। जहरीला-सा हँसी और बोली, "मैं तुम्हारी 'रंडी' से माफी इस जनम में तो क्या, सात जनम तक नहीं माँगूँगी। और उसे माफ नहीं करूँगी।"

मुझे नैतिक नरक में ही जीना है, सोचकर मैं काँप गई थी, मगर कँपकँपाहट को छिपाकर ज्यादा सबल-प्रबल-सी हो उठी कि कोई भयंकर पीड़ा, कोई प्रखर ताप, कोई गहरा दुख तुम लोगों को दूँ, कि तुम्हारी थोथी धारणाओं का पर्दाफाश हो। और तुम लोग मेरी दुनिया पर चील की तरह झपट्टा मारना छोड़ दो।

खैर।

तुम क्या जानती नहीं, जो अपनी खेरापतिन दादी कहती हैं—एक कन्या सहस्र वर। जब तक लड़की कुँआरी है, उसके सैकड़ों सम्भावित वर होते हैं। मेरे कुँआरेपन के सहस्र तो नहीं पाँच-छह सम्भावित वर जरूर थे। लेकिन उनका होना भी क्या होना था ?

उन दिनों बार-बार मन में सवाल उठता था, वह कौन-सा संसार है, जहाँ लड़की अपनी इच्छा से जीवन-साथी चुनती है ? विश्वास अर्जित करने का अवसर पाती है। हम तो इस अन्धी-बहरी दुनिया के बाशिन्दे हैं, जहाँ उम्र आने पर एक पुरुष का हाथ थमाकर कह दिया जाता है कि यह तुम्हारा पति है, परमेश्वर है।

परमेश्वर कहाँ माँगती है कोई। मैं साथी की इच्छा करती-करती अनैतिकता की

कालिख अपने मुँह पर मलती रही। कितना समझाया था खुद को और पूछा, लड़कों के नजदीक जाए बिना रह नहीं सकती तू लड़की ? नहीं रह सकती थी तो उनसे क्यों नफरत हुई जो मौके-बेमौके जोर-जबर्दस्ती तेरा संग-साथ चाहते थे ?

चुप्पी साधे रही। किस दुविधा में फँस गई थी ?

माँ से कहना चाहा—मुझे उन लड़कों ने अपनी ओर बेशक खींचा, जिनमें किसी के पास ताकत विशिष्ट थी, किसी के पास बुद्धि का भंडार था, कोई अपूर्व साहसी था तो बाजबहादुर रूप-गुण की खान। क्या पता था कि यह असम्भव की इच्छा है। शर्मनाक है। मेरे लिए धिक्कार का विषय है। धिक्कार से विचलित मैं...! माँ, मारा-पीटा क्यों नहीं, थू-थू ने शरीर पर नहीं, मन पर निशान डाल दिए, कंठ नीला पड़ गया।

विष उगलना सीख गई मैत्रेयी। याद करो माँ होली का दिन...मैं दादा के घर के बड़े आँगन में खड़ी थी, रंग बरसाए जा रहे थे। अचानक चित्रसिंह, मेरी साइकिल के साथ-साथ साइकिल पर चलनेवाले स्कूल के सहयात्री आए और पिचकारी का रुख मेरी ओर मोड़ दिया। सराबोर नहा रही थी मैं, उनके सौहार्द में भीगी हुई। आँखें मूँदे। बालों की लटें भीगकर चेहरे से चिपक गईं।

आँख खुलते ही सामने द्वार में माताजी ! उज्ज्वल और सूखी प्रतिमा की आँखों में आग-सी लहक !

सारा गीलापन भाप बनकर उड़ गया। सारे रंग राख के रंग में बदल गए।

मैं ऐसी डरी कि खूँखारपन पर उतर आई। धरती पर कुछ न दिखा, लकड़ी की दो खड़ाऊँ थीं। बिजली के वेग से हाथ में एक उठा ली और चित्रसिंह को खटाखट पीटने लगी—मेरे ऊपर रंग डाला ? क्यों डाला, बोलो क्यों डाला ?

रंगरसिया हक्का-बक्का...हाथ से छूटकर पिचकारी गिर गई। धरती रँग गई खून से, जो उसके सिर से निकला था, जो मेरे दिल से निकला था...फाग के राग-रंग के विरुद्ध संग्राम दम न लेता था।

वे कुपात्र, वे राक्षस ! आज क्यों याद आए ?

वे जहर बुझे तीर, वे जीवन के तूफानी कहर प्रगति पथ के धावक बनकर हमें राहत देने वाले हैं ? रीति-रस्मों की सूची तैयार करनेवालों, जीवन के नियम बनानेवालों और इज्जत-मर्यादा की जय में खड़े होनेवालों को उन चरित्रहीन चेहरों की जरूरत पेश आई, ताज्जुब है।

मैं आपकी तरह सोचने लगी हूँ माताजी ! अगर वे लड़के आज़ आगे आएँ तो हमें दहेजरूपी दानव के जबड़े में जाने से बचा सकते हैं। इतना ही नहीं, कस्तूरी देवी, सहायक विकास अधिकारी (महिला) की बेटी का हाथ थामकर कोई लड़का विवाह को स्वयंवर के रूप में सजा सकता है। निश्चित ही उसके योगदान से एक आधुनिक दृष्टान्त स्थापित होगा। माँ को सिद्धान्त गढ़ने का श्रेय मिलता रहा है, कड़ी आगे बढ़ेगी।

...लेकिन हम पीछे रह गए माताजी...समय बाजी मार गया। बाजबहादुर को कहाँ से पुकार लूँ ? बस ड्राइवर ने लड़की का सरेआम अपमान किया था और बाजबहादुर

को सरेआम ही साइकिल सहित बस से कुचल डाला। सहायता हादसे में बदल गई और प्रेम ने खूनी चोला पहन लिया। मैं बेआवाज रोती रहूँगी, यह आपको नहीं बता सकती।

चीन युद्ध खत्म हो गया, सुनते हैं। शिवदयाल की खोज का संग्राम चल रहा है, माँ ! मैं अस्पतालों में, सैनिक वार्डों में, छावनियों में अपने सिपाही को ढूँढ़ती रही। बड़ी मुश्किल से 'लापताओं' की सूची में उसका नाम मिला। नाम ही हाथ है मेरे...इसी को लेकर खाक हो जाना होगा, शायद...

नन्दकिशोर का ध्यान अकसर आता है। ब्याह का कार्ड नहीं मिला, खबर मिली है कि वह शादीशुदा है। इंटर कॉलेज में हिन्दी का अध्यापक।

अब कौन बचा ? याद करूँ तो यादों में उभरता कवि राघव ही आता है। जिन्दगी समय की कठपुतली है या संयोग की ? उसके जीवन ने अजीब-सा पलटा खाया। गीत बनाना और कपड़े सिलने का आपसी मेल कैसे सधता ? गीतों के जरिए बखिया उधेड़ने की लत लगी थी। पिता के जमाने के किसी ग्राहक के राजनीतिज्ञ बेटे ने दर्जी के सिर में पत्थर मारा। गुस्सा आए तो कोई करे भी क्या ?

मुझे अमजद टेलर मास्टर की दुकान पर राघव दिखा था। होश खोकर पुकार लिया—राघव ! मगर वह ऐसे खड़ा रहा जैसे सुनता न हो। तेज कदमों से चली, सामने पहुँच गई, लेकिन ऐसे निकल गया जैसे कुछ देखना न हो।

मेरी विकलता किससे छिपी थी ? अमजद टेलर मास्टर मोंठ के निवासी, सारी कथा जानते थे। सोगवार-से बोले—सनक गए हैं। कहाँ कैसी-कैसी ऊँची उड़ानें भरते थे। पर आपसी मेल का, मुहब्बत का बाल बाँका होता है ? आज हालत यह है कि अगर इनको काम न दूँ तो फाँके पड़ जाएँ। काम अच्छा कर लेते हैं, ढंग नहीं बदलते। लिहाजा किसी से मतलब नहीं रखते। चिड़ियों को बाजरा डालते रहते हैं और न जाने क्या बुदबुदाया करते हैं।

—मैं राघव के पास जाऊँगी, टेलर मास्टरजी। लड़की ने बड़े आत्मविश्वास से कहा था या उसी लम्हे का ज्वार था। युवा उम्र का उत्साह था या ? नहीं तो क्यों सोच-सोचकर रह गई—वादा करके लड़कियाँ अकसर पूरा नहीं कर पातीं। दुख हुआ, प्रतिकार नहीं हो पाया।

समय बीत गया। बात वहीं रह गई।

आप ही तो कहती हो माताजी कि बीता समय, समय नहीं रहता, भूत हो जाता है और हमें डराता है। हम डरकर उसकी पूजा करते हैं, देवता मान लेते हैं।

मेरा मन उस बीते समय से थर्रा जाता है, क्योंकि मैं निपट अकेली रह गई...मेरे मन-मधुवन के सखा-साथी, जीवन के बीहड़ के सहयात्री...कबूतर की नाईं उड़ गए...और नीलकंठ हो गए माँ...मैं दर्शन को तरस गई...

'तुम्ह पिंजरा, मैं सुअना तोरा'

कस्तूरी के आगे यह कौन सा कर्मक्षेत्र फैल गया ?

वह कितना-कितना चलीं, मंजिल आगे ही सरकती जाती है। यह लक्ष्य उनके जीवन में था भी कहाँ, जिसे वे मंजिल मान रही हैं। असमंजस का आलम है, वे क्या करें क्या न करें ? जिस गाँव को छोड़ गई तब यही तो मान लिया था कि कूपमंडूक की तरह पड़े रहने से रोशनी के दर्शन कभी नहीं होंगे। इस गाँव में उन्नति तरक्की का सूरज कब चमकेगा, मालूम नही। रूढ़ियों, परम्पराओं, अन्धविश्वासों को काटते हुए कैसी तो बेशर्मी साधनी पड़ी कि लोगों ने उन्हें न गाँव की स्त्रियों में गिना, न पुरुषों में। विचित्र जीव की तरह देखा, अजनबी कर दीं। उनके लिए गाँववालों की खुशी-प्रशंसा भी महज नाटक है, क्योंकि ग्रामीणों की जिन्दगी को उनसे कुछ लेना-देना नहीं। आज कस्तूरी का मन बुरी तरह खीझा हुआ है।

फिर क्यों चली आई हैं ? क्या रास्ते के काँटे झाड़ती बुहारती हुई अपने लिए कोई सुगम रास्ता बना पाई हैं ?

बना रही थीं कि जोरदार टक्कर पड़ी। अपना जोड़ा-सँजोया, जाँचा-परखा पक्कापन टूट-फूटकर ठीकरों की शक्ल में बिखर गया। ऐसा कण-कण किर्च-किर्च हो गया कि बटोरने का साहस भी जाता रहा।

हैरानी की बात है, कही भी नहीं जाती कि अपनी ही खोदी-लिखी इबारत को बेटी ने आईना दिखा दिया। सारे शब्द-अक्षर उलटे हो गए। क्या जीवन-भर की कवायद का यही हासिल था ? कस्तूरी नाम की स्त्री का स्वाभिमान ऐसा घायल हुआ है कि सँभल पाएगा ? अगर इस भावना को स्वाभिमान भी न कहा जाए तो भी कुछ आत्मगौरव-सा तो है ही, जिसे वह हर हालत में बचाना चाहती थीं।

क्या ऐसी टूट-फूट इसलिए हुई कि अपने ही रक्त-मांस की बेटी को जहाँ तक बना वहाँ तक आँख ओझल किए रही ? मन में रही एक फोटोग्राफ-सी धुँधली श्वेत-श्याम छाया, जैसेकि संसार के तमाम बच्चे होते हैं। शायद वह आत्मरति ही थी जो बेटी का वजूद स्वीकार करने नहीं देती थी। क्या पता था कि लड़की अपने आपको पिता की कुल परम्परा से जोड़कर बड़ी हो रही है ? माँ कितना भी अनुशासन लागू करे, कितना ही शासन कसे, उसके भावों से विकसित अनुभूति नहीं छीन सकी। ठगी-सी ही रह गई,

माँ का शरीर लेकर मैत्रेयी पिता की मानसिकता की दावेदारी करती है ? एकदम कस्तूरी के सोच के विपरीत, विरोध में।

हो सकता है, पीढ़ियों का चक्कर हो। कहते हैं कि हर पहली पीढ़ी का हश्र दूसरी पीढ़ी के हाथों ऐसा ही होता है। मगर फिर क्यों कहा जाता है कि बेटियाँ अपनी माँओं जैसी होती हैं ?

कस्तूरी के मन में तमाम तरह से उथल-पुथल मचती रही हैं, मगर यह उथल-पुथल अजीब है, जो लड़की के प्रति विद्रोह कर देने को उकसा रही है। और मन में आता है कि कह दें—तू समझती है, मुझे कहीं भी पटक देगी ? मुझे ऐसा ही होना चाहिए, जैसा तू चाहती है विधवा लाचार माँ की तरह दर-दर भटकती फिरूँ ? गिरूँ-सँभलूँ फिर खड़ी हो जाऊँ और बेटी की खातिर वर की भीख माँगूँ ?

—तू क्या समझती है मुझे ? यह बेदाग धोती-ब्लाउज, कलाई में घड़ी और सिर के ऊपर छतरी मेरा व्यक्तित्व नहीं है, व्यक्तित्व में शामिल हैं गौरा जैसी स्त्रियाँ, जिन्होंने एक पुरुष के मरने पर दूसरे पुरुष के कन्धे पर सिर टिकाना मंजूर नहीं किया।

''माताजी !'' तभी मैत्रेयी ने पुकारा, ''क्या बुदबुदा रही हो ? क्या फिर बदन में कहीं सुई अटक गई ? कहाँ दर्द है ?''

शलवार-कमीज की गुलाबी आभा तिरोहित हो गई और लड़की की सुरमई छाया उनके ऊपर है। कस्तूरी ऐसे हड़बड़ाईं जैसे स्वप्न युद्ध से जागी हों।

जवान बेटी को देखकर न जाने आज उन्हें खुद ब खुद बुढ़ापे का अहसास क्यों होने लगा ? चलो, जो हो रहा है अच्छा ही हो रहा है। माँ बुढ़ापा नहीं मानती, यही लड़की को जहर लगता है। जो काम उन्हें क्रियाशील बनाए रहते हैं, उन कामों से मैत्रेयी नफरत करती है। हो सकता है, उसका मकसद यह भी हो कि अपना ब्याह कराकर बच्चे पैदा करे और उन्हें माँ से नानी बना दे।

कस्तूरी के हलक में तीखी धार-सी खिंच गई, जबकि वे कहना चाहती थीं—तेरी शिक्षा का नतीजा अच्छा निकला कि माँ को बुरी-से-बुरी हालत में डाल दिया। तुझे बुद्धि आए, मैंने इन्तजार किया था, पर तू तो इस इन्तजार को मेरी अड़ समझ बैठी।

''यहाँ अकेली क्यों बैठी हो तुम ? जो तकलीफ है, कहो न ? अच्छा मैं चाय बना लाती हूँ, पिओगी ? चेहरा कैसा कमजोर लग रहा है, सच बताओ, सुई कहाँ दर्द कर रही है ?'' लड़की ने प्यार में आकर ऐसे बाँह पकड़ ली, जैसे कभी नहीं पकड़ी थी। अधिकारपूर्वक उठाकर ले चली, बाहरवाले कमरे में।

क्वार्टर के ड्राइंगरूम कहे जानेवाले कमरे में कुर्सी पर बैठीं तो देखा कि मैत्रेयी सफेद प्लेट-प्याले में चाय लिये चली आ रही है।

चाय के मीठे घूँट माँ-बेटी ने साथ-साथ गले में उतारे।

''तुम चिन्ता न करो माताजी।''

''काए की चिन्ता ? यह सब तो जमाने से चला आ रहा है लाली। माँ के कहे में कौन चलता है ? हम भी अपनी चाची का कहना नहीं मानते थे। अपना रास्ता चाची

के रास्ते के विरुद्ध बनाना चाहते थे, क्योंकि चाची को हमने जब देखा, रोते-पछताते और घर के लोगों को निहोरे करते देखा।" कहकर कस्तूरी के चेहरे पर ऐसे भाव आए, जैसे लड़की के सामने ये बातें नहीं कहनी थीं। यह लड़की उनके भी खोट निकालकर न धर दे, उनका मनोबल इस बात की इजाजत नहीं देता।

मैत्रेयी ने कुछ नहीं कहा, मुस्कुराती रही।

इस लड़की में नए खून का जोश है। माँ से बदला ले, जरूरी नहीं समझ रही, क्योंकि किसी खतरे का डर नहीं मान रही। इस रहस्यमय संसार में नवयुवा ऐसे ही फरेब खाता है, कि वह चिर-युवा रहेगा। आगे-ही-आगे जाएगा।

मगर कस्तूरी को तो हर माँ की तरह पीछे लौटना पड़ रहा है, इस जीवन-सत्य के बारे में युवावस्था में सोचा था कभी ? अपने भूत को जीने की हर माँ के सामने विवशता होती है, सो वह अपनी नियति मानकर लौटने लगती है अतीत में। कस्तूरी इसी नियति से पल्ला छुड़ाने के लिए आँखें चुराती रहीं तो कभी दरकिनार करके अलग-थलग रहीं। लेकिन विकल्प तो चुनौती बन गए, ऐसा पछाड़ा कि वह मुँह के बल गिरीं। संस्कार चिरजीवी हैं, थोथे समझकर समय के सूप से फटकते हुए उड़ा दिए थे, क्या पता था, बेटी बटोरेगी और माँ के सामने धर देगी।

अब तो हालत यह है कि औरत औरत से कब तक मुँह छिपाए ? छिपाती है तो सन्देह की गन्ध आती है। नकाब में ढँका चेहरा बेनकाब होता जाता है, क्योंकि लड़की सारी असलियतें जान गई है और अनुमान लगाने में माहिर है।

मैत्रेयी माँ के कपड़ों की तह कर रही है। तह लगाने में उसका जवाब नहीं। न कोई शिकन, न सलवट। चुन्नट और प्लेटों की तोड़-मरोड़ नहीं।

फिर भी पढ़-लिखकर शिक्षा की अवज्ञा कर डाली, रहन-सहन से पढ़ी-लिखी लगने वाली लड़की...! कैसा दुर्भाग्य है यह भी, सबकुछ पाकर रीते-थाथे रह जाना...उनके जमाने में यह उजाला होता तो वे अब तक सूरज के आसपास होतीं। लड़की रोशनी को घूँघट की परतों से ढँकना चाहती है। ब्याह के गड्ढे में ढकेलनेवाले माँ-बाप कैसे होते हैं, उसे पता नहीं। लड़की को आगे ठेलते हुए नहीं सोचते कि उसके पाँव बार-बार अड़ते क्यों हैं ? वह विदा के समय विलाप करती है, वे रिवाज मानकर करुण नाद की अनेदखी कर देते हैं। फिर भी यह माना जाता है कि माता-पिता की ऐसी आज्ञाएँ पालन करना ही, उनका आदर करना है, जो उन्हें चाहने, प्यार करने से ज्यादा जरूरी है। उनकी गुलामी लादकर चलो, यही शास्त्र है।

दुख यही रहा कि मैत्रेयी इसी शास्त्र के सहारे जीना चाहती है। क्या उन्होंने इतनी आजादी दे दी कि लड़की को बन्धन चाहिए ही चाहिए ?

'पूछें क्या ?' उन्होंने गीत गुनगुनाती बेटी की ओर देखा। जो खिड़की पर खड़ी बाहर देख रही थी।

नहीं, इन दिनों उसने ऐसी भाषा सीख ली है, जिसमें ठेसवाले शब्दों की रेलमपेल है। सुनकर वे भी आनेवाली पीढ़ी को श्राप देने लगती हैं। अपने श्रम का अपने सपनों

का खात्मा होते कौन देख सकता है ?

यह परीक्षाकाल है और कस्तूरी को असफल होने की आदत नहीं। ब्याह से पहले तकदीर के फैसले की डोर भाइयों के हाथ में थी और अनर्थ हुआ, फिर उन्होंने अपनी जीवन-डोर किसी को छूने नहीं दी, न पति को न ससुर को। भंटकना स्वीकार था, किसी को रस्सा थमा देना बेवकूफी है, वे भुगत चुकी हैं।

सोच-सोचकर दिमाग लुगदी बन गया। लड़की का गुनगुनाना उस लुगदी को उलट-पलट रहा है, बड़ी तकलीफ होती है।

कस्तूरी उठीं और अपनी किताबोंवाली अलमारी की ओर बढ़ गईं। संकटकाल में किताबों से बड़ा कोई मार्गदर्शक नहीं, कोई मित्र नहीं। किताबों ने ही उनकी राह प्रशस्त की है।

कथासरित्सागर की कुछ कहानियाँ उन्हें बेहद पसन्द हैं, तभी कथासरित्सागर उन्होंने अपने बी.डी.ओ. से कहकर सरकारी खरीदवाली किताबों में मँगवाया था।

'पुराने समय में एक राजा था, बड़ा पराक्रमी। रानी का नाम था शक्तिमती। राजा रानी को बहुत प्रेम करता था। एक दिन बाग में टहलती रानी को साँप ने डस लिया और वह मर गई। राजा तड़पने लगा। बिछोह जहर से ज्यादा मारक लगा। समय कैसे-कैसे बीता, मगर बिछोह का दर्द नहीं घटा। दरबारियों ने कहा—पुरुष की तरह दूसरा विवाह करो, सन्तान पैदा करो। मगर राजा तो प्यार का मारा था, संकल्प कर लिया, रानी नहीं तो भोग-विलास नहीं, गृहस्थी नहीं, क्योंकि गहेनी नहीं।

'मगर राजा ने एक रात सपना देखा, रानी आई है। पास बैठी है, समझा रही है—यहाँ क्या पड़े हो ? कोई भी जिद पड़े रहने या हाथ-पर-हाथ रखकर बैठने से पूरी नहीं होती। इस घर में, राजपाट के लिए कोई तो चाहिए। दूसरा ब्याह अच्छा नहीं लगता, मत करो, मगर उठो। घोड़ा सजाओ। जंगल-जंगल जाओ। किसी जंगल में तुम्हें शेर की सवारी करता हुआ कोई वीर बालक मिल ही जाएगा। वही तुम्हारे काम आएगा। तुम राजा हो अपने राज्य के मुखिया, अफसोस करना शोभा नहीं देता।'

कस्तूरी ने कहानी एक बार नहीं, दो-तीन बार पढ़ी। पहले भी यह कहानी पढ़ी थी।

आज उसके नए अर्थ खुले।

ससुर भी कहा करते थे—कस्तूरी, आदमी सिर्फ काम के लिए नहीं होता, उसकी लगन में किसी का प्यार, किसी का लगाव, किसी से जुड़ाव धड़कता है। बेटी, उसी के ताने-बाने में तो हम सच्चाई से उलझे रहते हैं। वहाँ अभिमान कहाँ, घमंड गरूर कहाँ ? अगर इन दोषों की बू आती है तो सारा किया-धरा स्वार्थ में बदल जाता है।

मैत्रेयी ने देखा, माँ गोद में किताब धरे कब से कुछ सोच रही है !

वह लपककर आगे बढ़ी।

"माताजी ! आज सच्ची में तुम्हारी तबियत ठीक नहीं। कितनी बार कहा है—उस सुई को निकलवा लो। कहते हैं कि दिल में फँस गई तो बस...चलो, आज ही झाँसी चलो, जर्मनी अस्पताल में दिखा देंगे। एक्सरे करा लेंगे।"

माताजी के आगे सुई नहीं, शेर है। शेर पर सवारी करता हुआ लड़का है, अगर

वे यह बात मैत्रेयी से कहें तो लड़की मखौल बना लेगी कि उसकी माँ भी क्या है ! अब तक महिला मंगल की पुरोधा बनी, अब शेरवाली माता बनना चाहती हैं।

अपना जंगल, अपने गाँव के आसपास का दायरा !

रास्ता हसनगढ़ की ओर जाता है, जहाँ उनकी ननद रहती है। ससुर की भानिज विद्या बीबी ने विधवा जीवन बिताया नहीं, जिया है। पति ने तीन-तीन बेटियों की जिम्मेदारी छोड़ी थी, उन्होंने जिम्मेदारी को बोझ नहीं, कर्म समझा, जिस कर्म के लिए मनुष्य पैदा होता है। आज विद्या बीबी कस्तूरी को स्त्री नहीं, शेरनी लग रही हैं। गाँव के पुरुषों का भरोसा छूट गया, तभी रास्ते बीबी की माँद की ओर मुड़े वरन् मर्दों के इन्तजार में जिन्दगियाँ बीत गईं...

लेकिन...

जितनी तेजी से मन बनाया था, सोच-विचारकर जाने का इरादा उतना ही मन्थर होता गया। विद्या बीबी ने अपनी गरीबी के चलते भी तीन बेटियाँ ब्याह लीं, पर ब्याहीं कैसी जगह ? घर-वर के ऊपर नहीं, तकदीर के ऊपर भाँवरें डाल दीं। दो भानिजों के ब्याह में जाने के बाद वे तीसरी के ब्याह में गई ही नहीं। भात न्योतने आई बीबी से जमकर झड़प हो पड़ी थी। गुस्से के शिखर पर चढ़ी वे यह कहने तक से न चूकी थीं कि—चौदह वर्ष की लड़की के लिए चवालीस का आदमी ढूँढ़ लिया, बड़ा मोर मार लिया ! भात माँगने आई हो, शर्म नहीं आती ?

—अरी भाभी, तेरी जैसी अकल हममें कहाँ से आई, बस अपना गुजारा कर रहे हैं। लड़की कुँआरी बिठाए रहें तो हाल मुश्किल जानती है तू ? उमर का बड़ा है तो खेती-पाती में भी बड़ा है। साढ़े-तीन सौ बीघा का मौरूसीदार है। कोई गोद का लल्लू ढूँढ़ लेती तो लड़की को क्या मिल जाता ? रागरंग और दिलजोइयों से जिन्दगी नहीं चलती।

ननद ने अपना पक्ष उनके सामने धर दिया था।

वे फिर भी नहीं गई थीं। अनमेल विवाह से ही चिढ़ जो थी।

इन दिनों विद्या बीबी ने गाँव के नाई के हाथ खबर भेजी थी कि उनके उसी साढ़े-तीन सौ बीघा के मौरूसीदार दामाद ने अपनी बहन के लिए एक लड़का देखा है, चाहे तो कस्तूरी भाभी बात कर लें ?

कस्तूरी को यह ननद गँवार से ज्यादा अज्ञान लगती है। सो गौर करने का सवाल ही नहीं उठता था।

आज भी सबसे पहले यही बात ध्यान में आई, मैत्रेयी जैसी पढ़ी-लिखी लड़की के लिए विद्या बीबी कैसा प्रस्ताव देंगी, वह जानती हैं। ननद को सहायक विकास अधिकारी (महिला) भौजाई की ऊँचाइयों का क्या अन्दाजा ? लड़की का ब्याह तो गाँव का कोरी भी कर देता है तो क्या कोरी उनका निर्देशन कर सकता है ? इस विवाह की किस्म दूसरी होगी।

वह जाने का निर्णय लेतीं, फिर रुक जातीं। 'मेरे जीवन की रेखा नीचे से ऊपर

की ओर गई है, ननद जैसी स्त्रियों की तरह व्यवहार करना शोभा नहीं देगा। घरबार छोड़ा, गाँव-गलियाँ त्यागीं तो जीवन के बदलाव के लिए ही न ? मोह तो कब का काट चुकी फिर यह दुश्मन ममता कहाँ छिपी थी कि मेरे पाँवों में रस्सा डालकर मनमाने तौर पर घसीटने लगी।

'नहीं, मेरे भीतर अपने बच्चे के प्यार में अन्धी स्त्री कब की खत्म हो गई। मैंने तो अपने लिए रोशनी का द्वार कब का खोल दिया। उसी रोशनी में स्त्री जाति को देखने का अभ्यास डाल लिया तो उसे भूलने का अब सबब क्या ? लड़की का ब्याह न हो गया, गले की फाँसी हो गई ! सचमुच अपने ऊपर शर्म आती है। मेरा शरीर किस आग में जलकर कुन्दन हुआ है, किस पसीने ने गूँथकर उसे कड़ा किया है, उम्र पर गुजरते तूफानों ने ऐसा पक्का कर दिया कि अब आँधी-पानी का असर नहीं होना चाहिए।

'तब ? क्या कोई रोग लगा है ? सुई का कसकना कतई बन्द है।

'रोग भी कैसा...सहायक विकास अधिकारी (महिला) कस्तूरी देवी पर बिदिरका और सिकुर्रावासिनी माँएँ हमला करती हैं—बड़ी माता की तरह, छोटी माता की तरह।'

कस्तूरी छूत पाक मनानेवाली, संक्रामक रोगों से निदान में माहिर अपने केन्द्रों में कितने ही पोस्टर और पुस्तिकाएँ भिजवाती हैं, उन्हें कौन मात दे सकता है ? उन्हें कौन जीत सकता है ?

जीवनगति ! जीवनगति ने ऐसा मोड़ लिया कि वे अपने तन-मन के रगरेशे उधेड़ने लगीं। लड़की की जिद को अपनी मान्यताओं पर घिसने लगीं। विधवा को प्यास नहीं लगनी चाहिए तो क्या लगती भी नहीं ? भूख-प्यास-अच्छे कपड़ों की ललक, सब निषेध है। निषेध तोड़ने की इच्छा नहीं हुई ? मन मतवाला हुआ, देह साथिनों में लीन होने लगी। अकेलेपन ने इतना डराया कि गौरा को लेकर अकेलेपन का खयाल ही भुला डाला। फिर भी कई ललक बची रह गईं, जिन्हें दबाते-दबाते, पीटते-पीटते फौलाद-सी कठोर होती गईं। इस साधना का अन्त कहाँ ? इस तपस्या का मूल्य कहाँ ? कुछ धार्मिक किताबों में लिखा है माहात्म्य, पर वह किसको मिला है? उनका जीवन तो मरीचिका में भागती हिरनी की तरह बीता है।

हिरनी में मद होता है तो ममता भी होती ही होगी।

उनकी ममता पर विद्या बीबी ने कब्जा कर लिया, नहीं तो उस गँवार स्त्री का लोहा मानने कस्तूरी देवी खुद करील की झाड़ियाँ लाँघती-फलाँगती, सत्यानाशी के काँटेदार झाड़ों से बचती हुई उनके पास पहुँचने का संकल्प लेतीं ? मगर जिन्दगी का कड़ा अभ्यास करनेवाला उनसे बेहतर भी कोई है। पुरुष-प्रधान सभ्यता के रुतबे की पूर्णता को खंडित करनेवाली अन्य स्त्री भी है। बिना आदमी के, आदमियों के समाज में मजबूती से खड़ी विद्या बीबी पर उन्हें आश्चर्य हुआ, क्योंकि औरतजात पर विश्वास करने का चलन कम-से-कम गाँव-समाज में तो नहीं। शेरनी पर विश्वास जरूर किया जा सकता है।

क्या विद्या बीबी शेर पर बैठे लड़कों का पता लगाने में महारत हासिल कर चुकी हैं ? नहीं तो वे क्यों चली जा रही हैं उनके पास ?

इसलिए कि चारों ओर के रास्ते बन्द हो गए तो निर्बल के प्राण पुकार रहे जगदीश हरे जगदीश हरे। हारे को हरिनाम, तो बीबी के पास भी ऐसा क्या है कि सम्बल बन जाए ? उनके अपने लिए भी पति नाम की सत्ता कब की ढह गई, जिसे औरत अपनी सम्पत्ति समझती है। पतिव्रत धर्म के जैसा तेजोमय विधवा-धर्म कैसे हो सकता है ? अभी तक के इतिहास में तेज का उद्‌गम सती धर्म जो सुहागिन निभाती है, वही माना गया है। गर्व और स्वाभिमान का जरिया न होते हुए भी बीबी ने चौखट के बाहर की जंग जीती है, यही कमाल समझो।

बीबी के कारण अपना दर्द भूल रही हैं कस्तूरी। अब तक टीस-भरी तकलीफ ने मांस-मज्जा को खूब कुचला-पीसा है। चिन्ता ने भूख-प्यास और नींद उड़ा दी। दुख इस कदर क्यों बढ़ता गया ? इसलिए ही न कि विवाह की कुरीति को सिर्फ मैत्रेयी के लिए ही घातक न मानकर सारी स्त्रियों के लिए घोर बन्धन माना। बस इसी खराब आदत के चलते अपनी परेशानियों का विस्तार करती गई। गौरा ठीक ही कहती है शहर के अन्देसे में मियाँ जी दुबले।

गौरा का खयाल आते ही अपने हाथ की डुलिया की ओर ध्यान गया। कपड़े काफी रखे हैं या नहीं ? न मालूम कितना रुकना पड़े। गौरा होती तो सारा कुछ जरूरत के हिसाब से रख देती। उसकी अनुपस्थिति में कितनी ही गफलतें कर जाती हैं। यह निर्भरता भी गुलामी का दूसरा रूप है। गौरा किसी को भी भरमाने में माहिर है। खूँखार सेवा का हथियार जो साथ रखती है। बदहवास-सी वे पसीने में डूबने लगीं। ब्लाऊज, पेटीकोट पीठ और टाँगों से चिपकने लगे। चलना मुहाल हो गया। जैसे पसीने की नदी तैरकर जा रही हों। क्या कभी अब तक ऐसा कष्ट पाया था ? या जितने आँधी-पानी झेले, अपने लिए रहे, सिद्धि सफलता भी सिर्फ अपनी थी, सो महसूस नहीं हुए। अब यह अधूरे पात्र-सी बेटी...जिसे कस्तूरी जैसी माँ अनदेखा नहीं कर पा रही, साँसत में पड़ गई है। न चाहते हुए भी कौल करती है—सबसे पहले तू है मैत्रेयी। फकत बेटी ही नहीं, मेरी अगली कड़ी। तेरे बनने से मैं बनूँगी, टूटने से टूट जाऊँगी। तूने सुख माँगा है, पर सुख क्या होता है, तेरी माँ जानती नहीं। जीवन जाना जो संघर्ष के सिवा क्या था ? तेरे मामले में लगातार असफल रही। मगर तू यह न समझना कि माँ खत्म हो गई। अभी बहुत कुछ बचा है लड़की। सफर और यात्रा करते-करते शेर पर बैठा लड़का मिल जाएगा, कहीं तो मिलेगा। मिलेगा, मैं तभी लौटूँगी। तू मेरा इन्तजार करना मैत्रेयी।

जहाँ पहुँचना होता है, पहुँचकर मानती हैं कस्तूरी।

गाँव में कुटिया-सा घर था। छप्पर पर हरी-हरी लतरें बता रही थीं, यह विद्या बीबी का स्वभाव ही हो सकता है। इस घर में विद्या बीबी ही होंगी, दूसरा कोई नहीं। गृहस्थी की जगर-मगर भी कहाँ होगी, बेटियाँ विदा हो गईं, बहुएँ आने की आशा बेटाविहीन माँ कैसे कर सकती है ? उन्होंने इसी सामाजिक नियम को तोड़ना चाहा था, लड़की

आड़े आ गई।

हड़ीले चेहरेवाली ननद सामने है। लम्बे कद की ताँबिया मूर्ति अचरज की मारी-सी कहती है—हाय, कस्तूरी भाभी ! अरी पहले खबर कर देती, मैं अधरस्ता ही मिल जाती।

'यह भी अधरस्ता है बीबी' कहकर दोनों गलबहियों में समा गईं। आँखें बरसीं, दुख घुलने लगा।

अब तक कब हुआ था ऐसा ? इस गँवार स्त्री के हक में बेटियों के ब्याह के अवसर पर एक धोती और चार चाँदी की बालियाँ भेज-भेजकर खुद को मुक्त मान लिया था। इस रस्म को तो कोई भी गाँववासी कर जाता। जिनके भाई-बन्धु नहीं होते, उनका भाई-बन्धु गाँव होता है। मंडप भात बिना सूना रहे, पीहर बर्दाश्त नहीं करता। उन्होंने जो किया, क्या बड़ा किया ? यही अपराधबोध तो नहीं रुला गया उन्हें ?

बीबी धन्य धन्य अवस्था में। आँखें पोंछकर ताजादम। भाभी की खातिरदारी में शबरी भीलनी-सी। जब कभी हारी-बीमारी में आईं तरबूज, काशीफल, लौकी लेती आईं। पाया क्या, यही कि रोटियों की भूखी है, महत्त्व-मान चाहती है। छोटे स्तर की रिश्तेदार बड़ों के घर इसके अलावा और पाए ? मगर आज पिछली मान्यताओं का किला ढहने लगा। कस्तूरी सिर को बचाती हुई-सी...

खटिया बिछी है। रंग-बिरंगी धरउअल दरी डाली गई। गेंदुआ सजाया जैसे कस्तूरी दामाद और ननदोई जैसी मेहमान हो। इधर उनके प्राण मुँह को आने लगे। आदर का ऐसा भार ! इतनी गरूह गठरी ! उपास्य मूर्ति हँसे या रोए ? खिसियाती सूरत ऊपर न उठे।

विद्या बीबी कभी रसोई में तो कभी आँगन में। कभी गिलास हाथ में तो कभी बिलिया लिये हुए। बूढ़ी चिड़िया फुदककर नाच रही है।

भद्र चेहरा सिकुड़ रहा है। आत्मविश्वास भी डगमगा रहा है। दरिद्र ननद के सामने दीनता ऐसे उजागर होगी कि छिपाए न छिपे ! अपने आप को कहाँ छिपाएँ, जिसके माथे पर लिखा है स्वार्थ, जिसकी आँखों बसी है अपनी ही छवि। सफर का एक-एक कदम खुदगर्जी में पड़ता हुआ...। विद्या बीबी ने भाँप तो नहीं लिया ? हो सकता है ननद बड़प्पन दिखाकर चिढ़ा रही हैं। बेचारी अब तक अवज्ञा और अपमान ढोती रही हैं, बस प्रेम और त्याग दिखाना सीख लिया।

उन्होंने नरम गले से पुकारा, "बीबी !"

बीबी थीं कि काँसे की बिलिया-सी चमकती, हलुआ-सी महकती और गिलास भर मीठी लस्सी-सी बहती चली आईं।

हाय उनको क्या दे दें, गाँठ में मनुष्यता के सिवा कुछ भी नहीं। क्या बीबी को अवमाननाओं ने ही ऐसी ताकत दे दी है कि चोटों का जमकर सामना करने के बाद शहद की धार-सी बहें। कस्तूरी ननद के हृदय तक रास्ते का विस्तार पाती चली गईं। कहाँ कितनी उलझन थी कि अपनी बात कैसे प्रस्तुत करेंगी। सोच लिया था लड़के के बारे में घुमा-फिराकर पूछ लेंगी। बीबी के दामाद की स्थिति से तो पता चला है कि

लड़का लड़की के योग्य होगा। मगर साढ़े-तीन सौ बीघे का मौरूसीदार धनिक किसान हो सकता है, सभ्य विद्वान नहीं। चलो, बात-बात में पता ले लेंगी, फिर पढ़े-लिखों की तरह पत्र-व्यवहार करेंगी।

सोचा समेटा सब धरा-का-धरा रह गया। अबाध भावों का ऐसा रेला आया कि बाँधे हुए मंसूबे बाढ़ में तिनकों की तरह तेजी से बह गए।

''आओ बीबी, बैठो तो।'' कस्तूरी विगलित भाव से मनुहार की और सिरहाना खाली कर दिया जैसे अब तक की गलतियों का यही माफीनामा हो।

दो स्त्रियाँ—बहुत जल्दी घुल-मिल गईं।

दो माताएँ—बहन-बहन जैसी हो गईं।

लड़कियोंवाली विधवाएँ—घायल की गति घायल जाने के मुहावरे जैसी...प्रगाढ़ भाव और अभिन्न एकता के बिना स्त्रियों के दुख काटना असम्भव है। गहरे, छिपे हुए तथा अप्रकट भावों को ऐसे समभाव बिना कौन समझ सकता है ? कस्तूरी को नया ज्ञान हुआ, इस स्तर पर, जिसपर वे अब तक बिलबिलाती रही हैं कि सोचने-समझने का माद्दा खो बैठीं।

विद्या बीबी अपने खोजे हुए वरों की ब्योरेवार सूची की धकापेल में थीं। अतिरिक्त उत्साह के मारे खुद पर काबू पाना उनके बस का न था। गँवई ढंग से बात खोल देना उनकी आदत में शुमार है। बस इसी मनोभाव के वशीभूत होकर कह दिया, ''लो तुम न आतीं तो हम आ ही रहे थे। हमने सुनी है कि 'कनास बापों' ने तुम्हें बड़ा सताया है। धुआँकारों ने ऐलकारनी का हौप न माना। राँड़ लुगाई की तरह फजिहत पर उतर आए। लोभी-लालची रुपया-पइसा तो माँग ही रहे हैं, इसकूटर के संग छोरी के भइया-बाप माँग रहे हैं। बताओ, लुगाई हाथ-पाँव से मेहनत करे और भगवान से लड़कर खसम-पूत भी लाए, तब ये ब्याह-सादी के लिए राजी होंगे। रंधे री मरदों की दुनिया ! आज मेरा हीरा भइया होता तो...'' कहते हुए बीबी का गला भर आया।

''बीबी ! तुम्हें तो सारी कथा मालूम है !'' कह रही थीं कस्तूरी, मगर महसूस कर रही थीं कि जैसे उनके माथे पर दुर्भाग्य का गूमड़ उभर आया हो, जो जिन्दगी की पराजय की मुनादी कर रहा है।

ननद उठी और मोरी पर नाक सिनक आई।

लौटकर खटिया पर बैठ गई। भाभी को ढाढ़स दें, इसके सिवा बीबी के पास क्या है ? हिम्मत बाँधती हुई बोलीं, ''सो तो तेरे नाम की इलाके में 'हई' पड़ गई है। कस्तूरी नाम सुनते ही बंजमारे मर्दों का हौसला हिल जाता है। मेरी छाती चौड़ी हो जाती है, भौजाई का नाम सन्नाम हो रहा है।''

कस्तूरी सबकुछ सुन रही हैं, मगर समस्या खड़ी हो गई है, वह अपने ढंग से उनका तन-मन खींच रही है। खून में तनाव-सा पड़ता है। गहरी साँस ही बची है, लेती रहें, खींचती रहें। प्राणवायु बिना जिएँ भी कैसे ?

''भाभी !'' विद्या बीबी ने अपनत्व से उनका हाथ थाम लिया तो हड़ीली मजबूत हथेलियों में हलचल-सी मच गई। बीबी बोलीं कि स्पर्श की गर्माहट ?

"हमने भी अपनी पुष्पा के लिए एक लड़का..."

"हैंऽऽ !" कस्तूरी ने चेहरा उठाकर ननद की ओर देखा तो बीबी ने अपना पक्ष और भी मजबूत किया, "घबड़ाय मत भाभी, हमारा दूसरे नम्बर का दामाद अच्छे खानदान का है और रुपया-पइसा में भी कमी नहीं है। दुकान चलाता है। अपनी बहन के लिए डाकधर ढूँढ़कर आया है।"

"फिर बीबी ?" कस्तूरी की उतावली जिज्ञासा ने झपट्टा मारा हो ज्यों, क्योंकि उनके भीतर कई निश्चय दम तोड़ रहे थे।

कस्तूरी भाभी के भीतर की उथल-पुथल चेहरे पर फैल गई और आलोड़न आँखों में उमड़-घुमड़ रहा है, विद्या बीबी का बोलना बड़ा जरूरी हो गया।

"भाभी मामला तय था, पर बात बनी नहीं।"

"बनी नहीं !" कस्तूरी आगे बढ़ने के लिए सँभलकर बैठ गईं।

"पढ़ाई ! पढ़ाई पर टूट गई बात। छोरी आठ पास थी, डाकधर ने फैल कर दी।"

कस्तूरी की आँखों के आगे आशा की हरी-भरी क्यारियाँ बीबी ने बो डाली हों जैसे। भीतरी तरंग में आकर ननद का घुटना पकड़ लिया। या कि यह जाँच रही थी कि कोई सपना तो नहीं देख रहीं ?

"भाभी, बड़े मान-मनौअल हुए। हमारे समधी ने रुपयों की थैलियाँ खोल दीं। पर डाकधर रुपयों से मिलते होते तो हर मोटा आसामी ले आता। छोरा की एक ही रटन कि छोरी पढ़ी-लिखी हो। समझ ले कि जिद्द बाँध गया। ऐसी मलूक छोरी छोड़ दी। सबने कहा—सनकी है। रुपया तो भगवान को भी मना ले।

कस्तूरी के पास बैठी सरस्वती बोल रही हो जैसे। विद्या बीबी विद्या की देवी, दौलत को ठोकर मारनेवाले नौजवान को कैसे पा गईं, जिसकी खोज में वे मारी-मारी फिर रही हैं। पढ़ी-लिखी साथिन खोजने कौन-सा समाजविद्रोही निकला है ! उसकी अटपटी मानी जानेवाली अपील ने कस्तूरी का बुझा-बुझा मन जगा दिया। या कि गिरती बेबस चिड़िया-सी औरत को बीबी सहारा दे रही हैं ?

अगर यह सारा कुछ सही है तो समझा जाए कि तकदीर भी कुछ होती है, उसकी तकदीर ने डॉक्टर को झकझोरा है। या अपना तपोवन बनाने के लिए कोई हमदर्दी से पुकार रहा है ? कस्तूरी का मन मोम का हो गया। मोम पर बीबी दूर से गर्माहट छोड़ रही हैं, "भाभी, तू जो सोचकर निकली है, बस समझ ले मनोकामना पूरी हुई। बस जल्दी कर डाल अब। पइसा के पाँसे बुरे होते हैं, समधी थैली के ठोर बोरी न खोल दे दौलत की।"

"बीबीऽऽ !" करुण पुकार-सी उठी कंठ से। निरी विपन्न-सी देखती रहीं।

ननद की पुतलियाँ मणियों जैसी चमकीं। कभी न पूछनेवाली भाभी सहारा माँग रही है। भावमय हड़ीला चेहरा टपक पड़ने की हद तक पिघल आया। नातेदारों से अलग नातेदारी का यह सूत्र औरत औरतों में ही जुड़ता हो जैसे। फिर सरल उत्साह और आनन्द से ननद मुस्काई।

कस्तूरी भी अपनी शिक्षा सभ्यता का बोझ परे फेंककर निखालिस भौजाई हो गईं।

बातें सहज स्रोत में बह निकलीं। जो अब तक नहीं जान सकी थीं, ननद ने कब का गुन लिया, यही तो सोचने का विषय है। डॉक्टर खोज लाई कि आँवले के पेड़ पर आम फला दिए। विद्या बीबी गँवार स्त्री हैं, मतिमन्द हैं तो फिर विद्या बुद्धि से लैस कौन है ?

कैसे समझाया डॉक्टर !

''भली सोची तुमने लल्लू। धन-माया दिखाकर भरमा रहे हैं, अरे धन कमाता है आदमी तो गँवा भी देता है। इलम गँवाते देखा है किसी को ? हमें खुशी है कि हमारी भतीजी तुम्हारे संग मौज-बहार से रहेगी, पर इतनी भी गारंटी देते हैं कि उसके संग तुम भी दुख-तकलीफ नहीं पाओगे। माना कि दामाद मेरा अपना है, पर उसकी ब्रहन के संग तुम्हारा मेल नहीं मिलता, सो साँची है।''

'यह ज्ञान किस किताब से हुआ बीबी को ? शिक्षा का महत्त्व क्या होता है, यह स्त्री कैसे जानती है ? विकास योजनाओं के कार्यालयों में हम जिनके लिए बैठकें करते हैं, बजट बनाते हैं, उनको शिक्षित करन के लक्ष्य रखते हैं, वे ही हमें समझा रही हैं कि शिक्षित दुनिया का रहस्य क्या है, उसकी निरन्तरता की शर्त क्या है ? प्रगति की खुशनुमा तस्वीरें खींचती हुई हम स्त्रियाँ केवल अपनी नौकरी ही नहीं बजा रहीं ? उसी महिमा के पंख लगाकर गौरा जैसी औरतें उड़ना सीख रही हैं। बदलाव का बसर इस दुनिया में नहीं है, मगर असर से ये अछूती नहीं। तभी न हम लड़खड़ाती हुई औरतों को ये सँभाल रही हैं। गरिमा से दिपदिपाता हमारा चेहरा और व्यक्तित्व का तेज उड़न-छू कैसे हो गया ?'

अब उनके स्वर में न खनक थी, न चेहरे पर दयनीयता। बीबी की ताकत उधार लेकर खुद को संयत कर लिया। ठेठ किसानिन की तरह अपन मत बता दिया, ''डॉक्टर से कहना, आज से पन्द्रह दिन तक मैं और मैत्रेयी गाँव में ही हैं। लड़की देखने गाँव ही आना होगा। प्राइवेट दिखाना मुझे चोरी जैसा काम लगता है। वर पक्ष की हाँ या ना की परवाह नहीं करती।''

विद्या बीबी ने अपनी भावज की बात का समर्थन किया, प्रशंसा की नजर से देखा, बस एक जरूरी बात याद दिलाई, ''अरी, पहले तू भी तो छोरा देखेगी, तभी बात आगे बढ़ेगी। किसी के कहे पर विसवास किया तो समझ ले अपने ऊपर भरोसा खो दिया। आखिर तो ये जिन्दगी के मामले हैं।''

कस्तूरी लज्जित हो उठीं। अज्ञान की भी हद होती है।

''और क्या।'' कहकर यह भरम दिया कि यह शर्त तो जुड़ी ही थी। पर कोई चेहरे को क्या करे, जो ऐसे बदला जैसे अपनी भूल पर अफसोस पोत बैठा हो।

दोनों स्त्रियों का अलीगढ़ जाना लाजिमी हो गया, लड़का वहीं था।

दोनों को अलीगढ़ दो दिन रुकना पड़ा।

विद्या बीबी अपने दावे और प्रत्याशा बढ़ाती जा रही थीं। और उनकी चेष्टा कस्तूरी को लगातार डॉक्टर की ओर खींच रही थी।

लड़के की गली में पहुँचीं। घर पता किया।

लड़का कहाँ है ? हॉस्पिटल में ? यूनिवर्सिटी में ?

नहीं, सिनेमा गया है, किसी पड़ोसी ने बताया।

सिनेमा ! कस्तूरी के कदम ठिठके। उन्होंने विद्या बीबी की धोती का छोर पकड़ लिया। उनकी अन्तर प्रकृति के ठीक विपरीत आचरण करनेवाला...गली में खड़ी अपनी दुरन्त इच्छा को दबाएँ न तो क्या करें, जो लौट पड़ने के लिए झिंझोड़ रही थी। वे चुप थीं, आना अपनी त्रुटि ने सिवा कुछ न लग रहा था। पहले ही मुहाने पर ठोकर खा गईं। करुण हँसी होंठों पर लाकर विद्या बीबी की ओर देखने लगीं कि आगे तुम किस महिमा की भास्वरता दिखानेवाली हो ?

"सिलैमा कितने बजे छूटता है भाभी ?" भोली ननद ने पूछा।

"जिसने देखा हो, उसे पता होगा। चलो, लौट चलते हैं।" वे अपनी प्रकृति के विरुद्ध खुद को कसे खड़ी थीं, मगर बोल बैठीं।

"जुलम मत करो भाभी। लौट जाने के लिए इतनी दूर आएँ हैं ?"

"बीबी, लड़का डॉक्टर हो या मास्टर, सबसे पहले वह लड़का होता है, यह मैं मान गई, तुम भी मान लो। अपनी लफँगई से बाज न आनेवाला लड़का। शील शुद्ध लड़का मिलना ऐसी मामूली बात समझ ली कि किसी अली-गली में मिल जाएगा ?"

विद्या बीबी अगुआ थीं, इसलिए जिम्मेदार थीं और अपनी बुद्धि पर उनको पूरा भरोसा था, कस्तूरी की मुखमुद्रा का कडुआपन देखकर अपनी आवाज साधती हुई बोलीं, "अरी सिलैमा क्या रंडी का कोठा है ? हमारे तीनों दामाद सिलैमा के सौखीन हैं, तो क्या उन्हें बदचलन मान लूँ ? बाबरी, न कुछ बात पर लड़का खारिज कर रही है ! फिर तो तैने कर लिया छोरी का ब्याह !"

इस चुनौती पर उनका तेवर ढीला-सा हो गया। कस्तूरी की मातृमूर्ति हिल-डुल गई। सिनेमा नवयुवकों को आवारा, चार सौ बीस और लोफर नहीं बनाता क्या ? प्यार-प्रीति के बेशर्मी भरे गीत वे आते-जाते सुनती नहीं है क्या ? उन्हें याद आया, जब मैत्रेयी 'सम्पूर्ण रामायण' नाम की फिल्म के बहाने 'जब प्यार किसी से होता है' फिल्म झाँसी की इलाइट टाकीज से देखकर निकली थी, तब वे उसी रास्ते प्लानिंग ऑफिस से चली आ रही थीं। मन आया था, झोंटा पकड़कर सड़क पर ही पटक दें। सिनेमा देखने से जो होता है, वह है चरित्र का नाश। अगर आदमी के पास साफ सुथरा चरित्र नहीं है तो खाक है उसकी लिखाई-पढ़ाई और जिन्दगी। लेकिन बेटी से रास्ते पर क्या कहतीं ?

उन्होंने सारा कुछ एकान्त भाव से ही सोचा। उनकी आत्मा किस लड़की-लड़के के व्यवहार से परितृप्त हो पाएगी ? आज अनगिनत माँ-बाप इसी बात का रोना रो रहे हैं कि कलयुग की मार भारी होती जा रही है। नवयुवक बेहाथ जो हो गए हैं। मन मसोसने के सिवा चारा क्या है फिर ? सब एक ही धारा में पल रहे हैं। मौज उड़ानेवाले गले में आला लटकाकर डॉक्टर बन रहे हैं, उफ् ! कस्तूरी विद्या बीबी की शरण आ गई हों जैसे, सिर झुकाकर खड़ी रहीं। आमने-सामने की बात पर सिर सीधा ही नहीं किया।

लगातार मन की आवाज झनझना रही थी, जीभ भी अकुला रही थी, मगर यह अगौरव तो ढोना ही है, क्योंकि यह अपने ही सार्वजनिक सम्मान की रक्षा में है। मलिन हुए चेहरे और बुझी-बुझी आँखों को बाकायदा स्थिर और चमकदार निखार देती हुई बोलीं, ''बीबी, कल सबेरे आने को कह चलो।''

दूसरा दिन बड़ा चमकीला था।

माताजी अलीगढ़ से दोपहर तक गाँव आ गईं। जितनी धूप, जितना उजाला, जितनी चमक छोर में बाँधकर लाई थीं, सारी की सारी दौलत अपने घर के आँगन में बिखरा दी। कस्तूरी की आँखों में आज की दृष्टि-सी कभी दृष्टि न थी। विश्वब्रह्मांड का अर्थ खोज लाई हों जैसे। शान्ति-सन्तोष और अबाध्यता से पूर्ण उनकी छाया में घर की आबोहवा बदलने लगी।

मैत्रेयी अढ़ू के नगलावाले इंजीनियर अयोध्या प्रसाद का सपना देखकर जागी थी, जो मरुस्थल में मरीचिका-सा...। उसने अपने शलवार-कमीज की सलवटें झाड़ीं, तभी मन मगन माताजी ने रेगिस्तान में शीतल जल के झरने खोल दिए।

माँ-बेटी खाट पर आमने-सामने बैठी थीं। मैत्रेयी बिना नहाई मलिन मुख और माताजी बर्फ-सी सफेद साड़ी-ब्लाउज में साँवली ताजगी भरी सूरत। जामुनी होंठों के बीच मुस्कुराते चार दाँतों की चाँदनी छिटका रही हैं।

जैसे प्रभाती जागी हो, ''लाली, डॉक्टर को तेरी मार्क्सशीट दिखाई तो उसने ऐसे ही सरसरी नजर डाली जैसे सब ने डाली। पर तेरी लिखावट को गौर से देख रहा था'' कहते हुए उनकी प्रभामयी आँखों में आशा की कौंध जागी।

''मार्क्सशीट मुझे लौटाने लगा तो मैंने कहा अपनी भी दे दो।' वह तनिक चौंका, पर मेरा कहना मान गया। लड़का लाखों में एक है। पिता की बात आई तो बोला, उनके पास जाने की क्या जरूरत है, शादी मुझे करनी है। मेरे मुँह से निकलने को हुआ—'शाबाश !'

माताजी के स्वर में लहरों का प्रवाह था, ''लाली, मैंने पहले ही साफ कर देना चाहा कि लड़की मेरी जैसी नहीं है, उसने अपने पिता का गोरा रंग लिया है, कद भी अच्छा है तुम्हारे हिसाब से। माँ के नक्शे को देखकर बेटी का अन्दाजा न लगाना।

''वह तपाक से बोला—कैसी बातें करती हैं आप ?

''लाली, उसे क्या बताती कि कइयों ने तो मुझे देखते ही नाक सिकोड़कर कानाफूँसी की और मुझे बैरंग वापस कर दिया। लड़की दिखाने तक का मौका नहीं दिया !'' माताजी की आँखों से उल्लसित ज्योति गायब होने लगी, पुतलियों पर पानी जो चढ़ आया। शायद सफलता मिलने पर असफलता की दयनीयता ज्यादा साल रही थी।

''सुनेगी तो विश्वास नहीं करेगी तू, डॉक्टर क्या बोला ?''

मैत्रेयी की नजरें उत्सुक और कान प्यासे-से...

''कह दिया कि आपको देख लिया, इसलिए ही आप की बेटी से ब्याह करने का

इरादा कर रहा हूँ। आप अपने आप को कमतर किस बात में समझती हैं ? माताजी आप निश्चिन्त होकर जाइए।—मेरे भीतर आशीर्वादों के नलके खुल पड़े।''

''लल्लू, दान दहेज ?'' माताजी ने टटोला था।

''डॉक्टर ने हाथ जोड़ दिए और कहा—प्रेम भाव बनाए रहें, बस। ऐसे लड़के होते हैं ? ऐसे इनसान धरती पर हैं ?

''लाली, ब्याह मेरे कारण, प्रेमभाव और लड़के की विनयशीलता, इसके सिवा और क्या चाहिए ? सच्ची, मैं तो उस देवता स्वरूप इनसान को देखती रह गई। अब तेरा ब्याह होगा तो उसी से, मैंने वहीं प्रतिज्ञा कर ली थी।'' कहकर मैत्रेयी को लाड़ से देखा।

प्रतिज्ञा, प्रण, संकल्प...मैत्रेयी कुछ सोचे-समझे उससे पहले पिता की भूमिका का निर्वाह करती हुई माँ ने विवाह का रास्ता घेर लिया। वह कहाँ से निकले ? पत्थर की मूर्ति जैसी खामोश लड़की माताजी की ओर देख भी नहीं सकी।

'माँ, आखिर माँ हैं' उसने अपने हलचल भरे हृदय को सँभाला।

मगर यह बड़ा हुक्म ? मैत्रेयी को लादे गए बोझ की तरह लगा।

साथ ही, अब तक जो मन में रहा है, वह इंजीनियर...अपलक ताकती हुई मैत्रेयी। तस्वीर की छवि महीनों से सामने है। क्या उसका दिल मन्दिर है, ईंट-पत्थरों का मन्दिर ! जिसमें कोई भी मूर्ति कभी भी स्थापित कर दी जाए ? हाय, अयोध्या प्रसाद !

लम्बा निश्वास फेंका लड़की ने।

निश्वास के साथ ही, स्वर निकल गया, ''माताजी, भगवानदास भइयाजी कह रहे थे कि अढ़ के नगला से पाठकजी आनेवाले हैं।'

माताजी ने ऐसे देखा, जैसे किसी बेवकूफ पागल को देखते हैं। फिर घूरकर कहा, ''फिर वही मूर्खता की बात ! भूल जा उस पढ़े-लिखे बैल को। बाप का मुँह जोह रहा था, मेरी ओर तो ताका तक नहीं। कोल्हू का बैल।''

कल्पनाओं में प्यार का रस छलकाते हुए प्रियतम का ऐसा अपमान ! मैत्रेयी दो पल थमी-सी रह गई, जबकि कहना चाहती थी—माँ, इधर तुम, उधर उसके पिता बीच में हम दोनों के बनाए तानों-बानों का कोमल संसार...अगर वह बाप का शिकंजा नहीं तोड़ पा रहा तो मैं ही कहाँ तुम्हारा शासन भंग कर पा रही हूँ ? कभी भेंट मुलाकात नहीं हुई, मगर अपनी तस्वीर के साथ प्रेम का पत्र...माँ पत्र को इतनी जल्दी नोंचकर मत फेंको।

मगर कैसे कहे ? माताजी तुरन्त सवाल दाग देंगी—तू ने भी चिट्ठी जरूर लिखी होगी। चिट्ठी लिखने की तुझे बुरी लत है। आगे आशंका भी जताएँगी कि वह कोल्हू का बैल चिट्ठी अपने बाप को सौंप देगा। खुद ने पढ़ी होती तो किसी नतीजे पर न आ जाता ?

अयोध्या प्रसाद का खुला पत्र मैत्रेयी के लिए बन्द लिफाफा ही रहा, जैसे देखा ही न हो कि उसमें क्या लिखा था ? यों भी लड़की को अपनी भावनाओं की, चाहत की यहाँ तक कि विचारों की इबारत कई-कई बार पोंछनी पड़ी है, क्योंकि अनुभव बदल गए हैं।

निरुच्चारित ध्वनि भी होती है कोई ? शायद होती है, नहीं तो मैत्रेयी ने कब कहा—माँ, मैं तुम्हारे उस देवता से इसलिए शादी कर लूँ, क्योंकि उसने तुम्हें पसन्द कर लिया है ? अगर वह मुझे पसन्द न आए तो भी ?

माताजी ने कहा—तो भी। तो भी। तो भी।

हर हालत में।—मैत्रेयी सोचती है—माँ, जो महत्त्व तुमको किसी पुरुष ने अब तक नहीं दिया, वह डॉक्टर ने दे दिया, क्या इसलिए गद्गद हो ?

सोलह जून इतवार का दिन तय हुआ।

पंडित-नाई जुड़ गए। आँगन में लोग भी जमा थे। समय का एक छोटा सा क्षण था, जो सिकुर्रा गाँव की बेटियों की वैवाहिक इतिहास में कुछ इस तरह से दर्ज हुआ कि सबकुछ बदला-बदला लगे।

पीढ़ा बिछाकर जब एक दरमियाने कद का साँवला-सा नवयुवक, जिसने हलकी गुलाबी बुशशर्ट और कत्थई पैंट पहन रखी थी, बिठाया गया तो कई-कई वर्षों बाद आँगन आबाद हो उठा। लोगों में सुगबुगाहट थी—लड़की देखने की दरकार नहीं थी, डॉक्टर खुद को दिखाने आया है। पंडित जी ने गुण-दोष मिलाए, मिले नहीं। नाड़ियों का मिलान किया हुआ नहीं। ऐसे में कोई ब्याह सोधा जाता है ? पर कस्तूरी तो निराली है, कहती है उसे पत्रा-पंचांग पर रत्ती-भर भी विश्वास नहीं। नम्बरदार उसी के सुर में सुर मिलाते हैं सो सुना दिया—करमगति टारें नहहि टरी/मुनि वसिष्ठ से पंडित ज्ञानी सोधि कें लगन धरी/सीता हरण मरण दसरथ कौ, वन में विपत्ति परी।

—हाँ भाई, पढ़े-लिखों का ब्याह पढ़े-लिखों की तरह ही होता है। हर जगह मनमानी हो रही है। वेदराम की बैठक में देख आओ, बेचारे पाठकजी अपना लड़का लिवाकर इस डॉक्टर से पहले आ गए थे। पर यहाँ तो सीता स्वयंवर होना था।

—सीता स्वयंवर ? अजी कहाँ...वहाँ तो जिसने धनुष तोड़ा, सीता चुपचाप उसी की हो गईं। यहाँ तो कस्तूरी लड़की से पूछ रही थी—कि लाली, बोल क्या कहती है ? आखिरी फैसला तेरा है। भाई हद है। सिकुर्रा गाँव में अब तक एक लड़की की दो-दो बरातें भी आई हैं, पर किसी बाप ने कहा है कि लाली, आखिरी फैसला तेरा है ?

—जब आखिरी फैसला लाली का ही है तो तुम काहे को गैल-गली मारे-मारे फिरे। कितनी नई चालें निकलेंगी, देखते जाओ। अच्छी भाभई भई।

भीतर टीका होने लगा। रोली-चावल लड़के के माथे पर लगाकर बुजुर्गों ने एक-एक रुपया दिया। डॉक्टर ने सिर झुकाकर हाथ जोड़कर सबको प्रणाम किया।

"एऽ छींक पात, उठो लल्लू।" लीलावती नाइन ने सारे देव-पितरों के लिए वर का शीश हिलाया।

डॉक्टर ने लीलावती नाइन को भी प्रणाम किया तो सबने अचम्भे से देखा।

हम घर साजन आये

गजब ! डॉक्टर झाँसी आनेवाला है।

'टेलीग्राम आया है' घर की मालकिन बाई का चेहरा फक पड़ा हुआ था। लिफाफे को देते हुए भी उनकी उँगलियाँ काँपीं।

तार का आतंक भारी है। बाई का अनुभव और ज्ञान तार द्वारा आए शोक-सन्देशों तक है। मौहल्ले से तमाम बलाएँ तार के जरिए गुजरी हैं। कुछ दिन पहले ही साथ वाले घरोंदे के काछी के नाम तार आया था। तार देखते ही काछिन काली से पीली पड़ गई। फिर अपनी देहरी पर रोने बैठ गई। पड़ौसिनें जुड़ आईं। उनके आँखों में भी आँसू गुँथ गए। इसमें शक नहीं कि औरतों के पास बेभाव के आँसू होते हैं। तार पढ़नेवाला बस्ती में कोई नहीं। पोस्टमैन लियाकत रखता है, मगर कई बार शोक-गठरिया लादने का गुनाहगार हो चुका है।

मैत्रेयी ने कॉलेज से आकर तार पढ़ा और बताया—लड़की पसन्द है, सगाई की तैयारी करो। बीच में केवल चार ही दिन हैं।

रोती हुई औरतों के चेहरे मुस्कराए धीरे-धीरे। बारी-बारी सबने मैत्रेयी के पाँव पूजे और कहा—अपने पुरा में देवी महामाई आई है। तार को खुशी में पलट दिया।

आज भी मैत्रेयी मुस्कुरा रही है।

बाई अब अचरज से देख रही हैं। उनका मुँह भोली मादा भालू जैसा है। बाई की आँखें निर्द्वन्द्व-सी हो आई हैं।

"बिन्नू, अब हँसी खुसी के तार सोई आने लगे हैं ?"

मैत्रेयी और भी हँसी, क्योंकि हँसने को उसका मन कर रहा है, तार के रूप में डॉक्टर का हाथ पकड़े खड़ी हो जैसे, फिर खुशी न होगी क्या ?

फिर-फिर पढ़ती है—Reaching on 12th January

साजन से मिलन होगा ऽऽ—पाँच दिन बाद।

मगर !

लेकिन... शरमाने के दिन नहीं, मर खप जाने के दिन आए। गला सूखने लगा। मुँह की ओप उतरने लगी। अद्भुत सन्देश क्या आया, मन में बसे प्रियतम ने झिंझोड़ कर रख दिया।

''आ रहे हो, आ जाओ, मगर रहोगे कहाँ ?

इस सँकरी कोठरी में, जहाँ खटिया-भर जगह है बस, सो खटिया नहीं बिछाई। धरती पर गद्दा डाल लिया है—यही बिस्तर है, यही रीडिंग टेबल है, यही ड्राइंगरूम का सोफा है। चलने-फिरने की सहूलियत भी गद्दे के कारण है। यह जो बाई का दिया हुआ पटरा है न, विशेष सहयोग की निशानी है कि मकान मालिक और किराएदार का सद्भाव बना रहे। याद रहे, बाई ने इसे देते समय क्या कहा था—बिट्टी, किताबें ई पै जमा लो-गोबर मिट्टी की लीपन-पोतन में मैली नहीं होंगी।

खुरदरी दीवार पर सुतली और कील के सहारे तुम्हारी तस्वीर टँगी मुस्कुराती रही है डॉक्टर, क्या तुम भी इसी तरह...? दिल में बसाना कितना आसान है, कमरे में कहाँ रहोगे ?

'जान, तुम्हारा खत मिला !' तस्वीर में कहता हुआ डॉक्टर, आज डराने क्यों लगा ? सोचती है मैत्रेयी—झाँसी से अलीगढ़ की दूरी सैकड़ों मील, दूरी के उस छोर पर बैठा डॉक्टर आसमान के चाँद से कम न था। खत डाला कि खत उसे धरती पर उतार लाने की कोशिश-भर था, चले आने की अनिर्वायता नहीं। अकेले एकान्त के सपने ने हकीकत पकड़नी चाही, तार आज उँगलियाँ झुलसा रहा है।

पछतावों के चक्करदार घेरे...बेवकूफियों-भरी मनुहारें। अरे मँगेतर ही तो था, आगे-पीछे अपने ही दामन से गाँठ बाँधनेवाला। प्रेमी तो नहीं, कि हाथ से फिसल जाने के डर में घड़ी-घड़ी मिलने बुलाया जाए।

इस पिंजड़ेनुमा कोठरी में तुम्हारा बसर होगा, घबराने के दिन आए, सोचकर मैत्रेयी बाहर निकल आई कि खुले में साँस ले सके।

कमरा, जिसे कहती है मैत्रेयी, उसके आगे पन्द्रह गज के फासले पर सीमेंट का चौकोर छोटा-सा चबूतरा है। बीचोबीच बेर का पेड़ है। यहाँ बैठकर लगता है खुली जगह पा गई है। पर इस बस्ती के बाशिन्दों से सामना न हो, ऐसा कैसे हो सकता है ?

दिहाड़ी-मजूर आटे और नमक मिर्च की पोटलियों के साथ कड़ुवे तेल की छोटी-छोटी शीशियों की गर्दन में डोरियाँ बाँधकर लटकाए हुए निकलते हैं। 'राम राम जिया, सीताराम जिया' के सम्बोधनों में मैत्रेयी का आदर करते हुए बतियाते हैं—यही यहाँ की शामे-झाँसी है।

आज मजूर भाइयों का सम्बोधन काटने को दौड़ा। बतियाने के बदले मैत्रेयी ने मुँह फेर लिया। उसके दिल से आवाज निकली—मरो कमबख्तो।

''ओ जिया, जिउ तो अच्छा है ? बैमार-सी काए दिख रहीं ?''

दाँती पीसती है जिया—लड़क उमर में सूखे चेहरे और सिकुड़नों-भरे शरीरों को देखकर किसका जी अच्छा रह सकता है मनहूसो। कद्दू-से थोबड़े, हाथ-पाँवों के कुपोषण और जलोदर के मरीजों को देखकर डॉक्टर मैत्रेयी पर थूकेगा तक नहीं, उलटा लौट लेगा अपनी नगरी को। मैं तुम्हारे कारण तौहीन से गड़ जाऊँगी क्योंकि तुम कतार लगाकर आते काले खुरदरे जन्तु-से, चीकट कपड़ों की बदबू उड़ाते, जैसे धरती फोड़कर आज ही निकले हो।

मेरे प्यार का पुंज डॉक्टर मुझे चारों ओर से घेर रहा है, रास्तागीर, इस रास्ते आना-जाना छोड़ दो। डॉक्टर के बालों से केंथराइडीन की खुशबू उड़ेगी, वह इस धुएँ की कड़ुआहट-भरी हवा में, पसीने की सिसियाद में घुट जाएगी, मुझे डर है, इसलिए ही पुरा से उमड़ती आती हवा मुझे बेदम कर रही है।

उतरती साँझ में लाल सूरज के हरियल दायरे...खेतों में जगह-जगह किसने गहरे गढ़्डे कर डाले हैं कि मालियों-काछियों की मोरियों के पानी ने इकट्ठा होकर दलदल कायम कर दिया। भगवान, तू वनमालियों जैसे लोगों को क्यों जन्म देता है, जिनके लिए कीचड़ ही नियामत है, गढ़्डे ही औकात में रखने के साधन हैं। मगर जिन्दगी को टटोल लेने वाले लोग मुँह के बल गिरकर मरते नहीं, जगह-जगह ईंट-पत्थर रखकर कीचड़ दलदल पार कर जाते हैं। उनके बच्चे भी इस हुनर में माहिर हो गए हैं। क्या जो जिन्दगी को हर हाल में बचा लेते हैं, तू उन्हीं को जन्म देता है प्रभो ? शायद ये लोग डॉक्टर को भी दलदल पर आराम से चलना सिखा दें और मुझ तक ले आएँ। नहीं तो पूरी बस्ती, जो नई बनाई जा रही है, में ईंट-गुम्मा-रोड़ी-पत्थर और बजरी के टीले जमे हैं। यह अगम-अगोचर रास्ता डॉक्टर खुद तो कभी न खोज पाएगा। काश इन कन्नी-बसूलावाले कारीगरों से रास्ता पूछने में डॉक्टर विश्वास रखता हो, क्योंकि कोई उसके जैसा चिकना-चुपड़ा अपटूडेट यहाँ मिलनेवाला नहीं।

बहुत कातर आँखों से रास्ता देखा, कल्पना ने होश उड़ा दिए हलके गुलाबी रंग की टैरेलिन की कमीज गहरा नीला सूट और सलेटी टाई लगाए डॉक्टर आ रहा है। उसके चमकदार काले जूतोंवाले कदम आम के पेड़ की ओट से खेत की पगडंडी के बीच दिख रहे हैं। और मैत्रेयी को भरी सर्दी में पसीना छूट रहा है। सगाई टूटने से बचेगी नहीं।

ऊपर से बाई चली आ रही हैं, जिनसे खारी बू आती हैं।

वे फूल की पँखुरियों-सी नन्ही-नन्ही प्रेमपत्रियाँ, नकली इत्र से भीगी निशानियों से कागज, जिन्हें तितलियों की तरह बटुए में कैद कर लिया था और अरमान किया था कि अब इन्हें डॉक्टर के आँगन में जाकर छोड़ देगी। वे अब बटुए में ही मर जाएँगे, क्योंकि बाई आ रही हैं और टिन का छोटा-सा डिब्बा उनके हाथ में है, जिसमें शौच के लिए पानी है। पीछे-पीछे अंगरक्षिका-सी दो सुअरियाँ, उनके पीछे चार-पाँच घेंटे...धरती को सूँघती-खोदती फौज सामने है।

बाई सामने खड़ी हो गईं

"काए बिट्टी लाला जू आ रए ?"

मैत्रेयी अपनी मुश्किलों से जूझती हुई पूरी ताकत लगाकर झुँझलाई, "हओ, आ रए। तुम्हें का करने है ?"

"हम तो पूछ रए हैं। कमरा लिपवा देते।"

"लिपाई के बाद कैसा महकेगा, पता है न ?" मैत्रेयी ने लगभग मिसमिसाकर कहा। क्योंकि लड़की की निगाह में इस वक्त सुअरियाँ थीं, उनका पूरा-का-पूरा परिवार, लगातार

जमीन पलटता हुआ।

बाई अनमनी हो गईं। किराएदार को यह हक नहीं बनता कि मकान मालिक का मूड खराब करे, मगर इस बस्ती के मकान मालिकों की यह प्रवृत्ति है कि वे किराएदारों का मूड नहीं बिगाड़ते, नहीं तो यहाँ रहने आएगा कौन ?

बाई ने मैत्रेयी से कुछ नहीं कहा। दुबली बूढ़ी होती बाँह घुमाई और सुअरियों की ओर पत्थर उछालने लगी—"हैऽऽ तो में आग लग जाए, मातापरीं।"

सुअरिया बड़ी सन्तोषिन होती है, ऐसी सहिष्णुता से पत्थर खा लिया, जैसे कुछ हुआ ही न हो। थुथनी उठाकर सामान्य निगाह से देखने लगी। मैत्रेयी की तरह ही बाई को गुस्सा आया कि अगली उसके क्रोध को पी-पचा गई, जैसे उसके क्रोध में कोई दम ही न हो। खुद को बेदम कौन मानना चाहता है ?

बाई ने फिर हमला किया दोगुनी ताकत से, मगर सुअरिया ने हमले को निरस्त कर दिया जैसे कह रही हो—इस बस्ती में हम सबसे पुराने जीव हैं, हमें तुम हटा नहीं सकते। या सुआरिया को यह बात पहले से ही पता थी कि यहाँ जो नए आएँगे, पुरानों को उखाड़ेंगे, क्योंकि वे पुरानों से नफरत करते हैं। सो गौर ही नहीं करो।

बाई चली गईं। मैत्रेयी खड़ी थी। सुआरियाँ आजाद थीं। चार बाँस गाड़कर टाट के टुकड़ों से बनाई पर्देदारियाँ इन पशुओं के चारागाह थे। सफाई में इनका खासा सहयोग चलता है, क्योंकि मेहतर काछी-धींवरों के पाखाने साफ नहीं करते, वे गरीबों में और नीचों में जो आते हैं। बाई जाति से ब्राह्मण हैं, मगर यह बस्ती तो काछी-मालियों की ही मानी जाती है।

मैत्रेयी ने जो अपमान कभी महसूस नहीं किया, आज किया और इस दुख की जड़ में बेशक डॉक्टर है। नहीं तो वह इस तरह कराहती—हम अभावों के मारे झूठ-मूठ का स्वर्ग गढ़ने से बाज नहीं आते, जबकि खूब जानते हैं, स्वर्ग हमारी धरती के हिस्से में नहीं।

शेखी की मारी ने कैसा तो पत्र लिखा था !

—डॉक्टर, मेरा कमरा जहाँ है, वहाँ सूरज सबसे पहले आता है। लाल गेंद-सा सूरज देखते-देखते सुबरन का थाल सरीखा हो जाता है। तब मैं रजाई उतारकर धूप ओढ़ लेती हूँ और देखा करती हूँ कि किरनें देहरी बुहार रही हैं। बाई कप-सॉसर में चाय लाकर सूरज के सामने धर जाती हैं, चाय का रंग सोने के रंग जैसा हो जाता है। स्वाद भी चमकीला। सामने चबूतरे पर बेर के पेड़ पर चिड़ियाँ-तोता प्रभाती गाते हैं, तब बाई नहा चुकी होती हैं और एक लोटा पानी सूरज और पेड़ पर साथ-साथ ढारती हैं। मैं भी जल ढारती हूँ, क्योंकि बाई चाहती हैं। उनकी चाहना कमरा लेने की शर्तों में शामिल है, ठीक उसी तरह जैसे उनकी बेटी गीता को पढ़ाना शामिल है। अब बाई ने एक शर्त और बढ़ा दी है—महावर लगाना। महावर लगाने से सुहाग बढ़ता है। डॉक्टर तुम मेरे सुहाग हो, बढ़ रहे हो। धूप और महावर के जोड़ से पाँवों पर फाग-सी रच जाती है।

यहाँ खेतों के किनारे हैं, किनारों तक हरी रंगत फैली है। हवा आती है, रंग हरकत में आ जाते हैं। खेतों के बीच एक कुआँ है। सारी बस्ती के लिए पानी जुटाए रहता है।

पत्र में कैसा दिलकश नजारा था !

प्राण प्यारा होनेवाला सुहाग आ रहा है तो पेट में शूल उठने लगा।

'मेरी सारी धारणाएँ झूठी सिद्ध होंगी डॉक्टर। वह संसार गन्दगी, बदबू, गरीबी, बदहाली और सुअरियों के हमले के बरक्स खेतों, पेड़ों, झाड़ियों, फसलों में पक्षियों का विश्वास, धूप और हवा में पौधों का विश्वास बनाए रखना था, जिसे लेकर डॉक्टर से मिलन का सपना देखा था और वे ही क्षण अत्यन्त काम्य हो उठे थे। शायद मुझे सहारा चाहिए था, सो कल्पना भी सच्ची लग रही थी, जबकि खुद से बार-बार पूछती थी—यह दुनिया मेरी है ?

रात क्या सोचकर सोई थी ?

सवेरे जागी तो याद आया। संडास और सुअरियाँ। इसके अलावा दातुन का यकायक आनेवाला संकट। छाती में घूँसा-सा लगा। डॉक्टर टूथपेस्ट करता होगा, जो हम लोगों के लिए 'अमीरों का उपभोग' बना हुआ है। पुराने चलन की नीम या बबूल की दातुन इसलिए ही अच्छी लगती है, कि वह मुफ्त होती है। वैसे भी टूथपेस्ट बिना वाशबेसिन के सम्पन्न नहीं होता, जो यहाँ निर्माणाधीन घरों में हो तो हो, क्योंकि वे धनवान लोगों की कोठियाँ हैं, नहीं तो काछियों के घरों में तो शायद उस चीज का नाम भी नहीं जानते।

ईंटों के खम्भों पर खपरैल की छाजन, ऊपर से लौकी-तोरई की बेल फूल। यही है गुसलखाने का नक्शा, जिसमें एक पटिया रखी रहती है, सहारे पर लोहे की बालटी और पीतल का लोटा, जिसे नहाने के बाद माँजकर रखना होता है।

आनेवाले दिन अब कैसे होंगे ? कलेजा चाक करनेवाले।

डॉक्टर अपना बैग उठाकर रिसाकर भाग जाएगा। कहते हैं, स्थापित शहरी मर्दों को भी खुले में नहाने से शर्म लगती है। यहाँ आलम यह है कि औरतें भी साड़ी का पल्ला छाती पर डालकर कुएँ पर नहा लेती हैं। भीगी धोती में जो कुछ दिखता है, दिखता रहे, देह किस इनसान से नहीं लगी ?

डॉक्टर को न्योता देकर जीवित मौत को बुलाया है। उसने नाता तोड़ लिया तो फिर माताजी दूसरा वर देखनेवाली नहीं। वैसे भी लड़की में इसी बात पर बट्टा लग जाएगा कि उसकी एक सगाई टूट चुकी है। माताजी ने क्या इसीलिए कहा था—यह रास्ता तेरे पाँवों के लिए नहीं लाली...नहीं मानती तो हो जा भुगतने को तैयार।

मगर वह इतनी डर क्यों रही है ? खुद को दोषदार-सी मानती हुई...क्या इसलिए कि शहरी आधुनिक खर्चीले साधन नहीं हैं उसके पास। सभ्य शिष्ट माने जानेवाले डॉक्टर को उसके स्तर के हिसाब से सुविधा नहीं दे सकती, सो गुनाहगार है।

तो सीधे क्यों नहीं मानती कि 'कम पैसा, ज्यादा खर्च' का मुद्दा उसके जी का जंजाल हुआ है। इस जंजाल को तोड़ क्यों नहीं देती ? नहीं तो सदा खुद को ऐसे ही कमतर पाएगी सो दबती रहेगी जैसे खुद डॉक्टर की कृपा पर हो।

अँधेरे में डूबा नन्ही का घर दिखा या कल्पना में सहारा-सा मिला।

नन्ही से पहली मुलाकात इसी कमरे में हुई थी, जब मैत्रेयी अपने कमरे में किताबों

का गठ्ठर खोल रही थी। नन्ही साँवली रंग की लड़की, चिकनी तेलवाली चोटी आगे की ओर लटकाए हुए आई थी। बैंगनी रंग की धोती के साथ लाल ब्लाउज था। सोलह-सत्रह वर्ष की लड़की मुस्कुराती चली आई। पास आई तो दिखा—एक आँख नहीं है। पीछे-पीछे एक लड़का आया, जो साल-दो साल छोटा होगा उससे, मगर लम्बाई नन्ही के बराबर की थी मँझोला कद समझो। वह उसे रामेसुर कहकर पुकारती थी।

खुद को प्रस्तुत करते हुए बोली, "जिया, हम लगा दें किताबें ?"

बिन माँगे ही सहायता ? छोटा भाई युवराज कह रहा था—इस मौहल्ले में होशियारी से रहना, छोटे लोग रहते हैं, जिनका ईमान-धर्म भी छोटा होता है।

मैत्रेयी कुछ कहती, तब तक तो नन्ही ने चादर-तकिया उठा लिये और रामेसुर की सहायता से करीने से बिछाने लगी। साथ ही अपना परिचय भी देती जाती—

"जिया, वह घर है न सामने। एक ही तो घर है इतने बड़े चौक में। वही है हमारा घर। वो खपरैलवाला।"

"यहाँ तो सभी खपरैलवाले घर हैं।" मैत्रेयी हँसी।

"छतवाले घरों से बढ़िया होते हैं खपरैलवाले घर। खूब हवा आती है।"

"धूप भी लगती होगी।"

"धूप का क्या डर ?"

मैत्रेयी उसके साँवले चेहरे की चमक और एक आँख में जो उत्साह था, कौतूहल से देखती रही।

"जिया, संडास की परेसानी हो तो हमारे घर आ जाया करो। यहाँ तो सुअर परेशान करेंगे, उन्हें मारो तो मेहतर गुस्सा होते हैं। एक बार हमारी छिरिया की टाँग तोड़ दी थी। हमने तभी बन्द किवाड़ोंवाला संडास बनवा लिया। नीचे गहरा गढ्डा खोदकर बनी है—पाताल टट्टी। चवन्नी रोज किराया लगाया है बब्बा ने।"

अच्छा तो नन्ही इसलिए आई है। चवन्नी रोज का मामला है।

आज वह संडास याद आ रहा है।

मगर...

वह घर घूरा हो गया और नन्ही...काश नन्ही होती। होती कहाँ से ? उसका एक फेफड़ा तपेदिक के कारण गल गया था।

पोले बब्बा की बेटी नन्ही !

बीमारी की हालत में भी वह स्वस्थ दिखती। कभी-कभी तो उसका शरीर एकदम चुस्त दिखाई देता है, मानो वह मोरनी की तरह नाचना चाहती हो और कभी-कभी एकदम गायब हो जाती। किसी को देखना हो तो खटिया में लगी मिलती।

तब रामेसुर उसकी खूब सेवा करता। चाय बनाता, रोटी करता, नन्ही के कपड़े धोता। बहुत प्यार था दोनों में। नौवीं कक्षा में पढ़नेवाला लड़का प्रेमपत्र लिखता, जिन्हें नन्ही तो पढ़ नहीं पाती, जिया से पढ़वाती। मैत्रेयी पढ़कर खूब हँसती। नन्ही जितना खुश होती, उतना ही शरमाती। एकदम खील-मखानोंवाली हँसी, कमरे में बिखर-बिखर जाती।

रामेसुर का भाई पुलिस का आदमी। रामेसुर को जितना बना, उतना धमकाया—तू नन्ही का साथ छोड़ दे, नन्ही का घर छोड़ दे, नन्ही का प्यार छोड़ दे, सब चीजों में दिक्क का वास है।

रामेसुर ने भाई से नन्ही को छोड़ने का वादा किया था, लेकिन उसका प्यार रौ पर था, बढ़ता ही चला गया। बाढ़ ने चौरस भूमि और ऊबड़-खाबड़ जमीन के भेद कहीं माने हैं ? लड़के को खूब खींचा गया, पर वह डूबने पर अमादा था।

सिपाही चुप हो गया।

पोले बब्बा ने समझ लिया, प्यार पर किसी का बस नहीं।

सिपाही ने ऐसी कोई मूर्खता नहीं की, जैसेऽ, सिपाही कर देते हैं। कन्धे पर सदा रायफल रही, उसने चिड़िया तक नहीं मारी। अपने भाई के प्रेम की खातिर, नन्ही की आसनाई की खातिर एक कारतूस खर्च नहीं किया। साड़ी से गला घोंट दिया। कुछ दिन बाद मरती, पहले ही मर गई।

मरे तो मरती रहे, पोले बब्बा ने जमकर नशा किया था, अफीम चढ़ी हुई थी, सिपाही की मेहरबानी से। सवेरा होने से क्या वह जाग जाता ?

मगर रामेसुर कहाँ था ? वह पन्द्रह दिन छुट्टियों के लिए गाँव गया था। सिपाही ने नन्ही की मौत की रिपोर्ट की। उन ठेकेदारों को नामजद कराया, जिन्होंने पोले बब्बा की जमीन दो रुपए गज में हथिया ली थी, वारिस का खात्मा करने में रुचि रख सकते हैं।

सारा कारोबार एक-दूसरे में उलझा था, सारा अनाचार गडमड हो गया। ठेकेदार अगर दारू की तलइयाँ भर रहे थे कि पानी का मगरमच्छ पानी में ही रहे तो पुलिस अपना काम कर रही थी कि नामजद जल्दी-से-जल्दी हवालात में आएँ।

बहरहाल रामेसुर आजाद मान लिया गया। सन्देहास्पद व्यक्तियों के घेरे जैसे शुरुआत में उठा करते हैं, उठे, बाद में पानी की तरह शान्त हो गए।

रघुवर काछी उर्फ पोले बब्बा, दुबला नाटा आदमी अपनी भूख-प्यास भूल गया। कन्धे पर कुल्हाड़ी लिये सिपाही पर दाँव लगाने की फिराक में रहता और गोभी, मिर्च, टमाटर, मूलियों की फसल को एकदम न पहचानता।

बेवकूफ आदमी की तरह कन्धे पर कुल्हाड़ी धरे-धरे ही सूखने लगा। चमड़ी के भीतर खून की जगह कोयला भर गया हो जैसे। चेहरे की हड्डियाँ अपना रूप निकाल बैठीं। पीली आँखें और खुले मुँहवाली स्याह काली छवि। बस्ती के इनसानों में पहला पिशाच। डरावनी हुँकार छोड़ता हुआ गली से निकलता जैसे किसी का गला घोंटने जा रहा हो।

बाई पोले बब्बा के हरे-भरे दिन याद कर-करके नन्ही को श्रद्धांजलि दिया करती हैं।

—बिट्टी, रघुवर काछी को अपनी जोरू से अकूत मोहब्बत थी। पहले तो दिक्क उसी को हुई। खूब इलाज कराया, उसी में तबाह होने लगा। पइसा माँग रही थी बीमारी, पोले ने पइसा भरा, जमीन गिरवी धर दी। बीमारी आदमी की मजबूरी होती है बिट्टी, नहीं तो खरीदनेवाला पास फटक सकता था ? समझ लो कि पोले की औरत के संग ही धरती में दिक्क लग गई। थोड़ी-थोड़ी करके छीजने लगी। खरीददार पइसा दिखाने लगा।

—न जोरू बची, न धरती रही। पाँच-छह बरस की नन्ही रह गई। पोले बेटी की खातिर माँ-रूप पर उतर आया। नन्ही की माँ की धुतिया बाँधकर निकला तो पुरा के लोग हँसने की जगह रोने लगे।

—हाथों में चुरियाँ पहन लीं। मौहल्ला के बच्चा तो फिर बच्चा हैं, चिढ़ाने चमकाने लगे। वह पागल अधपगला अपनी नन्ही को कन्धा पर बिठाकर खूब हँसे, खेले-कूदे। बच्चों को गालियाँ दे, चुटकुला सुनाए। नन्ही रोए-सो रोए। पोले खूब खूब चुपाए, बहलाए और कहे—जिन रो बिटिया, हम तो तुम्हारी मतारी बन गए, कहो तो काजर-बूँदा कर लेंवें।—बाई बताते-बताते खुद रोने लगतीं।

जब से नन्ही मरी, पोले बब्बा ने एक तोता पाल लिया है। उसको राम राम, सीताराम नहीं सिखाया, माँ-बहन की गालियाँ सिखाई हैं, जो वह पुलिस की वर्दी देखते ही रटने लगता है। बाई कहती है—पोले समझ रहा है, पखेरू आदमी को डरा लेगा। बिट्टी, आदमी को कोई डरा पाया है ? डराता है तो आदमी ही डराता है। पोले नसे का गुलाम, न धरती बचा पाया, न नन्ही।

वह मारने की सोचता है, मार खाता है। व्यापारियों ने सजाओं के दबे-ढँके ढर्रे अपना लिये हैं। काश्तकार जहर से मरे, जहर से मारें, गुड़ से भरे गुड़ इस्तेमाल करें। तहसील के पीछे की कछवाइयों की धरती उनकी नजर चढ़ गई तो देख लो कि नोटों की गड्डियाँ बिछने लगीं। पहले बिक्रीदार कंगाल हुए, अब के मालामाल हो रहे हैं।

बाई बताती है—

रघुवर काछी जब तक होश में रहा जमीन के कागज समेटे हुए झोला टाँगे फिरता था। कोई पढ़ा-लिखा दिख जाए, तुरन्त यारी कर लेता। कागजों को उसके सामने फैलाकर पूछता—पढ़ो, इसमें हमारा ही नाम लिखा है न ? रघुवर काछी वल्द घनश्याम काछी।

'ये' (बाई के पति) तहसील में चपरासी हैं, वह इनके पास ही आ बैठता। राय-सलाह माँगता। ठेकेदारों से कैसे लड़ा जाए, यह पूछता। दलालों से दूरी कैसे रखी जाए, उपाय खोजता।

मैल की ऐसी पपड़ी दाँतों पर चढ़ गई थी कि जैसे मैल की भरा हो मुँह में। ये कहते रघुवर दाँत उखड़ गए तो तुम्हारे पास क्या रह जाएगा ? लोग ही तुम्हें चबा जाएँगे।

'महराज !' वह कहता—ठेकेदार क्या कर पाएँगे ? सब्जी-भाजी उगाने का हुनर आता है क्या इन्हें ? हम पूरे शहर को सस्ते में साग-सब्जी दे सकते हैं, फिर इन्हें यहाँ कौन भेज रहा है ? मोटे पेटवाले मेहनत नहीं कर सकते, ठेके पर मकान बनवाएँगे, हमें बेकार करेंगे। कानूनगो का मकान हरी काछी के खेत में खड़ा हो गया। लो अब तोड़ लो भंटा। बनाते हैं मकान, मकान पर मकान। रहने के लिए एक ही मकान तो चाहिए। महराज, हम धरती बेच रहे हैं, पर राजी से नहीं बेच रहे। कहो कि फँसा लिये हैं सालों ने। कहते थे साग-सब्जी के गोदाम बनेंगे, हमें शामिल करेंगे।

—नशा करते हो तुम, आनन्द लेते हो तब तो पंजाबी लूथरा और ठेकेदार साकवार बड़ा अच्छा लगता है। वहीं भाईचारा बनता है।

—हम ही बुरे हैं महराज। हमें गोली मार दो।

—तुम क्यों बुरे हो ?—महराज ने धीमे से कहा और तमाकू हथेली पर घिसने लगे।

—हाँ, मानते हैं, गाँजा बुरा है, दारू बुरी है, नशा बुरा है। इन चीजों ने हमें सुख नहीं दिया, सुस्त कर दिया महाराज। गुस्सा भूल गए। होश नहीं रहा। बोने-उगानेवाला आदमी गुलाम हो गया। हो गया गुलाम। अब तुम कुछ मदद करो महराज तैसील में चपरासी हो, मामूली बात नहीं है यह।

—कसम खाओ कि दारू-पाटी में नहीं जाओगे।

—तेरौ कौल महराज, गंगा सों।

—तब ठीक है।

व्यापारी पहचान गया इस बस्ती में जिसको मौज-मजा नहीं चाहिए, वह पुख्तापन खोज रहा हैं मजबूत होना चाहता है। दलालों ने महाराज को पोले बब्बा के घर से निकलते देख लिया और अपने मालिकों को बता दिया कि ताकत का सोता कहाँ से फूटा है।

दो दिन बाद ही महराज को तहसील जाते हुए रास्ते में धर दबोचा। गर्दन कस ली और सुना दिया—समझे रहना, जमीन काछियों की है, तुम्हारे बाप की नहीं।

फिर भी महाराज हिम्मत नहीं हारे। पोले भी पीछे नहीं हटा। काछियों को इकट्ठा करके लड़ने के मंसूबे बाँधने लगा।

डॉक्टर !

मैंने अपने खत में लिखा था कि इस बस्ती के बाशिन्दे बड़े बहादुर हैं। जमीन बिल्डरों, ठेकेदारों और दलालों के चंगुल में आ गई है, मगर काछियों ने कछवाई लगाना नहीं छोड़ा। यहाँ के लोग हौसलेमन्द हैं, क्योंकि जिन्दा रहने के लिए हौसला चाहिए। सारे मकानों की उठाई हो जाएगी और बोने-उगाने की जगह नहीं होगी, तो लोग क्या करेंगे ? कहीं चले जाएँगे ? नहीं, ये उन मकानों में उन कोठियों में फूल उगाएँगे, क्योंकि बोने-सींचने की धुन में जो लगे हैं।

'पर देखो कि अभी क्या होता है' यही सोचा था सबने जब ठेकेदारों-दलालों से झगड़ा चला था। अमीर लोगों का पैसा हमला करने लगा तो ये सब मारपीट पर उतर आए। मेहतर, काछी, धींवर जैसे लोग मिलकर खड़े थे। मरने-मारने की नौबत आ गई तो क्या, मिलकर लड़ना ही जीत जैसा लगा।

मगर आज...

मैं शर्मिन्दा हूँ डॉक्टर। उन लोगों को तुम्हें दिखाऊँ, यह भी हिम्मत नहीं। उन खेतों का दर्शन कराऊँ तो कहाँ से कराऊँ ? रघुवर काछी की जमीन पर ट्रेक्टर चल रहा है, सरिया, सीमेंट और ईंटों के ढेर लगे हैं। चवन्नी किराएवाला संडास एक सप्ताह पहले ही ढहा दिया। मेरे लिखे को माफ करना। झूठ मान लेना।

पोले बब्बा, जो लड़ने की बात सोचता था, साफ-सुथरे पैरोकारों ने उस पर ऐसी मूठ मारी कि कुल्हाड़ी खंड खंड हो गई। वे अफीम-गाँजे के गुलाम और दारू के ताबेदार लियाकतदारों के अदब में ऐसे झुके कि टूटकर गिर गए।

वे डर गए डॉक्टर नहीं तो लड़ने का एक मौका भी पा जाते तो यहाँ का नक्शा कुछ और ही होता। हाथों में आने से पहले ही अवसर जाता रहा।

अब हाल यह है कि बिना लड़े ही हारे हुए पोले बब्बा अपने चार-छह साथियों के साथ जमीन के गम में बिना नशा किए ही बेसुध होकर सामनेवाले चबूतरे पर बेर के पेड़ के नीचे पड़े रहते हैं। कुत्ते मुँह चाट जाएँ या बिल्लियाँ पास बैठकर रोएँ, उन्हें कोई होश नहीं। इन लोगों के हिमायती पं. रामसहाय, तहसील के चपरासी, इनकी कोई मदद करने में कामयाब नहीं हुए, सिवा इसके कि उन निर्वस्त्रों पर जब कभी अपना अँगोछा-पंचा उढ़ा दें और ढँके रहनेवाले अंगों को उघड़ने से बचा लें।

रात के समय मेरी नींद टूटती है, अन्धकार हिल उठता है। बेर के पेड़ पर कोई पक्षी चिचियाता है, नर-कंकाल सरकते हैं। कुत्ते भौंकते हैं, क्योंकि लड़खड़ता हुआ बेसूरत पोले बब्बा पुराने मालिक की तरह अपनी जमीन पर, अपने खेत तक जाता है और पाता है—जहाँ जमीन सिंची-सिंची नम रहती थी, वह धरती ऐंठी हुई सूखी है। उसका शरीर भी ऐंठ जाता है। लौट नहीं पाता फिर...सवेरे वहीं गिरा हुआ मिलता है।

बेर के पेड़े से लटके हुए पिंजड़े से तोता बोलता है—पोले के लिए, उसी की सिखाई हुई मरदानी गन्दी-भदूदी गालियाँ। वाणी में मिठास नहीं, खटास नहीं, कड़आहट-भरी रहती है। पखेरुओं के पंखों में उड़ान नहीं फड़फड़ाहट है, बिल्डिंग उठनेवाली बस्ती की सुबह बड़ी सोगवार होती है।

नंगे मुर्दों-से बदनवाले मनुष्यों की बस्ती में मैत्रेयी रहती है। पढ़-लिखकर, पढ़ने के लिए। अब तक की शिक्षा क्या हुई ? व्यर्थताबोध पागल किए देता है। बहुत कुछ अनहोना-सा देखा था, मगर ऐसे दृश्यों से सामना नहीं हुआ था कि सामने ही नंगे नर शरीर पड़े रहें, बैठे रहें, जिन्हें ढँकने जाएँ तो लाज लगे, न ढँके तो दुख लगे।

माँ ने कभी झूठ बोलना सिखाया नहीं। मैं तुम्हें कभी सच लिख नहीं सकी। सच तो यही है कि इस बस्ती को डॉक्टर की बड़ी जरूरत है। इस बस्ती को कानून और व्यवस्था की सचमुच दरकार है, मगर सारा अन्याय, सारा अत्याचार जैसे यहीं इकट्ठा हो गया हो।

पछताती हूँ कभी-कभी, यहाँ क्यों आई ? एक दिन तपेदिक, टाईफाइड, पेचिस या पीलिया की भेंट हो जाऊँगी और तुम तक खबर न होगी।

बस डरती हूँ, तुम्हें खो न दूँ।

आओगे तो खो ही दूँगी। नहीं समझा पाऊँगी कि ये सामर्थ्यहीन हैं, इसलिए हारे हैं और हारे हैं इसलिए सामर्थ्यहीन हो गए।

बाई कहती हैं—बिट्टी तुम्हारा ब्याह होनेवाला है। ब्याह के आसपास लड़कियाँ धूप से तो क्या हवा के झोंकों तक से बचकर रहा करती हैं। डॉक्टर को कमउम्र भोली नाजुक लड़की लुभाएगी, तुम तो अपना बदन नीला किए ले रही हो।

बाई नहीं जानती कि बचपन पाँच साल की उम्र में खत्म हो गया था और किशोरावस्था नौ वर्ष की अवस्था में विदा ले गई। डॉक्टर तुम भी क्या समझोगे कि मैंने विवाह का

फैसला किसी अल्हड़ रसवन्ती लड़की की तरह नहीं लिया था, खासी प्रौढ़ भावना से लिया निर्णय था। माताजी ने उसे पागलपन कहा, यह अलग बात है, पर मैंने इसे अपनी मुक्ति का रास्ता मान लिया है। दबे-ढँके का ढकोसला मुझे नहीं आता, साफ बताना—तुम्हारे दायरे बड़े और खुले तो होंगे ? यदि हैं तो अपने अघोरी जैसे साथियों को तुम्हें दिखाने में झिझकूँगी नहीं। ये साथी हैं, मगर सच्चे नहीं, लड़ते-लड़ते झूठे पड़ गए हैं। हो सकता है, इन्हें देखकर शहर के पढ़े-लिखे लोगों की तरह तुम हँसो, क्योंकि लोगों को खुश करने के लिए ये असामान्य व्यवहार करने लगते हैं।

मगर चाहती हूँ कि इस बदहाल फिजा से बचे रहो।

क्या बच पाओगे ? धरती पर पर्दा कौन डाल पाएगा ? असलियत छिपाने में तो अभी वैज्ञानिक तक कामयाब नहीं हुए।

फिर भी मुँह न मोड़ना, वादा दो डॉक्टर।

बैठे-बैठे शाम हो गई।

उधेड़बुन में लगा मन शान्त नहीं हुआ, दुख था कि अँधेरा भी दिखा नहीं।

नई चिन्ता लग गई—खाने के इन्तजाम का क्या होगा ? एक-एक दिन कम होता जाएगा, दिया हुआ महूरत आँधी के वेग से आता है। डॉक्टर पुलिस लाइन से आया खाना तो नहीं खा पाएँगे। आज पता लगा कि हम कैसी जिन्दगी जीते हैं, कि हमारे पास सभ्य शिष्ट मनुष्यों की छाया तक साधने का बूता नहीं। ऊँट रे ऊँट, तेरी कौन-सी कल सीधी ? यहाँ तो सारा ढर्रा ही ऊबड़-खाबड़ है। जबकि हम अपने हिसाब से सोच रहे थे—पुलिस लाइन से आई पतली दाल और कुलफा का साग खाने के नाम पर नियामत है। आलू-बैंगन आ जाएँ तो दावत हो जाए। अपने भगवानसिंह भइया सब-इंस्पेक्टर पुलिस मैस में खासा हिदायत दे गए थे कि उनके बहन-भाइयों को जली रोटी चली जाएँ, कच्ची न जाएँ, बहन का पेट कमजोर है। बहन माने मैत्रेयी। भइया को पता न था कि होनेवाला बहनोई भी आ टपकेगा। नहीं तो हिदायतों में बहुत कुछ जोड़ जाते।

"बाई !" घबराकर वह खिड़की पर खड़ी होकर आवाज देने लगी।

बाई लगभग बीस मिनट बाद आईं। महाराज के लिए चाय बनाकर और मैत्रेयी के लिए लेकर हाजिर हुईं।

"सल्लो आई थी बिट्टी ?" चाय का प्याला पकड़ाती हुई बाई पूछने लगीं।

"यहाँ बैठो," मैत्रेयी ने बाई को अपने पास गद्दे पर बिठा लिया।

"आई थी सल्लो ?"

"सल्लो आकर क्या करेगी ?"

"बढ़ियल खाना बनाएगी। तुम्हारी पुलिस लाइन का खाना खाएँगे क्या लालाजू ?"

मैत्रेयी ने लम्बी श्वास खींची ज्यों चैन मिला हो।

"तुम चिन्ता न करो बिट्टी। वो ऐसी माहिर है कि छोंक के लिए घी न हो तो

धनिया की चटनी बाँटकर दाल में स्वाद मिला दे। हाथ की रोटी पराँठों को मात करे। सल्लो बड़ी गुनी जनी है, सारी विद्या जानती है कि आदमी का पेट कैसे जीता जाता है। पेट की राह ही जनी आदमी के मन में घुसती है।''

मैत्रेयी को अनचाहे ही हँसी आ गई और बोली, ''बाई, सल्लो पेट की राह डॉक्टर के मन में घुस गई तो ?''

''इतेक हिम्मत नहीं है बिट्टी, आंहां,'' कहकर बाई ने मुस्कुराकर सिर हिलाया।

बाई बहुत अपनी-अपनी लगीं। जब-जब वह माताजी को खबर करने की सोचती है, बाई माँ बनकर खड़ी हो जाती हैं, नहीं तो अब तक माताजी यहाँ हाजिर होतीं। बाई के लिए आधासीसी के दर्द की दवा मैत्रेयी डॉ. चौबे के यहाँ से लेती आई थी। किताबों के बीच रखी है। डॉक्टर के चक्कर में ऐसी पड़ी है कि अपनी दुनिया बिसराए दे रही है।

''बाई, दवा।''

''तुम सेंजन की तिरकाई खाओगी बिट्टी ?''

''रोटी तो हैं नहीं बाई।''

''जब पुलिस लाइन से रोटी आ जाएँ तब खा लेना।''

''तुम भी साथ खाना बाई।''

''अच्छा।''

सेंजन की सब्जी की कटुरिया प्लेट से ढँककर रख दी।

खिड़की पर सल्लो नहीं, सल्लों की हँसी थी।

फिर हँसते हुए होंठ और मुस्कुराते दाँत आए खिड़की पर।

उसके बाद मुस्कुराहट को देखकर मैत्रेयी के होंठों पर मुस्कुराहट आई। बस फिर क्या था, सल्लों की नन्ही-नन्ही आँखों में काजल खिलखिलाया, चेहरा शरारत पर उतर आया। सल्लो उम्र से पूरी जवान औरत बच्चों जैसी धमाचौकड़ी मचाती आती है। कमरा तो है ही छोटा, उसकी हँसी के मारे भर गया।

''काय जिया, जीजाजू आए !''

लालटेन की रोशनी में सल्लो थी, मैत्रेयी को लगा उसके हाथ में परोसी हुई थाली है। दाएँ हाथ में जल भरा लोटा है। सल्लो की ऐसी कल्पना ही उसके पास है।

सैन मटकाकर बोली, ''रुकाइयो जिया जीजीजू खों, क्यऊँ भगा दो जल्दी-पल्दी।'' गोल कलाइयों की चूड़ियाँ ऐसे छनछनाईं ज्यों सल्लो का हाथ नृत्य की मुद्रा में उठा हो।

''कितनी तो मुश्किलें आ रही हैं, तुम रुकने को कह रही हो।''

''अरे हट्ट ! काए की मुसकिल ? जा कहो कि असल मजा तो अब ही है। मुड़ी न मटकाओ जिया, मिलवे-जुलवे कौ सोंक सबकों होत है।''

मैत्रेयी की आँखें डॉक्टर की तस्वीर से लड़ गईं। वह शरमाई नहीं, रुकने का न्योता देने लगी। वहीं से डॉक्टर ने पूछा—कहाँ सोएँगे ?

मैत्रेयी के दिल में लहरों जैसा कम्पन हुआ। साथ-साथ सोने का एक दृश्य बना। कमरा सिहर उठा।

'ओ जिया ! गौर करी हमारी बात पै ?'' अबकी बार सल्लो ने आँख मिचकाई।

उसके सीने में धकधक मची है, रेलगाड़ी चल रही है।

''लो हमारी बात मानोगी तो मजे करोगी। तुम दोऊ दूला-दुलैया सोइयो और हम खाना बनाएँगे बढ़ियल।'' ताली पीटी उसने, ठोड़ी का गुदना हँसा की सल्लो सर्वांग खिलखिलाई और खिलखिलाया मैत्रेयी का मन। पेट भरा ही था, हँसने का जी चाहा।

आज रात अच्छी नींद आएगी। नींद का आधार सेंजन के साग से भरपेट रोटी खाना है। कम खाने से उसे रात-भर नींद नहीं आती। जागने के कारण ही वह चबूतरे पर होती हलचल और बलबलाहट सुना करती है।

सल्लो कह रही थी, ''जिया, इन परौसियों को हटा दो यहाँ से। ओंधे सूधे लमलेट परे रहते हैं। यहीं खाँसते, थूकते, कल्हारते, रोते, जीजाजू का जी घिनिया जाएगा।''

नींद आई सपना आया।

सपने में सहेली आई। रोज साथ जानेवाली राजकुमारी राय।

दोनों सखियाँ साथ-साथ चलने लगीं। राजकुमारी ने आज नीली लेडीमिंटन पर सफेद और गुलाबी फूलोंवाला कुर्ता पहना हुआ है। उसका गरारा सदा सफेद रहता है। जॉरजट का काला दुपट्टा है। लहरदार बालों की दो चोटियों में गुलाबी रिबनों के फूल बँधे हैं। मैत्रेयी सफेद खादी का लाल छींटवाला कुर्ता अकसर पहनती है। लट्ठे का गरारा और खूब लम्बे बालों की मोटी-मोटी दो चोटियाँ में सफेद रिबनों के फूल हैं। उन दोनों के चलते यही फैशन है। दुबली-पतली लड़कियों के पाँवों में हवाई चप्पल हैं, यही आभिजात्य है। लड़कियाँ कॉलेज की ओर चल रही हैं।

'एऽ उदास क्यों है ?' राजकुमारी पूछती है।

'नहीं तो।'

'छिपाना है तो छिपा ले।'

'छिपाने के लिए क्या है मेरे पास ?'

'वही, अलीगढ़वाला डॉक्टर।'

'हाँ, वह अब आनेवाला है।'

'हैंऽऽ !' वह खूब जोर से चहकी।

मैत्रेयी ने उदासी से देखा।

'तू रो क्यों रही है फिर ?'

'कहाँ रखूँगी उसे ?'

'यहाँ,' वह दिल पर हाथ रखकर बताती है।

'मजाक सूझ रहा है तुझे, मेरी जान जा रही है।'

'यहाँ कहीं फिट नहीं बैठ रहा। लता-बल्लरियों में, हरियाली-भरे खेतों में।''

'आगे बोल।'

'अच्छा बाबा मेरे घर। यहाँ वैसे भी तेरा पोले बब्बा नंगा बैठा रहता है। कोई कैसे आए-जाए ? वहाँ अम्मा सारा इन्तजाम कर लेंगी तू चिन्ता मत कर।'

'अम्मा !'

अचानक आँख खुल गई। बाई दरवाजा ठकठका रही हैं।

''बिट्टी चाय पी लो।''

वह हड़बड़ाकर उठी। खिड़की में से चाय ले ली। गद्दे पर लौट आई।

राजकुमारी कहाँ ? और कहाँ अम्मा...?

डॉक्टर, वह मेरी प्यारी सखी, कॉलेज के शुरुआती दिनों में ही मिल गई थी। ताँगे में लड़कियों के संग जाती और वहीं से मेरी ओर देखा-देखी करती। यह वह समय था, जब कॉलेज में एक-एक दिन भारी पड़ रहा था और मोंठ के उस इंटर कॉलेज की याद आती थी, जिसे मैं दुश्मन की निगाह से देखती थी, क्योंकि वहाँ बहुत प्यारे दुलारे खो गए थे।

चिकनी उजली साँवली लड़कियों का रंग-बिरंगा चमकदार रेशमी समूह और मैत्रेयी मोटे खुरदरे कपड़े पहने गँवई रूप की लड़की। कॉलेज में बदरंग धब्बे-सी कहाँ से आ गई ? देखते ही लड़कियाँ नाक-भौंह सिकोड़तीं। देखादेखी करनेवाली राजकुमारी भी पास से गुजर जाती। निकटता की किसी से उम्मीद नहीं थी। माहौल कटीला-सा था।

कॉलेज के कारीडोर में निकलने पर भी डर-सा लगता। इधर लड़कों के फिकरे, उधर सिल्क साड़ियों, गरारों, दुपट्टों की सरसराहट और मैचिंग चूड़ियों की छनकारें ! बाप रे यह कॉलेज है या 'मेरे महबूब' फिल्म का सेट।

कॉलेज तक मामूली लड़कियाँ नहीं आ पातीं, वह भी सहशिक्षावाला कॉलेज। यहाँ सामर्थ्यवानों, धनाढ्यों या सभ्यता के शिखर पर सवार लोगों की बहन-बेटियाँ है। फैशन हाउस की माधवी, नामी एडवोकेट की सरिता माथुर, सिविल सर्जन की नीरजा शर्मा और मधुरा कलक्टर की बहन है। इन लड़कियों का दिमाग आसमान में ही नहीं, आसमान के ऊपर सातवें आसमान में है। इनकी दुनिया दाएँ-बाएँ, आगे-पीछे न फैलकर नीचे से ऊपर की ओर जाती है।

इनके हिसाब से मैत्रेयी जैसी लड़कियाँ धरती की धूल हैं, जिनसे बचना चाहिए। धूल के कण आँखों में भी गिरें तो तकलीफ देते हैं, इसलिए ऐसियों की ओर देखना तक न चाहिए।

सूर्यकिरन उर्फ किन्नौ जिज्जी कहतीं—खेत में ज्वार काटती होगी।

हाय सत्यानाशी के फूल-सी लड़की...देखते ही लड़कियाँ जल्दी-से-जल्दी कॉमनरूम में कुर्सियाँ घेर लेतीं। घेरने के लिए कोई लड़की न होती तो झटपट किताबें या पर्स को इज्जत बख्शी जाती।

एक भूला हुआ नजारा याद आया।

वह माताजी के साथ रेलगाड़ी में जा रही थी। गाड़ी छूट रही थी, सो दोनों बेतहाशा भागीं। स्पीड तेज होती उससे पहले जो डिब्बा आया, उसी में घुस गईं। बैठने की जगह टटोली तो देखा, लोग बिस्तर बिछा रहे हैं। कोई कोई लेटे हुए हैं।

मैत्रेयी ने घबराकर कहा, "माताजी, रिजर्व कम्पार्टमेंट।"

"हैं !"

"हमारे पास साधारण टिकिट हैं, इस विशेष डिब्बे में जगह हमारे लिए नहीं।"

"कोई बात नहीं, हम किनारे बैठ जाएँगे। पैसे देकर टिकिट बनवा लेंगे।"

किनारे बैठने की प्रार्थना बार-बार रद्द हो रही थी। यह कहा कि 'लड़की को बैठ जाने दो' तो लोग ठहाका मारकर हँस पड़े। एक बोला—लड़की कहेगी, माँ को बैठ जाने दो। गधे और कुम्हारवाली कहानी सुनी है ?

जिस किसी की सीट के पास खड़ी हो जातीं। उसी को परेशान होती। जो खड़ी नहीं होने दे रहे थे, वे बैठने क्या देते ? माताजी से न रहा गया, बोलीं—हद है, आप लोग तो अँगरेजों से बढ़कर निकले। टिकिट होने के बाद भी खड़ी नहीं होने दे रहे, क्या हम में तुम में वही भेद है, जो अँगरेजों और हिन्दुस्तानियों में था। तुम हिन्दुस्तानी हो तो हम किस देश के हैं, यह भी समझा दो।

थककर संडास के पास धोती बिछाई तो वहाँ से भी उठा दिए गए। आगरा आ गया। सफर उन्होंने भी किया सफर माँ-बेटी ने भी किया, हाँ क्लास का फर्क रहा।

आँतिया ताल के किनारे लड़की चल रही है।

ताँगा आया, धूल उड़ाता चला गया। गुबार में लड़की घिर गई। ताँगे से तालियों की पटपटाहट और ओ ओ की आवाज उठी थी धूल में गुँजती रही। 'मजा आया मजा आया' जैसे स्वर पीछे छोड़ गई लड़कियाँ।

वह अकेली चलती हुई खिसियानी-सी मुस्कुरा रही थी। रेलवाली घटना को याद करती हुई कॉलेज में जमे रहने के मंसूबे बाँध रही थी, मगर यह रेल का सफर नहीं जो कुछ घंटों या एक-दो दिन का होता है, यहाँ वर्षों का मामला है। दुख यह देखकर भी होता है कि रेलगाड़ी में सीट न देनेवाले पुरुष थे, स्त्रियों की आँखें सदय थीं, मगर यहाँ उखाड़नेवाली-लड़कियाँ हैं, जो कहीं-न-कहीं मैत्रेयी जैसी ही हैं।

क्या मैं कुछ ज्यादा ही संवेदनशील नहीं ? गँवई होने की हीनभावना से ग्रस्त तो नहीं ? नहीं तो लड़कियों की बातें नश्तर की तरह क्यों चुभती हैं ? तनिक से कंकड़ की चोट पत्थर की मार क्यों लगती है ? सोचो, कुछ हुआ ही नहीं, कुछ लगा ही नहीं। माताजी से लोग क्या-क्या कहते थे। बाबा रोने-रोने में आ जाते। माताजी को कोई अपनी बहुओं के पास नहीं फटकने देता था, क्योंकि लोग जान गए थे कि गौरा कस्तूरी के संग सफेद कपड़ोंवाली बाई बन गई है। तब क्या माताजी ने हिम्मत हारी ? अपना रास्ता छोड़ा ?

अब मैत्रेयी अपने ऊपर हँसती लड़कियों को देखकर मुस्कुराती, क्योंकि गम्भीरता अटपटी-सी लगने लगती।

लड़कियों ने सोचा 'गाँव की लड़की' उन्हें चिढ़ा रही है।

कॉलेज से निकलने पर ताँगेवाले नत्थू ने उसे रोका और बताया—"बिट्टी तुम कहाँ की हो ? जिस गाँव से आई हो, यहाँ तो अकेली ही हो न ? बड़े आदमियों की औलादों से जड़्ड मत लो। ये हमें उकसाती हैं कि ताँगा तुम्हारे ऊपर चढ़ा दें।"

"क्यों ?" वह घबराकर बोली।

"बातें करती आ रही थीं कि माहौर साब उस झल्लो को बड़ा भाव देने लगे हैं। लड़कों से बातें करती है जैसे बड़ी फरवट (फारवर्ड) हो। मदन मानव की चहैती।"

मैत्रेयी ने कातर आँखों से नत्थू की ओर देखा।

"बिट्टी निस्फिकिर रहो, हम इनके कहे से ऐसा अधरम करेंगे ? रस्ता चलती बिटिया को चोट पहुँचाएँगे ? सांची मानो, ऐसा कुकरम हमसे होगा ही नहीं। पर तुम इनसे जड़्ड मत लो, बड़े लोगों की बेटियाँ हैं सो बड़ी हैं।"

उस रात पोले बब्बा जैसे लोगों ने नींद में व्यवधान डाला कि न डाला, बड़े आदमियों की बड़ी लड़कियों ने नींद हराम कर दी। नत्थू इनकी पगार पाया नौकर है, किसी भी लड़की को अपने ताँगे के पहियों के नीचे कुचल सकता है। क्योंकि उस लड़की ने उन पुरुषों को प्रभावित कर लिया है, जिन्हें वे अपने आशिक समझती हैं ? जीवन में आशिक और महबूबा के खेल के सिवा कोई दूसरा काम नहीं है, इन बड़े घर की लड़कियों के लिए ? माना कि खाने-पहनने और सिर पर छत की चिन्ता नहीं, तो क्या जिन्दगी रंगरलियों का पिटारा हो गई, खोलो और खुश हो जाओ। मैत्रेयी उस खुशी पर ग्रहण-सी लगी है। नत्थू सब जानता है, इनके प्रेम-पत्र ले जाता, लाता है, क्योंकि इनसे ही उसकी बँधी-बँधाई आजीविका चलती है। न जाने कितना दुख लगा होगा कि अपनी मालकिनों के खिलाफ बोल गया। या कि मैत्रेयी कहीं से उसे अपने जैसी लगी कि भाईचारा निभाने पर उतर आया ?

उस दिन की बात—

वह भगिनी मंडल के आसपास थी। बिल्डिंग के किनारे खड़ी अपनी टूटी चप्पल को सेफ्टी पिन से जोड़ रही थी और प्रार्थना कर रही थी, कोई ऐसा सहपाठी आ जाए, जिसके पास साइकिल हो और मैत्रेयी की जान-पहचान हो, कॉलेज तक पहुँचा दे, क्योंकि चप्पल साथ देनेवाली नहीं।

कई साइकिलोंवाले लड़के निकल गए। उसने हाथ उठाया और फिर नीचा कर लिया।

नन्दकिशोर साइकिल पर आता दिखा, हाँ वही है, मैत्रेयी उसकी छाया देखकर भी उसे पहचान सकती है। (कैसे : यह डॉक्टर को नहीं बता सकती)

"अरे तुम !" उसने वहीं से एक हाथ उठाकर कहा।

"रोको रोको" मैत्रेयी हाथ में दोनों चप्पल लिये नंगे पाँव दौड़ी।

तभी ताँगा आता दिखा।

मैत्रेयी को जैसी कि मोंठ के इंटर कॉजेल से आदत रही है, उछलकर नन्दकिशोर की साइकिल के कैरियर पर बैठ गई।

साइकिल सवार में कई गुना जोश बढ़ गया। ताँगे के घोड़े से बाजी लेकर आगे निकल गया। दोनों साथी उड़े चले जा रहे हैं, लड़कियों ने देखा।

''हाय रे ! देखो तो !'' ताँगे से मिले-जुले महीन स्वर छनछनाए।

महीन आवाजें हवा में घुलकर रह गईं। साइकिल कॉलेज के भीतर थी, जबकि ताँगेवालियाँ कॉलेज से बाहर उतर रही थीं।

मुलाकात कॉमनरूम में हुई।

विमल सक्सेना और सूर्यकिरन ने अपने होंठ ऐसी बुरी तरह ऐंठे कि मैत्रेयी की नाक फड़क उठीं। दाँत कस गए।

उस दिन अचम्भा ही लगा कि ऐसी दो-चार हरकतों के सिवा कुछ न हुआ। न फिकरे कसे न अँगरेजी गालियाँ सुनाईं और न यह जुमला कहा—लुक एट हर फेस, हर माउथ, लुक।—दुख और अपमान पर विजय पा गई मैत्रेयी।

दूसरे दिन भी सबकुछ शान्त था, जैसीकि शान्ति वह चाहती थी।

कॉमनरूम में सौभाग्य से कुर्सी खाली मिली। वह इत्मीनान से बैठ गई।

पहला पीरियड माहौर साहब का था, वह उठी।

कि यकायक—

हाथ पीटकर हँसनेवाली हँसी का तूफान उमड़ पड़ा—

''देख यार, देख तो !''

''हाय हाय बेचारी !''

मैत्रेयी उजबक-सी, काठ की पुतली बन गई, क्योंकि सारे इशारे उसी की ओर हैं।

''हाय यह क्या हुआ ? पीरियड्स तो माहौर साहब के पीरियड के पहले ही शुरू हो गए।'' सूर्यकिरन बोली।

मैत्रेयी दाएँ-बाएँ देखे, उससे पहले राजकुमारी लपककर पास आ गई। और फुसफुसाकर बोली, ''पीछे देख, अपना कुर्ता। घर से तैयारी करके नहीं आई थी, कपड़े खराब हो गए। जा बाथरूम में जा।'' वह ठेलने लगी।

मगर वह क्यों जाए बाथरूम में ? पीरियड्स जैसा महसूस भी तो हो। पहली बार तो नहीं कि वह अनभ्यस्त हो।

फिर भी वह बाथरूम में गई। कुर्ते पर लाल धब्बे थे, बड़े-बड़े धब्बे। कैसे छिपाए जाएँ ? उसकी ड्रेस साड़ी भी नहीं कि थोड़ी-सी ज्यादा खोलकर एक लपेटा और मार लिया जाए। पिछला हिस्सा छिपाने का कोई साधन नहीं...लड़के इन धब्बों को खून के धब्बे समझेंगे।

मैत्रेयी को 'लड़की की शर्म' पर रोना आया। और रोती हुई वह उस कुर्सी के पास ठहर गई, जहाँ से ये दाग लगे थे। किस क्रूर लड़की ने कुर्सी पर लाल स्याही उड़ेलकर लड़कीपन का मजाक उड़ाया है ? यह बदला लेना हुआ कि...वह रो रही है, रोती गई,

इतना रोई कि दुश्मन लड़कियाँ भी सहम गईं।

अमरजीत कौर गिल मैत्रेयी को व्यक्तिगत तौर पर नहीं जानती थी, मगर लाल धब्बों में छिपी स्त्री की शर्म से परिचित थी। क्योंकि कॉलेज के पास ही रहती थी, भागी भागी गई, अपना शलवार-कुर्ता ले आई। और पास आकर बोली, "ले पहन ले।"

अगले दिन कॉलेज जाने का साहस नहीं हुआ।

अगले के अगले दिन काछियों के बचे खुचे खेतों में 'जलधरनी' खोजती फिरी। हाथ में कपड़ा बाँधकर पत्तियाँ तोड़ लीं। कागज में रख लीं। कॉमनरूम में कुर्सियों पर रस लगा देगी। या फिर ताँगे की सीटों के दाएँ-बाएँ रगड़ देगी चुपचाप। ऐसी खुजली मचेगी कि खुजाएँगी और रोएँगी। नत्थू ताँगेवाला तो इनसे वैसे ही परेशान है, सहयोग करेगा।

क्योंकि इन जल्लाद लड़कियों से जीतना असम्भव है। इस कॉलेज में पढ़ना भी नामुमकिन है। यह मोंठ का इंटर कॉलेज नहीं, जहाँ लड़कों से लड़ लेती थी, अध्यापकों की शिकायत करती थी और प्रिंसिपल की कारगुजारियों को बेपर्द...। वह कस्बा मोंठ था, जो हमारे खिल्ली गाँव से दूर नहीं था, या उस इंटर कॉलेज पर आसपास के किसानों का हक था। दादा की आवाज का खास महत्त्व था। मगर यह झाँसी है, झाँसी शहर, जो गाँवों से अपने आप को अलग दिखाता है, यहाँ की कचेहरी, कोतवाली, अस्पताल और स्कूल-कॉलेज ग्रामीणों को नजरअन्दाज करते हैं। नत्थू ने क्या कहा था, इन लड़कियों से भिड़ना बड़े आदमियों से भिड़ना है बिट्टी।

वह कुर्सी पर बिखरी लाल स्याही नहीं थी, मैत्रेयी के स्त्रीत्व पर हथौड़ा मारा था सूर्यकिरन ने। सारा वजूद खून-खून हो गया। अपने ऊपर शर्म आए या सूर्यकिरन के ऊपर ?

राजकुमारी मैत्रेयी के कमरे का पता लगाती हुई उसे लेने आई थी सबेरे-ही-सबेरे।

"अरे ! तू ताँगे में नहीं गई ?"

"हाँ, आज नहीं गई। यहीं, तेरे कमरे के रास्ते में सड़क पर उतर गई।"

"बहुत तरस आया मुझ पर ?"

"जली-कटी मत सुना। मैं कौन हूँ पता है ?"

मैत्रेयी अपने गद्दे पर साथ बैठी सहपाठिन की ओर सपाट नजरों से देखती रही।

"यू नो डी.ओ. (पी.आर.डी.) हृदयानन्द राय ? जानती है न, क्योंकि तुझे जानते हैं। तेरी मदर को जानते हैं। मैं उन्हीं की बेटी हूँ, राजकुमारी राय।"

मैत्रेयी की निगाह में हरकत आई। परिचय जड़ों की ओर गया, आत्मीयता होने लगी।

"तूने ऐसी-वैसी बातों का जिक्र तो किया नहीं होगा, फिर क्या चर्चा चलाई थी ?"

"वही, लैटरवाली। तू अँगरेजी में लैटर लिख रही थी न। राइटिंग भी कितनी सुन्दर थी। तुझे पता है, कॉमनरूम में लड़कियाँ कनिखयों से देखतीं तो कभी बाथरूम जाने के बहाने तेरी साइड से गुजर जातीं। तू तो लीन थी लिखने में, वहाँ लड़कियों में हलचल मची थी। पता है सूर्यकिरन और विमल सक्सेना निशि खरे से क्या कह रही थीं—हुँह,

यह मुँह और इंगलिश में लैटर, बन्दर और अदरक का मामला।''

मैत्रेयी अब मुस्कुराई। अपनी छोटी-सी जीत, उत्साह का मुद्दा बनती है, उसे भरोसा-सा हुआ अपने ऊपर।

''और वही,'' राजकुमारी सुन्दर दाँतोंवाली साँवली रूपसी जैसी लड़की, अपने घुँघराले बालों को छेड़ती हुई कह रही थी, ''वो, साइकिल पर साथी के साथ सवार होकर उड़ जानेवाली बात अम्मा को बताई, बाबूजी से छिपाकर। अम्मा खूब खुश हुईं। बोली, उसे घर लेकर आना।''

कुछ दिन के बाद मैत्रेयी और राजकुमारी साथ जाने लगीं, क्योंकि अम्मा ने ताँगा छुड़वा दिया था, क्योंकि पिताजी का तबादला उरई हो चुका था। राजकुमारी ने बताया था—असलियत तो यह है कि ताँगा-वाँगा अपनी हैसियत की चीज नहीं। बाबूजी उरई में और हम यहाँ, दो-दो जगह का खर्च, पर क्या करते शहर से पैदल जानेवाली कोई लड़की मिली नहीं कि साथ चले। रास्ते पर अकेली लड़की, ऊपर से को-एज्यूकेशन का हउआ। हमारे बाबूजी फ्रीडम फाइटर रहे हैं, घर में कड़ा अनुशासन रखते हैं। उनकी बेटी ऐसे-वैसे चक्कर में पड़े, सहन नहीं करेंगे। कहते थे छह रुपए महीने बर्दाश्त कर लेंगे क्योंकि अकेले पैदल चलना लड़की के लिए खतरा है।

''स्वतन्त्रता सैनानी !'' मैत्रेयी ने मुस्कुराकर कहा।

राजकुमारी पिता के अनुशासन की कायल हैं, बोली, ''पता है, ताँगे में से भी सूर्यकिरन का दुपट्टा एक बदमाश लड़का खींच ले गया था। वह डरके मारे तीन दिन तक कॉलेज नहीं आई। यह सब बता देती तो सजा सूर्यकिरन को ही मिलती। क्या पता कॉलेज आना हमेशा के लिए बन्द हो जाता। उसके पिता की शहर में बड़ी इज्जत है और इज्जत दुपट्टे के बहाने उड़ जाए, कौन सा पिता बर्दाश्त करेगा। सूर्यकिरन बेचारी बड़ी रोई और तबियत खराब होने का बहाना बना दिया, बहुत डरती है अपने फादर से।''

''तभी हम जैसों को डराती है। हुकूमत करने का मौका तलाशती है।'' मैत्रेयी ने तल्ख होकर कहा। दोनों सखियाँ कॉलेज की ओर बढ़ रही थीं, कदम तेज थे।

''छोड़ उस बात को। कब तक सीने से लगाए रहेगी,'' कहकर राजकुमारी ने अपने कुर्ते के भीतर से एक कागज का टुकड़ा निकाला और देती हुई बोली, ''देख ले तू लड़के कितने बदमाश होते हैं, यह कागज उसने ताँगे में ही मेरे ऊपर फेंका था, कंकड़ बँधा था कागज में। अच्छा निशानेबाज था कि यह मेरे पाँव के पास आकर गिरा। कहीं किसी दूसरी लड़की को लग जाता तो ?''

''तो यह प्रेम दूसरी लड़की का हो जाता।'' मैत्रेयी ने हँसते हुए कहा।

''क्यों हो जाता ?'' चलती हुई राजकुमारी मुँह फुलाते हुए बोली और स्पष्ट किया।

''पढ़ इसमें क्या लिखा है ? 'उल्फत न सही नफरत ही सही, इसको मौहब्बत कहते हैं' लिखा है न ? उससे मैं ही नफरत करती हूँ।''

''उससे नफरत और उसके पत्र से मोहब्बत, यही बात है न ? नहीं तो इसे सहेजे क्यों बैठी रहती। फाड़कर फेंक न।''

मैत्रेयी की रूखी बात सुनकर राजकुमारी लहराई और शरमा गई।

''अच्छा ! तेरी अदाओं ने बात साफ कर दी कि इस चिट्ठी में खुशबू किसने लगाई है ?''

''बाइ गॉड, मैंने नहीं लगाई। उसी ने लगाई है।'' राजकुमारी ने खुद को निर्दोष बताया।

मैत्रेयी ने समझ लिया, सखी न तो किसी शौक से पैदल चल रही है न माँ-बाप की आर्थिक स्थिति में योगदान करने के लिए खुद को थका रही, उसकी आकांक्षा प्रेम करने की है, जो ममेरे-मौसेरे भाइयों और जीजाओं के दायरों से बाहर निकलकर सड़क पर आया है।

जब राजकुमारी ने यह बताया कि निशि खरे भी ताँगे से कूदनेवाली है, तो बात और भी पक्की हो गई।

निशि खरे के बारे में सुना था, वह छत से कूद गई थी। आत्महत्या करना चाहती थी, क्योंकि उसके पिताजी बराबर शादी के लिए वर देखने में लगे हुए थे। ताँगा भी इसलिए किया गया कि वे ऊँचे खानदानों में बात चला पाते हैं। निशि खरे रोती हुई कह रही थी—यह भी कोई बात हुई कि नौकरी क्लर्क की करो और गिनती पुराने रईसों में कराओ। सबसे पहले मैं इस शाही सवारी को छोड़ती हूँ, पिताजी को भी अपनी औकात पता चल जाएगी और भावी वरों के पिताओं को हमारी असलियत।

राजकुमारी ने, ''पता चला है तुझे सूर्यकिरन और निशि खरे मौसेरी बहनें हैं,'' कहकर एक जबरदस्त रहस्य खोला, जिसका अर्थ था निशि उस समाज-सत्ता के कब्जे में है, जिसका शिकंजा उसकी गर्दन पर है, बचकर कहाँ जाएगी ?

निशि उदास लड़की, अभिज्ञानशाकुन्तलम् की व्याख्या अपनी तरह से किया करती है। पिछली सीट पर ताँगें में सूर्यकिरन और माधवी के साथ बैठी थी।

मैत्रेयी के मन में इन दिनों शैतानी नाच रही है। वह उन धब्बों को नहीं भूल पाती, जो कुर्सी पर बैठकर कुर्ते में लगे थे, मगर निशि से अनजानी-सी डोर बँध गई है, जिस पर हमदर्दी की चिकनाई लगी है, वह उसे दुख कि जरा-सा कष्ट भी देना नहीं चाहती, क्योंकि उसके लिए घर में कष्टों का अन्त नहीं।

रास्ते में जाते ताँगे से अकसर व्यंग्यों के तीर उड़ते, लहराते हुए पैदल चलनेवालियों के सीने में घुप जाते—आय हाय राजकुमारी ! जहानआरा शहजादी ! सड़क पर घिसट-घिसटकर इशक फरमा रही हैं। आजादी मना रही हैं।

—आजाद नहीं, आवारा हैं

लड़ाई कॉमनरूम में छिड़ी, राजकुमारी ने ऐलान कर दिया—''ए, जली-कटी सुन रही हूँ, उकाती जा रही हूँ कि झगड़ा न बढ़े, पर तुम्हारा दिमाग काबू में नहीं।''

—क्या कर लेगी, ऐं ! ऐं ?—विमल सक्सेना छाती पर चढ़ आई। माधवी राजकुमारी की बात सुनकर क्रोध से फुफकार उठी। अपनी सिल्क साड़ी में और सुन्दर सेंडिलों पर उसकी ठोस साँवली-सी काया थर्राई, नाक फड़काती हुई बोली, ''किरन, इन दोनों

में दो-दो तमाचे दे, सारा डिसीप्लिन बिगाड़ रही हैं।

बस सूर्यकिरन ने अपना चूड़ियों भरा दुबला हाथ उठा दिया। खूँखार अदा।

"क्याऽऽ...," मैत्रेयी ने हाथ बीच में ही पकड़ लिया।

हाथ झटकती हुई बिफर पड़ी सूर्यकिरन, "विभा, माया मारो कमबख्त को। हरामखोर, दो टके की लड़की ! धूर्त गँवार समझ रही है कि कॉलेज फतह कर लेगी।

विभा और माया हिली तक नहीं। विमल सक्सेना और माधवी ने उनके बदले का झपट्टा क्या मारा राजकुमारी के साथ विभा, माया भी विमल और माधवी पर पिल पड़ीं। सूर्यकिरन छिपकली-सी काया की मालकिन अपनी शारीरिक क्षमता जानती थी, दूर से ही मुँह की ताकत इस्तेमाल कर रही थी।

यहाँ गुत्थमगुत्था और वहाँ मुँहवाद।

"यह क्या समझ रही है, इस प्रॉस की असलियत हम समझते नहीं। राजकुमारी हो या निशि, लड़कियों को फुसलाकर अपने कमरे पर ले जाती है। एक चाबी अपने यार लड़कों को दिए रहती है।"

इतना सुना। और दिन होता तो चेहरा फक्क हो गया होता मगर आज इनसाफ का दिन था, जैसे भी इनसाफ हो जाए। मैत्रेयी मारा-मारी में शामिल हो गई।

प्रो. सुरेन्द्रनाथ वर्मा न आते तो लड़कियाँ आपस में एक-दूसरे के कान-नाक फाड़ डालतीं। अभी तक तो चुटिया उखाड़ लड़ाई और कपड़ा-फाड़ जंग पर ही पहुँची थीं।

वर्माजी न होते तो मामला प्रिंसिपल ऑफिस तक जाता।

सूर्यकिरन ने इलजाम दिया—वर्माजी पर माहौर साहब ने दबाब डाला होगा कि मामला आगे नहीं बढ़े नहीं तो इस भुच्च लड़की का रेस्टीकेशन करवाकर रहती।

आज अमरजीत कौर अपने कई जोड़े कुर्ते-शलवार नहीं लाई। किराए का ताँगा मँगाकर सूर्यकिरन, माधवी और विमल सक्सेना कॉलेज के पिछवाड़े से निकल गईं। न जाने घर जाकर क्या बहाना किया होगा कि एक ही के घर सबने कपड़े बदले होंगे ?

बहरहाल ताँगे में आनेवाली और ताँगे से उतरने वाली टोलियाँ अलग हो गईं।

अब ताँगे में एक नई सदस्य ने प्रवेश किया—कांग्रेसी नेता जो विधानसभा में प्रमुख पद पर थे, उनकी बेटी शोभा माजरेकर ने। पहले दिन से ही कॉमनरूम में भाषण झाड़ने लगी—ये लड़कियाँ अपने आपको डीक्लास करके आखिर क्या दिखाना चाहती हैं ? यही न कि इज्जतदार सभ्य लोगों की बेटियों के मुँह पर तमाचा मारें ? हरिजनों में जा मिलो, देखें कितने दिन ढोंग चला पाओगी ?

विभा शान्त लड़की है, मगर कड़ुवी भी कुछ कम नहीं, सो गुस्सा दबाती-दबाती लाल हो जाती है, चेहरा अँगारे जैसा कि वजूद में आग बोई हुई हो।

माया को शान्त लहजे में वार करना आता है, विभा के गुस्से को खुद के व्यंग्यभाव में मिलाकर सुना दिया, "मिस ग्रेसफुल, तुम्हारी सोहबत बहुत कर ली। रेशमी कपड़ों के रंगों की मैचिंग का सलीका सीख लिया। हेयर स्टाइल और चलने की लहराती अदा भी आ गई, पर बताओ कि यह सब हमारे किस काम आया ? इतना ही न कि किसी

लड़के ने आह भर दी, किसी ने प्रेम-पत्र लिख दिया। माँ-बाप के सैकड़ों रुपए खर्च करके यही पाया तो लानत है, हमारी पढ़ाई-लिखाई पर। हम तो अब यह देखना चाहते हैं कि अपने दम पर क्या कर सकते हैं ? आशिकों की 'आह वाह' से कुछ सधता नहीं, तभी तो वे हमें ऐसा कूड़ा-कबाड़ा समझते हैं, जिसका सजना-सँवरना जरूरी है।"

"सजना-सँवरना—अँगूर खट्टे," पिटी हुई माधवी चिढ़ाने से बाज नहीं आई।

"हमें मीठे चाहिए भी नहीं।"

"इनफीरिऑरिटी बोल रही है।" सूर्यकिरन ने फब्ती कसी।

"तुम जैसे इनफीरिअरों के सामने ?" राजकुमारी ने ईंट का जवाब पत्थर से दिया।

मैत्रेयी ने राजकुमारी को खींच लिया, "यहाँ लड़ने-भिड़ने में ही टाइम निकला जा रहा है, पता है प्रो. दरबारी छुट्टी खत्म करके आ गए हैं। क्लास होनेवाली है।

अँगरेजी भाषा, डरानेवाली भी है और चुनौती देनेवाली भी। प्रो. दरबारी निखालिस रौब-रुतबेवाले टीचर हैं, जो अफसरों जैसे होते हैं। मित्तल साहब हिन्दी की तरह हिन्दी अध्यापक। हंगामा, शैतानियाँ और मखौल हिन्दी की कक्षा में शामिल रहते हैं। मित्तल साहब नकसुरे हैं, यह बात विद्यार्थी ऐन सामने कहने से नहीं चूकते। मैत्रेयी को पता नहीं, क्यों मित्तल साहब से हमदर्दी होती है। वे मास्टर हैं, पर भाई-चारा-सा लगता है।

आज माहौल कुछ ऐसा बिगाड़ा कि मित्तल साहब रोने-रोने में आ गए। मैत्रेयी को दुखद आश्चर्य था कि माहौल को खराब करने में उस मदन मानव का हाथ है, जो खुद एक प्रतिभाशाली विद्यार्थी और स्टुडेंट यूनियन का लगनशील कार्यकर्ता है।

पहले तो क्लास में हँसी का फब्बारा उठा, स्रोत पीछे था। तोते का पिंजड़ा।

फिर एक दुस्साहसी लड़के, जिसका नाम रवीन्द्र नारायण सोलंकी था, पिंजड़ा उठाकर मित्तल साहब की मेज के पास रख दिया। तोता सहमा हुआ चुपचाप मुटुर मुटुर देख रहा था। लड़कों ने सवाल-जवाब के रूप में कविता गाई, जो कोर्स में थी।

अगर कहीं मैं तोता होता
तो क्या होता, तो क्या होता
मित्तल होता, तोता होता
मित्तल हो तो, तोता हो तो
क्लास से जाओ, क्लास से जाओ
हम मानव हैं, तुम तोता हो,
हमें न पढ़ाओ, हमें न पढ़ाओ।

सवाल-जवाब थे कि कोरस का गायन था ? डैस्कों पर थाप पड़ रही थी, ज्यों ताल में तबला बज रहा हो।

प्रिंसिपल साहब आ गए। मित्तल साहब को इशारे बाहर बुलाया, अपने साथ ले गए। लड़कों के मन-की-मन में रह गई कि उन्हें सार्वजनिक रूप से अपमानित क्यों नहीं किया गया।

मैत्रेयी के चलते मित्तल साहब हिन्दी थे
और दरबारी साहब अँगरेजी।

छटा पीरियड प्रो. दरबारी साहब का था, जिनकी आवाज गहरी और दमदार थी, अंग्रेजी के शब्द बोलते हुए वे अमरीकी अन्दाज अपनाते। लिबास उनके रंग-रूप को और भी निखारता-व्यक्तित्व खासा आतंक पैदा करने लगता। वे पढ़ाते जाते, लड़के सुनने के सिवा कुछ न करते। कुछ केंचुओं-से कुलबुलाकर रह जाते क्योंकि सवाल करना चाहते। दरअसल धाराप्रवाह अंग्रेजी बोलना किसी के बस का न था, गलती बन पड़ने का डर लगता।

दरबारी साहब साक्षात डर थे।

मैत्रेयी ने मन-ही-मन प्रश्न तैयार किया। दरबारी साहब से पूछने की ठानी।

"सर, वी हैव रैड सैवरल स्टोरिज, एंड सैवरल पोयम्स। ह्वाट कैन वी से एबाउट द स्टेट्स ऑफ वुमैन इन माडरन लिटरेचर ?

लड़की कहकर खड़ी रही।

दरबारी साहब देखते रहे।

सालों का सन्नाटा टूटा हो जैसे। लड़के होंठ दबाकर हँसे। लड़कियों की आँखें घूमीं।

दरबारी साहब बोलने में माहिर, चुस्त जुमलों के धनी सहज स्वाभाविक लहजे में बोले, "युअर क्वेश्चन इज अ वाइड रेंज्ड क्वेश्चन। कैन वी डिस्कस टुमॉरो ?

"यस, यस सर।"

क्लास छुटी। मदन मानव आगे आए, "अरे वाह ! दरबारी साहब से आमना-सामना करने की ठानी है।" कहकर अपने हाथों में मैत्रेयी के हाथ ले लिये।

"मुझे शाबासी क्यों दे रहे हो ?"

"इसलिए कि अब प्रोफेसर नए सिरे से पढ़कर आएँगे। नहीं तो एक बार के बनाए नोट्स सालोसाल चलते रहते हैं।"

"यह तुम कह रहे हो ?"

"हम क्यों नहीं कह सकते ?"

"डरते हो, इसलिए,"

"हम दरबारी साहब से डरते हैं ?"

"नहीं, उनकी अंग्रेजियत से।"

"कैसे ?"

"तभी तो हिन्दी का मखौल उड़ाते हो।"

"देखो मैत्रेयी, हमें गलत मत समझो। इन पचड़ों में पड़कर गुमराह नहीं होना चाहते। बस यह चाहता हूँ कि तुम इसी तरह हमारे साथ रहो। प्रश्न उत्तरों के साथ।

मानव से हाथ मिलाकर वह कॉमनरूम पहुँची तो देखा अजीब सोगवारी-सी है। राजकुमारी ने अपने साथवाली कुर्सी खाली रख रखी थी, उसी पर जाकर बैठ गई मैत्रेयी। उसी समय गोरे चेहरेवाली कुमुद चतुर्वेदी आई और दबे स्वर में बोली, "कुछ पता है,

सूर्यकिरन रो रही है !"

"क्यों ? वह तो रो ही नहीं सकती। रुलानेवाली बला है।" राजकुमारी ने कहा तो कुमुद करीब आकर कान के पास झुक आई, "रोते हुए हिचक-हिचककर माधवी से कह रही थी, 'मुझसे धोखा क्यों किया उसने ? फरेबी मुझे चिट्ठियाँ क्यों लिखता रहा ? अनफेथफुल गॉय...' फिर माधवी ने समझाया—'भूल जा उसको। बड़ा अच्छा नहीं है, गुंडा मानते हैं लोग। तेरे पिताजी तेरी शादी तो उससे कर नहीं सकते सो नाता टूटना तो एक दिन था ही, अच्छा हुआ आज ही टूट गया।' "

मैत्रेयी मुँह खोलकर सुन रही थी और राजकुमारी मजा लेकर।

कुमुद को यह चर्चा चटपटी लग रही थी सो बाँट-बाँटकर खुश हो रही थी, "सूर्यकिरन ने रोए हुए गले से कहा—'मैं उसके बिना जी नहीं सकती मध्धो !' "

देखा कि माधवी सामने चली आ रही है, कुमुद एक दम फुल स्टाप की तरह बन्द हो गई। मैत्रेयी के मन में सवाल रह गया कि वह दगाबाज आखिर है कौन ?

माधवी की पीठ फिरते ही कुमुद के कपाट खुले हों जैसे, "मदन मानव दगाबाज है।"

मैत्रेयी ने अपने कमरे पर लौटकर आज का दिन बार-बार याद किया। मारामारी और धक्का-मुक्की के माहौल का नाम कॉलेज है। वह पढ़ने आई है या अपना महत्त्व हथियाने ? पार्टीबन्दी करने, वर्चस्व बनाने ? नहीं तो अँगरेजी में चिट्ठी लिखकर, अँगरेजी बोलकर, मदन मानव के लिए वोट तैयार करके, ऐसी कुछ बातों से राजकुमारी को ताँगे में से फोड़ लिया और लड़कों की साइकिलों पर सवार होकर लड़कियों में धाक जमा ली। आखिर ऐसा क्यों किया ? क्या यह हीन भावना नहीं थी कि—मैं गाँव से आई हूँ, चिकना चुपड़ा व्यक्तित्व मेरे पास नहीं है, अपटूडेट फैशन के सामान इस्तेमाल करने की न हैसियत है, न शऊर। ऐसा कुछ भी पास नहीं है, जिसे देखते ही शहरी लड़के-लड़कियाँ प्रभावित हो जाएँ।

राजकुमारी के साथ कितनी-कितनी लड़कियाँ असर में आ गईं कि ताँगे-मोटर जैसी सवारियाँ त्याग दीं। मानव जैसे कितने ही लड़के आसपास आ गए, जिन्होंने हाथ मिलाए।

काश, आज राजकुमारी होती !

डॉक्टर !

दुख-सुख की साथिन सखी तुम्हारे आने के उपलक्ष्य में देहरी पर रंगोली रचाती। अम्मा से कहती—अम्मा, तुम्हारे कुँवर साहब आ रहे हैं, अन्नपूर्णा हो जाओ।

और अम्मा,

वे तुम्हारे शुभागमन पर देहरी पर धान बिखेरती, जल के छींटे देती, तेल डालती हुईं तुम्हें मंगलबेला में भीतर ले आतीं।

मेरी सखी मुझे सात पर्दों में छिपाकर रखती, क्योंकि अम्मा कहती हैं।—बिना वचन भरे, बिना भाँवरें फिरे कुँआरी कन्या को देखने से कुँवर को दोष लगता है। राजकुमारी तुम्हें और मुझे एक-दूसरे को देखने के लिए तरसा देती कि पास-पास रहते हुए हम उझका-उझकी ताका-झाँकी पर उतर आते। तमन्ना लहरों-सी उमड़ती, अरमान झोंकों की

तरह आते और वह तड़पाने का आनन्द लेती हुई दुष्ट हँसी हँसती जाती।

मेरी सखी बिछुड़ गई डॉक्टर...क्यों बिछुड़ गई, मिलोगे तब बताऊँगी। अभी तो मेरा चातक मन उसकी राह देखता है। उसकी तलाश में जाने-अनजाने कोनों में भटकता हुआ चाहे-अचाहे ठिया-ठिकाने ज़ोड़ता है कि मुझे कहीं पल-भर स्थिरता मिले।

काश !

काश काश करता हुआ प्यासा मन-मृग भाग रहा है। कल्पना और पछतावों के सिवा कुछ झोली में नहीं। रुकना, ठहरना और फिर चल देना, विराम आता नहीं। तभी न जिन्दगी जाल बन गई। उलझनों ने मुसीबतें खड़ी कर दीं। इतने बड़े शहर में, इतनी बड़ी दुनिया में कहाँ है वह कोना, जहाँ तुम्हें ठहरा सकूँ ? कीचड़-भरे रास्तों के बीच सूखी सड़क से निकाल सकूँ। कहाँ पाऊँ, कहाँ खोजूँ...

रास्ता ! कितना अच्छा रास्ता था एक जमाने में, जब पंचकुइया मौहल्ले के जादूनाथ के बाड़े में रिहाइश थी।

माता का मन्दिर रास्ते में आता था। सड़क पानी से रोज धुलती थी। इस मार्ग को मालिनें फूलों की डलियों की कतारों से सजाए रहतीं। चूड़ी, बिन्दी और मेहँदी-महावर की दुकानोंवाली जगमगाहटें रौशन किए रहतीं। नगर की स्त्रियाँ रंग-बिरंगी पोशाकें पहने, अपनी-अपनी हथेलियों पर पवित्र पानी भरे लोटे जमाए मन्दिर की ओर छोटी-छोटी टोलियों में जाती दिखतीं। जादूनाथ के बाड़े के रास्ते में ही प्रसाद के लिए चाशनी भरी बूँदी और कच्चा नारियल बिकता। धूप बैसान्दुर और अगर के धुएँ से माहौल गमका रहता।

गोटेदार चमकीली लाल चुनरियों का बाजार अलग से था। मन्दिर में से भक्तगणों के स्वरों की झंकार बाहर तक आती। झींका-मजीरा और ढोलक की संगत के साथ विनय भरे गीत कीर्तन चलते रहते।

मैत्रेयी का कमरा जादूनाथ के बाड़े में मन्दिर की ओर मुँह करता हुआ छत पर बना था।

क्या कमी थी वहाँ ?

राज-रजवाड़ों के जमाने का बाड़ा। कहते हैं कि राजकर्मचारियों का आवास था। बड़े से चौक में बेल और बड़ का पेड़ छाया करता तो खम्भेदार बरामदों की कतारें आनेवालों के सिर को धूप, ताप, वर्षा पानी से बचातीं। मकानों के दरवाजे पुख्ता थे, क्योंकि पुरानी लकड़ी से पुराने कारीगरों ने बनाए थे। बैठक कमरा बरामदा और आँगन सदगृहस्थ होने का आभास देता था। साथ ही बढ़िया गुलसखाना और बन्द किवाड़ोंवाला संडास। आदमी के लिए सुविधा और सारे सुख थे वहाँ।

डॉक्टर, वहाँ मामूली आदमी नहीं रहते थे। डॉक्टर शिन्दे, उत्तमचन्द कन्हैयालाल जनरल स्टोर के मालिक, बड़े बाबू जैसे क्लर्क, जिनका रुतबा अफसर हाकिमों पर सिर चढ़कर बोलता है। सबके ऊपर बसों के मालिक गुप्ता जी, जिनकी बात आदेश की तरह लागू होती। बड़े लोग थे, बड़प्पन रखते थे। बात-बात में भाईचारा झलकता था। बाड़े की व्यवस्था किसी राज्य की व्यवस्था से कम न थी। वहाँ धींवरीं सबका पानी भरती

कविता ज्यादा तेवर दिखा रही है। राघव जैसे तेवर ! राघव की याद कविता के संग नत्थी हुई आई है !

यहाँ की रिहाइशों पर मैत्रेयी ने झाड़ू फेर दी !

बाड़े की फिजा में अखबार देखकर उसका क्या हिस्सा बना ? किसी तरह की प्रतिक्रिया की कोई उम्मीद नहीं। अपने मकान मालिक सुकेश बाबू ने न कोई प्रशंसा की, न निन्दा क्योंकि वे साहित्यवाले पन्नों को एक ओर फेंककर इतवार का अखबार पढ़ा करते हैं। मैत्रेयी तो अपनी कविता की जननी थी, माँ थी इसलिए जैसे मुर्गी अंडों को सेती है, उसने अखबार को सहेजा।

अचानक नवजात की धुनाई-पिटाई होने लगी। एक-एक करके बाड़े के अच्छे लोग सुकेश बाबू के तथाकथित ड्राइंग रूम में जुड़ गए। धींवरिन, काछिन और मेहतरानी का जलवा अखबार में जड़ा था, कुलीनों के कलेजों में हाहाकार मचाने लगा। शुरू में तो मैत्रेयी को मजा आया—चोरों की दाढ़ियों के तिनके निकले हैं।

''सुकेश बाबू, यह लड़की तुम्हारी किराएदारिन है ? पहले तो यही गलत है, पर चलो पचासियों वर्ष से किराए पर उठे इस बाड़े के मालिक अब किराएदार ही हैं। मगर यह तो देख लेते कि किस जाति की है ? काछिन, धींवर या मेहतरानी ?''

मैत्रेयी ने कान बिछा दिए। सन्नाटे में दम साध लिया।

चर्चा लगतार चल रही है। बहस में लोग डूबे हुए हैं। क्या इतना गलत हो गया ? अपनी औरतों के लिए ऐसे फ्रिकमन्द हैं ? होंगे क्यों नहीं, औरतें, उनकी इज्जत हैं। इज्जत की रक्षा कौन नहीं करना चाहता ? लड़की को अब समझ लेना चाहिए, चिनगारियाँ शोलों से भिड़ेंगी तो अपनी सूरत खोएँगी। इतनी बड़ी गलती हुई है ? न जाने क्यों मैत्रेयी का सबेरे वाला उत्फुल्ल चेहरा, गर्वीली आँखें अपनी शक्ल से उतरने लगे क्योंकि वह समझ चुकी थी कि खानेवाली थाली में उसके बनाए छेद अब सबकी नजर में हैं।

क्या जरूरत थी 'बाड़े की औरतें' लिखने की ? 'औरतें' लिखती सिर्फ, फलक और बड़ा हो जाता। मगर मैत्रेयी आदत से लाचार है, आदत है कि अपनी मुखालफत करती है। माना कि इन लोगों को जलाकर आनन्द आया, मगर यही आनन्द अब उसे छोड़नेवाला नहीं।

''यह लड़की ऊँचे तबके की औरतों की जैसी शराफत जानती है ?'' डॉक्टर शिन्दे थे।

''अजी अपनी कुढ़न की आग फेंक रही है,'' उत्तमचन्द बोले।

''किस गाँव से आई है ?'' गुप्ताजी, बस मालिक ने पूछा।

''खिल्ली से'' सुकेश बाबू ने जवाब दिया।

''हमारी बस उस रूट पर जाती है, समझ लेंगे।''

मैत्रेयी डरनेवाली नहीं। क्या देख लेंगे, तमाम बसवालों से जूझी है। यह तो कहते नहीं कि—हम अपनी औरतों को समझाएँगे, मेहनतकश स्त्रियाँ न बहकावे में आतीं, न डरतीं। हारेंगी तो कोमलांगी मुलायममुखी ही।

कह दें अपनी औरतों से, तुम झूठ-मूठ खुश मत हुआ करो। अपनी देह इन कामगर स्त्रियों जैसी बनाओ, मजबूत और स्वाभाविक। कहती हो कि मर्द मोहलत नहीं देते, यह नहीं मानतीं कि आराम पल्ला नहीं छोड़ता। आपस में बैठे-बैठे एक-दूसरे पर बहादुरी फेंकने से काम चलनेवाला नहीं। आराम ही तुम्हारी सजा है।

मगर गुप्ता साहब अपनी बोली बोल रहे हैं, ''यह कविता बाड़े के नियम नहीं तोड़ रही, व्यवस्था की हदबन्दी खत्म कर रही है। माना कि कमीन औरतें पढ़ी नहीं, सो यह सब नहीं समझेंगी, मगर कल के दिन उन्हें कोई मुँहजुबानी भी समझा सकता है।''

''मानहानि का दावा कर दो।''

''इस लड़की के पास है क्या जो हरजाना भरेगी ?''

''तो इसकी माँ को बुलवाओ। इससे कुछ मत कहो, यह हमारे ऐतराज को भी अखबार में निकलवा देगी। अखबारवाले सनकी होते हैं, मसाला मिलाकर उजागर कर देंगे।

मैत्रेयी को डर लगा, मगर अपनी ताकत का भी अन्दाजा होता जा रहा है। उसे निरी गाय मान रहे थे, कोई दुहकर देखे ? अजगर की तरह शान्त लोग शोरगुल पर उतर आए, क्योंकि उसके लिखे पर प्रतिक्रिया दे रहे हैं।

मगर माताजी...उन्हें बुलाकर मैत्रेयी को कमजोर करना चाहते हैं ? उसके बदले की सजा माँ को देंगे ? इस तौहीन को वह झेल पाएगी ? ये होशियार चालाक लोग फरियाद करने नहीं बुला रहे कि माँ बेटी को समझा देगी और रास्ते पर ले आएगी। बाड़े के लोग औरत को पाँव की जूती तक नहीं समझते।

उसके मन में आकांक्षा जागी—काश माताजी अपनी जूती इनके सिर पर बजाने लगें। बिलकुल उसी तरह जैसें ये धींवर-काछियों को अपने हुकुम से पिटवाते हैं। अपनी-सी पर आ जाएँ तो एक माताजी काफी हैं इतनों के लिए। कविता का बुरा मान रहे हैं कि अपने बुरे को छिपाना चाह रहे हैं ? गरजकर डरा लेना चाहते हैं। काश माताजी डरें नहीं।

''इस लड़की की अभी से यह चाल है, आगे...'' नीचे कोई कह रहा है।

प्रिय डॉक्टर, माताजी हाजिर हो गईं।

उनका चेहरा वैसा ही था, जैसाकि सुकेश बाबू के सामने हो उठता है। हुकुम की बान्दी जैसा...दफ्तर की आदत जो पड़ी हुई है। अपनी ओर से कुछ पूछा भी नहीं कि आखिर उन्हें ड्यूटी से बुलाया क्यों गया है ? सुकेश बाबू जिला संयोजिका के मुँह लगे ही नहीं, कई-कई जगह लगे आदमी हैं। संयोजिका के सामने जैसा अदब मातहतों का रहता है, वही चाहते हैं। जो भाव मिल रहा था, कम-से-कम उन्हें उत्तेजित नहीं कर रहा था।

सुकेश बाबू का चिन्ताकुल चेहरा माताजी के चेहरे पर फिट हो गया जैसे, और माताजी की लटकी हुई सूरत मैत्रेयी की सूरत पर चढ़ गई। कविता की मार कविता की लेखिका पर ही पड़नी है, भले कितनों के जरिए गुजरकर आए। मैत्रेयी सिर झुकाए

माँ की बगल में बैठी थी। रात थी, रोज जैसी ही थी, मगर सुकेश बाबू का चेहरा देखते ही लगता कि रात का अँधेरा बड़ा भयानक है। वह ढीठ की तरह सोच रही थी—इस आदमी को हमारी क्लास लेने का क्या हक है ? इसके चेहरे पर हमारे गुनाह का नक्शा क्यों खिंचा हुआ है।

इस तरह के घुटन-भरे माहौल में कोई भी लड़की रो देती, मगर वह कविता के लिए छिड़ी खामोश जंग थी, आँखों में आँसू अपने आप सूख गए। चेहरे पर अफसोस की झाईं भी लाना कमजोरी की निशानी थी। बस माताजी का चेहरा देखकर लग रहा था, गुनाहगार बेटी नहीं, माँ है। इस खयाल से डर बहुत बढ़ जाता और अपने ऊपर लानत आती। एक बार यह भी सोचा कविता और माँ में से माताजी को चुन ले और सरेआम माफी माँगकर उनको बाइज्जत तालबेहट ब्लॉक के लिए विदा करे। अपने विद्रोही तेवरों के लिए माताजी को हर बार कठघरे में खड़ी करवा देना बेटी की विरासत है, या माँ की सजा ?

सुकेश बाबू की आँखों का इशारा माताजी ने कब और किस तरह देख लिया, यह तो वही जाने, हाँ माँ का अनकहा संकेत वह जरूर समझ गई थी। वे बलि के बकरे की तरह कातर निगाहों से सुकेश बाबू की ओर देखती रहीं, फिर कसाई का-सा संकेत पाकर मैत्रेयी से कहने लगीं, "तू ऊपर जा लाली ।"

"क्यों ?" यकायक मुँह से निकल गया, जबकि इस समय 'क्यों' कहना बेअदबी में शामिल माना जा रहा था। मुश्किल तो यहीं आ जाती है, जहाँ मैत्रेयी को हार मान लेनी चाहिए, वह वहीं सिर उठा देती है। यहाँ तो माताजी की नौकरीवाला नाजुक मामला है। मुश्तकिल नौकरी छुड़ा तो काई नहीं सकता, पर छोड़ देने के लिए मजबूर करना कोई कठिन काम नहीं। लड़की अपनी स्थिति समझ रही है। सुकेश बाबू के चहरे पर फैला रेखाओं का जटिल जाल...

आगे वह चुप ही रही और ऊपर चली गई। कहने को बहुत से कड़ुवे सवाल हलक तक आ जाते थे, जिन्हें वह कोशिश करके दम लगाते हुए गले के नीचे ठेलती। किन मंसूबों को लेकर कविता लिखी थी, छपेगी तो वाहवाही आएगी ! चिट्ठियाँ मिलेंगी। यहाँ छपते ही चिड़िया-सी कविता के उड़ने के पहले ही कोई गर्दन मरोड़ रहा है। कोई परों के लिए कैंची लिये बैठा है। बड़ा साहित्य विरोधी माहौल है इस जादूनाथ के बाड़े में...सोचते-सोचते मैत्रेयी सो गई।

माताजी ने मैत्रेयी को झकझोरकर जगाया।

वह हड़बड़ाकर उठी। उठकर खटिया पर बैठ गई।

"क्या बात है ?" खटिया पर बैठे-बैठे माताजी से पूछा।

वे चुपचाप देखने लगीं। होंठ हमलावरी में खिंचे से हो रहे थे। आँखों में सजा देने की लपक-सी पड़ रही थी।

उसने माताजी के चेहरे को पहचानने से इनकार करते हुए सिर घुमा लिया। तो सुकेश बाबू की संक्रामक बीमारी माताजी भी ले आई ! उसने तो निचले तबके की औरतों के बारे में बाड़े की स्त्रियों के व्यवहार को लेकर जो सोचा था, उसमें माँ को भी शामिल किया था। क्या आज उनकी मति-गति बाड़े के लोगों के हिसाब से चलेगी ? मगर माँ के गले की नसें फूल रही हैं। नाक से साँस नहीं, फोंस निकल रही है। सुकेश बाबू ने अखबार का पन्ना प्रमाण के लिए दिया है। क्या माँ से उसकी यही पहचान है ? या कदम-कदम पर रूप बदलकर चकित करना चाहती हैं माताजी ?

आगे का वर्णन इस प्रकार है–

सुकेश बाबू कोहनी तक हाथ जोड़ते हैं और निवेदन करते हैं, ''कस्तूरी देवी मैं तो भर पाया। तुम्हारी लड़की के पाँव के पंजों की हर उँगली को प्रणाम।''

''असल बात क्या है, बोल दो सुकेश बाबू।'' माताजी की आवाज ढीली हो आई।

''तुम समझदार हो कस्तूरी देवी। 'कविता छपना' छोटा-सा कारण, लड़की को बाड़े से निकालने के लिए काफी नहीं है। कविता यहाँ कितने लोगों की समझ में आई होगी ? हालाँकि आपकी लड़की ने यहाँ की औरतों की प्रतिष्ठा को गहरी चोट मारी है।''

माँ का चेहरा भी ढीला हो गया। लगता था, माताजी ने देर तक सुकेश बाबू का गुस्सा पिया है और लड़की की बेइज्जती सही है। फिर भी हारते हुए पहलवान-सी माँ चित नहीं हुई। आँखों में नफरत के डोरे खिंचे हुए हैं। चिनगारियाँ पूरी तरह दहकीं नहीं तो बुझी भी नहीं हैं। वे सुनसान में खोई-खोई-सी बूढ़ी लग रही हैं।

''इस कमरे के बाद तू कहाँ रहना चाहती है ?'' माँ ने न जाने क्या सोचकर यकायक लड़की के सिर में पत्थर-सा दे मारा। शायद उनसे गुस्सा दबा नहीं, या सुकेश बाबू ने कुछ ऐसे अपमानजनक शब्द कह दिए कि कलेजे का सुलगता तसला माँ ने मैत्रेयी पर उलट दिया।

''याद है, इंटर के इम्तहान के दिनों में, जगह तलाशती हुई कहाँ-कहाँ फिरी थी ? पन्द्रह-बीस दिन के लिए भी कोई सुरक्षित कोना न मिलता था, यहाँ तो बरसों की बात है। नई बस्ती से सीपरी बाजार तक मकड़ी की तरह चक्कर लगाती ही रही, याद है ?''

मैत्रेयी ने अपने आप को काबू में रखा, धीमे स्वर में बोली, ''ऐसी कोई जलती-सुलगती बात नहीं कि ये लोग मिट्टी जैसे धधकें और भट्टी में हमें झोंक दें।''

''हो गई तेरी पढ़ाई-लिखाई। पढ़ने को लेकर तू सदा हलकान रही है, क्यों पढ़ती है फिर ? साफ मना कर दे। पर इतनी बात तो पक्की है, शादी-ब्याह भी हो गया तो तू शान्त बैठनेवाली नही। यह रियांबामौर गाँव का घमंडी लाल (सुकेश बाबू) क्या कह रहा है, सुनेगी ?'' मैत्रेयी को नया इल्म हुआ कि सुकेश बाबू का नाम घमंडी लाल है। मगर वे सुकेश बाबू क्यों पुकारे जाते हैं, इस बात को पूछने का सुयोग नहीं। माताजी की भर्राई आवाज...गुस्से के पीछे चला आता दुख...माँ के करुण चेहरे से डरती है मैत्रेयी। नजरें नहीं मिला सकती। आँखें झुका लीं।

उसने कमरे को कोने-कोने देखा। मन कब रमा था यहाँ ? कभी नहीं। अकेली

बैठी खिड़की के बाहर देखती रहती थी। बचपन याद आता, उसके साथ भी अकेलापन चिपका चला आता। कोशिश करके हवा की तरह बेआवाज बच्चों के झुंड में मिल जाना चाहती थी। चुपके से मिल भी गई। चन्दोवे से गोलू के जूतों के खुले तस्मे बाँधने लगी। लड़का लात चलाकर भागा। भागकर दूर खड़ा हो गया। अपने साथी से बोला–पकड़ने वाली लड़की। टॉफी देकर संग ले जाएगी, मम्मी कह रही थीं।

फिर कमरे में वापस...ऊब ऊबकर रोना आता। मगर आज इसी कमरे के कोने-कोने डोल रहा है मन...छुटती हुई चीज का मोह ! मन में पत्ते जैसी झिमझिमाहट लगी है। सचमुच छुड़ा लेंगे कमरा ? या माताजी धमका रही हैं ?

"तुझे गूदड़ की पोटली से निकालकर ऊँचे पर खड़ी कर रही थी, पर तू...?"

तूने उन डी.ओ.जी की बात भी गिरा दी, जिन्होंने अपने प्यारे दुलारे घमंडी लाल को सुकेशबाबू नाम देकर इस बाड़े में घुसाया था और तुझ पर तरस खाकर सुकेश बाबू के घर में पनाह दिलाई। माँ ने सुकेशबाबू का भेद खोल दिया। मगर मैत्रेयी के पास इतना समय कहाँ कि घमंडीलाल के बारे में पूछे ? उसने प्यारे दुलारे का अर्थ समझ लिया और बोली–

"निकाल देंगे ? सच्ची में ?"

"रहने देंगे...क्यों ?

मैत्रेयी डरते-डरते अक्खड़-सी हो आई।

"तो निकाल दें।"

"फिर ?"

"यह कहो कि हम किराएदार के किराएदार हैं, नहीं तो..."

"नहीं तो क्या करती ? क्या कर लेती तू ?"

"केस। स्टे ऑर्डर ले लेती। मेरी पढ़ाई बीच में है। तुम्हारी डी.ओ. भी जानती हैं।"

"केस, ऑर्डर...कैसा ऑर्डर ?" कहते हुए माताजी की आवाज थर्रा रही थी, जैसे उनके आसपास जवान बाघिन दहाड़ी हो और सारा कुछ हिल गया हो।

"ये तो पाँव पकड़कर माफी माँगते, स्टे ऑर्डर के मारे। निकालते तो पुलिस इन लोगों से बात करती। अवैध काम करते खुद हैं, दूसरों में दोष देखते हैं।"

"लाली ! कानून कचेहरी की बातें..." माँ हक्का-बक्का-सी थीं, जैसे उनके लिए भी लड़की चुनौती बन रही हो।

"हाँ, अपने हाथ कटे हुए हैं, नहीं तो इस हरामी सुकेश बाबू को..."

"लाली ! गाली मत दे, सुन रहा होगा।"

"सुनाने के लिए ही दे रही हूँ।"

"राजकुमारी के साथ भी ऐसा ही हुआ, जबकि उसका केस ऐसा नहीं था। वह तो खुद किराएदार थी। बहुत भागदौड़ की थी। जिला मजिस्ट्रेट के पास मैं उसको ले कर गई थी।"

"तू !" माँ को आश्चर्य हुआ।

"हाँ मैं। मुझे तो सरकारी दफ्तरों में जाने की आदत है। जो जो जरूरी था, सब लिखकर एप्लीकेशन दी। जिन-जिन के जरिए प्रार्थना आगे बढ़नी थी, उनसे भी हम दोनों जनी मिले। मगर अर्जी खारिज हो गई। कमबख्त एम.एल.ए. आड़े आ गई। राजनीतिक दबदबा बनाकर स्टे ऑर्डर वाला मामला खत्म करा दिया। राजकुमारी की अम्मा हिम्मतवाली औरत हैं। वह अड़ी हुई थीं कि उनकी बेटी की पढ़ाई किसी भी अलॉटमेंट से ज्यादा जरूरी है। उनकी जिद तोड़ने के लिए मकान खाली करानेवाली टुकड़ी आ गई। सामान उठाकर बाहर फेंका जाने लगा। राजकुमारी को मैं अपने कमरे में ले आई।"

माताजी के चेहरे पर जद्दोजहद की लकीरें बन गईं। ताज्जुब के डोरे आँखों में खिंच गए।

"मैं तब कच्ची थी, अब की बार लड़ती तो पूरी तैयारी से लड़ती और किसी भी कीमत पर मात न खाती। पर अबकी बार अपने हाथ कटे हुए हैं। पता नहीं रोड़े कब तक रहेंगे ?"

माँ ने गहरी साँस ली। बड़ी देर तक दोनों में से कोई कुछ न बोला। मैत्रेयी की यादों में अम्मा थीं, जो दोनों लड़कियों को हौसला देती हुई लगभग संग-संग लड़ रही थीं। माताजी को देखे कोई, बाड़ेवालों की ओर से जंग पर उतरी हैं। तभी ये लोग माँ के जरिए उसे निकालने पर उतारू हैं। उसकी जिन्दगी मजाक बना डाली है।

सुकेश बाबू की कथनी का नीम चबाए हुए माँ, लड़की पर न थूकें तो कहाँ थूकें ?

"कविता फविता छोड़। इसपर चिढ़ तो रहे हैं, पर फैसले नहीं ले रहे।"

"फिर ?" मैत्रेयी ने जानना चाहा कि उसका संगीन जुर्म कौन-सा है ?

"लड़कों की बावत कह रहे थे। तुझे क्यों चस्का पड़ गया ऐसाऽऽ..." माताजी की आवाज जैसे पाताल से आई हो। वे उसके पास से उठकर नीचे बोरे पर बैठ गईं। यह भी गुस्सा का एक ढंग है।

"चस्का ! लड़कों का...कैसा ?"

"मैं विधवा औरत यह भी बताऊँ ?" अपने होंठों पर जहर फेरते हुए उन्होंने कहा।

माँ की क्रोध भरी भयानक मुद्रा अनेक बार देखी है, मगर आज बेगानापन भी मिला हुआ है। माताजी उसके गले में फन्दा डालकर ऐसी बेरहमी से झटका देंगी, सोचा न था जबकि उनकी तमाम बेरहमियों का अन्दाजा लगाया था। अब तो वह हालत है कि वह सच नहीं बता सकती कि कविता लिखना एक तरह से बिछुड़े साथी राघव का सपना देखना था। सचमुच झूठी है वह। माँ विश्वास करें तो कैसे करें ? माना कि कविता का दोष उसके जुर्म में से हटा लिया है, फिर भी बात का छोर तो वहीं दिख रहा है। पकड़ा और खींचा भी वहीं से।

लड़की थी, कि लड़की का बुत हो गई।

हो न हो, आगे का रास्ता भविष्य ही बन्द करनेवाला है। अब तक की पढ़ाई को गधे का बोझा मानकर ढोती रही और सफल भी हुई, लेकिन पढ़ाई में असली रुचि तो अब जागी थी। कॉलेज में आकर होश आया था कि पढ़ना ही नहीं होता,

सोचना-समझना भी होता है। अनुभव ही नहीं होते, उनसे निकलनेवाला विचार महत्त्वपूर्ण हैं। बहसें जरूरी हैं। रहवास से कॉलेज और कॉलेज से इस कमरे में आ जाने जैसा चलता हुआ ढर्रा ताँगे में भरकर आती लड़कियों की जिन्दगी से किस मायने में बेहतर है ?

किन्तु आज मालूम होता है, कि उसका सोचा-समझा सिरे से गलत था।

माँ ने स्वर में आह मिलाकर कहा, "बकरे की माँ कब तक सिरनी बाँटे ?"

"कभी तक नहीं। माताजी, बाड़े के लोगों के दिमाग बन्द कुआँ है।"

"तेरा दिमाग जरूर बिगड़ गया है। अब इतना समझ ले कि माफी माँगे बिना तू यहाँ टिक नहीं सकती। अपनी गलती गुनाह कबूल कर ही दूसरे को सन्तुष्ट किया जा सकता है।"

मैत्रेयी चीख पड़ी लगभग, "मेरी जिन्दगी माफी माँग-माँग कर ही जाएगी फिर। हाथ जोड़ते हुए। पाँव पकड़ते हुए...माफी के भी तो कई आसन हैं।"

माँ अवसन्न।

"सुन लो तुम भी, मुझे यहाँ रहने की दरकार नहीं। बस ! इससे बड़ी सजा तो इनके पास नहीं। नहीं है न ? फिर क्यों झुकाऊँ सिर ? क्यों जोड़ूँ हाथ ?"

माँ यकायक लड़की की चीख में लिपटकर गुड़ी-मुड़ी-सी हो गईं। पीछे सुकेश बाबू की पत्नी के पाँव की पायल बजी, जो सन्नाटे को तोड़ने लगी।

"चुप चुप चुप...हे भगवान्, तुझ जैसी लड़की...मेरे अगले-पिछले कर्मों का फल..." माँ ने क्षमायाचना के स्वर में कहा। यह स्वर उसे और भी तीखा लगा कि आँतों के पार गया।

मैत्रेयी सहमकर देखती रहे, इसके सिवा कोई चारा न था।

"चिल्लाकर मेरी इज्जत मत उतार। सोच, आखिर बाड़े के लोग अन्धे तो नहीं। कुछ बेजाँ होगा तभी न...मोंठ के इंटर कॉलेज में क्या हुआ था ?"

सान पर धर दी मैत्रेयी, सीधी काटने दौड़ी, "बाड़े के लोग हैं ये। अन्धे भी और बहरे भी। लीक पीटनेवाले ढोलची...। इनकी लड़कियाँ कॉलेज का सपना भी नहीं देख सकतीं। मुझे पता है, इन्होंने मेरे लिए क्या-क्या कहा होगा ? गन्दी मछली, वेश्या जैसी लड़की, पापिन नरकगामिनी से नीचे नहीं उतरे होंगे। ऐसी बातों का तर्जुबा मुझे कितना है, तुम क्या जानती नहीं ? दुख तो यही है कि तुम जानकर अनजान..." लड़की कराह उठी।

माँ ने जितने चाबुक मारे थे, मैत्रेयी ने तोड़कर फेंक दिए। वे कुछ कहना चाहती थीं, कह नहीं रही थीं। ठोढ़ी काँप रही थी। नाक फूल उठी थी। चेहरा बोल रहा था—नियति यही है। दर्द को पीना-पचाना उनके जीवन के संग लगा है। वे मौन हो गईं।

कुछ देर पहले जो तुर्शी दिखाई थी, उस पर मन-ही-मन पछताईं भी शायद। क्रूरता त्यागकर बोलीं, "तू उन बदमाश लड़कों को मना नहीं कर सकती लाली ?"

मैत्रेयी ने मन-ही-मन शुक्र मनाया—चलो दमघोंटनेवाली खामोशी तो टूटी। और टूटी सहज धार में बहती-सी। बात करने का अवसर तो बनेगा। बिना गुस्से के माँ बच्चे

जैसी सरल हो जाती हैं, यही अच्छी बात है। मौन रहकर आतंक बढ़ा रही थीं। लड़की भी हलकी-सी हो आई।

"तुम क्या कह रही थीं ? मना कर दूँ ?"

"हाँ, झगड़ा काट।"

"मैं झगड़ा काटना ही नहीं चाहती। वे कोई रूमाल निशानी देनेवाले लड़के नहीं हैं। और न मोहब्बत की चिट्ठियाँ लिखनेवाले नादान भोले।"

"सुकेश बाबू तो कह रहे थे छटे हुए बदमाश हैं।"

"अगर वे बदमाश हैं तो सुकेश बाबू क्या हैं ? पत्नी कमीज के कन्धे सूँघती ही रहती है।"

माताजी स्तब्धता की हद तक खामेश हो गईं। मैत्रेयी ने बात साफ की, "आवारा बदमाश नहीं हैं लड़के, वे उम्मीदवार हैं।"

"उम्मीदवार ! काए के उम्मीदवार ? ब्याह-शादी के ?"

"नहीं, चुनाव के उम्मीदवार।"

"चुनाव..."

"कॉलेज के छात्रसंघ चुनाव। उसी के प्रचार के लिए लड़के यहाँ आते हैं।"

"सो तू प्रचार कर रही है ?"

"हाँ, करूँगी। मेरे दोस्त मदन मानव अध्यक्ष पद के लिए खड़े हुए हैं।"

"दोस्त !" माताजी से दोस्त शब्द अच्छी तरह कहा नहीं गया। उनके हिसाब से लड़का दोस्त माने आशिक। आशिक माने शिकारी।

माताजी ने समझाने के लहजे में कहा, "लाली, आग से मत खेले...पुरुष से दोस्ती... कोई और लड़की भी तेरी तरह... ।"

"और लड़कियाँ सकुचाती हैं। गर्ल्स स्कूल से आई हैं।"

मैत्रेयी ने माँ की ओर देखकर सोचा, हे भगवन् ये दो वाक्य भी गुस्ताखी के पल्ले ही तो नहीं बाँध दिए जाएँगे ? वह माँ को क्या समझाए कि कॉलेज में पढ़नेवाली लड़कियों की असलियत क्या है ? उन्हें लड़कों में घुल-मिल जाने का मौका ही नहीं मिला। बाड़ेवाले लोगों की तरह जवान होते लड़के उनके लिए बदमाश-आवारा ही बने हुए हैं। अन्दर की बात यह है कि लड़कों की परछाईं देखते ही उन शर्मीली शीला-सुशीलाओं के दिल नाचने लगते हैं। अगर लड़के उनकी ओर देखना भूल जाएँ तो वे आहों के मारे दुबली होने लगती हैं। कॉलेज के कारीडोर में फिल्म 'मेरे महबूब' स्टाइल में अकसर किसी-न-किसी लड़की को लड़के से टकराते देख लो। बिखरी हुई किताबें उठाई जाती हैं। मरमरे हाथ छुआए जाते हैं। दिल वहीं छूट जाता है। बेसुध, बेखुद देह लिये कॉमनरूम तक पहुँचती हैं।

लड़के क्यों कम रहें ? हाथ छूने की जगह हाथ पकड़कर, छोड़ना भूल जाते हैं। ये दिलफरेब टक्करें ही उन लड़कियों के घर चुनाव प्रचार करने जाने से रोकती हैं। लड़कियाँ कम जालिम नहीं होतीं, भाइयों से शिकायत लगा देती हैं कि आशिक डर के मारे इश्क ही करता ही रहे।

मैत्रेयी किस गहराई में गोता मार गई है, माताजी उसके बाहर निकलने का इन्तजार कर रही हैं। और वह है कि यहाँ-वहाँ कहीं नहीं। बेतुकी-सी चुप्पी है। कितनी दूर निकल गई लड़की ? राजेन्द्र व्यास को प्रेमपत्र किसने दिया ? दिया नहीं, पहुँच गया, मोनिका गवाही देने को तैयार है। वह व्यास की बहन बनकर बिचौलिया का काम बखूबी कर रही है। विभा और राजेन्द्र व्यास का रोमांस पींगे बढ़ाता हुआ धरती-आसमान एक कर रहा है। विमल सक्सेना को घर से भाग जाने का अरमान जागा है। वह रोजाना एक चिट राजकुमार अहरवार के पास पहुँचवा देती है, जिसे देखकर राजकुमार का कलेजा काँप उठता है। चिट पाते ही मदन मानव से सलाह लेने भागा आता है। लड़के को लड़का चुप बैठ जाने जैसी कायरपन की सलाह कभी नहीं देता। वह तो राजकुमार ही है, जो चुप्पी मारकर विमल सक्सेना का इम्तहान ले रहा है। और वह प्यासी मछली-सी तड़प-तड़पकर दम दिए दे रही है।

पर्देदारी से आजिज आई लड़कियों का वजूद इश्क के रूप में उबला पड़ता है। पढ़ाई पर खाक डालती हुई वे लिखाई के विभिन्न तरीके खोजकर अपनी दिली बातें बताती हुई प्रेमियों के दिल में लीन हुई जाती हैं। माँ-बाप समझते हैं तो समझते रहें कि उनकी खानदानी नाकें ढँकी-दबी बची हुई हैं।

''लाली !'' माताजी की आवाज खट्टी है।

भीतरी दुनिया से अहिस्ता-आहिस्ता निकली मैत्रेयी।

''मैंने तुझ पर बन्धन नहीं डाले। तुझे आजाद छोड़ा। पर यह आजादी...मैंने ऐसा नहीं सोचा था। कहाँ-कहाँ क्या हो जाता है।''

''बाड़े के लोगों को बदलना मुश्किल होता तो एक बात थी, असम्भव है माँ।''

''लाली, मानव से तो तू कह सकती है कि उन्नति-तरक्की की बात सोचता है तो दूसरी लड़कियों का भी पर्दा तुड़वाने की बात सोचे। एक को ही व्यभिचार की हद तक खींचे लिये जा रहा है ! सामने आकर बात कर लेनेवाली को बेहया होने की सजा मिल रही है, वह जानता है या नहीं ? नहीं जानता तो कैसा नए जमाने का मानव है ?''

मैत्रेयी ने भले ही ऊपर से माँ की हाँ में हाँ न मिलाई, मगर उसे उनकी बात में दम लगा। लड़कियाँ अपनी आजादी के इकतारे को झाड़ती-पोंछती हुई आगे बढ़ने की धुन ही बजाती रहें, कि लड़के उस धुन पर बराबर की ताल देंगे ? नहीं देते, तभी तो जिन्दगी का राग बेसुरा हो जाता है। अब लड़की कितनी बेहया बने और माँ, कहाँ तक बुज़दिल होती जाए...साथियों की सेहत पर इस मामले को लेकर कोई असर होनेवाला नहीं। सुधार की बातें सोचनेवाले मानव ने अपने चुनावी एजेंडे में कॉलेज की इमारत में बदलाव, मैंनेजमेंट कमेटी के कानूनों का सुधार और विद्यार्थियों के हकों पर जोर दिया है। मान लो, सारी बातें पूरी हो भी जाएँ, तो दिमागी दायरे बदल जाएँगे क्या ? और वे सोच रहे हैं कि बहुत बड़ा इंकलाब लाने जा रहे हैं।

माँ जो कहना चाहती हैं, समझाना चाहती हैं, समझ रही है मैत्रेयी। जानती है कि वे जिस 'हया-शर्म' की बात कर रही हैं, वह किसी घूँघट-पर्दे या लजाने-शरमानेवाली लज्जा

नहीं, स्वाभिमान रखने का तकाज़ा है। और नई पीढ़ी से उम्मीद करती हैं कि वह इसे खोए नहीं। इसलिए ही मानव से खफा-खफा-सी हैं।

आलमआरा ने बुर्का पहनना छोड़ दिया, लड़कों ने उसकी इस ताकत को आशनाई करने के लिए बढ़ता आवारा कदम ही समझा। फब्तियाँ और तेज हुईं। फिक़रे घर तक पहुँचे। रिश्ते के फूफा के यहाँ पढ़ने आई थी वह...रिश्तेदारों ने उसे जलील करके अपने घर भिजवा दिया। बुर्का उतारनेवाली अब घर में कैद है। कैद किसने दिलाई ? सजा का जिम्मेदार कौन था ? अपनी रौशनी से जल मरनेवाली लड़कियाँ...

माँ क्या करें ? पछता रही हैं कि बेटी को लड़की की लज्जा क्यों नहीं सिखाई। माँएँ लड़कियों को जिस चेष्टा से पाल रही हैं, मैत्रेयी को उन्होंने क्यों नहीं पाला ? कस्तूरी में से कस्तूरी जैसी बेटी निकली है, मगर उसकी गन्ध-सुगन्ध पर इतने पहरे, जितने कि उस पुराने जमाने में उनपर नहीं थे। हो सकता है, विधवा होने की एवज दया-तरस मिले हों, जिसे उन्होंने अपना हक मान लिया हो, नहीं तो औरतजात के लिए कोई रास्ता खुला कहाँ...

मैत्रेयी ने अपने सोच का खुलासा किया।

माताजी ने अपने विचार बताए।

लड़की बोली, "कमरा छुट रहा है, सो लगता है कि संसार लुट रहा है। उसके लिए न जाने किस-किस का दोष मान रहे हैं ! कि तुम्हारी तपस्या ही रंग ला रही है माताजी ? कहने के साथ वह दाँत खोलकर मुस्कुरा उठी।

"सच्ची कह रही है लाली। अपनी जिन्दगी का दर्द इतना न था, तेरे ऊपर लांछन लगते हैं, मेरी आत्मा में डंक मारते हैं। देह में टींसें भरी हैं।"

भारी-भारी शाम थी। मैत्रेयी कॉलेज से थकी-थकी लौटी।

माँ खटिया पर बैठी हुई कुछ पढ़ रही थीं। जो कुछ पढ़ा, वह सामने नहीं था। न अखबार, न पत्रिका और न कोई किताब। हाँ, वे अपना पढ़नेवाला चश्मा उतारना भूल गई थीं।

किताबें रखकर मैत्रेयी बिजना खोजने लगी। गर्मी बहुत थी, सूरज भी पसीजने लगा हो जैसे। मन में आशंकाएँ उठ-उठकर छक्के छुड़ाए देती थीं। सुकेश बाबू ने और भी कुछ कहा होगा। डेने फैलानेवाली लड़की पर बस मालिक बी.के. गुप्ता भी बाज की तरह झपटे होंगे।

क्या माँ की सूरत पर गुस्सा झलक रहा है ? वे तो यूँ भी हँसती-मुस्कुराती नहीं... लेकिन ऐसा कुछ दिख तो नहीं रहा। या मैत्रेयी ने डर के मारे माँ का चेहरा गौर से देखा ही नहीं ?

वह हाथ-मुँह धोने बाथरूम में आ गई। ठंडा पानी चेहरे पर डाला तो लगा कि कनपटियों में उठी सनसनाहट खत्म हो रही है। यह घर तो मानो अखाड़ा हो गया। बाड़े

में उसके बारे में आई छोटी सी खबर भी मुठभेड़ को न्योता देती है। सत्यानाश हो अखबारवालों का, मानव के लिए पार्टी बनानेवाली मैत्रेयी के प्रयत्न बढ़ा-चढ़ाकर छाप दिए हैं, जिनमें लोग नाक घुसाकर इश्क की बू खोजेंगे। तहलका फिर मचेगा। बदचलनी फिर फैलेगी। यहाँ कितने दिन रह पाएगी वह ?

मानव जीत भी गए तो हॉस्टिल एक दिन में तो खड़ा नहीं हो जाएगा। अभी तो भटकना है, अभी तो जूझना है। समस्याएँ सरल नहीं हुआ करतीं, पूरी जिन्दगी उलझाए रहती हैं। उसी कारण यहाँ कभी माँ डायन बनती है, कभी बेटी बेमुरब्बत। दोनों में से जिसको मरना है, मर जाए, एक-दूसरे के खून में नहाकर पवित्र हो जाए। बाकी दुनिया चलती है, चलती रहेगी। कभी तो जी करता है, इस बाड़े में आग लगा दे वह। यह भी ऐसे ही जल जाए, बिखर जाए जैसे मराठों का राज बिखरा था यहाँ। यहाँ के लोग बहादुरों की चिन्ता नहीं करते, गुलामों को सुरक्षा देते हैं। भुस की गठरियों जैसी औरतों को लातों से जी चाहे जहाँ लुढ़का लो, वे सुख से हैं। उनको आँख उठाकर कोई देख नहीं सकता। भोली भेड़ें, इस बाड़े की पूँजी हैं। सज-सजाकर रहती हैं, बाड़े की शान बढ़ाती हैं। पहलेपहल मैत्रेयी को आश्चर्य हुआ था कि सभ्य-शिक्षित दिखनेवाली इन महिलाओं को न अखबार में दिलचस्पी, न किताबों से कोई मतलब...मगर ये पढ़ी-लिखी हैं। अब समझ में आया, उनका तो आनन्दलोक अलग है—कपड़े, गहने, उम्दा खाने, अच्छे घर के साथ नौकर-बान्दी। पढ़ाई की सनदों का हासिल, यह सब, कम तो नहीं ? साथ ही जान छिड़कनेवाला पति और वात्सल्य के आधार बच्चे। इस खजाने के आगे अपनी जिन्दगी का क्या मोल ? कितना सुन्दर संसार है ! न सवाल न जवाब, कैसी शान्त दुनिया है।

माँ किस तरक्की का परचम लिये दौड़ रही हैं ? तरक्की पाए ये लोग उन्हें दिख तो रहे होंगे। इन्हीं में शामिल होना चाहती हैं माताजी ? अपनी बेटी को इसी दुनिया में जाने के लिए बीहड़ों में दौड़ने का साहस और उत्साह देती हुई निर्ममता बरसाती रहीं ?

जज्बे का रंग देखते ही ये लोग तो घबरा उठे माँ ! तुम्हारी शक्ति-साधना उलटे पाँव तो नहीं चली ? कहा करती हो, पाँवों की ओर से जन्मी थी मैत्रेयी, दाई ने कहा था—उलटा बालक जिन्दगी भर सताता है।

वह तौलिया से चेहरा पोंछती हुई बाथरूम के बाहर आई। आँखें भर-भर आ रही हैं। आँसू लेकर माताजी के सामने जाना, दुख लेकर जाना है।

मैत्रेयी अपनी सहेली निशि के बारे में सोचना नहीं चाहती। माताजी की ओर ध्यान लगा दिया और कौल करने लगी—आइन्दा ऐसा नहीं होगा। भाषण, लेख, तकरीरें, चुनाव प्रचार...वह भी तंग आ गई है। अब तक लड़कियों का काम सिर्फ वोट डालना था, वोटों के लिए नहीं आएँ, कौन पूछता ? वह इस तबाही में न जाने क्यों कूदी है ? बाकी लड़कियाँ तो अपनी ओर से प्रस्ताव तक देना नहीं चाहतीं। राजकुमारी और अमरजीत लड़कों से बात करते समय उसके दाएँ-बाएँ कन्धों से लगकर खड़ी हो जाती हैं। न जाने ऐसी मीठी और महीन आवाज कहाँ से निकालती हैं, जो मैत्रेयी की पहचान

तक में नहीं आती। बातें करना चाहती हैं, मगर चाल-चलन का छीछालेदर से डरती हैं। सारा डर घर का होता है।

काश मैत्रेयी का कोई घर होता !

माँ ने बताया था, ''लाली, जब तू तीन साल की थी, देश आजाद हुआ था, अँगरेजी राज में आदमी बड़ा परेशान था। गाँधीजी ने उसे उबार लिया। नेहरूजी ने देश की बागडोर सँभाली, जो आज तक उनके हाथ में है।''

''माताजी तुम्हारी श्रद्धा तो नेताओं में रही है न ? बचपन में मुझ से देशगान सुनने की फरमाइश करती रही हो। मैं तोतारटन्त लड़की, तुम्हें खुश कर देना चाहती थी—'झंडा ऊँचा रहे हमारा/विजयी विश्व तिरंगा प्यारा' गाया करती थी।

''माताजी याद है, उसमें एक कड़ी थी—आओ प्यार वीरो आओ/देश धरम पर बलि-बलि जाओ/।''

''आज यह सब क्यों याद आ रहा है लाली ? क्यों पूछ रही है ?'' माँ आश्चर्य से कहा

''इसलिए कि मन में आता है अपनी सखियों को वीरांगनाओं के रूप में आवाज दूँ, पर वे बलि ही बलि हो जाती हैं माताजी। आज हमारे कॉलेज में शोक दिवस था, छुट्टी जल्दी हो गई, क्योंकि हमारी सखी निशि खरे कीटनाशक दवा पीकर सो गई। अपराध था, पिता ने मोटे पेटवाला वर खोजा था, जिसकी पहली पत्नी मर चुकी थी। मामला मुफ्त में फिट हो रहा था, निशि ने सारा खेल बिगाड़ दिया। समझाने-बहलाने से नहीं मानी। डाँटा, फटकारा, मारा-पीटा। आखिर को तय किया गया, उसे बेहोश करके यहाँ से बाहर ले जाया जाए। माताजी, देश आजाद हो गया, हम जैसी लड़कियों पर हुकूमत कौन कर रहा है ? अँगरेज कब के चले गए, हमारे घरों में हत्यारा कहाँ छिपा है ?

''निशि अभी पढ़ना चाहती थी। कई बार मुझ से कहा—पढ़कर नौकरी करेगी कि अपने पाँवों पर खड़ी हो जाए। शादी करने से दूसरों का मुँह जोहते रहते हैं। शादी करो तो अपने मन के लड़के से करो। मन के लड़के से शादी...पिता इसी पर खफा हो गए। पीछे तीन बहने कुँआरी हैं, पिता की चिन्ता थी। खानदान की नाक कटेगी, यही दुख था। अब वह खानदान के मुँह पर अपनी चिता की राख मल गई।'' कहकर मैत्रेयी ने माताजी की ओर नहीं देखा, अपने बेतहाशा बहते आँसू पोंछे और पोंछती रही।

''लाली, यही दुख है। दाग फिर भी लगेगा। बाकी तीन बहनों में उसका कोई रेशा न होगा, यह भी कौन मानेगा ? पिता की गलती क्या, सारे समाज के पिता दादा-कठघरे में हैं, कोई माने या न माने।''

''मानव कहते हैं, मैत्रेयी तुम लिखो, पर्दाफाश करो। यहाँ एक कविता ने बाड़े से निकलवाने के आसार कर दिए। निशि के लिए लिखना झाँसी से देशनिकाले का इन्तजाम कर देगा।''

''बड़ी मुश्किल है। कैसे जिए कोई ? क्या-क्या सुलझाए, कहाँ-कहाँ लड़े ?'' माँ के चेहरे पर उलझनों का जाल बिछ गया।

''जाने दो तुम। ये सब मेरे झमेले हैं। मुझे ही सुलझाने होंगे। इतना तो लिख ही सकती हूँ कि वह नफरत, जिसे निशि किसी को दिखा नहीं सकती थी जान खोने के जरिए बता गई। मान लेते हैं कि यही नियति है, मगर यह नियति नहीं है, मैं बस इसलिए ही हर उस जगह खड़ी हो जाती हूँ, जहाँ खड़े होना हमारा हक नहीं बताया गया।''

''लाली, क्या मालूम कितनी कुरबानियाँ होंगी ? अभी तो जंग छिड़ी है, क्योंकि जो कुछ सुराजियों ने किया, वह कम नजर आता है। दुश्मन से लड़नेवाला आदमी सैनानी और मर जानेवाला शहीद कहलाता है। मगर तेरी निशि जैसी सहेली बदचलनी के घेरे में जाए बिना न रहेगी, अपनों से लड़ने का औरत के लिए यही खामियाजा बड़ा भारी है। फिर भी पीछे हटना ठीक नहीं। सिर पर कफन बाँध लेनेवाले से थोड़ी देर के लिए ही सही, लोग डर तो जाते हैं। माहौल ऐसे ही बनेगा।''

मैत्रेयी दुखी है, शोक में है। माताजी बातों के बाद उठाना-धरना करने लगीं।

किताबें-कापियाँ एक ओर समेटकर रख दीं। कपड़े-लत्ते भी लपेट लिये।

कुछ कहीं दिख नहीं रहा। क्या सारा सामान तालबेहट ले जा रही हैं ? हो गई पढ़ाई खत्म ? स्टोव जल रहा है।

अरे, चाय चढ़ा दी ! जो कभी नहीं करती थी, वही कर रही हैं !

माँ की मंजिल यहीं तक होगी, कल्पना न की थी मैत्रेयी ने ? क्या हार गईं ? या लड़की का मामला लड़की पर छोड़ दिया, क्योंकि आजिज आ गईं ? युवराज या रतनसिंह में से कोई तो नहीं आ गया कि चिढ़ रही हों। मैत्रेयी का भ्रातृ-प्रेम जोर मार रहा है, सो बाड़ा छोड़ने के आसार बना लिये। मानव जैसे दोस्तों के ऊपर ही तो नहीं छोड़े जा रहीं कि लो, इसे भुगतो। देख लो खून की धार और पानी का रिश्ता। जो भी हो, माताजी की सम्बन्ध लिस्ट में ऐसा भेदभाव कभी नहीं रहा। कहीं निशि की आत्महत्या से घबराकर–

वह माँ के पास आ बैठी।

''रहने दो। तुम चाय...'' उसे चाय बनाती माताजी बड़ी अजीब लगीं। बहुत-बहुत दिन गुजरे, बाबा के लिए रोटी बनाते हुए चूल्हे के पास बैठे देखा था, धुँधली-सी याद है। फिर मौका ही कहाँ आया ? वह अलीगढ़, तो माताजी झाँसी में। महिला मंगल के चलते सेवादारिनों की कमी नहीं रही। कई बार तो लगता था, माँ को पगार के साथ गुलामिनें भी मिली हैं। कैसी अच्छी नौकरी है ! और इस चिढ़ के मारे नौकरी का विचार त्याग दिया था मैत्रेयी ने।

''अरे, तुम हटो तो माताजी। हम बनाते हैं चाय, हटो।'' उसने बड़ी जिद की।

''नहीं, तू खाट पर बैठ। मैं बनाती हूँ। मुझे भी आती है।'' नरम स्वर में बोले वाक्यों को उन्होंने मुस्कुराते हुए कहा। ध्यान चाय के भगौने पर था।

मैत्रेयी उठकर खटिया पर बैठ गई। खटिया पर एक पैकेट रखा था, खोल डाला।

''अरे ! यह क्या ?'' सितारे टका जॉरजट का दुपट्टा देखकर वह देखती ही रह गई।

''यह किसके लिए है ?''

"तेरे लिए।"

"मेरे लिए ! मगर खादी के कुर्ते पर..."

चाय बन गई। दोनों पीने लगीं।

"क्या करती रहीं सारा दिन ?" गरम चाय में फूँक मारकर उसने पूछा।

"कुछ खास नहीं। अखबार ही पढ़ती रही।"

"बस।"

"हाँ।"

"सुकेश बाबू आए थे ?"

"आए थे, मगर मैं अखबार पढ़ रही थी।"

"तुम उनके पास गई थीं ?"

"जाती, मगर मैं अखबार पढ़ रही थी।"

"माताजी ! कितना बड़ा था अखबार ? कितना लम्बा...?"

"लम्बा नहीं, बहुत बड़ा था।" कहकर वे मुस्काईं।

माँ की मुस्कुराहट इस धधकते माहौल में सच्ची नहीं लगी, माना कि सहज थी, पर व्यंग्य-भरी लगी। मैत्रेयी को आदत ही ऐसी है।

"और लेगी चाय ? नाप से ज्यादा बन गई।"

"अपने आप ले लूँगी। तुम रहने दो।"

"ज्यादा मीठी है ?"

"नहीं एकदम ठीक मीठी है। ऐसी ही पिया करो, तुम्हें शक्कर से परहेज क्यों है ?" मैत्रेयी चाय चुस्की ले-लेकर पी रही थी।

माँ उठी और अखबार ले आईं। उसके सामने खटिया पर बिछा दिया। एक 'हेडलाइन' पर हाथ रखकर बोली, "यह खबर तूने मुझे क्यों नहीं दी ?"

"ओह !" मैत्रेयी खबर को पहचानकर मुस्काई।

"मैंने समझा तुमने पढ़ लिया होगा। समाचार। अखबार तो तुम सदा मँगाती हो।"

"हमारा अखबारवाला जरूरी खबरवाला दिन अखबार डालना भूल जाता है। वह ऐसा अकसर करता है।"

मैत्रेयी हँस पड़ी।

"जरूरी खबर ! तू संस्कृत एसोशिएशन की सेक्रेटरी हो गई है ! चुनाव में जीती है। यह कम जरूरी खबर तो नहीं लाली...सुख की बात क्यों छिपा जाती है ? क्या सुख पर हमारा हक नहीं ?"

माताजी का स्वर ऐसा था कि बोलने के बदले मैत्रेयी की आँख भर आई। माँ का प्यार दिलोदिमाग पर छा गया।

"लाली, मुझे तो लगता है, तेरी जीत पढ़कर बाड़े के लोग तुझे अलग नजर से देखने लगे हैं। तेरा आचरण इनको खटकता जरूर होगा। लड़कियों को राजनीति से क्या मतलब ? और तू है कि झटके पर झटका दिए जाती है। यह रवैया औरत की आँख

की लाज को भारी पड़ता है। पर तू अब इस बाड़े में ही रहे, जरूरी तो नहीं। यहाँ मच्छर भी बहुत हैं, दिन में ही काटने लगते हैं।''

मताजी पर यह ममता, यह सहजता बड़ी अटपटी लग रही थी।

लेकिन...

डॉक्टर, माँ-बेटी अपने आचरण पर खुश तो हो रही थीं, पर हो गई थीं निरुपाय...। सबेरे ही सामान लेकर बाड़े से निकलना था, क्योंकि मैत्रेयी नाम की लड़की के लिए निर्वासन का आदेश पक्का था।

युवराज और रतनसिंह जैसे भाई किसको मिलते हैं ? खिल्ली में युवराज ने घर के राजकुमार जैसा दर्जा हासिल कर रखा है। उसका रंग सफेदी में जर्दा मिलाकर बना है। लम्बे कद की डंडी पर पीले गुलाब-सा लड़का, रंगीन बुशशर्ट और कॉर्डराय के पैंट पहन लेता तो दादा आँखें फेर लेते हैं। अपने चश्मेनूर की नजर उतराई के लिए कक्को से कहते हैं। शरीर दुबला-पतला मगर दिमाग चुस्त दुरुस्त। शहजादों से कई कदम आगे निकल गया विद्या बुद्धि को लेकर। बचपन में ही तीसरी कक्षा से सीधा पाँचवीं में चढ़ा दिया गया। छटी में आते न आते नाइयों के जरिए इलाके-भर में बात फैल गई कि अहीरों में ब्राह्मण-बनियों की तरह पढ़नेवाला लड़का जन्मा है, खिल्ली गाँव के चिमनसिंह के यहाँ।

इल्म को भगवान का वरदान और जो वरदान ज्ञात कुलशील बालकों को ही मिलता है, गोपालक ग्वाल के बच्चे में देखकर बिरादरी के लोग चकित रह गए। फिर क्या था, कन्याओं की जन्मपत्रियों के पुलिन्दे जमा होने लगे। ज्यों सबसे बहादुर सिपाही को मार गिराना ही सामनेवाली सेना का लक्ष्य हो। शिक्षा की रक्षा करनेवाले चिमनसिंह सरीखे कुशल सेनापति के रहते हुए भी युवराज को बचाया नहीं जा सका। सातवीं कक्षा में आते-आते उसके लिए चक्रव्यूह रच दिया गया और आठवीं की छमाही परीक्षा देने वह जाता, उससे पहले अस्वस्थता का डॉक्टरी सर्टीफिकेट पहुँचा दिया गया।

दूल्हा बनाकर शिक्षा का शिकार कर लिया। इस संघर्ष में सदा के दुर्बल युवराज ने सबसे पहले तो हजामत करने के लिए आए डब्बू नाई की पानी-भरी कटोरी पर लात का प्रहार किया और तुरन्त उसकी पेटी उठाकर जमीन पर दे मारी। उस्तरा से अपनी उँगली काट ली।

तो भी क्या हुआ ! परम्परा के पास अचूक वाण थे। काकियों-मामियों ने नहला कर नए पैंट-कमीज पहनाए। नए कपड़े किस बच्चे को अच्छे नहीं लगते ? वह रोते-रोते हँस पड़ा। पाँवों में नए चमकदार जूते। उसने यार-दोस्तों को दिखाए।

मगर जब खजूर की बारिया का मौर पहनाया गया तो वह दहाड़े मारकर रोया। कानों के पास खजूर के सूखे रेशे सुई की तरह गड़ रहे थे। युवराज रो रहा था, औरतें मंगल गा रही थीं और दादा मौर की कथा कह रहे थे—अँगरेजी राज में मौर की यह दशा हुई। पहले मुकुट की तरह चमकीला मौर बँधता था। फिरंग साहब ने दूल्हे को

देखकर टोका—व्हाइट इज दिस ? रिआया ने जवाब दिया—मौर। मुकुट। क्राउन !—अँगरेज ने कहा—यू इंडियन डैम फूल विल पुट ऑन क्राउन !—नहीं साब, हम खजूर की टोपी पहनेंगे। बस तभी से यह मौर...—लोग सुनकर हँसते हैं कि दादा अँगरेजी बोलते हैं और दुखित होते हैं कि अँगरेजों ने हमसे मौर छीन लिया।

लड्डू खिलाकर दूल्हे को रोते से चुप कराया गया तो वह पीले बागे पर जिद बाँध गया। पीला बागा नहीं पहनना है, लाल पहनेगा।

"पगला लड़का !" नन्ना ने कहा, "पीला बागा अपने यहाँ पहना जाता है। लाल पहनोगे तो लोग कहेंगे चमार दूल्हा आ रहा है। सफेद पहनोगे तो कहेंगे मैतर बसोर का दूल्हा आ रहा है। पीला पहनो, अहीरों के लला लगो।

बुआ मौसी और मामियों ने टीका कर-करके युवराज की गोद बताशों से भरी, नारियल रखा और नोट थमाए। तब वह चुप हुआ। काजल गालों पर बह आया था।

रमतूला बजा, पालकी चल दी। काजल पोंछने की मोहलत तक नहीं।

युवराज तीन दिन बाद गाँव लौटा। साथ में बरात और मोहरों की थैली, चाँदी के दो सेर रुपए। दोहरे बदन की दुल्हन। रैले साइकिल।

उस दिन के बाद युवराज जो गायब हुआ, ढूँढ़े न मिला। साइकिल लेकर उड़ गया। पति के इन्तजार में बैठी भूखी-प्यासी दुल्हन सूखती रहती। खाने के लिए कहा जाता तो कहती—बाई ने कहा है, तुम्हारे पति खा लें, तब खाया करना।

पति महाराज चुपके से ढड़कोले मईंदार के पास जाकर सो जाते। दिन-भर गेंहुओं के खेत में बैठे रहते। मगर एक दिन...उसको खोज लिया और भूखी बहू के आगे डाल दिया गया। दरवाजा बन्द करके कुंडी चढ़ा दी।

सवेरे द्वार खुला तो डॉक्टर का झूठा प्रमाणपत्र सच्ची बीमारी का सिद्ध हुआ। युवराज को बुखार चढ़ आया। आँखें चढ़ी हुई थीं।

उसने मैत्रेयी को हमराज बनाया था और अपना कौल देकर कहा था—पुष्पा, दादा से कह दो 'उसको' (बहू को) उसके गाँव भेज दें। उसने रात-भर सोने नहीं दिया। कैसे पढ़ पाऊँगा ? फेल हो जाऊँगा। तुम कहोगी तो दादा बेशक मानेंगे, किसी की न सुनेंगे।

मैत्रेयी यथाशक्ति उसकी सहायक रही।

दूसरा भाई रतनसिंह शरीर से पुष्ट और पढ़ाई के चलते दुष्ट। बस्ते में किताबों के साथ एक जीती-जागती नेवली रहती। वह रतनसिंह के कन्धे की सवारी अकसर किया करती। दादा जैसे भयानक शत्रु को देखकर उसके निकट की जेब में घुस जाती। खेल साल-भर मजे से चलता रहता। सालाना इम्तहान के बाद जब युवराज का दमकता चमकता रिजल्ट आता तो रतनसिंह के रिजल्ट के साथ उत्तर पुस्तिकाओं का गट्ठर भी आता। साथ ही गट्ठर पर नत्थी पर्ची पर लिखा रहता—कापियाँ लिपि विशेषज्ञ अध्यापकों से भी नहीं पढ़ी जा सकीं। रतनसिंह न पास, न फेल।

अपनी इस अनिर्णयात्मक स्थिति में रहते हुए रतनसिंह विवाह जैसे निर्णायक स्थिति से बकायदा बचे हुए थे। हालाँकि छठी कक्षा में प्रमोट होने के बाद सगाई हो गई थी,

मगर नौवीं कक्षा तक भी उसमें पक्कापन न आ पाया। होते-होते यहाँ तक बात आ गई कि रतनसिंह के होंठों पर मूँछें और ठोढ़ी पर दाढ़ी घनी होकर भर आईं। अब ज्यों ज्यों स्थिति बिगड़ती, रतनसिंह की होनेवाली पत्नी उनके दिल में महबूबा की तरह तहलका मचाने लगती। संयोग था कि घर-घर और गाँव-गाँव घूमी माताजी के साथ मैत्रेयी का उस गाँव भी जाना हुआ, जिसमें रतनसिंह की प्रियतमा लड़कोंवाली छोटी सी कमीज और पटेदार अंडरवियर पहने लँगड़ी टाँग खेलती थी।

जब न तब मैत्रेयी उस लड़की का रूप-वर्णन उसी तरह किया करतीं, जिस तरह जायसी के पद्मावत में पद्मिनी का वर्णन सुआ ने किया था।

रतनसिंह मैत्रेयी के चरणदास भाई बने। युवराज और रतनसिंह अपनी पुष्पा बहन की छाया भला कैसे छोड़ते ? पीछे-पीछे झाँसी पढ़ने चले आए।

यही बात माताजी को गवारा नहीं, क्योंकि अव्वल तो जवान होते लड़कों में अब मैत्रेयी का उठना-बैठना, खाना-पीना उसके चरित्र के लिए अच्छा नहीं। दूसरी बात यह कि ये बाल-विवाह के शिकार लड़के और रूढ़ियों के जकड़े इनके माता-पिता...! ऐसा न होता तो क्या मैत्रेयी अठारह वर्ष की अवस्था में खुद को 'बूढ़ी लड़की' कहती ? संगति के असर का नतीजा है।

''ये लड़के यहाँ पढ़ने आ गए हैं, तुझे इनसे कोई मतलब नहीं।'' माताजी ने ऐलान खींच दिया था। सुनकर उसके शरीर और दिमाग की सारी नसें यकायक ताँत की तरह अकड़ गई थीं। बचपन से संग खाया-खेला किए और जवान होते ही मुस्लिम लड़कियों की तरह परदा करो। अब क्या वह बिना माताजी की आज्ञा से हिल भी नहीं सकेगी ?

वह सहमी रही, मगर रुक न सकी। माताजी ने पकड़ा था, तो दाँत पीसकर मैत्रेयी पलँग पर गिरा दिया था। आज मलिका-ए-आलिया की फुफकार क्या हुई ? बाड़े के लोगों ने बेरहमी से हुक्मनामा पेश कर दिया—चौबीस घंटे में कमरा खाली करो।

माताजी के हाथों-पाँवों का अंश सुत गया।

वह तो रतनसिंह ही है, जो युवराज के ब्याहवाली साइकिल लेकर आ गए। एक घंटे में सारा सामान बटोरकर बाँध लिया। किताबें झोलों में भर लीं। स्टोव थैले में रख लिया और चार-छह बर्तन बोरी में। तीन जोड़े कपड़े थे, छोटी-सी अटैची में रखे थे। साइकिल चली तो घरों के दरवाजों पर जड़े किवाड़ों के बीच से औरतें-आदमी देख रहे थे।

''सिविल लाइंस।'' बस्ती में घुसते ही रतनसिंह ने मौहल्ले का नाम बताया। नाम बस्ती के रूपरंग के साथ बिलकुल भी मेल नहीं खाता था, मगर पंडित रामसहाय के अधबने घर का यह कमरा किसी महल के अन्तःप्रकोष्ठ से कम नहीं लगा था।

आज...इस कमरे को क्या हो गया ? डॉक्टर, बड़े आदमी के आने से जगहें सिकुड़ जाती हैं, या ऊँचे आदमी का महत्त्व स्थान को नीचा कर देता है ?

यह कमरा है। युवराज, रतनसिंह की कोठरी है, मगर तुम्हारे लिए जगह नहीं...माँ की हिदायत में लड़की के भविष्य की सुरक्षा की बात छिपी है। युवराज, रतनसिंह के नाते में ऐसा खुला छोर है कि उसे किसी घाट बाँध दो। खून और पानी का फर्क विश्वास

और सन्देह का फर्क है। लड़की को लेकर अकसर सन्देह ही हरे-भरे होते रहे हैं। माँ डरती हैं। बेटी के दाम्पत्य को शक की दीमक न खा जाए। मैत्रेयी के कदम पीछे हटते हैं, वह तुम्हें खोना नहीं चाहती।

गर्मी की ऋतु गई, सर्दी आ गई।

रह-रहकर बाड़ा याद आता है, जिसे सभ्यता, शिष्टता और भद्रता का वास माना जाता है।

मगर अब तो यही बस्ती है, जैसी भी है।

मैत्रेयी का बस चले तो घास के तिनके में भी चमन पैदा कर दे, धूप से सुनहरा जाल बुन दे। आँखों में डॉक्टर नूर बनकर छाया है, अँधेरा कैसे दिखाई दे ?

खल्लासी श्यामलाल का घर महल की तरह दमका।

उसकी बेटी जमुना पानी भरने इसी रास्ते कुएँ पर जाती है। रात में पिता की ड्यूटी रहती है, बाहरवाली बैठक खाली रहती होगी। उसे साँकल-कुन्दों की जरूरत नहीं, बुलन्द आवाज ही टाटी-ताले हैं। वह धींवर-काछियों की ताकत पर विश्वास करना छोड़ चुकी है, सीधे मेहतरों को टेरती है। जानती है कि संकट में मेहतर सबसे जल्दी आएगा, क्योंकि उसे न पिटने का गम होता है, न इज्जत की चिन्ता। यह सब तो उसकी जिन्दगी से गुजरता ही रहता है। दूसरा फायदा यह कि मेहतर से सभी ऊँचे होते हैं, उसके द्वारा पिटाई होना सबसे बड़ी सजा है।

अगर ऐसा ही है, मेहतर ही रक्षक हैं तो सियाराम मेहतर की बैठक क्यों नहीं ? उसकी बैठक में जैसी तस्वीर लगी हैं, लगता है, आजादी इसी घर से पैदा हुई थी—गाँधीजी, नेहरूजी, अम्बेडकर और गौतमबुद्ध। सियाराम की बहन मानी मैत्रेयी की सखी है। बाई का डर न हो तो मानी यहीं खाए-पिए, क्योंकि वही भोजन बनाकर भी लाएगी। मानी का अभी ब्याह हुआ है, दूल्हा नौवीं में पढ़ता है, जिसकी उम्र बाईस वर्ष है।

न जाने किस गफलत में मानी नाम मुँह से निकल गया, बाई अब तक के सारे सद्‌भाव समेटने को तैयार हो गई और बता दिया कि—लाला जू को हम अपने में सुला लेंगे, भले दोनों आदमी ओस में रात बिताएँ। बाई बीमारी को, मौत को गले लगा सकती हैं, सियाराम मेहतर मुँह लगे, सहन नहीं कर सकतीं।

तो उपाध्यायजी की कुटिया ?

बाई ने ही सुझाया था यह घर। यह भी कहा था—उपाध्यायजी वक्त पर काम आनेवाले आदमी हैं। लालाजू आ रहे हैं कि तुम पागिल हो रही हो बिट्टी ?

बाई ने पूछ भी लिया। वे तैयार हो गए।

अगर उस रोज मैत्रेयी उन्हें रास्ते में न मिलती तो काम बन ही गया था। वे खड़े हो गए। पैंतालीस वर्ष के गौरवर्ण लम्बे कदवाले पुरुष की सुन्दर छाया में खड़ी वह, उनके तेजवान चेहरे को देख रही थी, क्योंकि उनसे बड़ी उम्मीद थी।

मैत्रेयी उनके आदर में झुकी कि अग्रिम अहसान से दबी खड़ी थी, अपनी देह में खून का बहाव फुर्ती पर था। आनेवाले शहजादे डॉक्टर को आखिर आराम देने का जिम्मा

उपाध्यायजी ने उठाया है। कृतज्ञता उमड़ी, रोमांच हो आया।

एक शब्द भी मुँह से नहीं निकल पा रहा, समझा जाए तो यही उपाध्यायजी की इबादत है।

शायद समझ भी रहे हैं, सो मुस्कुरा रहे हैं। मुस्कुराहट से मोती झर रहे हैं, अजब अनुभव है। बोलने को हुए तो होंठों पर फूल-से खिले—

"तुमने गौर नहीं किया मेरी बात पर ? पढ़ाई के बीच शादी का झमेला पाल बैठीं। सोचा कि आगे क्या होनेवाला है ? बच्चे देने की मशीन में तब्दील हो जाना है तुम्हें। जिन्दगी-भर सिर नहीं उठा पाओगी। बच्चों का पालन और पति की खिदमत, यही तो स्त्री-धर्म माना गया है। तुम्हारी शिक्षा का यही मतलब निकलता है तो फिर इस मौहल्ले की अनपढ़ औरतें क्या बुरी हैं ? उम्मीद थी कि तुम यहाँ की अनपढ़ स्त्रियों को उनकी दशा के प्रति सचेत करोगी। औरत की बात औरत जल्दी समझ सकती है न ?"

मैत्रेयी उनकी लताड़ जैसी सीख सुनकर पत्थर हो गई। होंठों से झरते फूल कंकड़ हो गए। कृतज्ञता ज्ञापित करना चाहती थी, खाक में मिल गई। शर्मिन्दगी कन्धे तोड़ने लगी तो क्रोध आया। नीची नजरें चेहरा ऊपर उठने नहीं दे रहीं...

उपाध्यायजी अपने रास्ते चले गए तब रास्ता दिखा। गली-गली चलती रही मैत्रेयी। मन बिखर रहा था, साधना पड़ा—यह आदमी भी क्या करे, घर में ढलती उम्र की पत्नी है, आठ बच्चों की माँ हो गई, खुद को जर्जर झोला बना लिया। सुना है कि आई थी तो बी.ए. पहले साल में पढ़नेवाली लड़की थी। हाथ में घड़ी बाँधती थी, आज तो उसे अपनी अवस्था तक का पता नहीं। शायद उपाध्यायजी उसी प्रायश्चित्त से तिलमिला रहे हैं।

'ऐसे आदमी के यहाँ डॉक्टर को क्या रुकाना ? अपनी कुंठा में ही मरा जा रहा है। क्या पता मेरे प्रियतम से बैर निकाले ? स्त्रियों को समझाने की बात करता है, जैसे स्त्रियाँ पैदाइशी अनसमझ हों। समझदार उपाध्यायजी ने बच्चों की चिल्लर जो पत्नी को दी है, वह कहाँ से आई ? वाह रे समझदार पुरुष ! स्त्री को आबादी बढ़ाने की मशीन कौन बनाता है ? अगर ऐसा न करो उपाध्यायजी तो ममता की रस्सियों में कसी और पेट गोद भरी औरत तुम्हारे कोड़े के आगे कैसे नाचे ? पढ़े-लिखे मर्द को परिवार नियोजन का पता नहीं ? माताजी से कहना होगा, गाँव-गाँव फिरती हो, शहर की भी सुधि लो। तुमने कैसे मान लिया कि शहर में महिला मंगल की जरूरत नहीं ?

मैत्रेयी का जी घबराता है। जहाँ जमने की सोचती है, वहीं से उखाड़ दी जाती है।

रोष में बैठी थी। बाई आ गई।

बाई के चेहरे की लकीरों में मानों चिन्ता समाई है। कोढ़ में खाज जैसी बात कौन-सी है, जिसे लेकर आई हैं ? बाई से उसे चिढ़ होने लगी।

"बिट्टी !"

वह हाँ भी नहीं कहना चाहती। पग-पग पर असफलता है, वह जानती है। सुनकर क्या होगा ? झुँझला रही थी।

"वा सल्लो तो कह रही थी, उनाववाले बाबा पर जाना है। आदमी हाथ में नइयाँ,

गंडा का अमल करना है। पाँच रुपइया हमसे उधार ले गई है। अकेले, आ जल्दी जाएगी। खाना माना की फिकिर न करना।'' बाई खुद चिन्तित थी सो तसल्ली दी।

''चली गई है तो अब चाहे जब आए। हम क्या रस्सा बाँधकर खींच लाएँगे बाई ?'' मैत्रेयी फुफकारती-सी बोली।

''खेंचने को खेंच लेते, पर इतेक ही सोचते हैं बिचारी गंडा लेने नहीं गई, अपने छोटे-छोटे बच्चों का बाप लौटाने गई है।''

''बाई, सारे बापों को अभी भागना था।''

''अब क्या कर देवें !'' अफसोस के सिवा बाई के पल्ले में कुछ न था।

खूसट बुढ़िया, यह नहीं कह रही कि खाना बना देगी, सोग मना रही है।

मैत्रेयी ने तुरन्त युवराज के कमरे में जाकर उसे साइकिल पर इधर-उधर दौड़ाया—चक्की पर जाना, वहाँ अनाज साफ करती है। हलवाई से पूछना, वहाँ बड़ो की दाल पीसती है। कानूनगो के यहाँ भी झाँक लेना, खाना बनाने के अलावा औरत की मालिश करती है सल्लो।

वह कहीं नहीं मिली। घर पर बच्चे मिले। भात की हंडिया खुरच रहे थे।

''अम्मा कहाँ है ?'' युवराज ने पूछा तो बच्चे भात को छोड़कर सहमे-से खड़े हो गए।

''बताओ जल्दी,'' के जवाब में पाँच वर्ष के लगभग उम्रवाले बड़े ने महीन आवाज में बताया—थाने गई हैं।

—थाने ! थानेऽऽ...?

—हओ।

युवराज ने लौटकर यही सन्देश दिया। मैत्रेयी के कमरे में चिन्ता की बाढ़ आ गई।

''तो अब हम उनके पीछे-पीछे थाने जाएँ ?'' युवराज ने थके हुए स्वर में कहा।

''क्या हो और ? बाई किसी नीची जातवाली के हाथ का खाना खाकर हमें अपने कमरे में रहने देंगी ?''

''तो बाई से कहो, खुद ही बना देवें।''

''बड़ी मुश्किल ! बड़ी उलझन,'' कहकर मैत्रेयी गद्दे पर धम्म से गिरी।

युवराज गया।

युवराज लौटा।

मालूमात लाया—सल्लो का आदमी रामसरन यादव, सिपाहियों ने पकड़ रखा है। क्लीनरी करता है कि उचक्कापन ? जहाँ-जहाँ बस रुकती है, वहाँ औरतों को छेड़ता है। एक सिपाही ने बताया कि कुछ दिन पहले इसने एक लड़की को फुसला लिया था। एक दिन उसे मेला दिखाने ले गया। रात तक लड़की गाँव नहीं पहुँची तो गाँव में बात आग की तरह फैल गई। जब लड़की घर पहुँची तो भइया और बाप ने मिलकर दो टुकड़ों में काट दी। काट दी और मुनादी कर दी कि वे अपनी इज्जत से बेटी को भी नहीं खेलने देंगे। सबने वाहवाही दी। बिरादरी में मिसालें दी गईं। कोई रिपोर्ट करे, किसकी मजाल है ?

मगर तब से इस रामसरन का दिमाग सनक गया। जिस तिस लड़की को उर्मिला, उर्मिला कहकर पुकारता है। उसका पीछा करता है। थाने में शिकायतें आती हैं।

सल्लो के पास पाँच रुपइया हैं। बार-बार थानेदार के पाँवों में धरकर अपना सिर धरती में टेक रही थी।

थानेदार मानता नहीं। सवेरे से शाम हो गई।

युवराज कह रहा था, "हमें देखते ही उसने अपने गले की चाँदीवाली हँसली उतार ली। दरोगा के पाँवों में हँसली रखकर बोली, "अब तो मान जाओ हजूर। छोड़ दो। और हमारे भी काम का टैम हो रहा है।"

दरोगा खोखली-सी हँसी हँसा और बोला—"कमाल है यह औरत। आदमी कितनी बेवफाई करता है और यह...बार बार छुड़ाने आ जाती है ! कमाल है..."

सल्लो, जो हाथ जोड़े, सिर झुकाए खड़ी थी, अब सिर उठाकर बोली—"हजूर, सुनी है वा कहावत कि राजा की रानी एक, बान्दी हजार।"

मैत्रेयी ने सल्लो के किस्से का आखिरी हिस्सा सुनकर गहरा साँस खींचा ज्यों साँस के साथ उस औरत का विश्वास अपने भीतर खींचा हो।

डॉक्टर !

अब चारों ओर से आशा कट गई। आखिरी उम्मीद बची है शकुन।

शकुन अपनी खिल्ली के पास ढेरी गाँव के पुजारी की बेटी है। ढेरी के मन्दिर में कातिक नहान पर आरती करते देखी थी दो-चार बार, सो मैत्रेयी झाँसी में भी पहचान गई। पुजारी महाराज अपनी कथा भागवत में आते रहे हैं। वैसे भी गाँव के निकट गाँव हो, यह चिन्हार क्या कम है ?

मैत्रेयी जब कॉलेज से लौटती है तो शकुन बीच में ही अपने घर रोक लेती है। उसके घर खुरमा लड्डू का नाश्ता रहता है और मैत्रेयी जब देखो तब भूखी रहती है। लम्बे कद की गोरी-चिट्टी शकुन के पति देखे, बीमार रहते हैं, शकुन भी लँगड़ाकर चलती है। गाँव से आकर दोनों का हुलिया बदल गया है। पहले कंडक्टरी की नौकरी थी, अब जरा सी मेहनत थका डालती है। अब तक बस इसलिए ही इस घर के बारे में नहीं सोचा था कि दोनों आदमी परेशान-से रहते हैं।

"शकुन, क्या हुआ पाँवों में ? चाल टेढ़ी-मेढ़ी हो गई ?"

"कुछ नहीं। जाँघ में फोड़ा हुआ था, अभी तक टीस जाता है।"

पति की बीमारी के कारण शकुन की आँखें भर आती हैं। मगर शकुन घर बड़ा साफ रखती है। चौरा में तुलसी का पौधा है, पूजा करके ढारती है।

डॉक्टर को अपने यहाँ ठहराने की बात पर शकुन बड़ी खुश हुई। नाश्ता पानी और खाने का जिम्मा लेने लगी। मैत्रेयी को डाँटा भी—इतनी छोटी सी बात और इतनी बड़ी सकुच ? सिर्रिन हो तुम बैन।

तकिया-बिस्तर से लेकर काँच के गिलास और जग का इन्तजाम हो गया। शकुन तो यहाँ तक जिद बाँध रही है कि मैत्रेयी भी उसी के घर सोए, शकुन के साथ। कम-से-कम

डॉक्टर आसपास तो रहेंगे।

"नहीं, मैं कुछ किताबें रख जाऊँगी, सुना है, पढ़ने के बाद सोने की आदत है। वृन्दावनलाल वर्मा के उपन्यास पढ़ेंगे, झाँसी और बुन्देलखंड को जानेंगे।

दूसरे दिन : कॉलेज से लौटते हुए शकुन ने मैत्रेयी रास्ते में रोक ली। घर में नहीं बुलाया, हड़बड़ाकर रास्ते में ही पूछा, "कब आएँगे पाहुने ?"

"कल रात अपने यहाँ से चलेंगे।"

"परसों ?"

"हाँ, परसों सवेरे।"

"परसों नहीं।"

"क्यों नहीं ?"

"घर में आओ। बताती हूँ।" वह घबरा रही थी।

"हाथ पकड़कर एकान्त कोठे में खींच ले गई। भीतरी कोने में पहुँचकर बोली,

"मैं तुम्हें सवेरे से देख रही हूँ कि अब आओ तब आओ।"

"क्यों ?"

"बताने को कि परसों यह कमरा खाली नहीं रहेगा।"

"कौन आएगा यहाँ ?"

"बस मालिक"

"क्यों ?"

"आते हैं जब कभी।"

"कहीं और चले जाते। तुमने बताया नहीं कि कमरा खाली नहीं।"

शकुन ने 'नहीं' में सिर हिलाया।

मैत्रेयी का गुस्सा सातवें आसमान पर पहुँच गया। वह बाई पर गुस्सा नहीं कर सकी, उपाध्यायजी पर नहीं कर सकी। माताजी पर गुस्सा नहीं कर सकी। शकुन उसकी इज्जत करती है, सारा गुस्सा उसी पर उड़ेल दिया, "धोखेबाज हो तुम। झूठी। फरेबिन। मुझे क्यों विश्वास दिया था ? अब क्या होगा ? मैं क्या करूँ ?"

वह धीमे से बोली, "अपनी गुइयाँ की गलती माफ कर दो। धीरे बोलो।"

आगे जो बताया, उसे माफ करे या नहीं ?

"यह कमरा तो क्या, हमारा कमरा भी हमारा नहीं। बस मालिक इसका किराया देते हैं। पर दोनों कमरे हैं हमारे ही पास। परसों खाली नहीं है। तुम समझ नहीं पाओगी हमारी बात। समझाएँ भी कैसे, समझ में नहीं आ रहा।"

"कहो, क्यों नहीं समझ पाऊँगी। कहो तो।"

उसने हाथ पकड़ लिया। पूछने लगी, "कहें तो किसी से कहोगी तो नहीं ?"

"तुम मुझ से मत कहो, अगर कहने से कुछ सँवरनेवाला नहीं तो मत कहो न ?"

"किससे कहें फिर...? सीने पर बोझ धरा है। साँस रुकती है।" वह रुआँसी थी।

"तो कह डालो। यकीन मानो किसी से नहीं कहूँगी।"

''बुरा मत मानना, हो सके तो विश्वास करना। तुम हमारी बहन सरीखी, क्या अन्तर है हममें और तुममें...''

''नहीं, अन्तर नहीं है। दोनो औरतें हैं।''

''यहाँ औरतें ही आती हैं बिन्ना।'' बिन्ना वह प्यार में कहती थी।

''क्यों ?''

''उनके आदमी लाते हैं।''

''क्यों ?''

''नौकरी पाते हैं।''

''कैसे ?''

''उनकी करिहाई के दम पर। क्लीनर बनते हैं, कंडक्टर होते हैं।''

''जब न तब इस कोठे से चीखें उठती हैं।''

''मैत्रेयी चुप है।

''एक दिन कसकर चीख उठी कि घर हिल गया।''

''फिर ?''

''हमने पंजों के बल खड़े होकर देखा, कुछ नहीं दिखा।''

''दूसरी बार हमने दीवार में एक छोटा-सा छेद बना लिया। ईंटें रख लीं। चढ़कर फिर जो देखा—पाँव पीटती औरत के पाँव खटिया के पायों से बाँध दिए थे। हाथों को डोरी से कस दिया। उसका आदमी ही उसके मुँह में कपड़ा ठूँसे बैठा था। और मालिक लोग बारी-बारी...'' कहते हुए वह हाँफने लगी। छाती पर हाथ रखकर झुकती हुई धरती में बैठ गई।

मैत्रेयी काठ मारी-सी...।

धक् से रह गई।

चुप्पी थी, दोनों सखियों को चपेटे हुए...। किसकी बद्दुआ लगी उन दोनों की आत्मीयता को ? किसने इस घर की ईंट-ईंट ढहा दी...मैत्रेयी के सिर पर अब छत नहीं।

उसने पुरुषों के चलते मनुष्य और जानवर के बीच सिमटती दूरी देखी है। लड़की के पीछे गलियों के अँधेरे में भागता आदमी और झपटता पशु एक होते देखा है। चलो आज उस नरपशु का कीड़े में ढलना और बजबजाती कीचड़ में बिलबिलाकर अपनी कीचड़ को खाना भी सुन लिया।

भौंचक्की नहीं है मैत्रेयी, चकनाचूर हो रही है।

शकुन ! न जाने क्यों औरत के नाम पर उसके मन में शकुन का चेहरा आया था। खामोश, मगर चीरती हुई निगाह से उसकी निगाह टकराई थी। दोनों की नजर खंड-खंड टूट गई। क्यों ?

न जद्दोजहद, न नोंचा-बकोटी। औरत के जिन्दा होने का अहसास तक नहीं। लोथ में बदल गई वह स्त्री...जिससे मैत्रेयी का बहनापा था। शकुन का खून से लिथड़ा चेहरा और उस सुर्खी में दिखते कुछ परिचित पुरुष चेहरे...। बस मालिक के नाम पर कौन

याद आने लगा ? बाड़े के मालिक तो धार्मिक प्रवृत्तिवाले, शील और मर्यादा के रखवाले थे। तमाम जानी-पहचानी छायाएँ...शकुन की हालत खराब हो रही है। बिना धार की छुरी से रेती जानेवाली बकरी...आगे कुछ सोचना तक नहीं चाहती मैत्रेयी, कि उसके दिमाग ने ही काम करना बन्द कर दिया ? आग लगी है, जो धुआँ उठ रहा है। धुएँ की लकीर के बीच खड़ी लड़की...

'चल, शकुन चल।' मन में लड़की चीखती है। अपने ही बदन से डर लग रहा है। अपना ही गोश्त दहला रहा है। इस जमीन के जर्रे-जर्रे में उसी कायर नस्ल के कीटाणु फैल गए हैं। उनके खानदानों की विरासत में पटे पड़े हैं। चल, शकुन चल।

वह बोलना चाहती है, बोल नहीं पा रही। उसकी हालत शकुन की हालत से बेहतर नहीं। शकुन की हालत भी क्या दूसरी औरतों से बदतर नहीं...ऐसा ही समय है। माँ, तुम कहाँ हो ? महिला मंगल का बिगुल बजाती हुई...

उसे बार-बार माताजी याद आती है। दुख में और कौन याद आए ? भगवान कभी मदद के लिए आता देखा नहीं, माँ ही आए तो आए...

माताजी भी क्या करेंगी ? घूँघट-आड़ का विरोध करनेवाली, शिक्षा के पक्ष में खड़ी होनेवाली माँ, तुम आओ। यह पढ़ने-लिखने और पर्दा त्यागकर खड़े हो जाने की मुहिम नहीं, औरत को उघाड़कर उसे चीरकर रख देने की बात है। प्रौढ़ शिक्षा के तहत बीस औरतें पढ़ाकर घी के चिराग मत जलाओ। नसीबों जली बेटियों की कटी-फटी बोटियों पर गौर फरमाओ। तुम कहती थीं—लड़की, तेरा कोई भाई नहीं तेरी कोई बहन नहीं, तू अकेली है। मगर मैत्रेयी के खून में सलवटें पड़ने लगीं हैं !

आँखों में खोया-खोया कोई सपना, खून-खून होती भविष्य की कल्पना...अब यहाँ से चल देना होगा। इस बस्ती से मैत्रेयी का क्या मतलब ? इस कब्र में कोई कब तक रहेगा जिन्दा, जीवित...

चल शकुन, ढेरी चल। तेरा आदमी जिस सदमे में धँसा है, उससे उबरना आसान नहीं। उसके मर्ज की कोई दवा नहीं। इस घर की हर रात बहुत डरावनी है। यहाँ हर तीसरे दिन एक मौत होती है कि जिन्दा औरतें चीखा करती हैं ?'

कुछ नहीं बोल पाई मैत्रेयी। अपना जहर खुद पीती रही।

जैसे ही शकुन के कन्धे पर हाथ गया, शकुन रो पड़ी। उसका पेट, पीठ, कन्धे कि सारा बदन फफक पड़ा। मैत्रेयी के रहे सहे हवास गुम होने लगे।

रोती हुइ सखी को देखकर रोई नहीं। जानलेवा ठंड का अहसास हुआ। लगा कि हथेलियाँ पत्थर पड़ रही हैं। होंठ नीले हो उठे। सारे शरीर बर्फ-सा जम गया।

उठकर चलने लगी। अपना दुपट्टा, जो शकुन की कोहनियों में फँसा था, आहिस्ता-आहिस्ता निकल लिया।

ठंड का दिन ! रात बरसात हुई है। मैत्रेयी बाहर आ गई।

कमरे के बराबर में जो बड़ा और भयानक गढ्डा है, पानी कीचड़ से भर गया है। रात-भर नींद आई नहीं। उनींदी आँखों खड़ी देख रही है। रात की बात याद करना चाहती नहीं, इसलिए ही और भी याद आ रही है।

वह मन बदलने के लिए चिड़ियों को देखती है। कीचड़ में चोंच डालकर गले में पानी छान रही हैं।

कुत्ता भी गड्ढे का डर न मानकर पानी में उतर गया। जीभ से पानी चाटकर प्यास बुझा रहा है। कीचड़ नीचे रह गई है। उसकी जुबान ने पानी में लहरें उठा दीं।

घर-घर घूमनेवाली बिल्ली, चिड़िया और कुत्ते को दबे पाँव आकर देखती है। वह भी पानी पीने का मौका ताड़ रही है। उसे कुत्ता डरा रहा है और चिड़िया उससे डर रही है। फिर भी पानी पिए बिना कोई जा नहीं रहा। छोटी-बड़ी गलियों से आती काछी-धींवरों की लड़कियाँ इठलाती इतराती हुई भूल जाती हैं कि काछी बड़े या धींवर ? वे कुएँ पर जाकर डोल से एक-दूसरे के घड़े भर रही हैं। मेहतर की मानी नई चाल का ब्लाउज पहनकर निकली है। रामकली ने भूल में ब्लाउज पकड़कर पूछा—कहाँ सिलाया, अच्छा है।

पोले बब्बा झिंगोला खटोला पर बैठे बीड़ी के कश खींच रहे हैं। जरूर न दारू मिली, न अफीम। सो होश में है। पिंजड़े का तोता आज गाली नहीं दे रहा, मसखरी कर रहा है—पोले बब्बा करेला। पोले बब्बा उसे शैतान बच्चा मानकर झिड़कते हैं।

सल्लो अपने दोनों बच्चों के हाथ थामे मुस्काती चली आ रही है। उसकी आँखों में जीत का भाव है। कल ही दरोगा को गले की हँसली सौंपकर अपना आदमी लौटा लाई है।

इस बेनाम मौहल्ले का रूप ऐसा ही है। बाई कहती हैं, जहाँ सिर पर छत हो, वहीं राजपाट। राजपाट और कैसा होता है ? धरती मइया हर जगह एक-सी है। माँ की तरह दुख-दर्द हरनेवाली।

तभी शकुन के घर के पास रहनेवाला दुबला-पतला नौ साल का बसन्त भागा आता है।

''जिया ! ओ जिया।''

मैत्रेयी पूछती है, ''क्या बात है ?''

''तुम्हें शकुन के घर बुला रहे हैं।''

''कौन ?''

''शकुन भाभी के भइया।''

''ज्यादा बीमार हैं ?''

''नहीं, वे शकुन है न, भग गईं। सो बुला रये।''

''हैंऽ !''

''हमारी अम्मा और श्यामा मौसी, सब जनी कै रईं, भग गई।''

''भग गईं ? कहाँ ?''

"को जाने कहाँ। वे कै रईं, जिया कों टेर ले आओ। वे ई आईं थीं रात कें।"

"हे भगवान...' मैत्रेयी का दिल धक् से रह गया।

वह लड़के की ओर अस्वीकार की निगाह से देख रही है, मगर लड़का है कि ऐसा पक्का होकर आया, ज्यों जेठ-ससुर हो। लिये बिना जाएगा ही नहीं। आगे के लिए अभी से तेवर सीख रहा है।

सल्लो से आँखों ही आँखों में सलाह लेनी चाही, लेकिन सल्लो की आँखें में इनकार नहीं, चिन्ता नहीं, दुख है। उसने दुख के मारे लड़के को दुत्कार दिया, "चल-चल यहाँ से। उतै जिया का क्या काम ?"

"वे कै रये रपोट करनी है, जिया कों सब बातें पता हैं।" लड़का बूढ़े की तरह बोला।

"तुमारी मतारी कों पता नहीं ? सकुन से क्या-क्या कुकरम कराए ! हैऽ तुमारी ठठरी बँधे, चलो भगो तो यहाँ से। तोरी मतारी मौसी आँधरी नहीं हैं, और न बहरी।"

"हमारी बाई कों गारी दै रईं, हम अबै कहत हैं जाकें।"

"जा-जा। कह दे।"

लड़का भागता चला गया।

मैत्रेयी ने सल्लो को दबे स्वर में पुकारा, "सल्लो"

"जिया, तुम गई थी वहाँ, काल ?"

"हाँ।" उसने स्वीकार किया।

"रोई होगी मोंड़ी। आएदिन की आफत है ससुरी। खसम तो धरापे की नाईं खटिया में धरे और मोंड़ी हो गई धोबीघाट। जो है सो करिहाई पर चढ़ा चला आ रहा है। खसम जू काँख तक नहीं रहे, बचाएँगे क्या ?

दो क्षण रुकी सल्लो। जिया के सामने बात को असर देने के लिए सोचती रही शायद। ठोड़ी के गुदने पर उँगली रखकर विचारों में डूब जाने की आदत है उसे। काजल लगी बहुत छोटी-छोटी आँखों को जल्दी-जल्दी झपकाएगी, जैसे सार-सार रखकर बाकी उड़ा देना चाहती हो। सूप चलाने की आदत जो है। अनाज बीनने-फटकने का काम करती है।

"जिया, हम कै रए, चलो आदमी कोमिल मुलाम है, काए से कि पुजारी का बेटा है, चलो मैनत-मजूरी नहीं होती, सकुन वो भी करने को तैयार है। अरे, तुमने तो मोंड़ी नेठम की सांड़न के आगें चारे की तरह पटक दई ! अच्छी भामई भई बेंचो। ऊपर से तुमारे गुस्सा की बलिहारी, वा से रंडी बेसा कै रए।

"तुम जिन जइयो जिया। वा तौ कैद से खुदई रिहाई लै गई।"

मैत्रेयी सल्लो की एक-एक मुद्रा एक-एक भावना ग्रहण कर रही है। शकुन की जिन्दगी और कैद से मुक्ति की कहानी यही है। ताकतवर कहानी है, एक कमजोर लड़की की। पढ़ी-लिखी निशि खरे ऐसी ताकत जुटा पाती काश।

मैत्रेयी शकुन के साहस को अपना साहस मानकर लोगों से मुँह नहीं छिपाना चाहती। वह ठिठकेगी भी तो शकुन के जज्बे की तौहीन होगी।

लोगों के उस जमघट को चीर दिया, जो शकुन के भाग जाने के उपलक्ष्य में तमाशा बनाने और अपनी-अपनी राय देने आया था।

कोई कह रहा था—सेसा जाओ, ढेरी जाओ, दोनों गाँवों में से कहीं-न-कहीं होगी।

—बाप नहीं रखेगा, कोई भंगी-चमार नहीं, आखिर पुजारी है।

—सही बात, अपनी रोजी-रोटी पर लात मारेगा क्या ? फिर लोग पूजा करने देंगे ?

—चिन्ता क्यों करता है प्रभुदयाल, बाप-भइया तो खुद ही बाँध लाएँगे।

—कोई नहीं लाता। पुलिस की दौड़ जाएगी, वह तभी आएगी। मतारी ही कहीं छिपा देगी। सिपाही तो कुएँ में भी कील-काँटा डालकर खींच लाएँगे।

—यार वह सेसा, ढेरी शर्तिया नहीं जाएगी। अकेली तो गई नहीं, जरूर कोई पुराना यार संग है, आगरा, दिल्ली ले गया होगा मौज करने। अकेली औरत का हौसला नहीं कि चौखट लाँघकर चली जाए, चौखट के बाहर कोई मर्द होता है, जो उसे...

—साली, जानती तो होगी, मिल गई तो मार-मारकर फोड़ दी जाएगी।

औरतें चुप थीं। या जो भी कह रही थीं, भौंरों की भनभनाह से ज्यादा न था। वे अपने मुँहों पर धोतियों का पल्ला रख लेतीं। शायद होंठों की कड़ुआहट छिपा रही हों। जाहिर में तो च् च् च् की आवाज के सिवा कुछ नहीं सुना जा सकता था।

क्या इन औरतों को मालूम है कि मैत्रेयी का आना-जाना शकुन की जिन्दगी में शामिल है ? नहीं तो क्यों कहा—जिया आ गईं अब।

''कोठा में हैं प्रभुदयाल, आगे बढ़ो जिया''

कौन है यह ?

बसन्त की माई। पतले चेहरेवाली काली औरत यहीं बराबर में रहती है।

वह बन्द रहते आए कमरे की खुले किवाड़ों की ओर देख रही है। साँप के बिल-सा द्वार, भीतर अँधेरा-ही-अँधेरा है। बाहर से आई है, आँखें अँधेरे की अभ्यस्त नहीं।

कोठे में सिसियांद जैसी गन्ध है। मैले कपड़ों में पड़े निर्बल आदमी का भय कुछ इस तरह हुँकार रहा है कि कलेजा धमधमा उठा। इलजाम लगाएगा ? क्रोध और नफरत के सिवा इसके पास बचा क्या होगा ? बाहर लोग उत्सुक हैं कि अब क्या होनेवाला है ?

उसके आते ही प्रभुदयाल ने हाथ जोड़कर अपने माथे से लगा लिये। कोहनी के बल उठने लगा। उठकर बैठ गया। और बोला, ''चल नहीं सकते कि चरण छू लें। गोड़े टूटे हैं।''

वह मूढ़े पर बैठी।

एक-दूसरे से क्या कहें ? शब्द जुट नहीं रहे थे। शायद प्रभुदयाल भी किसी से कुछ नहीं बोला होगा अब तक। बोलता तो यहाँ भी शुरू हो जाता।

चुप लगी है। बेचैनी हो रही है। गोड़े टूट रहे हैं की धुन कोठे में भरी है।

क्यों आई ? उठ चले ? बाहर खड़े लोग सोच रहे हैं, न जाने यहाँ क्या चल रहा है ?

चुप्पी नहीं टूटी। धैर्य टूटने लगा।

जी और भी घबराया।

"जिया, तुम्हें तो वह बहुत मानती थी।" कुएँ की-सी गहरी आवाज।

इसका क्या उत्तर दे ? यह किस संवाद का छोर है ?

"जहाँ गई है, मुझे कुछ नहीं पता।" उसने बड़ी मुश्किल से कहा।

"अपने गाँव लौट जाओ, शायद वहाँ ही हो।" मैत्रेयी इससे ज्यादा क्या कहे ?

"नहीं।" उसने अँधेरे को घूरते हुए उत्तर दिया।

"मैं जाऊँ ?" मैत्रेयी से अब बैठा नहीं जा रहा। कोई परमार्थी पुलिस में रिपोर्ट न कर आए। यहाँ रहना खतरे से खाली नहीं। या युवराज को साथ ले आती। लेकिन उससे छोटा युवराज उसे बचा पाता ? वैसे भी लोग एक लड़की के भाग जाने पर एक लड़की को लपेटना चाहते हैं। जबकि रिपोर्ट करनी चाहिए इनकी, सजा होनी चाहिए प्रभुदयाल की। पैसा कमाना चाहता था, बीबी बेचने लगा। शकुन के शब्दों में—यह कहीं भागा नहीं, किसी दूसरी औरत के चक्कर में नहीं पड़ा—क्या इसी नेक चाल-चलन की कीमत शकुन से वसूली ? औरत दुल्हन बनकर पत्नी का दर्जा पाए, यह जरूरी तो नहीं।

"मैं चलूँ प्रभुदयाल," मैत्रेयी ने फिर उठना चाहा।

"हमारे लिए नहीं, शकुन का ही खयाल करो जिया। एक विनती सुन लो।"

उसने विनती सुनने का धैर्य सँजोया।

"सेसा, ढेरी नहीं, हमें अपने गाँव खिल्ली भिजवा दो, बस।"

"खिल्ली !" वह चौंकी।

"हाँ, दादा हमें बचा लेंगे।"

मैत्रेयी भोली शकुन की तरह मुस्काई, जिसमें कड़ुआहट मिली हो।

"बसवाले लोग और किसान आदमी दादा, कैसे बचा लेंगे ?"

"बसें खिल्ली होकर ही तो गुजरती हैं इनकी। दादा क्या नहीं कर लेंगे ? चिमनसिंह हौसलेवाले आदमी हैं, आप से क्या कहें ? बसों में आग लगवा देंगे। वहाँ शहर नहीं, गाँव है।"

"यह बात तो युवराज और रतनसिंह से कहनी थी प्रभुदयाल।"

"वे दोनों और आप क्या अलग-अलग हैं ? जिया, हा हा खाते हैं हम।"

मैत्रेयी पशोपेश में पड़ गई। भय लग रहा था, सिमट-सिकुड़ रही थी, चिन्ता लगी है, भीतर खलबली मच गई। क्या पता था, यह अपंग अपने कन्धों पर ही लद जाएगा ? यह अपाहिज किस जंग के सपने देख रहा है ? अगर जंग के सपने देख रहा है तो यह भी जानता होगा कि शकुन गुस्से के घूँट जहर की तरह भीतर-ही-भीतर पीती थी। उसके भीतर की तरलता भाप में तब्दील होती जाती थी। उसी भाप की आँधी ने बस मालिकों का आनन्द रोंद लिया। शकुन अच्छा खाने, अच्छा पहनने पर बिकना नहीं चाहती थी। वह क्या अच्छी किस्म की घोड़ी समझ ली थी ?

"प्रभुदयाल, शकुन को लेकर पहले ही चले गए होते यहाँ से। दादा से तो तुम्हारे ससुर पुजारीजी की पहचान है। दादा पर इतना भरोसा है तो बस मालिकों के गुंडे भी वहाँ कैसे आते ? खैर छोड़ो इस बातों को। इन बातों का समय नहीं है।"

''जिया सफाई तो क्या दें अपनी ? नौकरी के लिए आए थे, संग में खूबसूरत बीबी थी, सामने बस मालिक थे। जाने तो कैसा अघट घटा आदमी लुंज हो गया, औरत रंडी बन गई, चारों ओर से लाचारी ने धावा बोला, जब मोटरसाइकिल हमारे गोड़ों पर चला दी जिया, हम शकुन के रक्षा में ही तो पागल हो गए थे।'' कहते हुए प्रभुदयाल का गला भर्राया और कहकर जार-जार रो दिया।

मैत्रेयी का हाथ प्रभुदयाल के सिर पर जाना चाहता है। सान्त्वना के शब्द नहीं, हाथ का स्पर्श ही है उसके पास। शकुन से प्रभुदयाल की बीमारी पूछी तो वह भी रो दी थी।

उठी और चल दी।

युवराज से अब क्या कहेगी ? वह तो इसी पर आगबबूला हो रहा होगा कि मैत्रेयी प्रभुदयाल कुढ़िया के पास गई ही क्यों ? अगर मदद के लिए बोलेगी तो वह निश्चित ही भाग जाएगा। डॉक्टर की आवभगत फिर कौन करेगा ? वह तो अभी अपने जीजा की अगवानी की कल्पना में पागल हो रहा है। तीन दिन से टाई बाँधना सीख रहा है, साहब बनकर स्टेशन जाएगा। वह अपने उत्साह को फजीहत के हवाले कर दे ऐसा भोला नहीं।

कमरा खुला छोड़ गई थी, यह भी याद नहीं।

युवराज पहले से ही गद्‌दे पर बैठा है। वह पास आकर बैठ गई। भइया के बालों में हाथ फेरा वह हिला नहीं। गुस्से से भुक्क है, पर नई बात क्या है ?

''क्या हो गया अब तुम्हें,'' मैत्रेयी ने उसकी चुप्पी तोड़ने के लाहक से कहा।

नहीं बोला।

''बताते क्यों नहीं ? मुँह क्यों फूला है ?''

नहीं बोला।

''शकुन चली गई, उसका आदमी घबरा रहा है। उसे खतरा है।''

युवराज उबल पड़ा—

''मर गई साली शकुन और कीड़े पड़ें उस हरामी को। हमें तो तब भी गुस्सा चढ़ता था, जब तुम शकुन के घर खुरमा-मठरी खाती थीं।''

''इसलिए कि तुम्हारे लिए नहीं लाती थी ?'' मैत्रेयी माहौल को हलका करना चाहती है।

''इसलिए कि लड़के हम पर हँसते थे। इस घर में क्या होता था, किस को नहीं पता ?

''अब साला वह रो रहा है, मलाई किसने मारी ? लुंज कर दिया है, पुजारीजी का पक्का मकान कैसे बना ? अच्छी रही तुम्हारी दोस्ती, तुम्हारे कन्धों पर ही लद गए। बाई कह रही हैं—तुम वहाँ जीजाजू का इन्तजाम करने गई थीं ? करके तो देखतीं। हम उन्हें खिल्ली ले जाएँगे। हो गया तुम्हारा इन्तजाम। बड़ी हो, इसलिए अपनी चलाती हो ? यह नहीं सोचती कि लड़की हो, तुम बाहरी बातें कितनी जानती हो ? जो हमें पता है, तुम्हें मालूम है ?'' कहते-कहते युवराज का चेहरा तमतमा उठा और मैत्रेयी के रगरेशे

ढीले पड़ने लगे।

'इस लड़के ने लड़की की औकात बता दी। मैं तो समझती थी युवराज इस बारे में कुछ नहीं जानता। पुरुषों को माहौल की पहचान होती है, भले वह युवराज जैसा किशोर हो। या पुरुष पुरुष से शर्म नहीं मानता, असलियतें, खासकर ऐसी असलियतें ताल ठोककर कहता है ? मैं युवराज के सामने सिर नहीं उठा पा रही। उस मेल-मिलाप पर कितना छटपटाता होगा मेरा भाई...प्रभुदयाल को बचाने की बात कैसे कहूँ ?

'डॉक्टर तुम मत आओ। रहने दो हमें क्षमा करो। हम संकट में हैं,' मैत्रेयी ने अपना सिर मँगेतर की तस्वीर की ओर घुमा लिया।

''युवराज !'' हिम्मत करके पुकारा मैत्रेयी ने।

''बोलो,'' वह तर्राकर बोला।

''शकुन की खोज में पुलिस आ सकती है ?''

''पता नहीं,''

''मैं 'पता नहीं' सुनने के लिए नहीं पूछ रही, सोचकर बताओ।'' वह कड़े स्वर में बोली।

''हाँ, प्रभुदयाल तो उठ नहीं सकता। शकुन को वे लोग छोड़ेंगे नहीं। इसलिए आसपास आतंक बनाएँगे कि प्रभुदयाल ही पता लगाकर उसे बुला ले।''

''हमारे यहाँ भी कुछ हो सकता है ?''

''यह हरामी प्रभुदयाल ही फँसवाएगा, देख लेना। उस भगोड़ी का तुमसे मेल बताकर खुद बच जाएगा। नम्बरी शातिर है। गोड़े देखे हैं कि कुचले हैं। साला ऐसे ही अपाहिज बना पड़ा है। खूब पइसा काटा है बहन चोद ने।'' गुस्से में युवराज आपा खोने लगा।

''वह तो कह रहा है, जिया खिल्ली भिजवा दो।''

''क्याऽऽ ?''

''हाँ।''

''पुष्पा बहनजी, अब जल्दी से हमें खिल्ली चलना चाहिए। अब पुलिस भी पढ़ी-लिखी लड़की का आदर भाव नहीं करेगी, तुम्हारा हौसला सिपाहियों की ढीठपन लगेगा, वे ताकत आजमाने का मौका पा जाएँगे। परखचे उड़ा देंगे तुम्हारे।''

बात करते समय युवराज के सर्वांग में कम्पन-सा था, माहौल भी दहला हुआ-सा है।

''फिर ?''

''फजीहत होनेवाली है। हम तैयार रहें।''

''युवराज याद है, जब निशि खरे मरी ? मैं उस केस का खुलासा अखबार में कर नहीं पाई थी, जबकि उसके घरवालों ने तो अखबार तक बात भी नहीं आने दी थी। आत्मा बड़ी तड़पी थी, वह आत्मा मर तो नहीं गई। मैं उन सबके नाम लिखना चाहती हूँ जिन्होंने शकुन को ऐसी हालत में डाला। वे बस मालिक मेरे भी पुराने दुश्मन हैं, हैं न ?''

''तो तुम्हें बदले लेने हैं। वह भी अभी। इन्हीं दिनों।'' युवराज ने संरक्षक की तरह

पूछा और कहा, ''मैं तुम्हारा इरादा जानता हूँ न पुष्पा बहनजी ?''

वह चुप रही।

''जो आ रहा है, उसे भी अपने साथ हवालात में रखना। मैं तो गाँव जा रहा हूँ। तुम्हें इस झमेले में पड़े बिना चैन नहीं आएगा। वह साली क्या हमारे कुनबा-खानदान की थी कि हमारी नाक कटे ? भाग गई तो भाग गई।''

''कुनबा-खानदान की तो मैं भी नहीं हूँ युवराज।''

उसने सुना तो जैसे स्तब्ध रह गया।

''अच्छा !'' नाक फुलाकर कहा और मैत्रेयी की बाँह पकड़ ली। ''अभी चलो यहाँ से इसी वक्त चलो। यहाँ एक पल नहीं छोड़ूँगा तुम्हें। यह बस्ती तुम्हारा दिमाग खराब कर देगी। यहाँ तुम पागल हुई जा रही हो।''

''सुनो तो, मेरी बात सुनो युवराज। तुम तो इतने गुस्सा हो गए !''

वह लगभग हाँफ रहा था।

''मैं जानती हूँ, सिपाही लोग आएँगे, क्योंकि बस मालिक मानेंगे नहीं। हो सकता है, किसी गद्दार आदमी का नाम भी इस केस में जुड़े, जो अपने मालिकों का दुश्मन रहा हो। हो सकता है मेरी सूरत में शकुन को पहचानें, सोचें कि मैंने उसे भाग जाने की शह दी हो।''

''क्या कहना चाहती हो तुम ?''

''यही कि गाँव चलें।''

वह खुश हो गया।

''मगर प्रभुदयाल को संग ले चलें।''

''क्यों ? क्यों ले चलें ?''

''गुनाह हुआ है उससे, माना, मगर अब वह असमर्थ है, सोचो तो। अपाहिज है।''

''ऐसे कितनों को बचाओगी ?''

''जितने बच सकें।''

युवराज को क्या पता आज मैत्रेयी को अपने बाबा याद आ रहे हैं, अपाहिज अपंग बाबा कितना गुनाह कर सकते थे ? वे तो होते हुए गुनाह को रोक भी नहीं सकते थे।

युवराज की साइकिल पर बैठकर मैत्रेयी पोस्ट ऑफिस पहुँची।

'क्या होनेवाला था, क्या हो गया' जैसे भावों से भाई-बहन ने एक-दूसरे को देखा।

मैत्रेयी ने ही लिखा—

'कम आफ्टर रिसीविंग माय लैटर' (मेरा पत्र मिलने के बाद ही आना)

अलीगढ़ के पते पर डॉक्टर के नाम तार पोस्ट कर दिया।

दुल्हनियाँ गाओ री मंगलचार

सिकुर्रा गाँव...मैत्रेयी का पैतृक घर !

जन्म, ब्याह और मृत्यु गाँव के सामूहिक मामले होते हैं, जिस गाँव में यह चलन नहीं रहता, उसे शहर के खाते में डाल दिया जाता है, जहाँ किसी का किसी से लेना-देना नहीं।

फिर भी शहर सुविधाओं का खजाना है, गाँववालों की यह आम राय है। मौके-मौके पर इस राय को महत्त्वपूर्ण बनानेवाले भगवानदास ने कस्तूरी को समझाया—

''तुम इस गाँव से ब्याह करने की क्यों सोच रही हो ? माना कि तुम्हारी भावना हीरालाल के प्रति समर्पित है, फिर भी देख लो कि असुविधा कितनी होगी।''

भगवानदास शहर की असरदार बोली में ही शहर का महत्त्व समझना जानते हैं, गँवई शब्दों का कस्तूरी पर असर पड़नेवाला नहीं, उसकी मान्यता है।

''लड़का पढ़ गया है तो क्या, रहनेवाला गाँव का ही है, तुम्हें पता तो है।'' कस्तूरी पीढ़ी पर बैठी थी और भगवानदास ओसारे में खाट पर ! यह जगह मानो ब्याह की समस्या के समाधान के लिए खासतौर से चुनी हो क्योंकि यहाँ आने-जानेवालों, रास्ते से गुजरनेवालों, खेलने-कूदने और रोनेवाले बच्चों से बचकर बात को गम्भीरता से सोचा जा सकता है, नहीं तो गाँव में सबका दामन सबके सामने जैसा चलन है। बात गोपनीय रह ही नहीं सकती, बल्कि बात में पंख-पूँछ लगाकर उड़ाने की आदत स्थायी तौर पर स्थापित है।

''भाई कस्तूरी, बात को समझो ! माना कि लड़का गाँव का है, पर क्या वह अब गाँव में रहता है ? वही बोली बानी व्यवहार में लाता है ? क्या धोती-कुर्ता पहनता है ? मानो हमारी बात कि उसका उठना-बैठना, सोना-जागना, खाना-पीना कुछ भी गाँव जैसा नहीं रहा होगा। शहर में रहकर पढ़नेवाले लड़के के संगी साथी भी शहरी होते हैं। गाँव के यार-दोस्त उसके लिए बीती बातों जैसे 'बेमतलब' हो जाते हैं।''

कस्तूरी साहूकार की बातें ध्यान से सुनती रहीं, क्योंकि आसपास कोई न था।

सिर हिलाती रहीं, क्योंकि सहमति जताने के बिना उनका गुजर न था। वे चले गए तो असहमति की आजादी मिल गई। अपने आपसे जमकर संवाद किया।

—साहूकार की बातें ! वही धन-ऋण के सुआ-डोरा। कर्ज बाँटने की लालसा, जैसे

कोई किसान खेत में बीज छींटे, खेत से कहे सौगुना करके देना। खेत दे न दे। मगर कर्जदार आदमी की क्या विसात कि न दे। भगवानदास को लग रहा है कि यह ब्याह उनकी 'ब्याज बही' के चँगुल में क्यों नहीं आ रहा ? मछली काँटे से मुठभेड़ कैसे कर सकती है ?

मगर मछली है मुँहजोर, बंसी के आसपास तक नहीं। शहर के तामझाम का खर्च, गाँव में खर्च होनेवाले धन से पाँच-छह गुना ज्यादा होगा ही। भगवानदास मदद करेंगे, मगर 'कर्जदान को कन्यादान' तो नहीं मान लेंगे। किसानों को ब्याह-शादियों और कारजों (वृद्धों के मृत्युभोज) में शाही दावतों के लिए ललकारते हैं। कस्तूरी को 'शहरी सभ्यता' की बात पर फुसला रहे हैं। उनकी भी गलती क्या अपना कारोबार कर रहे हैं। जानते हैं कि शहर के तम्बुओं, हलवाइयों और बाजे-गाजे का इन्तजाम भी इन्हीं जानकारों के हाथ में होगा, जो अपने पान-तमाकू से लेकर रबड़ी-कचौड़ी और नहाने-धोने के खर्चे को ब्याह के खाते में डालेंगे। 'मुफत का चन्दन घिस मेरे नन्दन' जैसा खाऊ आयोजन नहीं करना चाहतीं वे। ऐसा ही करना होता तो झाँसी क्या बुरी थी ? पच्चीस बरातियों का किराया दे देतीं, बाकी खर्च तो दादा उठा लेते।

ऐसे खर्चीले समय पर उन्हें रामचन्द याद आए। ब्याह-कारज में मट्ठा से लेकर मिठाइयों तक को एक नजर से देखनेवाले। नजर भी उपवास की नजर। पारस (भोजन सामग्री रखनेवाला कमरा) भगवान का भोग।

चली जा रही थीं। गली पार करके चौक में ठिठक गईं।

नम्बरदार की हवेली पर पंचायत जैसा जमघट है। जमघट में से कई लोगों ने सफेद धोतीवाली दुबली-पतली साँवली औरत को देखा और कहा, "लो, कस्तूरी आ गई, उससे भी पूछ लो।"

क्या पूछ लो ? उन्होंने मन-ही-मन सोचा। भगवानदास यहाँ मौजूद है, क्या अपना प्रस्ताव रखकर यहाँ समर्थन पाना चाहते हैं ?—मुझे बात ही नहीं करनी—वे आगे बढ़तीं उससे पहले उसी मंडली में रामचन्द बैठे दिखाई दिए, जिन्हें भोजन व्यवस्था की जिम्मेदारी सौंपनी है।

ये गाँव के लोग भी...ब्याह-कारज को लेकर ऐसे उत्साहित हो जाते हैं कि हल-बैल की चिन्ता भूल जाएँ। ऐसी भागीदारी करेंगे जैसे सारा कुछ इन्हीं के कन्धों पर हो।

"अजी दूसरे गाँव से बरात आएगी। लम्बद्दार मुकाबले पर तो तुम ही होगे।"

"कौन कह रहा है ?"

चरनसिंह बौहरे। कस्तूरी वहीं पास चौक की सपील पर बैठ गईं।

"रस्ता की सफइयत कराओ।"

कस्तूरी को चरनसिंह की बात फालतू लगी। दो मील रास्ते के सफाई में वे कितने लोगों को लगाएँगे ? वे तो मजूरी देने में ही खाली हो जाएँगी। अब अँगरेजों का जसाना तो रहा नहीं कि आदमी नम्बरदार की आँख के इशारे का कायल हो। उन अहसानों और दयालुताओं उदारताओं को कब का भूल गया जिन्हें वे अँगरेजों की बर्बरता के विरुद्ध

किसानों के लिए बरता करते थे। कितने लड़कों को याद होगा कि उनके बापों को इस आदमी ने फिरंगों के कोड़े से बचाकर अपनी रिश्तेदारियों में शरण दी थी ? कितने मुसलमान याद करते हैं कि बँटवारे के समय मार-काट और खून-खराबे के मंजर से निकालकर उनको हिन्दू घरों में छिपा दिया था। नाम बदलकर रजिस्टर दिखाए थे, चोटी अस्थायी रखवाकर भाई-भाई की मिसाल कायम की थी। कितनी औरतें याद रख पाई होंगी कि इस शख्स ने उन्हें अपने बहन-बेटियाँ और रिश्तेदार बताकर मुसलमानों के घसीट ले जाने से छुड़ाया था। शायद हर नेकी भूल जाने के लिए ही होती है। ऐसा न होता तो यह बैठक न होती, नम्बरदार का मनचाहा काम हो रहा होता। आज वैसा कुछ उनके वश में नहीं है।

रास्ता सुगम बनानेवाला अब कौन है ?

सब रास्ते के रेत को शहरी बरात का मामला बनाकर देख रहे हैं। आएदिन की हारी-बीमारी, सौदा-सुलफ, फसल की बिक्री और बीज-खाद का देना-लाना, क्या इन सब क्रियाकलापों में रास्ता आड़े नहीं आता ? क्या ये लोग अपनी मेहनत रास्ते को एकसार करने में लगा नहीं सकते ?

खूबाराम ने सुझाव रखा, "बराती पैंटबाज आएँगे तो हम चार-छह रब्बा लढ़िया (छोटी बड़ी बैलगाड़ी) लेकर जाएँगे और सड़क से गाँव ले आएँगे।"

चरनसिंह ने बात काटी, "तुमने पैंट पहर के देखी है खूबाराम। जुलफ रखा ली सो समझ रहे हो रंगरूट बन गए। घोंटू मोड़ नहीं पाओगे। आजकल तो सास पाइप जैसी टाँगों की पैंट बन रही हैं, आदमी सतर खड़ा रहता है। अच्छी भाभई कर गए अँगरेज लोग।"

"तो कजरौठ से पैदल चले आएँगे।" गजाधर फौजी जवान रहे हैं।

"शहर के बड़े-बूढ़े कैसे आएँगे ?" बेदराम ने पूछा।

"टहलते चले आएँगे।"

"अजी नाय। वे भी साग फुलकिया खाकर और बिजली के पंखा की हवा में सोकर नाजुक मिजाज हो जाते हैं, भले जवानी-भर गाँव में चरी के गट्ठर ढोए हों। कठोर कठिन बातों को कौन याद रखना चाहता है ? सोचते ही आदमी को थकान लगती है।"

"ठीक कह रहे हो रामचन्द। पोस्ती आदमी हवा में घूमे तो जुखाम हो जाए। धूप लगे तो बुखार आ जाए। औरत की-सी घर घुसनी जिन्दगी सुख-चैन की होती है।"

"हमारी समझ में यह नहीं आती लम्बद्दार कि जब डाकधर ही छोरी ब्याहने आ रहा है तो ससुर जुखाम-बुखार की क्या चिन्ता ?"

कन्हैया खटीक नासमझ है, चरनसिंह का बस चलता तो चपतिया देते।

"ससुर हम ब्याह कर रहे हैं कि मुफत की डाकधरी खोल रहे हैं ?"

नम्बरदार ने हाथ उठाकर सबको शान्त किया और आँखों ही आँखों में भगवानदास की ओर देखा। नजर ने नजर को समझा दिया कि जो कर्ज में दबे हैं, ब्याज तक दे नहीं पा रहे, उनसे यह नेक काम करा लिया जाए। जाहिर है ऐसे लोग या तो भूमिहीन

हैं या छोटी खेतीवाले। उनमें ही दबने और आज्ञा मानने की कूबत बची है।

"ठीक है, ठीक है, ज़हीन लोगों को किसी तरह की परेशानी हो तो लानत है हम लोगों की लियाकतदारी को। अब की बार हम जंग जीत ही लेंगे कि आगे भी बार-बार ऐसी बरातों के मौके आएँ। कजरौठवाले सौदानसिंह एम.एल.ए. भी तो देखें कि उन्होंने हमारे गाँव से वोट लिये, पर गाँव के लिए किया कुछ नहीं। एम.एल.ए. कीचड़-काँद और धूल-रेत को ही तो नहीं देखता, उजली पोशाकवालों को नजरअन्दाज नहीं कर पाएगा, यही तो उसकी खूबी है।" नम्बरदार फैसला लेने की हद पर आ गए।

"अजी, बिदिरकावाले हेतराम को बुलाओ, छोरी के मामा होने के नाते वे दामाद का रास्ता बुहारे," मेहन्दरा तेली मस्खरी करता है।

"वे तो इस ब्याह में भी गोट खेलेंगे, देख लेना।"

"छोड़ो ये बेकार की बातें। चलो-चलो, तसला-फावड़े ले लो। ब्राह्मण की बेटी है, पुण्य कमा लो। कस्तूरी रुपया-अधेली देने में गुरेज नहीं मानेगी। उलखर्च नहीं, तो लोभिन भी नहीं।" नम्बरदार की यह अन्तिम मुनादी थी।

जाड़े में बादलों का जोर, मतलब कि खूब जाड़ा।

दिसम्बर के महीने में घटाएँ घिरने लगीं, कस्तूरी की आँखों में अँधेरा छाने लगा। मेह बरसने लगा तो ? पानी बन्द नहीं हुआ तो ? शुक्र शनि नद गए तो ? आशंकाओं ने कस्तूरी को अन्धविश्वासों पर उतार दिया—इस लड़की ने कढ़इया तो नहीं चाटी ? खुरचनी तो नहीं खाई ?

रिमझिम शुरू हुई। झमाझम होने लगी। उन्हें भगवानदास का सुझाव याद आया, जो साहूकार को मायालोभी मानने के कारण खारिज कर दिया था। गाँव के लोग कच्चे रास्ते पर सड़क बना सकते हैं, तो आगे एक हॉलनुमा कमरा भी मिल-जुलकर तैयार कर सकते हैं। यहाँ पानी की बौछारों ने ऐसा उपद्रव मचा डाला है कि चबूतरे गीले हो गए। घर के छप्परों को पछाड़ दिया। गोबर मिट्टी से लिपी रौसें भीग गईं। आँगन में औलबाती (छप्पर के कोने से गिरता तेज बहाव का पानी) ऐसी गिरीं कि आँगन के चारों कोने गड्ढे बन गए। इस आँगन में मंडप गड़ना-छवना है। तिरपाल होता तो...तिरपाल गाँव में किसी के पास नहीं। जमींदारीवाले जमाने का तिरपाल फट-कट गया। वैसे भी आज के तिरपालों का बोझ फूँस की छानें और कच्ची भींते नहीं झेल पाएँगी। तिरपाल पक्की दीवारों का आशिक सरीखा है, उन्हीं से बँधकर टँगा रहता है। वहीं धूप और पानी से, गर्मी-सर्दी से बचाव किया जा सकता है। यह गाँव तो मौसमों के लिए खुला मैदान है।

खटीक, गडरिया, सक्का, कुम्हार रास्ता एकसार करने कैसे जाते ? पानी बन्द हो तो बाहर निकलें। वैसे भी फावड़ा कीचड़ से नहीं जीत पाएगा। सबके सब कस्तूरी की दुवारी में बैठ गए। बीड़ी निकाल लीं। गली की भीगी मिट्टी और मजूरों के गीले कपड़ों

की सिसियाँद ऐसा गठजोड़ किया कि दुर्गन्ध असहनीय हो गई। ऊपर से तेल चुपड़ी किवाड़ों ने नमी सोख ली। सारा माहौल चिपचिपा उठा। दरवाजे पर बनी लाल-हरी चित्रकारी पर मुड़ेली का बहता हुआ पानी आया कि सात सगुन और गणेश की तस्वीर मटमैली धारों में छिप गए। सगुन-असगुन का भेदभाव न माननेवाली कस्तूरी का दिल डोल गया। मेह द्वार से होता हुआ उनकी आँखों में उमड़ आया।

क्या सगुन-असगुन जैसी अन्धविश्वासवाली रीतियों को वे 'पर उपदेश कुशल' की तरह दूसरों के सामने उखाड़ा करती हैं ? वैधव्य पर शोक न जतानेवाली को आज कौन-सा सोग साल रहा है ? आशंका बेटी के सौभाग्य पर क्यों मँडराने लगी ?

रास्ता एकसार करनेवाले मजूरों की ठिठोलियाँ उन्हें गड़ रही हैं। उनकी सामूहिक मुस्कुराहट से चिढ़ हो रही है तो क्यों, गणेश की धारों में फटी तस्वीर ने अनिष्ट का सन्देह जगा डाला ? अतिसंवेदनशील भावना इस मुकाम पर आ दबोचोगी, वे क्या जानती थीं ? नए सिरे से मोह जन्म ले रहा है, जैसे नए मुकाम पर सृष्टि रची जा रही हो।

फावड़ेवाले लोगों का समूह बाहर निकल गया, उन्होंने देखा।

अच्छा है रेत कीचड़ हो गया। रेत तो अपनी सूरत बार-बार बदल सकता था, कीचड़ जिस रूप में ढाल दी जाए, उसी में रहती है। ऊपर से ठोस होती जाती है।

संकट के दरिया पर बाँध बनानेवाले लोग, संकट से पहले गुजरकर जाते हैं। वे देखती रह गईं। कीचड़ फैलकर सूखती जाती, चौड़ा, सड़क जैसा रास्ता निकलता आता। गाँव के लोग ऐसे न हों तो उनका जीवन कैसे चले ?

माँ तीन द्वारवाले दालान में आ गई।

आज माताजी की आँखों में चौड़े एकसार रास्ते जैसी सरलता है। उनको ब्याह जैसी रूढ़िगत स्थितियों में पहचानना मुश्किल हो रहा है। पानी गिरना देखकर मैत्रेयी माँ की ओर नहीं देख पा रही थी जैसे मेह गिरना उसका अपना ही गिरना हो, वह भी मुँह के बल। अपनी गलती पर सबसे ज्यादा क्रोधित होता है आदमी, क्योंकि शर्मिन्दा होता है। सारा 'सीधा सरल' जैसे ऊबड़-खाबड़ कर डाला हो और खुद ही उस पर ठोकर दर ठोकर खाए जा रही हो।

बुआ ने कहा था, 'दाता बखत देखकर दीन की परिच्छा लेता है। बेटी के ब्याह में अकेली विधवा औरत को तोल रहा है।'

उसका दिल धक् से बोला था, 'मगर कब तक चलेगी परीक्षा ? क्या बेटी ताउम्र माँ के लिए कसौटी बनी रहती है ? तभी चुनौती-सी लड़की किसी के मन नहीं चढ़ती।

पास बैठी चाची-ताई जाड़े की बरसात को लड़की के भाग्य और इस घर के दुर्भाग्य के साथ जोड़ रही थीं। उनके हिसाब से एक संकट सौ संकटों को साथ लाता है। एक आदमी न होने से सारा संसार सूना हो जाता है। पिता होते तो हजार नदियाँ तैर जाते। एक भाई ही होता संकटमोचन होकर आयोजन पर उतरता। अपने बिना सपना है। गाँव

के लोगों ने तसला-फावड़ा और मेहनत से मदद की, भला किया, पर परमारथ आदमी कितने दिन कर सकता है ? परमारथ भगवान के करिश्मे-सा...डूबती नैया को बचानेवाला, बस। मिट्टी में से पानी तो अपना आदमी ही सोखता है।

मैत्रेयी औरतों की बातों में नहीं डूबना चाहती, उस रास्ते को अपनी आँखों से छूना चाहती है, जो उसके मुँहबोले चाचा-भाइयों ने बनाकर तैयार कर दिया। माना कि यह रास्ता उसकी खातिर ही बना है, मगर वह चली जाएगी, रास्ता तो रह जाएगा।

कोई रस्म रही होगी, बुआ ने मैत्रेयी का सिर हिलाकर देवता मनाए।

''अरी मजूरों को कुछ दे देती। गुड़ ही बाँट दे।''

''ले नहीं रहे बीबी।''

उसने सुना, उसने देखा, सबकुछ रास्ते के सम्मान में हो रहा है—कृतज्ञता और प्यार का उत्सव उसकी आँखों में झलमला आया। आँधी-पानी और ऊबड़-खाबड़ हालातों पर फतह पानेवाले अपने बन्धु-भाई, कोई देखे तो इनको।

कोई देखे तो इस गाँव को !

उसका घर !!

बरसात बेमौसम ही सही, आई तो पेड़-पत्ते अपने आप धुल गए। पेड़ों की हरी चमकीली पत्तियों ने पुते-धुले घर पर खिंची मटमैली धारियाँ ढँक लीं। सारा वातावरण साफ-साफ नहाया हुआ। लड़की उसमें सफेद सूती साड़ी पहने, हल्दी में रँगे बदन, कलाइयों में हरी चूड़ियाँ डाले, कमर तक लम्बे बाल छिटकाए वनकन्या-सी चलती-फिरती है।

पंडित किसी-न-किसी रस्म के बहाने होम-हवन करके माहौल को सुगन्धित कर देता है। धुआँ आँगन से साफ आकाश की ओर जाकर न जाने कहाँ लोप हो जाता है ! रह जाती है खेरापतिन और साथिन औरतों के गीतों की लय—

कोरे से कागद लाढ़ी
भई है पराई
पंडित के वचनन
लाढ़ी भई है पराई...

मैत्रेयी के सीने में हूक थरथराती है। वनकन्या बचपन से लेकर आज तक पराएपन की मारी यहाँ से वहाँ भटकती रही, अब और कितना पराया होना है ? उसके भीतर आँधी-सी चलती है। 'पराए' होने के लिए ब्याह कौन करता है ?

आँधी के संग तूफान...तूफान ने दिशा पलट दी। लड़की अपनी गति भूल गई।

कोठे के किवाड़ धक्के के साथ खुले। मामी ने जोर से झटका दिया, बुआ दरवाजे के बाहर आ गिरीं। यह लड़ा-लड़ी जैसे विवाहोत्सव का अनिवार्य अंग हो।

''तेरा कितना हक है यहाँ ? तू है हमारी ननद की ननद।'' मामी के स्वर में जोर है।

"बासन माँजना, बस बासन माँजना हक है मेरा और तेरा है मलकाजादी की तरह बैठकर खाना। भाभी-भौजाई तो खटने-करने के लिए आती हैं, तू भूल गई ?" बुआ की आवाज में रुलाई मिली-जुली है।

"अरे हम तो भात देने आए हैं, तुम्हारी तरह ननद बनकर कुछ लेने-हड़पने की दरकार नहीं। 'मुफत का चन्दन घिस मेरे नन्दन,' दो दिन से देख रही हूँ, साबुन की बट्टी मनमाने तौर पर घिसकर अपने लत्तों का मैल काट रही हो, माँजोगी नहीं बासन ?"

"खूब घिसेंगे, तू कौन ?" विद्या• बुआ के पास वर ढुँढ़ाई का आत्मबल है।

माताजी इन दिनों धीरज की मूर्ति बनी हुई हैं।

बारिश के बाद भी रँगाई-पुताई कराकर घर को जो नया रूप दिया है, वह इसलिए नहीं कि लोग यहाँ खाँडा बजाएँ। ढोलक-मजीरे सबको अच्छे लगते हैं।

"तो बासन भी भातैन नहीं माँजेगी।" ये मामा थे। धोती की लाँग बाँधते आ पहुँचे।

वाक्युद्ध मल्लयुद्ध नहीं कि पहलवान अकेले-अकेले लड़ें और थक जाएँ। यहाँ तो अपना-अपना गोल बनाकर, लोग थूक छोड़-छोड़कर लड़ रहे हैं।

"हाँ, माजूँगी, क्यों माजूँगी, यह भी जानती हूँ। यहाँ तो जबर का लट्ठ चल रहा है।" यह बुआ थीं।

जबर माने मामा, जिनको माताजी ने भातई के नाते तिलक-टीका करके मंगलगीतों के साथ घर के द्वार में प्रवेश कराया है। आज के दिन मामा-मामी का रुतबा सबसे बड़ा है। बहन के ससुर-जेठों से लेकर गाँव की ऊँची बिरादरियों के लिए भात (कपड़े रुपए) लेकर आनेवाला और झुककर उनका माथा-पाँव छूनेवाला भातई ! सो बरात से पहले उसका स्वागत।

माताजी बुआ के ऋण से भी उऋण नहीं। भतीजी के लिए सौ साधन जुटानेवाली स्त्री। पर रक्त सम्बन्ध रखनेवाला भाई आज सबसे ज्यादा अपना है। सो आदरणीय है।

वे इधर जाएँ, तो कभी उधर जाएँ। समझाते-समझाते थकने लगीं। गाली-गलौज और लम्बी-तीखी वार्ता आपस में ऐसे उलझी कि ओर-छोर न मिले। गली से आते-जाते लोग जुड़ने लगे। छिपाकर तेल की खीकरी और लड़की के लिए बने मीठे हथौने खाने के भेद खुलने लगे। बक्सों के ताले-चाबी से नहीं, जीभ-जुबान से खुले—असल की है तो दिखा दे छिनार कि तेरे बकस में बरातियों के लिए आया अतर रखा है कि नहीं ?

—अरे तू अतर की बात कर रही है ठग्गो, तेरी पोटली में तो बूरे का पूरा खोका (कागज का थैला) बँधा है।—मामी ने हाथ-पीटकर नहले पर दहला मारा।

—तू धोती उठाकर दिखा, साया किसका है ?—बुआ क्यों पीछे रहें ?

—तू ही न उतार दे सलूका, बॉडी चुराकर पहरी है। बुढ़ापे में जवानी के सोक। ज्यादा मत कहलवा हाँ, फिर मेरी जीभ औखटी (शैतान) है।—मामी ने दहलाया।

—अरे राम राम ! हे भगवान्...करते हुए मर्द बाहर भागे।

औरतें हाथ नचाती हुई दो टोलियों में बँट गईं। माताजी से दृश्य सहा नहीं गया तो मैत्रेयी पर बरस पड़ीं—तेरे कारण, तेरे कारण इनकी चौदस देख रही हूँ, नहीं तो ऐसी

फूहड़-गँवार और अक्खड़ों को लताड़कर एक तरफ एक देती। ब्याह की एक भूल ने सैकड़ों फजीहतों से गुजार दिया।

मामी और बुआ का समझौता कौन कराए ? यहाँ तो औरतों में पार्टीबन्दी हो गई। ब्याह-कारजों में पेशेवर दूतियों का काम करनेवालियों ने कलह की आग में चमचा भर-भर घी डाला—ए, बिचारी विद्या बीबी की औकात क्या, बिसात क्या ? नारायणी (मामी) तो डबल खसमादाना जता रही है। हेतराम हनुआँ, कहने-भर का देवर-जेठ है, मानता तो भौजाई को लुगाई के ठौर ही है। भइया तो माँदी (बीमार) करके डाल दिया इस भड़ुआ ने।

—अरी, तुम भी...नारायणी किसी की दाब-धौंस में बस रही है ? डबल खसम क्या, सत्रह खसम करेगी। रोक ले कोई ? विद्या बीबी रांड-रड़िया, भातैन को देख-देख फुँक रही है।

माताजी को एक तरफ से करेला मिल रहा है तो दूसरी ओर से करेले का रस। हलक कड़वा और होंठ कड़वे, जुबान मीठी कैसे बोलें ? भले उनकी ननद और भाभी ब्याह पर झाड़ू फेर रही हैं, पर कस्तूरी नाम की औरत ने मुँह खोलकर जाना ही नहीं।

एक आसरा कलावती। कलावती इस गाँव में ब्याहकर न आती तो गाँव के कलिहारे घरों का क्या होता ? दूसरे नम्बर पर लौंगसिरी बीबी। उन्हें बिलल्लो ताई ब्याहने के बावजूद पीहर में ही न रख लेतीं तो कलावती चाची का संग कौन देता ? अजेय जुगल जोड़ी ने रफ्ता-रफ्ता अपनी हस्ती ऐसी बढ़ाई कि सामनेवाला रंजिश-खुन्नस भूल जाए। उन्हें आती हुई देखकर लड़ती हुई अच्छी-से-अच्छी जबरजंग सूरमा पीछे हट जाती हैं।

मामी और बुआ को जमकर गालियाँ सुनाईं—मेरी सौत, छिनार, लुच्ची, खानगी ब्याह-गहेजे करने आई हैं कि फोंगना फाड़ने ? लाओ हम सुनाएँ तुम्हें खरी-खरी। खोलें तुम्हारी चोरी-छिनारी। चटक-छिनार नहीं तो।...—गाना आरम्भ हुआ

कलावती—सुनियो रे लोगो, भातैन हमारी के चोरी भई
लौंगसिरी—चोरी में भातैन कौ का का गयौ ?
कलावती—झटखुसना कंघा चोरी गयौ
विद्या बीबी—गंड़धुवना लोटा चोरी गयौ

हाय गजब ! माताजी ने गीत सुना तो कानों में उँगली दे ली। देती रहो। यहाँ तो कलावती चाची के संग दूसरी औरतें भी गाने लगीं। कस्तूरी औरतों पर बिल्ली की तरह कूदीं—बन्द करो। बन्द करो यह बकवास।

बन्द कैसे करें ? सुर और भी ऊँचा उठ गया। दल बाँधकर अश्लील पदों की झड़ी लगा दी—

—धारा कैसी बहै मोय देखवे कौ चाव
—गंगा कैसी बहै मोय देखवे कौ चाव
—विद्या दारी नहाने चाली, संग चले सब यार/धारा कैसी...
—जब दारी ने डुबकी मारी, कूद पड़े सब यार/धारा...

—जब दारीए जाड़ौ लागौ, चिपट गए सब यार/धारा...

हाय, हाय, ये गुंडी औरतें !

माताजी ततैया की खाई-सी बाहर भागीं।

—गौरा दारी नहाने चाली संग चले दो यार/धारा...

—जब दारी ने पीछे देखी, सैन चलावें यार/धारा...

"बीबी ! ओ विद्या बीबी ! बाहर निकालो इन्हें !" माताजी की करुण पुकार, मगर उठती ध्वनि में लय हो गई।

आसपास थाना होता तो माताजी इन गुंडी औरतों को गिरफ्तार करा देतीं। छिनालें और कैसी होती हैं। पुरुष इनके बारे में कोई अच्छी बात कैसे सोचें ?

यहाँ न विद्या बीबी सुनें, न मामी। दोनों टोलियों में खड़ी एक-दूसरे के लिए गालियों के छन्द-बन्द जोड़ रही हैं। कामकलाओं के जिन आसनों की कल्पना मात्र कस्तूरी के लिए घोर नरक का द्वार खोलनेवाली थी, उनकी ब्योरेवार संगति और अभिनय यहाँ मौजूद था। गौरा रसमय होकर देख रही है, कभी स्वर भी मिला देती है। नाटककर बदमाश गौरा, चरित्र की शुद्धता का ढोंग करती है। माताजी ने गुस्से में आकर गौरा पर भरपूर झपट्टा मारा, "चल यहाँ से।"

मगर कैसे चले कोई ? यहाँ लय है, ताल है। हवा तक मौज में लहरा उठी।

गालियाँ गीतों में ढल गईं।

"गँवारपन यहाँ नहीं चलेगा।" माताजी का कथन कानून से कम नहीं।

"अरी तू लम्बद्दार की होड़ कर रही है। रँड़आ आदमी मजा की बात सुनकर बेकाबू हो जाता है। पर लुगाई तो खुद पर लगाम रखना सीखी होती है।" कलावती चाची की नम्बरदार से आज ही झड़प हुई है। जब उन्होंने कहा कि—कलबतिया सिनेमा देखनेवालों के सामने ललमनिया न नाच उठना।—वह बोली—बड़े, सिलैमा में नाच नहीं होता तो क्यों देखते हैं लोग ? क्या देखते हैं फिर ?

"मैं तो इतनी जानती हूँ कि ललमनिया नाचूँगी तो सब सिलैमा-ठेठर भूल जाएँगे बराती। डाकधर और डाकधर के बराती क्या मर्द मानस नहीं हैं ? गारियों में और क्या है, वही जो वे करते हैं। अच्छी रही यह भी, करो, पर कहो मत।"

न नम्बरदार के पास इस बात का काट था, न माताजी के पास।

ऊपर से लौंगसिरी बीबी, जो मौके को ऐसे पकड़ लेती हैं जैसे शेरनी अपने शिकार को पकड़ लेती है। कलावती चाची ने उन्हें मौका थमा दिया। लम्हों को अधिकार में लेकर निडर की तरह बोलीं, "हम यह पूछ रहे है कि डाकधर छोरी को गुरुमाता की तरह पूजने को ले जाएगा ? अरी गीत नाद गाकर छोरी को आगाह तो कर दें कि लाली ब्याह भये पीछे कैसे-कैसे कौतुक होंगे। तू डरना-झिझकना मत, बस डरने-झिझकने का नाटिक करना।"

कहकर लौंगसिरी बीबी ने अपने दाएँ-बाएँ देखा। समर्थन में सिर नहीं हिले सखियों के, गले खुल आए। अश्लीलता की पोटली खोलकर आँगन में बिखेर दी हो जैसे। कस्तूरी

ने कानों में उँगली दे लीं। विद्या बुआ और मामी उनके कड़वे मुँह और आँखों के रुतबे को देखकर गाते-गाते चुप हो गईं।

कलावती चाची ने बुआ की पीठ में धौल मारी, "अरी काए को इसका मौंह देख रही हो ? गाँव में कस्तूरी और लम्बद्दार अनहोते राँड़-रँडुआ हुए हैं, मुँह-गाँड से गुरेज मान रहे हैं। हम्बै तो।"

माताजी ने जैसे नीम खा लिया हो। रुआँसी-सी बोली, "मन करता है अब इस घर में ब्याह के बाद ही आऊँ।"

"जा-जा।" लौंगसिरी बीबी ने ताली पीटकर कहा, "घर में नहीं, गाँव में ब्याह के बाद आना। गीत नाद तो खेतों-क्यारों तक फैले हैं। गालियाँ नदिया तक में बह रही हैं। जा, कहाँ जाएगी। अरी तेरी तो मति ही अनौखी है।"

ब्याह के घर में कन्या के माता-पिता ही फजिहत करें तो रिश्तेदार क्या करें ? गौरा बात की नजाकत को समझनेवाली स्त्री है। समझाने लगी, "संसार के काम करते हुए हम संसार से नहीं छिटक सकते। खटपट हो गई तो क्या वारदात भी करोगी ? जो हो रहा है होने दो। अपने आपको कभी ढीला नहीं छोड़ा सो यह गति हो रही है। अपना-अपना घर छोड़कर काम छोड़कर आई हैं सब। मौकों को नरम करने के लिए गाली-गीत गा लेती हैं। कल से यही हो रहा है और तुम समझ रही हो कि जिन बातों से दूर रहते एक लम्बा अरसा गुजर गया, उन्हीं बातों के गन्दे कुंड में डालकर ये औरतें तुम्हें नहलाना चाहती हैं।"

गौरा को सदा माताजी ने समझाया है, माताजी को गौरा नादान क्या समझा पाएगी ?

"इतनी तना-तनी करने की जरूरत ही क्या है कि फिर नंगी नाचकर किसी को हँसाना पड़े।" कहते हुए माताजी का चेहरा विकृत-सा हुआ क्योंकि मन की दशा बिगड़ रही है।

"कितने इन्तजाम करने हैं। तमाम काम पड़े हैं।" गौरा ने कहा।

गौरा की बात सुनकर माताजी आगे बढ़ीं और बोली, "ये नाते-रिश्तेदारनियाँ, ये पास पड़ौसिनें गलीच गीत तो गा सकती हैं, बर्तन माँजना, कपड़े धोना और चूल्हा करना पहाड़ उलटना लग रहा है। रागरंग करने आई हैं। ब्याह के मद में मतवाली हो रही हैं।"

देहरी पर खड़ी सक्किन (भिश्तिन) हँसने लगी।

माताजी ने तुरन्त पकड़ ली, "यहाँ खड़ी हँस रही है तू हबीबन ! देख नहीं रही मोरी पर बर्तनों का ढेर भिनक रहा है। चल बैठ जा माँजने।"

हबीबन ने ऐसे देखा जैसे सुना नहीं। गहरे साँवले रंग की जवान लम्बी औरत ज्यों की त्यों खड़ी रही।

"मैं क्या कह रही हूँ ?"

"हाय चाची, मैं ! कैसे माँजूँ ? नाते-रिश्तेदार डंडा लेकर खदेड़ेंगे तिहारे।"

"मैं खड़ी हूँ। तू माँज।"

हबीबन जाने लगी तो माताजी ने उसका पल्ला पकड़ लिया, "तू बासन माँजकर

जाएगी। इसमें बुरा क्या है ? तू अपने आपको नीच क्यों समझ रही है ?"

हबीबन क्या न करे, क्या करे ? माताजी की छत्रच्छाया में उनकी बात मान बैठी। या कि अपने इनसान होने की बराबरी का इल्म हो आया ? शायद नहीं, गाँव-भर ब्राह्मण की बेटी के ब्याह में कुछ-न-कुछ करके पुण्य कमाना चाहता था, हबीबन को भी सबाब का मौका मिल गया।

माताजी वहीं खड़ी-खड़ी दूसरे कामों का निर्देश देती रहीं।

घर में सनाका पड़ गया। बुआ, मामी के अलावा सन्ता बीबी, चन्द्रवती चाची के साथ तमाम औरतें में हाय-हाय मच उठी।

अब यह मोर्चा किसकी निगाह से बचे ?

कोई भागकर खेरापतिन को बुला लाई। लौंगसिरी बीबी और कलावती चीची के पास भी सूचना पहुँच गई। सबकी सब आँगन में आ जुड़ीं।

माताजी अकेली खड़ी हबीबन की सेनापति-सी...फिर भी उनकी निगाह बचाकर लौंगसिरी बीबी ने एक लात हबीबन की पीठ पर जड़ दी, "मेरी सौत, यह तो गाँव में परदेसिन, तू तो यहीं रहैगी।...

"रंधै री, ईमान-धरम की ऐसी दुरगति। तू तो पढ़ी-लिखी है कत्तूरी!" खेरापतिन जैसे स्वयं को धिक्कार रही हों, इस घर से जुड़कर।

कलावती चाची ने अपना तरकश खोला, "चौं री सक्किनियाँ, बाह्मनों को अपने माँजे-धोए में खबावैगी ? दारी तू जैन्नुम में जाएगी। समझे रहियो, फिर कितनी हू निवाज-दुआ पढ़ियो, सब अकारथ हो जाएँगी।"

हबीबन छोटा-सा घूँघट काढ़कर फुर्ती से उठ खड़ी हुई और पास खड़ी स्त्रियों से बोली, "तिहारे हाथ जोड़ती हूँ। मो ते कछु मत कहो, मैं तो कत्तूरी चाची के हुकम की गुलाम हूँ। बाह्मन का हुकम मानना पाप कैसे हुआ ? बताओ तो ? ऊपर ते बिचारी परदेसिन। नाक नचा रही हैं नातेदारनीं। हम देख नहीं रहे क्या ?"

"परदेसिन !" खेरापतिन ने तीते मुँह कहा, "परदेसिन सोने की सुई से सबके म्हों सीं रही है। तू क्या सेंत कर रही यह धुबाई-पुछाई ?"

महिला मंगल कार्यक्रम में जिन्दगी झोंक देनेवाली कस्तूरी असहाय-सी खड़ी हैं। क्या वे इन औरतों को फाँसी पर चढ़ा देंगी ? यह इन्हीं औरतों का गाँव है। यहाँ इन्हीं का हुक्म चलता है क्योंकि ये ऊँचे कुल जाति गोत्रों के स्वामियों की पत्नियाँ हैं। इन पर उँगली नहीं उठा सकती सहायक विकास अधिकारी (महिला) कस्तूरी देवी। वे कुछ भी कहने की हकदार हैं—

"अच्छी सरदारी है भई ! जात-कुजात मिलाकर सबका ईमान लूट लेगी।"

पल्ले मौहल्ले की बिलल्लो चाची की आवाज माताजी के कानों तक धड़ल्ले से आ रही है। विधुर भगवतीचरन के साथ जवानी की किलोलें करनेवाली विधवा बिलल्लो के तेवर तो देखो ! कस्तूरी हतप्रभ हैं। दुराचारिणी कभी ताल पट्टे ठोंक सकती है, सोचा नहीं था। गाँव में आचरण की पवित्रता और जाति व्यवस्था के ठिया-ठिकाने अलग-अलग

हैं, यह ज्ञान उन्हें आज से पहले नहीं था। जीवन-भर का दैहिक उपवास इस तरह पछाड़ा जा सकता है ? जबकि सोचा था ब्रह्मचर्य पालन से विधवा में तमाम ताकतें आ जुड़ती हैं।

अब तक हबीबन ने सारे बर्तन धो-माँजकर चमका दिए। पानी सूखने के लिए झाल (बड़ी डलिया) में भर दिए। जाते समय छोटा-सा घूँघट चेहरे पर ढँकते हुए दाँत खोलकर मुस्कुराई और बोली, ''विद्या बीबी, बासन गिन लेना।''

नातेदारनियों की चकचक पर पानी पड़ चुका था। बुआ और मामी दृश्य से परे हट गई थीं। बस खेरापतिन थीं, जिन्हें हथलगुनों (सात सुहागिनों) को लेकर खड़ा रहना था नहीं तो मान और सुविधा-सुयोग से गँवाने का खतरा था। घर में कन्यादान के महूरतों के नेग-गीत होने थे। वे कस्तूरी को नादान मानकर क्षमा करने की मुद्रा में थीं।

अपने आप में डूबी कस्तूरी के पास आकर खेरापतिन बोलीं, ''मीयटी बुला ली, क्या मिला ? गड़न्न (गडरिया-वधू) बुला लेती।

कस्तूरी को हँसी आ गई, दुख-भरी हँसी ! गड़न्न बेचारी तो कन्या के लिए कंकन बनाकर लाएगी।

''गडरिया हमारे गुलाम तो नहीं माईजी ? गडरिया बर्तन नहीं माँजा करते। बर्तन और पानी भरने का काम धींवर-कहार करते हैं, सो इस गाँव में हैं नहीं।''

मामा इस वार्तालाप को, झाड़झड़पों को कब से सुन रहे थे। धीरे से अपनी बहन के पास आए और गम्भीरता से समझाना चाहा, ''तू रंग में भंग क्यों डाल रही है लाली ? बड़ी जाति के लोग जिद पर आ गए तो इस घर का पानी तक न पिएँगे। खेरापतिन तेरे भले की कह रही हैं। हम भी ब्याह को शान्ति सुविधा से निबटाने की सोच रहे हैं।''

''तो न पिएँ पानी। ब्राह्मणों का ब्राह्मणपना, बनियों की बनियागीरी और जाटों का जाटपना तो बहुत देखा है, अब यह भी तो पता चले कि किसी में इनसानियत का रग-रेशा भी है या नहीं ? बेगार ही करवाते हैं या भाईचारा भी मानते हैं।''

मामा ने अपने कपाल पर हथेली रख ली, ''धन्न-धन्न है मेरी बहन !''

भन्ना गई, हेतराम की बहन कस्तूरी, जैसे भाई ने उनके मन्तव्य पर छुरी फेर दी हो। खड़ी हैं, पर पाँवों के नीचे से जमीन खींच ली हो। थोथी हवा में साँस नहीं आ रही।

''लाली, होश में आ। समय देख। हर समय की जिद अच्छी नहीं होती।''

कस्तूरी के पीछे खड़ी होनेवाली गौरा ने इशारे से मामा को चुप किया। विद्या बुआ, जिन्होंने भैंस का घी जोड़कर, लड़का तलाश कर इस विवाह की पतवार सँभाली थी, वे गौरा का मौन समर्थन करने लगीं क्योंकि अब आशंका होने लगी थी कि कस्तूरी मैत्रेयी की माँ जैसी माँ नहीं। कैसी माँ है ? मैत्रेयी कहती है उनसे—महिला मंगली माँ, समाजकल्याणी माँ, खादी बोर्डी माँ...सो ठीक ही है।

कोई कुछ सोचे, कस्तूरी मामा से मुखातिब हुईं—

''हेता, लड़की के सगाई-सम्बन्ध को लेकर जाति बिरादरी करते-करते जलालत भोगी है, तू क्या जानता नहीं ? मजबूर हो गई कि जाति-बिरादरी का मामला इतनी जल्दी खत्म होनेवाला नहीं, मेरे कारण लड़की की फजीहत होगी, जड़ें बहुत गहरी हैं। नहीं तो

मैं जाति पर कब की थूक चुकी थी। अब इतना मत झुकाओ कि टूट ही जाऊँ। तुम्हारे आराम की खातिर जाति-बिरादरी की पड़ताल में खपूँ। हद है तुम जैसे लोगों की, बड़ी-बड़ी समस्याओं को नजरअन्दाज कर देते हो और इस तरह के पाखंड गले में लटकाकर सोचते हो, ये ही आदमी की जिन्दगी के आधार हैं।''

''तू ऐसे कहकर अपना रौब गालिब करती रह, यहाँ कोई रुकनेवाला नहीं।'' मामा ने ईंट का जवाब बहन को पत्थर से दिया और सिर इनकार में हिलाने लगे।

''सो तुम्हारी मर्जी है।'' कहकर वे उठीं और बाहर चली गईं।

जो जहाँ था बुत-सा खड़ा रह गया। अपमान की इन्तहा है, मामा की तेज साँसें बता रही थीं।

माहौल बिगड़नेवाला है, सोचकर गौरा आगे आ गई।

''अरे ! मामाजी, तुम नहीं जानते अपनी बहन की बीमारी ? सुई कसक रही है इन दिनों। रात-भर कराहती रही हैं। कलेजे में लोंका मारती है, टीसें मगज तक जाती हैं। यहाँ तो अपना घर है मथुरा के टिरैनिंग सेंटर में ऐसे ही बाबरी-सी हो गई थीं। तब सुई मगज फँसी हुई थी। हाय चौबे चतुर्वेदियों की नगरी में इन्होंने कैसा तूफान काटा। सेठ-साहूकारों के घरों की विधवाएँ, छोड़ी हुई औरतें टिरैनिंग में थीं। सरकारी मामले के चलते तीन-चार मुसलमानों की लड़कियाँ भी भर्ती की गईं, कुछ छोटी नन्ही जात की औरतें। इन सबके लिए बड़ी जातिवालियों से अलग ऊपर की मंजिल में इन्तजाम था कि छूत पाक बना रहे।

''पढ़ना-लिखना और दस्तकारी का काम सीखना तो चलो संग बैठने की मजबूरी आती थी, पर नहाना-धोना, पूजा-अर्चना और खाना-पीना अपने-अपने मन का। इस में शामिल खाता कैसा ? जो ढर्रा चल रहा था सो सब मान रहे थे।

''संजोग की बात ही समझो कि इधर सुई कसके और उधर कस्तूरी देवी की खाना बनाने की ड्यूटी लगे। सो तो ग्रुप में चार औरतें थीं, पर किस्मत की मार ही समझो कि चार में से दो ही थीं। एक छुट्टी गई थी, एक बीमार थी।

''चालीस औरतों का खाना दो जनी कितनी देर तक बनाएँ, आधे दिन में भी काम पूरा न हो। रात को सोते समय ये जहराया करतीं—बड़ी अजीब बात है, सामने के कमरों में रहनेवाली लड़कियाँ अपनी जाति को लेकर बैठी रहती हैं और हम कैसे-कैसे रोटियाँ पूरी करते हैं। एक दिन बुलाना ही पड़ेगा हुस्नैन बानू को।

''मैं बोली—हाय ऐसा गजब न करना। यहाँ से निकाल दी जाओगी। कितना ही कहा, पर वे नहीं मानें। सो हम खुद जाएँ उनके संग-संग। पर कब तक ? बागबानी की ड्यूटी थी हमारी।

''सो बस, एक दिन वही हो गया जो नहीं होना था। रसोई में हुस्नैन बानू आटा माँड़ रही थी और कैलाशी चावल बना रही थी। शाहिदा बेगम ने सब्जी छोंकी।

''गजब पड़ गया सेंटर में। 'हाय राम, हाय मइया' की पुकार गुहार के संग कपाल और छाती ठोकने की आवाज। मातम ही मातम। सच्ची हमारे तो हाथ-पाँव ठंडे हो गए।

"खाना तैयार पर उसे परोसने की हिम्मत किसी में नहीं। 'ये' आईं और हमारे ऊपर बरसने लगीं कि तू बनैनी जात डरपोक। चलती है कि नहीं खाना परोसने ? अब हम क्या करें ? यही सोचें कि इन्हें तो निकाला ही जाएगा, हमारी भी खैर नहीं। लगी लगाई नौकरी कौन छोड़ना चाहता है ? सो मछिकाए ही रहे, परोसवालों और किसी से। पर लगता है कि आदमी परोपकार का दिखावा ही करता है, नहीं तो इन्होंने अपने किए का बदला क्यों माँगा ? बोलीं—मैंने तेरे संग इतना किया, अपनी बारी पर तू मुँह मोड़ रही है, अहसान फरामोश। धोखेबाज गद्दार। तेरी ससुरालवालों से बैर लिया, पीहरवालों की सुनी सो बेकार ?

"क्या करते, उठना पड़ा मामाजी। पर खाना किसे परोसते, हॉल तो खाली पड़ा था। लाइन से थालियाँ ओंधी रखी हुई थीं। फिर क्या था, 'ये' खलबला गईं। सबको सुनाकर कड़वी जुबान से बोलीं—यह है महिला मंगल। महिला मंगल की टैरेनिंग। छुआछूत का तमाशा।

"वे क्या इनसे डरती थीं ? सबने जाति और धरम की दुहाई दी। कहा कि कस्तूरी ब्राह्मण बनती है, पर है नीच खानदान से। प्रबन्धकजी के पास रिपोर्ट करो।

"उपवास जारी रहा। प्रबन्धकजी सवेरे दस बजे तक अपनी समिति के सदस्यों को लेकर आ गए। सभा जोड़ी। कमेटी ने समाज का व्यौहार समझाया। पर ये तो पत्थर की लकीर...

हुकुम हुआ—तुमको टैरेनिंग छोड़नी पड़ेगी कस्तूरी। इतने लोगों का विरोध कमेटी भी सहन नहीं कर सकेगी।

"धमकी ! धमकी धमका सकती है इन्हें ? टका-सा जवाब दे दिया—मैं आप लोगों की रिपोर्ट ऊपर करूँगी।

"प्रबन्धकजी ने अलग बुलाकर नरमाई से समझाया और वादा दिया कि 'इनके' संग सदा ड्यूटी में दो लड़कियाँ ज्यादा रहेंगी। पर बात इतनी होती तो मान जातीं, 'इनके' मन में तो कुछ और ही घुमड़ रहा था। बाहर निकलकर समाजकल्याण और महिला मंगल का पर्दाफाश करने पर तुल गईं। अब साथ में एक शर्त और लगा दी—हुस्सैन बानू, शाहिदा बेगम और कैलश कुमारी और लड़कियाँ ही खाना बनाएँगी, सारी लड़कियों के साथ प्रबन्धक कमेटी भी खाना खाएगी।

"ऐसा जुल्म किया ! लोग गुजगुजाते हुए बातें करें। 'इनसे' नजर मिलाने की हिम्मत नहीं। हम भी थरथरा गए कि किस काली माता की गोद में गिरे विधवा होने के बाद। कहाँ खप्पर फोड़ेगी देवी-कपालिनी। सच्ची चामुंडा हैं, मामाजी तुम्हारी बहन।" कहते हुए गौरा के हाथ शिथिल से हो गए और आवाज भी भर्रा गई। कहीं आ तो नहीं गई आसपास—गौरा ने इधर-उधर सतर्कता से देखा।

मामा ने पूछा, "फिर खाना खाया किसी ने ?" मामा के चेहरे पर अपनी बहन के गर्वदलन की आशा झलकी।

"खाते कैसे नहीं ? 'ये' तो टैरेनिंग सेंटर तुड़वाने का संकल्प ले चुकी थीं। सुना

दिया था—ऐसे ढोंगियों को सरकार महिला मंगल का बजट क्यों देती है ? ऐसे विश्वासघातियों का विश्वास नहीं किया जाए। यह टैरेनिंग पंडितानी, बनैनी और लालाइनों के लिए है। यहाँ नीचे पायदान की स्त्रियों का गुजर नहीं। यह समाजकल्याण थोथा है।

''अब कौन अपनी असलियत ढँके रहना नहीं चाहता ? सो प्रबन्धकजी के संग कमेटी के सदस्यों की पंगत भी बैठी। सारी ग्रामसेविकाएँ थाली परसवाकर कुछ देर बैठी रहीं। पर खाना तो लाजिमी था, जैसे सरकारी हुकुम हो।

''लोग रोटी खा रहे थे, आँसू पी रहे थे। हमने अपने आँखों देखा है इनका घूमता हुआ चक्र, जो लोगों की रिवाजों से खासतौर पर टकराता है।

''सो आप लोग भी चुपचाप मानते जाओ। नहीं माननेवाले से 'वे' डरती कहाँ हैं ?''

दुवारी से आँगन में आ गए कस्तूरी की कथा सुननेवाले और देखा कि वे हबीबन की गोद में खीकरी, पूरी पुआ भर-भरकर डाल रही हैं।

शेरनी भूख से तड़पेगी तो घास नहीं खा लेगी।

खेरापतिन आज मनमाने तौर पर उखड़ रही हैं, ''तू तो जात की छोड़, धरम पर उतर आई ! कहाँ रुकेगी आखिर में ? आदमी की तो बिसात क्या, यह हक तो देवताओं को भी नहीं।'' कहकर खेरापतिन ने हथलगुनों (सुहागिनों) को आँगन छोड़कर चलने का इशारा किया।

हाय अनहोनी के रचे हुए दृश्य ! औरतों के ललाट पर सुहाग सिन्दूरों के टीके अब सद्यःस्नाता मैत्रेयी के शगुन के लिए नहीं...संस्कार ध्वस्त हो रहा है।

क्या माताजी की आत्मा इस परम प्राप्ति से तृप्त हो रही है ?

विद्या बुआ ने खेरापतिन को बाँहों में भर लिया और जिम्मेदार स्वर में बोली, ''आज से बासन भाँड़े मैं माँजूँगी। इस बेनाथ लुगाई की बातों पर मत जाओ खेरापतिन।''

बिलल्लो ने अपने चाल-चलन पर लगाए गए किसी जमाने के लांछन का बदला लिया, ''विद्या बीबी, मर्द ठीक ही कहते हैं, लुगाई के नाक न हो तो गू खा ले।''

क्या कहा बिलल्लो ने ? कस्तूरी की जुबान पर मिर्च का चूरा फैला है।

''उठाओ यहाँ से अपने पाखंड। पूरी-खीकरी और अठावरी-फठावरी की हमें जरूरत नहीं। नेग चार के बहाने ये पकवान खाने के जरिए हैं, जो सब तुम्हारे लिए हैं।''

औरतें भी मामूली औरतें नहीं, हथलगुन हैं, जिनको ब्याह का मंडप गाड़ने से सिराने तक पूजना निबाहना पड़ता है। सौभाग्यवती ही सुहाग का आशीर्वाद देंगी। उनका रुतबा देवियों का रुतबा है, सो वे सब गुस्से की मारी लावन झाड़कर चल दीं।

घर का उत्सव विदा हो रहा है। सूनी आँखों कस्तूरी देख रही हैं।

क्या हो जाता है उन्हें ? कोई-न-कोई लड़ाई लड़ने की आदत पड़ गई है ? ब्राह्मण परिवार में जन्मी, ब्राह्मण से ब्याही गई ब्राह्मणी में नीच तत्त्व कहाँ से आए कि नीच कौम माने जानेवाले लोगों के लिए लड़ने लगती हैं। सक्किन को ब्याह-व्यवहार में शामिल करके उन्हें क्या मिल गया ? व्यर्थ का बवंडर ही उठा न ? मैत्रेयी जार-जार रो रही है। उसी की खुशी के लिए तो सारा उत्सव था। उत्सव को उजाड़ने की अपराधिनी माँ...

घबराकर चारों ओर देखने लगीं।

यकायक फड़फड़ाती चिड़िया-सी इधर-उधर भागने लगीं। खुद को छिन्न-भिन्न कर रही हैं...उन नीच तत्त्वों को छील-खुरचकर निकाल देना चाहती हैं, जो उनके ब्राह्मणत्व के साथ चिपक गए हैं। अपने शील संचित वैधव्य का सहारा पा गई अचानक।

शील की निशानी अपनी बेटी की ओर देखा, देखती ही रह गई। दिल पिघला, चेहरा बदलने लगा।

उन्होंने कहाँ सोचा था कि गाँव की अनपढ़, अशिक्षित असभ्य स्त्रियाँ उनका बहिष्कार कर डालेंगी। ऐसा कहाँ मानती थीं कि औरतें जाति बिरादरी को लेकर इतनी संजीदा होती हैं, जबकि बिरादरी में उनका अपना होता ही क्या है ? जबलपुरवाली माया का ब्राह्मणत्व में लेशमात्र तक नहीं, यही सोचकर उसका पल्ला पकड़ लिया था उन्होंने—माया तू मत जा।

माया अब उन्हीं स्त्रियों जैसी औरत है, नहीं तो वे उनका आशय समझकर जोरदार फटकार मारतीं ? मन्दिरवाली दमा की मरीज पूरी ताकत से आँगन में झनझनाने लगी—तू क्या समझ रही है माया अनाथालय से आई है सो बेजात है ? भूल जा यह बात। खेरापतिन ने पूरा गाँव न्योत जिंवाया था। जन बच्चा खबाया था, तब बहू को जात में माँगा। तब पंचों ने उसको जात दी। हर महीना की पूर्णमासी सत्यनारायण की कथा कराती हैं। झब्बलपुर वाली तब बामनी हुई है।

—अरी चल री माया चल—कहकर मन्दिरवाली ने खेरापतिन को अपनत्व से देखा।

अब बाकी क्या रहा ? मन्दिरवाली के तर्क ने हथौड़ा बनकर कस्तूरी की आशा को कूट कुचल दिया। चेहरे पर हाहाकार और आँखों में प्रार्थना। हाथ खुद-ब-खुद जुड़ गए।

पता नहीं दो-चार क्षणों में कितना कुछ सोच डाला—कि यह महिला मंगल का महकमा नहीं। कि शायद यहाँ बदलाव की गुंजाइश नहीं। कि शायद अपना गाँव ही साहस की सबसे बड़ी कसौटी होता है, जिस पर घिसकर औरतों ने उन्हें नकली सिद्ध कर दिया। गाँव-गाँव विकास का गीत गाती डोलती कस्तूरी, यहाँ किसी प्रतिवाद की भी हकदार नहीं, क्योंकि उनका जीवन यहाँ एड़ी-चोटी से बँधा है। मुक्ति की आकांक्षा में पागल स्त्री, इस युग की साधन अगले युग की सिद्धि भले बने। अभी तो अपने निष्फल प्रयोजनों पर सिर कूटो। कौन-सा दीया लिये घूम रही थीं, वही जिसमें तेल की जगह अपना खून भरा ? उसकी लौ में तो क्षीण-सी किरन तक नहीं...वे क्या, इस चौखट पर अनेक कस्तूरियाँ जैसे अँधेरे में पुकार रही हों—

मैत्रेयी की काकी-ताइयो ! बहन-भाभियो ! लौट आओ। हम अपनी बेतुकी जिद वापस लेते हैं।

गाँव की खेरापतिन और हथलगुनो! ब्याह का समारोह उठाया है, पूरा करो।

कस्तूरी का साँवला चेहरा आँसुओं से तर हो गया। पल्ले से पोंछकर सुखाया तो सूखे से चेहरे पर पछतावे की इबारत-सी खुद गई। होंठ दयनीयता में फैल गए, ठोड़ी

आगे निकल आई और दाँत दीनतापूर्वक खुल आए। स्वर मुश्किल से निकला जो स्वर नहीं था, आवाज की भर्राहट थी—

हाथ जोड़कर बोली, "ब्याह शादी का काम मुझे से नहीं निभेगा माईजी," कहकर पीछे हटीं और शरीर का सारा वजन छोड़कर कच्ची रौस पर धम्म से बैठ गईं।

कोहनियों के बीच सिर फँसाए। घुटनों पर शरीर का वजन डाले बैठी है कजैतिन (लड़की की माँ), सबने देखा। विरोध ने दयनीयता का चोला धारण कर लिया। आँगन में स्वस्तिक चौक पुरे। मंगल कलश भरे गए। तेल-हल्दी का शगुन हुआ। आरते गाए गए—

बुँदबुँदियन बरसैगौ मेह,
झमकारेन भीजैगौ माढ़यौ,
तुम बैठो लढ़लढ़ी हो चौक,
तिहारी बुआ करेंगी आरतौ।

—मैं तोय पूछूँ वारी वरनी, तेरे माथे मरुअट किन्ने रे दई ?
बहना रानिन के जुर गए झुंड, मेरे माथे मरुअट उनने रे दई।
—मैं तोय पूछूँ वार वरनी, तेरे अँगन हल्दी किन्ने रे दई
भाभी चाचिन के जुर गए झुंड मेरे अँगन हल्दी उनने रे दई।

गीतों के बोलों से आँगन भर गया। पृथ्वी पर चलता आया नियम अटल है। अपने वंश की धारा में पलनेवाली लड़कियाँ दूसरे वंश को बढ़ाने के लिए इसी तरह तैयार की जाती रही हैं। समाज की इसी तस्वीर पर वाहवाही होती है। अन्दर क्या है ? तस्वीर के पीछे किसकी आत्मा विगलित है, उसे कौन देखता है ! जो तस्वीर के पीछे की भाषा है, जो इबारत है, पीछे ही रह जाती है।

मैत्रेयी ने चौक पर बैठे-बैठे माँ की सूरत पर यह कुछ लिखा हुआ पाया। या अपनी माँ को देखकर इसके अलावा कुछ सोच नहीं सकी।

कहने को खेरापतिन उन्हें समझा रही थीं, "बाबरी, रंड़ापा काटते-काटते रूखी-सूखी हो गई है। कान के पर्दा कागज की तरह फटने लगते है। आँखों की पुतलियाँ गिरी पड़ती हैं। रस सूख गया तो आधार कैसे बने ? अकेली रही, सो जात-बिरादरी भूल गई। मर्द मानस ऊपर नहीं सो लुगाई का ब्यौहार याद नहीं रहा।"

मन्दिरवाली माताजी के सामने है। टोला मारो, कोड़ा मारो, सिर झुका है कस्तूरी का। सुन रही हैं, "ऐसे बेचलन तो लम्बद्दार तक नहीं हुए, जो इस गाँव के राजा रहे हैं।"

'छोरी का मुँह देखते हैं, नहीं तो यहाँ कोई झाँके ?' चन्दा चाची ने बाँह लहराई।

विद्या बुआ ने मँजे-धुले बर्तनों की झाल लाकर दुवारी में धर दी, जहाँ सातों जात का आना-जाना रहता है। झाल हटाने के कारण जो जगह बनी थी, वह गाय के गोबर से लीप डाली।

खेरापतिन ने अपने घर की बहू (जबलपुरवाली) के जरिए गंगाजली मँगाई और बरसात की बिर्री बूँदों की तरह बर्तनों पर गंगाजल छिड़क दिया।

डलिया नई बदली गई। हबीबन की परछाईं भी घर में जहाँ-जहाँ पड़ी, उस-उस जगह को गंगाजल से पवित्र किया गया। माताजी खुद एक अछूत-सी...देख रही थीं कि यह सिलसिला विवाह तक चलना ही चलना है। अपनी नई बातों पर खरी खोटी सुनना ही सुनना है—समझौते की दर्दनाक मुद्रा दिखाना भी अपराध है। उन्होंने ऐसा न सोचा होता तो दयनीयता से हँसते हुए बात-बात पर दाँत निपोर देतीं ?

मैत्रेयी माँ को जानती नहीं क्या ? उनके गले में उठते भूकम्प जैसे प्रबल उच्छ्वास नाक के जरिए न निकलें तो वजूद डाँवाँडोल हो जाए। आश्चर्य कि जिन्दगी के तीन काल काट लेने के बाद वे अनपढ़ ग्रामीण रूढ़ औरतों के चंगुल में हैं !

आज उनके घर में गंगा बह रही है। उसको किसी सोच से किसी विचार से किसी जिद हठ या किसी खुले भाव से गन्दला करने की उन्हें आजादी नहीं। जो जहाँ है, वहीं रहेगा, वहीं रहना चाहिए। ब्याह का संस्कार अपने साथ बहुत से दूसरे संस्कारों को लेकर चलता है। माताजी ने समझ लिया, तभी तो बेटी के पास आ बैठीं और बीच-बीच में कराहती रहीं—लाली, चल तेरी खातिर कुछ न किया, पर यह तो किया। नहीं तो गंगाजल की बूँदों से क्या हर आदमी पवित्र हो जाता है ? मुसलमान से हिन्दू हो जाता है ? हिन्दू से ब्राह्मण जैसा पूजनीय...! कहकर ठंडी आह भरी उन्होंने। और कछुए की तरह अपने ही खोल में सिकुड़ गईं। माताजी का यहाँ लचक जाना लाजिमी था। उनका विचार लचक न जाता तो विवाह संस्कार जीवित कैसे रहता ?

मंडप की छाँव।

'हरे-हरे बाँस कटइयो मोरे बाबुल/ऊँचो सो मड़यौ छवइयो जी' ऊँचा मंडप बाबुल छवाते, पर मैत्रेयी के पिता आज कहाँ से आएँ ? खेरापतिन इस घर के इस दुख को गीत-कड़ियों में अपनी रोई हुई आवाज के जरिए मिला देती हैं, जिसके कारण बुआ सुबकने लगती हैं और उन्हें देखकर मंडप के इर्द-गिर्द बैठी औरतें आँखें पोंछने लगती हैं।

ब्याह के इन्तजाम मे चकरघिन्नी हुई माताजी आते-जाते इस शोक-लीला को देखती हैं। उनके चेहरे से लगता है, जैसे भीतर अँतड़ियाँ फुँक रही हों। और दिन होता तो वे औरतों को टोक देतीं या इनके आसपास होकर गुजरना न चाहतीं, मगर शादी का वजन भारी है। तभी न वे साथ-साथ गमगीन हो गईं। चुपचाप मंडप के पास ठहर गईं।

कन्या-कर्णछेदन का महूरत है। रात का पहला पहर। पैट्रोमैक्स की उजली रोशनी।

नाइन ने घर-घर बुलावे दिए हैं। हर महूरत पर औरतें कटोरों में अनाज ले-लेकर आती हैं। मंडप की जगह चौक पर अनाज-अर्पण कर देती हैं। ऐसा न हो तो नाई के लिए अन्न कैसे इकट्ठा हो ? यह बात नाई-नाइन समझते हैं। सो माताजी जिन कटखनी, मरखनी, मुँहफट और सुरग-पताल की औरतों को नहीं बुलाना चाहती थीं, नाइन

बुलाए बिना मानती नहीं। वक्त बड़ा नाजुक है।

पंडित, नाई, खेरापतिन और गाँव की स्त्रियों की उपस्थिति में माँ के मातृकुल दीपक मामा ने मैत्रेयी के लिए रोली, चावल, अक्षत, कलावेवाली थाली में सोने की छोटी-छोटी बालियाँ गुलाबी पन्नी में सजाकर रख दीं। मामा-मामी हाथ जोड़कर पंडित के पवित्र-मन्त्रों के सामने बैठे हैं।

लौंगसिरी बीबी जवानी का बोझ लादे, बूढ़ी की-सी जुबान में बोलीं, ''पंडितजी कान की बाली दिखाओ तो सही कि मन्त्र बोल-बोलकर ही उन्हें भारी करे दे रहे हो।''

खेरापतिन के पास बैठी माताजी की भृकुटि तनी।

''हाँ दिखाओ,'' कलावती चाची ने अनुमोदन किया।

''देखो, पर सँभालकर,'' कहकर पंडितजी ने बालियाँ औरतों के समूह के हवाले कर दीं।

''लुगाइयों को तुम चोट्टी ही क्यों समझते हो पंडितजी ?'' लौंगसिरी बीबी की पंडितजी से अकसर झड़प होती रहती है।

बालियाँ देखीं कि कोई रहस्य हाथ लग गया ? च् च् च् की आवाज से मंडप गूँजने लगा। पहली आवाज खेरापतिन की आई, ''अरी, ये तो वे ही हैं जो पुष्पा पहनती है।''

''दिखइयो ?'' कहकर पुड़िया कलावती चाची ने झपट ली और मन्दिरवाली के सामने खोल दी। मन्दिरवाली ने विशेषज्ञ की तरह राय दी, ''निखरवाई हैं सो नई लग रही हैं।''

मामी का मुँह छोटा हो गया। उन्होंने घूँघट लम्बा खींच लिया।

बुआ ने होंठ बिदोरकर कहा, ''वाह री भातैन।''

मन्दिरवाली ने चार साल पहले की बात अपने मगज में से उखाड़ ली, जो इस वक्त के लिए संजीवन बूटी थी, ''चौं जी हमने तो सुनी थी डुकरिया (मैत्रेयी की नानी) ने मरते बखत कोरचा (छिपाकर बचाए हुए रुपए) के सौ रुपए हेतराम को दिए थे, छोरी की झुमकियों के लिए। बारह आना-भर की चीज बन जाती। सोने का भाव एक सौ बीस रुपया तोला है। हमारे जाने डुकरिया का खेल खतम और पइसा हजम।'' मन्दिरवाली ने मामा की ओर देखा और मामा ने माताजी की ओर।

बहन के कद-बदन पर कितना नाज है मामा को, सोने के सिक्के-सी निखालिस।

माताजी के चेहरे पर तनाव था। मामा का टुच्चापन घड़ी-घड़ी खुलता रहा है, यही महूरत खाली क्यों जाता ? औरतें हँसने लगीं। मंडप मखौल ने घेर लिया। मामी उठकर चली गईं।

माताजी सबसे ज्यादा परेशान, जैसे चुपचाप मार झेल रही हों। आँखें बन्द कर लें, कभी कमजोर से चेहरे दूसरी ओर देखें। रस्म अदाई में उन्हें जैसे दिलचस्पी न रही हो। बात-बात पर मुँह की खानी पड़ रही है।

पंडित जब रस्म के लिए कानों पर हल्दी लगाकर मन्त्र पढ़ने लगे तो कलावती चाची ने ऊँची आवाज में कहा, ''तनक रुकियो पंडितजी। लाली के कान पुरानी चीज

से मत छेदो। मैंने इसके कन्यादान के लिए चाँदी की बाली बनवाई हैं, सो लिये आती हूँ। सगुनसात सगुन की बात हो है न लौंगसिरी बीबी ?" चाची ने बीबी का घुटना हिलाया।

कलावती, जाट स्त्री, ब्राह्मणों का मजाक ही नहीं बना रही 'नए कोरे' के चले आ रहे नियम की सिंवन खोल रही है। पंडितजी के चेहरे पर भी झुँझलाहट कम नहीं। मामा के होंठों पर तो एक भद्दी गाली थिरक गई, "मेरी सास, कलबतिया पुरोहितानी बनकर दिखा रही है।"

"का कही रे कढ़ी खाए ? फिर कहियो ?"

"तू अपना काम देख, हमें अपना काम करने दे," पंडितजी ने बात साध ली।

"तो क्या मेरा काम तुम देख रहे हो पंडितजी ? अपनी छोरी के ब्याह का काम, पर यह खबर नहीं थी कि बेईमान भातई का भी काज सँवारना पड़ेगा। कलजुगी, तैने सदा बहन को लूटा-खसोटा, अब भानिज पर लम्बर लगा दिया ! कढ़ी खाए नरक में ठौर नहीं मिलेगा। छोरी के चोरे बाली (सूती धोती और बालियाँ) तक नहीं जुटे।"

"ओ तेरी जाटिनी की ! मेरी सास। चमरिया से चाची कही तो चौका में ही चली आई ! तू सँवारेगी हमारे काज ?" मामा उबल पड़े और उठकर कलावती चाची की ओर लपके।

बीच में आ गईं माताजी। मामा का उठता हाथ पकड़ लिया, "हेता, क्या कर रहा है ? आगे एक लब्ज भी मत बोलना।"

मंडप के नीचे मंगल चौक पर बैठी मैत्रेयी का रोम-रोम सन्ना गया, आँखें फैलाकर देखने लगी—माताजी, मामा और कलावती चाची गुत्थमगुत्था हुए-से...?

खेरापतिन और लौंगसिरी के साथ रामावतार मास्टर बीच बिचाव न करें तो मामा घमासान मचा दें। कलावती चाची के बदन का सारा खून आँखों में आ गया, क्योंकि उनकी कमीज मामा ने उस जगह से चीर दी, जिसे छिपाना लाजिमी होता है। यह दीगर बात है कि कलावती चाची ने बदले में मामा की धोती खोल दी और साथ ही भीतर भागते हुए मामा के सामने अपने सलूका के बटन भी खोल डाले—"ले देख, तेरी माँ से ज्यादा यहाँ क्या धरा है ?"

बेचैनी भरी खामोशी छा गई फिर। खेरापतिन के हाथ मशवरे के लिए उठे, उठे ही रह गए। गरज यह कि अब बात जाति-बिरादरी पर न आ जाए, सबको डर था।

माताजी ने झल्लाते हुए पंडितजी के कान के पास जाकर कहा, "जो करना है जल्दी करो। उठाओ यहाँ से पुजापे की थाली।"

मामी ने मुँह ढाँपकर रोना शुरू कर दिया। बैन करते हुए सिकुर्रा गाँव के लोगों के कढ़ी-धुआँ (मरने की बद्दुआ) किए और माताजी को इस सबका जिम्मेदार ठहराया कि एक खसम नहीं सो सत्रह खसम बनाए बैठी है ननदिया।

बुआ ने मामी को इस मौके पर धरउल गालियाँ दीं। अपना अगला-पिछला बराबर किया।

जो हो रहा था, होता रहा। पंडितजी ने मन्त्र पढ़कर कन्या के कानों की लवों पर दूब हल्दी देकर कर्णछेदन का महूरत किया और कहा, "बेटी, उठो सगुनसात, चाँदी, सोना

जो पहनाएँ पहन लेना।''

माताजी को मैत्रेयी ने पहली बार अपनी माँ के लिए रोते देखा, वह भी अपनी बेटी की खातिर, ''कैसे-कैसे मेरी चाची (माँ) ने रुपया जोड़े थे हेता...मरते-मरते आँखें खोल देती थी, जब तू कहता था कि देख चाची पुष्पा आ गई। वह चुपचाप लड़की से ऐसी जुड़ी होगी, मैं कहाँ जानती थी ? जिन्दगी-भर नाती बेटों के गीत गाती रही सो झूठे थे, कि तुम्हारे डर के नतीजे थे...आज बात साफ हो गई।''

''पीहर की ऐसी इज्जत होती है लाली, तो हमें इस ब्याह में शामिल होने का कोई शौक नहीं।'' मामा ने माताजी से हाथ जोड़कर निवेदन किया।

माताजी कराहकर रह गईं।

काश कराहकर रह जातीं ! नहीं, वे कोठे में मैत्रेयी के पास धरती पर बिछे बोरे पर आ बैठीं। चुपचाप बैठी रहीं, चुप्पी का बंवडर उठता रहा। बंवडर से कोठा भर गया। साँस घुटने लगी। कुछ भयानक नहीं घटा माँ-बेटी के बीच, जैसे दोनों ही जान गई हों कि ब्याह के चलते सम्बन्धियों और गाँव के लोगों की ऐसी लीलाओं से गुजरना ही होगा। माँ के चेहरे पर मजबूरी थी तो बेटी की आँखों में शर्मिन्दगी। बस यही अहसास दमघोंटू-सा था क्योंकि इसमें अपना किया कुछ भी नहीं था। कोई बड़ा आयोजन करके ऐसे ही फँसता है आदमी ? एक बार नहीं, बार-बार...ऐसा ही कुछ कहा माताजी ने।

कहने के लिए पीहर और ससुराल के माने-जानेवाले दोनों दल खड़े हैं, पर कहाँ जाकर जान बचाए बेटी की माँ कस्तूरी ? वह और उनकी जहमतें।

घर का अखाड़ा द्वार पर जा खुला।

बाहर आँधी उठी।

आँधी दो फारों में बँट गई। जाटिनी ने चाँदी की बालियाँ दिखाकर भातई की नीची की है तो भातइयों के पास भी इस गाँव के जाटों का मुँह रगड़ने का रन्दा है। भात के बुलावे में केवल ब्राह्मण-बनियों को बुलाया जाएगा, जाटों को नहीं, यह मुनादी माताजी के भतीजे देवकिशोर ने नाई के सहारे नहीं, खुद अपने मुँह कर दी। जाट जैसे इसी चिनगारी के इन्तजार में बैठे हों, खबर पाते ही आगबबूला हो गए। जाटों के जाट करनसिंह साधजी हाथ उठाकर बोले, ''बिदिरका से कौन-सा जीजा आ गया, जो भात पहनाने में सकुचा रहा है भाई ?''

साधजी की लठिया-बल्लमों की ताकत से प्रभावित गाँव के बनियों ने ब्राह्मणों से अगली-पिछली कसर निकालने के लिए उन्हें बता दिया कि कस्तूरी के भतीजे की गुस्ताखियाँ आखिर क्या क्या और क्यों हैं ? डल्ला खटीक एक-एक बात अपने कानों सुन आया था।

पहली, कि वह कहता है—कलावती जाटिनी ने चाँदी की नई बालियाँ दिखाकर भातई की सोने की बालियों का अपमान किया है। दूसरी, इस सिकुर्रा गाँव के जाटों की दो लड़कियाँ उसके गाँव बिदिरका में ब्याही हैं। इस नए नाते के हिसाब से यहाँ के सारे

जाट उसके साले-ससुरों में आते हैं। क्योंकि गाँव के नाते से अपनी बुआ ब्याहने के कारण वह और उसके पिता यहाँ के लोगों को फूफा-जीजा मान रहे हैं तो यहाँ के लोग उन्हें 'मान' क्यों नहीं मानेंगे ? तीसरी बात सबसे ज्यादा वजनदार है कि लड़का पुलिस में नया-नया सिपाही बना है, बन्दूक चलाना जानता है और अपने गाँव के प्रधान की लायसंसी बन्दूक संग लाया है सो फायर करके कहा है—हम भात यहाँ के जाट-भाटों को नहीं पहनाएँगे जी।

जाटों में आपसी सलाह-मशवरा हुआ—भाई हद हो गई। अपने गाँव के ब्राह्मन इस तरह ऊँचा बोलकर जाटों को कभी नहीं धमका सके। यह पराए गाँव का छोरा ! सालों के पोथी-पत्र का मान कर लिया, तब क्या मूँड़ पर नाचेंगे ? पंडितों के पाँव पूजे हैं, पीठ नहीं।

बिरादरी के लोग एक-एक करके क्या आए अच्छा खासा दल तैयार हो गया। जाटों के जाट लट्ठबाज करनसिंह साधजी, जो बीच समूह में बैठे थे, अपनी रथ-सी काया पर उठकर खड़े हुए और मुगदर-सा हाथ उठाया। बड़ी-बड़ी खिचड़ी मूँछें और लम्बी नाक तानकर बोले—बहन के टना, उस जीजा को देखूँ तो सही कि किस जबरजोर बाह्मनी की तरीठ से जनमा है ?

डल्ला खटीक, मच्छर जैसी काया का मालिक, माताजी को पहले ही आगाह कर गया कि आगे क्या होने वाला है ?

साधजी जाट दल के साथ लाठियाँ लेकर ब्याहवाले घर के दरवाजे पर आ गए और ऊँची आवाज में पुकारा—ओ जीजा, निकल आ बाहर। तेरी पीठ पूज दें आजा-आजा।

साधजी की आवाज में समस्त जाट बिरादरी का बल बोल रहा हो जैसे। घर की दीवारें हिलने लगीं कि माताजी का तन-बदन काँप गया। घबराते हुए उन्होंने इधर-उधर ऐसे देखा, जैसे कहीं पाताल घर खोज रही हों।

भतीजा, डल्ला खटीक की बात सुनते ही भीतरी कोठे में बन्द करा दिया था, फिर भी द्वार के बाहर खड़े जाट लोग, साधजी अपनी तीखी मूँछों पर ताव देते हुए, अपने जात भाइयों को ललकार की नजर से देख रहे थे। माताजी ने ज्यों समझ लिया हो कि अब तूफान आकर रहेगा, पीछे हटने के आसार नहीं है।

धैर्य कब रखना है, खुद को कितना और कब खोलना-कसना है, आत्मनियन्त्रण की धनी कस्तूरी जानती है सो हरी चूड़ियाँ पहने हुए और चाँदी की बालियाँ कानों में डाले हुए बेटी को लेकर रास्ते पर निकल आई। लड़की के रोंगटे खड़े हो गए। गुनाहगार मैत्रेयी, दुश्मन मैत्रेयी...माताजी का साधजी से आमना-सामना कराने पर उतारू है। साध जी के दल में तो गुस्से की ऐसी आँधी है कि पेड़ उखड़ जाएँ, छप्पर उड़ जाएँ, कस्तूरी जैसी हलकी कायावाली स्त्री कितनी देर की ?

आवाज आई कि गड़गड़ाहट हुई ?

—भतीजे से कह, बन्दूक छोड़े और उड़ा दे हमें।

—तू अकेली रांड़ रकार, भात की पहरावनी पहर, और बैठी रह।

—भूल गई वे दिन, जब यह बेटीचोद हेतराम तेरा घर-बार, बैल-हल लूटने आया था ? आज इसे तू भातई मान रही है ? निकाल साले को बाहर। इस बेईमान का भात हमारे गाँव में कौन लेगा ? थूकते हैं इसके रुपया-अँगोछा पर।

माताजी महापातक के ढेर-सी...'मेरा दोष क्या है' के भाव से सिर झुकाए खड़ी रहीं।

मगर हाय रे वीर दर्प ! धीरे-धीरे माताजी का चेहरा मरती हुई गिलहरी का-सा होने लगा। एक शब्द भी बोलें तो लगे उससे पहले गिर जाएँगी। कुछ न बना तो मैत्रेयी को जाट दल के आगे धकेल दिया।

मतलब अपने आप निकाल लो। यह लड़की आपके गाँव में जन्मी, आपकी है। ब्याह दो या मार डालो। अपनी बहादुरी के चलते औरत को घसीटते हो। अभी जंग पूरी नहीं हुई। भात नहीं होगा, मंडप के नीचे मुँह नहीं जुठारोगे। मुँह नहीं जुठारोगे तो बरात की अगवानी के लिए कौन आएगा ? कन्यादान का व्रत माँ ही अकेली रखेगी ?

इस तरह की सारी बातें ब्याह-संस्कार को पूरा करती हैं, नहीं तो कस्तूरी नाम की स्त्री के लिए इनमें कोई सार नहीं।

लड़की रोती है, विदा के लिए चाचा, ताऊ, भाइया आएँ।

नम्बरदार हड़बड़ाते हुए आए। वे हाथरस से कुर्सी-मेजें लदवाकर लाए थे। यहाँ वारदात हो गई। सारी बात गाँव में घुसते-घुसते सुन ली। डल्ला खटीक ने अपनी दूत-भूमिका जिस कुशलता से निभाई, उसी के चलते कई अनिष्ट टल गए।

नम्बरदार ने साधजी को धिक्कारा, "अरे यार तू भी...कन्धे पर बल्लम धरकर इसे चलाने के मौके ढूँढ़ता रहता है। यह नहीं सोचा कि पराए गाँव का आदमी तो हमारे गाँव की बात, बात-बात पर बिगाड़ना चाहेगा। देह का बल तेरी बुद्धि भुलाए रहता है, नहीं तो तुझ जैसा सूरमा कितने गाँवों के पास है ?"

डल्ला खटीक बीच में आ गया बोला, "अजी तुम यहाँ बातें कर रहे हो, वहाँ कस्तूरी तुम्हारी बाट देख रही हैं। ब्याह के घरों में ऐसी उलट-पलटी न हो तो आसपास के गाँवों को खबर कैसे लगे कि सिकुर्रा गाँव में ब्याह हो रहा है !"

मैत्रेयी अब भी साधजी की छाँव में खड़ी थी।

नम्बरदार ने लड़की का हाथ पकड़कर साधजी से कहा, "देखता है गाँव की इस बेटी को ? कितनी पढ़ी-लिखी है, जानता है ? साधारण ब्याहों में भी गँवार से गँवार आदमी सभ्य शालीन बनकर दिखाता है, तू है कि इस खास तरह की शादी में गँवरई का नाटक करने पर उतारू हो गया। बिना बात का बतंगड़।"

साधजी के चेहरे को देखा तो लगे कि जाट को गुस्से से जलते देर न लगे, न करुणा से गलते। हो सकता है, दुश्मन सामने होता तो दृश्य बीभत्स हो जाता, मगर कस्तूरी ने गाँव-गाँव नौकरी की है, गाँव का मिजाज जानकर ही देवकिशोर को किवाड़ों में कैद कर दिया था।

और ।

सवेरे गाँव ने पलकें खोलीं तो देखा—

खिल्ली (झाँसी) के चिमनसिंह (दादा) अपने संग श्यामलाल, कपूरे कक्का, मोहनसिंह लल्ला जैसे पन्द्रह आदमियों का लाव लश्कर लिये गाँव में प्रवेश कर रहे हैं।

चावल, आटा, दालें, बेसन की बोरियाँ इक्कों में बँधी चली आ रही हैं। घी के टिन उतारे जा रहे हैं। कक्को की भेजी हुई साड़ियों की पेटी कस्तूरी के सुपुर्द की जा रही है।

सिकुर्रा के ब्राह्मणों ने, बनियों ने, जाटों और सातों जात ने देखा कि उनके गाँव में एक और जात शामिल हो रही है—यादव जाति। प्रेम और सौहार्द ने जैसे करवट ली।

ननुआँ नाई से नम्बरदार ने कह दिया, ''जा बुलावे दे। कल भात नहीं हुआ, आज होगा। भातई आ गए।''

दरी बिछी खटिया पर बैठे दादा मुस्कुराए।

नम्बरदार के कहने और भगवानदास के आग्रह पर लौंगसिरी और खेरापतिन ने चौमुख दिवला की ज्योति करते हुए थाली में नारियल, पान, सुपारी, चावल, हल्दी सजाई।

कस्तूरी क्षण में भीतर, क्षण में बाहर।

होंठों पर हँसी और आँखों में नमी।

उधर नाई गाँव में भात का बुलावा दे रहा है, इधर नाते रिश्तेदारों में बतकही चलने लगी। आते-जाते सुनती हैं कस्तूरी। बैठी-बैठी पी रही है मैत्रेयी।

—लो, आ गए भातई।

—ये कौन है, कहाँ के बाबा-दादा ?

—जूनागढ़ के नरसी भगत।

—नहीं, साच्छात द्वारिकावाले भगवान। देखते नहीं, बुढ़ऊ का झकाझक कुर्ता, फकाफक धोती और गमागम गरम सदरी। साफे का तुर्रा हेतराम के मान मर्दन को। वाह रे द्वारिका के साँवलिया...

—चन्दा डालकर भात आया है।

—नकली सिक्का ज्यादा चमकदार होता है।

कस्तूरी, सिंह राशि में जन्मी स्त्री, ऐसी लांछना गंजना सहले भला ? अब जो होता है सो हो। फजीहत हुई सो किसने की ? अजगर से इन नातेदारों ने ही न ? गौरा ने क्या गलत कहा था—कढ़ीखायों को जवाब दे दो कि भात तो आता ही चन्दा करके है। बहन-बेटी के यहाँ जानेवाले सामान और पइसा-रकम में घर-कुनबा और गाँव-मोहल्ले के लोग अपनी सामर्थ्य के हिसाब से दस-पाँच या दो-एक रुपए का सहयोग नहीं करते क्या ? अभी तक ये रिश्तेदार दया तरस को सोता बहाते थे, दादा को समुद्र-सा आया देख, हमदर्दी की बूँद तक सूख गई। कैसा गोहच मचाया, कि घर के आगे की गली बीभत्स हो गई। सारा चौक जंग का मैदान...किसकी बदौलत ? अपने माँ जाये भइया और रक्त सम्बन्धवाले भतीजे की बदौलत। कस्तूरी विलाप नहीं करेगी, रोएगी नहीं, पर ये लोग उसको इन्हीं कमजोरियों पर उतारकर मानेंगे। बेटी का ब्याह कि माँ की थुक्का फजिहत ?

कस्तूरी, मैत्रेयी की माँ ने गौरा से कहते हुए, सबको सुनाना चाहा, "गौरा, जिस दिन हमारे पति मर गए, उस दिन से सारा संसार हमारा बन्धु-बाँधव हुआ। यह हमारा फैसला है।"

कस्तूरी के ऊँचे कलेजे से उठी और दृढ़ कंठ से निकली आवाज भाई सुन रहा है और थाली में मुँह गड़ाए बूरे मिले चावल हप हप सपोट रहा है।

बहन का प्रचंड कोप !

ब्याह को ताक पर रख देने की हद तक चले जाने की उम्मीद कस्तूरी से किसे थी ?

माँ, कि एक जाँबाज औरत। मैत्रेयी को ऐसी सारी उम्मीदें माताजी से हैं।

ब्याह की तरह ब्याह हुआ मगर...

देखनेवाले बताते हैं कि बैलगाड़ियों में जुते बैलों में बड़ा आत्मविश्वास था, बेशहरी बरातियों को लेकर अपने गले में बँधे गलगला बजाते हुए चले। पीठ पर मेहँदी रची थी, सींगों पर तेल चुपड़ा हुआ था। भुरभुरी और महीन मिट्टी में झूमते हुए खुद को हाथी से कम न समझ रहे थे। मुश्किल तो बेचारी कार मोटर की आई, कच्चे रास्ते पर थम-थमकर चलती हुई हाँफ-हाँफ जाती। ड्राइवर के चेहरे पर घबराहट देखने लायक थी। पिछली सीट पर बैठा दूल्हा अपने दोस्तों से खेत-खलिहानों की बात करते हुए बार-बार चौंक जाता था। चौकन्ना भी हो गया कि आगे ठेल-मेंड़ न आ जाएँ कि गाड़ी टकरा जाए। वह कार के संग-संग चल रहे फावड़ेवालों को देख रहा था। अन्त में उससे न रहा गया तो मोटर कार से उतर पड़ा। दोस्त भी पीछे-पीछे उतर आए। पैदल-पैदल महीन मिट्टी पर चला तो उसकी सूरत ही बदल गई। हँसता-मुस्कुराता हुआ दाएँ-बाएँ खेतों में खड़ी सरसों-अलसी की श्री-शोभा की बातें अपने साथियों से करने लगा। उसकी बातों में हँसी और हँसी में जोश छलक रहा था।

किसी शहरी ने एक गीत गुनगुनाया तो फावड़ेवाले मजूर हँस पड़े।

बराती ने पूछा, "क्यों भाई, क्यों हँसे ?"

"ऐसे ही। ऐसे ही," वे एक-दूसरे की ओर देखकर शरमा गए।

"क्या हमारा गीत इतना बुरा था ?" बराती ने पूछा।

"नहीं, ना ना," मजूरों ने मना में सिर हिलाया और ठहाके से हँस पड़े।

बराती ने बुरा नहीं माना।

दूल्हे के दोस्तों ने मजूरों से ग्राम्य-गीत सुनाने की फरमाइश की।

कन्धे पर फावड़ा रखे तोता गडरिया का लड़का बोला, "बाबूजी तुम्हारी समझ में नहीं भरेगा हमारा गीत।"

"यह तुमने कैसे मान लिया ?" कोट-पैंटवाले मुलायम से बाबूजी बोले।

"कुम्हार के यादराम का गला अच्छा है, वह यादा !" एक ने दूसरे की ओर इशारा किया।

नाचनेवाली का पाँव नहीं रुकता और गानेवाली का गला, यादा ना ना करते हुए

जल्दी ही गाने के लिए तैयार हो गया।

"गाओ न। हमें भी लय याद आ जाएगी। अभ्यास छोड़े हुए कितने बरस हुए।"

यादा ने फावड़ा अपने संगी को देकर खड़े होकर अभिनय के साथ गीत गाया–

लम्बे केस परे री कन्धे पर अतर लगाए चली आ प्यारी
ऐसौ अतर लगइयो मेरी प्यारी, छाती जरै तेरे दुसमन की
परे ते आय रह्यो मलिया कौ लड़िका, बात बताय छोरा बागन की
ओर पास जा में निब्बू रे नारंगी, बीच में लहर अनारन की
परे ते आय रह्यो धुबिया कौ लड़िका, बात बताय छोरा तालन की
ओर पास जा में फूले री कमल दल, बीच में लहर सिंगाड़ेन की
परे ते आय रह्यो छोटो रे देवरा, बात बताय छोरा खेतन की
ओर पास जा में गेंहू रे अलसी, बीच में लहर अरहरन की
बाग में देखै मलिया कौ लड़िका, ताल पै धुबिया की नजर परै
बीच खेत में आ जा रे रसिया, परदेदारी अरहरन की।

"अरे वाह ! गाँव का नक्शा खींच दिया, पूरा का पूरा।"

"सच अ लवली सांग !!"

"हम तुम्हारी तरह गा नहीं पाए, सुन तो पाए।"

"हम अपने बड़े से बड़े प्रोफेसर को अँगरेजी बोलकर हरा सकते हैं, पर इन गवइयों से तो सीखना ही पड़ेगा क्योंकि हमारी लिखाई-पढ़ाई अपनी बोली भाषा में होती नहीं। सच में, याददाश्त इतनी कमजोर नहीं होना चाहिए कि आदमी अपने गाँव का गीत ही भूल जाए।"

अलीगढ़ यूनीवर्सिटी में पढ़नेवाले चिकने-चुपड़े लड़के 'जवानी और किसानी' के गीत में ऐसे झूमे कि खेतों की राह आगे बढ़ने लगे, जैसे उन्हें अपना सारा भूला-बिसरा याद आ गया हो।

बराती दूल्हे के मुकाबले ज्यादा मदमाते हैं, सो कहावत चरितार्थ हुई।

तभी एक छोटी सी ठेल से टकराकर मोटर कार का एक्सल टूट गया।

दूल्हा फिक्र में पड़ गया। साथी हो हो करके हँसे। उपाय एक ही था सो किया। कार को धक्का देकर पीछे लौटा दिया। कार एक बुग्गी (भैंसागाड़ी) से बँधकर सड़क तक गई। अब तो लड़कों के हाथ ज्यों पैदल चलने का मौका आ गया हो। जवानी की शुरुआत में छूट गई पगडंडिया पाँवों के नीचे थीं, जिन पर वे बरसों चलते रहे।

हार-फूल लेकर जब नम्बरदार अपने स्वागत-दल के साथ ऊसरा में पहुँचे तो धक से रह गए। घबराकर बोले, "अरे गजब ! अँगरेजों जैसे गोरे चिट्टे बराती पैदल चले आ रहे हैं ! लाहौल बिला कूबत।"

अफसोस किया, गाँव के बच्चों की कार देखने की लालसा धरी की धरी रह गई !

दूल्हे के लिए सिमरधरी के मुखियाजी लाल मखमली जीन में सजी घोड़ी ले आए तुरन्त।

बलिष्ठ मुखिया ने हलके से दूल्हे को बच्चे की तरह उठाकर घोड़ी पर धर दिया। कुछ जोश दूल्हे ने भी दिखाया, क्योंकि वह अपने घर घुड़चढ़ी की रस्म करते हुए अभ्यास करके आया था। बैंड बजने लगा।

बुरा हो गाँव के शैतान बच्चों का, घोड़ी की पूँछ ऐसी मरोड़ी कि घोड़ी गाँव की दिशा छोड़ नदी की ओर भागने लगी। घोड़ी यह जा और वह जा। दूल्हा लगाम साधे, मगर बरजोर घोड़ी सधे नहीं। देखनेवालों की साँस अटक गई। लोग साइकिलों से दौड़ने लगे।

नम्बरदार ने मुखिया को गालियों से नहला दिया, "साले, बदफरोस लड़का गाँव का है, पर रह तो शहर में रहा है। नाजुकमिजाज हो गया है अँगरेजों की तरह।"

"अजी तुम तो कह रहे थे बड़ा बाँका जँवाई आ रहा है।"

गाँव में बरात का इन्तजार हो रहा था। इधर घुड़दौड़ नदिया, नदिया से बाग और बाग से पूठरों की ओर मोड़ ले गई। मुखियाजी ने साइकिल की दौड़ लगाकर घोड़ी को आवाज दी। अनिष्ट होते-होते बचा।

नम्बरदार ने दूल्हे को राज की बात बताई, "तुम्हें बिना साईस का घोड़ी पर नहीं बैठना था। पराए गाँव की घोड़ी और स्त्री दोनों से ही बचकर रहना चाहिए, क्योंकि दोनों ही अपने आपको रानी से कम नहीं समझतीं।"

द्वारचार और पाणिग्रहण हुआ। माताजी के कलेजे के पास सुई कसकने लगी। वे बैठ गईं। कन्यादान और टीका करने गाँव-भर के स्त्री-पुरुष आए, देखती रहीं।

मगर !

खाँड़-कटोरा लौट आया।

मैत्रेयी की ग्रहदशा...गुण नाड़ी कहाँ टूटे, कहाँ बिछुड़े ? राजतिलक में वनवास ?

मोल भाव ! बन्दनवार नहीं बँधेगे। विदा नहीं होगी।

कस्तूरी के जीवन दर्शन का इस विवाह की भावशून्यता से मेल मिले तो कैसे मिले ? कहते हैं कि विवाह का आधार विश्वास होता है, मगर इस विवाहोत्सव में विक्रेता और खरीददारों के दलाल कहाँ से आए ? उन्हें अपने विवाह की याद क्यों आ रही है ? जिस वेदी पर मैत्रेयी बैठी है, उस पर कस्तूरी का अक्स क्यों पड़ रहा है ? एक पीढ़ी का अन्तराल तो माना कोई अन्तराल नहीं, लेकिन शिक्षा सभ्यता का भेद तो बहुत बड़ा है। अँधेरे-उजियारे के फर्क जैसा विराट अन्तर। माना कि वर ने लड़की को नक्शों के हिसाब से सशरीर देखा, नहीं देखा कि उसकी आत्मा में क्या है ? लेकिन क्या इतना भी नहीं जानता कि उसकी अपनी आत्मा में क्या है ?

अगर नहीं तो आगे बननेवाले संसार में जो अनदेखा अँधियारा फैलनेवाला है, उसके चलते दो देहों का मिलन ही रह जाएगा। मन ताजा धूप और खुली हवा के लिए साथ-साथ भटकते रहेंगे। माँ का मन कितना छटपटाएगा ! मैत्रेयी को उन्होंने लड़कियों की मुक्ति का माध्यम बनाना चाहा था कि उसका मन्तव्य कभी निष्फल न हो, कि वह किन्हीं

देवताओं के, मालिकों के हत्थे न चढ़ जाए, पर यह असार स्थिति...ब्याह के रीति-रिवाजों की काँटेदार झाड़ियों से बचकर निकल पाना...वे खुद लड़की के साथ बिंधी खड़ी हैं।

ननुआँ नाई की आवाज कानों में गूँजती है—

''अजी कस्तूरी, तुमने कटोरा में खाली खाँड़...अजी तुम जानकर नादान चौं बन रही हो ? ऐसा होता है कहीं ?''

''नन्नूमल, चुप रहो।'' कस्तूरी ने कड़ी आवाज में कह डाला।

''अजी, चुप्प कैसे रहें ? पूरे ब्याह की नाव खे लाईं, किनारे पर डुबोए दे रही हो।''

''मैंने पूरे ब्याह में नकदी का व्यवहार नहीं किया।''

''मत करो। समधियों को परवाह नहीं। पर खाँड़ कटोरा तो वर के जीजा-फूफा का नेग होता है। उनको क्या मुँह दिखाए समधी ?''

''मुँह नहीं दिखा पा रहे तो अपनी रिवाज अपनी गाँठ से पूरी करें, उसी दिन रस्म तोड़ पाएँगे।'' कस्तूरी ननुआँ नाई के जरिए ज्यों समधी से लड़ रही हों।

तभी चरनसिंह और रामचन्द चले आए। मंडप के नीचे खड़े होकर, रामचन्द बोले, ''समझाने को तो हम समझा दें कि यह ब्याह किसी नेग-नकदी की शर्त पर नहीं हुआ, पर रीति-रिवाज उलटे कैसे कर दें ?''

ननुआँ के सामने वनबिलाव की खूँखारी से झपट पड़नेवाली कस्तूरी अब बिल्ली की तरह अपने ही घर में कहाँ छिपें ? चरनसिंह ने भी जुआ डाल दिया। बेटी, कुँआरे भार की तरह उनके जीवन की नाव डुबोएगी ?

नाई का मुँह विकृत है।

नाते-रिश्तेदारों की तो वे अब खैर परवाह नहीं करतीं।

हाँ, भाई हेतराम के चेहरे पर अपने किए पर नहीं, बहन के किए पर मर जानेवाला भाव है। मरे गले से इतना ही कहा, ''इस नेग पर नंगई करेगी तो हम समधी की मिलनी के लिए कैसे खड़े होंगे ? तू नबते-नबते उछल क्यों पड़ती है ? समधियों के सिर पर बैठने की सोच रही है ? तू ऐसा ही कुछ करेगी, हम जानते थे। तब तो छोरी का ब्याह करने की मना करते थे। झुकने-झेलने का माद्दा तो छू नहीं गया, सहनशीलता कहाँ से आए ?''

खुशी से लड़खड़ाती भौजाई बोली, ''जब देखो तब लड़किनी से सलाह करने भागती हैं। अरे ब्याह में वरनी तो रोते-रोते बखत गुजारती है, यहाँ पाँच-पंचायत।'' मैत्रेयी की मामी ने दूसरी रिश्तेदार की ओर बात का रुख मोड़ दिया—

''भइया, इस ब्याह में तो दस ब्याहों की बराबर बबंडर मच गए।''

पल्ले मौहल्ले की औरतें टीके के लिए आई थीं, सो रुक गईं, क्योंकि यह तमाशा छिड़ गया। वे भी अपनी बातें दागने लगीं, ''एक बात है, एक कस्तूरी दस आदमियों से ज्यादा भारी पड़ रही है। बहना, हवेलीवाली तो जिमींदारनी थी, पर ब्याह-कारज में जुबान कस लेती थी। भले उसकी अनचाही हो तो, उसे दौरा पड़ जाए।''

''अरी, लुगाइयों ने ब्याह सुलटा लिये होते तो मर्दों को कौन पूछता ?''

सुनते ही घूमकर खड़ी हो गई कस्तूरी और गला खोलकर बोलीं, "मर्दों ने ही गोहच मचा रखे हैं। बरात में औरतें नहीं आईं। मर्द ही हथेली पसारकर माँग रहे हैं। इसे तुम ब्याह सुलटाना कह रही हो ? दो बच्चों की जिन्दगी उलझा रहे हैं ये मर्द।"

"अरी चुप, चुप। बात जनवासे में पहुँच जाएगी। बन्दनवार नहीं बँधेंगे।" मुँह पर उँगली रखते हुए खेरापतिन समझाने की मुद्रा में थीं।

"माईजी, न बँधें बन्दनवार। इस घर का द्वार तो सदा से सूना है। हमें सूनेपन की आदत है, खूब।"

बोलकर हाँफ रही थीं या हाँफते हुए बोल रही थीं ? धड़धड़ाती-सी उस कोठे की ओर गईं, जिसमें मैत्रेयी बैठी हुई माँ की जद्दोजहद देख रही थी। उनकी चाल देखकर रिश्तेदार सहम गए और चुप हो गए।

माँ-बेटी भीतर थीं।

कोठे के मुँह पर औरतों के ठठ जुड़ गए। नया खेल हो जैसे, कोई दृश्य पकड़ से छुटे नहीं। सबके आँख-कान चौकन्ने थे।

सबने सुना—

"बोल अब क्या कहती है तू ?"

मैत्रेयी ने भोली बछिया की तरह माँ की ओर देखा।

"तू ऐसे देख रही है ! यहाँ रण मचा हुआ है !"

"बोलो मैं क्या करूँ माताजी ?" लड़की ने हरी चूड़ियों भरे हाथ की नामालूम-सी हरकत के साथ पूछा।

माताजी का ऊपरी होंठ बुरी तरह काँपने लगा। उनकी पसलियों में लोहार की धोंकनी लगी है, सो छिपी नहीं। उनकी दाँती भिंचती है। गर्दन की नसें रस्सी की तरह तनी और फूली हुईं। नाक के ऊपर का मस्सा बुरी तरह काला पड़ा हुआ।

मैत्रेयी की आँखों के सामने अँधेरा छा गया।

विदा की वेला होती यह, मगर यह वेला...माँ उसके वजूद पर काली घटा-सी घिर आई। बिजली की कड़कन आँखों में पड़ रही है।

दहशत का मेह बरसने लगा। अब लड़की कैसे कहे कि माँ अपनी दुनिया के सदियों से चले आ रहे दस्तूर को मैत्रेयी कैसे मेंट दे ?

दुनिया के दुर्दन्त कर्मचक्र में फँसी कस्तूरी, बेटी की गौ-मुद्रा देखकर फन उठाकर नागिन-सी फोंस उठीं।

"याद कर तेरा प्रण क्या था ? तू जिन्दगी भर यहीं बैठी रह गुड़िया की तरह... मैं तेरी विदा का मोल इन सौदागरों को नहीं दूँगी, समझी ?"

मैत्रेयी की आवाज निकलती, उसके पहले आँसू झर पड़े। स्वर में आँसू घोलकर बोली, "मत दो। कोई तुम से भीख नहीं माँग रहा।"

''बुला ले न उस 'कोई' को,'' कहकर माँ ने तड़ाक से लड़की के गाल पर थप्पड़ मार दिया।

सपनों को छिन्न-भिन्न करना आगे की दुनिया को रोंदना होता है। लड़की ने माँ को सबसे बड़ी दुश्मन की निगाह से देखा और वह थप्पड़ कोठे में नहीं, घर में नहीं, गली में नहीं, मौहल्ले में ही नहीं, पूरे गाँव में गूँजा।

यह दिन सिकुर्रा गाँव के कष्ट का दिन था।

जिम्मेदार लोगों ने सावधानी बरती कि ब्याह के घर की बात बरात तक न जाए। नम्बरदार लपकते कदमों से समझाने आए। उनका लम्बोतरा प्रौढ़ चेहरा साँवले से स्याह-सा हो गया। भगवानदास अपनी भारी काया के चलते लगभग दौड़ते हुए-से आँगन तक आ गए और अपनी जेब से रुपयों की गड्डी निकालकर आगे कर दी।

''यह मेरी ओर से। कर्ज नहीं, अहसान नहीं, ब्राह्मण की बेटी के ब्याह में चाचा-भइया की हैसियत से पुण्य में दूँगा, मना मत करना।''

हाथ जोड़ दिए माताजी ने, ''कितनी बार यही दोहराओगे ? मेरी बात समझ सको तो समझ लो।''

ऐसी बातों के अनभ्यस्त, समाज संसार के आदमी भगवानदास ऐसे सिर हिलाते रहे, जैसे वे हाँ और ना दोनों कर रहे हों। इस ब्याह के चलते गाँव की कुरूपता मिटाने में कसर नहीं छोड़ी थी, न जाने नक्शे की किस पर्त में सूराख रह गए ? नम्बरदार की दर्द-भरी आवाज थी, ''तरक्की की बातें रिवाज-रूढ़ि तोड़ने का ही मसला होता है, पर सोचो तो, इससे कितनी बड़ी भाभई आनेवाली है !''

विद्या बुआ अफसोस-मंडली की मूक सदस्य रहीं। वह तो अकूत दुख और लज्जा ने मजबूर किया कि मुँह से निकल गया, ''भाभी ने चौड़े में हंड़िया फोड़ने की ठानी है।''

दोपहर दिन चढ़ आया।

लड़के के ताऊ-चाचाओं ने, फूफा-भाइयों ने नाश्ते को हाथ नहीं लगाया।

माताजी का गुस्सा भूख से बढ़कर निकला। नाई को बुलाकर पुछवाया—पूछ आओ नन्नूमल, बरात खाना खाएँगी भी या नहीं ?

ननुआँ ने पुरुष की निगाह से माताजी को देखा—नासमझ औरत ! फिर कठोर स्वर में झल्लाया, ''अजी तुम तो जुलम कर रही हो। बरात भूखी रहेगी ? तुम तो तुम्हीं हो गईं ? यह नहीं सोच रहीं कि जिन्दगी-भर के लिए बेटी उन्हीं के यहाँ दे रही हो।'' कहकर दो पल के लिए सन्न-सा खड़ा रहा मगर चुप खड़ा नहीं रह पाया—

''बौहरी, नाई की जात हैं हम। हमसे ज्यादा ब्याह के मामले में तुम क्या जानो ? ऐसा ही था तो बेटी को मन्दिर में बैठकर दान कर देतीं। कचैरी के ब्याहों का भी चलन चल गया है। तुम्हारे लिए तो ये मामूली बातें होतीं।''

''जो होगा नन्नूमल, मेरा होगा, तुम मत शरमाओ।''

''बौहरी, कैसी बातें करती हो ? हम न शरमाएँगे तो कौन शरमाएगा ? तुम तो झाड़ पिछौरिया, अपनी नौकरी पर चल दोगी। गाँव की बात पर गाँववाले ही शरमाते हैं।''

"सास लुगिआई पंचायत ही रही। कोयलों की दलाली में हाथ काले," पास खड़े रामजी लाल ने स्वर में नीम मिलाकर कहा।

"अरे रामजी, मुझे पता होता कि हीरा की बहू बेटी के चलते डायन निकलेगी तो बीच में न पड़ती, बोलो इसके पास क्या कमी है ?" बुआ पूरी तरह विरोध पर उतर आईं।

गर्दन मोड़ लें तो कस्तूरी किस बात की ? हठ छोड़ने की तो बात कौन करे ? गौरा ने उनके पाँवों में सिर पटककर देख लिया।

प्रमाणित हो चुका कि यह ब्याह इस गाँव के इतिहास में एक परम्परा तोड़ कारज से ज्यादा कुछ नहीं। पुरुष आगे के लिए सबक लेंगे।

सारी व्यथा लड़की के सिर टूटी, जिसका नसीब उलटा है। जो गली खोलती है, माँ उसके मुँह पर पत्थर रखकर बन्द कर देती है। मैत्रेयी के खून में लहरें उठती थीं, अब चींटियाँ रेंग रही हैं।–माँ मैं भी एक साँकल तोड़ना चाहती थी, वह साँकल, जिसका छोर तुम्हारे हाथों में है–उसने रोते-रोते सोचा। जन्म लेते ही मार डालतीं तो इतनी तकलीफ न होती। रीति-रिवाजों का खात्मा करती हुई तुम बेटी को उलट-पलटकर मार रही हो। तुम खूनी औरत...

कैसे अच्छे-बुरे दृश्य गुजरे–गुड़िया का ब्याह, सहेलियों की विदा, सुहागिनों के उत्सव और फिल्मों के वे दृश्य जिनमें लड़की को छोड़कर बरात चली जाती है। सारे दृश्य तिरोहित हो गए तो एक अन्तिम दृश्य बना–साथ बैठे साथी के पाणिग्रहण का दृश्य। उसके स्पर्श का अनुभव। उसकी गन्ध का अहसास। उसके साथ की ताकत। उसके सान्निध्य का साहस।

नहीं, अपने ही भीतर उगती ये सारी अनुभूतियाँ घेरती हैं लड़की को। कि वह समेटती है सारी अनुभूतियों को ? जीवन अविराम युद्ध है ? कोमल होकर इसे जीत नहीं पाएगी। हार मिले तो मिले। जीतने के उपक्रम कौन नहीं करता ? माताजी ने अपनी आत्मा नहीं बेची तो वही अपनी आत्मा का मोल क्यों भरे ?

मोड़ पर खड़ी है मैत्रेयी।

क्या उसे भी गाँव की चली आ रही परम्परा में नया कुछ जोड़ना होगा ?

नया क्या ? विदा जैसी विदा चाहती है वह।

समय तेज गति से भाग रहा है, क्षण-क्षण कर युग बीता जा रहा है।

वह तमतमाकर उठी।

"हाय हल्दी-तेल चढ़ी बरनी, कहाँ जा रही हो ?" नाइन ने उसे पीछे से दबोच लिया। बुआ-मामी अलग जुड़ आईं।

कितने बन्धन...मैत्रेयी की आवाज कलेजा फोड़कर निकलना चाहती है।

जो कह रही है, अशोभन तो नहीं ? जग हँसाई का इन्तजाम।

फिर दुविधा !

माँ सामने आ गई। सुर्ख आँखोंवाली माँ...देह पर काँटे उग आए।

"माताजी, उन्हें बुला दो।" न जाने बाघिन के डर से कह गई या अपनी ही दबी-कुचली इच्छा ने जोर मारा।

नहीं, नहीं, क्या कहकर रह गई। यह नहीं कहना था।

''उन्हें किन्हें ?'' माताजी ने स्पष्टीकरण चाहा, पर यह तय था कि वे समझ गईं।

''डॉक्टर...'' नीचे मुँह गाड़कर कहा हो जैसे।

कभी डर उसे खोल देता, कभी शर्म छिपा लेती, उसकी आकांक्षा कोई नहीं समझ सकता।

'वर को बुलाओ' की घोषणा जैसे ही हुई, ब्याह के घर में अनहोनी-सी गुजर गई। मैत्रेयी सबकी निगाह में गुनाहगार-सी...

ननुआँ जैसे लोगों को बर्र-ततैया लग गए हों जैसे।

''अजी जुलम करती हो। नादान छोरी की बातों में आ रही हो। छोरा अबोला, गूँगा-सा एकदम सीधा। तुम उसका बुलाना-चलाना करके फजीहत...

''हमें गूँगे की जरूरत नहीं है नन्नूमल।'' माँ ने जैसे दर्द को सहते हुए कहा हो।

सब मुश्किल में, सब लज्जित-से, सबने अपनी उपस्थिति को धिक्कारा। ब्याह को स्वाँग नौटंकी कहा। मनाया कि लड़का आने के लिए मना कर दे, तब कस्तूरी के होश ठिकाने आएँ। क्या रास रचवाया है।

मगर वह आ गया।

गहमागहमी में खदर-बदर मच उठी। ताज्जुब की रस्सियाँ तन गईं—हाय बाप-चाचा को लाँघकर आ गया ! छोरी से बात करेगा ? छोरी क्या बात करेगी ?

तो क्या मुँह देखने को बुलाया है ? आँगन में कुर्सी डाल गई है, वहाँ बैठेगा ? अच्छा होता कि लौंडिया कोठे में मिल लेती। लाजवालों की लाज तो रह जाती।

लड़का हक्का-बक्का-सा...कुर्सी पर बैठा हुआ, चारों ओर देखता है। हाथ में कंकन बाँधे दूल्हे से क्या जवाब-सवाल होनेवाले हैं, शायद सोच रहा है।

मैत्रेयी के चेहरे पर लम्बा-सा घूँघट। घूँघट को लौंगसिरी बीबी ने पक्का कर दिया। डाँटकर कहा—मेरी सौत, यहीं मुँह दिखा और यहीं अपनी...फिर वहाँ जाने की जरूरत क्या है ?

मामी बोली, ''पाँव पूज लो लाली।''

मैत्रेयी काँपते बदन। जीभ लकड़ाने लगी। क्या कह पाएगी।

माताजी आईं एक-एक को वहाँ से हटा गईं।

बैठे-बैठे समय बीतने लगा। कोई कुछ नहीं बोला। लड़की के भीतर संवाद थरथराता रहा। औरतें फिर आ गईं। मंडप फिर घेर लिया।

माताजी !

ठीक वक्त पर पहुँचकर औरतों को धर लिया। ऊँचे गले में झाड़ भरकर आँगन में छोड़ दी, ''तमाशा नहीं है यहाँ, हमारा संकट है। देखती क्या हो बीबी, ये सब औरतें गहरी-से-गहरी बात चुटकियों में उड़ा दें।

फिर अकेले रह गए दोनों जने। सूने आँगन में मंडप के सिवा कुछ नहीं।

कत्थई सूट के साथ लाल टाई के अलावा वर क्या है, लड़की के चलते ? हलकी

पीली बनारसी साड़ी में लिपटी गुड़िया के अतिरिक्त कैसी है मैत्रेयी ?

संवाद जोड़ने की घड़ियाँ, खुद से कहा उसने। कुछ कह न। मगर क्या ?

इसी संवाद ने सूत्र तोड़ दिया तो ? वर को वापस कर दो ?

सुना है नम्बरदार, अपनी टोपी वर के पिता के पाँवों में रख रहे हैं। नम्बरदार के सिर की कीमत क्या है, बराती क्या जानते नहीं ? बराती नहीं जानते तो यह वर ?

मैत्रेयी के सीने में अपमान का वज्र टूटा, आँखों में रुलाई-सी भर आई।

नहीं, रोना नहीं। दृश्य बिगड़ जाएगा। उसने खुद को बड़ी मुश्किल से मजबूत किया।

—मैंने अग्निसाक्षी करके तुम्हारे साथ सात फेरे लिये हैं। विवाह की रस्म में विश्वास करकेवाले तुम, यह जान लो कि मुझे ले जाना अब तुम्हारा काम नहीं। तुम्हारे साथ-साथ जाना मेरा हक है। इसमें किसी नीति-रीति का दखल नहीं। इसमें धन-सम्पत्ति की बात कहाँ से आई ?

कहा ? कहना चाहा।

नहीं कह पाई।

घूँघट भी नहीं सरकाया। डॉक्टर की डिग्री से विभूषित वर-रत्न गँवाना कहाँ की बुद्धिमानी है ? नहीं, वह डर गई। ब्राह्मण जैसे उच्चवर्ण के पाण्डेय गोत्र की लड़की ऊलजलूल सोचकर सारे संस्कारों को खाक में मिला देगी।

तो फिर यह टंटा मोल क्यों लिया ? पति से मिलने का नाटक, क्या अभिप्राय था ? इतना खुलापन कैसे आया ?

कोई कितनी देर ऐसे ही बैठा रहे ?

कोई कितनी देर घूँघट में ढँकी स्त्री को सहन करता रहे ? डॉक्टर उठने को थे, मैत्रेयी की धड़कन ढोल की तरह बजी।

कुछ कह ही नहीं पाई ! गनीमत है, जो कह नहीं पाई, उसे लिख लाई थी। कागज का वह टुकड़ा कि अपना ही अन्तरलेख हाथ ने हाथ को चलते-चलते पकड़ा दिया।

कागज के पुर्जे में था लड़की का बड़ा-सा दावा। दावे की बात याद आते ही तमाम काल्पनिक खतरे घेरने लगे। कल का सवेरा कैसा होगा ? अनुमानों का चक्राकार घेरा, वह दनादन घुमरे खा रही है। आँधी-सी उठी है, आसपास घिरी औरतों की काली-पीली हँसी !

माताजी का साहस छूना चाहा था, बिजली के नंगे तार पर हाथ धर दिया हो जैसे। झटका लगा कि मति उलट-पलट हो गई। कैसे कहे कि ओ मेरी नटिनी माँ तनी रस्सी पर चलने का हुनर कहाँ से सीखा, कितना-कितना अभ्यास किया, यहाँ तो मेरे खत्म हो जाने का समय आ गया है। डॉक्टर ने त्याग किया, प्रतिकार किया तो क्या होगा ?

...मगर ऐसा हुआ नहीं।

भय अकसर झूठे होते हैं, यही बात सच निकली।

डॉक्टर ने मैत्रेयी की लाज रख ली।

समधी द्वार पर वन्दनवार बाँधने आ गए। 'राम राम' और नमस्कार जैसे अभिवादनों से गली गूँज गई। नए कोरे धोती-कुर्ता और ऊनी सदरियाँ पहने टोपी-साफोंवाले बुजुर्ग दरवाजे पर खड़े हैं। पीछे उतावले से नई उम्र के लड़के, जो छोटे-छोटे बालों में महकउआ तेल चुपड़े और आँखों में गहरा काजल लगाए, लगातार मुस्कुराए जा रहे हैं। कमीज पाजामे, ऊपर से स्वेटर और कोट की पोशाक है। जेबों में रूमाल झाँक रहे हैं। एकाध पैंट-कोटवाले गँवई टाई भी लगा आए हैं। उनके पीछे हैं यूनीवर्सिटी में पढ़नेवाले लियाकत के सजीव पुतले, छोटा-छोटा मुस्कुराते हुए। मैत्रेयी के दिल में उनकी मुस्कुराहट का भरोसा जमता जा रहा है।

लड़के अपने चाचा-ताउओं के आगे आ गए, बोले—बन्दनवार तब बँधेंगे, जब गाँव की औरतें गालियाँ गाएँगी। हमें तो लग रहा है, गूँगी औरतों के गाँव में आ गए। बहनचोद, खाती-पीती हैं, रम्भाती नहीं। इनसे तो गाएँ अच्छी।

औरतों की ऐसी तौहीन ! कलावती चाची विशेष रूप से आहत हुईं। घूँघट के नीचे से नम्बरदार को कोसा—कहाँ ललमनिया नाचकर सिकुर्रा गाँव की धूम उठा देती थी कलावती, आज गीत के आखरों पर बोली सुन रही, नासिया लम्बद्दार के मारे। इसे गालियों से गुरेज था, यहाँ हमें लियाकत पटक रही है।

अब कलावती चाची को कोई नहीं रोक सकता। अपना घूँघट जरा लम्बा खींचा और हाथ में आईना ले लिया।

"अरी गाओ री !"

फिरकी मारकर नाच रही हैं कलावती चाची।

मौंछनवारे समधी, तू देख ललमनियाँ
ओ दूल्हा ताऊ तू देख ललमनियाँ
ओ माया के लोभी तू देख ललमनियाँ

ननुआँ दौड़कर गीतोंवाली औरतों के बीच आया, "अरी तुम कैसा गजब कर रही हो ? माया के लोभी मत कहो, खाँड़ कटोरा छोड़ा है। अपने गाँव में दहेज छोड़नेवाला, ऐसा कोई आया है ? चलो अब यह रिवाज बन गई।

कैसे नीर भरे पनिहारी ?

लड़की तो बहू बनी बैठी है ! आखिर यह ससुराल है।

यकायक माताजी की याद आ गई उसे, जैसे हर बेटी को आ जाती है। क्या माताजी के जीवनदर्शन का इस मर्यादा-लोक से कोई मेल है ? आते समय जब दादा ने उसके पल्लू के छोर में रुपए और बताशे बाँधे थे और पिता की तरह रोते हुए गृहस्थ की मंगल कामना की थी। नम्बरदार ने कहा था—आज तू यह सीमा सिंवाना छोड़ती है बेटी, गाँव की बेटियों की तरह अपनी गृहस्थी मेहनत और मन से सँवारना, हमारी खुशी इसी में है। भगवानदास भइयाजी ने भरी आँखों जेवरों की लिखित लिस्ट पकड़ाई थी—सँभालकर रखना, गिने हुए गहने उतारते समय तुझे गिनकर देने होंगे बीबी।

सारी बातों के ऊपर माताजी की बातें। भेंट के लिए बाँहें उठी कि नहीं उठीं, हाँ उन्होंने कन्धा छूकर कहा था, 'लाली, ब्याह तो हो गया, पर तू नासमझ औरतों की तरह व्यवहार मत करना। पाँव-फाँव मत पूजना किसी के भी। सुन ले कि 'रोटी छुआई' की रस्म, रस्म नहीं, तुझे चूल्हे-चौके से बाँधने का महूरत निकलेगा। साफ मना कर देना। तेरी कुछ किताबें मैंने अटैची में रखी थीं, अटैची टूट गई। रेशमी साड़ियों का वजन साधनेवाली नाजुक अटैची भला किताबों का बोझ सह सकती थी ? मेरी भी मत मारी गई। ले चाबी, लोहे के बक्सा में तेरी किताबें हैं। बस, मेरी तो माँ के नाते इतनी ही कहावत है कि सिंगार-पटार में मत लगी रहना। तुझे बड़ा शौक है बिन्दी-महावर का। अलीगढ़ यूनिवर्सिटी जाना। देखना कि पी-एच.डी. की बात बनेगी या नहीं ? सौ बातों की एक बात, अपना आना-जाना अपनी इच्छा से करना। पति तो अपनी सुविधा से भेजेगा और लिवाने चला आएगा।' कहने के बाद अपनी छाती से लगाया था बेटी को और उमड़ती आँखों के आँसुओं को जी कड़ा करके पी गईं।

माताजी की आदि-इत्यादि बातें ! उन्हें क्या मालूम कि बेटी ससुराल में नहीं, रनिवास में बैठी है। इस अद्भुत आस्वाद को वे कहाँ जानती होंगी, उनका विवाह तो...दुख और अपमान का विकराल महोत्सव सरीखा था जैसाकि वे बताया करती हैं। वे उसी अदृश्य अन्धकार में आज तक विदेह आत्मा की तरह भटक रही हैं और अपना मुक्ति मार्ग मैत्रेयी में तलाशना चाहती हैं। मगर वह क्या करे, उसकी अनुभूति जुदा है। यहाँ रात-सी रात नहीं, दिन-सा दिन नहीं। रुपहले सुनहरे आवरण आकाश के रूप हैं। पग-पग पर

मंगलचार, हर गति पर फूल-मखानों की बौछार और घड़ी महूरतों के देवताओं का आह्वान ! सच में वह इतनी मूल्यवान थी ? कल का सारा इतिहास ही पलटकर धर दिया। क्या घूँघट में ही सारा सम्मान है ? नजर झुकने को सारे आशीर्वाद हासिल हैं। पाँव छूते ही सारा घर अपना हो गया। ननद-जेठानियों के पास बैठकर लाड़ लूटा जा सकता है। माताजी देख पातीं कि मैत्रेयी का आनन्दलोक इस सँकरी गली में खुला है। इस देवलोक में साँस लेने के लिए खुली हवा की जरूरत ही क्या है। आँखों के सामने ऊँची-ऊँची अट्टालिकाएँ खड़ी हैं, जो अपनों की, सम्बन्धियों की और शुभचिन्तकों की हैं। पतली-सी खिड़की में घनी-घनी सलाखें...क्या जरूरत है बाहर देखने की ? बाहर का संसार तो लड़की का देखा-परखा, सदा का भयानक है। वही माताजी का संसार...रास्तों का बीहड़पन, पेड़ों पर सनसनाती पागल आँधी, सड़कों पर उठते दरिन्दगी भरे तूफान, मैत्रेयी की दुस्सह अवस्था के लिए इस नई बसावट का आकर्षण जबरदस्त होता जाता है।

वह अपने सुगन्धित केश बाँधकर सोने की रंगीन क्लिपें लगाती है। आहिस्ता नए पलँग की रेशमी बिछावन पर लेटती है और मन-ही-मन कहती है—लिबउआ जल्दी मत भेज देना माँ। मुझे लुब्ध पुरुष की प्रतीक्षा है। लड़की की कोमल प्रकृति का कौतुक, गहरी रात में उसका इतिहास विचित्र मुद्रा में घटित होनेवाला है। तीव्र आकांक्षा जागी है कि अपने ही प्रति प्रेम की, विमोह की और गर्व की धीमी-धीमी आग दहक उठी है—यही प्रणय-परिचय की गति है क्या ? यदि है तो इस सौभाग्य से बेदखल मत कर डालना। मनोभूमि बड़ी उर्वरा है।

पति आए, राजा का दर्शन हुआ।

लड़की के भीतर उथल-पुथल मची या नहीं, किन्तु समझ, सहिष्णुता और वफादारी के साथ एकनिष्ठता मिलकर एक ऐसा रस बना, जो इस 'वैध मिलन' का भरोसा देता है। सुरक्षा-मंडप की ऐसी छाँव मिलती है, तभी सहज शरण्य है। सारी दुनिया में स्त्री के लिए क्या यह सबसे अच्छी ढाल नहीं है ? माताजी का मत भिन्न है, क्या उनके विधवापन ने इस आदर्श-मिलन को ढकोसला मानने के लिए विवश किया है ?

हाय, सामने बेदाग गौर कान्तिरूप मनमीत खड़ा है और वह माताजी से उलझ रही है।

वह यकायक राजा के प्रणाम में उठ खड़ी हुई।

अभिजात चेहरा, विद्या वैभव से जगमगाता, इस उजले संसार का बाशिन्दा नायक, जिसके अन्तःपुर की रानी मैत्रेयी आज बाकी संसार की ओर से पीठ फेरती है। नए जीवन के पहले दिन की शुरुआत आज रात से होती है।

वह सजग है।

जानती है कि बड़े आदमी के रंगमहल में पत्नी का नाता उसके द्वारा निभाई जानेवाली शिष्टता और कमनीयता से रहेगा। हिन्दी साहित्य पढ़ा है। यह लीलाभूमि बिहारी और देव कवि की नायिकाओं की है। जिन स्त्रियों को उन नायिकाओं की अदाएँ आती हैं,

वे पटरानियाँ बनती हैं।

वे आ गए।

वह खड़ी हो गई है। नजर नीची है, अपने पाँव पर—अरुन वरन तरुनी चरन, अँगुरी अति सुकुमार/ चुअति सुरंग रंग सी मनो चपि बिछियन के भार।

उसकी उँगलियाँ सचमुच ही बिछियों ने घायल कर दी हैं, लग रहा है बिछिया उतारकर फेंक दे। यह सब कल्पना में ही अच्छा लगता है। वह बिछिया उतारने लगी कि आहट हुई !

लौंगसिरी बीबी कह रही थीं अपने गाँव में—मर्द के पास लुगाई के लिए बखत ही कितना होता है !—मैत्रेयी को याद आया, तब, जब डॉक्टर जाने को उद्यत हुए।

वह पीछे-पीछे चली।

"अरे तुम कहाँ ? मैं दूध की पूछने जा रहा हूँ। अभी तक कोई यहाँ रखकर नहीं गया।"

वह जहाँ की तहाँ थम गई। अपनी गलती पर जीभ काटकर रह गई।

इरादा बाँधते-बाँधते ज्यों की त्यों खड़ी है। बोंड़ी के रेशों जैसे कोमल मुलायम आदमी का स्पर्श कैसा होगा ? जिज्ञासा देह में काँटे उठा रही है। ठंड-सी लगी है।

नायक लौट आए।

उसकी चूड़ियाँ छनकीं।

अबकी बार न सहमी, न सिकुड़ी, घूँघट उलट लिया, खुद ही।

उन्होंने मुस्कुराहट के साथ देखा, मगर आश्चर्य ज्यादा किया। मगर उसे भी अचम्भा हुआ। क्या वे सिनेमा का सीन करना चाहते हैं ? घूँघट में बैठी दुल्हन और सेज के फूल खिले हुए। वे आहिस्ता आएँ, अवगुंठन छुएँ, लड़की सिकुड़कर दोहरी हो जाए।

वह क्या करे ? छुईमुइयों का जीवन क्या होता है, ज्ञान ही नहीं। सो न दिल धड़का, न घबराहट हुई। ठुकी-पिटी देह और दुस्साहसी मनोबल अपनी रौ में है। तजुरबों के करिश्मे ऐसे ही होते हैं, शहरी शिष्ट, तहजीब में लिपटे साजन को कैसे समझाए ? हालाँकि राम कौ रूप निहारति जानकि कंकन के नग की परछाईं—जैसे दूरियों भरी अदाओं का महत्त्व माहौर साहब ने कक्षा में समझाया था, मगर परछाइयों को कोई कब तक निहारता रहे ? मैत्रेयी में तो खैर रत्ती-भर धैर्य नहीं। खासकर इस वेला में।

आगे बढ़ चली, क्योंकि आगे बढ़ती रही है।

पिया घबराकर दो कदम पीछे हटे।

यकायक उसके कदम भी ठिठक गए। क्या मामला है यहाँ ? अपने यहाँ तो अनेक ऐसे थे, जो बिहारी के इस दोहे को आदर्श मानकर चलते थे—लरिका लैवे के मिसन लंगर मो ढिंग आय/गयौ अचानक आँगुरी छाती छैल छुवाय।

नायिका का मान मर्दन कर रहा है यह डॉक्टर ! क्या इसलिए कि खुद को सभ्य और विराट ऐश्वर्य का मालिक समझ रहा है ? वह ही क्यों पहल करे ? खड़ा रह, बैठा रह।

मैत्रेयी का मन ग्लानि में गुँथ गया। उसके ऊपर हिन्दी साहित्य का रीतिकाल सवार है और यह आधुनिक काल है। डॉक्टर से बहुत कुछ सीखना होगा। वह गलत हरकतें

कर रही है शायद, तभी न पति की मुस्कुराहट क्षीण होती जा रही है। निश्वास-सा फेंक रहे हैं।

"अरे, यहाँ बदबू-सी !" कहकर उन्होंने मैत्रेयी की ओर देखा। जिन्हें वह रंगरसिया मान रही है, यह तो नाक सिकोड़ रहा है ! उसके उत्साह को समेट देने का इरादा क्यों है आखिर ?

उसका मन यह कहने को चाहा—इस सँकरी गली में बाग नहीं लगे, जो खुशबू आएगी। नालियों में सँड़ासों की बदबू भरी है और प्रागमिल सामने ही धुआँ उगलता है। मुझे क्यों देख रहे हो ? गाँव की हूँ, इसलिए बदबू की तोहमत मेरे सिर लगा रहे हो।

मगर उन्होंने कहा, "उबटन वगैरह तो नहीं लगाया ? बेसन और तेल की-सी बू... हमने शृंगारदान में जो इत्र रखा था, वह कहाँ है ? छोड़ो, मैं तुम पर इत्र छिड़क देता हूँ।" कहकर वे सामने के ब्रैकेट पर लपके और शीशी लेकर फुहार छोड़ने लगे।

शहरी सुगन्ध में नहाई मैत्रेयी, उसाँस भरकर रह गई।

कितनी तैयारियाँ होनी हैं आखिर ? आधी रात से ज्यादा बीत गई, सजावट ही दम नहीं ले रही। खुशबू-बदबू ही हलकान किए दे रही है, यह रेशम-सा आदमी सचमुच का है भी, या नहीं ? अब तक गाँव के बुर्जी-बिटौरों, गेहूँ-अरहर की पर्देदारियों में कितनी कितनी बार मिलने के संयोग बैठ गए होते, जिनमें खुशबू-बदबू, चिकने-खुरदरे का भेद समझ में नहीं आता, स्त्री-पुरुष की अंतरंगता ऐसा कमाल करती है कि आसमान के सूरज, चाँद और तारे भी टुकटुक देखा करें। बाजबहादुर तो उसे अपनी पीठ पर चढ़ाकर सरोवर में उतर जाता था। अलग-अलग होते, मगर पानी ही एकाकार कर डालता। आज भी भीगी देहों का जलमहोत्सव नजरों में ठाठें मार रहा है।

शुक्र है पलँग पर चढ़ने का महूरत आया। दोनों आमने-सामने पाल्थी मारकर बैठ गए। पति की भवें सिकुड़ीं। मैत्रेयी ने इधर-उधर देखा फिर नजरों से पूछा—कुछ गलत हुआ ?

उसका पाल्थी मारकर बैठना भदेस है, समझ गई। तौबा, तौबा, खुद को खूब कसा और मन को समझाया, यह मिलन नहीं, मिलन का अनुष्ठान है, क्योंकि दो अजनबी मिले हैं। झिझक न लगे, तब भी झिझक माननी है। यहाँ 'इनसान से इनसान को क्या झिझक' वाला मामला नहीं चलनेवाला। प्रबल प्रतापी वंश का कुलदीपक अपने खानदान की परम्परा निभा ही नहीं रहा, दिखा भी रहा है। अभिजात तरीके समझा रहा है। वह प्रेमिका नहीं है, अब पत्नी है। पत्नी के लिए पुरुष के ये ही तामझाम होते होंगे। हाँ, होते होंगे।

और यह नायाब तोहफा !

छोटी-सी मखमली डिब्बी का मैरून रंग चहचहाया।

उन्होंने डिब्बी खोली।

पैन सैट ! सैफर्स !

मैत्रेयी तोहफे से डर-सी गई। पारकर और सैफर्स नाम सुने थे, कीमत के लिए। ऊँची कीमतों की चीजों के नाम खूब याद रहते हैं। कभी देखने को मिलेगा ऐसा पैन,

सपने में न सोचा था। मगर अब सोच लो मैत्रेयी—उसने अपने आप से कहा—यह तुम्हारा भुच्च बुन्देलखंड नहीं, जहाँ अल्हड़ दूल्हे अपनी दुल्हन के लिए ही नहीं, उसकी सहेलियों के लिए भी यथा सामर्थ्य 'रूमाल-बटुए' ले आते हैं। उनमें मेवा भरकर सखियों को भेजते हैं और सारे गाँव की लड़कियों से अंतरंग राग जोड़ लेते हैं ! तुम भी वह गँवार लड़की नहीं, जिसकी सखियाँ एक रूमाल, एक बटुआ को ही सद्भाव और स्नेह की निशानी मानकर ताउम्र मित्रता निभाया करें।—मैत्रेयी पहले तो अनमनी हुई, फिर विचलित हो उठी—मगर मैं अपनी खिल्लीवाली सहेली राधा, सरजू और बालकुमारी भाभी को क्या दूँगी ? डॉक्टर से उनका नेग (हक) माँगूँ ? कहूँ कि सखियों का नेग शगुन होता है।

पागल लड़की ! डॉक्टर क्या सोचेगा—काग पढ़ाए पींजरा, पढ़ गए चारों वेद/जब सुधि आई कुटम की रहे ढेड़ के ढेड़।—इतनी दामी चीज और यह गँवार रूमाल-बटुआ माँग रही है। क्या खाक लिखी-पढ़ी है ? कब-कब की जोड़ी बटोरी इच्छाएँ मारती जा रही है मैत्रेयी। क्या उसका पुनर्जन्म हो रहा है और वह पिछले जंजाल (पाप) काटती चली जा रही है ! या डॉक्टर ही उसे नए साँचे में ढालने पर तुला है ?

दुल्हन ने कलम के सम्मान में सिर झुका दिया।

दूधिया रोशनी और सुखसेज !

पति ने पत्नी का आगा-पीछा खँगालना शुरू किया। वह थोड़ी-बहुत कसमसाई।

सभ्यता का पुतला बोला, "ब्रा नहीं पहनतीं ?"

"हट्ट ! शरम लगती है।"

"किससे ?"

"दुकानदार से।"

"किसी से मँगा लेतीं। विवाहित सहेली से।"

"विभा ने दी थी एक, फेंक दी।"

"क्यों ?"

"बम्बा नहाते में परेशान करती थीं। वैसे नहाते समय लड़के नहीं छेड़ते थे, उसे पहनकर नहाई तो वे कंकड़ियाँ मारने लगे।"

"कौन मारता था कंकड़ी ? कौन-कौन बताओ न ?"

"मुझे नहीं पता।"

"छिपा रही हो।"

"क्यों छिपाऊँगी ? तुम्हारा डर लग रहा है क्या ? मुझे तुमसे ज्यादा ताकतवर और तन्दुरुस्त लड़कों से डर नहीं लगा।"

"अच्छा ! वह कौन था, जो विदा के समय बस से सटकर रो रहा था। खिड़की से तुम कुछ कह रही थीं।"

"नीली कमीज और सफेद स्वेटर पहने था क्या ? पहने था तो वह युवराज था।

उसका स्वेटर मैंने ही बुना है। बस तीन दिन में पूरा कर दिया। उसे मेरे साथ ब्याह के लिए आना था न। रो रहा था...?'' कहते हुए मैत्रेयी का गला भर आया।

''वह कौन लगता है तुम्हारा ?''

''कुछ नहीं,'' मैत्रेयी ने जानबूझकर भाई का रिश्ता नहीं बताया। उसे चन्दना-कथा याद थी, उसमें भी कुँवरजी पूछते हैं—सकल क्या लगता है तुम्हारा ? चन्दना कहती है—कुछ नहीं और कुँवरजी उसको दो टुकड़ों में काट डालते हैं। सिर अलग, धड़ अलग।

काटे तो सही यह डॉक्टर। मैत्रेयी इसको काट देगी, क्योंकि वह चन्दना नहीं है।

पहली रात का दृश्य इतना ही था।

साथ रहते एक सप्ताह बीत गया, बहुत कुछ समझ लिया। मैत्रेयी क्या अबोध बच्ची है, कि महीनों रहकर भी कुछ समझ में न आए ? मानों कि वह गँवई दुनियां नहीं, मगर समझदार के लिए सारी दुनियाओं के भेद खुलते वक्त नहीं लगता।

अंगराग और रंगमहल जैसी दमकती-चमकती जादू-भरी झलकी तो थीं, मगर आसपास की हितैषी स्त्रियाँ खास कुटनियाँ थीं। उन्होंने ही दबी जुबानों से कई तोहमतें खोली थीं। मौहल्ले की लड़कियाँ, जो मैत्रेयी को बहू की तरह देखने आतीं, अपनी माँ-चाचियों के लिए उसके झाँसी में पढ़ते समय के अनेक किस्से ले जातीं। या किस्से नहीं होते-मैत्रेयी की सादा बातों में से ही अलीगढ़ की औरतें शक-भरे रेशे निकाल लेतीं।

और सबूत साथ में चिपकातीं कि इस बहू के पास डॉक्टर के घर से बाहर जाते ही गली के लड़के जुटने लगते हैं। सो क्यों ? आज तक इस गली में क्या, शहर में ऐसा न हुआ होगा कि नई ब्याही मनचले छोकरों के घेरे में बैठी गप्पें मारे और ताली पीटकर हँसे।

मैत्रेयी के पति को सारी हरकतें पता चल गईं है, तभी वे करेला चबाया-सा मुँह बनाए रहते हैं, और उसी में 'मार दूँ या छोड़ दूँ' वाले चेहरे के साथ घर में घुसते हैं। नीचे-ऊपर की किराएदार स्त्रियाँ रास्ता छोड़ देती हैं। गुस्सेबाज आदमी।

मौका पाकर डॉक्टर ने हमला किया—''प्रकाश जैप्रकाश क्यों बैठे रहते हैं ? जित्तो, साला महाहरामी क्या लेने आता है ? तुम तो आने के दूसरे-तीसरे दिन से ही इन लफँगों से दोस्ती कर बैठीं। हमारे भइया और पिताजी को अच्छा लगता होगा क्या ?

मैत्रेयी ने नजरें नीचे नहीं झुकाईं, पति को घूरकर देखने लगी।

—वे मुझसे मेरे कॉलेज़ की बातें पूछते हैं, और कहते हैं, इस गली की लड़कियों में तो ऐसी हिम्मत नहीं।

—कैसी हिम्मत ? बिना ब्रा, बिना ब्लाउज, खाली धोती पहने हुए दालान और आँगन में घूमने की हिम्मत ? सुनो, मैंने किसी आदिवासी लड़की से शादी करने के मंसूबे नहीं बाँधे थे। साले हरामी लड़के कॉलेज की कहानी सुनने नहीं, तुम्हारी देह की झाँकी लेने आते हैं। अच्छी मुसीबत हो तुम। कायदे से, तमीज से नहीं

रह सकतीं तो अपने यहाँ चली जाओ। चिड़ियाघर का जानवर शहर में कैसे रहे !

मैत्रेयी की घूरती हुई आँखें और बड़ी हुईं। 'चली जाओ' ने छाती में ऐसा घूँसा मारा कि तिड़ीबिड़ी हो गई।

फिर मन किया कि प्रकाश या जैप्रकाश से कहे—कोई एक मेरे साथ चलो, मुझे गाँव जाना है। उसकी कल्पना में वह इक्के में बैठकर अपने गाँव पहुँच गई। सबने आश्चर्य से देखा है, और वह रो रही है।

काश यह कल्पना सच होती। और माँ को बता पाती कि उसकी पसन्द का आदर्श दामाद असलियत में कैसा है ? जो घर उसके लिए खोजा है, वह गुफा है। गुफा के सँकरे द्वार पर जो पहरेदार तैनात है, वह पति ही है।

मैत्रेयी ने अपने सिर को झटका दिया और आँसुओं के जरिए चेहरे पर चिपक आई लट को परे फेंका। माँ को बता दे कि उसने औरतों की तरह घुटने-घुटने चलकर स्वर्ग नहीं देखा। वह पति की बाँहों के सहारे उठी-बैठी नहीं। बाहर निकलने के इरादे उस पुरुष ने भाँप लिये और बोला—मैं जानता हूँ, तुम्हें मेरे साए की जरूरत नहीं। सुन्दर गुड़िया के सपने देखनेवाले डॉक्टर के सपने चूर-चूर हो गए। माँ, क्या लड़की में तुम्हारा अंश बोलने लगा ? तुम्हारी कनपटी में घँपी सुई उसके खून में बहने लगी ? दिल-दिमाग से यह कैसा रोग लगा कि पति के मन से इतनी जल्दी उतरने लगी ?

गले तक घूँघट निकालकर बैठनेवाली बहू हो-हल्ला पर अमादा हो जाएगी, यह वहाँ किसे पता था ? सारा व्यवहार ही अनगढ़। अनपढ़ लड़की भी ऐसा नहीं किया करतीं।

मगर सच मानो माताजी, मैत्रेयी का इरादा हरगिज ऐसा न था। वह तो देवतुल्य पुरुष से लता की तरह लिपट जाना चाहती थी। उसके भीतर क्या प्रेम का अगाध जल नहीं था ? यह कहो कि उस अगाधता को ही न बाँध पाई। खूब कोशिश की सारा कुछ पति के चरणों में अर्पित हो, मगर आँखों की लालसा आँगन तक बह आई। अब आँगन में जो-जो खड़े मिले, हमउम्र साथी-सखा सहपाठी-से वे लड़के ! आँखें उजली हो आईं।

तौहमत यह कि घर को दाग लग रहे हैं।

लगता है माँ, लड़की की मनोदशा तुम्हारा दामाद क्या कोई भी पुरुष जान नहीं सकता। उसके मन में कौन-कौन और कितने रह सकते हैं, कल्पना के परे बात है यह। उन्हें क्या पता कि मैत्रेयी ने जब उनका चेहरा छुआ था, तब राघव का ध्यान आया था, चिकनाहट कुछ ऐसी थी। वे आए तो लगा युद्ध का सैनानी शिवदयाल आया, पदचाप से धोखा हुआ था। बाँहों के बन्धन वे बाजबहादुर से उधार ले आए थे। अलकी-झलकी हू-ब-हू नन्दकिशोर की।

फिर भी कहीं कमी रह गई। शायद यही घालमेल अहंकारी पति ने पहचान लिया। औरत से ऐसे घालमेल की उम्मीद नहीं की जाती, लड़की भी जान गई। मगर कह नहीं पाई कि विवाह-वेदी के सामने जलते हवनकुंड में उसकी इच्छाएँ तो क्या विस्मृतियाँ तक नहीं जलीं। यादें बिछुड़े पापों की पोटली, दिल से लगी, जबकि घर के पुरुष पंडितजी

से रोज सुबह पाठ कराते और बहू सहित सभी स्त्रियाँ सुनतीं कि स्त्री धर्म क्या है ? पति के प्रति एकनिष्ठता स्वर्ग की सीढ़ी है, हाँ स्वर्ग स्त्री के लिए नहीं बताया, इसलिए पति का साया ही स्वर्ग है।

मैत्रेयी किसी स्वर्ग की वासिनी हो क्या तुम चाहोगी माँ ?

माँ अदृश्य हो गई। केवल उसका स्वर था—द्रौपदी मत बन, द्रौपदी को लोग आसानी से नंगी कर लेते हैं, क्योंकि उसकी देह सम्मिलित सम्पत्ति मान ली जाती है। भूल जा साथी-सखाओं को। चरित्र पवित्र रख।

अपनी यादों का खात्मा कौन कर पाया है, भले यह व्यवहार ऊलजलूल लगे ? यादें जो दिल में बसी हैं, वे यादें नहीं, निःस्वार्थ प्रेम के साकार स्वरूप हैं। सहयोग की मिसालें हैं। विवाह ऐसी नायाब चीजों को खत्म कर दे तो विवाह से ज्यादा बड़ा पाप कुछ नहीं। तभी तो माँ, जो कहती हैं—अपने प्यारों को भूल गईं, फरेब देती हैं। झूठ बोलती हैं। पाप करती हैं।

सच्चाई डॉक्टर को पसन्द नहीं आती। क्या किसी पुरुष को नहीं आती ? सच बोलो तो मर्द का मान मर्दन होता है और मैत्रेयी ने इसी के चलते शामत से आँखें लड़ाई हैं।

दृश्य में पिया बाजूबन्द खोल रहे हैं।

कि पेंच और चूड़ियों के नए-नए अर्थ खुल रहे हैं। 'सालंकारा वधू' को देखकर रीझे थे, पर अपनी भूमिका में पिछड़ रहे हैं। सर्दी की रात जिस पुरुष को पसीना आए, उसका दिल कितना घबराया हुआ है, कोई भी समझ ले। पर राजा को सब क्षमा है।

मैत्रेयी ने खुद से कहा—पर्दा खुले और महारास का मंचन न हो, कहते हैं कि विवाह के लिए शुभ नहीं। जिन्दगी का चेहरा कुरूप हो जाता है। यह औरत की जिन्दगी का निर्धारित नाटक, जिन्दगी की शुरुआत जैसा है। भाग्य यहीं से धारण करना है। संस्कृत में पढ़ा था।

मगर यह डॉक्टर तो अजीब तरह से नई किताब के पन्ने उलटता है ! अपनी विद्या में पढ़ा क्या है ? राजकुमारी से बात होती थी तो वह यही कहती थी—डॉक्टर है वह, सब एक मिनट में...तुझे कुछ नहीं करना। राजा की मर्जी से रानी को उलटना-पलटना होगा।

मादा का स्वामी नर अपने शिकार को मनमाने तौर पर झिंझोड़ता है। पति का यही रूप होता है, तो पति का नाम जल्लाद या दरिन्दा होना चाहिए।

हाय प्रेम, आत्मीयता और लगाव-भरे स्पर्श नन्दकिशोर के साथ ही रह गए ? राघव चुरा ले गया ? यहाँ तो 'बिल्ली मारे पहली रात' वाले मुहावरे ने सारा बदन कुचल डाला।

मेहनत हुई, थकन लगी, मगर हुआ क्या ? कुछ भी नहीं।

प्रियतम पति की आँखों में खिसियान पट भर आया। गोरे चेहरे को हताशा की कालिमा ने घेर लिया।

दुल्हन को चिन्ता सताने लगी, क्योंकि पति को शर्म-सी लग रही थी।

मैत्रेयी क्या करे, क्या न करे ? मैदान से मार खाकर आनवाले बच्चे को माँएँ दुलराकर

कहती हैं—तू बहादुर है।

मैत्रेयी ने खुद ही आगे बढ़कर डॉक्टर को गले लगाना चाहा, क्योंकि जी भरकर तरस आ रहा था, जबकि पहली हार पर हँसी आई थी। मनमीतों की तरह दुलराने लगी।

मगर, वह जितना ही दुलराने की कोशिश करे, वे उतने ही दुत्कारें। दुत्कारते-दुत्कारते सद्‌भाव ऐसे तोड़ डाला जैसे किसी दुर्भावना के चलते लड़की ने पति से तालमेल न बिठाया हो। या कि उसकी गँवारू हरकतें सभ्यतादार शिष्ट पति का मूड खराब कर देती हों।

अफसोस-सा होने लगा। बैठी रही चुपचाप। कोई दोष निकाले तो आदमी धीरे-धीरे खुद को दोषी मानता ही जाता है। सो लड़की को भी लगा—हो सकता है, वही गड़बड़ कर डालती हो। सूर्यकिरन की बात कैसी सच हुई, जो कहती थी—ये मुँह और मसूर की दाल।

वह आगे बढ़ी। यह सोचकर बढ़ने लगी कि सदा की बैरन सूर्यकिरन को पटखनी देने जा रही है, जिसने सगाई के बाद व्यंग्य कसे थे और भविष्यवाणी की थी कि वह डॉक्टर इस गँवट्टो को निकाल बाहर करेगा।

मैत्रेयी को ऐसे कई दृश्य याद आए, जो उसकी स्मृतियों में घटित हो चुके थे और गाँव में लोकप्रिय काम कला के उदाहरण थे। कुछ न सोचा फिर, पिया को आनन्दलोक में खींच लिया। वे खिंच भी आए, क्योंकि सचमुच आनन्द पा रहे थे। सारी पर्देदारियों से मुक्त होकर जो आदिम दृश्य बना, उसमें थल नहीं जल-ही-जल था। जल की तरंगें उलटी थीं। उलटी लहरों की बात ने बिसात पलट दी। शृंखला की कड़ियाँ टूटीं। प्रियतम चकराए, मगर लड़की चकराने का मौका दे तब न ? लहरों पर लहरें चली आईं। सिलसिला बीच में टूटे तो भँवर पड़ जाएगा, यह बात डॉक्टर ने भी समझ ली।

"वंडरफुल !" महारास के चरम के बाद डॉक्टर ने शाबासी दी।

समाहार, सम्पन्न महूरतों में आपसी जुड़ाव का अध्याय प्रारम्भ पर है।

पति ने 'क्वेश्चन' पूछ लिया—'यह कौन-सी पोजीशन थी जानम ?'

लड़की ने पति की तरफ देखा नहीं। समझ लिया कि यह अनुत्तरित रात का अनुत्तरित भेद रहे बस।

खुशी के अतिरेक में पिया ने दुल्हन के गाल खूब प्यार से चूम लिया। आँखें भी मिलीं, आत्मविश्वास भी जागा।

लेकिन...

चाहत की चाहत करनेवाली मैत्रेयी को डंक मारा।

उफ् !

खतरा अपने पंजों के नुकीले नाखून लड़की के वजूद में घोंपने लगा। 'सरकार' बदले-बदले नजर आने लगे। सवेरे उठते तक आँखों की रतनार रंगत नीली पड़ गई। और धीरे-धीरे कंठ नीला होने लगा।

विष-वमन होने लगा, जबकि पत्नी अपनी स्त्री-व्यावहारिकता पर इतरा रही थी। खुद डाँड़ चलाकर नाव खेना और पार उतरना, उसके लिए यहाँ उपलब्धि के तौर पर आया, क्योंकि डॉक्टर को अपनी कलाएँ दिखा दीं।

अपनी माँ से क्या कहे मैत्रेयी ? सपना है, पर सपने में भी नहीं कह सकती कि पति ने शत्रु का चोला उसी रात से पहन लिया।

अगली रात उन्हें बुखार आ गया था, उनके अनुसार। मैत्रेयी के अनुसार बुखार से पीड़ित पुरुष से वह क्या कहे, क्यों छेड़े। उत्तेजना के दौरे कहीं नुकसान ही कर दें। दवा और हमदर्दी के सिवा इस रात को डॉक्टर के चलते दूसरी कोई जरूरत नहीं।

दवा के ज्ञाता पति, पत्नी की हमदर्दी, यानि की स्पर्श से चिढ़ रहे थे।

वह सोच रही थी, यह बुखार आगे-पीछे नहीं आ सकता था ? रंग में भंग हो गया।

बुखार था, जो आए ही रहा।

उनका स्वभाव था जो चिड़चिड़ा होता गया।

समय था, जो दिन बनकर सोता और रात बनकर मुँह फेर लेता। मिलन की कोई घड़ी हाथ नहीं आई। सारे महूरत बीमार हो चले। फिर भी छूने छुलाने की तमन्ना ने हार नहीं मानी उन्हें छुआ मैत्रेयी ने ढीठ की तरह।

"मैं कह रहा हूँ, मुझे मत छूओ, इर्रिटेशन होता है।"

"हाय ! अगर फूल कहे—मुझे मत तोड़ो, तो क्या उसे कोई तोड़ता ही नहीं ?"

"बातें मत करो। बातें मुझे परेशान करती हैं।"

वह अक्खड़ हो आई, "ए ऽऽ ! सुनो, तुम्हें रत्ती-भर भी बुखार नहीं। गाल एकदम ठंडा है।"

"तुम क्या थर्मामीटर हो ?"

हाय, यह पति वही है, जो प्यार करनेवाला नवरसिक झाँसी आने के लिए उतावला था ? उसे डॉक्टर की इन मुद्राओं का विश्वास नहीं और उस बेसब्र प्रेम का इत्मीनान नहीं।

क्या कुछ भी नहीं था ?

उसके लिए डॉक्टर के करवट हैं, जो पत्नी को पीठ दिखा रहे हैं !

दुख हुआ। दुख से ज्यादा अपमान लगा। क्या गलती हुई ? शायद दुराव-छिपाव की आदत नहीं, सो शिष्टाचार निभ नहीं पाया। मैत्रेयी को अपराधबोध घेरता है। अपना किया गलती लगने लगा।

"सुनो, मुझसे कोई भूल हुई ?"

"सो जाओ, परेशान न करो।"

"मुझे नींद नहीं आ रही।"

"नींद की गोली देता हूँ, नींद आ जाएगी।"

हाय रे सत्यानाशी, ठठरी बँधे, कढ़ीखाए...मैत्रेयी ने ब्रज-बुन्देलखंडी में जो गालियाँ सुनी थीं, वह सबकी सब डॉक्टर में दे मारना चाहती थीं। क्योंकि सोच रही थी—मैं यहाँ नींद की गोली खाकर सोने आई हूँ ?

उसने गुस्से के मारे पति को झकझोर डाला, "ए, सीधे लेटो और मेरी ओर मुँह करो। पहले बताओ कि ब्याह क्यों किया ? हमने पार लगा दिया तो नखरे पसारने लगे ? समझे रहना कि मुझे नखरे-वखरे अच्छे नहीं लगते।"

शायद कि गँवार पत्नी जोर से न बोल दे और भेद खोल दे, सोचकर पति ने उसकी ओर करवट लिया। मगर उसके बाद वे पुरुष नहीं, रबड़ के गुड्डे की भूमिका में आ गए।

"बोलते क्यों नहीं ?"

"क्या बोलूँ ?"

"कुछ नहीं रहा बोलने को ?"

"एक बात पूछूँ ?"

"दो पूछो।"

"यह नन्दकिशोर कौन था ?"

"क्या ? नन्दकिशोर ? वह यहाँ कहाँ से आ गया ?"

"तुम्हारे संग, तुम्हारी बातों में। जब देखो तब..."

"जब देखो तब तो मेरे दिल में तुम रहते हो। तुम्हारी बातें...झाँसी में लड़के तंग आ गए थे, तुम्हारा नाम सुन-सुनकर।"

उसने अपनी बात जोर देकर कही। उसने अपना पक्ष प्यार से समझाया। उसने डॉक्टर को इस तरह से मनाया।

मगर सन्देह का बीज नन्दकिशोर या कि नन्दकिशोर के नाम पर कोई भी लड़का। तीन-चार दिन में डॉक्टर ने उस बीज से बिरवा और बिरवे से शक का मजबूत पेड़ खड़ा कर लिया। जब देखो तब मैत्रेयी के गले को गुस्से की रस्सी से बाँधकर उस पेड़ से लटका दे। मनमाने झटके देता जाए।

सचमुच डॉक्टर ऐसे ही तड़प रहे थे। जिसे वे बुखार कह रहे थे, वह सन्देह का अजगर था। जो उठने न देता था, क्योंकि गुंजलक मामूली नहीं थी। जकड़ असर दिखा रही थी।

वह पूछनेवाली थी कि अपना मुकाबला कैसा रहा ? मगर डॉक्टर उसे परम्परा को रोंदनेवाली राक्षसी से ज्यादा कुछ नहीं समझ रहा। मैत्रेयी ने कॉलेज के पुस्तकालय में बैठकर एक किताब में पढ़ा था--पुरुष चाहता है, स्त्री निष्क्रिय रहे और वह जब चाहे सक्रिय हो जाए। उसका आनन्द पूरा होते ही वह फिर से मर जाए। इस धारणा को ध्यान में रखकर उसने कक्षा में प्रो. दरबारी सवाल पूछा था, लड़कियाँ पहले तो शरमाईं। फिर कक्षा में से उठकर चली गईं।

औरत की शर्म जैसी चीज मैत्रेयी के पास नहीं और पति ने उसे लज्जित करने की कसम खाली है, क्योंकि मैत्रेयी पति का पौरुष कीलनेवाली दुष्टा पत्नी है।

माताजी को नहीं बताएगी वह। माताजी शायद इन्हीं बातों से डरती रही होंगी।

हाँ, डर सच्चा था। उस रात का सवेरा अभी तक नहीं हुआ।

जबकि उस दिन नियमानुसार होनेवाला सवेरा था। डॉक्टर ने शादी से पहले ही जानना चाहा था कि मैत्रेयी को कौन-सी जगह पसन्द है ? उसने जवाब में लिख भेजा था--फतेहपुर सीकरी।

डॉक्टर ने मसखरी भरा पत्र लिखा था--शादी हुई नहीं, बेटे की आस कर ली ?

शेख सलीम चिश्ती की मजार पर धागा बाँधकर जोधाबाई सलीम माँगेगी ?

—नहीं।

—फिर ?

—तुम और हम बागों में घूमें। हाथ पकड़कर गीत गाएँ—हाथों में हाथ, होंठों पर अफसाने प्यार के/मंजिल को अपनी चल दिए दीवाने प्यार के।

—दीवाने किसके प्यार के ?

—सारी दुनिया के प्यार के।

—सारी दुनिया के माने 'मैं' ?

—सारी दुनिया माने मेरी-तुम्हारी सारी दुनिया।

पत्र लिखने की नई शैली ईजाद कर ली थी। एक-एक लाइन की चिट्ठियाँ लिफाफे में बन्द मुखड़े। युवराज मखौल उड़ाता था—पोस्ट ऑफिस की चाँदी है।

मगर आज।

जाने के लिए कपड़े रख रही थी। अटैची में कौन-कौन सी साड़ी रखे ? हरा रंग खास पसन्द है मैत्रेयी को। डॉक्टर ज्यादातर हरे रंग की साड़ी लाए हैं।

देवर ने पूछने के लिए नहीं पूछा था, उसे 'कुछ' मालूम था।

—कहाँ की तैयारी है ?

—जा रही हूँ, तुम्हारे भइया के संग।

—कहाँ ? हमें भी बताओ।

—फतेहपुर सीकरी।

—भइया तो गए।

—कहाँ गए ?

—ड्यूटी पर।

—छुट्टी पर थे।

—कैंसिल करा दीं।

अटैची का पल्ला खुला का खुला रह गया। देर तक बैठी रही। फिर खड़ी हो गई।

जिस चीज को छुए, वह थरथराने लगे। कि उसका ही बदन काँपता है ?

जिठानी ने मौके पर पकड़ा—तबियत खराब है क्या ?

देवर ने चुटकी ली—भइया चले गए हैं, सो मन नहीं लग रहा। अरे हम भी तो हैं। हमारी तरफ देखती ही नहीं।

शिकवे शिकायत की भाषा गुम हो गई है कहीं...वह कैसे बताए ? कैसे कहे कि देवरजी तुम्हारी भाभी भीतर-ही-भीतर मर रही है।

मरी हुई मैत्रेयी की आत्मा गाँव पर मँडरा रही है माताजी। यहाँ ब्याह के चलते मिलन के शुभ महूरत नहीं, पत्नी का मन मारते रहना ही पति का अभीष्ट है।

मन का मौसम बदला कि न बदला, डॉक्टर के व्यवहार में परिवर्तन आया। अन्य रातों जैसी एक रात का दूसरा पहर था, मैत्रेयी खिड़की के पास खड़ी सींखचों के पार आकाश में लटके कटे चन्द्रमा को देख रही थी। तारे आसपास न थे।

मगर अचानक जुगनू चमका।

वह चौंकी।

पति उसके कन्धों पर हाथ धरकर खड़े हो गए, "उदास नहीं होते जानेमन।"

मैत्रेयी डॉक्टर की भाषा से घबराती है, क्योंकि वे जब उसे बैठने को बोले थे पहले पहल तो कहा था—तशरीफ रखिए।

ऐसे में मिलन का महूरत नहीं बनता, आज शिकवा-शिकायत तो कौन करे। जब कुछ तड़का-भड़की जैसा किया अपने गाँव के ध्यान में समाई रही। आज वह कुछ नहीं कहेगी। बौछार करने का मन है, मगर अगला बूँदा-बाँदी से ही छींकने लगता है।

"आओ।" वे बोले।

"आ गई," मेरा क्या जाता है, उसने सोचा।

पलँग पर पहलू में बिठाकर समझाने लगे, क्योंकि अपने किए पर शर्मिन्दा होना भी कहीं तौहीन-सा लगता है पुरुष को, अपनी स्त्री के सामने। उसने चेहरा ताड़ लिया।

"देखो, बात की भूमिका बनाना मुझे आता नहीं। सीधे कहता हूँ, शुरुआत में थोड़ा विचलित हुआ था, क्योंकि संस्कार आत्मा से लिपटे-चिपटे पड़े हैं। जबकि जानता था कि कुँआरी लड़कियाँ, जो उछलने-कूदने, फलाँगने-लाँघने या साइकिल सवारी-घुड़सवारी करती हैं, उनकी वर्जिनिटी, यानि कि कौमार्य बचे, यह जरूरी नहीं। अकसर झिल्ली टूट जाती है। मेरा मिजाज बिगड़ा रहा, उस बात पर गौर मत करना।" कहकर वे साथ लाए कई पैकेट खोलने लगे।

रंगीन पैड-लिफाफे, छोटा-सा रेडियो और दो पैकेटों में बन्द दो ब्रा।

मैत्रेयी कल्पना नहीं कर पाई, व्यक्तिगत रूप से कोई इन चीजों को उसके लिए लाया है। दिल नरम हुआ, फिर पसीजने लगा। क्या तो पिघला कि आँखें नम हो आईं। उपहार, तोहफे लेने का सुख क्या होता है ? वह भी अपने से ! इन्हें नहीं पता कि अनेक मित्रों के रहते हुए भी वह पति के मर्दाने कपड़ों को ऐसे छूती है, जैसे स्पर्श करके महसूस करे, ये हमारे घर के पुरुष के कपड़े हैं, हमारे हैं।

सारे मलाल धुल गए। बस इतना ही अभिमान गिरह में था ? पागल है मैत्रेयी, नए चलन, नई बातों के अजूबे फैलाकर किस को दहलाना चाहती है ? जब न तब माताजी का रास्ता अख्तियार करने लगती है। नहीं सोचती कि विवाह नाम की संस्था सामंजस्य चाहती है, जो दोनों ओर से एक-दूसरे की इच्छा, गरिमा और दुख की हमदर्दियों से चलती है। डॉक्टर को माफ करना चाहती थी, माफ कर दिया।

कमरे में कुछ घंटे पहले रुदन मचाने को जी चाहता था, अब अनहद बजता है। सच में ही यह पुरुष उस मिट्टी का बना नहीं, जो स्त्री की स्वाभाविकता समझे।

"पसन्द आईं सब चीजें ?" वे मुस्कान के धनी किसी को भी छल सकते हैं।

भोली मैना टुकटुक देखती है।

"मेरी जान !" कहकर स्नेह से, मधुरता से और आवेग के साथ गले लगा लिया मैत्रेयी को। और वह गले लगी ही रही।

अबकी बार लड़की ने खुद को एकदम शान्त भूमिका में रहने दिया। अपने सक्रिय रूप ने बडी पछाड़ें लगाई हैं। पुरुष के लिए वांछित गुड़िया-सी आगोश में समाई रहे, यही अभीष्ट है।

"तुम मुझे बहुत पसन्द हो जानम।" कहकर बाँहें और कस लीं।

मैत्रेयी इसका क्या उत्तर दे ? या सोचे कि डॉक्टर कह रहे हैं, तुम आ गई हो तो पसन्द ही हो।

"यहाँ कुछ बेवकूफ लोग हैं, जो कह रहे है कि तुम्हारा फेस-कट अच्छा नहीं है। बदसूरत कह रहे हैं तुम्हें।"

स्वप्नाविष्ट स्थिति में किस चींटे ने नोंचा ? या डॉक्टर ही भरमाकर डंक मारते हैं ?

"कोई कुछ भी कहता रहे, तुम दिल पर मत लेना। मैंने तुम्हें पसन्द किया है, शादी की है, प्यार किया है। कितनी ही खूबसूरत लड़कियाँ खारिज की थीं।"

मैत्रेयी का सिर हिला-डुला। आलिंगन तोड़ दिया। पति के आगोश से झटका खाकर उठी। झनझनाता सिर अरमानों से जूझने लगा। अगर पसन्द किया है, शादी की है, प्यार किया है खुद ने, तो दूसरों का कड़ुवा सन्देश क्यों सुना रहे हैं ? क्या चाहते हैं, पत्नी समझे कि पति दया कर रहा है या अहसान ? जबकि लड़की मान रही है, जैसेकि हर लड़की इस उम्र में अपनी देह के बौराए बिरवे को सुन्दरतम मानती है। खुरदरी स्थितियों में भी कोमलता की चाह सँजो लेती है। डॉक्टर नहीं जानता कि खुद को अप्रतिम सुन्दरी मानना सपनों की रचना में सबसे ज्यादा मनभावन सपना है।

"कौन कहता है मुझे कुरूपा ?" चकित महूरत में उसने पूछा।

वे नाटकीय ढंग से मुस्कुराए और बहलाने लगे, "किस का नाम लूँ ? तुम यहाँ अभी किसको जानती हो ?"

'अपना नाम लो। मैं यहाँ तुम्हें अच्छी तरह जानती हूँ।'

वह गहरा साँस खींचकर रह गई, सारे संभ्रम टूट जो गए। एक वाक्य बोलकर ही पति ने आत्मविश्वास पछाड़ डाला। गाँव के लोग बूँद-बूँद आत्मविश्वास को किस तरह जोड़ते हैं, किसी को क्या बताए ? कभी तो इसी जोड़ने में ऐसी बेवकूफियाँ कर जाते हैं कि और भी दयनीय हो जाएँ। डॉक्टर आक्रमणकारी या पीड़क की भूमिका में आखिर किसलिए आए ? इसलिए ही न कि पत्नी खुद को कमतर माने, लज्जित रहे। एक-से-एक खूबसूरत लड़कियाँ क्या मैत्रेयी के कारण खारिज की थी ? वे खारिज कीं, इसके सिवा पराक्रम क्या किया ? मैत्रेयी से ब्याह किया, उपकार उसी के सिर लाद दिया। कभी यह तो पूछा होता कि ऐसा पराक्रमी उपकारी पति लड़की को चाहिए भी था या नहीं ? साफ क्यों नहीं कह देते कि अपने सम्मिलन की पहली रात खाए जाती है तुम्हें।

'यदि कहूँ कि तुम मेरी नहीं, मेरी माताजी की पसन्द हो तो निश्चित ही तुम्हारा

अभिमान हुँकार उठेगा। और आगे कहूँ कि मुझे तो वह इंजीनियर पसन्द था, जो माँ ने जिद और दहेज की बिसात पर धर कर हार दिया। कम-से-कम वह सच्चा तो था।

वह कमरे की खामोशी चीर डालना चाहती है, मगर वे सकपका गए।

''देखो तुम बुरा मान गईं। यहाँ लोग चेहरे की खूबसूरती पर जाते हैं। योग्यता को कुछ नहीं समझते।''

''कोई बात नहीं। तुम घबराते क्यों हो ?'' कहने के लिए मैत्रेयी ने कह दिया, मगर भीतर-ही-भीतर तड़प उठी। काश आत्मा भी ऐसी होती, जो ठुकराई पड़ी रहे। दुर्दशा होती रहे, परम्परा निभाती रहे। आखिर सुन्दरी होने का गुमान क्यों पालना चाहती है ? माना कि आबनूस जैसी काली नहीं, संटी जैसी दुबली नहीं, मगर अनिंद्य सुन्दरी भी नहीं।

मगर मलाल फिर भी खाए जाता है कि उसके साधारण रंग रूप को पति कलुषित क्यों करना चाहता है ? सामान्य होकर पैदा होना भी खूबसूरती है, पुरुष यह सब इसलिए नहीं सोचते, क्योंकि पुरुषों का बदसूरत होना माना नहीं जाता। पति शक कर रहा है, क्योंकि हर हाल में उसका सबकुछ पवित्र है। वह गन्दगी की खान भी मानी जाएगी, साफ-सुथरी बर्दाश्त जो नहीं होती। सेज से साफ-सुथरी उठने के कारण ही इस स्वर्ग में उसका चलन गुस्ताखियों और गड़बड़ियों से जोड़कर देखा जाने लगा। पत्नी की खुली मनोवृत्ति को अशिष्टता मानकर माफ कर दिया। अहसान किया, मगर पति उसको मनुष्य मानकर बराबरी नहीं देना चाहता।

'आगे सावधानियाँ बरतती चली जाऊँगी ?' सोचती हुई बेचैन है। बेचैनी में वे मीत दर्द की तरह उठे, जो न जाने इस मामूली लड़की की किस अदा पर कुर्बान थे ? किस वातावरण में रतिभाव पैदा हुआ था, आज तक मन में सँजोया हुआ है। क्या ऐसा माने कि वे साथी अपने अधिकार की कमी के कारण रीझे रहते थे ? विवाह के पहले या दूरियों पर बैठी स्त्री के किस भाव पर पुरुष मोहित रहता है कि पत्नी बनते ही उसे कसौटी पर घिसने लगता है ?

अपने शरीर को कौतुक से देखा करती थी, आज उसी से घृणा हो रही है। लड़की होने का दंश साल रहा है, क्योंकि शील-अशील की बात उठ खड़ी हुई है।

क्या पता था, माँ की कारा से मुक्त होकर मैत्रेयी सन्देहों के घेरे में आ जाएगी। बन्दिनी की यही भूमिका उसके भाग्य में है।

तो अब ?

वह पति के नजदीक है।

बातों-बातों में कह दिया—तुम्हारे मन में फैले जाल-जंजाल मैं समेट नहीं सकती क्योंकि सबके मन की अपनी-अपनी बनावटें हुआ करती हैं।

—मैं कब कह रहा हूँ कि समेटो—पति ने टेढ़ी गर्दन करके जवाब दिया।

—मैं अपने चलन को बदलूँ, यह जरूरी तो नहीं। शक्ल तो खैर कोई बदल ही नहीं सकता।

पति चुप रहे

—तुम मुझे स्वीकार कर रहे हो या नहीं, मगर मैं क्यों मानूँ कि तुम अस्वीकार कर रहे हो ?

—वैरी गुड। और कुछ ?

—अपने अभिमान को पालना-पोसना है तो हमें रानी बनाकर रखना होगा। यों दासी की तरह देखकर या जिन्दगी से बाहर धकेलकर बहादुरी का डंका बजा सकते हो, जैसे हर मर्द बजाना चाहता है।

—एकदम नहीं।

—मैं ऐसी ही स्थितियों के आगे फेंकी जाती रही हूँ, जहाँ किसी भी लड़की को बट्टा लगाकर खदेड़ दिया जाए।

—यह जुमला तुमने अपने स्वभाव और स्वाभिमान के विरुद्ध बोला है डियर।

—आगे सुनो, मेरा दोष यही रहा कि मैं औरत के रूप में भयानक खूँखार माहौल में डटी रही।

—वंडरफुल। यू आर ब्रेव।

—ऊपर से मैं जिस माँ की बेटी थी, उसका जीवन संघर्षों के हवाले रहा, भले मृत्यु का वरण करना पड़े।

—बस, बस जानम। बस इसलिए ही मैंने तुमसे शादी कर ली।

डॉक्टर ने खूब उत्साह में ताली बजाई और आगे बढ़कर मैत्रेयी को गले लगाकर खूब चूमा। चूमा और साथ में लिटा लिया। ये पुरुष लोग बात कम करते हैं, छूते-पकड़ते ज्यादा हैं।

—भई तुम्हारी माताजी तो जिन्दगी से डरती नहीं हैं, लड़ती हैं। मैंने उनकी कहानी तुम्हारी बुआ की जुबानी सुनी थी। चकित रह गया था, कैसे एक स्ट्रगल के बाद दूसरा, फिर तीसरा....खतरनाक किस्म के मोड़ दर मोड़...शादी और माँ बनना भी ऐसे ही मोड़ों में शामिल हैं।

मैत्रेयी का मन हुआ, सेज से उठ जाए। माताजी यहाँ भी कब्जा जमाए हुए हैं, जबकि दहशत भरे खेलों के सामने अब मैत्रेयी है। मन और शरीर को छिन्न-भिन्न कर डालने की हद तक। डॉक्टर माँ के गुण गाए चला जा रहा है।

अब विदा की बारी है। माताजी ने लिबउआ भेजे हैं।

मैत्रेयी गहने समेट रही है और अपने ऊपर आश्चर्य कर रही है। क्या किया जाए ? माना कि स्त्री मूर्ति के सामने मुग्धपुरुष, भोग के समय अपना सर्वस्व रख सकता है, क्योंकि आज्ञाकारी बालक-सा हो जाता है। लेकिन जब बराबर की दावेदारी हो तो भीतर-ही-भीतर शत्रुभाव से देखता है। कस्तूरी की बेटी ने अपने आप को समानता पर रख दिया है।

भूल गई कि चाची-ताइयों ने क्या कहा था ? मालिक के पीछे चलना लुगाई का

धरम माना गया है। गाँव का हलजोता आदमी तक अपनी जोरू का शील सौ तरह से परखता है। शहर के आदमी तो फिर अक्ल के पूतरा चतुर सुजान। बेटी, वहाँ खेत-खलिहान नहीं कि तू मेहनत करके बराबरी का दावा करे। पौहे मवेशी भी नहीं कि दूध बूँद में से चार पइसा निकालकर अपने खीसा में धरे। चार फुलकियाँ चूल्हे पर सेंकनेवाली और 'कल' से पानी निकालनेवाली और पक्के आँगन को झाड़ से बुहारनेवाली का कोई क्या गिनेगा ? सो लाली, अपनी चीज वस्त (जेवर) अपने कब्जे में रखना। जेवर लुगाई का धन होता है, किसी के बाप की अमानत नहीं।

और सोच लेना कि इसके बाद तेरे हाथ में कुछ आना नहीं। ब्याह-गौने ही आदमी जोरू को जवान मानकर कुरबान रहता है।

मैत्रेयी के हाथ क्या आया ? जाटनी चाची-ताइयाँ, अहीरनी भाभी-काकियाँ नहीं जानतीं कि ब्राह्मणों के घर की व्यवस्था क्या होती है ? गहने जेवर मर्दों के कब्जे में चले जाते हैं, औरतों के हाथ तुलसी की कंठी रह जाती है। रसोई की छूत-पाक और ठाकुरजी की पूजा-पाठ ही उनकी पूँजी है। क्या सिकुर्रा की कलावती चाची उपवास करती हुई रस्सी-सी दुबली होने के लिए तैयार होतीं ? बालकुमारी भाभी क्या मन्दिर जा-जाकर सूखना चाहतीं। हर समय कच्चा सकरा, पक्का चौका, यही कीर्तन।

मैत्रेयी से जेवर माँगे गए, वह नागिन-सी फुफकारी क्योंकि शीश पर कलावती चाची सवार थीं। मगर ऊँचे घरों की पवित्र कन्या का-सा व्यवहार इस घर में आड़े आ गया। क्योंकि जेठ-ससुर सब विनयपूर्वक बातें करते। पति उससे अदब से बोलते।

मगर फिर गुस्सा चढ़ा—ये लोग मीठे ठग हैं। जेवर दबाए बैठे हैं, सो कह डाला—"लाओ मेरे जेवर अभी इसी वक्त।"

पति पहले तो चकित हुए, फिर सहमे। उसके बाद गुस्सा आ गया—मैंने पढ़ी-लिखी लड़की से शादी की थी। तुम गँवार औरत की तरह जेवर माँग रही हो। जबकि तुम्हारी माँ इन बेड़ियों को कब की त्याग चुकी हैं।

—बेड़ियाँ ! तुम बेड़ियाँ लेकर मुझे ब्याहने गए थे ?

—खानदान, कुटुम्ब और बाप-दादों की भी कोई हैसियत होती है, बस उसके लिए ही ज़ेवर-गहने सोना-चाँदी होता है।—पति ने बात साफ की।

—और उसकी प्रदर्शनी करके वैभव की पताका लहराई जाती है, क्यों ? है न ? डॉक्टर खूब चिढ़े।

मैत्रेयी जानबूझकर ऐसा नहीं कर रही। वह मजबूर है, क्योंकि उसके भीतर जाटनियों, अहीरनियों की बेधक आत्माएँ बोल रही हैं—हम पताका-फताका कुछ नहीं जानते, बस अपना हक माँगते हैं। माँ-दादियों ने बताया है कि मर्द जो भी कील-काँटा ब्याह के समय दे, अपने कब्जे में रखो, क्योंकि वह सारी उम्र फोकट में काम कराता है। कुछ देना नहीं चाहता, मुफ्त में मजा मारता है।

डॉक्टर सकते में आ गए। मैत्रेयी की सूरत से बेजार तो पहले ही थे। अब दावेदारी पर उनका चेहरा मुरझा गया। 'गँवार' एक ढेले-सा शब्द उनके पास था, बार-बार उसे

ही फेंककर मारते और सोचते कि लड़की आहत हो जाएगी। नहीं पता था कि मैत्रेयी से टकराकर ढेला ही फूट जाएगा। पर्देवाली बहू बना रखी है तो क्या अपना वजूद भूल जाएगी ? सिकुर्रा में जन्मी और खिल्ली में पली-बढ़ी है, जहाँ की कन्याओं से विवाह करने के नाम पर आदमी दो बार सोचता है।

"लो।"

पति सारे जेवर ले आया। मैत्रेयी ने खोजी निगाहों से सोना देखा, मगर चकाचौंध नहीं हुई। सवाल उठा, सवाल किया, "करधनी कहाँ है ?"

"करधनी मामूली चीज नहीं कि तुम्हें दे दी जाए। साठ तोले सोने का दाम कितना होता है, हिसाब लगा लो। वह बन्दूक की छाया में आई थी, बन्दूकवाले के साथ गई।"

मैत्रेयी ठगी-सी रह गई। मन हुआ गाँववालों के चलन के हिसाब से कहकर जाए—करधनी लेकर आना, गौना तभी होगा। दूसरा ब्याह करोगे तो लाठी से सिर फोड़ दिया जाएगा।

संयोग भी कैसा जालिम था !

लिबउओं के हाथ माताजी ने एक चिट्ठी भेजी थी, छोटा देवर चिट्ठी लेकर आया। मैत्रेयी ने पढ़ी तो माँ के लिए मुँह से गाली निकली—सारे किए-कराए पर पानी फेरने वाली माताजी यहाँ भी कूद पड़ीं। लिखा है—जेवर मत लाना, उनकी रखवाली कौन करेगा ? चाँदी-सोने के छल्ला-चेन अनपढ़ औरतों के लालच होते हैं, जो उसे ही पूँजी समझती हैं। तू पढ़ी-लिखी है, सनद सर्टीफिकेटों की मालकिन। विद्या का खजाना तेरे हाथ है।

मैत्रेयी के हाथ में चिट्ठी थी, हाथ काँप रहा था।

क्या माताजी अपनी बेटी की प्रकृति समझती हैं ? नहीं तो चिट्ठी क्यों लिखी ? उन्हें जरूर पता है कि मैत्रेयी के दिलोदिमाग पर कलावती जाटनी जैसी स्त्रियों का राज है। तो माँ को यह भी पता होगा कि लड़की बड़ी जद्दोजहद से गुजर रही होगी।

मैत्रेयी के संघर्षपूर्ण मन से एक गुहार उठी—मैं जन्म से ब्राह्मण, जाटों-अहीरों के अक्खड़पन में उतरती चली जाती हूँ। माँ यह न समझना कि उतर जाना चाहती हूँ, कैसी तो रस्साकस्सी होती है। पढ़ते हुए यहाँ अलीगढ़ में ही देखा था, ब्राह्मण-बनियों की लड़कियों को किस तमीज तहजीब और झुकने-नबने की अदा से पाला जाता है, जैसे वे साँचे ससुराल में उनकी सफलता को ध्यान में रखकर बनाए हों। यह बात नहीं कि मुझे उस तरह का रवैया आता नहीं, या अख्तियार करना चाहती नहीं, मगर क्या करूँ, पता ही नहीं चलता कि क्या कर गई ?

माताजी, तुम माफ नहीं करोगी मुझे। मैंने तुम्हारे प्यारे दामाद से जेवर ऐसे धरवा लिये हैं, जैसे झाँसी के क्षेत्रों में डकैत-लड़कियाँ चीजें लूट लेती हैं।

पिया की हालत खराब है। रो रहे हों तो ताज्जुब नहीं, क्योंकि डर गए हैं।

उनका चेहरा देखकर किसका मन न पिघल उठे ? वे बेचारे डॉक्टर आदमी, संस्कारों के दायरों से दूर भागनेवाले, कभी जभी पिता का मन रखना चाहते हैं। चाचाओं के सामने परम्परा का निर्वाह करके उनसे वाहवाही पाते हैं। बस, मेरे और उनके बीच गड़बड़ी

पैदा हो जाती है। इसमें माँ का अंश कितना होता है, कोई इस डॉक्टर से पूछे।

कुछ भी हो गया हो, अपराध जैसा ही कुछ, फिर भी मैत्रेयी उनकी समर्पिता है। समर्पित मैत्रेयी है या वे हैं, मगर वे पत्नी को समर्पिता माननेवाले पुरुष हैं, सो मान रहे हैं। रात का जगराता और खेल-खेल में आनन्द का महोत्सव विदा ले रहा है, जो पुरुष के नखरों के साथ सम्पन्न हुआ करता था। वे दुखी हैं, बिछोह झेलने की कूबत पैदा कर रहे हैं।

पास आए।

सारे गुनाह माफ करके मैत्रेयी को गले लगा लिया और इस कदर भींचा, जैसे भींचने के लिए ही गले लगाया हो। प्रेम की कसावट में 'काम' की डोरियाँ बँधी हैं। संवाद कर रहे हैं—

''जो कुछ ऐसा-वैसा कहा हो, भूल जाना।''

''तो फिर कहा ही क्यों था,'' मैत्रेयी बन्धन में बँधी पूछ रही है।

''कह रहा हूँ कि जो कोई कष्ट पाया हो, याद नहीं करना।''

''तो फिर क्या याद करूँ ?''

पति ने कन्धे पकड़कर उसे आमने-सामने किया, ''यार, तुम बड़ी दुष्ट हो।''

''दुष्ट न होती तो रोक लेते ?''

'हाय, क्या कह गई ! कहते-कहते गला क्यों भर आया ? भीतर हूक-सी उठी है।

'सोना-जागना, लड़ना-रूठना, रोना-धमकाना...मुझे क्या कुछ न याद आएगा ? इतना अधिकार अब तक कहाँ मिला था ? सारे भ्रमों, सारे धोखों, सारी छलों के पार प्यार के सागर की हद पर खड़ी मैत्रेयी सचमुच इसी समुद्र में डूब जाना चाहती है, तुम से कैसे कहे ? शर्म जैसी शर्म कभी की नहीं, जैसे सारी शर्म यही एक वाक्य कहने के लिए जमा कर रखी हो—मुझे रोक लो अपने पास।

छोटे देवर ने दालान के बाहर आँगन में शोर मचा दिया—भाभी भइया के गले लगकर रोती हैं, हमने खुद देखा है।

च् च् च् करके अचम्भों की झड़ी लग गई।

हाय यह उलटी रीत।

यह बहू है ही उलटी। पीहर से विदा हुई, माँ से बिछुड़ी, रोई नहीं। चार दिन खसम का मुँह देखने को क्या मिल गया, नियामत पा गई। कलजुग-कलजुग !

देखा है ऐसा कहीं ?

मैत्रेयी घूँघट में दबी-ढँकी बहू, क्या जवाब दे ? जबकि जवाब उसके होंठों पर था—ऐसा नहीं देखा, माना , पर होता ऐसा ही है।

पानी में अगन जरै

छह महीने बीत गए, ससुराल से कोई न आया।

कोई लिवाने न जाए और बहू चली आए, यह भी तो लज्जा का विषय है। जैसे कि मैत्रेयी कोई गेंद हो, कोई ठोकर मारे और सामनेवाला लपके नहीं तो गेंद का गन्तव्य कहाँ ? न जाने किस खन्दक में, किस गड्ढे में, किस झाड़ी-झुरमुट में...? अपने जन्म की तुच्छता शर्म और अपराधबोध, जो अब तक दलन करते रहे, माना कि लड़की का खात्मा नहीं कर पाए, लेकिन यह भी तो नहीं हुआ कि अवहेलना, उपेक्षा और तिरस्कार उसके लिए अवान्तर हो गए हों। ऐसे दृश्यों का सत्य वह माताजी को नहीं समझा सकती, क्योंकि माताजी उसकी दुर्गति को 'अपने किए का भरना' ही मानेंगी।

दिल में उठता मलाल चारों ओर से घेरता है। महज दस रातों, दस सुबहों, दस शामों के कालचक्र में जीवन ने पूरी परिक्रमा कर ली ?

'मैं पति का हाथ थामकर चलना चाहती थी, हाथ पकड़ नहीं पाई' क्या इस त्रासदी को कोई समझेगा ? ब्याह हो गया, संग-साथ का दावा हो यह जरूरी नहीं। किसी के मन पर हक-अधिकार के दावे दुनिया में कहाँ होते हैं ?

भूल हुई, लड़की ने अपनी मामूली सूरत से विशेष आशाएँ जोड़ ली थीं। सबके चेहरों की लकीरों में सौन्दर्य नहीं माना जाता जैसे सबके हाथों की लकीरों में भाग्य नहीं हुआ करता। न सबकी चाल-ढाल मनभावन होती, प्रकृतिगत सपने और आकांक्षाएँ भी झूठी पड़ जाती हैं। कैसे सोच संकल्प किए, जैसे उसके हृदय से छलकते हाव-भावों का पावना भी उतना ही लबालब हो, जितना कि वह अपने पिया को रसमय कर डालना चाहती है !

'माँ, मैं अच्छी लड़की नहीं मानी गई' कमरे में धरती पर बैठी मैत्रेयी माताजी को पास से गुजरते देखकर आपबीती कहना चाहती है। लेकिन माँ संसार की माँओं की तरह अगर यह पूछ बैठे कि—तूने जँवाई का कहना माना था बेटी ?—तो क्या कहेगी मैत्रेयी ? यही कि उसने तुम्हारे जँवाई से अपना कहना मनवाया था। कह पाएगी ? यहीं बिसात उलट जाती है। कायदे पलट जाते हैं। स्त्री जीवन की उलटी इबारत नहीं पढ़ना चाहता पुरुष, माताजी ने कितनी बार कहा था—ब्याह कर रही हो तो ब्याहता की तरह रहना होगा। अपने पति को सदा खुद से ऊँचा समझना और आगे रखने की

कूबत पैदा कर लो।

माताजी कहेंगी—वाह ! पति के साथ रहकर अपना पलड़ा भारी रखोगी, यह नहीं हो सकता। कम-से-कम अभी तो यहाँ का धरती-आकाश ऐसा नहीं है, जो तुम्हारी इस खतरनाक मंशा को मंजूर कर ले और बिना फटे, बिना टूटे शान्त-सुन्दर बना रहे।

तभी न हो गया, सबकुछ बदसूरत हो गया !

प्राणपुरुष ने बातों ही बातों में यह जता दिया कि यदि तुमने लड़की का जन्म लिया है तो लड़की के उसी साँचे में ढलकर आना था, जिसे एक पुरुष और पुरुष समाज सराहता है। रूप और गुण (लज्जा, सहनशीलता और त्याग) तुम्हारे जीवन की अनिवार्य शर्त हैं। उसी से किसी आदमी का घर सजता है। इज्जत होती है, स्तर बनता है।

'तुम को गली के लोग बदसूरत मान रहे हैं और मेरा मखौल बना रहे हैं।' कहकर मैत्रेयी की औकात दिखा दी थी एक ही वाक्य में ! यही एक वाक्य उसकी साँसत हुआ जाता है। क्योंकि उस समय न तो पति चिढ़ाने-रुलाने का खेल खेल रहे थे और न उनके हँसने के स्वर में लापरवाही थी। साथ ही उन्होंने पत्नी को मुग्ध भाव से देखना छोड़ दिया। पास बस चोर नजरें रह गईं।

'तुम लड़की होकर भी...' अपने पुरुष के कहे शब्दों को आँचल की गाँठ से क्यों खोलकर नहीं फेंक देती मैत्रेयी ? उसे भी बात का बतंगड़ बनाने की आदत है। कहा तो क्या गलत कहा ? उसने लड़की होकर लड़की की मर्यादा मानी ? इतना भी नहीं किया कि घुटने ही सिकोड़ लेती। पति ने ऐसी पत्नी के सम्मिलन की कहानी कभी सुनी होगी ? उनके समाज में ऐसा सुख-सम्भोग हुआ होगा ? किसे ऐसी खतरनाक खुली हुई चुनौती पसन्द आएगी ? पति के किस अभाव को पूरा कर रही थी कि उनके भाव अनुभावों को रौंद डाला। देह आत्मा और प्रेम को जैसे बगावत में बदल डालने की नीयत रही हो।

'बेशऊर लड़की !' साथ की सखियाँ कहेंगी। न यकीन हो तो जिक्र करके देख ले। कुमुद चतुर्वेदी का ब्याह हुआ। सैमिस्टर, किताबें नहीं, पति के प्रेम-पत्रों को पढ़कर पूरा किया। गम नहीं, 'सप्ली' आई। अथाह प्यार का खजाना तो मिला। सूर्यकिरन शादी के बाद सीधी शिमला चली गई हनीमून के लिए। आई तो पूरा एलबम भर तस्वीरें लाई। एकदम साधना और राजेन्द्र कुमार की फिल्म के लवसीन।

प्राणप्रिय ने तो एक भी फोटो नहीं खिंचवाया उसके साथ ! शादी के समय तो गाँववालों ने ही ऐतराज़ किया था कि गाँव में ऐसी प्रथा का चलन न डालो, वैसे ही तमाम रीतियाँ कस्तूरी ने तोड़ डाली हैं। यहाँ आकर उसने अपने मुँह से कहा था—फोटो नहीं खिंचवाओगे संग-संग ? अभी तक किसी लड़के के बराबरी में बैठकर तस्वीर नहीं खिंचवाई क्योंकि तुम्हारे पहलू में बैठकर फोटो उतरवानी थी।

मैत्रेयी की भोली अदा पर कुरबान हो गए हों जैसे उनके प्राण, बोले—जानेमन, दिल के आईने में तस्वीरे-यार, जब जरा गर्दन झुकाई देख ली। कागज पर उतारे गए चेहरे कितना दिल बहलाएँगे ?—वह मान गई, यही है प्यार का प्रबलतम रूप।

तब इस बात को दिल से न लगाया था, आज वही दीमक की तरह दिमाग चाट रही है—'मुझे क्या पता था कि दुनिया की बेरहमी ही मेरे भीतर असीमित प्यार भरती जाती है ? पर यह मेरे वजूद पर प्रश्नचिह्न क्यों लगाती जाती है ?

मामूली शक्ल-सूरत ही कारण है तबाही का ? पति पर पड़ती काली छाया-सी लड़की उनकी तमाम चमक-दमक पर ग्रहण-सी लगनेवाली है ? क्या जरूरत थी माँ ऽऽ...ऐसे सपने देखने की ? सपने देखने से पहले आदमी को अपनी औकात देख लेनी चाहिए। माताजी ने अपनी बेटी को हर उस माँ की तरह सुन्दर माना, जिसे संसार में अपनी औलाद से ज्यादा सुन्दर कोई नजर नहीं आता। कैसे बताए मैत्रेयी कि माँ तुमने अपनी बेटी पर जुल्म किया है। ऐसे सपने वे ही देख सकती हैं, जो पुरुषों की स्वप्नसुन्दरियाँ होती हैं। हमारी दुनिया में यह सहूलियत कहाँ...

उसकी डरी-डरी-सी असह्य आकांक्षाएँ दाएँ-बाएँ होने लगीं। जीवन में कभी ऐसा देखा नहीं, सोचा नहीं, महसूस नहीं किया कि प्रेमी दुश्मन बन जाए। यदि यह बात पति को पता चल जाए कि वे मैत्रेयी के चलते किस भूमिका में हैं, तो क्या उनके मनोभाव बदलेंगे ? पत्नी के प्रति पति की चिन्ता हो, यह जरूरी तो नहीं। चिन्ता नहीं ही है, तभी नहीं आए। सच में ही ये प्रेम के कोमल अदृश्य धागे नहीं, मजबूत यन्त्रों से ठोंक-पीटकर, आग और घी से जला-तपाकर बनाया गया फौलादी ठोस सम्बन्ध है, जो सबको दिखता है, सब मानते हैं, यही इसकी विशेषता है, कोई मन में माने या न माने।

तो भावनाओ कोटर छोड़ो, तुम्हारा बसर यहाँ नहीं। आशाओ दामन छोड़ो, यहाँ तुम्हारा गुजर नहीं। विश्वास साथ-साथ मत आओ, तुम्हारी जरूरत नहीं। इस रहगुजर पर मेरी देह सफर करेगी, यदि कर पाएगी तो। दुर्बल क्षणजीवी सपनों को त्यागकर मैं तैयार होती हूँ।

माताजी अब की बार पास से गुजर नहीं गईं, ठिठक गईं।

"लाली, कब से बैठी है तू ! मेरे जाने का टाइम हो गया। चाय नहीं पिएगी ? बना लेती जल्दी तो मैं भी पी जाती। वनगाँव में कैम्प लगा रहे हैं, तू भी चलती तो..."

मैत्रेयी ने आँखें फैलाकर माँ को देखा—माँ तुम जान गई हो कि वह आदमी...

माताजी चप्पल पहनकर बैग लिये हुए बिना समय नष्ट किए बाहर निकल गईं, जैसे समय नष्ट करनेवाली लड़की से आजिज आ गई हों। आजकल वे उसे बेकाम-नकारा की तरह देखती हैं और सलाह देना चाहती हैं। जबकि जानती हैं कि उनकी रौब्य सलाह मशवरे लड़की को जहर लगते रहे हैं।

'वह पुरुष मीत नहीं, दुश्मन है, माना, लेकिन मीत और दुश्मन दोनों को ही तो नहीं भूल पाता आदमी। दोनों को लेकर आहत अभिमान आड़े आता है। मैत्रेयी ने दोनों स्थितियों का अनुभव किया है। पहली हालत में वह उत्साह, उल्लास और खुशी से ऐसी पीड़ित थी कि स्वाभिमान का नामोनिशान मिटा जाता था। दूसरी स्थिति में ऐसे क्षणों से गुजर रही है, जिसमें दुख, सन्ताप और शोक नस-नड़ियों को कुचले डाल रहे हैं।

किस तरह बचे ?

रात-भर जागकर सोचती है, दिन-भर बेचैन रहती है। अपमान का बरमा चलता ही रहता है। किसी रक्त-भरे गहरे सूराख को छू लिया उसने। दर्द में स्मृतियाँ छिपी हैं। किसी याद ने घाव सहला दिए—ब्याह की विदा के पहले जब लड़की की स्वीकृति-अस्वीकृति की ले-दे मची थी, तब क्या किया था उसने ? स्त्री होकर स्त्री का हक जताया था न ? अपने हक को लेकर वह शरमाना-झिझकना क्या दस दिनों के दौरान अलीगढ़ से सीख आई ? माहौल ने ऐसा शिकंजा कसा कि पाँव रुके तो रुके, हाथ और कलम का तालमेल टूट गया ? क्या चूड़ियों की चमक और छनक ने ऐसा भरमाया कि लिखावट की बात भूल गई ? पवित्र परिवार का दर्शन हुआ, खुद को नापाक समझकर तिरस्कृत कर रही है ? नैसर्गिक इच्छाओं के चलते औरत का मनुष्य रूप पाप मान लिया, क्योंकि वहाँ दिव्य सतीत्ववाली स्त्रियाँ थीं।

'तुम्हारे भीतर बहुत कुछ निन्दनीय है मैत्रेयी क्योंकि कुलशील परम्परा का व्यावहारिक ज्ञान नहीं। नैतिक परिवेश नहीं मिला, यही तुम्हारा दुर्भाग्य है। 'कैरेक्टर कोड' जो लड़कियों पर लागू होता है, तुमने माना नहीं। ऊपर से मुनादी भी की।' अपने अभिन्न मित्र मदन मानव की ये पंक्तियाँ उसके दिल पर खुद गईं। अब पछताती है कि उसने अपना गोपनीय प्रसंग मानव को क्यों बताया था, वह भी तो पुरुष है।

वह पुरुष इसलिए ही मित्र है कि स्त्रियों की गोपनीय यन्त्रणा को समझता है। जो व्यथा को समझता है, वही तो सखा होता है। समभाव रखनेवाला। संवेदनशील।

क्या डॉक्टर संवदेनशील नहीं ?

ऐसा कौन-सा मनुष्य है जो संवेदना से जुड़ा न हो। ऐसा नहीं है तो वह मनुष्य कहाँ से हुआ ?

उनकी संवेदना दूसरी ओर हो, बहुत सम्भव है।

अपने घर-परिवार, अपने माहौल और अपने संस्कारों के प्रति हमदर्दी रखते हैं वे, तभी तो किसी परम्परा की टूटन-फूटन पर बिलबिला उठते हैं। अक्लमन्द हैं कि तकलीफ को दिखाते नहीं। कौशल के धनी हैं कि नामालूम-सी बात कहकर डंक मार देते हैं। यही आदत है डॉक्टर की, मैत्रेयी ने दस दिन में यही समझा है।

लेकिन...मानव ने कहा था या उसके सोए भाव जगाए थे—तुम अपनी विद्या भूल गईं मैत्रेयी ?

—कौन-सी विद्या ?

—लिखने की। वे तुम्हारे शब्द संधान, आकाश को भेदनेवाले वाण। दिल से, होंठों से, आवाज से दर्द को पोंछ दो। अपनी अचूक कला दिखाओ न। पत्र लिखो। स्त्री का पत्र स्त्री से ज्यादा असर दिखाता है। तुम्हें क्या पता पुरुष इसकी कितनी प्रतीक्षा करता है।

—कविता कर रहे हो, कि सीरियस हो ?

—कविता सीरियस नहीं होती ?

—तो तुम्हें भी लिखूँ पत्र ? इनडायरैक्टली कह रहे हो ?

—पहले अपने महानुभाव से ही निपट लो।

वे आए। यानि कि डॉक्टर !

अपनी लेखन-कला पर मुग्ध लड़की तितली की तरह नाची। यार का दीदार ईश्वर की तरह किया। हालत ऐसी ही थी, जैसे जीव और आत्मा एक-दूसरे के लिए तड़पते रहे हों। हृदय के उद्गमस्थल से यह तत्त्व फूटता है, मगर अवाक् वह।

भौंचक्की-सी देखती रह गई। गाँठ में दुख और व्याकुलता के सिवा कुछ न था। किसी प्रतिकार की चेष्टा से निरुपाय ! रूठे, छिटके या रोए ? संवेगपूर्ण घड़ियाँ से जूझे, ऐसी ताकत किसके पास है ? हो सकता है, इन अदाओं से पुरुष हार जाता, मगर मैत्रेयी को यह सब आया ही नहीं। छाती दरकती रही, वह सख्त बनी रही। स्थितियों का प्रशिक्षण ही ऐसा रहा कि स्त्रीपन के लिए माने जानेवाले टोने-टोटकों का खात्मा कर गया। अपनी स्मृति कथा में नाज-नखरों का बसर ही कहाँ है ? हालातों ने मोहलत ही नहीं दी कि ओट लेकर शरमाती या नजरें मिलाकर बल खा जाती। देह भरती गई, मन खाली-खाली ही रहा। कितने यत्न-प्रयत्न किए, अदाएँ पास नहीं फटकीं।

चलो एक बार फिर...

मौका है। चैत की सुन्दर रात है, जो बुन्देलखंड का नीरव खजाना है। तालबेहट का वनप्रान्तर प्रकृति और सौन्दर्य का हेल-मेल माना जाता है। डॉक्टर सुन्दरता के शिकारी... मैत्रेयी के अगाध मन में उदारता का ज्वार आया। दिल की अदालत में सारे फैसले पति के पक्ष में गए। चन्द्रमा और तारकों की कविता बुनी।

माँ के घर का अनुशासन ठीक से सध पा रहा है या नहीं, यह दुविधा उसकी कविता में कहीं नहीं थी। फलाँगने की विद्या खुद-ब-खुद आ गई, आनन्द का जुनून ऐसा ही होता है। पेड़ों के झुरमुट और लता-बल्लरियों में लुक-छिप जाने का खेल ही जीवन का हासिल बना। साध यही थी कि अपने प्राणपुरुष की मनभावन अदा का मंचन हो।

गोरे लाल, माताजी के यहाँ चपरासी। बुलाया चुपके से, और कहा—

"ताँगा ला सकोगे ?"

"इत्ती रात !"

"ला सकोगे कि हम पैदल ही चले जाएँ ?"

चपरासी, माँ-बेटी के आदेश में फर्क करता है। मगर आज बेटी के साथ एक पुरुष था आदेश में ताकत-सी भर गई। इसलिए कोई लापरवाही नहीं हुई।

इधर डॉक्टर पूछे रहे थे, "तालबेहट का मतलब क्या होता है ?"

वह मुस्कुराई। अर्थपूर्ण निगाह से देखा और कहा, "सरोवर और बीहड़।"

वे यकायक बोल पड़े, "अरे ! तुम्हारे यहाँ के कस्बे भी तुम्हारी तरह के !" कहने के बाद इतना मधुर मुस्काए कि मैत्रेयी के सारे शिकवे सूखे पत्ते-से झर गए।

गोरे लाल सामने था।

वह चहकी, "ले आए !"

"बिट्टी !" गोरे लाल का अफसोस भरा स्वर जैसे गुफा में से आ रहा हो।

"नहीं मिला ?"

''माँजी नाहीं करती हैं।''

''ना...हीं !'' मैत्रेयी आहत भाव से ताकती रह गई।

''हाँ, इत्ती रात में जंगल जाना, जिनाउर का डर !''

''अरे, डर हमारे ही लिए है क्या ? तमाम लोग तो जाते हैं, कह देते।''

''तुम कह दो बिट्टी।''

गोरे लाल भी इस बिट्टी की औकात जानता है कि वह कुछ कह नहीं पाएगी, भले लड़ ले। बस ऐसे बिगड़ जाते हैं उसके काम। जीवन की लय ऐसे ही सिमट-सिकुड़ जाती है। जी-जान लगाकर भी यह अविश्रान्त युद्ध खत्म नहीं होता। जबकि जरा-सी शान्ति और चुटकी-भर चैन के सिवा चाहा भी क्या है ? किसी को खुशी देकर खुश होने का मुगालता बन रहा था कि माताजी ही चील की तरह झपट ले गई वह मौका। मगर वे इस अवसर को छीननेवाली होती कौन थीं ? पति सामने न होते तो सचमुच वह तूफान खड़ा कर डालती। अब तो हालत यह है कि बिगड़ी हुई छवि को ही सुधारने की मशक्कत करनी है। सुशील और सहनशील लड़की का चोला धारण करके दिखाना है। लड़नें-झगड़ने का फूहड़ प्रदर्शन हर हालत में भारी पड़ेगा, भले वह डॉक्टर के आनन्द के लिए ही हो।

वह जानती है, माँ का मन दामाद के लिए खूब है।

दामाद भी कम छाँकटा नहीं, माताजी के लिए बढ़िया साड़ी और दौरा करने के लिए छोटी अटैची लाया है।

देखकर क्या कह रही थीं माताजी, वह देख-सुन रही थी—गौरा, देख, देख गौरा यह मेरे लिए। मैं पहन पाऊँगी रेशमी साड़ी।

गौरा बोली—क्यों नहीं पहन पाओगी ? रंग तो सफेद ही है।

माताजी साड़ी अपनी बाँहों पर डाले हुए। चेहरे की रंगत भी साड़ी की तरह उजली-उजली हो चली कि साँवले रंग की माँ गोरी दिख रही थीं।

—लाली, तू पहनेगी यह ?—माँ ने मैत्रेयी की ओर न देखकर डॉक्टर की ओर देखा।

—वह क्यों पहनेगी ? मैं तो तुम्हारे लिए लाया हूँ।

माताजी की छोटी-छोटी आँखों में बड़ी-बड़ी खुशियाँ जगमगाई हों जैसे। कभी गौरा को देखें, कभी डॉक्टर को और बार-बार साड़ी को। मैत्रेयी की ओर एक भी बार नहीं देखा, जबकि वह उनसे सटी खड़ी थी। पाँव पटकती हुई चली गई फिर वहाँ से। हालाँकि दूसरे ही पल सोचा था—मैं माँ से जल उठी क्या ?

...मगर माताजी को कम पैज नहीं। जान गईं कि मैत्रेयी डॉक्टर को घुमाने ले जाना चाहती है, गोरे लाल को ताँगा नहीं लाने दिया। सावधानियों के हवाले डाल रही हैं, खतरनाक जानवरों का बहाना ले रही हैं, कि डॉक्टर बुरा न मान जाएँ।

लड़की की किसी भी तरह की उदारता को पार नहीं उतारने देंगी। डॉक्टर के प्रति उसके कर्तव्य को पूरा नहीं होने देंगी, मैत्रेयी मान चुकी है।

आगे कोई निवेदन किया जाए, इच्छा ही नहीं हुई।

बोर होकर डॉक्टर खुद ही भाग लेगा।

मगर—

—गौरा, ताजा बड़ी बना लेना। और चावल का पुलाव। तू हाथ की रोटी अच्छी बनाती है, मेहमान को खिला दे आज। मैं बाजार जाकर पड़ोरा ले आऊँ। यहाँ की खास सब्जी लल्लू खाएँगे तो ताज्जुब करेंगे कि पड़ोरा करेला हैं या परवल ? और सुन, पड़ोरा मैं बनाऊँगी।

पिछले वाक्य को मैत्रेयी ने मन-ही-मन दोहराया—पड़ोरा मैं बनाऊँगी—यानि कि माताजी बनाएँगी, जो अपने हाथों चाय तक नहीं बनाती, अपने लिए भी नहीं, भले बाजार में पी आएँ। आय हाय, दामाद न हो गया देवता हो गया।

गौरा की आवाज आ रही थी—चलो, तुम्हें खुशी तो मिली। दामाद के बहाने ही सही, बेटा घर आया। और ऐसा दामाद सबको मिले।

—गौरा !—माताजी सखी का नाम लेकर रह गईं। जो सोच रही हैं, कह नहीं पा रहीं। क्या कहना चाहती हैं अब ? मैत्रेयी ने कान बिछा दिए।—गौरा, इस घर में मुद्दतों से कोई मर्द नहीं...औरतों के बीच हम औरतें ! लल्लू आए तो घर भर गया। मर्द का आना कैसा होता है, यह तो देखा था। पर किसी मर्द का अपना बनकर आना कैसा होता है, सो अब देख रही हूँ।—सुनकर मैत्रेयी खिसिया गई।

देखो, खूब देखो। वह मिसमिसाई। मैं अब दिखा ही दूँ कि अपना मर्द किसका अपना है ? खुद ही ताँगा ले आऊँगी और उन्हें लेकर माताटीला उड़ जाऊँगी। तुम पीछे-पीछे दौड़ना रोकने के लिए।

मैत्रेयी ने क्षमा-याचना वापस ली, जो डॉक्टर को ताँगे में बैठाकर न ले जाने के लिए मन-ही-मन की थी। माँ अब कितना ही हमला करें, वह पीछे नहीं हटेगी। वे उसकी चेष्टा छिन्न-भिन्न नहीं कर सकेंगी।

अब कोई दया-करुणा की माँग नहीं, कोई हाहाकार नहीं। दिल के डर को दोष की तरह काट फेंकना चाहती है। बड़ों से दहशत मानो, यह प्रशिक्षण ही पटकता आया है। वह डरी बैठी रहेगी, डॉक्टर चला जाएगा। कितनी बड़ी चीज खो जाएगी। लड़ाई खत्म हो जाए, यह भी नहीं होगा तब भी यहाँ जिदें जीवित रहेंगी।

मेरे सामने इस समय सबकुछ धुँधला-धुँधला है। लग रहा है, एक जीते-जागते दृश्य पर काला पर्दा माँ की मार्फत गिराया गया है।

डॉक्टर नहाए-धोए और इशारा किया—कपड़े तुम धो देना। तुम माने मैत्रेयी। यह भी संकेत दिया कि माताजी और गौरा कपड़ों को हाथ न लगाएँ, आखिर बड़ी हैं, बुजुर्ग हैं और स्त्री हैं। और यह भी जता दिया कि अटैची में से उनके कपड़े निकाल लाओ।

मैत्रेयी ने पलटकर देखा—माँ टुकटुक डॉक्टर को देख रही हैं। बहुत-से आदमी नहाते, बदन पोंछते देखे हैं, कोई अपना नहाए, बदन पोंछे, कपड़े पहने, अपने ही घर

में, अपने ही सामने...कैसा-कैसा लगता है !

हाय माँ, मैं तुम्हें अब तक क्या समझती रही ? जोगिन-वैरागिन गृहस्थ विरोधी। तुम तो सारा मामला उलटे दे रही हो। गौरा भी स्त्री है, वह भी शायद जो दिखती है, वह है नहीं। क्या सारी औरतें ऐसी ही होती हैं ? नहीं तो यह रूप कभी दिखाया क्यों नहीं, जिसे आज चाहकर भी नहीं छिपा पा रही। या तुम्हारी छुटी-बिछुड़ी इच्छाएँ डॉक्टर के बहाने उड़-उड़कर इस घोंसले-घर में आकर जुड़ी जा रही हैं ?

मैत्रेयी ताँगा लेकर जाना चाहती है और यहाँ आवभगत मची है।

खाना खाकर डॉक्टर विश्राम के लिए लिटा दिए गए।

—लाली आ जा खाना खा ले—माताजी ने आवाज लगाई।

—आती हूँ। कपड़े धोकर डाल आऊँ।

—फिर धो लेना—गौरा ने कहा।

—कपड़े कहाँ हैं ?—बाहर मोरी पर खड़ी मैत्रेयी पूछने लगी।

—अलगनी पर सूख तो रहे हैं—माताजी ने कहा।

—अरे ! किसने धो दिए ?

माताजी चुप। गौरा ने भी कुछ बताया नहीं।

मैत्रेयी के पाँवों में झुनझुनी-सी चढ़ गई।

क्या कहे माँ से ? विवाहिता होने ने ऊपरी रोष दबाए रखा। कुँआरी होती तो गुस्सा दिखाकर मानती। गहरा साँस लेकर सोचती है मैत्रेयी—मुझ जैसी लड़की को बन्धन दोनों ओर से बाँधता है। माताजी को इज्जत के सिवा दे ही क्या सकती हूँ ? लड़ने-झगड़ने का अधिकार अपने विवाह के साथ ही चला गया। विरोध के दायरे भी खत्म हो गए। यह दीगर बात है कि लाख तरह से दिल समझाने के बाद यह सवाल पीछा नहीं छोड़ता कि माताजी ने उसे पति के साथ जाने से आखिर क्यों रोका ? काश पूछ पाती। मगर पूछने का ही संकट है।

दुख की तरह अँधेरा गहराया।

गुस्से की तरह रात परवान चढ़ी।

और चन्द्रमा की तरह डॉक्टर खिले। उजियारी छिटक गई।

बिस्तर लगाए गए।

दाईं ओर डॉक्टर के लिए निवाड़ का पलिका तो बाईं ओर मैत्रेयी की रोजवाली खटिया। बीचोबीच माताजी और गौरा की सम्मिलित चारपाई।

देखा-देखी। सैना-सैनी। चाँदनी सहायक हुई।

लड़की की निगाह में मानो माताजी और गौरा की चारपाई है ही नहीं। दिल के गहरे सरोवर में ऐसी तरंगें उठीं कि किनारे तोड़कर पासवाली खटिया बहा ले गईं।

डॉक्टर के इरादे भी कम बुलन्द नहीं।

मगर बीचवाली खटिया पर दोनों जनी गहरी नींद सो जाएँ तब न ?

नहीं सोतीं।

कहो, डॉक्टर और लड़की ही सो जाएँ, जवानी की नींद भी बरजोर होती है। माताजी को बात पर बात याद आ रही है। डॉक्टर ऐसे सुन रहे हैं, जैसे अलीगढ़ से ये ही बातें सुनने आए हों। गौरा हँसी की बातें छोड़ती है और समझ रही है कि माताजी उन बातों से बहुत खुश हो रही हैं।

डॉक्टर चन्द्रमा देखने के बहाने मैत्रेयी को देखते हैं।

बातें खत्म होने पर नहीं आतीं।

डॉक्टर चाँदनी में अपनी घड़ी उठाकर देखते हैं। जमुहाई लेते हैं।

माँ और गौरा अपनी रौ में हैं।

लो नींद आ गई। मगर किसको ?

शुक्र है, माताजी और गौरा की सोई हुई लम्बी साँसें गूँजने लगीं। मैत्रेयी और डॉक्टर के लिए अपूर्व शान्ति हुई।

क्या डॉक्टर भी सो गए ? उसने कान बिछा दिए, पुरुष की साँसें भिन्न होती हैं।

वह बिस्तर पर पड़ी तरस रही है। नहीं, तड़प रही है। मिलन के दुर्लभ महूरत ऐसे व्यर्थ जाएँगे, पता होता तो चिट्ठी डालकर कभी न बुलाती। वह चाँदनी को देखतें-देखते अन्धी हुई जा रही है। तारों भरा आकाश तना है, सारा खेल देख रहा है कि धरती पर कैसा डर, कैसी दुविधा, कैसे पहरे हैं। लड़की से कैसे कहे—कि छेड़ मुक्ति का राग। मगर किसी को पता नहीं, दोनों औरतों में से कौन कब पर्दा उठा दे ? बीचवाली खटिया पर हलकी-सी हरकत हुई, वह चौंक पड़ी।

डॉक्टर ने अँगड़ाई ली। अँगड़ाई नींद में नहीं, उनींदेपन में आती है। लड़की का रोम-रोम जाग्रत हुआ। नजर ऐसी मचली कि माताजी की सारी सतर्कताएँ भुला दीं। एकजुट होने के पीड़ित भाव ने विकल कर डाला। औरत का यह अहसास...कि कुछ खास पलों में समझे कि वह औरत है।

फिर भी काबू का दामन नहीं छोड़ा गया। आँखें बन्द किए पड़ी रही कि सारा संसार नजरों में क्रियाशील था। दो औरतें नींद में थीं, मगर उनकी उपस्थिति मैत्रेयी को जगाए हुए है। झींगुर-पपीहा तक सो गए, लड़की का डर जागता रहा। एक निष्क्रिय विश्रान्ति में लम्बी और बड़ी-बड़ी साँसों की निद्रालीन धुन छिड़ी है। मैत्रेयी की मुँदी पलकें बार-बार खुल जाती हैं। बेमौसम के बादल के छोटे-से टुकड़े के साथ चन्द्रमा की लुका-छिपी चल रही है।

यकायक सरसराहट घूम गई। संवेदना की हद में बाँह पर हाथ का स्पर्श और चेहरे से गुजरती साँसें। गुनगुनी फिर गर्म। तुम मुझे प्यार करो, मैं तुम्हें प्यार करूँ का वादा !

फिर वैसा ही क्षण उपस्थित हुआ जो सारे संसार की आँखें से ओझल होकर अपने लिए चुरा लिया जाता है। मैत्रेयी ने सारे डर, सारे संयम, सारे कायदे अपने ऊपर से उठा लिये और स्वयं को काबू से बाहर होते महसूस किया। डॉक्टर भव्यता को छोड़, पहलू में आ लेटे। वह बाँहें बढ़ाती हुई एकाकार होने लगी। आलिंगन की कठोरता में

प्यार की कोमलता धड़कती थी। वह रात के इस महूरत की सबसे सुन्दर लड़की हो गई, क्योंकि अपना चेहरा उनकी देह में छिपा लिया। रंग दहकने लगा। चाँदनी और चटख हुई। आँखों पर नीलिमा दमकने लगी। तूफान के आसार पड़े। ग्रीवा पर चुम्बन था।

माताजी को खाँसी आई !

खाँसी का प्रतिवाद कौन करे ?

"हाय हाय गौरा !"

माताजी शिव-शिव करती उठीं। गौरा हड़बड़ाकर जागी।

"अरी हमारे विधवापन में खाक..." गौरा ने आरती गाई।

दोनों उठ-उठकर बाहर भागीं।

मैत्रेयी के साथ डॉक्टर मुर्दे की तरह पड़े रहे।

विलाप बाहर से आया, "हाय बेशरमी, पहले ही कह देते।"

पति बदचलन आदमी की तरह अपने पलँग पर लौटे लिये। उसकी अन्तरात्मा सूखती जा रही थी।

"अरी हम नरक में जाएँगे।"

खीझे हुए डॉक्टर बाहर गए।

"आप लोग यहाँ क्या तमाशा कर रही हैं ?"

"तमासा देखा नहीं जा रहा लल्लू," गौरा रोती हुई-सी बोली।

"चलिए भीतर। मैं बाहर चारपाई डाल लूँगा।"

वे भीतर आए, अपना पलँग नहीं उठा पाए, मैत्रेयी की खटिया माँगी और बाहर वाले बरामदे में डाल ली।

युगलमूर्ति धीरे-धीरे चलती हुई भीतर आई।

मैत्रेयी की बाँहों पर सितारे जड़े थे, झर गए। माथे पर जुगनू खेलते थे, बिखर गए। झींगुर-पपीहा की ताल गुम और स्वप्नाछिन्न आँखों के आगे अँधेरा...लहराती इच्छाओं ने सिर पटक दिया। मगर शरीर में जो तूफान था। भरा ही रहा। आतंक की अनुभूति काम कर रही थी, सो जिद ने सिर उठाया जैसे एक-दूसरे के बिना जीवित नहीं रहेंगे। इस तड़प का क्या ठिकाना !

माताजी ने कराहकर करवट ली, "लाली, मुझे तुझसे ऐसी उम्मीद नहीं थी।"

"कैसी उम्मीद थी ?" उसने मिसमिसाकर पूछा।

"तूने हम बूढ़ियों की फजिहत...'

"न फजिहत और न तुम बूढ़ी। बूढ़ी होतीं तो पहले ही अपनी खटिया अलग डाल लेतीं। फजिहत तो तुमने हमारी की है।"

बोलकर सन्नाटा खींच गई मैत्रेयी। इतनी हद लाँघने का इरादा न था, पर मुँह खुला तो बात फिर पकड़ न सकी, नियन्त्रण ही छूटता चला गया। पछताई।

मन-ही-मन कितना भी कह ले, मुँह पर कहना बुरा लगता है कि मैं नर्मदा ग्रामलक्ष्मी नहीं थी, जिसके प्रेमी को तुमने गैरमर्द का हवाला देकर बेपर्द किया था और नर्मदा को

झोंटा पकड़कर उसके पहलू से खींचा था। उसके किए को व्यभिचार कहा, कह सकती थीं तुम, क्योंकि उन्होंने ब्याह नहीं किया था।

'व्यभिचार' ऐसा शब्द है जो हर औरत को दहलाता है, पर मैं क्यों डरती ? पति के साथ थी। क्या तुम्हारा दामाद स्वादिष्ट खाने और पलँग पर मेहमान की तरह पौढ़ने आया है ? यह कितने दिनों का प्यासा है, मैं न समझूँगी तो कौन समझेगा ? समझ जाने की यह सजा...यह कैसा नाता है ? कैसा जीवन...

मैत्रेयी सोच-सोचकर हैरान होती रही कि माताजी के इस व्यवहार पर डॉक्टर को कैसा लगता होगा। विधवा हो जाने के बाद वे सारे पति-पत्नियों की दुश्मन हैं। यह जानते हुए भी कि उनकी बेटी अब इसी अवस्था में है। वे कैसे ऐसा वैमनस्य रख सकती हैं ? उन्हें तो मैत्रेयी के रात्रि-मिलन का इन्तजाम करना चाहिए था, जैसेकि घरों में माँएँ करती हैं। माताजी के बारे में डॉक्टर ऐसा-वैसा सोचें, उसे कितना बुरा लगेगा।

...मगर क्या किया जाए ? कैसे कहे कि लड़की ने ये अवसर मुश्किल से जब-जब जुटाए हैं। माँ ने ऐसे मौके पर आत्महत्या करने की भी धमकी दी है।

बात साफ हो गई कि मैत्रेयी के विवाहित होने का मतलब नहीं कि वह स्त्री-पुरुष के मिलन की छूट पा जाएँ। यह मायका है, जहाँ सिर्फ माँ है। सो निन्दा हुई, कलह हुई, मगर विवाह के कारण मिली छूटों का अवसर नहीं मिला।

सुनने को मिला—गौरा, देखा, खाली खाने-कपड़े की खातिर औरत आदमी के पाँवों में किस कदर बिछ-बिछ जाती है। वह कहीं भी, कुछ भी करने का हक मालिक को सौंप देती है। कमाल है, देह, मन, आत्मा सब आदमी के हवाले, सब स्वामी की सुविधा पर। अपनी गुलामी पर तो लानत भेजती नहीं, पिटती, कुटती हैं, तब निकल भागती हैं। भागने से फिर क्या होता है...'औरत भाग गई' जैसा इल्जाम सबका जाना-माना है। तुम बचकर भागो, कौन मानता है, 'भाग गई' तो एक इल्जाम है। नहीं तो मर्द के साथ 'भाग गया, भाग गया' का ढिंढोरा क्यों नहीं पिटता ? इसीलिए न कि वह अपनी मेहनत तो बेच देता है, पर खुद को नहीं। औरत की बन्धुआगीरी कभी टूटनेवाली नहीं...

माताजी की तीखी नजरों का निशाना वह है। माताजी के खरखराते स्वर का रुख उसकी ओर है। माताजी से मिली सभी लानत मैत्रेयी के सिर है। तभी न उस साँझ की सुन्दर रात की जमकर दुर्दशा हुई। सेज शरशय्या हो गई। मिलन था कि एक हादसा !

'माताजी, इससे ज्यादा बुरा बर्ताव कोई माँ नहीं कर सकती,' रतिमय क्षणों के सत्यानाश से आहत नवयुगल में से एक,' मैत्रेयी कराहकर रह गई। निकट मिलन के बन्धनों पर कुठाराघात किया, कौन-सा स्वर्ग पा लिया ? यहाँ विवाह-बन्धन चकनाचूर हुआ जाता है और तुम्हारा चरित्रहीनता का नारा दम नहीं लेता। कब और कैसे थी वह चरित्रहीन ? सुन्दर क्षणों पर आरोप ही सवाल दागता रहा...तन, मन नीले निशानों से भर गए। आईने में अपना चेहरा देखूँ तो दागदार लगता है। तुम अपनी बेटी के होश

सँभालते ही ढेला लेकर खड़ी हो गईं। उसकी आकांक्षा विकसित होते ही दनादन मारने लगीं।

'आज हालत यह हो गई कि हिम्मत नहीं पड़ रही कि पति से बात कर लूँ। कैसे कर लूँ, सिर नहीं उठता जैसे सारे कांड की वाहिनी मैं ही हूँ, क्योंकि तुम मेरी माँ हो। डॉक्टर भी बाहर-बाहर घूम रहे हैं। रात का आतंक जारी है। ललक, रोमांच और हिलोरों को सोत सोख गईं माताजी...लगता है कि धरती का हर पात फूल मुरझा गया। उनकी नजरें उठती नहीं, झिझकती हैं, डरती हैं। आड़ कोने खोजकर इशारा दिया था मैंने। पर मुस्कान की भाषा ही मैली हो गई। अपने विवाहित जीवन की उखाड़-पछाड़ का यह मंजर होगा, डॉक्टर ने भी नहीं सोचा होगा।

'नहीं सोचा होगा कि माताजी 'स्त्री की पुरुष से मुक्ति' के अभियान पर हैं।

'खानदान और कुल परम्परा के मंच पर फिर क्यों चढ़ाया डॉक्टर को ? परिवार की शाखा को आगे ले जाने का जिम्मा क्यों दिया पुरुष को ? मानो कि यह जिम्मेदारी नहीं भी हो तो दो युवा-अभिलाषाओं को माताजी चुनौती क्यों देंगी ? जरूरी नहीं कि उनके आन्दोलन से सारा जहान सहमत हो, जैसाकि वे सोच रही हैं।'

बासी-बासी मैत्रेयी, निरर्थक बहादुरी में कभी सिर हिलाती है, कभी मुट्ठियाँ कसती है क्योंकि 'हिम्मत हो तो सामने आ' की मुद्रा में दाएँ-बाएँ आगे-पीछे उपस्थित हैं माताजी। उनके आगे उसके शब्दाडम्बर टूटकर गिर जाएँगे, क्योंकि तीक्ष्ण बरमा से सूराख करनेवाली बोली भाषा के तेवर जैसे उनके पास हैं, मैत्रेयी के पास कहाँ ?

माताजी ने बैठी हुई मैत्रेयी के नजदीक खड़े होकर कहा, ''हमसे क्या गलती हो गई सो अनशनपाटी लिये बैठी है ? तू खूब छीछालेदर कर ले हमारी, खसम सामने बैठा है न ? रो-गाकर दिखा रही है।''

खसम ! यानी कि वह डॉक्टर को दिखा रही है अपना दुख ?

''तेरी जैसी लड़की तो मैंने गाँव के गँवारों में भी नहीं देखी। माँ से कितनी ममता करती हैं। सासरे के नाम से उनके पेट में दर्द हो जाता है। पढ़ाई-लिखाई से लड़की निर्मोह और बेशरम हो जाती है, कि हमारे घर में ही शिक्षा उलटा असर दिखा रही है ? गौरा ठीक कहती है, माँ-बाप के किए को सबसे पहले औलाद पछाड़ती है।''

मैत्रेयी ने नजर उठाकर देखा तक नहीं। वह धरती से ही कह रही हो जैसे—कोई कितनी टूट-फूट झेले ?

धरती को घूरते हुए दिल से आवाज निकली थी।

प्राणपिया ने कैसे सुन ली ?

छह महीने से सुधि न लेनेवाला पुरुष मिलन के साधन सुविधा न पा सका तो अपना अधिकार माँगने पर उतर आया।

''माताजी, मैत्रेयी की विदा की तैयारी करो,'' उन्होंने कहा।

''मैं अभी चल पड़ने को तैयार हूँ,'' मैत्रेयी ने जताया।

स्वर्ग से गिरीं माताजी।

मैत्रेयी माँ के प्रति ऐसा कहाँ चाहती थी ? माना कि गुस्सा था, लेकिन नफरत तो नहीं थी। उनके रक्त-मांस से बनी, उनके यत्नों से गढ़ी-ढली सन्तान...क्या पति के पक्ष में खड़ी होकर माँ को धक्का देते हुई निकल जाएँ ? बार-बार सोचा और जुआ डालती रही। फिर तैयार होती, मगर अजीब दुविधा, अजब संशय...अभी इतना भी तो जान नहीं पाई कि पति को कितनी चेष्टा है उसकी ? पुरुष को समझना भी तो इतना आसान नहीं। यह दीगर बात है कि वह स्त्री को दुरूह बताकर खुद को सरल सुलभ घोषित कर देता है। सुलभ होता है तो अपनी इच्छा पर। बाकी तो मैत्रेयी अपने आप को कभी तुच्छ समझती रही है, कभी असुन्दर तो कभी अयोग्य। विद्वान, कमाऊ, कुलीन सुपात्र डॉक्टर ही जैसे उसके जीवन का लक्ष्य हो। अपने विषय की धारणा क्या रही थी, भूल गई। अपनी रुचि, अपने विचारों के लिए जगह नहीं बचने दी। हार गई वह। हारकर खिसिया गई। क्या करे, क्या न करे ? अपने खालीपन पर भीतर-ही-भीतर रुलाई भरती रही।

पति की ओर देखती तो लगता उनका दिल रो रहा है। अकेला असहाय-सा पुरुष...

दोष किसे दे ? भीषण संकट खड़ा हो गया। माँ और पति अपने-अपने पालों में खड़े हैं। मैत्रेयी त्रिशंकु, किस ओर गिरे ? आशा-भरी दो नजरें उसे धरती-आकाश के बीच टाँगकर परीक्षा ले रही हैं। दो कट्टर दुश्मन एक ही घर में रह सोकर, खा-पीकर अपनी जीत के महूरत का इन्तजार कर रहे हैं। पराजय किसी को अभीष्ट नहीं।

'क्या इन्होंने मेरा मनोभाव समझा है ?' मैत्रेयी ने सोचा।

पिंजड़े में बन्द मैना...पिंजड़े की छीना-झपटी चल रही है। उसे एक बार को लगा कि धन्य हैं वे लड़कियाँ जो माता-पिता को बोझ लगती हैं और ससुराल में फेंक दी जाती हैं, जैसे भँवरदार नदी में कोई उछाल दिया जाए। पानी की सतह पर गिरकर हाथ-पाँव मारता हुआ तैरना सीख जाता है। यहाँ तो वह सुविधा भी जाती रही।

'माताजी, मुझे जाने दो,' कहने जा रही थी कि आवेग से गला काँप उठा। आँखों से आँसू ढुलकने लगे। प्राण निचोड़ देनेवाला यह वाक्य माँ के मर्म पर कैसा आघात करेगा ? माताजी ने संसार की ओर से आँखें बन्द करके अपना जीवन काटा है। किसी को अपना नहीं समझा। बस, उसी के कारण ही न ?

चुपचाप कमरे में बैठी रही। डॉक्टर अपना सामान पैक करते हुए दो-तीन बार कमरे में आए गए। अन्तिम बार बोले, "चलना है या नहीं ?"

"हाय, क्या तुम मेरी मुसीबत को समझते हो ?" बेबसी को भाषा देकर सवाल में ढाल दिया। पर अब सच में ही मेरी दुविधा का अन्त हो गया, क्योंकि यह वाक्य मुझसे ज्यादा माताजी ने सुना है। अब यह मेरा निर्णय नहीं, तुम्हारा हुक्म माना जाएगा। सोचकर कुछ हलकी हुई वह।

डॉक्टर कहकर बाहर बरामदे में चले गए थे कि माताजी की चप्पलों की आवाज पर मैत्रेयी के कान खड़े हो गए। घबराकर सामने देखा।

साक्षात मातृमूर्ति के रोए हुए चेहरे से ज्यादा कड़ुआ चेहरा। दरवाजे की किवाड़

भेड़ दी और आहिस्ता धरती पर ही आ बैठीं।

अचकचाकर खड़ी हो गई मैत्रेयी। लपककर कुर्सी उठा लाई। माताजी नीचे कब बैठती हैं ?

मगर वे ऊपर नहीं बैठीं, बराबर से बातें कीं।

''लाली !''

मैत्रेयी ने चेहरा ऊपर उठा दिया, जैसे माँ ने कहीं दूर से पुकारा हो। किसी पहाड़ की चोटी की ऊँचाई से। उसे माताजी को इतने नजदीक से देखने की आदत नहीं।

''मैं तुझे जबरदस्ती अपने पास नहीं रख लेना चाहती। गृहस्थी जिन्हें कैदखाना लगती है, ऐसी कितनी होती हैं ? ब्याह हुए पीछे पति का घर सुख का सागर न लगे तो पुरुषों की दुनिया क्या हो जाएगी, मैं समझ सकती हूँ। मैं उस दुनिया को उजाड़ना नहीं चाहती।''

मैत्रेयी अपनी साड़ी पर कढ़े रेशमी बूटों को टटोलती हुई सुन रही थी।

''एकदम से चले जाओगे तो यहाँ लोग क्या कहेंगे ? वे तो पहले से ही आशा जोड़े बैठे हैं कि कस्तूरी बेटी को, दामाद को नहीं निभा सकती।'' कहकर माताजी ने छत की ओर देखा, मैत्रेयी की ओर नहीं। उनकी आँखें बन्द थीं। पिंजरे की मैना का आर्तनाद-सा उनका वाक्य कमरे में फैल गया। हर शब्द उनकी बन्द आँखों के आँसू से भीगा रुँधा हुआ...

मैत्रेयी माँ के दुख से मरने लगी कि अपनी धृष्टता पर गड़ गई माताजी ?

एक नया रास्ता निकाला।

एक नई लहर उठी। किनारों को तोड़नेवाला युवावस्था का प्लावन किस ओर से बहेगा, तय कर लिया। आसमान को मुट्ठी में भर लेने का सुयोग न सही, मन को ऊँचाइयों की ओर उड़ा देने की मंशा का योग तो बनेगा। घर के कोटर से निकलकर दो पंछी आकाश की हवाओं को ही तो मापना चाहते हैं। अलीगढ़ की सँकरी गलियों में रहनेवाले डॉक्टर के लिए बबीना, तालबेहट की पहाड़ियों के विस्तृत दायरे, ललितपुर के घने जंगल और माताटीला बाँध से टकराती-जूझती बेतवा क्या नई नहीं है ? आसपास इतनी प्राकृतिक सम्पदा है कि डॉक्टर की तीन पीढ़ियों तक सब नया ही नया लगे।

मन को समझाना क्या ? मलिनता दूर होती गई।

रिश्ता जितनी जल्दी भिड़ पड़ने पर अमादा हो जाता, उतनी ही जल्दी सहजता अख्तियार कर लेता, यह करिश्मा उसने अभी देखा था। वह हवा की तरह लहराई और धूप की तरह चमकती फिरी। लहर-लहर हो आई नदी पर सूरज चमके जैसे।

मैत्रेयी में नदी के चलते सखी भाव जागा। डॉक्टर को बाँध, पुल और ऊपर से गिरता चाँदी की धारों जैसा पानी दिखाएगी, जिसमें निर्मलता इतनी कि लगे काँच, सफेद काँच टूट रहा है। ज्यादा सफेदी अच्छी लगती नहीं मैत्रेयी को, डॉक्टर को लगती है, उसे मालूम है। पता नहीं वे जानते हैं या नहीं, ज्यादा सफेदी का स्रोत कीचड़वाले उद्गम

से ही होता है।

अब की बार गोरे लाल से इशारों में कहा—ताँगा ले आओ।

वह खूब खुलकर बोला, 'बिट्टी, माँजी तो ताँगा पहले ही ले आईं।

''ले आईं !''

अरे, तभी क्या डॉक्टर का मुँह ऐसा बन गया है, जैसे माथे पर पत्थर पड़ा हो।

उसे पति के एकाधिकार पर फख़्र हुआ, कहने को हँसी आ गई।

वे पैंट-कमीज उतारकर पाजामा-कुर्ता पहन रहे थे कि उसने छेड़ा—मैंने अपनी कोर्स किताब में 'नायक-नायिका' का वर्णन पढ़ा था। लिखा था—आपने हाथ न देते महावर/आपने माँग सजावत नीके।—सच्ची तुम वही हो, प्रिया का सारा काम खुद करनेवाले।

उनकी आँखों से खीझ की चिनगारियाँ झड़ीं, ''रहने दो बस।''

''माताजी ताँगा ले आईं तो कुढ़ क्यों रहे हो ?''

''कुढ़ यों रहा हूँ कि ताँगे में तुम्हारी माताजी बैठी गिलहरी-सी मुस्का रही हैं।''

''माताजी ताँगे में बैठ गईं ? वे हमारे साथ जा रही हैं ? क्यों ?'' मैत्रेयी हड़बड़ाई।

''वह इसलिए कि अपनी बेटी को नैतिक व्यभिचार नहीं करने देंगी। स्त्री-पुरुष के मेल की दुश्मन तुम्हारी माँ !'' डॉक्टर इस समय आपे से बाहर हैं।

सच्ची, माताजी को यातना देने के इतने तरीके आते हैं कि अचम्भे से ज्यादा हमें क्रोध आए। दर्द से ज्यादा अचरज लगे। वे कहाँ-कहाँ से गुजार सकती हैं आदमी को।

ताँगा !

बैठने का भयानक तकलीफदेह तरीका...मैत्रेयी और डॉक्टर इधर-उधर, बीच में माताजी !

माताजी ने अपने दाएँ-बाएँ देखते हुए आत्मीयता और ममता से पूछा, ''चलो, अब कहाँ चलते हो ? माताटीला ? तालबेहट ? या बबीना कैम्प ?''

''नहीं, यहीं पास ही। उस पहाड़िया के नीचे उतर लेते हैं।'' मैत्रेयी ने अनमने भाव से सुझाव दिया, क्योंकि डॉक्टर लगातार दूसरी ओर देखते चल रहे थे।

''अरे यहीं ? फिर ताँगा क्यों किया था मैंने ?'' माताजी की यात्रा जैसे अधूरी रह गई। माँ की इस कोफ्त पर उसके दिल में ठंडक-सी पड़ी थी।

ताँगा चल रहा है। आज घोड़े की टापों और पहियों की लय से कोई धुन नहीं उठती। मैत्रेयी को कितनी तमन्ना थी ताँगे में बैठने की।

माताजी ताँगे के झूले में झूल रही हों जैसे, आँखें बन्द हैं, शायद सो गईं। या कि जाग ही रही हैं क्योंकि डॉक्टर की हिम्मत नहीं पड़ रही कि चोर हाथ से मैत्रेयी के उरोज छू लें। स्पर्श की कोई जिद नहीं चल पा रही कि माताजी को लाँघ आए।

''इस हवाई मिलन का अर्थ क्या है ?''

डॉक्टर ने वाक्य अंग्रेजी में कहा कि माताजी न समझ पाएँ।

पर माताजी बाकायदा समझ गईं।

''नहीं, बेकार नहीं होगा यह सफर, मैं तुम्हें वह पहाड़िया दिखाऊँगी, जिस पर चढ़ने

के लिए ग्रामसेविकाओं से कहती हूँ। अगर वे औरतों और बच्चों को लेकर यहाँ आएँ तो वे लोग ऊँचाई पर खड़े होकर देखेंगे कि निचली दुनिया क्या है ?'' यकायक ही मातृमूर्ति बोलीं तो दोनों जने चौंक-से पड़े।

माताजी ने इशारे से ताँगा रुकवाया। सब उतर पड़े और पहाड़िया की ओर बढ़ चले। आगे माताजी, पीछे डॉक्टर और सबसे पीछे मैत्रेयी, जैसे यही हो जीवनक्रम।

पहाड़िया सामने है।

डॉक्टर अपनी मर्दानी वेशभूषा (पीली कमीज और काली पैंट) के चलते सुविधापूर्वक ऊपर चढ़ गए।

मैत्रेयी चढ़ सकती थी या नहीं, यह तो वही जाने, लेकिन अपना हाथ उठाकर खड़ी हो गई कि ऊपर खड़े डॉक्टर उसका हाथ पकड़कर चढ़ाई फतह कराएँ।

मगर !

कोई बड़ी (बूढ़ी नहीं) आदरणीय स्त्री हाथ उठाए सामने खड़ी हो तो नवयुवती पत्नी को अनदेखा करना डॉक्टर का कर्तव्य हो गया, वह भी सास के रिश्ते में खड़ी बुजुर्ग रूप। माताजी अपने पाँव जमाकर दुनिया देख रही हैं।

देखें। खूब देखें।

—'देख तो इस डॉक्टर को लूँगी, इसे क्या हो गया है ? अभी घर में तो बलबला रहा था कि मुझे ही फरेब दे रहा था ? इसे पता तो है, मैंने क्या कहा था ? ऊँचाइयों की ओर देखूँ और पति ऊँचाइयाँ दिला दे। हाथ पकड़कर ऊपर खींच ले। नन्दकिशोर के संग आई थी यहाँ, यह शंकाओं की गठरी जैसे पति को दिखाने की चीज नहीं, इससे सहन नहीं होगी यह छोटी सी बात और माताजी के बस की बात नहीं थी उस घटना की जानकारी। बस इसलिए ही पहाड़िया नहीं चढ़ी थी कि वह ऊँचाई पर दिखेगी, कोई दुश्मन चुगली कर देगा, माँ बेतवा नदी में डूबने भागेगी। नहीं तो नन्दकिशोर अपनी मैत्रेयी को कन्धे पर बिठाकर पहाड़िया चढ़ा देता।

धिक्कार है इस पति की भूमिका में खड़े पुरुष को ! क्या इसके मन पर वह अहसान चढ़ा है कि माँ इसे पसन्द कर लाईं। लुढ़कना लोटा, जिसके देखे तवा परात/उसके गाए सारी रात—से कम नहीं। जीता-जागता उदाहरण है।

और माताजी ! मैत्रेयी से माँ आशा कर रही हैं कि वह विवाहित है, आदर ढोने की आदत डालेगी। कह क्यों नहीं देती कि लड़की तेरे भाग्य में प्यार का अधिकार जब-जब आएगा, मैं चील का-सा झपट्टा मारकर छीन ले जाऊँगी। मुझे ऊँचाइयों का सदा शौक रहा है।

''अरे अरे ! कहाँ जा रही हो ?'' डॉक्टर ने लम्बी आवाज दी कि कानों पर छा गई।

उसने कान बन्द कर लिए।

डॉक्टर दौड़ते आए, कंकड़ पत्थरों में गिरते, घुटने फोड़ते हुए नजदीक आ गए।

''ऐसा क्या हो गया ?'' हाँफते हुए पूछा।

उसने कुछ सुनना नहीं चाहा।

पति ने कन्धे थाम लिए।

"छोड़ो मुझे।"

"पहले बताओ।"

"छोड़ो, माताजी देख रही हैं।"

"तो क्या हुआ ?"

"कुछ हुआ ही नहीं ?"

"मुझे अपने चक्कर में मत डालो। मैं माताजी के पास जा रहा हूँ।"

"कतई नहीं।"

"कैसी मुसीबत है, माँ बेटी से ईर्ष्या करती है, बेटी माँ से परेशान है ! ऐसा होता है कहीं ?"

"हाँ, हम दोनों तुम से कुढ़ रही हैं, जाओ तुम।"

"बेकार की बातें मत करो।" कहकर डॉक्टर कभी पत्नी को देखें, कभी ऊँचाई पर खड़ी माताजी को।

"मैं बेकार की बातें करती हूँ !" वह खिसिया तो रही थी, रुआँसी हो आई।

"बेचारी माताजी !" डॉक्टर ने निश्वास खींचा।

"बेचारी ! या मेरी दुश्मन ? पीछा नहीं छोड़ेंगी तब तक, जब तक कि तबाह न कर दें। तुम्हें हमारी चूहा-बिल्ली दौड़ देखकर आनन्द आ रहा है, पर मुझे सच में आश्चर्य हो रहा है कि बेटी के ब्याह के बाद माताजी में से यह कौन सी दूसरी औरत निकल आई है ? हम पति-पत्नी को आखिर वे किस हाल में देखना चाहती हैं ? मैं अपने पति के पास जाऊँ तो उनके खून में सुई दौड़ने लगती है और ठीक दिल के पास आकर रुक जाती है। दिमाग बिगड़ जाता है। फजीहत कर डालती हैं। माँ हैं यह ?"

डॉक्टर ने अपने माथे पर हाथ मारा—"हे भगवान !"

हाथ पकड़कर पत्थर की एक शिला पर बैठ गए, पत्नी को पास बिठा लिया और समझाने लगे, "तुम इतनी परेशान मत हुआ करो। सोचो कि हमारे सिवा उनका कोई नहीं। मैं और तुम चलने के लिए तैयार हो गए थे तो कैसी बिलबिला उठी थीं। हमें रोकने के लाहक से कभी ताश लाएँ तो कभी रेडियो चलाएँ। उनकी जिन्दगी हमारा जी बहलाने के लिए रह गई है ?"

"हाँ, तुम्हारा जी बहलाने के लिए।" उसने तड़ से जवाब दिया।

"ससुराल पक्ष के लोग दामाद का जी बहलाते हैं, मानता हूँ, मगर दामाद होता तो उनकी बेटी के ही कारण है।"

"तुम किस कारण हो, मुझे नहीं पता।"

"मैंने पहले ही कह दिया है मैत्रेयी कि मेरी गलती यह है कि मुझे उनमें अपनी माँ दिखाई देने लगती है। हो सकता है, एक नाम, एक राशि होने के कारण ऐसा हो।

"क्या बात है ! मैं भी कहूँ कि तुम्हारे पिता में मुझे अपने पिता नजर आते हैं।

तुम उनसे पर्दा क्यों कराते हो ?"

"यार तुम्हारा तो दिमाग खराब हो गया है।"

"हाँ, औरतों का दिमाग खराब ही माना जाता है, क्योंकि वे बहस में अपने और मर्दों के कानून एक हद पर धरने लगती हैं।"

"ठीक है, मत मानो मर्दों के कानून। जेठ ससुर से घुलने-मिलने पर लोग तुम्हें ही इलजाम देंगे।"

"ओहो, कितनी नेक सलाह दी। दामाद तो हर कदम पर पूज्यनीय होता है और बहू हर हाल में नीची नजर की हकदार।" कहकर उसने अपनी साड़ी के छोर से होठ पोंछ लिए।

डॉक्टर बिफरना चाहकर भी संयत रहे, यही शिष्टता का तकाजा था, धीमे स्वर में बोले, "मेरा अब कुछ भी बताने का जी नहीं रहा, अपनी माँ के बारे में।"

"मत बताओ। बताने को है क्या ? यही न कि तुम्हारी माँ हरदम बीमार रहती थीं, तुम उनके पाँव दबाते थे। उनको दमा था, तुम्हारी साँस टूटती थी। वे खाँसती थीं, तुम पीठ सहलाकर स्थिर करते थे। दवा नहीं जानते थे, दुआ किया करते थे। दुआ नहीं फली, इसलिए ही तुम डॉक्टर बने। बस। बताओ, इस महानता के आगे मैं कब तक सिर झुकाए खड़ी रहूँ। तुम मेरी उस माँ के प्यारे-दुलारे होते जाओ, जिसने कभी मेरे बचपन को आँचल की छाँव नहीं दी। अपनी अच्छाइयाँ अपने पास रखो, मुझे मत भरमाओ।

"मैं किस साली को भरमा रहा हूँ ? कोई खुद ही कुंठित हो तो मैं क्या करूँ ?" उनका सब कुछ बेकाबू होने लगा।

मैत्रेयी लड़ चुकी थी, सो खाली भी हो गई थी। अब रोने के सिवा गाँठ में कुछ न था।

रोते-रोते कहा, "ठीक है, मैं ही कसूरवार हूँ। तुम्हें नहीं समझ पा रही, मूर्ख हूँ। तुम्हारी सेवा मेरी माँ को अर्पित है, कुढ़ रही हूँ। मैं सचमुच मूर्ख हूँ, तभी तो माँ के विधवापन पर तरस खाकर तुम से शादी कर ली, क्योंकि तुम माताजी को पसन्द थे। नहीं तो इंजीनियर अयोध्याप्रसाद तुमसे लाख दर्जे मनमोहक था। माताजी की पसन्द, माताजी को मुबारक।"

"अरे वाह !" डॉक्टर हँस पड़े। "क्या बात है ! अपनी बनाई हुई अपनी तस्वीर गौर से देखो और शर्म से डूब मरो।"

अब तो मैत्रेयी में थूक सटकने तक की गुंजाइश न बची थी।

इसके बाद।

न मैत्रेयी कहती कि कहीं घूमने चलो, न डॉक्टर किसी पिकनिक का प्रस्ताव रखते। माताजी सहमी-सहमी सी चुप-चुप गौरा से बेटी और दामाद की आपसी स्थिति के बारे में पूछा करतीं।

बहरहाल।

अखबार पढ़ते, रेडियो सुनते, खाते और सोए रहते डॉक्टर को व्यर्थताबोध सताने लगा। और एक दिन साफ-साफ कह दिया, "अब चलूँगा यहाँ से।"

मैत्रेयी रोने-रोने को हो आई।

आगे कुछ न कहा, कुछ न पूछा, न मालूम पति क्या से क्या कह दे ? वह तो यहाँ के धरती-आकाश से भी नाराज है। सोच रहा है, एक विधवा औरत और उसकी लड़की ने डॉक्टर का जीना हराम कर दिया है। बातों में बता दिया कि—माँ को अकेली औरत की कुंठा है तो तुम्हें जवान स्त्री की ईर्ष्या। वह दोनों के बीच पिस रहा है।

और भी बहुत कुछ कहा डॉक्टर ने कि मैत्रेयी के दिल से करुण पुकार निकली—माँ, मुझे पता था कि तुम्हें बेटी के ब्रह्मचर्य का शौक था, सो मैं गुरुकुल भेजी। लड़कों से बचाए रहीं। ब्याही औरतों के पास नहीं बैठने दिया। इतना कुछ सह-झेलकर भी मैं ब्याह के लिए जिद क्यों कर बैठी ? और अब विधवा तो मैं तभी हो पाऊँगी, जब पति मर जाए।

"क्या सोच रही हो अब। एक प्याला चाय मिलेगी ? और सुनो, तुम्हीं बनाना मुझे गलतफहमियाँ पैदा करने का शौक नहीं है।" डॉक्टर बिना सोचे-समझे बोल रहे हैं, या सोच-समझकर ही ?

वह इधर-उधर फुर्ती से देखती हुई होंठों पर उँगली छुआने के बाद बोली, "चुप चुप, चुप रहो। या धीरे बोलो। माताजी यहीं कहीं होंगी।"

"तुम्हारी माँ यहीं कहीं नहीं, सब कहीं हैं। एव्रीव्हेयर। ईश्वर की तरह। और तुम डर से थर-थर काँपा करो। मुझे तो माफ करो, क्योंकि मेरा दिमाग तो दुरुस्त है। आय एम अ नार्मल पर्सन। हाँ, यहाँ इस बात को कोई समझनेवाला नहीं। कोई नहीं, दैट इज व्हाय, आय एम अनफोर्च्यूनेट। दुर्भाग्य रहा मेरा।"

मैत्रेयी डॉक्टर की शक्ल देखे या नहीं ? यह आदमी शब्दों के थप्पड़ मार रहा है। इसका अलीगढ़ लौट जाना ही ठीक है। और वह पीछे-पीछे नहीं जाएगी।

अपराधबोध से घिरी है मैत्रेयी। माँ से गुस्सा थी तो माँ से ही कहती, इस पराए खानदान के बेटे और दामाद को, माँ को भी देख लेना चाहिए सो वे इस प्यारे मर्द की बलइयाँ लेना छोड़ दें। बजाय यहाँ शान्ति सुलह करने के, मलाल में धँसाकर भाग रहा है। आइन्दा वह इससे माताजी की एक भी बुराई नहीं करेगी।

माताजी भी क्या करें ? उनकी अपनी मजबूरी है। कह रही थीं—"लाली, गौरा, बार-बार टोकती है कि मैं तुम दोनों के संग घूमने-फिरने न जाया करूँ। मैंने कहा—क्यों न जाया करूँ ? मैं अब तक दुनिया जहान में डोली हूँ, पर उन्हीं ग्रामसेविका, संयोजिकाओं के संग। सारी जगह महिला मंगल ही दिखती। अपने बाल-बच्चों के संग गई तो पहाड़िया तक का रूप बदल गया। जवान दामाद साथ था, मुझे डर भी फिर किस बात का ? जहाँ गिरने के डर से कभी नहीं चढ़ी, लल्लू ने वह जगह भी दिखा दी। गौरा इसी बात पर चिढ़ती है, लाली।"

मैत्रेयी अपने किए की शर्म से गड़-गड़ गई और प्रण कर लिया कि जब तक माता

जी न कहेंगी, तब तक वह यहाँ से नहीं जाएगी।

डॉक्टर को लग रहा है, अभिमाननी मैत्रेयी खुद ही आनन्द की राह छोड़ रही है।

"अच्छा, चलता हूँ। तुम तो जब मन करे तभी आना, ठीक है ?"

मैत्रेयी ने कुछ नहीं कहा और पति की ओर देखा भी नहीं। सिर झुकाए विदा के लिए खड़ी हो गई। मन में बिछोह का दुख उमड़ रहा था और होंठों पर एक वाक्य फड़कता था—जो संकट मेरे हैं, बस मेरे ही हैं। तुम उनको और भी गहरे बनाओगे और घाव की तरह कुरेदोगे, तुम जाओ। सहचर होने का भ्रम क्यों देते हो ?

डॉक्टर के आने का हासिल क्या रहा ? ठंडी मुट्ठी खोलते-बाँधते सोचती है मैत्रेयी—कुछ फजिहत, कुछ निन्दा, कुछ अनबन और सारी खटास-भरी चीजों के बाद हमारा असामान्य होना, जैसाकि डॉक्टर घोषित कर गए हैं।

पुरुष के आदेश की अवहेलना करके उसे बड़ी तृप्ति मिली। माताजी भी धन्य धन्य हो गईं। उसमें जब तब ऐसे ही माताजी का अंश जाग पड़ता है।

लगता है, एक जमाना गुजर गया, डॉक्टर को गए हुए।

अब तो मैत्रेयी के पास केवल उस चेहरे को याद करने की मशक्कत-भर रह गई है। यादें क्या सुखदायी होती हैं ? अच्छे से अच्छे दिनों की फ़िज़ा याद बनकर बड़ा दुख देती है। जिस रोमांच ने देह का रोम-रोम खिला दिया था, आज वही नोंच-नोंच लेता है। स्पर्श, गन्ध और रूप-रस के चिह्न क्या हुए ? बदन पर नीले निशान क्या उसी मिलन के अवशेष हैं ? यह क्वार्टर, जो रंग महल-सा हो गया था, बाहर आती-जाती सड़क रौनक से भरी थी, अब सारा कुछ लावारिस और सुस्त पड़ा है। जिन्दगी के सारे रंग उड़ गए ? पति चले गए, मैत्रेयी इस सूने रणक्षेत्र में अकेली खुद से लड़ती रहती है। अब कुछ भी उद्‌घाटित करने के लिए बचा नहीं, यह तय है।

माँ ने उसे बहलाने के लिए कहा था—लाली, पहाड़िया पर चलेगी ?

—माँ, पहाड़ों पर पत्थर के सिवा होता क्या है ?

—लाली, बेतवा नदी, नहान का मेला भरा है।

—माँ, नदी का पानी सूख रहा है, अखबार में खबर थी।

—चल, जंगल चलें, महुओं की फसल है। महुआ पके हैं।

—माँ, जंगलों में पेड़ कटइया घूम रहे हैं। सर्वनाश हर दिशा से झाँक रहा है।

माँ ने दुख से देखा था, और कहा कि—तू अपनी देह का सर्वनाश क्यों कर रही है ? घर में पड़ी-पड़ी रस्सी-सी दुबली हो गई। बाहर जाने का जी नहीं चाहता तो घर का काम उठाओ। शरीर बिना मेहनत के नहीं मानता, लद्‌दू घोड़े-सा अड़ जाता है। तू तो ऐसी आरामतलब न थी। सारी चुस्ती बदन से कैसे निकल गई ?

वह कमरे में सफेद दीवार के सहारे पुतली-सी बैठी रही। जवाब नही दिया, जवाब सोचा था बस—लहर का टूटना लहर नहीं बताती। कोई शोर नहीं होता, लेकिन लोग

जान जाते हैं। लड़की पति वियोग की मारी हुई है, माताजी, तुम खूब जान रही हो।

आजकल अभिज्ञानशाकुन्तलम उठा लेती है मैत्रेयी, बी.ए. कोर्स में लगी किताब पढ़ती है, फिर रख देती है और सोचती है—कण्व ऋषि ने कैसे जान लिया कि उनकी शकुन्तला किसी की याद में घुली जा रही है, जब कि ऋषि के भाव-बोध में मिलन-बिछोह का अध्याय नहीं गुजरा। यहाँ तो माताजी स्त्री होकर, कुछ समय पति के साथ बिताकर भी अकसर क्रूर औरत की तरह व्यवहार करने लगती हैं और बाँह पकड़कर खींचती हैं—कि उठ ! तू कोई शहजादी नहीं। चार दिन ससुराल में रह आई तो रानी बन गई ?

सारी हारी-बीमारी को बदन में समेटकर उठती है मैत्रेयी।

क्या करे वह, कामकाज करने की कोशिश और हँसने-बोलने की अदा इसलिए जरूरी हो गई है कि माताजी समझ लें, उनकी बेटी पति रूपी पुरुष को भूल गई।

इतने प्यारे दामाद को माताजी ने विरोधी दल में शामिल क्यों कर दिया ? खुद दुश्मन की जगह क्यों खड़ी हो गई ? क्या उनका व्यवहार यही नहीं बताता कि या तो डॉक्टर उनका होकर रहे, या फिर अपना कोई असर तक न दिखाए। अब आलम यह है कि पति को दिल में बसाकर मैत्रेयी अपनी खैर मना रही है। खैरियत की खातिर ही घर का काम और माँ की सेवा सुश्रूषा करनी होगी। इसी में लड़की की अपनी ही नहीं, डॉक्टर की भी खैरियत है। रिश्ते की सलामती है, नहीं तो माताजी का क्या पता, कहें—छोड़ उस गैरजिम्मेदार आदमी को, वह हमारा क्या भला करनेवाला है ?

उसने सारी शिकायतें, सारे अपमान, गुस्से के बेशुमार मुद्‌दे मन की भीतरी गुफा में धकेल दिए। मुँह के मुँहाने पर मौन का भारी पत्थर सकरा लिया।

मगर...न भय का नाश हुआ, न लाज ही गई।

जब दोनों ही गए तो खामोश जिद चढ़ गई।

माताजी उसके विवाहित जीवन की ताजा बेल की जड़ में सुरंग भरकर आग लगाने को तैयार हैं। उनका गुस्सा कम-से-कम इस मुद्‌दे पर ऐसा ही है। नर्मदा का उदाहरण याद है। सबक लेने की गुंजाइश बची नहीं। फैसला लेना होगा—अगर खुद डॉक्टर के साथ जुड़ ही गई है तो साथ रहते हुए जो मलाल होते हैं, शिकायतें होती हैं, आवेग उठते हैं, उनकी सह जाने की कूबत खुद-ब-खुद पैदा होगी। वह तो तमाम घरों में रही है, तरह-तरह के अनुभवों से क्या सीखा ? कुछ सहने, कुछ नजरअन्दाज करने और कुछ मजबूरियाँ समझने का विवेक पैदा करने की बात है न ? सारा कुछ समझा-बूझा, इसलिए मैत्रेयी के ऊपर बचपन के बाद ही प्रौढ़ावस्था छा गई। लोगों ने समझा शातिर लड़की है।

आज अपना आप क्यों भूल रही है ? समझना होगा, वह माँ के घर की कुँआरी बेटी नहीं, विवाहिता मेहमान है। अपने पति की पत्नी बनी सो माँ से कट गई। या माता जी उसे अपने जीवन से अलग करके देख रही हैं। नहीं तो उनके मन से बेटी का विश्वास पतझर के पत्तों की तरह क्यों झरने लगा ? वे कुछ पूछती नहीं, खुफिया की तरह सूँघती फिरती हैं। लड़की कुछ बताती है तो संशय की निगाहों से देखती हैं।

उसके शरीर में रोग लगा है, वे उसे आलसी मान रही हैं, इससे बड़ा उदाहरण क्या होगा, उनकी आशंका का ?

नंगी शाख-सी लड़की पहले तो बेरौनक हुई, फिर सूखने लगी। अब तक ऐसा नहीं हुआ। माना कि उजाड़ बचपन जिया, हरियल जवानी कड़ुवे नीम की निबौली की तरह आई, मगर बदहवासी कभी ऐसी न थी।

क्या ससुराल की सुविधाओं की कुछ यादें और ज्यादा कल्पनाएँ उसे नाजुक बना रही हैं ? इसीलिए माताजी का व्यवहार और अनुशासन बर्दाश्त नहीं होता ? नहीं, सारी जड़ डॉक्टर है, एक समर्थ पुरुष, मैत्रेयी को नाजुक बेल हो जाना आ गया है। पति के गले लगकर वह माँ को धता बता रही है। मायका कड़ुब घुट्टी-सा बदमजा लगना ही है।

माँ नहीं मानती फिर भी।

समझाती हैं—लाली, मैले वेश मत रह, किस चक्कर में पड़ गई। बी.डी.ओ. साहब आज भी नौकरी देने के लिए तैयार हैं। अपने पाँवों खड़े होकर ही तो आदमी अपनी राह चल सकता है। उस सँकरी बन्द गली में रहकर तेरी तन्दुरुस्ती सत्यानाश हो गई है।

प्रगति के रूप में माँ ने बाँहें फैलाईं तो लगा एक सुरसा सभ्यता उसे लीलने आ रही है और मैत्रेयी नाम की लड़की भाग जाना चाहती है।

माँ से कैसे तालमेल बैठेगा ? उन्हें किसी पुरुष के शामिल खाते में आस्था नहीं, और मैत्रेयी की चाह ऐसी कि बिना साथी के कोई रंगत नहीं। कशमकश यही रही। डॉक्टर जब यहाँ मौजूद थे, वे माँ और उसकी मौन जंग की धुरी हो गए। अब वे यहाँ हैं भी नहीं, तब भी उसके और माताजी के बीच वह आकार खड़ा है।

—लाली, तू क्या सोच रही है ? मैंने तो स्टेशन पर दामाद से कह दिया था कि वे अपना काम करें और तुझे भी निठल्ली करके न बिठाएँ। शादी-ब्याह का जश्न भी बस हो गया। कब तक समय बरबाद करते रहोगे ? बच्चों-कुच्चों के चक्कर में पड़ गई तो फिर कहीं की न रहेगी। गृहस्थ आदमी दूसरे के बारे में क्या सोच सकता है ? जबकि उसे अपने बारे तक में सोचने की फुरसत नहीं मिलती।

मैत्रेयी से माँ की ओर देखा न गया। वाह री माँ ! बेटी की जिन्दगी के नए रास्ते कैसे बनेंगे, रूपरेखा पहले ही बना ली ! जिन ऊँचाइयों-नीचाइयों को समतल करना था, कटाई-छटाई कर चुकीं। माताजी-सा कुशल कौन होगा ?

मगर उसकी बीमारी...और माँ डॉक्टर नहीं।

बीमारी बगावत पर उतर आई। उसे शरीर में समेटे रहना सम्भव नहीं। सैकड़ों मन लिहाज छीजते-छीजते छटाँक-भर रह गया है। नहीं याद रखना चाहती कि माँ की

हर बात को मानना है, हर गलती को माफ करना है। माताजी की जिन्दगी कोई सूखी ठिठुरी नहीं, अपने मन की बनाई जमीन पर खूब हरी-भरी है। उनकी उमंगों को पाला नहीं मारा, नहीं तो कुछ भी कहने का हक रख पातीं ? अपनी बेटी को ब्याह का अपराध बोध कराने के लिए कुछ प्रगतिशील, कुछ स्त्रीवादी मुद्दे हथियाये हुए हैं, जिन्हें हथियार की तरह इस्तेमाल करती हैं। नहीं मानिए तो दिल-दिमाग में से निकलकर सुई का दौरा शरीर में होने लगता है। कहीं बचपन से किसी झूठी सुई का प्रचार तो नहीं करती आईं माताजी ? नहीं तो चाँदी की बाली सुई का रूप कैसे ले सकती है ?

मैत्रेयी का अजीब हाल हो गया। कभी अपनी हालत पर रोने लगती, कभी डॉक्टर की यादों के अस्त्र-शस्त्र लेकर माँ से लड़ने दौड़ती। सार यह कि अविश्वास, असुरक्षा और असहजता के नुकीले फल जब-जब चुभते उसका दिल उखड़ने लगता। वह हिसाब जोड़ती।

डॉक्टर को गए कितना समय हुआ ?

दो महीने।

उसके पास पल-पल का ब्यौरा था, मगर फिर भी गिनती रहती—दिन, सप्ताह, पक्ष और महीने। जैसे डॉक्टर का विरह पल बढ़कर बड़ा हो रहा हो। आज शाम का भयानक अकेलापन उसके पसीने छुड़ा रहा है, क्योंकि बाहर बारिश का मौसम है। पढ़ते समय साथी-सखाओं की टोली उसके साथ होती थी, आज कोई नहीं रहा। पति ने सब भगा दिए, पति की जगह लेने को कोई तैयार नहीं, क्योंकि अपनी जगह डॉक्टर किसी को देख नहीं सकते। वह गठबन्धन के हवाले हैं, मगर गाँठ हवा में झूल रही है। पतिव्रता हिचकोले खाती-खाती हलकान हुई।

'मैं यहाँ से जाना चाहती हूँ,' उसने मन-ही-मन घोषणा की।

'मुझसे नौकरी जैसा कुछ न बनेगा।'

क्या ये दोनों बातें उसने माताजी से कहीं ? हाँ कहीं उसे ऐसा ही लगा।

माँ कुर्सी पर आसीन हैं, जैसे अकसर रहती हैं।

मैत्रेयी धरती पर बिछी चटाई पर घुटने ऊपर किए बैठी है और घुटनों में सिर घुसाए हुए है। धोती के पल्ले से चेहरा दबा है।

लोहे का सब्बल सिर पर कब बज उठे, उसे इन्तजार है।

यह पहला मौका नहीं, मैत्रेयी ऐसे क्षणों की, लम्हों की, घड़ी घंटों की अभ्यस्त है। खुद को तैयार कर रही है चोटों के लिए...

कहते हैं कि कभी-कभी अप्रत्याशित घट जाता है। माताजी की सौम्य मुद्रा उसे चकित कर गई। जब उनका हाथ उसके बालों पर फिरा तो वह बुरी तरह चौंकी। पत्थरों की जगह फूलछड़ी ! यह कैसे हो सकता है ? माँ का स्वभाव ऐसा लिजलिजापन अख्तियार करे, माँ ऐसी कमजोर नहीं। दरअसल तो उसे दुख-सा हुआ। प्रेमिल उदारता बड़ी भारी

होती जा रही है। आँखों में आँसू टलमला आए। बचपन को दोबारा जीना नहीं चाहती मैत्रेयी। गम्भीर मुद्दा छुट जाएगा।

चाह रही थी, माताजी को खुश कर दे, मगर ऐसा कुछ न कर सकी। शेर जब आक्रमण करना छोड़ दे तो शिकार समझता है, वह शेर हो गया। सो दिनचर्या, जिसमें बर्तन माँजना, कपड़े धोना, खाना बनाना शामिल था, रूप बदल बैठी।

माँ ने रुख कड़ा किया है, क्योंकि स्वर कठोर हुआ।

—तो तू अब यहाँ से जाना चाहती है।

उसका चुप्पी मारे बैठे रहना ही माँ के सवाल का जवाब था।

—यह अचार है, बी.डी.ओ. के घर से मँगाया है। पराँठे मैंने बना दिए हैं, खा लेना। मैं दफ्तर जा रही हूँ, वहाँ से खैलार जाना है। शाम को लौटूँगी।

क्या ?

क्या सुना उसने ? अचार के नाम पर मुँह में पानी आया और पराँठों के नाम पर आँखें नम हो गईं। माताजी ने पराँठे बना दिए। उन्हें पता है लड़की को अचार अच्छा लगता है, खुद डाल नहीं पाईं, माँग लाईं।

'माँ जैसी माँ मत बनो माताजी ऽऽ' उसके गले से करुण रुलाई फूटी। मैं क्या करूँ ? इधर जाऊँ या उधर जाऊँ ? उधर पति प्यार लुटाने पर अमादा है, इधर तुम ममता उड़ेलना सीख रही हो। पति का प्यार सँभालने तुम्हारी ममता को बेआधार करके कैसे जा सकूँगी ? मैं डर के मारे रो रही हूँ माँ। दुख लगा है कि इस रूप में तुम्हें कभी देखा नहीं। बेटी के लिए तुम खाना बनाओ, यह माँ का सहज रूप नहीं, औरत की दयनीय तस्वीर है, तुम्हारी जैसी औरत की। मैं तुम्हारे घर सिर्फ मुसाफिर के रूप में ही तो नहीं कि रेल की ही तमन्ना में ठहरी रहूँ। अकेली सन्तान हूँ, ढेर सारे फर्ज बनते हैं। अपनी इच्छाएँ, अपने सपने और अपनी आकांक्षाएँ हैं तो क्या तुम्हारी इच्छा, तुम्हारे सपने, तुम्हारी आकांक्षा कुछ भी नहीं ? हैं तो कुचलकर चली जाऊँ ? चली जाऊँगी तो धरती-आकाश तक मुझ पर थूकेंगे। बस इसलिए नहीं गई थी।

माँ और बेटी।

कस्तूरी और मैत्रेयी।

एक टोली, एक दल हो जैसे। गौरा आ जाए तो और भी बरकत हो। जब तीनों शाम को पहाड़िया पर घूमने निकलें तो अकसर ही मैत्रेयी को डॉक्टर याद आएँ। अब याद बिछोह के लिए नहीं आते, लगता कि वह पति को चिढ़ा रही है। बड़े आए, कहते थे—तुम्हारा घर भी कैसा घर है, सारी की सारी औरतें। औरतों का घर ! सच्ची मैंने पहली बार देखा है।

मैत्रेयी मुश्किल से मुस्कुरा पाई थी। मुस्कान भी खिसियानी-सी, जैसे उन औरतों का दोष हो, जो बिना पुरुष के घर बनाए हुए हैं। पूछने का मन होता—सिर्फ औरतों का घर नहीं होता डॉक्टर तो केवल मर्दों का भी घर कैसा होता है ? डॉक्टर की बुद्धि पर मैत्रेयी को तरस आया था, इन्होंने क्या सीखा ? इतनी बड़ी डिग्री पाकर यह नहीं

जानते कि घर हो या जंगल इनसानों से आबाद होता है। माताजी अकसर अपने घर की दलील ऐसे ही दिया करती हैं।

डॉक्टर खत पर खत लिख रहे हैं।

माताजी मना पर मना भेज रही हैं।

मैत्रेयी यहाँ कहाँ है ? डाल डाल और पात पात के खेल में शटल-कॉक-सी...

उसकी समझ में केवल इतना आया कि वह जिसके पाले में खड़ी हो जाए, वही उसकी ओर से तीरन्दाजी करने लगता है। यदि पति उसे बुला रहे हैं और प्यार जता रहे हैं तो माँ को उसका वैध-अवैध, नैतिक-अनैतिक अन्तरंग सम्बन्ध किसी पुरुष से पसन्द नहीं।

जिन्दगी में बड़े कमबख्त लम्हे झेले हैं।

एक बदबख्त लम्हा और आया।

रोग, बीमारी और मानसिक जड़ता ने जकड़ लिया लड़की को। मन-ही-मन अन्दाजा लगाती है, बीमारी क्या हो सकती है ? बुखार रहता नहीं, बस सिरदर्द है। ठंड लगती नहीं, झुरझुरी आती है। नींद आती नहीं, खटिया से उठना मुहाल है। पेट खराब नहीं, जी मिचलाता है। बस इसी के चलते हो गया शरीर कंकाल और चेहरा बेरौनक। आँखें बेनूर।

माताजी ने सोचा लड़की को पति की याद आ रही है, क्योंकि डॉक्टर के पत्र बार-बार आ रहे हैं। शायद नहीं, निश्चित यही सोचा कि डॉक्टर की पत्नी है, किसी भी डॉक्टर की सूरत देखकर तसल्ली कर लेगी, क्योंकि सफेद कोट और गले में स्टेथेस्कोप लटकाए सारे डॉक्टर एक-से लगते हैं।

''त्रिवेदी नर्सिंग होम चलें लाली ?''

''क्यों, वहाँ क्या होगा ?''

''तेरी उदासी सुस्ती का इलाज होगा, और क्या होगा ?''

''नहीं, मैं नहीं जाती।''

''मरने के ढंग मत करे। डॉक्टर मुझे माफ नहीं करेगा।''

वह कैसे कहे कि अलीगढ़ जाकर ही ठीक हो सकती है। हो सकता है कि पति आते हों, क्योंकि अबकी बार जब गोरे लाल डॉक्टर का नाम-पता लिखी चिट्ठी डालने जा रहा था तो दुश्मन चिट्ठी बड़े प्यार से उसने हथिया ली थी कि वह डाल देगी। पति-पत्नी के मामले में गोरे लाल मूसलचन्द क्यों बने ? चिट्ठी फाड़ के फेंक दी गई।

''चल,'' माताजी ने जिद की।

जब नहीं गई तो नुकीला ताना मारा, ''सारे रोगियों का इलाज अलीगढ़ में ही नहीं होता और न सारी औरतें पति के हाथ से ही दवा खाकर अच्छी हों।''

माताजी ने उसे बुद्धिहीना लड़की की तरह देखा। स्वर में ध्वनि थी कि पूछ रही

है—अब तक अलीगढ़वालों ने ही तुझे पाला-पोसा पढ़ाया-लिखाया था ? लड़कियाँ चार दिन की रानी बनकर माँ-बाप की तौहीन पर उतर आती हैं।

माँ की नजर से मैत्रेयी घबराने लगी।

अस्पताल का नाम, मैत्रेयी के लिए हाईकोर्ट था, क्योंकि उसमें इलाज नहीं फैसले होने हैं, यह बात वह जानती थी।

यही हुआ।

जैसे सजा का हुक्म हुआ हो—यह लड़की माँ बननेवाली है।

सजा मैत्रेयी के लिए या माताजी के लिए ?

बेटी का राज खुला और माँ को नानी बनने की खबर मिली। ग्रहण करें या थूक दें ?

राह में कैसे-कैसे आई ! रास्ते में अँधेरा था, दिल में आँधी थी। अस्पताल था कि बंवडरों का तम्बू था ? रेत के टीले हर कहीं दिखने लगे।

माताजी का चेहरा इस खतरनाक खबर को सुनकर पीला नहीं, काला-काला हो गया।

नजर भूले से ही मिली कि खौफनाक शेरनी ने जबड़ा फाड़ा। आँखें दहकीं, लाल-लाल चिनगारियों से जलने-झुलसने लगी मैत्रेयी, क्योंकि कानों को माँ की वाक्शक्ति कोंच रही है—लड़की, तू जिसे बसावट का चिह्न समझ रही है, असल में वही तेरी जिन्दगी को खंडहर बनाने के लिए अवतरित होगा।

माँ का लहजा वही था, जैसा, प्रौढ़ शिक्षा की कक्षा में रहता है—वर्षों से, सदियों से औरत ने उन पत्थरों पर पाँव धरकर स्वर्ग देखना चाहा है, जो लाखों गर्मी, बरसातें झेलकर नर्म मुलायम हो गए हैं। यह नहीं समझा कि नरम मुलायम चीज या तो वजन नहीं झेल पाती या इतनी चिकनी हो जाती है कि पाँव फिसल जाए। रपटीली काई हर जगह जमा हो रही है और नए जमाने की औरत भी यह नहीं सोच रही कि अब उसे खुरदरे पत्थर बिछाने हैं।

मैत्रेयी झुँझला उठी, "घर तो चलो कि यहीं सारी नसीहतें..."

कहा कुछ भी हो लड़की ने। कितनी भी झुँझलाई हो, खीझी हो, मगर उसका वजूद लुढ़कती हुई फुटबॉल से ज्यादा नहीं। हर साँस के साथ मन में बिजली की-सी लपक पड़ती, माँ पीछे से एक लात जमानेवाली है।

रास्ते-भर दहशत रही। घर आई कमरे में बन्द हो गई।

फिर वही मुद्रा, घुटनों में सिर देनेवाली। फिर वही अफसोस, अपनी हालत के लिए होनेवाला। बड़ी देर तक शून्य में रही, कोशिश करके कोई भी विचार मन में न आने दिया।

माताजी खबर सुनकर चौंकी, वह नहीं चौंकी, यह भी एक अपराध है, यानि कि मैत्रेयी को अपने गर्भ का पता था। क्या वह माँ से पूछे कि हर औरत को अपने गर्भ की खबर नहीं रहती क्या ? भोली बच्चियों के गर्भ नहीं रहा करते। और फिर ढिंढोरा पीटती भी क्यों ? क्या यह ऐसी घटना है, जो धरती-आसमान के बीच रहनेवाली किसी स्त्री के साथ नहीं हुई हो। माताजी के अनुसार तो यह वाकया मैत्रेयी की दास्तान में

शामिल है, इसलिए गलीज है। या वे इस मामले में कोई हस्तक्षेप नहीं कर सकतीं, इसलिए व्यर्थ है। उनके विचार से हर औरत बच्चा पैदा करने में लगी हुई है, और वे जनसंख्या नियन्त्रण की अगुआ हैं, यह भी आन्दोलन है। डॉ. त्रिवेदी ने जब उन्हें भविष्य में नानी बन जाने की बधाई दी तो उनका मुँह दुबली चुहिया के मुँह की तरह सूख गया। आँखों में अचरज लेकर देखती रहीं, जैसे सोच रही हों—जनसंख्या वृद्धि पर यह मूर्ख डॉक्टर उन्हें बधाई दे रहा है।

कहा भी था—डॉक्साब परिवार नियोजन का कैम्प लगेगा, आप उस दिन अपना अस्पताल बन्द रखें और सरकारी अस्पताल में आ जाएँ। डॉक्टरों की कमी है, आप मदद करें। आदमी कीड़े-मकोड़ों की दर पर उतरा चला जा रहा है। देख लेना यही कीड़े-मकोड़े एक दिन एक-दूसरे को खाएँगे।

''माताजी !'' मैत्रेयी के कंठ से आवाज नहीं मौन चीख निकली।—माँ तुम्हारी जुबान में सर्जिकल चाकू फिट है, मेरी आत्मा को नहीं, पेट के गर्भ को भी ख़ुरचे डाल रहा है। मैं कीड़े-मकोड़े जननेवाली हूँ, वे एक-दूसरे को खानेवाले हैं ! क्या कहना चाहती हो माँ ? जो कहना चाहती हो, आइन्दा न कहना, मेरा मन कह रहा है कि तुम जैसी औरत ही अपने बच्चों को, बच्चों के बच्चों को खा जाती है।

सारी सृष्टि को चबा जानेवाली माताजी तुम...आधुनिक दलीलें देकर असल में तो अपनी इच्छा, अपनी कोख को सन्तुष्ट करती हो, जिसको विधवापन ने वन्ध्या बना डाला। नहीं तो मेरे पति को तुम ललचाई हुई नजरों से क्यों देखती हो ? यह भी आधुनिकता है क्या कि माँ माँ की तरह न रहे।

मैत्रेयी को गुस्से के चलते क्या-क्या अखरा, जुगाली कर रही है—कितनी गुलामी कराओगी ? ब्याह की इच्छा जताई तो वर को लेकर लड़की पर खुद लद गईं। अच्छा शंख फूँक रही हो, मुनादी कर दो—आजादी माँ-बाप दबाए रहेंगे, गुलामी बच्चों के गले बँधेगी, यही सम्बन्ध है। ब्याह के पहले किसी समवयस्क की मित्रता व्यभिचार है तो ब्याह के बाद पति से संसर्ग अपराध है, क्योंकि यह गर्भ का कारण हो सकता है। सच बात तो यह है माताजी कि सामान्य जीवन हमारे भाग्य में नहीं। हम किसी अजीब अकेली बीहड़ जगह के बाशिन्दें हैं, जैसे अब तक भरे संसार में विरक्त एकान्तवासी-से रहे। यह सिलसिला कब तक चले, कौन जाने ?

माँ ने किवाड़ खटखटाए।

उसने द्वार नहीं खोला।

गौरा अपने सेंटर से तभी आ गई थी, जब वे दोनों त्रिवेदी नर्सिंग होम जा रही थीं। गौरा ने सरकारी अस्पताल की बात कही थी, माताजी ने वहाँ डॉक्टर का न होना बताया था, यह भी चिन्ता और अफसोस की बात थी, देश के चलते।

कमरे के बाहर माताजी अब भी गौरा से जनसंख्या नियन्त्रण पर बात कर रही हैं क्या ? उसने कान बिछा दिए।

—गौरा, याद है जब इस लड़की का ब्याह हुआ था ?

—सो ?

—इसका गर्म कोट मैंने पहन लिया था। कजरौठ के रास्ते में, जब सिकुर्रा जा रहे थे।

—तो ?

—याद आ गई होगी अब तो वही बात, कंडोमवाली। जेब में हाथ गया तो कुछ गिलगिला-सा लगा था। निकालकर देखा तो...हाय हम विधवा, किसका क्या छू रहे हैं ! बिच्छू की तरह फेंक दिया था कि साँप की तरह डरा रहा था वह हमें। याद है न ? तू तो बातें भूलती नहीं।

—हाँ, तुम तो अपना विभाग साथ लिये रहती हो। फेंक दिया सो फेंक दिया, दामाद की समझदारी की दाद देती रही थीं। मैंने यह कहा कि इस रास्ते औरत व्यभिचारिणी भी तो आसानी से हो सकती है, तो तुम्हें गुस्सा आ गया था।

—तू तो हरदम मेरे गुस्से के बखान का बहाना पा जाती है, मकसद नहीं समझती। कैसा अच्छा जमाना है, कैसी सहूलियतें हैं कि औरत के सारे बन्धन कट गए। बेचारी कभी पेट में बच्चे पालती, कभी गोद में। गोद का बड़ा न होता, तब तक फिर पेट में आ जाता। चालीस की होते-होते देह झोला हो जाती और बच्चा जनने में ही एक दिन खत्म हो जाती। यही थी औरत की कहानी। मैं तो कहती हूँ इस जमाने ने स्त्री की आजादी की शुरुआत कर दी, अब बच्चे-कुच्चे क्या महत्त्व रखते हैं, उसकी इच्छा पर निर्भर रहेगा। जनने-पालने के चक्कर से छूटेगी, अपने लिए कुछ सोचेगी। लाचारी से मुक्त होना ही तो ताकतवर बनना है।

मगर गौरा मैत्रेयी की मति पर पत्थर पड़ गए।

—तुम्हें क्या ? उनकी जिन्दगी, वे जानें।

—तू तो ऐसे कह देती है, जैसे लड़की का ब्याह हो गया तो मैं गंगा नहा गई। तू नहीं जानती कि यह कैसा कमबख्त सम्बन्ध है ! न जोड़े रहने की सामर्थ्य रह गई, न तोड़ फेंकने को जी करे। गर्भ का भार मैंने सहा, कुछ याद नहीं, आज नए सिरे से लगता है मैं गर्भवती हूँ। मैत्रेयी की सारी तकलीफ मेरे जी को लगी हैं। प्रसव में उसे दर्द होगा, बेशक मैं ही झेलूँगी।

मैत्रेयी ने ऐसा कभी सोचा था ? माँ का अपना सोच क्या है ?

जी न मिचलाता, वह तो भी दरवाजा खोल देती।

वह किवाड़ खोलकर उलटी करने भागी।

घुटनों के बल बैठकर आँगन की नाली पर ज्यों आँतें उड़ेले दे रही हो।

बदहाल चेहरा और उबल पड़ती आँखें !

पेट का सारा कुछ बाहर आ गया।

माँ पानी लिये खड़ी हैं। पीठ सहलाने लगीं। शर्म की मारी कहाँ जाए मैत्रेयी ?

जग का पानी उड़ेलकर कुल्ला कराया, तौलिया से गिरती-ढहती लड़की का मुँह पोंछा। बाँह पकड़कर भीतर ले चलीं।

माँ से लिपटकर खूब-खूब रोई मैत्रेयी। माताजी को डाँटना-फटकारना ही नहीं,

बहलाना-पुचकारना भी आता है, बचपन में नहीं जाना, खुद बच्चे की माँ बननेवाली है, तब समझ में आया।

शीशे का गिलास और नीबू का पानी।

खट्टा मैत्रेयी को कभी अच्छा नहीं लगता, माँ का ऐसा मीठा मन कि वह खट्टा पी गई। माताजी का मधुर व्यवहार पाने के सिवा जैसे कोई इच्छा ही न हो। क्षमा माँगने का यह भी एक रूप था।

मर्म से भरी-भरी माँ !

'सामना कर लाली, आँखें मत चुरा। मैं तो समझती थी तू वही स्कूल के जमाने की लड़की है, जो खरा कहती है और खड़ी हो जाती थी। तू यह भी कह सकती है कि यह सब पति का किया धरा है। अगर तू उसके मन मुताबिक नहीं चलेगी, जिसमें बच्चा करना भी शामिल है, तो वह तुझे त्याग देगा। ऐसा हो भी सकता है बेशक, क्योंकि ब्याह-शादी का मतलब भी यही है, मैं मानती हूँ, लेकिन तू यह भी समझ कि अब वह पुराना जमाना नहीं कि आदमी लादे, औरतें ढोए। फिर तू पति के आनन्द के लिए अपनी दुश्मन क्यों हो गई ? सतर्क उसे ही रहना होता है, जिसे झेलना पड़ता है। मुझे तकलीफ यही है कि इस कष्ट का सम्बन्ध तुझसे है, जिसे मैंने सर्वस्व लगाकर पढ़ाया, उसे गर्भ, प्रसव और लालन-पालन जैसे बकवास रवैया की दीमक चाट जाएगी।'

इन विचारों से न चिढ़ सकती थी, न घृणा कर सकती थी, क्योंकि ये माताजी के विचार थे। बस उनके बुझे-बुझे चेहरे को देखकर दुख लगा।

एक बार तो यह भी सोचा कि किसी को इतना दुख देने के लिए यह गर्भ है तो इसका खात्मा ही कर डाले। कैसा रहेगा ? छुटकारा, आजादी, स्वतन्त्रता !

मगर गर्भ में पलती शिशु छाया उसे पकड़ती हो, ऐसा नहीं हुआ, उसे अपने लिए ही डर लगा। डॉ. त्रिवेदी कह रहे थे डिलीवरी से कई गुना खतरनाक होता है अबॉर्शन। वे जिससे भी कह रहे थे, मैत्रेयी ने अपने लिए समझा। दुविधाग्रस्त, विभ्रान्त मन वह शिशु को बचाने की प्रार्थना नहीं कर रही, खुद बचना चाह रही है। माताजी जिसे उसका माँ-भाव मान रही हैं।

हाँ, अकेले पुरुष पर तोहमत धरनेवाली स्त्री भी वह नहीं, माताजी से कह पाती तो कह देती, उसकी ओर से कोई अज्ञान अन्धकार नहीं था, वह बाकायदा शामिल थी। यह समर्पण का मामला भी नहीं, भागीदारी की कहानी है। पति त्याग देगा, इसकी चिन्ता क्यों होती, पति को तो वह स्वयं लाई है।

माँ के विचार अखंड रहे, मैत्रेयी ने भी कुछ नहीं कहा।

समय था कि परिवर्तन के फासले तय कर रहा था। देखते-ही-देखते एक महीना गुजर गया।

मैत्रेयी का पीला रुगैला चेहरा और गर्भ के चलते बदलाव पाता शरीर, माताजी के लिए उसे छिपाना असम्भव हो जाएगा। वे नहीं चाहतीं कि परिवार-नियोजन अभियान के दौरान वे लोगों की नजरों का निशाना बनें। चिढ़ाने के लिए ही लोग कहें—बहनजी,

दीया तले अँधेरा। अभी तो ब्याह को एक साल भी नहीं हुआ।

माताजी की इस उलझन को मैत्रेयी ने भाँप लिया, या कि वह ऐसा ही चाहती थी ? उसने पति को चिट्ठी लिख दी।

जबकि माताजी ने पूछा, ''अलीगढ़ से कोई चिट्ठी आई है लाली ?''

जो घर जारै आपनो...

कई महीने बीत गए।

मैत्रेयी ने गृहस्थ का बोझ और गर्भभार ऐसे ही उठा लिया, जैसे विवाह के बाद हर औरत अपनी जिम्मेदारी उठाने के लिए खुद को तैयार कर लेती है। यों तो पति को उसके गर्भ और घर से वास्ता है, लेकिन पत्नी की उपस्थिति ने उनमें ऐसा आत्मविश्वास भर दिया है कि जिम्मेदारी की भावना ढीली होती जा रही है।

पत्नी को क्या चाहिए ? उसको क्या-क्या तकलीफें हैं ? इन बातों को वे पूछते नहीं, क्योंकि जानकारी ही नहीं चाहते। पति से पत्नी को कुछ-न-कुछ चाहिए ही होता है, वह गर्भवती है, तकलीफों का चलता-फिरता डेरा, वे पुरुष और डॉक्टर होने के नाते दोनों बातों के ज्ञाता हैं। मैत्रेयी दुख पाती है, हालाँकि वह लज्जाशील नहीं, मगर अपने लिए स्वाभिमान तो उसे है।

मगर माँ के चलते कौन-सी बेटी स्वाभिमान नहीं तोड़ डालती ?

गौरा भाभी का पत्र ! उफ्...लिखा है–

अबकी बार सारा बदन छानती हुई सुई पाँव में आ अटकी है। है तो निश्चित ही मुहाने पर। लिखा है–माताजी चल नहीं पा रही थीं सो जर्मनी अस्पताल दिखाने गईं, मगर उस अस्पताल के ही नहीं, झाँसी के डॉक्टरों ने जवाब दे दिया है। सुई का पुरानापन और अब तक न निकलने की बात सुनकर पीछे हट जाते हैं। गौरा ने लिखा है–हम अब लखनऊ जा रहे हैं। संयोजिका पीछे पड़ गई हैं, नहीं तो कस्तूरी देवी यहाँ से कहीं जानेवाली नहीं। वे तो जर्मनी अस्पताल तक नहीं जा रही थीं, सुबोध बाबू पीछे पड़ गए थे।

संयोजिका और सुबोध बाबू ! मैत्रेयी को पता है, प्रेमिका और प्रेमी हैं। इनके प्रौढ़ प्रेम मे चलते माताजी ने कितने-कितने कष्ट सहे हैं। हैडक्लर्क सुबोध बाबू को माताजी जब नियम से बुलाने उनके घर जाती थीं तो सुबोध बाबू की औरत उन्हें गालियाँ देती थी। एक बार माताजी की चोटी पकड़ ली और खूब मारपीट की। फिर भी नहीं मानीं तो माताजी को उसने मौहल्ले की औरतों की सहायता से अपने कोठे में बन्द कर दिया। बड़ी विनती-प्रार्थना के बाद छोड़ी गईं। खूब धिक्कार और थू-थू हुई। महिला मंगल में काम करनेवाली ग्रामसेविका महिला की दुश्मन !

पीड़ित स्त्री ने पूछा—मैं जानती हूँ तुम मेरे पति को अपने लिए नहीं ले जातीं, मगर किसी दूसरी के लिए ले जाकर अवज्ञा खुद क्यों सहती हो ? मेरे और अपने, दोनों के साथ अन्याय !

कस्तूरी लज्जित हो उठें, ऐसा नहीं हुआ।

वे बोलीं—सुबोध बाबू को संयोजिका के पास ले जाने का मुझे कोई शौक नहीं, पर क्या करूँ संयोजिका पाँच बजे से पहले जो भी ऑर्डर देती है, मुझे मानना पड़ता है। फिर सुबोध बाबू हमारे ऑफिस में ही काम करनेवाले, सरकारी काम के बहाने बुलाये जाते हैं। बताओ तुम्हीं, यह काम मेरी ड्यूटी में आता है या नहीं ? पर इतना समझ लो, तुम्हारा खयाल करके मैं बाबू को समय से चेता देती हूँ, क्योंकि यह मेरा इनसानी फर्ज है।

माताजी के पाँव में सुई अटक रही है, यहीं से मैत्रेयी की चिन्ता शुरू होती है, पाँव से चला नहीं जाएगा तो भी वे काम किए बिना मानेंगी नहीं। रोग और बढ़ेगा।

क्या करे अब वह ? भगवान से प्रार्थना। वह तो ऐसी राह बैठी है कि देखने भी नहीं जा सकती। नीचेवाली बीबी कह रही थीं—आठवाँ महीना शुरू हो गया है, सफर अब खतरनाक होगा। सातवें महीने में 'साध' (एक रस्म) का चलन इसीलिए होता है कि उसके बाद गर्भवती को खास-खास बातों का ध्यान रखना होता है।

आकाश की ओर चेहरा उठाकर कस्तूरी की बेटी आज अपनी अभक्ति का ही मोल माँग रही है किसी अदृश्य शक्ति से, क्योंकि वह किसी देवी-देवता की भक्त नहीं रही।

सुई कब लगी थी, माँ के बचपन में। कान के पीछे। माँ ने उम्र पार की और सुई ने शरीर। क्या दोनों का सफर पूरा हो गया ? धत् ! क्या-क्या सोच रही है वह। अच्छी बात मन में आ ही नहीं रही। कहीं पढ़ा था 'स्नेह पाप शंकी !' क्या माँ से इतना स्नेह रहा कि उनके लिए मैत्रेयी पाप सोचे और दहल जाए ?

अपने डर से इतनी परेशान हुई कि पति पर गुस्सा आने लगा।

कमाल है, यह आदमी कोई चिन्ता ही नहीं कर रहा ! माताजी सौ जान से निछावर रहती हैं दामाद पर, जबकि उन्हें पुरुष जाति से परहेज ही रहा है। इस आदमी ने सचमुच में ही माताजी को छला है—पहली बार मिलते ही भरमा लिया था कि वे इसकी माँ हैं। कस्तूरी नाम की मरनेवाली माँ की तरह माँ। माँओं का अच्छा एक नाम हुआ कि ठगने का संयोग मिल गया।

आज कहाँ गई वह प्रीति और भक्ति ?

ब्याह के बाद यहीं अलीगढ़ के लोग कहने लगे थे—यह लड़का बछड़े जैसा भोला नहीं है। कर्कट बुद्धि समझो। जानता था कि माँ-बेटी अकेली हैं, जायदाद जाएगी ही कहाँ ? पहले से हिसाब-किताब करनेवाले मूर्ख होते हैं। मैत्रेयी आज पक्की तरह से समझ रही है कि इंजीनियर अयोध्या प्रसाद और उसका बाप तो गधों की तरह बेवकूफ थे, पहले से ही हेंचू-हेंचू करने लगे। यह बगुला भगत समाधि मारे बैठा रहा, कि लोग

हंस समझें।

अरे, यह कैसा आदमी है और कैसा डॉक्टर ? माँ के प्रति कर्तव्य तो क्या डॉक्टरी-नैतिकता तक नहीं बरत पा रहा ! सच्ची में यह पति नाम का जीव प्यार नहीं, पाखंड करता है। इनसान के नाम पर हिरन की तरह कठोर है।

"मैं लखनऊ की टिकट मँगा रही हूँ।" वह पति के सामने आ गई जो ड्यूटी पर जा रहे थे।

"अरे तुम !" वे चौंके।

"क्यों, टिकट लेना क्या तुमसे सीखना होगा, जैसे तमाम तहजीबें सिखाते हो ? मुझे सफर करना आता है। यह न समझना कि मैत्रेयी गली की औरतों की तरह जनानेपन की प्रथा को भी बरकरार रखेगी।" हाथ नचाकर बोली बड़े पेटवाली मैत्रेयी।

डॉक्टर हँस पड़े।

"पाँव देख-देखकर धरती हो, चाल में गति चाहती हो, स्पीड ! कमाल है तुम्हारा भी।"

"तार आया। छिपाया तुमने ?"

"तुम्हें क्या करना था तार का ? जाना तो मुझे है।"

बस इतना ही कहना था कि मैत्रेयी मौसम की तरह बदल गई। ताने-उलाहने के ढेले मारेगी, शिकवे-शिकायतों के तीर चलाएगी और गालियों तक गुस्से को ले आएगी। जहाँ पति ने मन की बात कही, ऐसे खड़ी हो जाएगी जैसे हँस-हँसकर नेग (हक) माँग रही हो।

"मैं भी चलूँगी।"

"क्या मतलब ?"

"खुद समझ लो,"

"क्यों ?"

"मेरे बिना माताजी तुम्हें क्या पहचानेंगी ? तुम हो कौन ?"

"अपनी हालत देखो। तुम्हें माताजी बेवकूफ समझेंगी।"

"अभी बच्चा होनेवाला नहीं, मुझे पता है। तुम्हें और माताजी को क्या पता ?"

"डॉक्टर को चुनौती न दो, उसे सब पता होता है। दीज डेज आर डेंजरस।"

"खतरों से कब डरी है मैत्रेयी ?"

डॉक्टर ने कन्धे उचका दिए।

सारे खतरों को धता बताकर मैत्रेयी रेलगाड़ी पर सवार हो गई। गर्भ के साथ पति हैं, जो डॉक्टर हैं। चिन्ता क्या और क्यों होगी ?

डॉक्टर बर्थ पर बिस्तर बिछाकर लेटे, लेटते ही ज्यों सो गए हों।

वह अपने बिस्तर पर रेल की खटखट फटफट के साथ पालना-सा झूलती हुई सोचती रही है, कि माताजी से कल्पना में बातें करती है ?

—देख लिया माताजी, मैं आ गई।

—तू क्यों आ गई लाली ? तेरी हालत...

—मेरी कैसी हालत है माँ ? पहले तो तुम कभी डरी नहीं और न डराया, संकट खतरों में ललकारती ही रहीं।

—डॉक्टर क्या कहते होंगे कि अपनी हालत नहीं देखी, माँ के पीछे पागल लड़की...

—ऐसे कहनेवाले को मैं प्यार नहीं करूँगी माँ। प्यार नहीं करूँगी तो पति तड़पेंगे। ऐसे का विश्वास नहीं करूँगी। विश्वास नहीं करूँगी तो आत्मविश्वास खोने लगेंगे। ऐसे की मैं बात नहीं मानूँगी। बात नहीं मानूँगी तो वे खुद को तुच्छ समझेंगे। आज ऐसा क्यों सोचती हो माँ ? पहले तो पति की आज्ञा मानने की सीख नहीं दी। तुम्हारी सलाह में पति सेवा, ईश्वर सेवा का मन्त्र रहता ही कहाँ हैं ? क्या तुम बीमार हो, इसलिए कमजोरी की बातें करने लगीं ?

—नहीं, तू अब गृहस्थ है लाली। तेरी सहनशीलता पर, आज्ञाकारिता पर परिवार बँधकर चलेगा।

—औरत गृहस्थ हो जाए तो क्या अपना विवेक खो दे ? भली-बुरी, सब माने ? जो कहा जाए, वही करे ? अपना मन कभी न खोले ? ऐसा तो कारागार होता है माताजी। कारावास में कौन किस को प्रेम कर सकता है ? कौन किसका विश्वास कर सकता है ? कौन किसकी साख पर टिक सकता है ?

—तेरा गृहस्थ क्या अलग होगा लाली ? अलग होगा तो समाज उसको स्वीकार नहीं करेगा। तू अलग-थलग पड़ी रहेगी, मेरी तरह। नहीं तो एक बेटी, एक माँ का भरा पूरा, मेरा भी गृहस्थ था। हाँ तनिक चाल दूसरी थी।

—तुम्हारी चाल ही तो कहीं मिल गई है मेरे घर के व्यवहार में

और एक नींद के बाद लखनऊ !

स्टेशन से लेकर सड़कें, दुकानें, सिनेमा और बड़े-बड़े बोर्ड, जैसे सबमें माताजी शामिल हों। ताँगा और ताँगेवाला ज्यों बबीना, तालबेहट से आया हो।

लोग लखनऊ के हैं, मगर मैत्रेयी उन्हें मोंठ, चिरगाँव के लोगों में मिलाकर देख रही है। माँ यहाँ हैं, जहाँ न तहाँ मायका फैला है।

''मेडीकल कॉलेज की ओर,'' डॉक्टर ने ताँगेवाले से कहा।

और मैत्रेयी की ओर देखकर बोले, ''तुम्हारा मायका आजकल अस्पताल में बसा हुआ है। माताजी का बैड जनरल वार्ड में है और वे रिसर्च विंग का केस हैं।''

बैड नं. 9 के पास खड़ी मैत्रेयी और डॉक्टर माँ का इन्तजार करने लगे। उनको मैडीकल स्टूडेंट्स के सामने रखा गया है। 'केस' को हर उस कक्षा में जाना होता है, जो सुई की गति को लेकर खोज करना चाहते हैं।

इन्तजार छोटा था, मगर बेचैनी बहुत बड़ी थी।

उनको आए केवल आधा घंटा ही हुआ था, लग रहा है, दो दिन से खड़े हैं और माँ का दर्शन तक नहीं हुआ।

माताजी अस्पताली कपड़ों में आईं। वे व्हील चेयर पर बैठी हैं।

मैत्रेयी आगे बढ़ी।

उन्हें ताज्जुब हुआ होगा, मगर भीतर-ही-भीतर। बाहर तो अस्पताल का माहौल तारी था और वे सहमी हुई थीं, जैसे ज्यादातर मरीज होते हैं।

बेटी-दामाद को देखकर उन्होंने सिर का कैप खींच दिया। मैत्रेयी जानती थी, माँ ऐसा ही करेंगी, क्योंकि कैप उनकी विशेष छवि को बदल रहा है।

पलँग पर पाँव लटकाकर वे बैठ गईं।

"लेट जाओ।"

"मैं बीमार नहीं हूँ।"

माँ और मैत्रेयी के संवाद में डॉक्टर शामिल नहीं हुए, अपने पेशे और रुचि के हिसाब से 'केसशीट' लेकर पढ़ने लगे।

कुछ देर बाद वे बोले, "तुम यहीं रहो, मैं डॉ. के.सी. सिंघल को देखता हूँ। सतीश का भानजा भी यहीं पढ़ता है। मेरे दो-तीन दोस्त हैं, खोजता हूँ।"

डॉक्टर गए, मैत्रेयी माँ के लिए खुरमे-मठरी लाई थी। रास्ते में से फल और बिस्कुट ले लिये थे।

चीजें प्लास्टिक की प्लेट में निकालकर रखीं तो माताजी बच्चे की तरह ललक उठीं। एक बिस्कुट खाकर बोली, "अच्छा हुआ ले आई।"

"पर खुरमे-मठरी तो तुम्हें पसन्द नहीं, तली चीजों से सदा परहेज रहा है।"

उन्होंने प्लेट में से एक बिस्कुट और उठाया और बोलीं, "इन सबको उसी में भर दे, जिसमें तू बाँधकर लाई है।"

"क्या कहा डॉक्टरों ने ? अब की बार तो सुई पाँव में है, ऑपरेशन करके निकाल देंगे। यही कहा न ?"

"लाली, तुझे पता है, हमारी सर्विस खत्म की जा रही है ?" उन्होंने शोक-सूचना की तरह खबर दी। होंठ खुले रह गए।

"क्या ?" उसने भवें सिकोड़ लीं।

"हाँ।"

"सर्विस खत्म क्यों होगी ? कौन कर रहा है ?"

"मुख्यमन्त्री।"

"अरे ! किस कारण ?"

"औरतों को मूर्ख मानकर। नादान मानकर। कमजोर मानकर। वह कहता है कि औरतों का दफ्तरों में, रूरल डेवलपमेंट डिपार्टमेंट में क्या काम ? चलो मास्टरनी, नर्स, मिडवाइफ या जनानी-डॉक्टर हो जाओ। नहीं तो घर में रहो। घरेलू काम कौन करेगा ?

बच्चे कौन पालेगा ?''

''मुख्यमन्त्री को घर के कामों की ऐसी चिन्ता क्यों हुई ? क्या उसकी पत्नी भी तुम्हारी विभाग में काम करती है ?''

''वह है ही बूढ़ा। हुक्का फूँक किसान। कहते हैं कि पढ़ा-लिखा है, हमें तो नहीं लगता। जिसे लगे, उसे लगे।'' माताजी ने बुरे से बुरा मुँह बनाया।

''जरूर खुद अनपढ़ है अशिक्षित, तभी तो औरतों की शिक्षा, योग्यता पर भरोसा नहीं हो रहा। उसे भरोसा न हो तो अँधेर करेगा ? तुम लोगों ने कुछ नहीं किया ?''

''किया। किया क्यों नहीं। एप्लीकेशन दीं। उज्र किया। न माना तो कोर्ट में केस करेंगे। तोहमत तो देखो कहता है कि ये औरतें डबल नुकसान कर रही हैं। पहला--योजनाओं के महत्त्वपूर्ण काम धीमी गति से हो रहे हैं। दूसरा—नवयुवकों को इन्हीं के कारण बेरोजगारी का सामना करना पड़ रहा है। वे घर में चूड़ियाँ पहनकर तो नहीं बैठ सकते।''

माताजी अफसोस में डूबी हुई...

''लाली, हम औरतों ने अपने हाथों अपने पाँव कुल्हाड़ी मारी है सजने-सँवरने का शौक औरत से ज्यादा किसी को नहीं होता, यह बात आदमी तो क्या चिड़िया-कौआ भी जानते हैं। चूड़ी, बिछिया, मेहँदी, महावर पा गईं तो समझ लो जहान का राजपाट मिल गया। हमने तो साथियों से कहा, जाओ खूब सिंगार करो। सिंगार से तुम्हारा पेट नहीं भरता। दफ्तर में भी रँगी-पुती, चमकती, दमकती आती हो, जैसे काम नहीं करना नाचना है।''

माताजी इतनी कमजोर कभी नहीं लगीं। उनका चेहरा ऐसा निस्तेज कभी नहीं दिखा। क्या यह दुख अब तक के सारे दुखों से बढ़कर है ?

''माताजी, अच्छा हुआ। ये तुरन्त चले आए। इतना संकट ऊपर से पाँव में सुई। ये तुम्हारी सुई के बारे में ठीक-ठीक पता लगवा लेंगे। बस फिर ऑपरेशन।''

''लाली !''

मैत्रेयी असमंजस में पड़ी देखती रह गई। माँ क्यों झुंझलाईं ?

''तू सुई-फुई को मार गोली। शूल तो मेरी छाती में ठुका है। लल्लू से कह, कोई उनकी पहुँच हो तो मुख्यमन्त्री तक हमारी बात हमारे तर्क पहुँचाए। किसी डॉक्टर को ही भेजें उस हूस मुख्यमन्त्री का दिमाग दुरुस्त करे। सबसे पहले तो लल्लू यह देखें कि हमारे धरने का असर कैसा हो रहा है ?''

''ध-र-ना !''

''अरे ! तू अखबार नहीं पढ़ती शायद। रेडियो में सिनेमा के गीत ही सुनती रहती है। यह तेरी पुरानी आदत है। इस मूँछवाले मुख्यमन्त्री के फोटों के साथ समाचार छपा था।''

''कौन-से अखबार में ?''

''कौन-से अखबार में नहीं था, यह पूछ। अमर उजाला, नवभारत टाइम्स, स्वतन्त्र

भारत।''

ओह ! यह डॉक्टर का बच्चा भी पूरी अँगरेजी की दुम है। हिन्दी का अखबार मँगाने ही नहीं देता। कहता है—अँगरेजी का अखबार पढ़ा करो, सोसाइटी में गूँगी की तरह बैठी रहोगी ? हिन्दी में एम.ए. किया, बड़ा तीर मार लिया। कौन पूछता है हिन्दी को ? इस प्रसंग में माँ के बहाने वह अपनी बात को लेकर डॉक्टर पर दाँत पीसने लगी।

''लाली, अब समस्या यह है कि यहाँ से मुझे छुट्टी नहीं मिल रही। कहीं ऐसा तो नहीं कि जान-बूझकर मुझे रोका जा रहा हो कि पुलिस औरतों को खदेड़ ले ?''

''नहीं, ऐसी बात नहीं है। सुई का धँसना और टूट जाना नहीं, पुराना पड़ जाना खतरनाक लग रहा है।''

''इन देश के नेताओं के बेईमानी भरे दलदल से ज्यादा खतरनाक ? गँवार पढ़े-लिखे बैल सरीखे मुख्यमन्त्री की दलीलों से ज्यादा खतरनाक ? क्या ये वे ही हैं, जो आजादी की लड़ाई के जमाने में औरतों की फौज मशालों के साथ लिये घूमते थे। इनकलाबी गीत गाते थे ?'' कहकर वे पलँग पर ऐसे बैठ गईं ज्यों आसन ले रही हों, लड़ने की मुद्रा धारण कर रही हों, क्योंकि उनके भीतर बहुत कुछ भरा है।

''भई, बड़े चालबाज निकले ये तो ! देश आजाद होते ही आँखें बदल लीं। गद्दियाँ, कुर्सियाँ सँभालते ही राजा हो गए। तमाम राजा-महाराजा अपना-अपना फरमान लिये चले आ रहे हैं। रिआया औरत जात...थोड़ा-बहुत देकर बहला दो। दूसरा कहता है, दिए हुए को छीनकर औकात दिखा दो। औरत घर में रहे, आज्ञा ढोए, सेवा करे, बेटे पैदा करती जाए। तब ये हमारे ऊपर अहसान करेंगे। औरतों के बेटों को रोजगार देंगे। बस मर्द होना ही योग्यता है, उसके आगे औरत की तमाम जरूरतें कहाँ ठहरती हैं ?''

''माताजी ये दवाएँ हैं, कौन-कौन-सी खा लीं, कौन-सी खानी हैं ?'' मैत्रेयी ने उठकर लोहे की छोटी-सी साइडटेबिल टटोली।

''नर्स अपने आप दे जाएगी। तू क्यों उलझ रही है ? लाली, तू तो यह बता कि देश आजाद किसने मान लिया ? औरतों की आजादी तो गुलाम पड़ी है। बस मर्दों का आजाद होना देश का आजाद होना है ? स्वतन्त्रता संग्राम में औरतों ने लाठियाँ खाईं, अस्मत लुटाई, उनकी स्वतन्त्रता कब आएगी ? वे तो तुमने भी गायों की तरह लाठियों से हाँक दीं और खूँटों से बाँध दीं। अब उनका रस्सा कौन खोले ?''

लड़की ने अंगूर तश्तरी में धर दिए, ''लो, यह खा लो।''

''फल खाकर क्या करूँगी ? इनसे सुई तो नहीं निकल जाएगी ?''

''एक्सरे कहाँ हैं ? मैं देखूँ सुई किस जगह है ?'' मैत्रेयी खड़ी हो गई।

''बैठ तू,'' उन्होंने हाथ से इशारा दिया।

''इन ढोंगियों का अन्दरूनी मामला उजागर करने की मशीन बन जाती, एक्सरे खिंच जाता तो हम इलाज कर देते इनका।''

''माताजी, पहले अपना इलाज करा लो। पाँव से चलने लायक हो जाओ।''

"तू क्या सोच रही है, पाँव कट जाएगा ? कौन काट सकता है हमारे हाथ-पाँव ? कोई नहीं।"

"तू सच्ची नहीं मान रही होगी कि हम कह सकते हैं—हम लड़ेंगे। अरे ऐसे ही लड़ेंगे, जैसे इनके साथ मिलकर अँगरेजों से लड़े थे। इन्हें याद तो है न ? यह कहो कि हम ही भूल गए थे कि ये हमारे फिरंग हैं। हम हक की बात कहें तो ये लाठियाँ चलाते हैं। हमारे कपड़े फाड़कर हमें नंगी करते हैं। हवालातों में कुकर्म करने में हिचकते नहीं। सच मानों फिरंगों ने इतने जुल्म नहीं ढाए थे। चलो तुम जुल्म ढाओ फिर भी हम लड़ेंगे। बेशक तुम हमारी देह को हमारी नहीं समझते तो फिर कोई इतना बता दे कि इस संसार में हमारा है क्या ?"

"माताजी, सुई ज्यादा दर्द कर रही है शायद।"

"लाली, न जमीन, न जल, न हवा, न इज्जत, न आबरू ! सब हमारे आसपास घिरे मर्दों का है, जब चाहें बख्श दें, जब चाहें उतार लें। पर हम फिर भी लड़ेंगे अपनी जान के लिए, अपनी इन्द्रियों के लिए, अपने इनसान होने के लिए।"

"माताजी !" उसने तनिक डपटते हुए पुकारा।

"हाँ, बोल क्या कहना चाहती है ? लल्लू आ गए ?"

"यह अस्पताल है। जोर से मत बोलो। नर्सें मना करती हैं। आते-जाते लोग भी हमारे 'साइडरूम' में झाँकते हुए जाते हैं।"

"अरे ! झाँक रहे हैं तो झाँकें। तमाशा तो वहाँ भी देख रहे हैं, जहाँ हम धरने पर बैठे हैं। कैसा मखौल है लाली, जब ये लड़े थे तो हम संग-संग लड़े थे, अब हम लड़ रहे हैं, तो ये तमाशा देख रहे हैं।"

"हे भगवन !" मैत्रेयी माँ के रवैया से रुआँसी हो उठी। सारा इंकलाब अस्पताल में ही पैदा करेंगी ?

"लाली, बच्चा पैदा कब होगा ? डॉक्टर ने तारीख तो बता दी होगी ?"

वह चुप रही।

यहाँ कुछ लोग तो माताजी को जरूर ही सनकी समझते होंगे। लोगों को आजादी-वाजादी से क्या मतलब ? जिन औरतों को लेकर माँ इतनी परेशान हैं, उन्हें भी कहाँ पता होगा कि आजादी क्या होती है ?

उसने बात बदली, "गौरा भाभी अस्पताल में संग नहीं आई ?"

"गौरा ! अरे वह कहाँ से आ जाएगी ? धरने पर बैठी है। अभी खबर भेजी थी कि हमारी कार्यकारिणी की सदस्यों ने गुपचुप मीटिंग की है। किसी खंडहर में जुड़ी थीं सब। गजब देखो कि पुलिस वहाँ भी पहुँच गई। बड़मोंछा (मुख्यमन्त्री) चैन नहीं लेने दे रहा।

"गौरा भी बड़ी बेकार औरत है। चौकन्नी रहती तो ऐसा होता ? बस हिसाब-किताब जोड़ती रहती है। शुरू से रुपए छिपाने की आदत है। आत्मविश्वास कभी पैदा नहीं किया, चोरी-कोरचा करती रही। बड़ी जल्दी घबरा जाती है। हर समय सान्त्वना और तसल्ली

चाहिए। सबके सिर पर तो कफन बँधा है, उसकी धीर कौन बँधाए ?''

''तुम्हारे पास कौन आता-जाता है, रात में नर्स...''

''मैं तो वतनदेवी को बुलाती हूँ। गौरा से कह दिया अपनी जेहाद की खबर वतन ही लाएगी। उसमें हिम्मत है। तेरा पीछा तो संस्कार ही नहीं छोड़ते। आदमी 'ऐसा मत करो, वैसा मत करो' के संस्कार से पाला जाए तो 'करो या मरो' का भाव कहाँ से लाएगा ?''

मैत्रेयी अब कुछ नहीं कहना चाहती, कुछ नहीं पूछना चाहती। उसे मालूम हो गया कि सुई के कसकने और निकलने की समस्या कहीं नहीं, मुख्य मुद्दा तो मुख्यमन्त्री के इर्द-गिर्द है। इसमें मैत्रेयी का क्या दखल ? वह माँ को राय नहीं दे सकती।

''चलो, थोड़े अंगूर खा लो। बहुत दिमाग खर्च कर लिया।''

''लाली, असल बात है फैसला लेना, जो औरतों के बस का नहीं। छोटी-छोटी बातों के लिए यहाँ भागी आती हैं। कभी मिलने दी जाती हैं, कभी भगा दी जाती हैं। नर्सों, डॉक्टरों के लिए अस्पताल की दुनिया ही स्वर्ग है, किसी को झाँकने नहीं देना चाहते। बीमारों की दुनिया में ही राजी रहना चाहते हैं और समझते हैं कि बाकी सब कूड़ाखाना है। अखबार में हमारे बारे में इन्होंने भी पढ़ा होगा फिर हमदर्दी की जगह बेरहमी क्यों बरतते हैं ? इसलिए कि इनके अस्पताल पर मुख्यमन्त्री का शासन है और हम शासन को चुनौती दे रहे हैं ? बस इसलिए ही यहाँ से छुट्टी चाहिए मुझे। सुई तो न इनसे निकले, न अब तक किसी से निकली। उसे तो मैं ही अपनी चाल का हिस्सा बना लूँगी।''

मैत्रेयी ने अंगूर आगे रख दिए थे, वे जल्दी से बोलीं, ''तू खा ले। मेरा तो वहाँ सबकुछ लुटा जा रहा है, क्योंकि मामला पिछड़ रहा है।''

''यहाँ ये लोग छोटा-सा ऑपरेशन करके सुई क्यों नहीं निकाल देते ? कहती तो।''

''हमारे दिल में जो काँटा खुभा है, उसे कौन निकाल सकता है ? हमने प्रधानमन्त्री तक को 'मेमो' भेजा है। और सुन कि उस औरत ने औरतों के मामले पर चुप्पी साध ली। महत्त्व ही नहीं दिया। क्या वह अब तक चली आ रही मर्द की कुर्सी पर बैठकर मर्द हो गई है ? नहीं सुन रही कि प्रदेश का मुख्यमन्त्री हुक्का गुड़गुड़ाता हुआ क्या अंडबंड बोल रहा है ? याद आता है लाली, कि वे अँगरेज क्या थे, जिन्होंने स्कूल खोले थे गाँव-गाँव। लड़कियाँ पढ़ने लगी थीं। और ये हमारे अपने मर्द क्या हैं जो उस शिक्षा की सीढ़ी पर चढ़ी औरतों के पाँव के नीचे का आधार खींचकर तोड़ देना चाहते हैं। हमारे गाँव के नम्बरदार ने सदा कांग्रेस पर विश्वास किया। आज अखबार में पढ़ तो रहे होंगे कि उनकी पूज्य काँग्रेस सरकार कैसे जुल्म ढाना जानती है। कहाँ गए इनके वें उजले विचार जो इगलास, हाथरस और अलीगढ़ की सभाओं में जनता के सामने रखे थे, जिन्हें दसियों कोस पैदल जा-जाकर हमने सुना था। बेकार की आशाओं की बगिया बोई।'' माताजी दाएँ-बाएँ अपना सिर हिलाने लगीं, जैसे खुद को ही नकार रही हों।

''तुम तकिया के सहारे तो बैठ जाओ। पाँव सीधा कर लो।'' मैत्रेयी ने उनका पाँव अपने हाथों से एक दूसरे तकिया पर धर दिया, आहिस्ता।

"हाँ, बता जल्दी, तेरी ड्यू डेट क्या है ? याद तो रखूँगी, आई कि न आई।"

गर्भ के बारे में माँ से कभी बात नहीं की। प्रसव के बारे में क्या कहे ? नीचा सिर किए, जुबान पर बच्चे होने की तारीख लिये, होंठ हिलाती रही। आवाज निकल नहीं पाई।

"और लाली, तुझे यह पता है कि हमारी रिजनल डायरेक्टर्स ने क्या किया ? ग्राम सेविकाओं जैसी छोटी कर्मचारियों से पल्ला झाड़कर खड़ी हो गईं। सुनते हैं कि मुख्यमन्त्री जी की चहेती बन गईं। उनकी पोस्ट के समकक्ष पोस्ट उन्हें दी जा रही है। महकमा बदल जाएगा, बस। सोमेश्वरी, वही समथरवाली ग्रामसेविका, कहती आई थी कि उनके अनुसार महिला मंगल विभाग बहनजियों का विभाग है। जनाना डिपार्टमेंट को कौन पूछता है ? अयोग्यों का कूड़ाखाना। अनाथालय, नारी निकेतन और न जाने क्या-क्या कहा !

"वे चारों डायरैक्टर यहाँ मुझे देखने आई थीं, मैंने नर्स से कह दिया–उनसे कहो अयोग्य अनाथ तुमसे मिलना नहीं चाहती। ठीक किया न मैंने ? उनकी गद्दारी और उनके विश्वासघात की सजा तो हम उन्हें दे पाने की सामर्थ्य नहीं रखते, अपने दल से तो खारिज कर सकते हैं। वे हमारी अफसर थीं तो अपनी आवाज बुलन्द करतीं, महकमे को बचातीं। यही तो कोई अपने अफसर से, बड़े से आशा करता है। चलो, इस संकट के समय में मेरी आँखों के सामने से बहुत से जाले साफ हो गए। छोटी-छोटी अफसर स्त्रियों का यह हाल है तो प्रधानमन्त्री बनी स्त्री को भी क्षमा है कि वह हमारे संघर्ष से आँखें चुरा जाएँ। क्या संघर्ष असमर्थों का ही धर्म बन गया है ? समर्थों को कोई अन्याय झकझोरता नहीं ?"

माताजी का स्वर, उनकी नजर, हाथों की गतिशील मुद्रा निश्चित ही मैत्रेयी को सम्बोधित नहीं कर रही, वह जानती है। वे मुखातिब हैं उनसे, जिन्होंने उनके अनुसार अपने वर्ग से गद्दारी की है। भरोसा तोड़ा है। उनसे जो पढ़ी-लिखी मानी जाती हैं और कम पढ़ी-लिखियों की पीठ पर पाँव धरकर सीढ़ी चढ़ जाने का कौशल जान गई हैं।

"अपने पाँव में हमने खुद कुल्हाड़ी मारी है लाली !" कहकर वे घायल कबूतरी की तरह कराहीं। "हम उनकी डिगरियाँ देखकर क्यों रौब खा गए ? अपने दल के खास, महत्त्वपूर्ण और गोपनीय काम सौंप दिए। वही रौब अब हमें अपना खौफ दिखा रहा है। बस इसलिए ही, जितनी जल्दी हो सके मुझे यहाँ से रिहा कराओ। हमारी अफसर औरतें मौका तलाश कर मर्दों से मिल जाएँगी। हमें सजा दिलाएँगी। वे हमें माफ करने योग्य भी नहीं समझतीं। जो वंचित किया जाता है, उसे हर तरह से अयोग्य मान लिया जाता है।"

"तुम बिना इलाज के चली जाओगी, सच में ?"

उन्होंने फुर्ती से पाँव पलँग के नीचे लटका दिए, "क्यों, नहीं जाऊँ ? उन असरदार लोगों को हमला करने दूँ, बस इसलिए कि सुई मेरे दिल को न फोड़ डाले। मुझे जाना होगा और बता देना होगा कि हमारे दल यह चाहते हैं कि आप लोग हमारे मुद्दे पर हमसे सहमत नहीं हैं, तो हमारे विषय में बोलने के अधिकारी नहीं हैं। एकता का ढोल

मत पीटो। एकता अन्दरूनी सहमति का नाम है।

''माना कि असरदार चिकने-चुपड़े चेहरों और अँगरेजी की इबारत बोलनेवालों के अभाव में इस शहरी हद पर हमारी जंग कमजोर लगे, पर इतना जरूर है कि वे हमें फलाँग कर जाएँगी, तो पुरुषों के महकमे उन पर चढ़ बैठेंगे। संगठन ऐसा निष्फल नहीं होता, जैसा वे समझ रही हैं।''

मैत्रेयी जो कुछ सोच रही है, उसे माताजी मानेंगी, शक है। वे कहें कुछ भी, अपनी बेटी को नादान ही समझती रही हैं। अब तो और भी। घर-गृहस्थी में डूबी हुई लड़की को महिला आन्दोलन की क्या तमीज ? फिर भी समझाने लगी–

''माताजी, तुम यहीं रहो। इलाज कराओ। तुम यहाँ से नहीं जाओगी तो तुम्हारी अफसरों को भी अपनी मातहत के हाथों अपमानित होने का खतरा नहीं रहेगा। इसी के लिए वे डरती हैं और खतरनाक हो जाती हैं। तुम नहीं दिखोगी तो खुद को ताकतवर मानकर वे तुम्हारी मुहिम के खिलाफ कदम नहीं उठाएँगी। बहुत कुछ बिगड़ने से बच जाएगा।''

माताजी ने मैत्रेयी के चेहरे को घूरकर देखा, ''यह कोई बात नहीं। मैं तो कब से यहाँ हूँ। वे फिर किससे बेइज्जत होने का डर मान रही हैं ? यह कह कि उन्हें अपनी नौकरी की हिफाजत की चिन्ता खाए जा रही है। कहीं पद-पदवी न छूट जाए, काम-धाम से उन्हें मतलब नहीं।''

माताजी कुछ ज्यादा ही विरुद्ध हो गई हैं। यह नहीं सोच रहीं कि ऐसे में सावधानी बरतने की कितनी जरूरत है ? सुई को कुछ नहीं समझ रहीं।

''तुम जानती हो कि बीमारी दुश्मन के मुकाबले बहुत बड़ी दुश्मन होती है, क्योंकि वह ऐसे छिपी रहती है कि आमना-सामना होता ही नहीं।''

वे हँसने लगीं।

''तू अच्छी भाषा बोलने लगी है लाली। मैं समझ रही थी कि अलीगढ़ की सँकरी गलीवाली औरतों के प्रभाव में तेरी बोली बदल गई होगी। सच्ची, कई बार मैंने संजीदगी के साथ सोचा है, तुझे अपने महकमे में बुला लूँ। पर तेरी तो हालत...''

''बाद में सोचूँगी,'' उसने माँ को निराश नहीं करना चाहा।

''तू क्या सोचती है, अफसर औरतें हमारी जिहाद को चीर डालेंगी ? ठीक सोच रही है तू, ये अनेक औरतों को अपने असर में ले सकती हैं। थोड़ी भी इनकी ओर गईं तो दो फाड़ तो जरूर हो ही जाएँगी। भले एक छोटी रहे, दूसरी बड़ी। पर इतना तो ये भी जानती हैं कि इस हरकत से आन्दोलन टूटनेवाला नहीं। इनकी एकता स्थायी कहाँ है ?''

''हो सकता है। पर सरकार को तो किसी भी टूटन का इन्तजार होगा। बड़े घरों से आई औरतें, बड़ी पदवी पर रही औरतों की बात अखबारवाले भी मानेंगे, उनके बयान जिम्मेदार हस्तियों के बयानों की तरह छापेंगे। वे जो कुछ कहेंगी, वही सच माना जाएगा। सोचो, छाप दिया–ग्रामसेविकाओं का धरना टूटा। अफसर महिलाएँ समझौते को तैयार–तो

क्या कर लोगी तुम ? इसलिए जरूरी है कि अभी अपनी मुहिम को धीमी रफ्तार से चलने दो। ऑपरेशन कराओ और फिर अपना काम करो।''

मैत्रेयी की बात सुनकर माताजी विकल हो उठीं। उनका साँवला चेहरा, नुकीली नाक पर उगा मस्सा और करुण आँखें, ऐसी तस्वीर बना रहे थे, जिसे मैत्रेयी सहन नहीं कर पा रही।

फिर जैसे नई हिम्मत के साथ उछाल खाकर निकली हों, ''लाली, दामाद कहाँ हैं ? बड़ी देर हो गई।''

''लौटनेवाले होंगे।''

माताजी ने हाथ जोड़ लिये और दाँत निपोरकर बोलीं, ''वे मेरी इतनी मदद कर दें कि यहाँ से छुट्टी की बात करें। मैं यहाँ नजरबन्द की तरह कब तक रहूँ ? कोई इन्तजाम नहीं हुआ तो मुझे यहाँ से बिना इत्तला दिए भागना होगा। मेरी मजबूरी समझ लें, बस। बाहर निकलना किसी भी कीमत पर लाजिमी है।''

मैत्रेयी उनकी विनय से, इरादे से और घोषणा से घबरा गई।

''हाँ, हाँ। बिलकुल। ऐसा ही होगा। तुम शान्त रहो।''

''तू जो कहेगी लाली, मैं वही करूँगी।''

''कुछ नहीं कह रही मैं। बस बालों में कंघी करा लो। मैं तुम्हारे लिए तेल ले आई हूँ—कोलगेट। यही डाल रही हो न ? कहाँ डाला है तेल-वेल। बाल तो जटा-जूट हो रहे हैं !'' कहकर वह माताजी के सिर के पीछे आ गई। बाल काढ़ने लगी।

''लाली, तू एक बार कैम्प में देख आती। मिट्टी का तेल होगा या नहीं ? कल हमारी मशाल-मार्च होनी है। देख ले तू ही, गौरा अब तक आई तो नहीं।'' बेचैनी से सिर हिलाने लगी।

''गौरा भाभी आ जाएँगी। मौका लगा तो मैं भी चली जाऊँगी,'' कहती हुई वह उनका जूड़ा बाँध रही थी। पेट का शिशु हाथ-पाँव मार रहा था। खासी हलचल में है वह।

''ये लोग आजकल मुझे अखबार नहीं दे रहे। ग्रामसेविकाओं की पकड़ा-धकड़ी तो नहीं हुई ?'' कहकर उन्होंने अपने पीछे मैत्रेयी को देखा। गर्दन अकड़ गई।

जैसे आगे का सन्देश दे रही हों, ''दामाद कुछ हथगोलों का इन्तजाम कर सकेंगे ?'' वे फुसफुसाईं। एक जोरदार धक्का, जो छाती पर लगा और पेट में पहुँचा। हिल गई मैत्रेयी।

हथगोला !

''क्या करोगी तुम उस हत्यारी चीज का ?''

''फिर कैसे बचें। हमारे पास बन्दूक नहीं, पिस्तौल नहीं और यह लाठियों से लड़ने का जमाना नहीं...'' कहती हुई वे हाँफ उठीं। आँखें सजल हो आईं।

''माताजी ! धीरज मत खोओ।'' आवेगप्रवण माँ को देखकर उसे करुणा हुई। माता जी के आशा और विश्वास क्या हुए ? सिर्फ आँसू बचे हैं। असहायता का चरम है

रोना ? नहीं तो माँ के रूप में ऐसी भयंकर परिवर्तनशीलता क्यों आई ?

"तुम तो गाँधीजी की अहिंसा को मानती थीं। अचानक सुभाषचन्द्र बोस कैसे होने लगीं माताजी ?" उसने बात विनोद के हवाले करनी चाही।

मगर वे विनोद-प्रमोद से कोसों दूर...जेहाद का स्वाद और जंग का नशा सवार हो जैसे, अपने लिए खुले दरवाजे को बन्द करनेवाले हुक्काम की जान लेना चाहती हों जैसे, मृत्यु और जीवन का भेद भुलाकर खड़ी हो गई हों जैसे, बोलीं—

"मैंने गाँधी को देखा है, सुभाषचन्द्र के बारे में पढ़ा है। दोनों को देख लेती तो जुदा-जुदा रूप आँक लेती। ऐसा नहीं कर पाई तो एक तस्वीर खुद ही बना ली। गाँधी के भीतर सुभाषचन्द्र बोस जरूर रहते थे, जो अहिंसा-अहिंसा करते महात्मा को परे ढकेल देते थे, नहीं तो गाँधीजी इतने जिद्दी क्यों रहे ? क्यों अनशन किए, क्यों सत्याग्रह किया, क्यों मार्च निकालीं ? अँगरेजों को उकसाना और उन्हें गोली बरसाने के लिए न्योता देना, कैसी अहिंसा थी ? अहिंसक आदमी चुपचाप बैठा रहता है। उसे चींटी तक से कुछ लेना-देना नहीं तो लड़ने-भिड़ने की बात कहाँ से पैदा होगी ? लड़नेवाला खूब जानता है कि किसी भी समय खून-खराबा हो सकता है। गाँधीजी...काहे की अहिंसा ? ऐसे ही बस नेताजी सुभाषचन्द्र, कहते हैं कि हिंसा दल के अगुआ थे। थे तो क्यों नहीं बन्दूक की नली पर धर लिया लोगों को ? हथियारों की कमी नहीं थी उनके पास। हम तो इतना समझते हैं कि आदमी न मांसाहारी जानवर की तरह हिंसक है और न पत्तीखानेवाली बकरी की तरह अहिंसक समय ही उस पर मरने-मारने वाली धार धरता है। ऐसा न होता तो गाँधीजी कहते कि वे कायरता के मुकाबले हिंसा को चुनेंगे। कायर आदमी से बहादुर ही नफरत करते हैं और बहादुर किसी से डरते नहीं।

"लाली, सबसे बड़ी बात तो यह है कि अपने हिसाब से आदमी रिवाजों को मानता है, उससे बात नहीं बनती तो धर्मशास्त्रों का सहारा लेता है, वहाँ भी विश्वास नहीं जमता तो गुरु-पैगम्बर खोजता है और जब कहीं पेश नहीं जाती तो अपनी अन्तरात्मा ही खँगालता है, जो उसकी आखिरी आसरा है। तू मुझे किसी से न जोड़। मैंने जो सवाल तेरे सामने धरा है, वह मेरी आत्मा की पुकार है, समझ ले।"

इतना कुछ कहकर माताजी जैसे काफी हलकी हुई हों। शायद यह भी मान रही हैं कि मैत्रेयी उनकी माँग का बराबर खयाल रखेगी क्योंकि आखिर उनकी ही बेटी है।

जताने के लिए उन्होंने कह ही दिया, "तू लाख मेरा विरोध करती है, पर अन्त में मान जाती है कि माँ का रास्ता सही है। है न ?"

अब पति के इन्तजार के सिवा उसके पास कोई चारा नहीं, सहारा नहीं। माँ के पास रुकना धमाकों पर बैठना है।

वही हुआ, जो माताजी ने चाहा था मगर अस्पताल के स्तर पर। डॉक्टरों ने अस्पताल से उन्हें छुट्टी दे दी, जब कि कानोकान यह सुना गया कि इस महिला को यहीं रोके

रहने की बात मन्त्रालय के लेबिल पर कहीं उठी थी। 'कस्तूरी देवी शान्त बैठनेवाली स्त्री नहीं' अखबार में इस शीर्षक से धरने और मशाल मार्च करने की बात छपी थी। मगर डॉक्टर लोग...क्या भीतर-ही-भीतर अपने मन्त्रालय से खफा हैं ? अपना गुस्सा कस्तूरी को डिस्चार्ज करके व्यक्त करना चाहते हैं ?

''नहीं यार, कौन पूछता है ? कौन डरता है औरत से ?'' मैत्रेयी के पति के साथी आपस में बात कर रहे थे। और पति कह रहे थे, ''जब पूछा जाएगा, देखा जाएगा। कौन वारंट हैं इनके ?''

माताजी तैयार हुईं। व्हील चेयर स्वीकार नहीं की। चाल में लड़खड़ाहट थी, मगर लगता था, आँखों की पलकों के पीछे लहू की धारा बह रही है। वह धारा उन्हें कहीं और ही ले जाना चाहती है।

अब बिछोह होता है। न जाने कितना लम्बा...क्योंकि कस्तूरी प्रशासन के लिए जहरीली झाड़ी हैं, जिसे उखाड़ना लाजिमी है। पुलिस ने भी इरादा किया है कि यह महिला या तो अस्पताल में रहे या जेल में।

मैत्रेयी माताजी को कैम्प तक पहुँचाकर आई थी।

फटा-उजड़ा एक शामियाना !

बाहर-भीतर बैठी बेहाल औरतें। वतनदेवी और सोमेश्वरी मैत्रेयी को मथुरा के प्रशिक्षण केन्द्र से जानती हैं, जब वह बच्ची थी और माताजी से मिलने अपने फूफा के साथ आती थी। उसे देखते ही पास आ गईं।

गौर किया मैत्रेयी ने, वे जवान अल्हड़ लड़कियों की तरह की विधवाएँ थीं, जो अब देह के फैलाव और चेहरे के कठोर बदलाव के कारण घिसी-पिटी औरतें लग रही हैं।

''पुलिस कितने बार आई ?'' माताजी ने पूछा।

''आए तो आती रहे, हमसे क्या ले जाएँगे भड़ुआ सिपाही ?'' सोमेश्वरी की आदत गाली देकर बात करने की है।

वतन बोलीं, ''पेटीकोट, ब्लाउज, धोती, ब्रेजियर-बॉडी ले गए।'' कहती हुई वह दुष्टता से हँस रही थी। और बोली—

''बता देना अपने दरोगा को कि तुम औरतों की लाज बरामद कर लाए।'' पास खड़ी स्त्री बोली, ''हमने उनसे यही बोल दिया।''

दो कुर्सियों पर मैत्रेयी और पति बराबर-बराबर बैठ गए।

माताजी के लिए दो औरतें बाल्टी में पानी ले आईं तो कैम्प के पीछे की ओर वे हाथ-मुँह धोने चली गईं।

मौका पाते ही डॉक्टर ने मैत्रेयी से खुसपुस शुरू कर दी, ''देखा, ये घटिया औरतें तुम्हारी माँ को इस तरह बेवकूफ बना रही हैं। हर तरह से माताजी लुट रही हैं और ये सिपाहियों से हँसी-ठठ्ठा कर रही हैं। खेती का पैसा कहाँ जाता है, तुमने कभी यह

पूछा है ? तनख्वाह भी अकेली जान के लिए कम नहीं। पर वे अकेली कहाँ हैं, चुड़ैलों का पूरा कुनबा लिये घूमती हैं।''

मैत्रेयी सुनकर जल गई। हाय मैं इस डॉक्टर को आकाश-सा विशाल समझ रही थी ! मन के मेघ इसी के आसपास घुमड़ते हैं। घटिया आदमी, माताजी को अस्पताल से रिहा करा लाया तो समझ रहा है कि कुछ भी कहेगा ?

''अब तो अपनी आँखों से देख रही हो तुम, जंजाल पालने की लत हैं इन्हें।''

''चुप रहो तुम। मैं जो कुछ देख रही हूँ, उसे तुम मुझे समझा रहे हो ? वे मूर्ख हैं, बेवकूफ हैं तो अपने लिए, तुम्हारा क्या खा रही हैं ? सहायता के लिए शुक्रिया।'' कहकर उसने होंठ बिदोरे और अपना सिर झटक दिया।

डॉक्टर ने 'बड़ी बन रही हो' की नजर से मैत्रेयी की ओर देखा। मात न खाने वाले अन्दाज में करारा जवाब दिया, ''हमारा क्यों खाएँगी कुछ, हमारे बारे में कुछ सोचती भी हैं ? तुम किस हालत में चली आई हो, चिन्ता जताई उन्होंने ? पूछा कुछ ? तुम्हारी डुकरिया को अपने सिवा किसी का कुछ नहीं सूझता।''

डॉक्टर ने क्या-क्या कहा ? किस-किस मुद्रा में कहा ? मैत्रेयी ने जितना कुछ देखा, सारा का सारा भूल गई, क्योंकि एक शब्द 'डुकरिया' ने दिमाग में भरी बातों की थैली फाड़ डाली और सारे मलाल बिखर गए क्योंकि 'डुकरिया' शब्द आरी की तरह चलने लगा। डुकरिया माने बुढ़िया। इस आदमी को बयालीस वर्ष की मेरी माँ बुढ़िया लग रही है ! जरूर यह दामाद उन्हें समय से पहले बूढ़ी कर देना चाहता है, नहीं तो समय से पहले मरेंगी कैसे और यह सिकुर्रा के खेत पर कब्जा कैसे करेगा ? उसने दाँत पीसते हुए कहा—

''सुनो, डुकरिया होगी तुम्हारी माँ (जो इस दुनिया में है नहीं) और डोकरा होगा तुम्हारा बाप।''

डॉक्टर खिलखिलाकर हँस पड़े। हँस पड़े कि हँसने के बहाने चिढ़ाने लगे।

हद है पुरुषों की भी, चिढ़वाली बातों को भी कैसे पी जाते हैं, जैसे कुछ हुआ ही न हो। या यह सिद्ध कर डालते हैं कि औरतों के बस का नहीं कि धारदार बातें करें। कुछ असरदार सोचें। औरतें बेचारी...सोचकर मर्द हँसता है या हँसकर उन्हें बेचारी बना डालता है।

वह और भी तमतमाई।

यह डॉक्टर आपसी कटुता पिघलाने के लिए मुझे खुश करता रहता है, असल में तो माताजी से इसे कोई हमदर्दी नहीं। नहीं तो जरा-सी भागदौड़ करने के बाद ही महाशय हक पा गए कि कुछ भी कहेंगे।

डॉक्टर ने मौका ताड़कर अकेले में पत्नी के कन्धे पर हाथ रख दिया, ''खफा हो, चुम्मा ले लूँ जानेमन। सारा गुस्सा मेरे होंठों पर आ जाएगा।''

''बात मत करो मुझसे, समझे।'' स्त्री ने क्रोध के जरिए अपना महत्त्व कायम रखना चाहा, मगर चुम्बन का स्पर्श होते ही सारा मान झड़ गया। मगर वह ऐसे ही दिखाती

रही कि अभी भी नाराज है, नाराजगी नहीं मान है।

विदा का समय ऐसा न था, जैसे माँ-बेटी के सामने यह समय सामान्य रूप से आता है। न दुख का, न बिछोह का, शोक का-सा क्षण...

सीधा पल्ला किए सफेद साड़ी-ब्लाउज में यों तो माताजी तरोताजा लग रही थीं, क्योंकि अस्पताल से आकर नहाई थीं और साफ धुले कपड़े पहने थे, जो उनकी वास्तविक पोशाक थी। मगर परेशान चिड़िया-सी कभी इधर जाएँ, कभी उधर। तम्बू का चक्कर लगाती फिरें। मैत्रेयी की बस यही एक इच्छा कि माताजी को जितना देख सके देखे। मन में आया, खो तो नहीं जाएँगी माँ, ऐसे बेचैनी आखिर क्यों ? पता नहीं, इस जंग में जीतेंगी तो रहेंगी, हारेंगी तो भी रहेंगी, मगर कहीं गुम न हो जाएँ ?

अब वे अपने दामाद के सामने हैं। पूरी आस्तीन की हलकी नीली कमीज और गहरी नीली पैंट पहने हुए डॉक्टर जेब में से कंघा निकालकर घड़ी-घड़ी बाल काढ़ते हैं। माताजी के साथ वतन और सोमेश्वरी जैसी प्रौढ़ और प्रमोद कुमारी जैसे नवयुवा ग्रामसेविका को देखा तो और भी तेजी से बाल काढ़े, तिरछी माँग ऐसे निकाली जैसे शीशे में देखकर निकाली हो।

माताजी अपना पर्स खोल रही हैं।

पर्स खोलने का मतलब ? मैत्रेयी आगे आ गई।

डॉक्टर इन बातों में सबसे आगे हैं। महारत दिखाते हुए आगे बढ़े और माताजी की कलाई पकड़ ली। वे छुड़ाएँ तो भी छोड़े नहीं।

"हाय बहरूपिया !" मैत्रेयी के मुँह से फुसफुसाहट निकली। अभी बुढ़िया कह रहा था, अब हाथ नहीं छोड़ रहा। कलाई पकड़ने का मतलब क्या होता है, सारी ग्रामसेविकाएँ जानती हैं।

डॉक्टर की बड़ी मीठी और अधिकारपूर्ण आवाज सुनी, "माताजी, मुझे विदा का नेग देकर विदा करोगी ? आप से ऐसी उम्मीद नहीं करता मैं। क्या कहूँ कि..." गला भारी कर लिया है, स्वर रोया-सा बना लिया है ! दामाद की कौम बड़ी नाटककार होती है।

हाय ! माताजी को अपने पास खींच लिया। गले में हाथ डालकर समझाने लगे, "मुझे अपना बेटा नहीं मानतीं ? न मानो। मगर मैं कहता हूँ कि मैं हूँ, तुम्हारे साथ-साथ... तुम किसी तकलीफ में नहीं रहोगी।" कहकर डॉक्टर ने माँ को मुक्त किया।

अपना पर्स पैंट की पिछली जेब से निकाला और सौ-सौ के पाँच नोट खींच लिये। माताजी का पर्स खोलकर अधिकारपूर्वक रख दिए।

बावरी हो उठीं माताजी। 'नहीं नहीं' के अलावा दूसरे शब्द नहीं जुट रहे और उन का दामाद उनको अपनी बाँहों में घेरकर लाड़ से देख रहा है।

मैत्रेयी कहाँ रही अब ?

बेटी की जरूरत भी क्या है माँ को ?

वतन, सोमेश्वरी और प्रमोद कुमारी जैसी ग्रामसेविकाओं ने भी डॉक्टर से दामाद का नाता निभाया। वह पाहुना है, मेहमान है, कितना भी अपना बने मगर पूज्य है। गौरा तक के पास नेग देने के लिए कुछ नहीं। वे आपस में खुसर-फुसर करती हैं।

रोली भी नहीं, पुड़िया में हल्दी है, जिसे खिचड़ी पकाते समय डाल देती हैं और पीली खिचड़ी में सब्जी का स्वाद खोज लेती हैं, गौरा उसी हल्दी को तश्तरी में रखकर ले आई। पानी डालकर हल्दी तरल लेप बनी।

डॉक्टर टिन की कुर्सी पर बैठाए गए। टीका लगा-लगाकर सम्मान किया। पाँव छू-छूकर प्यार दिया।

माताजी को मैत्रेयी की याद आई।

''लाली !'' आवाज ने बेटी को बाँध लिया और वह खुली बछिया-सी माँ की ओर भागी, ''क्या है ? बताओ।''

अब तम्बू की आड़ में हैं माँ-बेटी।

जिन्होंने कभी छूकर, गले लगाकर, बाँहों में भरकर लाड़ नहीं किया, वे माँ आज उसके कन्धे पर हाथ रखकर पूछ रही हैं—

''लाली, तेरे पास पोलियस्टर की धोती होंगी ?''

''हाँ, हाँ। लाई हूँ। चाहिए ?''

माँ सिर झुकाकर खड़ी रहीं। और वह दौड़कर अपना बैग उठा लाई।

मैत्रेयी अपनी धोतियाँ निकाल रही है और माँ कह रही हैं, ''लाली, मैंने तीज-त्योहारों पर भी तुझे कभी कुछ नहीं दिया। कैसी माँ हूँ, उलटी। आज माँग रही हूँ।''

उसने साड़ियाँ माताजी के सामने कर दीं—हलकी पीली, गुलाबी छींट की सफेद और आसमानी, हरी।—माताजी, तुम गुलाबी छींट की सफेद—कहनेवाली थी कि माँ बोलीं—

''जब औरतों को सिपाही खींचते हैं, सूती धोती फट जाती हैं। पेटीकोट भी फिर कितनी देर का ? लाली, ये धोतियाँ फटेंगी नहीं, औरतें नंगी होने से...'' आगे वे बोल नहीं पाईं।

मैत्रेयी के पास भी कहने के लिए कुछ नहीं, फूट-फूटकर रोने लगी।

दूसरी दुनिया में प्रवेश लिया मैत्रेयी ने।

उफन-उफनकर रुलाई आए जा रही है, क्योंकि शरीर में कोई ऐसा रेशा नहीं, जो शान्त हो, सामान्य हो। प्रसव क्या था, देह की चीर-फाड़। दर्द का ऐसा सोता कि तड़पने के जौहर तक पस्त हो गए। तीखी और लम्बी चीखों ने दीवारें फाड़ डालीं। मैत्रेयी ने तकलीफ के जोर से दो पड़ोसिन-औरतों की गर्दन तोड़ डालीं।

हर उठती पीर पर माँ याद आई। दर्द की लहर बैठते ही पति के लिए गाली निकलती। ईश्वर से एक ही फरियाद—क्यों बनाया तूने स्त्री को ? क्या इसलिए कि इतना दर्द कोई दूसरा सह नहीं सकता। वह भी दूसरे की भागीदारी के बदले का दर्द ! आधा-आधा

दर्द बाँट देता मेरे मौला, तो क्या हो जाता ? तेरा बनाया मर्द भी जान लेता कि उसकी मर्दानगी किस टीस का नाम है।

ऊपर से जिस लहू-मांस की पोटली ने जन्म लिया वह 'रेढ़ा लौंडिया' है। सबसे भयंकर और सबसे लम्बा दर्द आया, जिससे निवृत्त होना मृत्यु से बच निकलना था। उसके बाद ही आसपास जुड़ी स्त्रियों में से किसी की आवाज ने कहा, ''रेढ़ा लौंडिया,'' हुई है।'

होश गुम रहें, तब भी कान खुले रहते हैं। थाली नहीं बजी, तवा बजा—एक लोमहर्षक ध्वनि उठकर डूब गई।

—हासिल यही रहा कि मैंने अपने आपको बचा लिया। यही मेरी जीत है, स्त्री के रूप में। उसी जीत की रोशनी में मैं बच्ची को देखती हूँ। जैसे हवा में कोमल तन्तु तैरता हो। माना कि हवा प्रतिकूल दिशा में बहती थी, पर अपना यह तौर किसी दूसरी स्त्री से भिन्न होने लगा।

नया बच्चा, नए स्तन, चौंखने-चूसने की प्रक्रिया में टीसों का आलम जानलेवा। यही पति के प्यार का प्रमाण है ? बच्ची से कभी मोह, कभी घृणा ! समझ में नहीं आता कि वह क्या करे ? हर औरत यह दिवास्वप्न क्यों पालती रहती है ? आज इसका हिसाब उससे सध नहीं रहा।

आँगन उलटा बोलने लगा है। बच्ची का जन्म, एक शोक दिवस...उत्साह, खुशी और उत्सव का इन मरे हुए महूरतों से क्या मेल ?

पति अपने श्लथ उदासी-भरे होंठों से मुस्कुराते हैं। मुस्कुराने के लिए उन्हें कितनी ताकत खर्च करनी पड़ रही है ! अनुमान लगाना कम-से-कम उनकी पत्नी के लिए मुश्किल नहीं। नहीं तो उनके धनुषाकार सुन्दर होंठों को बिजली-सी क्यों काट जाती है ? मैत्रेयी का दिल सिकुड़ने लगता है। क्रोमोजोम का संयोग क्या होता है, पति जानते हैं। एक्स और वाई की भूमिका क्या होती है, उनसे ज्यादा किसे पता होगा ? मगर फिर भी स्त्री के प्यार का विश्वास ऐसे हश्र के हवाले क्यों हो जाता है ? अन्धकार में भटकती आत्मा-सी विदेह वह पति से एकाकार ही नहीं हो पाती। अभिशप्त-सी मँडराती रहती है उनके आसपास।

आँगन बोल रहा है—

—आज सतिए (स्वस्तिक) होते।

—आज छटी पुजती।

—आज नामकरण की तैयारियाँ।

—छोछक की भेली और मायके से आए सामान से भरा कमरा...मैत्रेयी की कल्पना अपने भीतर के खालीपन से टकराकर खंड-खंड हो जाती है।

—लड़की सतमासी पैदा हो गई।

—सतमासी कि अठमासी कि पूरी पाठी ? प्रश्नचिह्न लग गया है।

—हाँ, नहीं तो जिन्दा रहती ?

—लड़कियाँ नहीं मरा करतीं

वह रुई के फाहे-सी नाजुक बेटी को देखती है—असगुन और पापशंका की पोटली ! उमड़ आई आँखों को पल्ले ने सोख लिया।

''शर्म नहीं आती तुम को ?'' यकायक मुँह से निकल पड़ा कि मैत्रेयी पछताई।

''हाय, यह बहू है कि मरखनी गाय, बिना सोचे-समझे सींग चला रही है ! जने हैं ऐसे नन्दलाल।''

''लाज-लिजाह क्या जाने बिचारी ? माँ ने आदर-सम्मान सिखाया हो तब न ? तेरे-मेरे घर रही, इसका-उसका खाया।'' औरतें उसे तरस देकर कोंच रही हैं।

पति बीच में आ गए, ''तुम चुप रहो न।''

वह कमरे में आ गई। इन्तजार करने लगी कि डॉक्टर आएँ तो अच्छी सुना दे। सतमासी, अठमासी का हिसाब इनमें से किसके पास है ?

वे आए और कहने लगे, ''जो कहता है, कहने दो। मैं तो कुछ नहीं कह रहा ?''

''तुम कुछ भी कहते ही कब हो, बस कहने देते हो। कहने देना क्या दूसरी तरह से कहना ही नहीं है ?'' उसका कमजोर बदन काँप रहा था।

''मुँह लगो फिर। बदनामी कराओ। किसी को रोक लोगी ?'' कहकर पति पाँव पटकते हुए बाहर चले गए।

नवजात ने अपनी नींद में खलल पड़ने पर कूँ-कूँ करनी शुरू कर दी। वह बच्ची की आवाज सुनकर ताकत महसूस करती है, जैसे लड़की उसके साथ हो गई हो। उसके एकान्त की मौन सजा को तोड़ने का संकल्प ले बैठी हो। मनुष्य के सारे गुणों से लैस बेटी हँसती है, रोती है, देखती है, सोती है। सारी भाषाएँ, सारे भाव और जीवन के सारे रंग उसके पास हैं।

माना कि सौरघर में अब कोई नहीं। स्वर्गवासिनी सास की बहू, बिना ननद की भाभी मैत्रेयी बेटी को साथ लेकर सन्नाटे-से लड़ रही है। अपने मन को समझा रही है—इस गली की औरतें कैसी हैं ! जादूगरनियाँ। मेहरबान हों तो मेहरबानी के करतब और जो खफा हो जाएँ तो कलेजा चीरने की विद्या जानती हैं। लड़की पैदा हुई, वे सब गुस्सा हो गईं।

यहाँ से अपनी बच्ची को लेकर कहाँ उड़ जाएँ ? चिड़िया की तरह।

मगर क्यों उड़ जाए ? वह चिड़िया तो नहीं। औरतों को चिड़ियों की तरह किसी भी डाल पर, किसी पेड़ पर, किसी बाग में मनमानी जगह नहीं मिला करती। उनका जीवन चिड़ियों जैसा सरल नहीं होता। मनुष्य के रूप में अगर सबसे कठिन, चुनौती भरी जिन्दगी को पाया है तो स्त्री ने। या कुदरत को ही उससे बैर था ? या कि सृष्टि के कर्ता-धर्ता की ही कोई साजिश...मादा बनाने के बाद, मादा होने की सजा का नाम औरत धर दिया। क्योंकि साथ में दिमाग-दिल और विवेक भी दे दिया।

गुमसुम रहती है मैत्रेयी। चुप्पी का रोग लग गया है।

पति घबराते हैं।

सहायता करना चाहते हैं। बत्ती जलाकर अँधियारा दूर किया। सामने पलँग पर आ बैठे। मौका देखकर छब्बीस वर्षीय डॉक्टर साठ वर्ष के बूढ़े की तरह समझाने लगे, ''हम समाज में रहते हैं। मुश्किल हमारे सामने यही है कि समाज हमारी नई शिक्षा सभ्यता और टैकनीक को मान्यता तो देता है, अपनाना नहीं चाहता। आधुनिक विधाओं को अपनी तरह से तोड़-मरोड़ नहीं लेता, तब तक गुरेज करता ही रहता है। दरअसल कभी नवयुवकों, नवयुवतियों का समाज रहा ही नहीं, हमेशा बूढ़े-बुजुर्गों का समाज होता है, जिसमें नए लोगों को धिक्कार मिलती रहती है। हर पढ़ा-लिखा नौजवान समझता है कि वह संस्कारों के दरिया के पार जा सकता है, पर पार जाते समय पानी में थपेड़े न मिलें, भँवर न घेरें, इसकी क्या गारंटी है ? समझ रही हो न मेरी बात ?''

पति ने बड़ी आशा और विश्वास से उसे देखा कि कहे—खुल गया मन मेरा। अबोध-सी मैत्रेयी जैसे उस दुनियादारी से अज्ञान हो। अब उसे कोई दुख नहीं, शोक नहीं, किसी कहे-सुने का मलाल नहीं। यह स्वर्ग-सा संसार।

यह क्या ? उसकी आँखों में तो तूफान-सा है। 'क्या कहनेवाली है,' की नजर से वे देखने लगे।

वह कुछ कहनेवाली नहीं। कह लिया जो कहना था। अब तो मिमियाना रह गया है। ऊपर से डॉक्टर का सौम्य शिष्ट चेहरा, इसे कोई कितना पटके-पछाड़े ? अच्छा है कि भीतर-ही-भीतर भिड़ती रहे, लहूलुहान होती रहे। सींगदार गायों के अकसर सींग तोड़ दिए जाते हैं, गाँव में देखा तो है। फिर भी गाएँ सिर भिड़ाना नहीं भूलतीं। वह भी शान्ति-शान्ति करती हुई न सुख पा सकी, न शान्ति से रह पाई। अपना ही खोट है सारा।—आँखें पोंछकर निर्मल हो जाना चाहती है, तो क्या हो पाएगी ? सारा विकार तो भीतर का है, निर्विकार कैसे हुआ जा सकता है ?

''मैं कुछ कहूँ तो बुरा नहीं मानना तुम,'' उसने अपनी लाल आँखें, सुर्ख चेहरा और तनी हुई नाक ऊपर उठा दी, ''बताओ मलाल तो नहीं रखोगे कुछ ?'' उसका स्वर गहन मानसिक तकलीफ का अहसास-सा था।

''अरे !'' कहकर वे हलके से हँस दिए। हाथ पकड़कर बोले, ''कहो न। कहना ही है तो किसी के मलाल-गुलाल की क्या परवाह ? कमाल करती हो, मुझसे भी ऐसा पर्दा ! मैं समझ रहा हूँ, तुम्हारी जगह कोई भी माँ होती, औरतों का बुरा मानती। इन औरतों ने भी अपनी बेटियों के लिए पुरानी औरतों की बातों का बुरा माना होगा। यही तो जड़ परम्परा है। बुरी, कड़ुवी, बेसिर-पैर की मान्यताओं को पीढ़ियाँ एक-दूसरे को थमाती जाती हैं।'' डॉक्टर हर सम्भावित बात का जवाब अभी देना चाहते थे। विद्वान और कमाऊ पति की बातों को वह ग्रहण करेगी ही।

किया भी। न करने का दुराग्रह तो नहीं। फिर भी एक निवेदन था, जो सवाल के रूप में कोंचता रहता है। यही कि आखिर क्यों है ऐसा ? कब तक रहेगा ऐसा ही ?

कौन तोड़ेगा पीढ़ियों के इस लेन-देन को ? हम नहीं तो फिर कौन ? अब नहीं तो फिर कब ? बेटी हुई कैसा अच्छा मौका हाथ आया कि हम रूढ़ियों के पिंजरे से निकल भागें। लड़का पैदा होता तो अवसर ही नहीं मिलता। बच्ची के जन्म के अपमान से लोगों को जो सकून मिलता है, हम क्यों मिलने देते हैं ? स्त्री के लिए तो तमाम लांछन, तमाम सवाल पैदा कर दिए जाते हैं, मगर इस नन्ही-सी जान के लिए तो कोई तोहमत भी नहीं। सिवा इसके कि यह लड़की होकर जन्मी, जो इसके हाथ में ही नहीं था। न इसकी माँ के हाथ में था। कैसा मखौल है, यह भी, स्त्री होने का दोष स्त्री के सिर !

कहना चाहती थी और भी कुछ, मगर कब तक दोहराए इस स्त्री जीवन के सवाल को ? कलेजे के भीतर ये कागज किसने लिखे हैं ? क्या माँ ने ? इन्हें माताजी को ही दे आना था। इस भावना का अन्त वहीं कर डालना था। यहाँ उन भावों, प्रतिभावों की किसी को जरूरत नहीं। खाँटी टकसाली जिन्दगी है। साँचे-खाँचे बने हुए हैं। ढलो, ढलते रहो।

डॉक्टर गौर से देखते हुए जैसे उसके चेहरे को पढ़ रहे हों।

''तुम क्या सोचती हो ? मैं अपनी बेटी को बेटे की दर पर मान लूँगा, तो क्या लोग भी मान लेंगे ?''

''क्यों नहीं ?''

वे ह ह ह ह करके खोखली-सी हँसी हँसे।

''जानम, मेरे सामने वे ऐसा ही आभास देंगे, जैसा मैं अपना रवैया दिखा रहा हूँ, मगर पीठ फिरते ही ढाक के तीन पात। सदियों की हकीकत क्या एक दिन में मिटती है ? असलियत यही है कि औरतजात के लिए किसी के मन में मान-महत्त्व नहीं होता।'' कहते हुए डॉक्टर के चेहरे की चमक मन्द पड़ गई।

''ठीक है। यह बच्ची मुझसे पैदा हुई है। मेरा खून-पानी लेकर संसार में आई है। औरतजात है, मेरा दिल दिमाग पाया है। अब हर हालत में इसे मुझे ही सँभालना है। मान-महत्त्व भी दिलाना है। बाकी फालतू बातें करना फालतू ही है।''

पति चिढ़ गए, ''एज यू विश,'' कहकर कन्धे उचका दिए।

'अच्छा !' उसने मन-ही-मन कहा।

उस रात ही अपना बिस्तर धरती पर बिछा लिया। बच्ची के साथ सोती, रातोरात जागती। सतमासी, अविकसित स्वस्थ बच्चे की तरह साँस लेती है कि नहीं, कान लगाकर सुनती रहती। बच्ची ठंड के मौसम से बाकायदा मुठभेड़ पर थी। मैत्रेयी उसे स्तनों के नीचे छिपा लेती। पढ़ा था कि सबसे ज्यादा उष्मा-ऊर्जा वहीं होती है, एकदम गर्माहट का सोता ! मानो वह अमृतमयी हो, जीवन की चाबी उसके ही हाथ हो।

दिन में लोग उस बच्ची का तमाशा देखते, जिसके सिर पर बाल न थे, जिसके सिर में पान की शक्ल का गड्ढा था, जिसके हाथ-पाँव पतली-सूखी संटी जैसे थे, जिसका चेहरा खासा बदसूरत लगता।

तमाशा बेटी का नहीं, बेटी की माँ का अपमान करता। वह किस-किस को झिड़कती ?

पड़ोस में एक लड़का पैदा हुआ था, इससे पहले। काफी कमजोर जिसकी खाल बूढ़ों की तरह सिकुड़ गई थी, जिसका मुँह बन्दर जैसा था, मगर उसको तो किसी ने ऐसा-वैसा नहीं कहा। कहा तो बस इतना कि लड़के का रूप-रंग नहीं देखा जाता, उसको तो किसी तरह बचा लिया जाए, यही बहुत है।

मैत्रेयी का जी रोने को करता। उसके दिल से आह निकलती—काश यह लड़की मर जाए। सारा टंटा खत्म हो। उसकी सजा की अवधि पूरी हो। ऐसे मंजर कितने दिन झेल पाएगा कोई ? भीतर-बाहर सारा कुछ सहम गया है। भयभीत-सी वह छुटकारे की साँसें भरने लगी।

झीने परदों के कच्चे कानवाली औरत मैत्रेयी ! कोई क्या कह रहा है, क्या सुन रहा है, बेवजह का एक झमेला खड़ा कर लिया। अपनी तबाही पर उतरने से पहले नन्ही बच्ची से ही सबक ले लेती जो मान-अपमान, स्वागत और तिरस्कार से मुक्त जिन्दगी के लिए बराबर संघर्ष कर रही है। हिम्मत की पोटली को बाँहों में उठा लिया। अनेक गुमराह खयालों को झाड़कर मकड़ी की तरह नया ताना बुनने लगी, जिसमें जिन्दगी की सुरक्षा रहे। गाँव में रही हमउम्र सखियों के पहले-पहले बच्चों की मरणावली भीतर-ही-भीतर दिल दहलाने लगी—लज्जा का बेटा, कुन्ती का बेटा, प्रेमवती का बेटा, चन्दा का बेटा...

आशा का लुकाठी उन रूढ़िवादी स्त्रियों का एक शाश्वत वाक्य ही बनी—छोरी नहीं मरा करतीं—जहरवाद-सा यह जुमला अमृतफल-सा मीठा लगने लगा। कहते हैं कि बच्चे से मोह करो तो स्तनों में दूध उमड़ आता है। दूध उमड़ा कि पति के प्रति भी हमदर्दी जाग उठी। बात करने का मन हो आया।

भरी पूरी औरत ने बच्ची को पलँग पर सुला दिया।

"ठंड बहुत है। तुम भी बिस्तर पर आ जाओ न।" वे उनींदे से बोले।

"अभी तक सोए नहीं ?"

"तुम भी कहाँ सोई हो ?"

उसे खुशी हुई, डॉक्टर जागते रहे हैं। अपनत्व जागा सो जली-कटी सुनाने लगी,

"हाँ, ठंड ! ठंड तो तुम्हें मेरी लग रही होगी। आदमी को बस जवान औरत चाहिए, है न ? जब से लड़की हुई है, तुम्हारे हास-विलास में खलल पड़ा है, है न ? ऐसे कुढ़ते हो, जैसे मैं इसे मायके से लाई हूँ, है न ?"

"मुझे क्या पता कहाँ से लाई हो ?" दन्न से उत्तर आया।

"मतलब ?" उसकी आवाज तनी हुई थी।

"मतलब खुद ही निकाल लो, यू आर क्वाइट कैपेबिल।"

"अच्छा ! तो तुम अब तक जुबान के नीचे साँप की तरह जहर इकट्ठा कर रहे थे। मौका पाकर डस लिया !" इसके सिवा उसने कुछ नहीं सोचा।

दंश टीस नहीं रहा था, बेहोश कर रहा था। चक्करदार घेरे बना रहा था, जिनमें से मैत्रेयी तो क्या, कोई औरत नहीं निकल सकती।

मगर यहाँ कोई रहे भी कैसे ? क्या सफाई दे ? सफाई देने से पुरुष नहीं बहला

करते। और यह सतयुग भी नहीं कि औरत सीता की तरह आग में बैठ जाए और जिन्दा रहे। बेटी गोद में आ गई, वह माँ होकर खाक नहीं होना चाहती। खाक से बच्चे नहीं पलते, उनको जन्म देनेवाली माता का दूध चाहिए, जो जीवन की रक्षा करे। मैत्रेयी रक्षक है।

फिर भी मुँह से 'आह' निकली—यही है हमारे विवाह की सफलता ? कहते हैं कि आपस में साथ सात फेरे लेकर ऐसा चमत्कार घटित होता है कि इनसान अगला-पिछला सब भूल जाता है। अग्नि के होमकुंड में लड़की की पुरानी यादें जल जाती हैं। सारी पापशुद्धि का नाम ब्याह का अनुष्ठान है। वरण करते ही दो हृदय बँध जाते हैं, जिसकी लीला पुरुष-स्त्री पक्ष का संसार रचती है। मगर यह क्या हुआ, मैत्रेयी के मामले में सारा कुछ उलट गया ! न यादें जलीं, न अगला-पिछला भूला गया। शुद्धि छीज गई और जिसे पाप कहते हैं, वह रह गया। लगता है कि पाप ही जीवन है, दोष ही जिन्दगी...पुण्य और गुण तो छलना हैं, कहने भर के शब्द ! नहीं तो नैतिक, धार्मिक जैसी मान्यताओं का रहस्य खुलता क्यों नहीं ? बस रोड़े-सा अटक जाता है, आदमी को पीछे ठेलने के लिए अलंघ्य शिला-सी रुकावटें...शरीर पर नहीं, मन के आगे लग जाती हैं। यहाँ पौरुष का पहाड़ पत्नी रूपी स्त्री के सहचारी भाव को लील गया। 'तुम्हारा जोड़ीदार जिस रूप में है, स्वीकार करो,' के नजारे की कल्पना चूर-चूर हो गई। कोई साक्ष्य नहीं, कोई सबूत नहीं और स्त्री को स्थापित झूठी माननेवाले के लिए मैत्रेयी की बात का ऐतबार नहीं। सूली पर टँगकर ज्ञान हुआ कि प्रेम की सहज क्रिया को पुरुष अपने सन्दर्भ में मनमाने ढंग से लेता है। तभी विवाह आपसी मेल-मिलाप से ज्यादा पवित्रता का सवाल बना हुआ है।

बच्ची से दिल की बात कहती रही—मेरी बिटिया, इस संसार में इतनी जल्दी दौड़ आई ! तेरी तेजी माँ का दोष बनेगी तू जानती है ? यह दोष पाप माना जाएगा, क्योंकि तू संशय के घेरे में आ गई है। तू बड़ी होकर समझेगी कि जो सन्तान स्त्री के पति द्वारा किए गए बलात्कारनुमा सम्भोग का नतीजा नहीं, किसी प्रेम की निशानी होती है, वह नाजायज और अनैतिक मानी जाती है। अब यह तय है कि अन्य पतियों की तरह मेरे पति भी अपने वंश और पीढ़ियों के प्रति खुद को 'सत्यानाश' का अपराधी मान रहे हैं। यह क्या हो गया ! उन्होंने तो गृहस्थ-पुरुष होने के नाते अपने परिवार के गौरव को सँभालकर रखना चाहा था। अब हमें दोहरी मार खाने के लिए तैयार होना होगा।

यही पत्नी का जुल्म ही है कि पति को सन्तान की वल्दियत की असलियत का पता न लगे। यह जुल्म हमेशा होता रहा है, इस गोपनीय रहस्य का पता किसको लगता है ? या सचमुच एक बाप ऐसा खतरा मोल लेना चाहेगा कि वह अपनी मानी जानेवाली औलाद की वल्दियत से सार्वजनिक रूप में खारिज हो जाए ? यह जुल्म हर वह औरत करती है, जो कहती है—यह तुम्हारा ही अंश है। यदि इस जुल्म को न करे तो खुद जुल्म सहने के लिए तैयार होना होगा।

मैत्रेयी भी कभी नहीं कहेगी कि—यह तुम्हारा ही अंश है—अब मुश्किल तो यही है कि जो पुरुष स्वयं इस बच्ची का पिता होने में हिचक मान रहा है, उसे वह पति

भी कैसे माने ? सोचते-सोचते जी ऐसा उमड़ा कि बच्ची पर झुककर रोने लगी।

'मेरी बेटी, बिना बाप की सन्तान...मैं जाबाला की तरह बताऊँगी उसे कि तू...तौहीनों तिरस्कारों और लांछनों का लोंदा...माँ को सूली देनेवाली...तेरा गला अपने हाथों ही घोंट दूँ ?

एक भयानक चित्र–बच्ची की ऐंठी हुई लाश उठाए बदहवास खूँखार माँ...बेटियों की तरह होता आया, बेटी का खात्मा...कोई क्या करे बेटियों से जग रूठा है ! सारा संसार उनसे बचता है। अपनी इस अनचाही रचना को वह खुद ही मिटा डाले...

मगर मैत्रेयी में एक तिनका तक मरोड़ने की ताकत नहीं ! मन-ही-मन पति पर बिफर उठी–यह आदमी कितना निष्ठुर है ! सात महीने के गर्भ को पहचानना नहीं चाह रहा, पर इसके भीतर बैठा डॉक्टर आगे क्यों नहीं आता ?

वह जितना सोचे, उतना ही रोए।

स्वर बाँधकर रोने लगी तो स्वर के बीच से–माँ ऽऽ ! माताजी–निकला, जैसे ईश्वर की तरह माँ याद आई हो। निस्सहायता में माँ के अलावा सहारा भी क्या होता है ?

माँ बोली हो, क्योंकि बेटी की कातर ध्वनि सुनी–लाली, तू इस घर को अपना पिंजरा मान बैठी ! कैद क्यों हो गई ?

–कैद कैसे तोड़ूँ माँ ?

–जैसे पुरुष तोड़ देता है।

–मैं पुरुष तो नहीं हूँ, माताजी।

–तू मनुष्य है लाली, इनसान। कैसे बर्दाश्त करती है पखेरू की तरह पिंजरे में बन्द रहना। ढोर की तरह खूँटे से बँधी रहना...ऐसा सबकुछ दोष है और ताज्जुब कि यह दोष पढ़े-लिखे समझदार कहे जानेवाले लोग धड़ल्ले से कर रहे हैं ! कैसा सँकरा दायरा है लाली...अचम्भा नहीं कि तू कसावट सह नहीं पा रही।

कब सोई, कब जागी ?

क्या सपने में माँ थीं ? हाँ माताजी थीं, लगता है कि अब भी हैं आसपास।

बाहर की ओर देखा, खिड़की के सींखचों पर पौ फट रही है। सवेरा हो रहा है। छत के पार खडे पेड़ पर चिड़िया चहचहा रही हैं। बच्ची पहले कुनमुनाई फिर रोने लगी।

मैत्रेयी के स्तन उमड़े हैं, ब्लाउज भीग उठा ! इस रहस्यमयी माया में खोई स्त्री कभी रोती है, कभी हँसती है और उल्लसित होकर अपनी नवजात के चेहरे में गुम हो जाती है।

क्या मेरा मानसिक सन्तुलन बिगड़ रहा है ? नीम अँधेरे में चन्द्रमा देख रही हूँ। क्या यहीं जम जाने की चाहत है, भाग्य में जो उखड़ना लिखा है, उसे धता बता रही हूँ। हाय, माँ ने सपने में आजाद हो जाने की बात कही थी, मैं बेवकूफ की तरह बन्धन तलाश रही हूँ।

बच्ची को उठाकर भरे और बहते हुए स्तन से लगा लिया। पति न आ जाएँ, साड़ी के पल्ले से बेटी का भोजन ढँक लिया। बच्ची गोद में आते ही, पति कुढ़नेवाला पिता हो गया है। वह उसे दूध पिलाती है, डॉक्टर के चेहरे को ईर्ष्या काला कर देती है और

आँखों को लाल। आजकल इस पिता की बेटी से जंग छिड़ी है। मैत्रेयी भी अब उसकी पत्नी नहीं, प्रेयसी नहीं, बस माँ है। जवानी में माँ का रूप किसे अच्छा लगता है ?

"एऽऽ उठो," मैत्रेयी ने बेटी को लाड़ करते हुए सोते हुए डॉक्टर की पीठ पर धौल जमा दी।

हाय अचम्भा ! एक ही आवाज में कुम्भकर्ण उठ गए !

वह खूब जोर से मुस्कुराई।

मुस्कुराते हुए कितनी देर बीत गई कि...

डॉक्टर ट्रे में दो प्याले चाय ले आए !

"लीजिए जानम ! खादिम हाजिर है।"

"अरे !" वह खिलखिलाई।

"अरे क्या ? तुम्हारे आने से पहले चाय हमीं बनाते थे, यह बात जानबूझकर नहीं बताई।"

"हाय, सो क्यों ?"

"सो इसलिए कि तुम हमें चाय के बहाने ही पीने लगतीं।" कहकर वे जोर से हँसे।

दोनों साथ-साथ हँसे। बच्ची के मुँह से दूध छूट गया। फुहारें गिरती रहीं।

"अरे, अरे ! मैं तो चाय में दूध डाल लाया हूँ।"

दोनों फिर हँसे।

क्या माताजी से वह ऐसी उम्मीद कर सकती थी ?

बच्ची का नामकरण नाम के लिए होना था। रिवाज के अनुसार मैत्रेयी के ससुर सूतक उतरवाना चाहते थे। प्रसव की अपवित्रता का शुद्धीकरण पंडित द्वारा हवन करने से होता है। लड़की है तो क्या, पहली सन्तान है। चार-छह लोगों को, जिनसे घनिष्ठ सम्बन्ध हैं, खिलाना-पिलाना भी पड़ेगा। आयोजन सादा होना था। वह माताजी का इन्तजार कर रही थी, जबकि जानती थी, उनके पास खबर पहुँची होगी या नहीं ?

माताजी नहीं आईं। उनसे सम्पर्क करना भी मुश्किल था। लखनऊ के न जाने किस मौहल्ले में उनका पड़ाव है, पता नहीं चला। टेलीफोन की सुविधा न मिली होगी, वरन ट्रंककॉल कर सकती थीं। टेलीग्राम देना सुरक्षित न लगा होगा। मैत्रेयी ने तमाम सम्भावित समस्याएँ सोचकर उनको छूट दे दी। सबसे बड़ी छूट यही कि इस मौके पर माँ का आना उचित भी नहीं लगेगा। मायके से कोई आता, तो वह पुरुष ही होता। नहीं, माताजी नहीं मानतीं, वे खुद आतीं। मैत्रेयी रिवाजवश रोकती, फिर भी आतीं।

धुले-पुछे कमरे में दीवार के सहारे ठाकुरजी का सिंहासन बना। केले के पत्तों के मंडप में भगवान विराज गए। सामने नीचे धरती पर चावल-हल्दी का चौक पूरा गया। रोली-नारियल-कलावे की थाली सजाई गई। मंगलकलश भरा गया। मैत्रेयी को माताजी के सान्निध्य में कभी इस कर्मकांड में विश्वास नहीं हुआ। उत्सवप्रिय है, मगर हवन-यज्ञ

को उत्सव नहीं माना। आज उसे सारा कुछ अच्छा क्यों लग रहा है ? उसकी बेटी के जन्म के उपलक्ष्य में जो कुछ हो रहा है, उसका मनभावन है। लड़कियों के लिए इस कृपण परम्परा से जो मिल जाए वही अच्छा। कम-से-कम उसके जन्म का तिरस्कार तो न हो।

पंडितजी ने आसन ग्रहण किया। मन्त्र पढ़कर गणपति की स्तुति गाई। उसके बाद बच्ची के साथ उसके माता-पिता को वेदी पर बैठने बुलाया गया। शादी के बाद अब फिर डॉक्टर के अंगवस्त्र से उसकी रेशमी चादर की गाँठ बाँधी गई। ज्यों मन का बन्धन मजबूत हुआ हो, ऐसा ही तो लगा। उसने पति की ओर नजर उठाकर देखा, उत्तेजना के मारे साँस तेज हो गई। तन-मन में प्रबल आलोड़न हुआ।

दोनों बराबरी से बैठे—बेटी के जन्मदाता।

पास ही बड़ी-सी डलिया रखी है। मैत्रेयी ने गौर किया, डलिया सामान से भरी है। नामकरण में आईं औरतें उस सामान को छू-छूकर देख रही हैं। वह सुन रही है—यह चन्दा-सूरज का ताबीज सोने का है। बच्ची की पायलें मीनादार हैं। ये फ्रॉक, ये स्वेटर, कई-कई जोड़ी-मोजे, बिब, चड्डी, बहुत-बहुत। रजाई-गद्दे मखमली। रंग-बिरंगा पालना और नीले रंग की प्रैम। दामाद के लिए सूट, बेटी के लिए साड़ी और टॉप्स। ससुर के लिए पाँच कपड़े।

वह जहाँ तक देखे समान की महिमा फैली है—लड्डू, घी, पंजीरी।

''माताजी ने भेजे हैं,'' पति ने घोषणा की।

''माताजी ने !'' मैत्रेयी चौंक पड़ी।

''मेरी माँ के पास इतना धन कहाँ से आया ? रानी का घर, शोभा का बाजार ! अपनी ग्रामसेविकाओं के लिए एक-एक कपड़ा जुटानेवाली, रोटी का बन्दोबस्त करती हुई अवैतनिक काम के हवाले हैं। ब्याह ही उन्होंने कैसे-कैसे निभाया था ! तीज-त्योहार सूने जाने दिए। करवाचौथ के लिए कहा था—व्रत मत रखना, वह सबसे बड़ा पाखंड है। पति के लिए जान निछावर करनेवाली मैत्रेयी को गुस्सा आ गया था सो सुना दिया—खांड के करवे और एक कोरी धोती का बोझ है न तुम्हें, मत भेजना। मुझ से असगुन नहीं होगा। फिर निर्जल दिन 'माताजी-माताजी' करते हुए काटा था। अगली बार व्रत न रखने की कसम खाई थी।

''आचमन कीजिए,'' पंडितजी चम्मच में पवित्र पानी लिये उसको आवाज दे रहे हैं ! वह हड़बड़ाई-सी देखने लगी। कहाँ खो गई थी ?

आचमन करने के बाद उसकी नजर सामान भरी डलिया पर टिकी रही। औरतों की बातों में माताजी के लिए शाबासी है। लड़की होने में भी इतना दिया। माँ की अगली-पिछली भूलें माफ कर दी गईं—नौकरीवाली औरत है, आदमी की तरह भागदौड़ में रहती है, नेगचार कहाँ तक याद रहें। ये तो औरत के काम हैं।

मैत्रेयी मिसमिसाई—तुम औरतो, इन्हीं रिवाजों को निभाए जाना कि आगे आनेवाली औरतें भी यही सीखती जाएँ। मेरी माँ यह सब कहाँ से लाई होगी, जानती हो ? मैं

तो उनके दिए आशीष से ही सुखी-सन्तुष्ट हो जाती। छोटी-सी स्वस्ति बहुत काफी थी। माताजी को इतने बड़े रूढ़ दायरे में दौड़ा लिया ? उसने कातर दृष्टि होकर पति को देखा। सच में क्या यह 'शगुन' लखनऊ में मुख्यमन्त्री के खिलाफ धरना दे रही कस्तूरी की ओर से आया है ?

नामकरण के बाद चौक से उठी तो कहीं मन में गर्व का भाव भी उभर आया—यह है मेरी माँ की व्यवहार कुशलता। बेटी की खातिर तुम्हारी परम्पराओं को भी निभा दिया। अब तुम लोग मुझ से क्या कह सकते हो ?

नामकरण के ठीक पन्द्रह दिन बाद लगभग चालीस वर्षीय एक आदमी घर आया।

घुँघराले काले बाल, छोटी-सी फ्रेंचकट दाढ़ी और कटी मूँछें। आँखें गहरी और माथा चौड़ा। दरमियाने कद का पुष्ट शरीर। नीले रंग का ब्लेजर और सफेद पैंट पहने हुए। घर के द्वार पर खड़ा, मैत्रेयी से मिलना चाहता था।

"आपका नाम क्या है ?" ससुरजी ने पूछा, "कहाँ से आए हैं," दरियाफ्त करनी चाही।

"मैं सुबोध श्रीवास्तव हूँ। झाँसी से आया हूँ।"

बहू से किसी गैरमर्द को मिलवाने के संस्कार ससुरजी के पास नहीं थे। मैत्रेयी के कानों में जैसे ही 'झाँसी' पड़ा, बाहर निकल आई। ससुर की ओर से छोटा-सा घूँघट करके आगन्तुक को भीतर बुला लिया।

माताजी के सुबोध बाबू ! वही, जिनको जिला संयोजिका के पास ले जाना उन्होंने अपनी ड्यूटी माना था।—मैत्रेयी को सारा कुछ याद आ गया। वे हँस-हँसकर सुबोध बाबू के आकर्षण और मजबूरियों को बताया करती थीं। उनकी पत्नी के साहस को सराहती थीं।

मैत्रेयी को लगा, बिछुड़ी माँ के पास से भाई आया है।

लेकिन झाँसी ! वे तो लखनऊ में हैं, फिर सुबोध बाबू क्या कहने आए हैं ? उसका मन पापशंकी है, माताजी ठीक तो हैं ? कहीं कुछ...

"अरे ! मैं तो आप को बिठाना ही भूल गई।"

ससुर बैठक में से जा चुके थे। सुबोध बाबू सोफे पर बैठ गए।

उसने इधर-उधर देखा, आसपास कोई नहीं था। पति होते काश। चाय बना देते तो वह तसल्ली से बात कर लेती।

मेहमान को अखबार थमाकर वह रसोई में आ गई।

हाय ! ससुरजी ने चाय बना दी !

अचकचाकर मैत्रेयी रसोई के बाहर हो गई। सिर झुकाकर खड़ी रही। वे बोले, "अरी बेटी, इसमें चौंकने और शरमाने की क्या बात है ? हमें तो आदत है, तेरी सास के देहान्त के बाद इन लड़कों को कैसे पालता नहीं तो ?" कहकर चाय की ट्रे उसके हाथों में थमा दी।

सुबोध बाबू से बातें हुईं।

क्या-क्या हुईं ? वही, जिन्हें बताने झाँसी से यहाँ तक आना पड़ा।

—पिछले दिनों कस्तूरी देवी कुछ जरूरी कागज़ात लेने झाँसी आई थीं। हम लोग उनके लिए एक-एक कागज सँवारकर यत्नपूर्वक रख रहे थे। वे बता रही थीं कि तीन तम्बुओं मे अब साठ महिलाएँ हैं। माना कि भोजन-पानी की व्यवस्था गड़बड़ा रही है, पर सुविधाएँ ही रहें तो संघर्ष कैसा ? स्त्रियाँ तो उपवास करने की आदी होती हैं। भूखे रहने की आदत खूब हैं।

—यह तो मैत्रेयी तुम्हें पता ही होगा कि महकमे की अफसर उनकी जिद को हलकी करने में लगी हैं। बता रही थीं, तुम भी उनके पास होकर आई हो। कह रही थीं, गर्भवती हो, लेकिन ?

—लड़की हुई है, प्री-मेच्यौर।

—अरे ! कस्तूरीदेवी ने कुछ बताया नहीं !

मैत्रेयी ने समझा जानबूझकर बताया न होगा। वे कहाँ चाहती थीं कि बच्चा हो।

—हाँ तो मैं कह रहा था, कस्तूरी अस्पताल में क्या रहीं, दल की नेता के रूप में खारिज कर दी गईं। शान्ति व्यवस्था सबको जरूरी लगती है। कस्तूरी तो खलल का दूसरा नाम है, जो औरतों से कहती है—मेरा विश्वास रखो, आग मत बुझने देना। लोग तुम्हें सब्जबाग दिखाएँगे।

—कस्तूरी देवी ने अस्पताल से आकर जेहाद तेज की, तभी चार रिजनल डायरेक्टर्स (विमैन) ने आकर तम्बुओं में घोषणा कर दी—ग्रामसेविकाओं को मिडवाइफों का काम मिल रहा है। रोजी-रोटी के साथ कस्बे-शहरों में रहना, अपनी किस्मत मानो। जो होता है अच्छे के लिए होता है। गाँव और बीहड़ गाँवों की खाक बहुत छान ली।

यह सूचना हम तक आई तो हम घबरा गए। युद्धस्तर पर चल रही जद्दोजहद को ये ज्यादा पढ़ी-लिखी मानी जानेवाली औरतें ऐसे मिटा देंगी ? झाँसी की जिला संयोजिका कहती हैं—जिस कस्तूरी के बिना हम अपनी आवाज उठाने की बात तक नहीं सोच पा रहे थे, उसको इस तरह खारिज किया जा रहा है ! सुबोध बाबू, आन्दोलन किसी को बीमार होने तक की मोहलत नहीं देता ! जंग में बड़े घरों की औरतों का जहर घुस गया।

—कितनी औरतें मिडवाइफ बनने के लिए तैयार हो गईं। थोड़ी-थोड़ी करके जाने लगीं। धीरे-धीरे वे ही लड़ाई को खा रही हैं। एक-दूसरे का हाथ छोड़कर जाना'...कस्तूरी कराहकर कहती हैं, जैसी बीमार हो गई हों। लगता है, खून में दौरा करती हुई सुई अब हृदय के पास आ गई है।

—मगर अब उनकी माँग है कि 'हमारा काम ही नहीं, हमारा महकमा वापस दो'। जिन तम्बुओं में शान्ति थी, आवाजें खामोश थीं, फिर से माँग के स्वर बुलन्द होने लगे। स्वर सँभले रहें, यही हमारी दुआ है। हुआ असल में यह है कि कस्तूरीदेवी का काम महकमे की दूसरी महिला के पास है। तो फिर उनकी जिम्मेदारी ही क्या रही ? बिना उनको साथ लिये समझौते की बातचीत हो गई ! कमाल है कि नहीं ?

मैत्रेयी ने गहरा साँस लिया। जिस कस्तूरी ने मरते दम तक अपना लक्ष्य नहीं छोड़ना

चाहा, उसे लक्ष्य ही छोड़ने लगा ! रूप बदलकर किसी दूसरी की गोद में जा गिरा ! जाहिर है फिर किसी दूसरी ने लक्ष्यसिद्धि का लड्डू दिखाया है, तो मक्खियाँ फिर किधर जाएँ ?

—भइया जी, सहायक विकास अधिकारी (महिला) को कौन-सी पोस्ट देंगे फिर ?

—हैल्थ विजिटर ब्लॉक लेविल पर। इस पर कस्तूरी देवी की दलील है—अपने ग्रामीण स्तर पर महिला मंगल का खात्मा कर दिया मन्त्री जी। गाँव की औरतें, जो पढ़ना-लिखना चाहती थीं, वे हमारा इन्तजार देखती होंगी। उनको पक्का विश्वास है कि कस्तूरी अपनी ग्रामसेविकाओं को लेकर गाँव लौटेंगी। शहरों में नर्सों-मिडवाइफों की कमी नहीं।

—मैत्रेयी, तुम भाग्यवान हो। तुम्हारी माँ पर स्त्रियों को बड़ा भरोसा है जो औरतें खुद नई दुनिया की ओर कभी नहीं जा सकतीं, कस्तूरी जैसी स्त्री के आग्रह और कहने-सुनने से चलेंगी। वे औरतें तो सपने में भी नहीं सोच सकतीं कि कोई कस्तूरी को उनसे दूर ले जा सकता है। माना कि वे महिलाएँ लखनऊ जाकर अपनी बोली बानी में कोई जिद-हठ नहीं कर सकतीं और न कस्तूरी की तरह खुद को मिटा पाएँगी, फिर भी इतना तो समझ लेंगी कि उनकी विकास अधिकारी उनके लिए जेल गई है। सजा काट रही है।

—जेल ! मैत्रेयी चौंक पड़ी। पीले मुँह सुबोध बाबू को देखती रह गई। धीरे-धीरे उसके होंठ सफेद हो गए और काँपने लगे।

आजीवन देखे सपनों का अन्त ऐसा ! यह तो एक अन्यायपूर्ण कहानी है। इस कथा में छल-बल की कीर्ति के सिवा कुछ नहीं...

—जेल में कहाँ सुबोध भइया ?

—तम्बू उजड़ चुके। न आँसू गैस थी, न हवाई फायर। न लाठियाँ और न पुलिस के जवान। पूछताछ का आतंक भी नहीं। साँय-साँय करती शान्ति चारों ओर पसरी है। संघर्ष दम तोड़ बैठा। समझौते ने औरतों को जंग से ऐसा खदेड़ा कि दूर-दूर तक औरत जात दिखाई न दे।

—वतन, सोमेश्वरी और गौरा के आगे कस्तूरी देवी खाली मैदान में खड़ी थीं। चार औरतों की कतार, हाथों में चार मशालें...क्या कुछ नहीं कर सकतीं ?

—चार औरतें, कम नहीं होतीं, गौरा—कस्तूरी देवी ने कहा था।

वतन, सोमेश्वरी और गौरा खड़ी रहीं। मगर डरती रहीं। फिर भी उन ग्रामसेविकाओं के दिल में साथ रहने के कारण एकता की ऐसी भावना जाग पड़ी थी जो नौकरी करते हुए रोजमर्रा की जिन्दगी में सपने तक में न आई थी। शायद नौकरी करते हुए आपसी और निजी गुप्त इशारों का ज्ञान नहीं था। या सबकुछ त्याग देने की प्रबल इच्छा नहीं थी। अब तो हाल यह हो गया कि एक पिटती, दूसरी बिलबिलाती। जैसे मारनेवालों की ताकत को उनकी एकता चुनौती देती हो। जैसे लड़नेवाले मिलकर इंकलाब बोलते हों। कस्तूरी ने उसी जगह एक-दूसरे का हाथ पकड़कर दृढ़ स्वर में प्रतिज्ञा ली—अपना महकमा वापस लेंगे, नहीं तो जान दे देंगे या जान ले लेंगे।

छिपे हुए सिपाही सुन रहे थे।

किसी ने सूचना देकर भेजे थे

—सुबोध भइया, अब किसी को क्या चाहिए था ?

—कस्तूरी ! जो आगे चलकर खतरनाक साबित हो सकती थीं, वे ही चाहिए, तभी तो दो हथगोले दिखाकर कहा था—ये निकले हैं तेरे थैले में। थैला यही है न ? कस्तूरी देखती रह गई, थैला तो उनका ही था।

सिपाही अपना काम करने लगे—बाँध लो साली को। और इन तीनों हरामजादियों को ले चलो। इनकी जगह थाने में ही है। मुख्यमन्त्री के खिलाफ साजिश कर रही थीं।

मैत्रेयी से अब कुछ पूछते नहीं बनता। माताजी हथगोलों की बात तो कर रही थीं—यह बात कैसे कहे ? क्या सचमुच वे हिंसा पर उतरनेवाली थीं ?

—मैंने अपने यहाँ का एक चपरासी छुट्टी दिलाकर खुफिया तरीके से इसी काम पर लगा दिया था कि वह हमें लखनऊ की खबर देता रहे। पूर्व जिला संयोजिकाजी की सहमति थी। कारण कि अगर वहाँ कुछ ऐसा वैसा घटता है तो हमें कौन बताएगा ? महकमे की औरतों में से कुछ सुविधा के लालच में, कुछ रोजी-रोटी के नाम पर 'वाक आउट' कर गई हैं। वे क्यों चाहेंगी कि आगे कोई बवंडर हो और अच्छी-भली नौकरी का रास्ता बन्द हो जाए। कस्तूरी इन औरतों की आँखों का काँटा है अब। संयोजिकाजी कस्तूरी को आर्थिक मदद भेजती रही हैं।

—गोरे लाल चपरासी को जानती हो तुम ? तुम्हारी माँ के साथ रहा है। वही साथ था। उसी ने सूचना दी है।

मैत्रेयी आगा-पीछा भूल रही है। भयंकर आतंक से हाथ-पाँव ठंडे हो चले। बाढ़ के पानी की तरह विचारों के रेले में भ्रमों, आशंकाओं, शक-सन्देहों और अनुमानों का कूड़ा-करकट बहा चला आ रहा है। साथिनों ने चुगली कर दी ? क्या वतन, सोमेश्वरी या गौरा में से ही कोई...माताजी की जिद कभी-कभी बड़ी कठिन हो जाती है। दूसरा रास्ता कि दूसरी ओर गर्दन मोड़कर देखने तक की मोहलत नहीं देती। जरूरी तो नहीं कि सब औरतों में संघर्ष का माद्दा उनके ही जितना हो। अब सींखचों में बन्द रहेंगी, क्या कर पाएँगी ?

सुबोध बाबू क्या कह रहे हैं ?—कभी-कभी आन्दोलन के अगुआ से साथी तंग आ जाते हैं—यह बात मैंने किसी किताब में पढ़ी थी, जीवन में उतर आएगी, सोचा न था। लेकिन अब जो भी है, स्थिति का सामना करना है। क्रिमिनल चार्ज है। जमानत में भी मुश्किल होगी। अपने पति से बात करना मैत्रेयी। हम भी पूरी कोशिश में जुटे हैं। कस्तूरी की जलाई मशाल आसानी से बुझने नहीं देंगे।

पिछला वाक्य कहते हुए सुबोध बाबू भावुक-से हो आए। आँखें तरल थीं और चेहरा तना हुआ। वे सामान्य रहने की भरपूर कोशिश कर रहे थे। अपनी जेब से दस का नोट निकाला और बोले, "बच्ची के लिए।" आगे उनसे कुछ बोला नहीं गया।

मैत्रेयी के हाथ में काँपता हुआ नोट...या नोट किसी काँपते हुए हाथ में...

वह सुबोध बाबू को घर से निकलकर गली में जाते देखती रही, गली से वे चौड़ी

सड़क पर जाते हुए दिखे। जहाँ तक दिखते रहे...

उमड़ती रुलाई से सुर्ख आँखें, लाल नाक और अपने फूले हुए चेहरे को मैत्रेयी पानी से धो-धोकर सामान्य कर रही थी। उस धोखेबाज पुरुष से माँ का हाल नहीं कहेगी, जिसने बच्ची के नामकरण के उपलक्ष्य में माताजी की ओर से उपहार सजा लिये थे। असल बात बताने में उसको तौहीन लगी होगी, जैसे माताजी का धरने पर बैठना बेटी के लिए कोई गलती हो। दामाद, इस महिला को सास की मर्यादा कैसे दे, वह समाज की सास जैसी सास हैं ही कहाँ ? उनकी ताकतवरी को प्रणाम करना इनके बस का नहीं। सारी दीनता यहीं तो लगती है। रस्म निभाकर चाटुकारिता करना जानते हैं तो किसकी ? अपने आसपास बिछे सामाजिक जाली लोगों की ही न ? माताजी के सामने विनम्र सहायता का हाथ बढ़ाकर अच्छे दामाद का दर्जा पा लें, इससे ज्यादा कुछ नहीं सोचते।

पति आए लंच में। खाना खाया, हाथ धो लिये।

पाजामा-कुर्ता पहनकर बिस्तर पर लेट गए।

नहीं, रोजवाला एक घंटा आराम का समय आज मैत्रेयी उनको नहीं देगी। सजा की रस्सियों से बँधी माँ के बच्चे आराम फरमाएँ, इससे ज्यादा धिक्कार का विषय क्या होगा ? वह टूटती हुई-सी खड़ी हो गई, ऐन उस लेटे हुए पुरुष के आगे।

सहज गले से पूछा, ''बच्ची के नामकरण का सामान माताजी ने किसके हाथ भेजा था ?''

''अब पूछ रही हो !'' डॉक्टर मुस्कुराकर जवाब देते हैं।

उसने अर्थपूर्ण निगाहें उनकी आँखों में गड़ा दीं कि पति की छोटी-छोटी आँखें जल्दी-जल्दी झपकने लगीं।

''बताओ तो।''

''नहीं, उन्होंने नहीं भेजा। वे कहाँ से भेजतीं ? यही सुनना चाहती हो न ?''

''तो तुम लाए थे ?'' कहकर निश्वास छोड़ा मैत्रेयी ने और मुँह फेर लिया।

''न लाता ?''

''हाँ, न लाते।''

''आज क्या हो गया ? उस दिन तो कुछ नहीं बोली थीं। माँ की व्यवहार कुशलता की गाथा गाती रहीं।''

''और तुम मन-ही-मन हँसते रहे होगे ! है न ? मेरी बेवकूफी पकड़कर ऊँचे होते रहे होगे, है न ? शहीद बनने का बड़ा शौक है तुम्हें, माना, पर हमारे लिए शहादत दिखाओ, यह मैं हर्गिज नहीं चाहती, सुन रहे हो ?''

वे उठकर बैठ गए, पूछने लगे, ''यह अचानक तुम्हें क्या हो गया है ?''

''जो हो गया है, वह मैंने कह दिया कि आइन्दा कभी...''

"अजीब औरत हो ! मैंने अपने लिए किया था कुछ ?"

"जो किया, सब हमारे, हमारे, हमारे लिए। अब न करना, यही तो कह रही हूँ।" वह लगभग चीख पड़ी।

"तो अब सच सुन लो। मैंने तुम्हें पहले भी समझाने की कोशिश की है, यह समाज है। और आज कह रहा हूँ कि समाज में मेरे पिता की कोई इज्जत है, बस उसी के लिए सही।"

"हूँ।"

"हाँ।"

"पिता की इज्जत मेरी माँ की अमीरी के दिखावे पर बनती है, तो क्या और कैसी इज्जत है उनकी ?"

"मोहतरमा, तुम्हारी माँ की अमीरी-गरीबी से फर्क नहीं पड़ता, समय साधने की बात आड़े आती है। तुम्हारी जानकारी-समझदारी इतनी नहीं है तो इसमें तुम्हारा कसूर भी क्या ? घर में औरतें ही औरतें थीं। मनमाना किया। वैसे औरतों को इज्जत-आबरू से क्या लेना-देना ? क्या हम यह कहकर अपनी मजबूरी दिखाते और तुम्हारी माँ के लिए छूट लेते कि हमारी बच्ची की नानी लखनऊ की गलियों में अपनी जिद-हठ की डुगडुगी पीट रही है। इसलिए हमारे यहाँ नामकरण बिना ननिहाल के कपड़े-लत्ते आए हो रहा है।" कहकर वे चुप हो गए और फिर जैसे कुछ और रह गया हो, बोले, "माफ करना, अभी हम इतने आधुनिक नहीं। जिस समाज में रहते हैं, उसमें से आहिस्ता-आहिस्ता निकलेंगे। फलाँग-छलाँग कर नहीं जा सकते।"

होंठ कसकर दाँत भींचकर रह गई मैत्रेयी। पति का संस्कृति और समाज से आहिस्ता-आहिस्ता निकलने का कारगर तरीका...उफ् ! यही हैं शिक्षा और सभ्यता के अग्रणी ! परम्पराओं से लदे लड़खड़ाते हुए चल रहे हैं !

वे उठे और आकर सामने खड़े हो गए। बाँहों में भरकर बोले–

"सॉरी जानम ! तुम्हें बुरा लग गया। मुझे लेकिन चिन्ता लगी है, आज कुछ हुआ जरूर है। नहीं तो तुम सीधी-सी बात का इतना गलत अर्थ न निकाल लेतीं कि बहस का मुद्दा बन जाए और हम लड़ने लगें !"

मैत्रेयी की छाती में जो ढोल बज रहा है, उसे पति ने अपने सीने पर महसूस किया। लेकिन पत्नी ही बात बदल दे तो ?

"अब तो तुम एक बेटी के पिता बन गए हो, जिस तरह का व्यवहार करोगे, उसी से समाज बनेगा। अपनी तरह का समाज बनाओ न।"

आलिंगन से उसे मुक्त करके बोले, "ठीक है, लो कान पकड़ता हूँ, अगले साल से होली पर गुझिया बनाने की जिद नहीं करूँगा। देश की नवयुवती की एनर्जी वेस्ट कराने का मुझे क्या हक है ?" कहकर उन्होंने कान पकड़े और फिर बाँहें लहराईं। हँस पड़े।

मैत्रेयी को उनके साथ अब हँसी नहीं आ सकती। बन्दिनी माँ की बेटी की आँखों में झार उठती है। दाँतों से दाँत बजते हैं। होंठों से होंठ भिड़ते हैं, जैसे इन्हीं हथियारों

से आगे की लड़ाई जीतनी हो। वह कितनी आशावान बने, पति की आँखों के फर्क को आँक रही है। गुस्सा इसलिए दस गुना बढ़ता है।

"आफ्टर ऑल यू आर प्रौग्रेसिव मदर्स डॉटर, आखिर तुम प्रगतिशील माँ की बेटी हो। रिलैक्स।"

"सुनो, प्रौग्रेसिव शब्द तुम गाली की तरह इस्तेमाल करते हो न ?" कहती हुई वह अपनी कमर पर हाथ रखकर लोहे की छड़ी-सी तन गई।

"ओहो ! यार पहेलियाँ क्यों बुझा रही हो ? बोलो भी अब।"

"वही बोलूँ, जो तुम्हें पता है ?"

"क्या ? क्या पता है ? मुझे क्या-क्या पता है ?" डॉक्टर ने इतने नजदीक आकर कहा कि उनके मुँह से उठी गर्म भाप मैत्रेयी के गाल छूने लगी।

"यह भी मुझे ही बताना पड़ेगा कि माताजी के गिरफ्तार होने की बात तुम्हें पता थी, तो मुझसे क्यों छिपाए रहे ?"

"तुम जानती हो, फिर क्यों पूछ रही हो ?"

"क्या जानती हूँ ?"

"अपना रोना-बिसूरना, अपना घबराना और माताजी को कोसने के साथ खुद को सराहना। अपनी हर बात आदमी जानता है और हर सही-गलत को जस्टीफाई करता रहता है।"

मैत्रेयी सचमुच में ही रोने लगी। चिढ़कर, खीझकर और डॉक्टर से रूठकर। उसे काटकर माताजी से जुड़नेवाले को देखो तो जरा ! कैद में पड़ी नानी की नातिन का जश्न मना रहा था ! ये घर में छिपे गद्दार ही औरत के सर्वनाश की जड़ हैं। इन को 'लोग क्या कहेंगे' की चिन्ता है, जो अपनी ही चिन्ता है। संस्कार ही इनका ईश्वर है, उसी ईश्वर के तख्त पर बैठकर खुद को बादशाह समझ रहे हैं।

"मेरी अटैची उठा लाओ," डॉक्टर ने सहज भाव से कहा, लेकिन मैत्रेयी को लगा पुरुष हुक्म दे रहा है।

यह आदमी ऐसे ही करता है। भारी वजन खुद कभी नहीं उठाएगा। आज तक उसने कुर्सी, खटिया जैसी चीजें तो क्या बच्ची का खटोला और पालना तक न सरकाया होगा। कहीं जाए तो बैग-अटैची वही उठाती है। बना फिरता है मर्द। शहरी मर्द ऐसे ही होते होंगे, उसने धारणा बना ली थी। इनसे अपना ही वजन नहीं सधता। नहीं, मैत्रेयी गाँव से आई है, मजबूत है, धूप-ताप की आदत है, कठिन कठोर श्रम उसके लिए क्या चीज ? डॉक्टर ने सदा इसी नजर से देखा है पत्नी को जैसे औकात बता रहा हो—तुम्हें शहरी सुविधाएँ शहरी लड़कियों की तरह नजाकत की एवज नहीं मिलेंगी, आराम पाने के लिए उनके मुकाबले दस गुनी मेहनत करनी होगी क्योंकि आराम की चीजें तुम्हारे हक में नहीं।

मैत्रेयी लगातार ऐसी बातें सोच रही है, जिनसे उसने दुखी दिल को और भी दुख मिले। दुख के दलदल पर खड़ी स्त्री, दलदल में धँसकर मर जाना चाहती है, सो कह

दिया, ''मैं नहीं उठाती अटैची-फटैची। अपने आप ले लो। अच्छा अँधेर है।''

डॉक्टर उठे अपना सूटकेस उठा लाए।

बैठक, जिसे वे ड्राइंगरूम कहते हैं कि आधुनिकता की गन्ध आए, में दीवान पर धरकर अटैली खोलकर मुआयना करने लगे।

''सुनो, साबुन-तौलिया ले आओ। उसमें तो वजन नहीं है।''

हैं ! कहीं जा रहे हैं क्या ? जाने की सूझ रही है ! यहाँ हम डूब रहे हैं। वाह रे पति !

वह साबुन भी ले आई, तौलिया भी। इसलिए कि पति के ऊपर तो नहीं, साथ जानेवाली अटैची के मुँह पर उठाकर दे मारे। और मारी भी।

''यार, क्या हो गया है तुम्हें ? पागल हुई रहती हो। तमीज नाम की चीज नहीं।'' डॉक्टर झल्लाए। मैत्रेयी की आत्मा में ठंडक-सी पड़ी। कहीं तो इस पुरुष को कष्ट हो।

हमें दो ही शब्द बख्श रखे हैं—पागल और गँवार। गाँव में रहे आदमी की बड़ी मुसीबत वह शहर में जब तक रहे, गँवार ही कहलाए। क्या गँवारी कर डाली ? या गँवारी होती क्या है ? मैत्रेयी की जिस लज्जा लिहाज का श्रेय पति ले रहा है, वही है गँवारपन ? घूँघट-पर्दा कभी उघाड़ा नहीं, घूँघट-पर्दे की ही तारीफ खुद बनती रही। अब उसे क्या पता था कि मूँछों-दाढ़ियोंवाले इनके दोस्तों का पर्दा नहीं करना है। दोस्तों ने अपने कमरे पर दावत के लिए पति-पत्नी बुलाए थे, वह लम्बा घूँघट मारकर गई। डॉक्टर कोहनी मारते रहे, इशारा देते रहे कि चेहरे से पर्दा खींचो। लेकिन वह लाज क्यों हटाए ? मन आया कह दे—हमारे यहाँ गली में जब बहुएँ निकलती हैं, मुश्तकिल घूँघट घालती हैं। यह नहीं देखतीं कि सामने दस साल का लड़का है या नब्बे साल का बूढ़ा है। वे गाँव के पेड़ों-पखेरुओं तक की लाज मानती हैं, पति कुल की मर्यादा निभाती हैं। जिनकी ठोड़ी भी कभी कोई न देखे, वे प्रशंसाएँ पाती हैं और पति जैसे लोगों का प्यार भी।

यह डॉक्टर अजीब है। इसके चलते लाज-लिहाज के दायरे अलग-अलग हैं। बस इसी दोगलेपन पर उसे चिढ़ छूटने लगी और घर आकर सीधे जेठ से बोलने लगी। मैत्रेयी का सम्बोधन सुनकर—भाई साहब—जेठ चौंक पड़े थे और घबराकर पीठ फेरकर खड़े हो गए। मैत्रेयी की खीझ माथे पर चढ़ गई। यहाँ कैसे-कैसे पुरुष हैं, सभा-सोसाइटियों में इस मुसलमानी चलन का जमकर विरोध करते हैं, और घर में...

अपनी माँ का संकट ऐसे घर में कैसे कहे मैत्रेयी ? माँ के गिरफ्तार होने को संघर्ष से नहीं जोड़ेंगे क्योंकि इनके हिसाब से निर्लज्ज औरतें षड्यन्त्र करती हैं या चोरी करती पकड़ी जाती हैं।

''मैं जा रहा हूँ।''

पति ने तन्द्रा तोड़ी। चौंककर डॉक्टर की ओर देखा। देखकर लगा, कह दे, जाओ। मुझे क्यों बता रहे हो ? मैं तो यह नहीं सुनाना चाहती कि मैं भी जा रही हूँ, भले नन्ही बेटी को कँगारू की तरह झोली में छिपाकर सफर करना पड़े। अपनी माँ की बेटी मैं

भी क्यों हिम्मत हारूँगी ?

"आँख की अन्धी, कान की बहरी, तुम्हें कुछ पता है कि कहाँ जा रहा हूँ ? हद होती है ईगो की, अहंकार की। माँ वहाँ बँधी पड़ी है, बेटी को औरत के नखरों से फुर्सत नहीं।" कहकर डॉक्टर ने डंक मारना चाहा, मगर मैत्रेयी को लगा पति ने उसे जलते ताप से खींच लिया है।

"कहाँ जा रहे हो तुम ?" भीतर पत्थर हुई छाती पिघली।

डॉक्टर ने मुँह से कुछ नहीं कहा, कितना कुछ निगाहों से कह डाला कि मैत्रेयी उनकी छाती से लगकर जार-जार रो उठी।

सारा का सारा रोना पति के लिए कृतज्ञता के खाते में नहीं था, इस सच के उद्घाटन पर कलेजा टूट गया कि सुबोध बाबू की बात झूठ नहीं निकली, जबकि वह सारे देवता मना चुकी थी कि माँ की गिरफ्तारी अफवाह हो। गोरे लाल चपरासी ने तिल का ताड़ बनाया हो। फायदे लेने के लिए वह नीच कौम माना जानेवाला आदमी नीच हरकत ही कर बैठा हो। मगर जैसेकि ऐसा ही होता रहता है, अब क्यों नहीं हुआ ? सबने ईमानदारी निभा डाली। और ईमानदारी ही मैत्रेयी का गला घोंटने लगी।

साँस नहीं ली जा रही, ऐसी घुटन है। इसी घुटन से बचने के लिए उसने डॉक्टर के विरुद्ध पिछली तमाम छोटी-छोटी शिकायतों का कोलाज बनाया था।

पति कह रहे हैं, "जिला संयोजिका ने झाँसी से टेलीग्राम दिया है। फोन नम्बर भी दिया था। फोन पर बात हुई तो पक्का हो गया कि माताजी अब न धरने पर हैं, न कैम्प में और न झाँसी में अपनी ड्यूटी पर। अस्पताल से छुट्टी तो वे पहले ही ले गईं। मैंने के.सी. सिंघल से भी बात की है।

"अब क्या होगा ?" मैत्रेयी के पास जैसे एक यही वाक्य बचा हो।

"जो होता जा रहा है, वही होगा। जब जेहाद पर निकली हैं तो गिरफ्तारी, मार-पीट, हवालात और जेल तो संघर्ष के सखी-सखा हैं।"

"अच्छाऽऽ !" मैत्रेयी अपलक आँखें लिये खड़ी है।

"हम से जो बन पड़ेगा, करेंगे। यानि कि लक्ष्य यही है कि हर हाल में तुम्हारी माँ को रिहा कराया जाए।"

मैत्रेयी का दिमाग उथल-पुथल से भरा है, सहज स्थिति होती तो इसी बात पर लड़ जाती कि माताजी को 'तुम्हारी माँ' क्यों कहा ? क्या वह डॉक्टर की कुछ भी नहीं लगती ? अवसरवादी पुरुष का स्वभाव और व्यवहार वह खूब समझ गई है।

डॉक्टर अफसोस कर रहे थे, "काश उस दिन हम यहाँ नहीं आते।"

"तो डिलीवरी कहाँ होती ?"

"सिली वुमैन ! अपनी नानीवाले अस्पताल में बच्ची नहीं जन्म ले सकती थी क्या ?"

पति की बात उसके अन्दरूनी घावों पर शीतल मरहम पोतती चली गई। भावकुलता भी कई गुना बढ़ी।

मैत्रेयी स्टेशन जाए बिना नहीं मानी थी। अच्छा ही हुआ। वहाँ देख लिया डॉक्टर

के साथ उनके दो दोस्त और जा रहे हैं, जिन्होंने कहा, "भाभी हम जी-जान लगा देंगे, तुम चिन्ता न करना।" मैत्रेयी इस युवा शक्ति के इरादों के आगे हाथ जोड़कर सिर झुका दे और अपनी श्रद्धा व्यक्त करे, बस यही कर सकती है। ये न होते तो पति के साथ खुद हो लेती। भाईचारे पर एक बार फिर भरोसा हुआ। पति की दोस्ती पर फिर विश्वास बँधा।

स्टेशन से रिक्शे में सुदामापुरी लौट रही थी। रास्ते-भर पति के बारे में सोचती रही, जिन्होंने माँ की चिन्ता अपने ऊपर ले ली थी। डॉक्टर क्या इस घटना से ऐसे विचलित थे कि बच्ची की ओर से उदासीन दिखते थे ? शायद इसलिए ही उन्होंने बच्ची के पिता होने न होने वाली बात पर तवज्जो नहीं दी थी और मैत्रेयी ने सतमासी बच्ची के जन्म को ऐसा मुद्दा बना लिया कि खुद को लांछनों से जोड़ बैठी। डॉक्टर को समझाती थी, समाज की परवाह मत करो और खुद चन्द रूढ़िवादी औरतों के कहने पर कोहराम मचाती थी। संस्कारों में डॉक्टर नहीं घिरे, संस्कारों की रस्सियों से खुद बँधी-कसी है, क्योंकि माँ के राज में रूढ़ियों से मुक्त रही। गृहस्थ धर्म का यह भी एक रूप है।

घर आई। बच्ची रोती मिली।

ससुर उसे बहला रहे थे और वह बूढ़े पुरुष की गोद को गोद मानने से इनकार कर रही थी। छोटी सी रुलाई ने माँ बनी मैत्रेयी को बेचैन कर डाला, जबकि वह बड़े-बड़े हादसों को पीती रही है।

बेटी को बाँहों में उठाकर, नाक से नाक भिड़ाकर दुलराया।

मन से, मुँह से एक ही वाक्य निकल रहा था—मैं तुझे बहुत प्यार करती हूँ बिटिया, खुद से भी ज्यादा बहुत ज्यादा प्यार !

बच्ची को दुलराते हुए माँ याद आई।

माँ की अपनी और बेटी की कड़ी बन गई। माताजी ने उसे इतना ही प्यार किया होगा ? मुँह खोलकर कभी कह नहीं पाईं। वह समझी माँ उसे चाहती नहीं।

या इन दिनों ही माताजी बदल गई हैं, क्योंकि मुख्यमन्त्री से लड़ रही हैं। लड़ने वाले अपने साथियों को सबसे ज्यादा प्यार करते हैं। मैत्रेयी अपनी व्यथा, अपनी अधीरता, अपनी ममता बेटी पर लुटा रही है या माताजी की व्यथा, अधीरता और ममता को अपने कलेजे से जोड़ रही है ? यह कैसा नाता-रिश्ता है ? कैसा अनूठा सम्बन्ध, जो इन दिनों ही बेटी के बहाने उसके सामने खुला है।

वह पलँग पर बैठी बेटी से बातें कर रही है और बच्ची की छोटी-छोटी साँसें हुँकारा देकर सन्नाटा तोड़ रही हैं। माँ-बेटी मिलकर सनाका खाए समय में हलचल पैदा कर रही हैं। बात अखबारों तक आ गई।

ग्रामसेविकाओं के प्रति किए बर्बर व्यवहार की जमकर भर्त्सना हुई। गली के लोगों ने भौंचक होकर मैत्रेयी को देखा, जब सुना कि यह स्त्री महिला आन्दोलन की अगुआ

कस्तूरी की बेटी है। लोगों की नई नजर मैत्रेयी की गौरव लिये हुई।

अखबार लेकर नम्बरदार और भगवानदास भइयाजी अलीगढ़, उसके घर आए। उसे लगा, माताजी के सहयोगी सैनानियों ने उसका घर पवित्र किया है। उनके चेहरों पर चिन्ता थी, मगर माथा ऊँचा था। कस्तूरी के चलते यों तो वे हलचलों, बदलावों और जिन्दादिली के अभ्यस्त थे, मगर आज मामला उनके हाथ में न था। दुश्मन प्रशासन कितना समझेगा ? मुख्यमन्त्री उस औरत के जीवन को क्या जाने ? पिछली कहानियों को कहीं कस्तूरी के अपराधों में जोड़कर न देख लिया जाए, क्योंकि गोपनीय रहस्यों की सिंवन उधेड़ना उन्हें खूब आता है, जो खतरनाक माना जाता है।

नम्बरदार के पास एक तस्वीर थी, माताजी और बाबूजी की निशानी। वे उसे दिखाकर बोले, ''लल्ली, तू रखेगी इसे ? कस्तूरी ने तेरी मौसी को दी थी। वह इसे देख-देखकर रोती है। अपनी सखी को बन्दिनी रूप में कभी देखना पड़ेगा, उस भोली औरत ने सोचा न होगा। अँगरेजों के जमाने में उसने मर्दों को बँधते-पिटते देखा है। सजा के नाम पर घबराती है, जबकि जानती भी है कि कस्तूरी ने सरल और आसानियों भरा जीवन कब का त्याग दिया।

फोटो—कुर्ता-धोतीवाले सुमुख छवि बाबूजी के साथ छाती तक घूँघट ओढ़े नाटे कद की स्त्री। पाँवों की झाँझन और हाथों की चूड़िया खासतौर पर दिख रही हैं, क्योंकि वे गहने हैं।

मैत्रेयी इस स्त्री को अपनी माँ कैसे माने ? हाँ, बाबूजी को पिता मान सकती है, जिनके बारे में गाँव की औरतों से सुना है—बेचारा अपना खर्च करके ब्याह कर लाया था। इस लुगाई को। बिन ब्याहे आदमी की तरह जिन्दगी गुजारी। जोरू तो चूल्हे पर उलटी-सीधी रोटी डालकर कलम-दवात लेकर बैठ जाती। कोई और सरीखा होता तो कलम-कागज को ठोकर मारकर कस्तूरी की चटनी बना देता। वह तो हीरा (हीरालाल) ही था कि कंटरौल के जमाने में जब तेल की भारी किचकिच थी, कभी फूँक मारकर दीया नहीं बुझाया, कि औरत पढ़ रही है।

नम्बरदार चले गए। भगवानदास भइयाजी उनके साथ नहीं गए, मैत्रेयी पूछती है—बाबूजी जैसा आदमी गाँव में नहीं था तो क्या बाबा जैसा था ? उसने बाबा को देखा है, मगर वह तब उस जमाने की गहरी बातों को समझने लायक नहीं थी, जो आज सामने दिखती हैं। माताजी गाँव की औरतों की तरह लीपा-पोती, चौका-बर्तन, रोटी-पानी और तीज-त्योहारों को निभा नहीं पाती थीं, वह बूढ़ा आदमी गुरेज नहीं करता था ?

—लल्ली, बहू विधवा थी तो ससुर बेटे की मौत से परेशान। दोनों एक दुख के खूँटे बँधे हों जैसे। एक-दूसरे से झगड़ते कैसे, एक-दूसरे के दर्द को समझ रहे थे। झगड़े-टंटे या बहू का अपमान तो वहाँ होता है, जहाँ पूरा कुनबा होता है और उस कुनबे में कुछ ऐसे होते हैं, जिनसे मरनेवाले का बाहरी नाता भले हो, अन्दरूनी सम्बन्ध नहीं होता तो वे टूटते नहीं। दूसरों को तोड़ने लगते हैं। कुनबा कभी-कभी बड़ा खतरनाक हो जाता है। फूफा (बाबा) तो अपनी बहू के अहसानमन्द रहे, सो कहते थे—इस धूल-धंगड़-भरे

गाँव में हमारी बहू दीया जलाकर घर उजियारे रहती है। वह नींद में भी अँधेरा बर्दाश्त नहीं करती सो मामूली औरत तो है नहीं। औरत जात पानी की तरह बेरंग होती है भगवानदास, पर इसका अपना ही रंग है, मैं रंग में भंग कैसे डालूँ ? कोई और होती तो धान के पौधे की तरह कहीं और ही रुपकर जिन्दा रहती, हमारी बहू ने यह घर नहीं छोड़ा, हाँ गाँव में अपना असर छोड़ा है। देखा-देखी पड़ौस की गौरा ने भी तो ऐसा ही किया।

गजाधर ने हँसकर कहा था, "हाँ पांड़े के, अलग तरह की तेरी बहू और अलग तरह का तू ससुर।

—गजाधर, इस गाँव में हमारा घर ही अलग तरह का हो गया...हमारे नसीब में यही लिखा होगा। तड़पकर कहा था तेरे बाबा ने।

भगवानदास भइयाजी और भी तमाम घटनाएँ सुनाते हुए कहते थे—इस मामले में कस्तूरी भाग्यशाली रहीं कि पति और ससुर उनके विरोधी नहीं, सहयोगी हुए। नहीं तो गाँव में औरतों को लेकर कैसा माहौल रहा है, सबको पता है। फूफा की देखा-देखी गौकरन (गौरा के ससुर) भी चुप रहे, नहीं तो बहू चौखट लाँघ सकती थी ? लल्ली, फूफा का घर ही नहीं, हमारा गाँव ही कुछ अलग तरह का हो गया, उस गाँव के नसीब में भी यही लिखा होगा। भगवानदास भइयाजी के चेहरे पर चमक और चिन्ता एक साथ लहराईं।

मैत्रेयी कहानी को बढ़ाकर यहाँ तक ले आई।

अब, जब उत्तर प्रदेश के शासनतन्त्र ने कस्तूरी को चारों ओर से घेरा है, पुलिस का शिकंजा कस दिया है तो उनका दामाद पीछे-पीछे गया। अर्जी, अपील, केस, मुकदमा जो भी होगा। जमानत और रिहाई से पहले मनोनीत मुख्यमन्त्री के दकियानूसी विचारों का भंडा फोड़ना जरूरी है। डॉक्टर सारी ताकत लगाकर, खतरे उठाकर कुछ-न-कुछ कर डालेंगे, ऐसी उम्मीद मैत्रेयी करती है क्योंकि वे अब उस घर से ही जुड़ गए है जो अलग तरह का है, अलग तरह के गाँव का है।

भगवानदास भइयाजी उठते हुए बोले—लल्ली, हमारे लायक कोई काम हो तो बता। वैसे हम लखनऊ जाएँगे—मैं, नम्बरदार, रामावतार और चरनसिंह। मुख्यमन्त्री की हमारे गाँव के आसपास रिश्तेदारियाँ हैं। गाँव का रिश्तेदार यह कैसे कह रहा है कि औरतें घर में रहने की चीज हैं ? खेत-खलिहानों में उसने क्या औरतों को कभी देखा नहीं ?

आठ दिन बीत गए। डॉक्टर नहीं आए।

क्या हुआ ? क्या हो गया ? कहीं डॉक्टर...कहीं माताजी, कहीं उनके दोस्त...

'कहीं कहीं,' करती हुई मैत्रेयी कुछ अस्वस्तिकर दृश्यावलियों में बैठकर खुद को रोती हुई पाती है। क्या अब उसको शोक मनाने का अभ्यास करना चाहिए ? रुआँसे गले ही बेटी के लिए लोरी गाती है, जैसे भगवान से मृत आत्माओं के लिए प्रार्थना कर रही हो। और स्वर में लय नहीं, आह भर गई हो।

कुछ न होगा तो डॉक्टर की नौकरी जरूर जाएगी।

माँ अलग फँसी हुई हैं। सारा घर सड़क पर आ जाएगा। दाने-दाने को मोहताज...

मैत्रेयी कभी अपने आपसे खफा होती है कि उसने नौकरी क्यों नहीं की और फिर माताजी को कठघरे में कर लेती है कि उन्हें नौकरी करने की क्या जरूरत थी, जबकि नौकरी निभाने के तेवर नहीं थे। नौकरपेशा आदमी में गुलामी का थोड़ा अंश तो चाहिए ही।

माँ ने अपना घर उजाड़ा, बेटी का घर तबाह करने पर तुली हैं।

माताजी से इस समय अटूट लगाव रखने के बावजूद उसके मन में बार-बार एक ही वाक्य गूँजता है—मैत्रेयी को माँ से मुक्ति नहीं।

उसने जैसे-तैसे घोंसला बनाया था, माँ ने उसे उजाड़ने के बहाने खोज लिये। कौन कहे कि माँ, ब्याह इसलिए नहीं किया था कि जिन्दगी अस्त-व्यस्त रहे, जैसीकि अब तक रही थी।

माताजी के लिए न सही, मगर उसके लिए तो सांसारिक सीमाओं में छोटी-छोटी खुशियाँ ही महत्त्वपूर्ण रही हैं, क्योंकि वे मिल नहीं सकीं। माँ के सामने यदि कहे कि उसे तीन-चार बच्चे पैदा करने हैं, जो परिवार नियोजन की सुलझी हुई और संकटमोचन योजना को ध्वस्त करनेवाले हैं, माताजी के हिसाब से। मगर मैत्रेयी की साध तो किसी निजी कुनबे की माँ बनने की रही है, क्योंकि माँ ने कुनबा नहीं बनाया। उल्लास लगाव हमदर्दी मैत्रेयी का अभीष्ट है, मगर माताजी के लिए ये उसकी फालतू बातें हैं, जो दायरे में सिमट-सिकुड़ जाती हैं।

उलटी दिशा में चलनेवाली लड़की ने उनका कोई अनुशासन बर्दाश्त करना नहीं चाहा क्योंकि भावनाहीन आतंक का नजारा-माताजी का साया उसे डराता था। क्या इसीलिए ही मर्यादावाले सामूहिक घर का सपना देख रही थी। अकेले आवारा-सी घूमती बच्चों का सपना बुन रही थी ! विरोधाभास ही जीवन रहा सो पिता के छोड़े खेत पढ़ने-लिखने में मन नहीं रमने देते।

माँ बिलबिलातीं और इस नतीजे पर पहुँचतीं—तेरा नाम बाबूलाल पंडितजी ने बेकार ही मैत्रेयी रखा। वे घड़ी-महूरत का सही लेखा-जोखा रखनेवाले हमारे मामले में गड़बड़ा गए। कहाँ मैत्रेयी जैसी विदुषी और कहाँ तू ? ज्ञान-सभाओं में बोलने-बहस करनेवाली याज्ञवल्क्य की पत्नी के बारे में क्या पंडितजी ने पढ़ा नहीं था ? उसने तो ज्ञान पाने के लिए ही विवाहित पुरुष से ब्याह कर लिया था। वरन कहाँ मैत्रेयी और कहाँ शादी-वादी। जिसे समाज 'सौत' का दर्जा देता है, उस कात्यायनी को बहन माना, क्योंकि ज्ञान के लिए आश्रम में रहना था। मैत्रेयी स्वतन्त्र प्रकृति की दबंग औरत थी।

—मगर कभी-कभी हो जाता है ऐसा भी। ग्रह-नक्षत्रों की माया भी कहाँ पूरी तरह सच्ची है ? तेरे बाप इन बातों में बड़ा विश्वास करते थे, आज होते तो कहती—तुम्हारी यह बेटी कहीं से भी मैत्रेयी नहीं। यह केवल पुष्पा है। इसने अपने सनद-सर्टीफिकेट साड़ी की तहों में छिपा दिए हैं। गहनों की पोटली से दबा दिए हैं। इसे बहारों में रहना है, घर की रानी बनना है।

माँ सच नहीं कहती क्या ? आज मैत्रेयी सोचती है, पति ने भी देखा—इस स्त्री ने मेरा दिया 'सैफर्स पैन' गुमा दिया, इसके हाथों में चकला-बेलन ही सोहेगा। तवा-चिमटा का ताल-मेल अच्छी तरह बिठा लेती है।

अब मैत्रेयी के मन को कौन समझे ? बस जो इस एक बात को समझ ले—वह घर की शरण में गिरी क्योंकि बाहर लोग लड़की को इधर-से-उधर से घेरते ही रहे। नहीं घिरी तो खदेड़ ली। भागते-भागते, बचते-बचते सारी ताकत छीज गई, अब वह निखालिस थकान पर है। बेशक वह पुष्पा है क्योंकि छुई-मुई की तरह सिकुड़ जाना ही सुविधाजनक लगता है। चोटों से बचना चाहती है क्योंकि बच-बचकर ही जिन्दा रही।

मगर अब अपना कितना कुछ बचा पाएगी ? माँ ने फिर धार पर धर दी।

पति पकड़े गए तो ?

डॉक्टर का फोन आया।

दूधवाले नेहरूजी घर बुलाने आए। उनकी आवाज में चिन्ता थी, वे कह रहे थे—बहू जल्दी चलो, भइया का फोन...तुम्हें बुलाया है। दस मिनट बाद दोबारा करेंगे।

फोन ! क्या हुआ होगा ?

मन में एक भी अच्छी बात इन दिनों आती नहीं। हड़बड़ी और हौलदिली में यही बन पड़ा कि अब तक जिन नेहरूजी का जेठ के रिश्ते से पर्दा करती चली आई थी, उनके सामने मुँह खोलकर लड़की तरह आ खड़ी हुई। खतरे के झटके ने शर्म के पर्दे उघाड़ डाले। खुद नेहरूजी भी मर्यादा की सुविधा नहीं पा रहे थे। लगभग हाथ पकड़कर जोगेन्दर की दुकान तक ले गए, क्योंकि उसके पाँव लड़खड़ा रहे थे। दुकान में रखे दाल-चावल के बोरे, आटे की बोरियाँ और घी के कनस्तर जैसी परचून की चीजों के बीच से गुजरती हुई फोन के पास पहुँची।

फोन की घंटी फिर बजी तो लगा, डॉक्टर मिलने आ गए। कानों के जरिए आवाज से भेंट हुई तो दिल ऐसा उमड़ा कि आँखें छलक आईं।

डॉक्टर घबरा नहीं रहे थे। वे उधर से खूब सँभले हुए स्वर में बोल रहे थे, "देखो, तुम चिन्ता न करना। यहाँ मालूम हुआ कि सुबोध बाबू पकड़े गए हैं। हथगोला पहुँचाने में उनका हाथ माना गया है। संयोजिका अंडरग्राउंड हो गई हैं। माताजी की जमानत में मुश्किल आ रही है, लेकिन मैं पूरी कोशिश कर रहा हूँ। तुम चिन्ता न करना।"

फोन कट गया। मैत्रेयी का दिल धरती-आकाश के बीच लटका रह गया। इतने सबके बाद भी पति कहते हैं, चिन्ता न करना। क्या चिन्ता करने के लिए, 'चिन्ता न करना' कहना ही काफी नहीं होता ?

वह अधमरी-सी घर के लिए चली। नेहरूजी घर से हाथ पकड़कर लाए थे, अब पीठ से थामकर ले जा रहे हैं। गली के लोग देखेंगे, उन्हें भी परवाह नहीं।

मर्यादा और लिहाज शायद सुविधाजनक स्थितियों के मोहताज होते हैं, क्योंकि गली में किसी ने कुछ नहीं कहा। सबको पता है—इसकी माँ पकड़ी गई हैं। यह बहू दुख की मारी है।

जो दुख अपने घट में भर लाई थी, उसी को बहाती हुई घर में खूब रोई। न जाने अपनी कौन-कौन-सी मुसीबतें इसी मुद्दे में जोड़ लीं। किस-किस कम्जोरी और खोटी तकदीर को शामिल कर लिया। खुद को कोसने के सिवा उसके दायरे में और था ही कौन, जिसे खरी-खोटी सुनाए या दोषी ठहराकर मन हलका कर ले। काली घटाओं का घटाटोप और बिजलियों की तड़कनें मन-ही-मन में तूफान मचा रही हैं।

जितनी घबरा सकती थी घबराई।

माताजी की यात्रा गाँव से शुरू हुई थी। वे इगलास, अलीगढ़ गईं। झाँसी तक पहुँचीं और वहाँ पूरे क्षेत्र में निर्भय होकर चलती हुई महिला मंगल को गाँव-गाँव फैलाया। क्या पता था लखनऊ में धर ली जाएँगी ? पकड़ने का काम तो चम्बल के इलाके में, बुन्देलखंड के बीहड़ों में होना था, मगर वह घटित हुआ प्रदेश की राजधानी में ! डाकुओं की हिम्मत नहीं पड़ी कभी, शायद उन्होंने इस अलख जगाती स्त्री के बारे में अगुआ करने की बात सोची तक न होगी, अपने ही नेता आगे आ गए और बाँध ले गए वे ही शासक-प्रशासक जो सहकर्मी की भूमिका में थे।

अब कौन बचाए ? फूट डालो और शासन करोवाला तन्त्र सक्रिय है। डॉक्टर माताजी से मिल पाए होंगे तो उन्हें हिम्मत बँधी होगी। मैत्रेयी यही एक बात बार-बार सोचना चाहती है, क्योंकि यही बात उसके हाथ में सहारे की लाठी है। इसी लाठी के सहारे खुद भी पीछे खिसक ली ?

अपने आपसे यह सवाल करती हुई वह तिलमिला जाती है। पति के साथ क्यों नहीं गई ? माताजी से बचने का खूबसूरत बहाना 'बच्ची' के सिर डाल दिया ! आज की बहानेबाज नहीं है मैत्रेयी, उसने अकसर ऐसे ही सहारे खोजे हैं, जिन पर पाँव रखकर माँ की दुनिया को फलाँग जाए। विवाह भी एक बहाना ही था, जो उसे माताजी की छाया से दूर ले गया। नौकरी न करने की जिद क्या महिला मंगल से घृणा का रूप थी ? या माँ के दायरों को काट भागने की हठ ?

इस गली के लोग और नेहरूजी के साथ जोगेन्दर परचूनवाले मैत्रेयी नाम की बहू को पर्दा त्यागनेवाली स्त्री मान रहे होंगे। उन्हें कहाँ पता होगा कि इस औरत के भीतर पर्दे पर पर्दा है, जिसे वह मौका देखकर ओढ़ लेती है और साफ बच निकलती है।

आज उन्हीं पर्दों की तहों के भीतर घुट-घुटकर मर रही है। अपनी खड़ी की हुई घेराबन्दी में कैद, दम दिए दे रही है। यह सुरक्षित घरों जैसा घर...मगर अकेली वह ! अपनी छाया से भी डर लग रहा है। अँधेरे में माँ के हाथों में हथकड़ियाँ झनझना रही हैं। उनके चेहरे पर लाल-नीले धब्बे डरा रहे हैं, उनकी टूटी-फूटी देह और कटे-फटे अंग देखकर मुँह से चीख निकलती है। सामने संयोजिका की देह भू-सुरंग में कीड़े की तरह रेंगती हुई...और सुबोध बाबू सिपाहियों की ठोकरों से लहूलुहान। गौरा को सहारा दिए हुए थर्रा देनेवाली पूछताछ के लिए ले जा रहे हैं। क्या सच में ही यन्त्रणाकारियों से घायल विक्षत लोगों की रक्षा डॉक्टर कर पाएँगे ?

इस तस्वीर के सिवा अब कोई तस्वीर नहीं...क्योंकि माताजी की जमानत के

आवेदन-पत्र स्वीकार नहीं किए जा रहे। कमाल है, गाँव में स्त्रियों की शिक्षा के नाम पर लाखों-करोड़ों खर्च किए जा रहे हैं, जिसका दायित्व कस्तूरी देवी जैसी कार्यकर्ता को सौंपा गया था, उसे अनुपस्थित रखकर सरकार आख़िर चाहती क्या है ?

'माताजी ने हम को 'स्वतन्त्र अभिव्यक्ति' का पाठ पढ़ाया था, मगर आज खुद ही जीभ की तरह बत्तीस दाँतों के बीच फँसी हैं। कुछ भी कहा तो दाँत उनकी ज़ुबान चीर डालेंगे और हमेशा के लिए बोलती बन्द कर देंगे।' मैत्रेयी तड़प उठी।

आह ! डॉक्टर...तुमने कहा था चिन्ता मत करना तुम मेरे पास चिन्ता के अलावा क्या छोड़ गए हो ? मैं माताजी से मिल नहीं सकती, उनके सहयोगियों को देख नहीं सकती, तब तक क्या यही सोचूँ कि वे अपनी नवजात नातिन के बारे में सोच-सोचकर अनजाने की मुस्कुराती होंगी ? क्या उन्हें भविष्य के बारे में सोचने की हालत में रहने दिया होगा ? यदि उन्हें सोने की मोहलत मिली होगी तो वे जरूर ऐसा सपना देख रही होंगी, जिसमें उनकी नातिन वही कुछ बन गई होगी, जो उनकी बेटी नहीं बन सकी, जबकि जानती यह भी होंगी कि अभी नन्ही बच्ची हाथ-पाँव ही चला पाती है, बोलना नहीं जानती। हाँ अपने सपने में वह हँसा करती है।

माताजी और बच्ची को सम्मिलित रूप में देखा तो वह पलँग के पास आ गई।

सोती हुई नन्ही बेटी के पास बैठ गई।

एक से दो, दो से तीन होने का अहसास हुआ।

हुमककर उठी और बच्ची को बाँहों में उठा लिया। आवेग ऐसा था कि बच्ची के नन्हे-नन्हे पाँवों से मोजे उतर गए। सिर से ऊनी टोपी भी सरक गई। मगर मैत्रेयी अपने दुखों, अपने खतरों से ऐसी सहमी हुई थी कि बेटी को छाती से चिपकाकर साँस जुड़ी। धड़कन-से-धड़कन मिली तो महसूस हुआ जैसे वह माताजी से गले मिल रही है।

स्पर्श था कि वह और और रोई।

रोकर सारा कुछ रिता डाला। खारीपन गले से तिरोहित होने लगा।

अनजाने ही होंठों पर गर्वीली मुस्कान थिरक आई। प्यार से लबरेज होंठों का चुम्बन बच्ची पर लुटा डाला। उसकी नन्ही नाक पर अपनी नाक का परस देकर संकटपूर्ण समय से निकलने के इरादे किए।

बेटी को बाँहों में साधे वह सध-सधकर सीढ़िया चढ़ी।

छत पर पहुँच गई।

आकाश का अनन्त विस्तार बच्ची ने आँखें खोलकर देखा तो मैत्रेयी नरम धूप की लहरों में चक्राकार नाचने लगी। सारी दुनिया उसके आसपास घूमती है।

घर का कारागार टूट रहा है !

●●●